海军新军事变革丛书

总策划：魏 刚　主 编：马伟明

赛博战与赛博恐怖主义

［新西兰］Lech J. Janczewski
［美］Andrew M. Colarik 等著

陈泽茂　刘吉强　等译
刘海燕　徐　韬　主审

電子工業出版社
Publishing House of Electronics Industry
北京·BEIJING

Copyright © 2008 by IGI Global. All rights reserved. No part of this publication may be reproduced, stored or distributed in any form or by any means, electronic or mechanical, including photocopying, without written permission from the publisher.

本书英文版有 IGI Global 公司出版，IGI Global 公司已将简体中文版独家版权授予中国电子工业出版社及北京美迪亚电子信息有限公司。未经许可，不得以任何形式和手段复制或抄袭本书内容。

版权贸易合同登记号：图字 01-2013-0849

图书在版编目（CIP）数据

赛博战与赛博恐怖主义 /(新西兰) 简泽威斯基(Janczewski,L.J.) 等著；陈泽茂等译.
—北京：电子工业出版社，2013.3
（海军新军事变革丛书）
书名原文: Cyber warfare and Cyber terrorism
ISBN 978-7-121-19610-2

Ⅰ. ①赛… Ⅱ. ①简… ②陈… Ⅲ. ①信息战—文集 Ⅳ. ①E869-53

中国版本图书馆 CIP 数据核字（2013）第 030202 号

责任编辑：张　毅　　文字编辑：吴浩源
印　　刷：三河市鑫金马印装有限公司
装　　订：三河市鑫金马印装有限公司
出版发行：电子工业出版社
　　　　　北京市海淀区万寿路 173 信箱　邮编：100036
开　　本：720×1000　1/16　印张：44.25　字数：640 千字
印　　次：2013 年 3 月第 1 次印刷
定　　价：135.00 元

凡所购买电子工业出版社图书有缺损问题，请向购买书店调换。若书店售缺，请与本社发行部联系。联系及邮购电话：（010）88254888。
质量投诉请发邮件至 zlts@phei.com.cn，盗版侵权举报请发邮件至 dbqq@phei.com.cn。
服务热线：（010）88258888。

海军新军事变革丛书

丛书总策划	魏　刚
编委会主任	马伟明
编委会副主任	敖　然　高敬东　李　安　李敬辉
	赵晓哲　曹跃云
常务副主任	贲可荣
编委会委员	（以姓氏笔画为序）
	王公宝　王永生　王永斌　王德石
	朱　锡　朱建冲　邱志明　宋裕农
	何　琳　吴正国　吴晓峰　张永祥
	张明敏　张晓辉　郁　军　侯向阳
	高　俊　夏惠诚　鲁　明　察　豪
	蔡志明　黎　放
选题指导	鞠新春　徐　韬　唐宗礼　胡　颉
	裴晓黎　胡　波　邹时禧　顾　健
出版策划	卢　强　吴　源　张　毅

赛博战与赛博恐怖主义

主审 刘海燕
主译 陈泽茂　刘吉强
审稿 黄定超
翻译 付　伟　朱婷婷　叶　清　赵俊阁
　　　　徐建桥　柳景超　夏学知　卢　飞
　　　　常晓林　邢　彬

《海军新军事变革丛书》第二批总序

当今世界，国际战略格局正在发生深刻变化。传统安全和非传统安全威胁因素相互交织，霸权主义、强权政治有新的表现，恐怖主义、极端主义、民族分裂主义此起彼伏，和平与发展的车轮在坎坷的道路上艰难前行。

发端于 20 世纪 70 年代的世界新军事变革，从酝酿、产生到发展，经历了近四十年由量变到质变的过程。海湾战争、科索沃战争、阿富汗战争以及伊拉克战争这几场高技术条件下局部战争确定了世界新军事变革的发展轨迹和基本走向，展现了未来信息化战争的主体框架。这场新军事变革就是一场由信息技术推动，以创新发展信息化的武器装备体系、军队编制体制和军事理论为主要内容的世界性军事变革。

世界军事变革大势促使军队改革步伐加快。世界范围的军事变革正在加速推进，这是人类军事史上具有划时代意义的深刻变革。美国凭借其超强的经济和科技实力，加快部队结构重组和理论创新，大力研发信息化武器装备，积极构建数字化战场与数字化部队。目前正大力深化军事转型建设，通过发展航空航天作战力量等 40 多项措施，进一步提高军队信息化程度和一体化联合作战能力。俄军也以压缩规模、优化结构、组建航天军、争夺制天权等为重点，全面推行军事改革，着力恢复其强国强军地位。英、法、德等欧洲国家和日、印等亚洲大国，则分别推出军队现代化纲领，努力发展最先进的军事科技，谋求建立独立自主的信息化防务力量。

世界新军事变革的发展趋势是：在人才素质方面，加速由简单操作型向复合知识型转化；在军事技术方面，加速由军事工程革命向军事信息革命转化；在武器装备方面，加速由机械化装备向信息化装备过渡；在战争形态方面，加速由机械化战争向信息化战争转变；在作战理论方面，正在酝酿着全方位突破；在军事组织体制方面，正朝着小型化、一体化、多能化的方向发展。此外诸如战争本质、军事文化、军事法规等方面都在悄然发生变化。

胡锦涛主席指出："我们要加强对世界新军事变革的研究，把握趋势、揭示规律，采取措施、积极应对，不断加强国防和军队现代化建设，为全面建设小康社会、加快推进社会主义现代化提供可靠的安全保障。"今天的人民海军正承担着完成机械化和信息化建设的双重历史任务，时不我待，形势逼人，必须顺应潮流，乘势而上，积极推进中国特色军事变革，努力实现国防和军队现代化建设跨越式发展。

信息时代的人民海军，责无旁贷地肩负着国家利益拓展、保卫领土完整的历史重任，我们只有以大胆创新和求真务实的精神全面推进军事技术、武器装备、作战理论、体制编制、人才培养等方面的变革，才能赶上时代的步伐，逐步缩小与西方强国之间的差距，最终完成信息化军队建设的重大任务，打赢未来的信息化战争。

根据海军现代化建设的实际需求，二〇〇四年九月以来，海军装备部与海军工程大学以高度的政治责任感和思想敏锐性，组织部分学术造诣深、研究水平高的专家学者，翻译出版了《海军新军事变革丛书》。丛书着重介绍和阐释世界新军事变革的"新"和"变"。力求讲清世界新军事变革进入质变阶段后的新变化、新情况，讲清信息化战争与机械化战争、信息化军队建设与机械化军队建设在各个领域的区别和发展。其中二〇〇四年至今陆续出版的第一批丛书，集中介绍了信息技术及其应用，出版以来深受读者好评。为更好地满足读者的需求，丛书编委会编著出版了第二批系列丛书。与第一批丛书相比，更加关注武器装备、军事思想、战争形态、军队建设编制等全局性问题，更加关注大型水面舰艇、新型潜艇、作战飞机、远射程导弹等新一代武器装备，是第一批系列丛书的发展深化。

丛书编委会和参加编写的同志投入了很大精力，付出了辛勤劳动，取得了很好的成果。相信第二批丛书为深入学习领会军委国防和军队建设思想、了解和研究世界新军事变革提供有益的辅助材料和参考读物，在加速推进中国特色军事变革的伟大实践中发挥应有的作用。

中央军委委员
海军司令员
二〇〇九年七月十五日

译 者 序

随着全球信息网络化的发展，世界各国的军事力量、经济力量、社会生活和国家管理越来越依赖关键基础设施和以网络为基础的信息系统。这些关键基础设施日益自动化并相互联结，使得以关键基础设施和信息网络为攻击目标、采用网络手段实施的各类赛博攻击行为，对国家安全和社会稳定构成的威胁也日益严重。2000年12月克林顿总统签署的《全球时代的国家安全战略》文件，将赛博安全列入国家安全战略，成为国家安全战略的重要组成部分，这标志着赛博安全正式进入国家安全战略框架，并具有独立地位。

为便于读者阅读，我们给出下面的"导读"。"导读"对基本概念进行了阐述，概要介绍了近年来该领域的发展动向，使读者能够从整体上了解该领域，帮助读者理解和区分一些相似的概念，在时间受限时去重点选读感兴趣的章节。

赛博战与赛博恐怖主义的概念

赛博战（Cyber Warfare）是指使用计算机入侵技术和其他能力对敌方信息基础设施实施作战，试图影响其国家安全或者影响其军事行动。它强调的是赛博空间的争夺和控制。作为信息时代战争的一种表现形式，近年来，赛博战受到了广泛重视。

赛博恐怖主义（Cyber Terrorism）是英国《反恐怖主义法案2000》中首次明确提出的一个概念，"9·11"恐怖袭击事件发生后，美国国会通过的反恐法案，将"赛博恐怖主义"列为新的法律术语。美国国防部将赛博恐怖主义定义为：利用计算机和电信能力实施的犯罪行为，以造成暴力和对公共设施的毁灭或破坏来制造恐慌和社会不稳定，旨在影响政府或社会，实现其特定的政治、宗教或意识形态目标。

1. 赛博空间概念及作战内涵

20 世纪 90 年代，学术界对赛博空间（Cyber Space）的概念进行了不断的探讨，形成的看法是，赛博空间基本与互联网同义。进入 21 世纪后，赛博空间受到了美国政府和军方的广泛重视，并随着对其认识的不断深入，多次对其定义进行了修订。美国国家安全第 54 号总统令将**赛博空间**定义为：相互交织的信息技术基础设施，包括互联网、通信网络、计算机系统以及关键工业领域中嵌入式处理器或控制器，是美国国家基础设施的一部分。2006 年 12 月，美国参谋长联席会议发布的《赛博空间行动国家军事战略》将**赛博空间**定义为：利用电子学和电磁频谱，经由网络化系统和相关物理基础设施进行数据存储、处理和交换的域。2008 年 3 月，美国空军发布的《美国空军赛博空间战略司令部战略构想》将**赛博空间**定义为：通过网络系统和相关的物理性基础设施，使用电子和电磁频谱来存储、修改或交换数据的物理域，主要由电磁频谱、电子系统以及网络化基础设施三部分组成。由此可见，对赛博空间的认识经历了从传统的网络空间概念到一种涵盖所有电磁频谱的物理领域的过程。

美军认为，通过对赛博空间的控制来确保攻击敌人，并确保免受敌人攻击的行动自由，是维护美国安全的关键因素，而夺取赛博空间优势的关键是实现跨越整个电磁频谱的"三个全球能力"，即全球警戒、全球到达和全球作战能力。全球警戒是在整个电磁频谱内的感知能力和信号发送能力。全球到达要求具有连接和传输能力，利用广泛的通信网络在全球范围近乎光速移动数据。全球作战能力是威胁或打击任何电磁能量目标，并最终在所有领域内实现动能或非动能作战效果的能力。通过这三个能力确保美军在必要的时候保护己方基础设施，指导军事作战，同时削弱或消除敌方军事能力。

2. 与赛博战相关的其他概念

电子战（Electronic Warfare）是为了打击敌人或为了控制电磁频谱而采取的任何使用电磁或者使用定向能武器的行为。电子战的形式有：电子攻击、电子防护和电子支援。

信息战（Information Warfare）的概念比较宽泛，有很多解释。一个早前被军方采纳的观点是：信息战是用来使用和管理信息以达成针对对手的全面优势。在美军 2006 年颁布的《信息作战条令》中，已经删除了信息战的提法，取而代之的是信息作战（Information Operations）。

信息作战，包括心理战、军事欺骗、作战安全（Operational Security）、计算机网络作战（Computer Network Operation）、电子战五个核心能力。信息作战概念起源于 20 世纪 90 年代，其内涵源自广义的信息战和早期的指挥控制战，目前已被写入美军的作战条令。

网络战（Network Warfare）一般是指网络支援下的战争，或者网络条件下的战争，其职能是作战保障。在作战中，Network Warfare 处于从属地位，一切服从于物理领域中实体部队的作战需求。

网络作战（Network Operations）是一种作战框架，包括态势感知、指挥和控制三个基本任务。美军对网络作战的指挥权和控制权特指：与国防部和全球网络作战力量协调一致，完成对其全球信息栅格的操控、管理和防御，以确保美国在信息领域的优势。网络作战最开始包括网络管理、信息安全、信息分发管理，目前已经演化成全球信息栅格的企业管理、网络安全和内容管理。

3．与赛博恐怖主义相关的其他概念

传统恐怖主义，指恐怖组织或恐怖分子，继承历史沿传下来的恐怖行为方式，使用常规武器袭击目标，造成一定伤害和破坏的恐怖主义。如采用常规武器对重要人物、重要目标实施枪击、爆炸、绑架劫持等行为均属于传统恐怖主义的范畴。

黑客，英文"Hacker"的音译。早期的黑客是指那些具有高超的计算机技术、勇于探索未知事物并且乐于助人的程序员，这个词起初并无贬义。随着网络的广泛应用和电子商务的兴起，一些黑客凭借自己的技术，侵入个人、企业和国家的计算机系统，破坏、篡改或窃取其中的数据，或妨碍系统的正

常运行。现在，一般把这些以非法方式侵入他人计算机系统，并对他人计算机系统实施破坏活动的人都称为黑客。

赛博恐怖主义与黑客行为的本质区别，在于是否具有政治目的，是否构成恐怖效果。例如，英国政府在《反恐怖主义法案2000》中将黑客作为打击对象，但只有影响到政府或者社会利益的黑客行动才能被划为"恐怖行动"。

欧洲理事会的《赛博犯罪公约》将**赛博犯罪**定义为："危害计算机系统、网络和计算机数据的机密性、完整性和可用性，以及对这些系统、网络和数据进行滥用的行为。"与赛博恐怖主义相比，赛博犯罪的破坏性和影响力较低。赛博恐怖主义是赛博犯罪的恶性发展，它会破坏目标国家的政治稳定和经济安全，引发巨大的轰动效应。

赛博安全领域的新发展和新挑战

正如原著序言中所说的那样，本书是基于作者们在21世纪初的理解，对赛博战和赛博恐怖主义领域中的相关难点、问题和研究成果的回顾。作为读者阅读的补充，下面简要介绍原著中较少涉及或没有涉及的赛博安全领域中的重要进展。

1. 可信计算

21世纪是信息的时代。一方面，信息技术和产业高速发展，呈现出空前繁荣的景象。另一方面，危害信息安全的事件不断发生，信息安全形势十分严峻。人们已经认识到，大多数安全隐患来自于微机终端。因此，必须提高微机的安全性，从终端源头控制不安全因素。这一技术思想推动了可信计算的产生和发展。

目前，关于可信尚未形成统一的定义，不同的专家和不同的组织机构有不同的解释。主要有以下几种说法：（1）国际标准化组织与国际电子技术委员会ISO/IEC在其发布的目录服务系列标准中，基于行为预期性定义了可信性：如果第2个实体完全按照第1个实体的预期行动，则第1个实体认为第2个实体是可信的；（2）ISO/IEC 15408标准将可信定义为：参与计算的组件、操作或过程在任意的条件下是可预测的，并能够抵御病毒和一定程度的物理干扰；（3）国际可信计算组织（TCG）用实体行为的预期性来定义可信：一个实体是可信的，如果它的行为总是以预期的方式，朝着预期的目标；（4）沈昌祥院士认为，可信计算系统是能够提供系统的可靠性、可用性、信息和行为安全性的计算机系统，可信包括许多方面，如正确性、可靠性、安全性、可用性、效率，等等。但是，现阶段，系统可信性的最主要方面是其安全性和可靠性。

下面介绍近年来可信平台模块、可信计算平台、可信软件、可信网络连接和远程证明等方面的研究动态。

1）可信平台模块

TCG 设计的可信平台模块（TPM）是可信计算平台的信任根，是可信计算的关键技术之一。TCG 定义的可信计算平台信任根包括：可信测量根（RTM）、可信存储根（RTS）和可信报告根（RTR）。其中，可信测量根是一个软件模块，可信存储根由可信平台模块芯片和存储根密钥组成，可信报告根由可信平台模块芯片和根密钥组成。TCG 的 TPM 设计在总体上是很成功的，它体现了以硬件芯片增强计算平台安全的基本思想，为可信计算平台提供了信任根。TPM 以密码技术支持了 TCG 的可信度量、存储、报告功能，为用户提供确保平台系统资源完整性、数据安全存储和平台远程证明。但是，因成本方面的考虑以及希望回避对称密码在产品出口方面的政策障碍，TCG 的 TPM 设计存在一些明显的不足。为此，TCG 开始制定 TPM 的新规范，并将其命名为 TPM.next。

2）可信计算平台

TCG 首先提出可信计算平台的概念，而且具体化到可信 PC、可信服务器、可信 PDA 和可信手机，并制定了相应的技术规范；我国也在制定相应的技术规范。目前，可信 PC 机已经在国内外投入实际应用，武汉大学研制出我国第一款可信 PDA。可信服务器方面，TCG 组织于 2005 年发布了适用于所有架构的通用可信服务器规范，描述了各种具体架构可信服务器所必须遵循的特性和要求，以及可信服务器对 TPM 的要求。TCG 在 2006 年又发布了基于通用服务器规范的安腾架构服务器信任链建立流程。

3）可信网络连接

面对各种安全风险与威胁，仅有终端计算环境的可信是不够的，还应把可信扩展到网络，使得网络成为一个可信的计算环境。由于网络的复杂性，构建可信网络的目标是困难的。因此，TCG 首先考虑了相对比较容易实现的可信网络连接问题。可信网络连接（TNC）是将可信计算机制延伸到网络的一种技术，它是指在终端接入网络之前，对用户的身份进行认证。如果认证通过，就对终端平台的身份进行认证；如果认证通过，再对终端平台的可信状态进行度量；如果度量结果满足网络接入的安全策略，则允许终端接入网络，否则将终端连接到指定的隔离区域，对其进行安全性修补和升级。TNC 是网络接入控制的一种实现方式，是一种主动性的网络防御技术，能够将大部分的潜在攻击在发生之前进行抑制。2009 年 5 月，TCG 发布了 TNC 1.4 版本的架构规范。目前已经形成了以架构为核心、多种组件之间交互接口为支撑的规范体系结构，实现了与微软的网络访问保护之间的互操作，并将一些规范作为建议草稿提交到互联网工程任务组的网络访问控制规范中。目前已经有多家企业的产品支持体系结构。

4）远程证明

远程证明是架构中可信评估层与可信验证层功能的结合，它是指网络中的两个结点，一个结点将自己平台的某些信息使用约定的格式和协议向另一个结点报告，使得另一结点能够获得这些信息，并判定该平台的可信状态。远程证明的初衷就是允许两个结点在进行交互之前判断对方平台的可信状态，如果平台的可信状态符合交互的要求，则允许结点进行交互。目前针对远程证明的研究主要集中在远程证明的协议、交换的信息，以及信息的格式等方面。

2. 移动自组织网络安全

移动自组织网络（Mobile Ad Hoc Network, MANET）是一种在没有固定基础设施的条件下，由系统中的通信结点通过分布式协议互连或组织起来的网络系统。移动自组织网络所具有的自组织等特点使其在包括军事、救灾抢险等环境受到广泛关注。与其他传统通信网络相比，MANET 具有如下主要特点：

（1）动态变化的网络拓扑。在 MANET 中，网络结点能够以任意速度和任意方式在网中移动，并随时可能关闭无线发射装置，再加之天线类型多种多样、无线信道间互相干扰以及发射功率变化、地形和天气等综合因素的影响，移动结点间通过无线信道形成的网络拓扑随时可能发生变化，而且变化的方式和速度都难以预测。

（2）无中心和自组织。理想情况下，MANET 中所有结点的地位是平等的，没有绝对的控制中心。网络中的结点通过分布式算法相互协同，协调彼此的行为，无需人工干预和任何其他预置的网络设施。

（3）多跳路由。MANET 网络结点的发射功率限制了其覆盖范围，当它要与覆盖范围之外的结点通信时，需要中间结点寻找并转发数据（多跳路由）。MANET 多跳路由是由网络结点协作完成，每个结点兼备主机和路由器两种功能作为主机，结点需要运行用户应用；作为路由器，结点需要运行路由协议，并根据路由策略和路由表参与分组转发和路由维护。

（4）无线传输带宽受限。无线信道的理论带宽一般较有线信道带宽低。考虑到竞争共享无线信道产生的冲突、信号衰减、噪声和信道之间干扰等多种因素，实际的无线传输带宽远远低于理论最大值。这样，MANET 结点的网络带宽将非常有限。

（5）存在单向信道。受地形环境或发射功率等因素的影响，MANET 结点间可能产生单向无线信道。

（6）移动终端的局限性。出于移动性考虑，移动结点一般都具有携带方便、轻便灵巧等好处，但是也存在能量受限、内存较小、CPU 性能较低等缺陷。

当前，MANET 已经成为一个热门的研究领域，与之相关的安全技术也得到了广泛关注。由于 MANET 采用开放的、无中心的网络结构，结点共享无线资源，网络拓扑高度动态变化，因此其安全性较差，更加容易受到被动窃听、主动入侵、拒绝服务、剥夺"睡眠"等网络攻击。传统的网络安全机制不适用于 MANET，需要在安全路由、信息加密、鉴权认证、入侵检测等方面研究适用的安全技术。

3. 云计算安全

近年来，社交网络、电子商务、数字城市、在线视频等新一代大规模互联网应用的发展迅猛。这些新兴的应用具有数据存储量大、业务增长速度快等特点，使企业在信息系统的部署和升级方面，面临巨大的周期和成本压力。为了解决上述问题，2006 年 Google、Amazon 等公司提出了"云计算"的构想。

1）云计算的概念

根据美国国家标准与技术研究院（NIST）的定义，云计算是一种利用互联网实现随时随地、按需、便捷地访问共享资源池（如计算设施、存储设备、应用程序等）的计算模式。中国云计算网将云计算定义为：云计算是分布式计算（Distributed Computing）、并行计算（Parallel Computing）和网格计算（Grid Computing）的发展，或者说是这些科学概念的商业实现。Forrester Research 的分析师 James Staten 将云计算定义为：云计算是一个具备高度扩展性和管理性并能够胜任终端用户应用软件计算基础架构的系统池。

虽然目前云计算没有统一的定义，结合上述定义，可以总结出云计算的一些本质特征，即分布式计算和存储特性，高扩展性，用户友好性，良好的管理性。云计算技术具有以下特点：

（1）云计算系统提供的是服务。服务的实现机制对用户透明，用户无需了解云计算的具体机制，就可以获得需要的服务。

（2）用冗余方式提供可靠性。云计算系统由大量商用计算机组成机群向用户提供数据处理服务。随着计算机数量的增加，系统出现错误的概率大大增加。在没有专用的硬件可靠性部件的支持下，采用软件的方式，即数据冗余和分布式存储来保证数据的可靠性。

（3）高可用性。通过集成海量存储和高性能的计算能力，云能提供一定满意度的服务质量。云计算系统可以自动检测失效结点，并将失效结点排除，不影响系统的正常运行。

（4）高层次的编程模型。云计算系统提供高级别的编程模型。用户通过简单学习，就可以编写自己的云计算程序，在"云"系统上执行，满足自己的需求。现在云计算系统主要采用 Map-Reduce 模型。

（5）经济性。组建一个采用大量的商业机组成的机群相对于同样性能的超级计算机花费的资金要少很多。

计算机资源服务化是云计算重要的表现形式，它为用户屏蔽了数据中心管理、大规模数据处理、应用程序部署等问题。通过云计算，用户可以根据其业务负载快速申请或释放资源，并以按需支付的方式对所使用的资源付费，在提高服务质量的同时降低运维成本。

2）云计算安全挑战

云计算的服务计算模式、动态虚拟化管理方式以及多租户共享运营模式等对信息安全和国家监管带来了新的挑战，主要有[①]：

（1）云计算服务计算模式所引发的安全问题。当用户或企业将所属的数据外包给云计算服务商，或者委托其运行所属的应用时，云计算服务商就获得了该数据或应用的优先访问权。事实证明，由于存在内部人员失职、黑客攻击及系统故障导致安全机制失效等多种风险，云服务商没有充足的证据让用户确信其数据被正确地使用。

（2）云计算的动态虚拟化管理方式引发的安全问题。在典型的云计算服务平台中，资源以虚拟、租用的模式提供给用户，这些虚拟资源根据实际运行所需与物理资源相绑定。由于在云计算中是多租户共享资源，多个虚拟资源很可能会被绑定到相同的物理资源上。如果云平台中的虚拟化软件中存在

---

① 冯登国, 张敏, 张妍, 等. 云计算安全研究. 软件学报, 2011, 22(1):71-83.

安全漏洞，那么用户的数据就可能被其他用户访问。

（3）云计算中多层服务模式引发的安全问题。云计算发展的趋势之一是 IT 服务专业化，即云服务商在对外提供服务的同时，自身也需要购买其他云服务商所提供的服务。因而用户所享用的云服务间接涉及到多个服务提供商，多层转包无疑极大地提高了问题的复杂性，进一步增加了安全风险。

（4）基于云计算的攻击的快速识别、预警与防护问题。如果黑客攻入了云客户的主机，使其成为自己向云服务提供商发动 DDoS 攻击的一颗棋子，那么按照云计算对计算资源根据实际使用付费的方式，这一受控客户将在并不知情的情况下为黑客发起的资源连线偿付巨额费用。不仅如此，与以往 DDoS 攻击相比，基于云的攻击更容易组织，破坏性更大。而一旦攻击的对象是大型云服务提供商，势必影响大批用户，所造成的损失就更加难以估量。因此，需要及时识别与阻断这类攻击，防止重大的灾害性安全事件的发生。

（5）云计算的内容监控问题。云的高度动态性增加了网络内容监管的难度。首先，云计算所具有的动态性特征使得建立或关闭一个网站服务较之以往更加容易，成本代价更低。因此，各种含有黄色内容或反动内容的网站将很容易以打游击的模式在网络上迁移，使得追踪管理难度加大，对内容监管更加困难。如果允许其检查，必然涉及其他用户的隐私问题；其次，云服务提供商往往具有国际性的特点，数据存储平台也常跨越国界，将网络数据存储到云上可能会超出本地政府的监管范围，或者同属多地区或多国的管辖范围，而这些不同地域的监管法律和规则之间很有可能存在着严重的冲突，当出现安全问题时，难以给出公允的裁决。

（6）基于云计算的密码类犯罪活动的识别和防范问题。云计算的出现使得组织实施密码破译更加容易，原来只有资金雄厚的大型组织才能实施的密码破解任务，在云计算平台的支持下，普通用户也可以轻松实现，严重威胁了各类密码产品的安全。在云计算环境下，如何防止单个用户或者多个合谋用户购得足够规模的计算能力来破解安全算法，也是云计算安全监管中有待解决的问题之一。

4. 物联网安全

2009 年，IBM 提出"智慧地球"的概念后，在世界范围掀起了物联网研究的热潮，发展物联网技术被迅速纳入多个国家的重大信息发展战略中。建设物联网的目的，是让所有的物品都与网络连接在一起，方便识别和管理。

1）物联网的概念

顾名思义，物联网（Internet of Things, IOT）就是用网络将事物都联系起来。目前较为认可的物联网定义是：物联网是通过射频识别（RFID）、红外感应器、全球定位系统、激光扫描器等信息传感设备，按约定的协议，把物品与网络连接起来进行信息交换和通信，以实现智能化识别、定位、跟踪、监控和管理的一种网络。

对物联网的另一种定义是：物联网实现物到物（Thing to Thing, T2T）、人到物（Human to Thing, H2T）和人到人（Human to Human, H2H）的互连，把目前网络所实现的人与人之间的互连通过传感技术扩大到了物的范围。物联网的核心是实现事物（包含人）之间的互连，从而能够实现所有事物之间主动的信息交换和通信。物体的信息通过网络传输到信息处理中心后可实现各种信息服务和应用。

物联网应该具备三个特性：一是全面感知，即利用各种可用的感知手段，实现随时即时采集物体动态；二是可靠传递，通过各种信息网络与互联网的融合，将感知的信息实时准确可靠地传递出去；三是智能处理，利用智能计算技术对海量的数据和信息进行分析和处理，对物体实施智能化控制。相应地，物联网的体系架构可分为感知层、传输层和应用层等三个层次。

（1）感知层：解决对物理世界的数据获取的问题，从而达到对数据全面感知的目的。感知层首先通过摄像头、传感器等设备采集外部物理世界的数据，然后通过 RFID、蓝牙、红外等短距离有线、无线传输技术传递数据。感知层主要关键技术为 RFID 技术、传感器网络等。

（2）传输层：主要通过移动通信网、互联网、专网、小型局域网等网络对数据进行传输。因为传输层面临海量数据的传输，所以传输层还需具有信息智能处理、管理能力,如海量信息的分类、聚合和处理、传感器网络的管理等。传输层关键技术包括长距离有线和无线通信协议、网络融合技术、海量信息智能处理技术等。

(3)应用层:利用云计算、模糊识别等智能计算技术,解决对海量数据的智能处理问题,达到信息最终为人所用的目的。应用层使物联网技术与行业专业应用相结合,实现广泛化智能化的应用解决方案集合,如智能电网和智能交通等。

2)物联网安全挑战

物联网作为前沿综合交叉技术,其安全和隐私问题受到广泛关注。主要涉及两方面的问题:一是国家和企业机密,二是个人隐私。对国家和企业而言,数据资源包含了一定的敏感信息,若处理不当,很容易在数据交互共享的过程中遭受攻击而导致机密泄露,构成严重的安全威胁;同样对个人而言,数据信息往往涉及到个人行为、兴趣等隐私问题,将会对个人形成威胁。物联网的发展需要全面应对如下的安全挑战[①]。

(1)感知层的安全挑战:①机密性:多数传感网内部不需要认证和密钥管理,如统一部署的共享一个密钥的传感网;②密钥协商:部分传感网内部结点进行数据传输前需要预先协商会话密钥;③结点认证:个别传感网(特别当传感数据共享时)需要结点认证,确保非法结点不能接入;④信誉评估:一些重要传感网需要对可能被敌手控制的结点行为进行评估,以降低敌手入侵后的危害(某种程度上相当于入侵检测);⑤安全路由:几乎所有传感网内部都需要不同的安全路由技术。

(2)传输层的安全挑战:①数据机密性:需要保证数据在传输过程中不泄露其内容;②数据完整性:需要保证数据在传输过程中不被非法篡改,或非法篡改的数据容易被检测出;③数据流机密性:某些应用场景需要对数据流量信息进行保密,目前只能提供有限的数据流机密性;④DDoS 攻击的检

---

② 武传坤. 物联网安全架构初探. 中国科学院院刊, 2010, 25(4):411-419.

测与预防：DDoS 攻击是网络中最常见的攻击现象，在物联网中将会更突出。物联网中需要解决的问题还包括如何对脆弱结点的 DDoS 攻击进行防护；⑤移动网中认证与密钥协商机制的一致性或兼容性、跨域认证和跨网络认证。

（3）处理层的安全挑战：①海量数据的识别和处理；②实现可控性；③灾难控制和恢复；④防范内部攻击；⑤应对设备丢失；⑥实现用户认证的同时提供隐私信息保护；⑦信息泄露追踪问题；⑧数字取证问题；⑨计算机数据的销毁；⑩电子产品和软件的知识产权保护。

5. 美国的赛博空间安全战略

美国十分重视赛博安全，是最早制定和实施赛博安全战略的国家。美国的赛博安全战略随着形势的变化不断发展和完善。下面介绍"9·11 事件"以来美国国家赛博安全战略的演进过程。

1）小布什政府的赛博安全战略

"9·11 事件"不久后的 2001 年 10 月，布什总统以 13231 号行政令，发布了《信息时代保护关键基础设施》，组建了总统关键基础设施保护委员会，取代克林顿政府时期成立的总统关键基础设施保护委员会，成为一个实体机构。在 2003 年 3 月，该委员会解散，其职责移交给刚成立的国土安全部。

布什政府改变克林顿政府没有说明和区分关键基础设施及主要资产的做法，把通信、信息技术、国防工业基础等 18 个基础设施部门列为关键基础设施，并把核电厂、政府设施等 5 项列为重要资产，成为美国政府制定保护关键基础设施计划的基础。在布什任内，国土安全部先后两次颁布《国家基础设施保护计划》（National Infrastructure Protection Plan, NIPP），具体地说明了如何保护这些关键基础设施和重要资产。2003 年 2 月布什总统签发《赛博空间安全国家战略》（National Strategy to Secure Cyberspace），该战略确立了三项总体战略目标和五项优先目标。三项总体战略目标是：①阻止针对美国至关重要的基础设施的赛博攻击；②减少美国对赛博攻击的脆弱性；③在确实发生赛博攻击时，使损害程度最小化、恢复时间最短化。五项优先目标是：①建立国家赛博安全反应系统；②建立一项减少赛博安全威胁和脆弱性的国家项目；③建立一项赛博安全预警和培训的国家项目；④确保政府各部门的网络安全；⑤国家安全与国际赛博安全合作。文件明确规定，国土安全部是联邦政府确保赛博安全的核心部门，并且在确保赛博安全方面充当联邦政府与各州、地方政府和非政府组织，即公共部门、私营部门和研究机构之间的指挥中枢。国土安全部要制定一项确保美国关键资源和关键基础设施安全的全面的国家计划，以便向私营部门和其他政府机构提供危机治理、预警信息和建议、技术援助、资金支持5项责任。文件强调，确保美国赛博安全的关键，在于美国公共与私营部门的共同参与，以便有效地完成网络预警、培训、技术改进、脆弱补救等工作。

2008年，布什总统签发了《国家赛博安全综合倡议》（Comprehensive National Cybersecurity Initiative, CNCI），为美国政府提供了一整套主要面向政府信息网络的网络安全保障措施。CNCI关注国家层面上的三个关键领域：①建立防御的前沿阵地，减少目前的漏洞并预防入侵；②利用情报并加强供应链安全来防御各种威胁；③通过增加研究、开发和教育以及对先进技术的投资来塑造未来的环境。

虽然，布什政府对赛博安全付出了巨大努力，但是并没有全面解决赛博安全问题，他希望下一届总统能解决这个问题。因此，成立了"第44届总统赛博空间安全委员会"，为美国赛博安全提供建议。该委员会经过一年半的努力，于2008年12月向当选总统奥巴马提交了一份名为《为第44届总统确保赛博空间安全》的报告。该报告认为，过去20年来，美国一直致力于设计一种战略，应对赛博安全挑战，保护美国利益，但是始终都不算成功。该报告提出了包括25条的12项建议，内容涵盖了战略制定、部门设立、法律法规制定、身份管理、技术研发等方面。

2）奥巴马政府的赛博安全战略

奥巴马非常重视赛博安全在国家安全战略中的作用，将其列为执政的首要任务之一，并于2009年2月委托曾在布什政府制定CNCI中发挥重要作用的梅利萨·哈撒韦(Melissa Hathaway)对美国目前的赛博安全状况进行为期 60 天评估，并于 2009 年 5 月 29 日公布了名为《赛博空间政策评估——保障可信和强健的信息和通信基础设施》的评估报告。报告提出了如下建议：

（1）加强顶层领导。设立一个总统的赛博空间安全政策官员和支持机构；审查法律和政策；加强联邦对赛博空间安全的领导力，强化对联邦的问责制；提升州、地方和部落（Tribal）政府的领导力。

（2）建立数字化国家的能力。提升公众的网络安全意识，加强网络安全教育，扩大联邦信息技术队伍，使网络安全成为各级政府领导人的一种责任。

（3）共担网络安全责任。改进私营部门和政府的合作关系，评估公私合作中存在的潜在障碍，与国际社会有效合作。

（4）建立有效的信息共享和应急响应机制。建立事件响应框架，加强事件响应方面的信息共享，提高所有基础设施的安全性。

（5）鼓励创新。通过创新来解决赛博空间安全问题，制定全面、协调并面向新一代技术的研发框架，建立国家的身份管理战略，综合考虑全球化政策与供应链安全，保持国家安全/应急战备能力。

（6）行动计划。提出了 10 项近期行动计划和 14 项中期行动计划。

2009 年 6 月，美国国防部成立赛博司令部，该司令部已于 2009 年 10 月开始运作，并于 2010 年 10 月正式运行。2011 年 5 月，白宫发布了《赛博空间国际战略》，提出：在外交方面，加强与盟友、国际组织及私营机构的关系；在防务方面，加强本土防御与海外防御，阻止潜在的攻击者，建立全球性的事件响应能力，采用包括信息、外交、经济和军事等手段惩罚对美国的网络攻击；在发展方面，政府有责任和权利构建赛博空间的安全能力和政策关系。该文件还指出了美国赛博空间战略在经济、军事、法律、互联网管理和自由等领域的政策重点。其中，在军事方面，它要求应对 21 世纪的安全挑战，为此要求：①认识并适应军方对可信赖和安全网络日益增长的需求；②建立并加强现有的军事联盟，以应对来自赛博空间的潜在威胁；③扩大与盟国及合作伙伴在赛博空间中的合作，以增强集体的安全性。2011 年 7 月，美国国防部发布了其赛博空间安全战略，明确了将军事打击作为遏制和惩罚赛博攻击的一种手段。

关于本书

本书是论文集，所探讨的主题涉及赛博安全领域的防御和攻击技术，以及与赛博安全相关的管理、经济、道德和法律等方面的问题，具体归类如下：

（1）赛博战与赛博恐怖主义的概念和趋势分析。这个主题主要包括第1、2、3、4、5章。

（2）赛博战和赛博恐怖主义的防范技术。主要内容涉及：密码应用技术，信息隐藏，入侵检测，标识、认证和授权，拒绝服务攻击防范，内容安全等领域的技术或理论模型。此外，还介绍了地理信息系统和遥感技术在赛博防御中的应用。这个主题主要包括第6、7、12、23、24、26、28~33、35~42、45章。

（3）软件开发中的赛博安全问题。主要内容涉及软件开发过程管理和外包中的安全问题，以及信息战中的软件的可生存性。这个主题主要包括第8、14、27、44章。

（4）现代经济和金融中的赛博安全问题。主要探讨电子货币的管理、金融部门的赛博防御、电子金融洗钱手法的分析等。这个主题主要包括第9、10、16、17章。

（5）赛博攻击技术。主要介绍欺骗技术、信息搜集和窃听技术、木马技术和SQL数据库攻击技术。这个主题主要包括第11、15、18、19、21、22、34章。

（6）与赛博战和赛博反恐相关的法律和道德问题。主要内容涉及赛博犯罪取证技术、赛博犯罪立法、网络时代公民隐私的保护、美国官方的秘密监视系统、美国对赛博战的看法和应对措施。这个主题主要包括第13、20、25、43、47~51章。

本书的第8、20~25章由付伟翻译，第26、28~33章由朱婷婷翻译，第9、

11、12、13、15、27 章由叶清翻译，第 4、7 章由柳景超翻译，第 19 章由徐建桥翻译，第 34~51 章由刘吉强翻译，术语部分由赵俊阁翻译，其余部分均由陈泽茂翻译。全书由陈泽茂统稿，由装甲兵工程学院的刘海燕教授主审。特别需要指出的是，刘教授对译稿进行了逐句审读，提出了大量修改意见，为提高本书的翻译质量付出了艰辛劳动，在此表示特别的感谢。

马伟明院士推荐本书作为选题，并建议给读者写"导读"；贲可荣教授在全书翻译过程中给予了很多具体指导，在此一并表示感谢。本书的翻译和出版工作得到了丛书编委会及电子工业出版社的大力支持和帮助，在此对他们的辛勤工作表示诚挚的谢意。

因水平和时间所限，译文在理解和表述方面势必存在不当之处，恳请读者批评指正。

陈泽茂

序

许多事物都是五元一组。感觉有五种：视觉、听觉、触觉、嗅觉和味觉；基本元素有五种：水、土、气、火和以太；洛伦兹密码机中用来产生乱码的轮子也是五个一组。有些事物看似不相关，但组合在一起却能创造出一类功能。这样的例子很多，前面所举的仅是其中几个而已。现在我们来考察几个案例。它们看似风马牛不相及，但放在一起却能产生一些值得深思的结果。

案例一

在 20 世纪 60 年代中期，有个名为"罗马俱乐部"的科学家团体发布了一份报告，当时在世界范围内被广为阅读和评论。该报告基于计算机模型对人类文明发展进行预测，其总体结论令人悲观。在 21 世纪，人类文明将因自然资源的损耗而开始面临主要困难。当时，许多人对该报告的结论持商榷和否定态度。然而，"罗马报告"首次阐述了人类文明对自然环境所造成的影响，这一点却是不容置疑的。

案例二

20 世纪末，计算机"千年虫"问题吸引了全世界的关注。由于在旧的计算机系统中，用来存放日期的空间有限，人们发现当时间从 1999 年过渡到 2000 年时，这个问题可能导致软件失效。由于水电供应、通信等公用设施都是计算机驱动的，软件失效可能会导致连锁反应。事实上，确实有人为此去储藏食品和日常用品，以防备可能出现的社会动荡。信息技术部门则采取了大量措施跟踪所有在进入新千年时可能会出现问题的系统。最后的结果是，"千年虫"问题并未在世界上引发重大事件。有趣的是，某些公众媒体对这个结果明显感到失望。

案例三

　　电信网络有各种各样的形态。不管它们是为商业、政府、社会组织还是个人所用，都对改善民众的生活质量具有重要价值。从本质上说，网络是两个或多个具有通信能力实体的连接。利用公共电话交换网（Public Switched Telephone Network, PSTN）、公共数据交换网（Public Switched Data Network, PSDN）、有线电视网（Cable Television, CATV）和轨道卫星网（如商业卫星和军事卫星）等各种电信技术，全球范围内的人们几乎可以即时地实现通信和信息共享。这个基础设施所提供的实时服务包括常规的电话呼叫、视频会议和网络电话（Voice Over the Internet, VoIP）以及许多其他的模拟、数字和多媒体通信。这些网络化的系统通过高速交换机、路由器、网关和数据通信服务器等设备相互连接，构成了主要用于共享信息和数据的全球信息基础设施。它在社团、商业、工业等各种组织间建立通信，为医疗和急救服务、军事行动以及空中和海上交通管制等提供服务。全球信息基础设施有利于我们保持经济和军事优势，并传播西方的知识和文化。

　　全球信息基础设施通过大量系统为国内、国际和全球提供互连。其所承载的服务利用语音和数据的传输，通过创建较小的具有快速响应能力的通信空间，同任何感兴趣的参与者进行互动，从而支持西方价值、商业和文化的全球化传播。一个由大量服务器构成的网络为实现这些目的提供了便利。这个网络就是互联网，它由数以千计的机构和数以百万计的个人共同管理。全球信息基础设施可用于提高机构和个人的效率、改善协调和沟通效果，以及共享和整合关键数据。其地位的重要性有二：一是它对西方生活方式至关重要；二是对那些寻求在人类事务中发挥影响力的人来说，它是一个实际的目标。

案例四

每年，位于加州旧金山的计算机安全研究所，都会与 FBI 共同发布一个名为《CSI/FBI 计算机犯罪与安全调查》（*CSI/FBI Computer Crime and Security Survey*）的报告。该报告对来自全美不同类型和规模的商业组织的 600 多位人士的调查结果进行分析和总结，被全世界公认是商业安全状况评估中最具代表性的数据来源。下面是其 2006 年度报告的一些主要发现：

- 计算机病毒攻击仍然是财务损失的最大肇因。
- 未授权访问仍然是财务损失的第二大肇因。
- 与笔记本电脑（或移动硬件）相关的财务损失占第三位，盗版导致的财务损失占第四位。这四类因素所导致的财务损失超过了 74%。
- 在该年度，未授权使用计算机系统的事件有所下降。
- 在该年度，因安全问题而导致的财务损失的总金额明显下降。这个数额的下降，一方面是因为受访者所提供的损失数额的均值显著降低。另外，能够并愿意对损失提供预测的受访者数量减少也占了很大因素。

该调查结果的总体基调是乐观的。社会已经开始防范日益增长的计算机犯罪，该调查的结论证实了这一点。

案例五

媒体每天都在报导世界上发生的恐怖主义袭击。这些袭击可能于任何时间在任何国家和地方发生。在绝大多数事件中，攻击方法都是一样的：个人或团伙针对目标引爆炸弹。攻击可能以远程操控或者自杀式袭击方式进行。这些悲剧事件的共同点是袭击者仅代表了社会上的少数人，而大多数受害者都是碰巧接近爆炸的无辜者。

从上述五个案例中，可以得出如下几个重要结论：

- 某些现象缺乏征兆并不意味着它不存在。如果现象可能发生并将构成破坏，那么我们就需要采取预防措施。

- 我们创造的所有技术，既可用于造福我们，也可用于攻击我们。
- 信息技术，特别是网络技术，是 20/21 世纪文明的奇迹。它可以在方方面面极大地改变人类行为。信息技术既能造福人类，也可能被少数人利用于追逐有违多数人利益的个人目标。
- 少数不法分子已经给信息技术基础设施及其应用系统造成了严重破坏。为遏制这个不良势头，出现了信息/计算机安全。目前，信息安全专家所付出的努力已经开始获得回报，计算机犯罪的总体比例已经趋于稳定。
- 当前，恐怖主义已成为流传最广的一种公开表达不满情绪的暴力形式。迄今为止，恐怖主义仍处于其传统的暴力形式，但已开始转向使用计算机技术和网络发动攻击。与处理"千年虫"事件一样，我们需要让信息技术专家和普通民众认识到，基于计算机和网络的恐怖袭击是一种现实威胁。

上述诸条构成了赛博恐怖主义存在的基础。那么，赛博恐怖主义的目标是什么？或者说，我们担心它的原因是什么？

在过去的 25 年里，计算机和电信技术的应用使得生产率获得了极大提高。因此，尽管还存在问题，但机构仍对维护和继续采用这些技术充满兴趣。应用这些系统和网络，意味着将信息资源集中存放和管理。由此导致了可被许多攻击行为所利用的安全弱点。在过去的 35 年里，军事和科技的发展打破了各国间的力量均衡，而电子经济间谍活动导致这些成果被窃取并继续威胁着世界的安全与稳定。在美国，因信息安全措施不力和信息泄露，仅 2005 年就有超过 9300 万人面临潜在的身份冒用威胁。从全球范围来看，各种组织在知识产权和个人信息的安全方面，显然都犯了一些可怕的错误。有鉴于此，强化这些系统的保护需求，重新检视可能导致未来攻击的基本组织过程，就显得异常重要。赛博恐怖主义的出现，意味着一类新出现的以计算机和电信技术为目标的潜在攻击者，有可能成为传统计算机罪犯的新成员。

技术的使用也影响了社会。自动化技术使全球范围的组织过程趋于一致。政府间相互共享信息，并调整法律框架以从协同中获益。商业以分布式结构国际化运行，从而得以扩展到全球范围。服务外包要求利用信息来减少造价昂贵的世界中心。为了维持产品和服务的有效价值链，全球的产品、供货商和厂商之间形成了一个扩展的通信结构。不管攻击者位于何处，这些都提高了其攻击能力。

现在，人们可以获得创造新思想、新理念和进行革新（包括技术方面和政治方面）所需的大量信息资源。共享通信拉近了不同文化间的距离，并为之带来了有史以来更快的变化。尽管这些技术本质上有利于不同团体和民族的统一，但也可能催生出极端少数的民族。他们为了控制这些变化并在一体化环境中竞争，倾向于从事极端主义行为。这些技术所带来的便利，也有利于全球范围内具有类似思想倾向和意图的人实现团结。因此，这些基础设施使得少数人可以形成其自身的经济形态。民众和机构已开始意识到，为了在一个相互联系的全球化世界中竞争，必须控制这些用以支持全球互联的基础设施。至于这种控制是为了获得未来发展的机会，还是为了破坏和/或彻底摧毁别人的这些机会，仍是现在和未来我们都须面对一个新问题。因此，对其固有能力（全球活动中的通信和协作，情报收集）和脆弱性（即协议弱点和人为过程的利用）可被认为是当前及未来攻击事件的主要源头。正是因为如此，我们除了要从技术上保护我们的系统并消除任何固有的脆弱性，还要重视社会和组织在激发赛博战和赛博恐怖主义动机方面的影响力。

本书是一本论文集。作者是来自世界各地的信息安全研究人员，在各自的领域和行业开发或部署了大量信息安全技术，并提出了许多值得我们大家重视的关键问题。他们为了加强组织、国家和国际信息基础设施的安全性，发表自己的思想和理念，使别人能从其知识和经验中获益。我们衷心希望本书所提供的内容可以创造出新思想，并激发世人帮助改进我们赖以实现未来可持续发展的系统和过程。

本序之后，是本书的绪论部分，其中给出了赛博恐怖主义和信息战的一些基本定义，以及应对这些攻击的基本建议。其后是本书的主体部分，其内容涵盖了对第一章中所提及主题的详尽讨论以及其他相关问题。书中收录的文章大致上是按照 ISO17799 标准（即《信息安全管理实施细则》）的内容进行分组的。本书每一章包括两类论文，一类是关于某个特定方法或技术的综述，一类是相关领域的研究报告，并在后记中对论文内容进行了总结。

  本书基于我们在 21 世纪初的理解，对赛博战和赛博恐怖主义进行了详尽介绍。本书不是解决与这些主题相关的问题的指南，而是对该领域相关难点、问题和最新研究成果的回顾。本书的主要读者是信息技术专家，以及那些想获得有关赛博战和赛博恐怖袭击的第一手资料的信息安全专家。

Andrew M. Colarik
Lech J. Janczewski

致 谢

首先感谢全体作者，没有他们的艰苦努力，本书将不可能完成。特别感谢本书所收录论文的审稿人，他们是：

- 新西兰 AUT 大学（AUT University）的 Brian Cusack 博士
- 美国西点军校（West Point United States Military Academy）的 Ronald Dodge 教授
- 澳大利亚西部大学（University of Western Australia）的 Peter Goldschmidt 教授
- 德国汉堡—哈尔堡工业大学（Hamburg University of Technology）的 Dieter Gollmann 教授
- 德国法兰克福大学（Frankfurt University）的 Kai Rannenberg 教授
- 澳大利亚迪肯大学（Deakin University）的 Matthew Warren 教授
- 新西兰奥塔哥大学（Otago University）的 Hank Wolf 教授
- 新西兰梅西大学（Massey University）的 Dennis Viehland 教授

感谢他们高质量地完成审阅工作并及时回复我们的询问和要求。

最后还要特别感谢我们的家庭，为了专注于本书的写作，我们没能陪伴他们。

Lech J. Janczewski
Andrew M. Colarik

目　录

绪论 ………………………………………………………………………… 1

第一部分　术语、概念和定义

第1章　赛博恐怖主义袭击 …………………………………………… 29

第2章　信息战十大趋势 ……………………………………………… 37

第3章　比特和字节 vs.子弹和炸弹：一种新的战争形态 ………… 50

第4章　赛博战基础设施 ……………………………………………… 62

第5章　恐怖主义与互联网 …………………………………………… 72

第6章　隐写术 ………………………………………………………… 82

第7章　密码学 ………………………………………………………… 92

第8章　可信 IT 过程交付路线图 …………………………………… 104

第二部分　赛博战和赛博恐怖主义的动态要素

第9章　赛博安全经济中的若干关键主题 …………………………… 119

第10章　FS-ISAC 在反击赛博恐怖主义中的作用 ………………… 127

第11章　赛博攻击中的欺骗 ………………………………………… 138

第12章　赛博攻击防御中的欺骗 …………………………………… 148

第 13 章　赛博战中的道德问题 159

第 14 章　国际外包、个人数据和赛博恐怖主义：监管方法 170

第 15 章　基于网络的被动信息搜集 181

第 16 章　现代电子商务中的电子货币管理 194

第 17 章　洗钱手法分析 206

第 18 章　恶意软件：专用特洛伊木马 217

第 19 章　SQL 代码中毒：最流行的 Web 数据库攻击技术 226

第三部分　赛博战和赛博恐怖主义中的人为要素

第 20 章　电子监视与公民权利 243

第 21 章　社会工程（I） 257

第 22 章　社会工程（II） 270

第 23 章　行为信息安全 282

第 24 章　深入理解人员异常检测 292

第 25 章　赛博跟踪：Web 安全的挑战 305

第四部分　应对赛博攻击的技术措施

第 26 章　赛博安全模型 322

第 27 章　赛博战防御：集成安全的系统开发 339

第 28 章　信息战中的垃圾邮件防范 357

第29章　拒绝服务攻击：预防、检测和缓解 ………………………………… 369

第30章　关键数字基础设施的大规模监控 …………………………………… 385

第31章　公钥基础设施：一种提高网络安全性的措施 ……………………… 396

第32章　地理信息系统在赛博战和赛博反恐中的应用 ……………………… 410

第33章　遥感图像在赛博战和赛博反恐中的应用 …………………………… 420

第五部分　身份认证、授权和访问控制

第34章　黑客攻击和窃听 ……………………………………………………… 431

第35章　访问控制模型 ………………………………………………………… 447

第36章　基于异常检测的入侵检测系统综述 ………………………………… 460

第37章　一种使用视觉诱发电位的认证模式 ………………………………… 475

第38章　基于内容的多媒体授权和访问控制策略规范 ……………………… 484

第39章　数据挖掘 ……………………………………………………………… 502

第40章　互联网数字地址的识别与定位 ……………………………………… 512

第六部分　业务连续性

第41章　一个应急响应系统模型 ……………………………………………… 525

第42章　反弹技术 ……………………………………………………………… 538

第43章　网络取证 ……………………………………………………………… 545

第44章　信息战中软件组件的可生存性 ……………………………………… 554

第 45 章　计算机安全事件分类法 ………………………………………… 567

第七部分　赛博战和赛博恐怖主义：国内与国际反应

第 46 章　保护数据和公民隐私不受犯罪与恐怖主义威胁：欧洲的措施… 577

第 47 章　欧盟应对赛博犯罪的措施 ……………………………………… 591

第 48 章　美国军方的赛博战应对措施 …………………………………… 602

第 49 章　美国对全球赛博安全问题的看法 ……………………………… 612

第 50 章　"梯队"与美国国家安全局 …………………………………… 622

第 51 章　国际赛博犯罪公约 ……………………………………………… 646

后记 …………………………………………………………………………… 659

关于编者 ……………………………………………………………………… 662

索引表 ………………………………………………………………………… 663

Exordium 绪 论

Andrew M. Colarik[1], Lech J. Janczewski[2]

([1]AndrewColarik.com，美国；[2]奥克兰大学，新西兰）

0.1 赛博战与赛博恐怖主义的起源和定义

自20世纪90年代中期开始，引发公众注意的恐怖袭击事件的数量开始上升。从那些被世界新闻广泛关注的袭击事件中，我们得出一个结论：世界上每天都有恐怖主义分子在发动攻击。这些事件轰动一时，并成为大众传媒的头版新闻。这些袭击所采取的基本手段，经常是远程遥控或利用人弹引爆爆炸物。

人们一定会问：策划并实施此类袭击是难还是简单？2006年，Bruce Schneier举办了一次非同寻常的竞赛，其内容是以美国关键基础设施中的一个主要部分为目标，编写一个恐怖袭击想定。在分析了所提交来的各种策划之后，他得出一个结论：事情并非如许多人所想象的那样简单。尽管世界上有形形色色的组织想在美国本土发动恐怖袭击，但事实是自"9·11"事件以来，这类事件并未发生。恐怖分子之所以无法得逞，可能跟美国在"9·11"事件以后采取了广泛的安保措施有关。

由此，便引出了一个后续的问题："9·11"事件所造成的破坏（即政治、经济和文化方面的破坏），可否利用信息技术来达成？有研究指出：在20世纪90年代早期，美国社会尚未做好应对电子袭击的准备。基于这些结论，政府机关、军事基地、主要银行等信息系统的主要用户已开始着手准备应对这样的电子袭击。

"恐怖主义"一词使人想到胡子拉碴的男人正在投掷炸药包的情景。但在信息安全背景下，恐怖主义分子可能以多种面目出现。例如，出于政治动机、反政府、反世界贸易和极端的环境保护主义者，等等。假以时机，尤其是当有媒体等着报道事件时，这些激进主义分子将会攻击公用部门的通信服务器，以中断贸易和立法议程。此外，恐怖分子也会试图通过操纵数据采集与监视控制（Supervisory Control and Data Acquisition，SCADA）系统，干扰那些控制国家关键基础设施（如，供水、电网和空中交通等）的IT资源。事实上，此类攻击确曾发生过。在2000年，就有人侵入澳大利亚Maroochy郡的废物管理控制系统，向县城里排放了数百万加仑的污水。如果考虑政治倾向，赛博战和赛博恐怖主义已是当今文明社会所面临的现实问题。

赛博恐怖主义一词出现于1996年，由赛博空间和恐怖主义这两个词组合而成。这一术语被美国空军采用之后，目前已被广泛采纳。1998年，战略与国际研究中心（Center for Strategic and International Studies）发布了一份题为《避免电子滑铁卢：赛博犯罪，赛博恐怖主义，赛博战》（Cybercrime，Cyberterrorism，Cyberwarfare，Averting an Electronic Waterloo）的报告。该报告探讨了此类事件可能对国家造成的影响和潜在后果，以及用以降低其发生可能的方法。本书把赛博恐怖主义定义为：

赛博恐怖主义是由国家分裂组织、秘密团体或个人发起的，以信息和计算机系统、计算机程序和数据为破坏目标，有预谋和政治动机的攻击行径，是针对非战斗人员的暴力行为。

与赛博恐怖主义类似的一个术语是信息战，其定义如下：

信息战是国家或其代理人所发动的，以信息和计算机系统、计算机程序和数据为目标的，有计划的攻击行动。它以造成敌方损失为目标。

这两个术语的本质区别在于，赛博恐怖主义将会在附近的所有人群（如围观者）中造成恐慌和伤害，而信息战则只针对战争（宣战或未宣战的）中的某个特定目标。可与这些术语相提并论的还有赛博犯罪，这个术语在司法机构中经常用到。赛博犯罪是指采用信息技术实施的犯罪。需要指出的是，赛博恐怖主义、信息战和赛博犯罪的外在表现形式通常极为相似。

试想，假如有人取得了医院医疗数据库的访问权限，将一位支持商业化、反对环境保护的《财富》100强公司执行官的医疗处方改成可导致危险过敏反应的药物，并删除其过敏反应记录。护士给病人服用了该药物并导致其死亡。这种情形该适用上述的哪个定义呢？答案不取决于事件发生的技术细节，而取决于行为背后的动机。如果是出于人为故意，比如两人的关系不好，那么这就不只是网络犯罪，还是一种谋杀行为；如果犯案者随后更声称，若不满足其要求，他还要实施更多类似的行为，那么事件即可定性为赛博恐怖主义；如果事件的执行者是境外势力，那么可将它定性为信息战。我们认为，对于那些产生了物理后果（physical consequences）的赛博攻击，最重要的是确定攻击者的意图。

正确区分这些术语之间的差异极为重要，因为有些非技术性的问题和解决方案会影响赛博战和赛博恐怖主义的反击策略。需要跟读者说明的是，那些使得常人变成赛博恐怖分子或赛博战士的哲学、政治或宗教方面的问题，不在本书的讨论范围之内。我们认为：社会和文化倾向，以及因之而来的动机，对于解决赛博攻击中的人为因素有重要作用。因此，不能因为我们所探究的是技术或组织上的解决方案而忽视了它们。

0.2 赛博与现实冲突之间的相关性

赛博攻击与当前国内和国际上的现实状况存在若干重要关联。所有IT管理人员都应了解下列这些现存的逻辑一致性：

- 赛博攻击通常会紧随物理攻击之后发生：在中美撞机事件发生之后，这两个国家中的一些人马上就向对方的设施展开网络攻击。类似地，在印巴冲突、以巴冲突和巴尔干战争中，赛博攻击也是一浪高过一浪。
- 赛博攻击针对的是具有较好宣传效果的目标。赛博攻击是以造成严重损失和/或产生广泛宣传效果的方式来实施的。除了政府组织，那些最具名望和地位的跨国公司也是网络攻击的目标。攻击者偏好的目标有顶级的信息技术和交通运输行业的公司，如微软、波音和福特等。
- 赛博攻击事件的增长有明显的政治或恐怖主义基础：可得到的统计数据表明，前面所提及的几场冲突都导致赛博攻击的稳步增加。例如，来自中国的黑客攻击，以及因巴以冲突而引发的网络攻击，都具有阶段性增长的特征。
- 没人可以预防世界上所发生的重大事件，除非你有绝大多数人所没有的社会关系。因此，你需要知道赛博战士和恐怖主义分子发动攻击的原因和手段。下面这个部分提供了一些场景。

0.3 赛博战士和赛博恐怖分子发动攻击的原因和方式

在构建赛博攻击的防护机制时，我们必须理解攻击发生的原因和方式。这是减少或消除攻击的第一步。最可能的赛博攻击原因有如下三种。
- 制造恐慌：绝大多数恐怖袭击都有一个最共性的特征，即恐怖分子希望在个人、群体或社会中制造恐慌。2002年巴厘岛夜总会的爆炸事件可能是这种动机的最好例证。这个夜总会只是一个为外国游客（特别是澳大利亚人）服务的酒吧。袭击者的主要目的就是造成游客伤亡并在他们中间制造恐慌。袭击发生之后，到巴厘岛旅游的外国游客数量明显下降。这种动机同样适用于对IT设施的攻击。
- 引起关注：不管袭击的实际破坏怎样，它都会引起人们的关注。我们考虑的是那些以造成巨大直接损失或导致严重负面宣传效应为目标的攻击，因而采用"引起关注"这一说法。1999年，一次拒绝服务攻击致使亚马逊网站关闭了一段时间。交易的停止给亚马逊带来了损失，并带来了广泛的宣传效应。
- 安全脆弱性：赛博攻击并不总会引起巨额的财物损失。要证明一个机构存在安全脆弱性，最有效的途径是让它的商用服务器拒绝服务或者涂改其 Web 页面（人们经常称之为计算机涂鸦）。

尽管赛博攻击技术很多，但赛博攻击的模式是可以建模的。一般来说，即使采用了最先进技术的赛博攻击，其步骤与传统犯罪通常也是一样的。这些步骤包括如下五个阶段。

第一阶段：对拟意定的侵害对象展开侦查。通过观察目标的正常运行，可以探知并积累其所用的软硬件、日常通信和周期性通信及其格式等有用的信息。

第二阶段：渗透。在攻击者进入系统之前，除了破坏系统的可用性或中断系统所提供的特定服务外，他能执行的操作十分有限。

第三阶段：确认并扩大在系统内的能力。通过查看资源，提升对系统中控制较严的高价值区域的访问权限来达成该阶段的目标。

第四阶段：破坏系统或者盗取所要的数据和信息。

最后阶段：通过编辑或删除日志文件掩盖入侵痕迹，消除渗透、盗窃等非法操作的证据。

入侵者总是希望能成功完成上述的所有步骤。至于能否如愿，完全取决于其所用的攻击手法、所期望的攻击结果，以及目标自身的防范和监测能力。

根据 CSI/FBI 的《2006 年计算机犯罪和安全调查》，在造成财务损失的源头中，计算机病毒占第一位，未授权访问居第二位，与笔记本电脑（或移动硬件）相关的损失、盗版分列第三和第四位。在所有损失中，这四类占了 74%。尽管大部分受访者的安全防范和响应计划中都包含安全策略和安全机制的内容，但还是发生了这些攻击。可以想象，那些未参加调查的机构中所未发现和未报告的成功攻击数量该有多大。

总的来说，当今的赛博攻击主要有如下几种。
- 计算机病毒和蠕虫攻击：它们通过电子邮件的附件、Web 浏览器脚本、脆弱性利用引擎传播。
- 拒绝服务攻击：让计算机与计算机之间的连接建立和维护机制发生过载，以此达到阻止合法用户使用公共系统的目的。
- Web 页面涂改：篡改政府或商业机构的信息服务站点，以此达到传播虚假信息、宣传和/或中断信息流的目的。
- 系统入侵：未经授权地侵入系统，窃取机密或专有信息的，篡改或破坏数据，以此为跳板发起对其他系统的攻击。

这些攻击的目的可能有所差别。有的是为了证明系统存在弱点，有的是要对所攻击的实体发出政治声明，还有的则是出于各种原因想窃取信息（包括窃取目标情报、内部过程或批量信息）。如前所述，攻击发生的原因（即攻击者决定渗透到一个系统的原因）与其可能引发的破坏范围密切相关。攻击者在踩点之前，可能会先观察一下周围的情况，或者仅仅寻找那些可用于其他一些内部/外部行动的高价值数据（即那些满足其渗透目的的东西）。还有些入侵的目的可能是中断或篡改系统的基础部分或辅助进程，或者作为一系列渗透活动的某个步骤。入侵者也可能会寻求篡改重要数据以企图掩盖其行踪（例如删除或修改审计日志），或者让别人或其他进程对修改过的数据进行操作，从而引发对物理硬件或电子数据的连锁破坏。

攻击的过程与攻击的执行方法及其特点有很大关联。如果有人想用病毒破坏系统，那么他就需要考虑该如何把病毒传播到系统中、该病毒应具备哪些破坏力（即删除数据、监视活动、盗窃知识产权、冒充他人身份等）。在策划攻击时，要考虑攻击的投送方法和用以执行破坏的适当设备。对于给定的网络，攻击者无法决定其基础系统和保护机制，因而其可选的攻击方法将各有其优缺点。至于是从内部还是外部对系统实施渗透，则是最高层面的决策。

众所周知，在大多数系统和网络的配置中，较之外部人员，内部人员可获得的系统资源访问权限更大。这是因为系统某些服务级别，要求其用户和开发者专注于符合组织整体利益的过程、方法和策略。对用户采取限制措施会引起系统综合能力的下降，而完全信任用户会自觉遵守操作规程，会导致安全脆弱性、系统和数据遭到破坏以及未来的攻击。具体到访问控制，系统编程和开发人员作为用户服务系统的构建者，都倾向于拥有系统的最高访问权限。

每过一段时间，人们就会发现操作系统和应用程序中被忽视的弱点。这并不稀奇，要求缩短开发周期、尽快把产品推向市场的压力，滋生了计算机软件业的许多缺陷。当今的软件开发范式是使产品能尽快与消费者见面，认可少量缺陷的存在，当产品发现缺陷时再来修正它。那些想成为攻击者的人，则可以在这些安全弱点被修复之前利用它们。乍一看来，这种攻击应该被视为外部攻击，除非这些安全漏洞是开发过程中故意设下的。最近的调查发现，奥姆真理教（该邪教组织曾经在东京地铁中释放沙林毒气，导致12人死亡，6000多人受伤）的成员中有政府和警察部门的涉密通信硬件和软件开发公司的分包商。因此，该邪教有能力取得并进一步开发出警车跟踪软件。此外，他们可能已具备了其他未被发现的能力，因为有超过80家日本公司和10个政府部门使用了他们的开发成果。

上述例子表明，如果内部系统的安全性依赖于其供应商质量控制水平，那么它就存在固有弱点。在现今的环境下，人们不得不信任预先装配好的硬件和软件系统。虽然攻击可以从或不从系统内部发起，但从系统内部发起攻击更容易。比如，电子邮件病毒不但有破坏能力，能把自己传播到其他与之互联的内部或外部的系统和用户。下面几节阐述可能成为主要攻击目标的设施。

0.4 主要攻击目标

门户应用

门户应用（Usage Portals）是指那些日常用于同外部世界交互的应用程序，如电子邮件、Web浏览器、聊天客户端、视频流、远程软件、Web应用软件，以及许多其他应用程序。攻击者可利用这些门户应用来攻击其宿主系统或其他与之互联的系统。

电子邮件

据报道，当今最流行的通信手段是电子邮件。我们用电子邮件来发送信件及图片和报表等附件。电子邮件客户端软件（如果它的配置允许），甚至还可以接收包含Web页面的电子邮件。在一名菲律宾大学生所制造的爱虫病毒事件中，E-mail这个门户应用在全球范围内导致了30亿～150亿美元的损失。与安德鲁飓风横扫佛罗里达州所造成的250亿美元损失相比，这个数字绝非小数。爱虫病毒的基本原理是，当收信人打开包含它的电子邮件时传染计算机，并向用户地址簿中的每个人发送一份带毒邮件。这里，被传播的是病毒，门户是电子邮件客户端，攻击目标是每一个与最初受害者有关系的人，造成的破坏是病毒的传播和对宿主系统的破坏。

这只是电子邮件可被计算机病毒利用的一个例子。此类病毒现在也被应用于瘫痪军事、政府、公司等目标设施。病毒在试图向互联系统传播的同时，发送数以万计的电子邮件，使这些机构的电子邮件服务器超过其处理能力的极限。由于用户未必重视如何恰当地使用电子邮件客户端和正确配置电子邮件服务器，通常还会不加选择地打开和阅读电子邮件，因此电子邮件仍将是实施攻击的一个途径。

Web 浏览器

Web站点可提供从篮子编织到制造路边炸弹等各种信息，Web浏览则允许人们以点击的方式来访问这些站点，从而促进了互联网的繁荣昌盛。Web页面的数量已超过8万亿，其中有些可能是被设计用来劫持或破坏访问者的计算机，这个可能性我们不能忽视。Web浏览器中内建了可用来攻击用户计算机的工具和脚本（如Install on Demand，Java Script，VB Script等小程序）。这些工具既可播放新闻网站上的视频，也能远程执行其他程序，使Web服务器得以控制其访问者的部分系统，进而利用这些工具读取和执行访问者系统中文件，访问用户账户的详细信息（即用户全名、登录名、电子邮件地址、权限级别、上次修改口令的时间、IP地址等），收集此前访问的网站和存放在操作系统和应用程序工作目录中的文件，判断操作系统和应用程序的设置。

此外，通过在数码图片中嵌入可执行代码，恶意站点能够利用这些内置的工具，在用户打开或者阅览图片时执行恶意代码。浏览器也为安全套接字层（Secure Socket Layer，SSL）等安全协议以及数字证书等安全机制提供了应用编程接口和插件，以实现更安全的浏览和通信。浏览器中的安全漏洞被发现后，不良站点就会利用这些漏洞进行站点重定向，服务器身份冒充，以及安装和执行恶意代码。通过正确配置和定期更新，上述问题以及其他未提及的与Web浏览器相关的问题是能够减少或消除的。不幸的是，大多数Web浏览器为了与现有的Web服务完全兼容和互操作，在设计中采用了"开放系统方法"。这个根本性的弱点，经常被攻击者利用。

聊天客户端

计算机用户之间的通信，有时是通过MSN Messenger、AOL Instant Messenger，mIRC等网络聊天软件进行的。有些聊天客户端软件允许在两台计算机间建立直接的专有连接，还有些则要求登录到一台集中服务器，与服务器上的其他用户实现一对一的聊天或群组论坛。语音和视频技术扩展了这种基本聊天方法。苹果公司的iChat AV等软件就结合了文字消息、网络电话和视频技术。在此类应用中，绝大多数产品没有提供隐私保护（即加密、IP地址隐藏等），因而不仅通信内容可以从对话中被探知，还会遭受监视、劫持和通信内容替换等攻击。

而且，入侵者可以利用此类软件获取配置信息，以备将来远程操控计算机的麦克风和摄像头，实现对计算机所在房间的监听或监视。因此，在选择软件、聊天服务器和聊天对象时，务必小心谨慎。然而，轻信熟人和容易产生使用惯性是人的本性，这使得聊天工具常被聪明的入侵者和社会工程黑客所利用。

远程软件

　　远程软件通过调制解调器或网络连接，使用户可以在一台计算机上远程操控其他计算机或服务器。它用于服务器远程管理（类似于telnet），可以访问网络上的共享或受限资源，如数据库、应用软件和工作文件等。有时，计算机上的远程软件（如Laplink、pcAnywhere等）完成连接之后，就充当了受控计算机的键盘和屏幕终端。或者说，远程计算机实际上成了一台全功能的虚拟计算机，可类似于微软的终端服务那样模仿实际Windows桌面。远程服务被启用并可供用户使用之后，入侵者就能够使用Modem或网络地址端口获得对内部网络的访问。这些访问点往往采用用户名/口令机制保护，并且没有或几乎没有采取加密等隐私保护措施。因而会遭到外部监视、蛮力攻击（即不断尝试直至找到一个匹配的字符串）和口令字典攻击（口令字典是一个可能的口令列表）。我们推测，远程软件是迄今为止防护最弱的一个应用，也是机构中最容易渗透的应用。

Web 应用

　　字处理和电子表格软件等日常应用程序，被设计成具有Web访问功能，以允许它在系统之间发送和阅读文件及正在进行中的项目。也就是说，这些程序集成了应用和协作系统。当用户试图在文档中插入艺术剪辑时，常常会得到提示，问您是否想到开发商的网站上浏览更多艺术剪辑。还有些应用程序作为微软Office套件等软件的一个组成部分，与电子邮件和Web浏览器软件直接集成在一起，当需要这些功能时，相关的应用程序就会被运行。此外，许多应用程序和工具软件会定时检查是否有可用的互联网连接。若有，就会与开发商的服务器建立联系，从中获取更新信息或进行注册验证。有些软件更具侵略性，当发现当前没有网络连接时，它会未经用户许可，指示计算机进行拨号或连接到互联网上。

具有Web功能的应用程序可被入侵者的恶意代码利用来传输系统信息（比如通过FTP等协议传输），执行后续攻击行动，并为传播其他恶意代码创造便利条件。在选择和配置此类软件，以及在选择软件开发商时，都必须小心谨慎。共享或自由性质的Web软件，因其不良的软件开发过程，有时会额外内置供开发者利用的通信和后门功能。软件能访问本系统之外的Web站点是一回事，但未告知用户就接受来自互联网的连接则完全是另一码事。例如，微软的Office产品中就有许多这样的例子。不管用户愿不愿意，他已经具备了把应用软件与Web集成的能力，因此与这类软件相关的安全问题迟早是要出现的。

软件更新

正如前面所讨论的，当前软件开发范型是用最可行的方法尽快将产品推向市场。当发现安全缺陷时，软件厂商常常会发布软件修复补丁。不论是操作系统、工具程序，还是应用软件包的补丁，都有一个从开发、通知用户到最终发布的过程。在这整个过程中都可能出现安全脆弱性。用户和入侵者可能会发现，也可能发现不了这些脆弱性。举个例子，大多数反病毒软件为防范新病毒，都提供了病毒定义文件的更新功能。有些攻击是直接针对反病毒软件本身，因为如果可以通过某种途径禁用病毒扫描器，那么就可以在用户没有察觉的情况下激活更大的安全威胁。因此，更新病毒定义文件和反病毒软件对于保持良好的病毒防范极为关键。当更新过程被规避（如没有续订反病毒服务，禁用了部分更新过程，软件或病毒定义文件损坏等），就会出现许多可导致系统被入侵的安全问题。

操作系统和诸如SAP之类的企业级软件，其更新过程更复杂，这给入侵者提供了更多机会。有一种目前仍在用的破坏方法：给系统管理员发送看起来像来自官方的电子邮件，邮件中详细描述了一个新发现的真实安全漏洞，同时提供了一个对应的补丁下载链接，但实际上这个补丁可能是一段恶意代码（如蠕虫等）或一个捆绑了恶意程序的真实补丁。安装补丁不仅要及时，而且必须谨慎地确保整个过程的安全。系统管理员往往很忙，他们可能不会花时间检查邮件的真实性，或在安装之前不会检查补丁的完整性。即使管理员的知识丰富，不会上这种当，但他可能不会及时下载新补丁，因而不能尽快安装安全补丁。由于差劲的补丁管理水平，红色代码Ⅰ（Code Red Ⅰ）和红色代码Ⅱ（Code Red Ⅱ）以及其他类似蠕虫，在一次攻击中造成了多达25%的互联网服务器瘫痪。

0.5 可传播的程序

使用上述机制，攻击者为了达成其恶意目的，会力图用恶意代码感染被攻击的系统。这些具有传播能力的程序与攻击结果间存在很多牵连。它可能会寻求获取目标系统中的信息，也可能在被渗透的系统中创建后门以备日后之用，还可能迫使系统执行恶意代码或指令来删除数据和其他程序。对于内部渗透（即具备外联能力的内部应用），绝大多数可传播程序是计算机病毒、蠕虫和可执行脚本。其他具有更多外部性的具有攻击性的可传播程序，将在本章的后续部分讨论。

计算机病毒和蠕虫

自20世纪60年代以来，计算机病毒就一直是计算机系统的一大危害。从本质上讲，计算机病毒是一种具有自我复制能力的程序，它通过把自身注入其他程序或文件实现传播。当用户使用染毒文件时，计算机病毒就会驻留到计算机的内存中，把自身附着到其他被访问或打开的文件之中，并执行自身代码。计算机病毒惯于以引导区（即计算机磁盘的启动部分）和可执行文件为攻击目标，它们也会隐藏在一些不常用的内存区域中，如打印机的内存端口（memory port）。和计算机一样，病毒的能力也一直在进化。这些能力包括让可执行程序从其他位置调用被传染的文件、使病毒定义文件（即用来检测病毒的数字特征）失效、对自己进行加密以逃避特征检测、每次复制时改变自身的数字特征（即多态）等。

蠕虫是一类不需要借助其他文件或程序来复制自身的恶意软件。它是自我包容的，可自主运行。病毒和蠕虫之间的主要区别在于病毒是在宿主系统中复制的，而蠕虫则利用标准协议通过网络复制，即它是一类移动代码。最新出现的蠕虫利用系统的已知漏洞来执行自身代码，并将自身复制到其他系统，如红色代码Ⅱ蠕虫在不到14个小时的时间里传染了超过25 900台计算机。还有一种破坏性较小但更具颠覆性的蠕虫，它能监视并收集服务器和流量活动，然后把这些信息回传给其开发者，其设计用途是刺探工业等情报。

特洛伊木马

特洛伊木马是一种貌似具有合法功能，但实际上也会执行未知或有害动作的恶意程序。许多病毒和蠕虫是通过特洛伊木马程序的散布来感染系统、安装监视软件（如用户击键动作记录程序）、安装系统远程控制后门，以及在被渗透的系统中执行破坏性的操作。以提供免费软件（如游戏、实用工具、黑客软件等）为名来散布木马程序，是入侵者的惯用手法。在商业领域，在30天试用版的"免费"软件中捆绑监视软件也很常见，它可在用户的同意下将其活动信息报告给开发商。有关这种蓄意监视的知情信息，被深藏在软件的使用许可条款中。用户在第一次安装软件时，必须同意这样的条款。这种间谍软件，也可被入侵者监视和劫持，以收集潜在目标的有关情报。在我们看来，这种软件应被视为特洛伊木马，尽管它的许可协议允许其进行信息收集。

恶意脚本

在使用前述的门户应用时，用户会用到脚本语言和宏，它们把软件模块和组件连接起来，实现功能调用的自动化。这些脚本被设计成在后台运行，为在互联的模块和系统之间实现通信和合法代码的无缝执行提供了手段。这些脚本包括Java Applets，Active X和应用软件的宏。Java Applets在应用程序

（如Web浏览器）的内部执行，而非操作系统直接执行。它本身独立于操作系统，由应用程序通过其所驻留的操作系统来执行。Active X是OLE技术（Object Linking and Embedding，对象链接与嵌入）和COM技术（Component Object Model，组件对象模型）的结合，它支持在应用程序之间共享信息，可以执行用户通常可能执行的任何操作。利用Active X技术，应用程序在处理和保存数据时，可以不受应用程序专有数据格式的限制（也就是说他们可以不管程序的依赖关系实现自动化）。宏是一组能够按顺序一次或多次重复执行的操作序列。它可以自动执行应用程序中的重复操作。Java Applets、ActiveX、宏、还有类似的脚本机制已经成为Web浏览、多人游戏和商务自动化的常规组件，它们是计算功能实现流水作业的基础，有助于提高服务水平。

当以上技术被用于执行用户所不需要的命令和活动时，就可视之为恶意脚本。若Java Applets被滥用，它可读取用户系统的私有目录和文件、创建套接字与其他系统进行通信、利用用户的账号发送电子邮件以及执行其他操作。若Active X被滥用，它可指示会计软件向某人的银行账户开电子支票，以及许多其他的自动化攻击。宏自出现之初，就已被攻击者用于执行与病毒类似的功能。这类具有和病毒类似功能的宏，后来被称为宏病毒。宏病毒在染毒文档被打开时执行，它把自身附加到正常或空白的应用程序文档上以实现复制。任何时候，当打开或新建文档时，宏便把自己复制到该文档中。当在其他机器中打开被感染的文件时，宏病毒便传染到新系统中。

0.6 外部渗透

本部分将描述一些从外部渗透系统的常用方法。

社会工程

我们年幼的时候，有一个很传统的观念，认为问问题是没有坏处的。假如有个人彬彬有礼，听起来对某个话题或环境十分熟悉，而且能目标明确地与人沟通，那么通过询问一些专业问题，并说服他们泄露一些秘密的细节，就有可能对组织或个人造成伤害。这些信息反过来还能用于将来实施攻击。社会工程的目的是让人泄露秘密信息，如，用户名、口令、入口点和工作时间等，并以此作为系统渗透的第一步。社会工程的传统手段包括：冒充银行职员打电话；假装成雇员或系统管理员；冒充官方客人，趁雇员离开办公室的间歇，用他的电话呼叫技术支持人员。利用这类欺骗手段获得信息，可大大降低攻击者获取系统或网络初始访问权的难度。这些信息也能极大地增强我们此前讨论的和本节后续部分将要讨论的其他方法的攻击效果。

物理攻击

访问系统资源的最简单方法很可能就是物理访问。由于计算机的体积小，部门或个人常常把服务器放置在触手可及的地方以方便维护。对于中小型企业，这种现象更是普遍，因为他们在系统的使用和管理方面赋予个人更多的职责。由此引起的后果是，攻击者或者访客可以利用近距离之便访问终端，并快速地在其中安装诸如键盘记录器的监视软件或设备（如连接到键盘或显示屏的无线传输器）。不管信息的采集方式如何，它都可被提取或传输给入侵者，以支持其后续的入侵活动。除了上述用途，物理访问还能为入侵者提供如下机会。

- 主要部件：入侵者可以把计算机的外设（如监视器、键盘等）拔掉带走。他们在检查或修改了这个设备之后，再把它接回去以供日后监视和攻击之用。那些管理较好的部门将计算机系统放置在上锁的房间里以限制对它的访问，并实施安全策略、安装报警装置、对客人及入侵者访问其设备的行为进行管理，其原因之一就在于此。
- 搭线：对组织的网络进行搭线连接，是另一个必须认真考虑的安全脆弱点。传输线缆有双绞线、同轴电缆和光纤。在许多情况下，这些内部线缆穿行于墙壁和线管，终结于墙壁上的插孔、交换机架或集线器处。对于双绞线和同轴电缆，能否利用它们与其访问的难易度有关。

对于光纤，则需要更高级的技术和设备。尽管在许多情况下，它们都包在线管内，但其他一些地方它们是完全暴露的。而且，这些线缆总是要离开建筑物的，因而容易受到来自外部的接入攻击。

- 设备销毁：旧设备的正确销毁是物理安全的一个方面。硬盘中通常包含一台曾经可以正常运转的连接到内网的计算机的详细信息和配置。在许多情况下，这些退役计算机被送给员工或是把硬盘格式化后丢到垃圾箱里去。这种做法的问题是，即使将硬盘格式化六遍，当今的计算机取证技术仍可恢复其中的数据。为了确保安全，需要一种数据永久擦除软件。这种软件在硬盘驱动器中反复写入数据以确保其中的数据不可恢复。此外，旧的备份磁带和光盘也必须进行安全销毁。

对设备的物理访问能力为获取额外的系统访问权提供了巨大优势。获得用户历史记录、活动情况和数据是取得额外渗透能力的主要步骤。因此，物理入侵仍将是入侵者获得额外访问权和知识的有效步骤。

无线通信媒介

曾经由陆上线路、海底线缆等提供服务的地方，目前都正安装无线设备来提供相同的服务。无线设备利用激光、无线电频率和红外技术，把数据调制在其频率波段中实现传输。这些技术涵盖的范围包括可见光通信（如激光）、无线电通信（如蜂窝电话和联网设备）、卫星控制系统和广播传输。无线通信的本质决定了它在广播区域和点对点路径上都可以被访问到。这既是它的最大优点也是最大弱点。一般来说，当两个设备要建立连接前，会通过握手协议建立连接及整个连接过程的安全机制。然后一直维持这条链路直至其结束或中断。设备间的无线通信，有时候会因环境条件影响而信号不佳或出错，导致需要进行数据重传。这两个问题，为入侵者突破系统及其安全机制提供了基础。虽然在无线通信的保护方面已有许多标准，但是无线传输的开放性使得其存在被窃听的隐患。2004年在新西兰奥克兰进行的一项研究表明，超过60%的无线办公系统处于无任何保护的工作状态。也就是说，任何人使用笔记本电脑和无线天线就能以授权用户的身份使用网络。这使得入侵者可以观察和记录通信，分析其内容和密钥，并设法解密。这些通信也会受到电子干扰，干扰设备用白噪声淹没通信电波，从而使设备到设备之间无法建立通信连接。

无线设备的最后一个主要安全弱点与其位置可精确探测有关。这类设备都有发射源，而目前有许多探测方法（如三角测量等）可以推断出发射设备的物理位置。尽管用于军事的无线设备采取了诸如调频和扩谱等安全保护机制，但大多数商业设备仍然存在被中断、监视和入侵等安全弱点。

用户访问点

数据通信用户利用数据通道访问计算机系统以及其中的资源。在几乎所有案例中，用户被分配了一个指明其权限和可访问域的账号。这些账号可以是普通账号，如匿名用户或访问控制表上的用户（访问控制表是一个预定义的用户和其访问权限的列表。按惯例，用户要输入其账户名和口令。发起连接的计算机然后与被连接的计算机建立会话（即通信连接处于维持状态的时间段）。所有发生在被连接系统上的活动，均按照用户账户的权限执行。因此，入侵者的基本攻击方法是识别用以访问系统的用户名和口令。

数据包嗅探是获取该信息的一种方法。正如前面所探讨的，数据包嗅探是一种通过检查网络中流过的数据包以获取通信内容中包含的信息。如果把嗅探器安装在网络内部的计算机上，那么该计算机就可以隐蔽地监听出入网络的流量。从本质上说，嗅探器在网络上创建了套接字，将网卡设置成混杂模式，然后开始从打开的套接字中读取数据。如果数据是以明文形式在网络上传送，那么它们将可被轻易地读取。当用户要连接到一个系统时，系统通常会提示用户输入用户名和口令。这些信息经由通信信道被传送到服务器上进行认证。如果这些信息不加密，那么嗅探器就能捕获该信息以供日后入侵之用。攻击者接着就能够利用合法用户的所有权限访问系统，而一旦获得对系统或网络的访问能力，他就有可能进一步提升访问权限。由于并非所有系统都对这些事务过程进行加密，因此嗅探器始终是用户账号安全的一大威胁。

直接攻击用户账号口令是入侵者使用的另外一种方法。有时候，可以通过社会工程、用户名格式等其他途径获得用户名。有了用户名之后，接下来的工作就是得到对应的口令。这个目的可以通过蛮力破解和字典攻击达成。蛮力攻击完全依赖计算能力逐一尝试用户可能使用的所有口令。字典攻击使用诸如姓名、地点和物体等最常用的字典词汇，以尝试找到用户账号所对应的口令。这两种方法都可以借助破解软件自动进行。安全性好的系统会对用户的口令尝试次数进行限制，如果在规定的次数内所输入的口令均不正确，则账号将被禁用一段时间。禁用期过后，用正确口令通常仍可以登录账户。但是，许多系统并没有提供或激活这个安全功能，因而无法防范这类攻击。

另外一个常见的用户访问点是拨号网络，即通过拨号接入互联网服务提供商（ISP，如AOL、AT&T等）。在入侵者社区中，用可访问的或已破解的用户账号交换软件破解方法和专业漏洞是极为常见的。获得账号访问权，意味着可以使用该账号发送垃圾邮件（即未经请求向他人群发电子邮件）、进行匿名浏览、在其掩护下渗透其他账号、以及ISP所提供的访问服务。用户必须获得ISP的文件查看和执行许可，才能检查电子邮件、从ISP外部发起会话连接或执行看起来无害的操作。尽管这些访问权限是受限的，但较之非注册用户还是要大些，因此要求合法用户承担相应的责任。当用户账号被劫持，合法用户便无法对账号的活动施加影响。入侵者利用这些账号，就可以订阅电子邮件，访问服务器上的文件夹和配置，从而可以提升访问权限、重新配置各种系统组件以攻击其他网络，甚至可以把被入侵的系统作为其他远程攻击活动的代理服务器。

DNS 和路由漏洞攻击

域名系统（DNS）是互联网地址的一种识别机制。我们可以想象一下，把信息错发到别的IP地址上会有什么后果。现有技术和系统流程的认证能力有限，精心设计的DNS攻击可对全球网络造成严重破坏。由于DNS缺乏强认证机制，数据包流的控制机制有可能被篡改，从而导致用户收到未授权信息或对其进行操作。

0.7 防范攻击的切入点

认识到攻击发生的可能性，有助于着手制订应对潜在威胁的防范计划。防御手段可归为如下四类。
- 物理防范：控制对设备进行现场访问。
- 系统防范：限制对系统中所存储数据和网络上所传输数据的未授权修改。
- 人事防范：限制员工的不当行为。
- 组织防范：制订并实施信息安全计划。

物理防范

在信息安全防护中，物理安全考虑的是执行中的活动和已安装的设备。物理安全要实现的主要目标如下。
- 防止未授权人员进入公司禁区：这个定义意味着可能有若干类"未授权人员"，同时公司预先规定了若干具有不同访问限制的安全区域。有些区域（如接待区）可以对几乎所有人开放，而其他区域则仅对数量有限的公司雇员开放。
- 防范IT设备（特别是那些存储了敏感信息的设备）失窃：这个防护包括存放于公司指定区域之外的设备。
- 保护IT设备不被破坏：包括防范攻击者在公司内部安装爆炸物。其中也包括火灾、水灾和地震的应对措施。
- 防止未经授权读取任何形式的信息（包括视听信号或模拟信号等）：安全措施必须防范未授权人员从计算机屏幕上读取敏感数据，偷听口述信息，窃听电话或类似行为。

这里所探讨的安全措施不能防范系统口令破解、加密信息破译等系统攻击手段，也不能解决因移动通信系统（如移动局域网等）部署不当而导致的安全问题。

系统防护机制

1. 防火墙

防火墙作为一种防范入侵的基本手段，提供了抵御渗透的基本屏障。防火墙一般是软硬件结合的设备，用于隔离内部网络和外部网络。

从本质上讲，防火墙有两个主要功能：一、对外隐藏内部网络的IP地址，使外部人员无法查看和连接防火墙内的系统。这好比不公开商务电话号码和邮政地址。有了这个保护，可迫使入侵者在执行攻击之前必须获得目标的IP地址。二、对通过其通信端口的数据包进行双向控制。端口是通信路径上某个逻辑连接的端点。根据配置，一个给定端口可以接受入站、出站或出入站数据包。举个例子，如果系统管理员要防止文件被传输出去，那么就需要对20和21端口（即FTP协议端口，其他用于文件传输的端口也要做同样配置）进行相应配置以实现这一目的。通常，允许通过用户名/口令机制从指定IP地址登录防火墙，以对其进行配置和维护。这使得防火墙容易遭受前面讨论的那些攻击。此外，很多防火墙并非独立研制的系统，而是在现有的系统功能或在给定的网络操作系统上开发。利用这些操作系统的安全漏洞，可以绕过防火墙的某些保护机制。

2. 病毒扫描器

顾名思义，病毒扫描器的工作就是搜索恶意软件。目前市面上扫描器有多种，它们的基本原理如下：

- 扫描指定类型的代码，报告所发现的恶意软件。
- 检测对原有软件的未授权修改。
- 在给定条件下检测系统中的未授权活动。

由于每天都会有新的恶意软件出现，病毒扫描器必须经常更新其病毒特征库才能真正起作用。

3. 漏洞和渗透工具

这类产品数量巨大，它们自动扫描和评估联网设备的属性信息。这类产品对安全管理员极其有用。如果未经正当授权而使用这类工具，可能会招致法律诉讼，因此使用时必须非常谨慎。2005年，英国就曾报道过这样的案例。一名安全专家觉察到一个慈善机构的网站有异常，他自己恰好是该机构的捐助人。作为权益方，他用漏洞诊断工具对网站进行了检测。但最终法庭判处他高达数千英镑的罚款。在有些国家，如新西兰，哪怕是拥有这类软件都可能遭到起诉。

人事防范

与人事政策相关的安全问题，是组织全面安全防护中的一个重要考量因素。这主要是与公司雇用协议及其内涵相关的安全问题，包括：

- 对应聘人员进行人事筛选。
- 应用安全策略并订立保密协议。
- 制订并执行安全培训计划。
- 制定并执行安全事件和故障处理策略。

组织防范

上述所列的所有防御机制都必须有条不紊地执行。这就要求每个机构均应制定安全措施的开发和实现计划。作为该计划的一个组成部分，应阐明信息安全策略，让员工知悉目前已采取的安全措施，并明白哪些行为是合规的。我们要强调的是，在处理赛博恐怖主义和赛博战攻击事件时，最有效的行动模式就是采用系统化的方法，从组织全局利益的高度制定所有重要决策。

0.8 安全系统策划的总原则

要防范包括恐怖主义袭击在内的潜在攻击，必须明确信息设施所面临的所有可能威胁，对这些威胁可导致的潜在损失进行评估，设计并实现信息安全防线。

赛博恐怖主义和信息战正成为信息技术资源所面临的一种新的重要威胁，在策划、设计和实现全面安全防护体系时，必须把这种威胁考虑在内。全面防护体系的最重要组成部分建立于风险分析和管理之上。如果赋予高度受限的访问权和无限的可用资源，那么可以保护资产的安全。然而，在现实世界中必须有所优先和侧重。为此，要制定优先权的确定依据，并据此作出决策。

安全防护体系的设计，可采用如下问题调查方式进行：

- 业务连续性的重要程度有多大？
- 我们的知识产权和个人信息对自己和别人的价值几何？
- 替换系统和信息需要付出多大代价？
- 不采取保护措施会导致哪些后果？
- 我们愿意投入多少来保护资产？

在现实中，几乎不可能完全评估信息损毁或泄露所导致的商业损失。原因有二：

1. 对于那些可能不会发生且从未发生过的事件，很难量化其可能带来的损失。假设有个公司的市场策划书被盗。鉴于此前从未发生过这种事情，那么谁能预测此事可能导致哪些财务损失甚至其他更远的不良影响？

2. 攻击者的意图对损失值有重大影响。1990年海湾战争之初，一台存有多国部队空军解放科威特的详细计划的笔记本电脑被盗。幸运的是，这台电脑上的信息没有落入伊拉克政府之手。我们可以想象，如果伊拉克军队得到这个计划，那么将带来多大的人员损失。而即便可以改变作战计划，也要为此付出极大代价。

从上述这些事例中我们可以得出结论：在着手制定安全计划之前，必须对信息技术风险做透彻的分析。这一点对于论证安全控制措施的合理性、应对不可接受风险、评估安全措施与法令及公司政策的符合性，以及平衡各种风险的控制措施都很有必要。然后将风险评估的结果应用于开发和实现组织的安全计划，包括与应对赛博恐怖主义与赛博战威胁相关的一些问题。

0.9 结束语

在20世纪末和21世纪初的这几年里，恐怖主义袭击事件日渐增多。这些袭击已影响到IT领域，其中最可能发生的是这些攻击的伴随效应（如破坏一个组织的总部大楼，将导致其中的IT设施被毁坏）。虽然，时至今日我们还没有目击到世界范围的严重恐怖主义袭击，但这种可能性正在上升。现实的威胁迫使我们去找寻如下问题的答案：

- 我们的设施所面临的赛博战和赛博恐怖主义袭击威胁有多大？
- 面对日益严峻的威胁，需要采取哪些措施来保护我们的系统？

这些都是未知领域。为找到这些问题的答案，可以循着恐怖主义分子的思维方式，考察传统恐怖袭击与赛博恐怖袭击之间的联系。

赛博恐怖主义与赛博战威胁，并没有改变典型的风险分析步骤，也不需要引入新的安全控制机制。但是，这类威胁在传统风险分析基础上，增加了新的因素，提出了一些与信息安全相关的问题，而这些问题在过去并不普遍。

传统的风险评估需要调查，因受个人好奇心、求财欲望和/或嫉恨组织等动机驱动的攻击行为所导致的后果。赛博恐怖主义在传统评估中加入了新的因素。我们必须预测其行为的实质，并建立应对计划。

本章概述了攻击者的行为动机。我们认为，恐怖分子的根本意图是在尽可能大的社会范围内制造恐惧和伤害。我们建议了一些为减少网络攻击及降低其后果应采取的重要行动，指出了赛博战和赛博恐怖袭击的主要类型。希望这些可为理解和有效预防、检测和应对赛博攻击奠定基础。

参考文献

CAIDA. (2005). *Analysis of Code Red.* Retrieved from http://www.caida.org/analysis/security/code-red/

Center for Strategic and International Studies. (1998). Cybercrime, cyberterrorism, cyberwarfare, averting electronic Waterloo.

CERT Coordination Center. (2000, December). Results of the Security in ActiveX Workshop. Software Engineering Institute, Carnegie Mellon University, USA.

Colin, B. (1996). The future of cyberterrorism. *Proceedings of the 11th Annual International Symposium on Criminal Justice Issues,* Chicago.

Computer Security Institute. (2006). *2005 CSI / FBI computer crime and security survey.* Retrieved from http://i.cmpnet.com/gocsi/db_area/pdfs/fbi/FBI2006.pdf

Convention on Cybercrime, Council of Europe. (2001). Proceedings of Convention.

Denning, D. (1999). *Information warfare and security.* Boston: Addison-Wesley.

Elmusharaf, M. (2004). *Cyber terrorism: The new kind of terrorism computer.* Retrieved April 8, 2004, from http://www.crime-research.org/articles/Cyber_Terrorism_new_kind_Terrorism

Journal of Information Warfare, Australia, since 2001.

Molander, R., Riddle, A., & Wilson, P. (1996). *Strategic information warfare, a new face of war.* Rand National Defense Institute.

National Security Telecommunications and Information Systems. (n.d.). Security policy no. 11. Retrieved from http://niap.nist.gov and http://nistissc.gov

President's Critical Infrastructure Protection Board. (2002). National strategy to secure cyberspace.

Schneier, B. (2006). *Counterpane Newsletter,* (April).

扩展读物

Alexander, D., Arbaugh, W., Keromytis, A., & Smith, J. (1998). Safety and security of programmable network infrastructures. *IEEE Communications Magazine,* (October).

Alvey, J. (2002). Digital terrorism: Hole in the firewall? *Public Utilities Fortnightly,* (March).

Anagnostakis et al. (2002, April). Efficient packet monitoring for network management. *Proceedings of the IEEE/IFIP Network Operations and Management Symposium.*

Bih, J. (2003). Internet snooping. *IEEE Potentials,* (October/November).

Burge et al. (1997, April). Fraud detection and management in mobile telecommunications networks. Proceedings of the European Conference on Security and Detection.

Chakrabarti, A., & Manimaran, G. (2002). Internet infrastructure security: A taxonomy. *IEEE Network*, (November/December).

Colarik, A. (2003, November). *A secure patch management authority*. PhD Thesis, University of Auckland, New Zealand.

Crocker, S. (2004). Protecting the Internet from distributed denial-of-service attacks: A proposal. *Proceedings of the IEEE, 92*(9).

Dotti, P., & Rees, O. (1999, June). Protecting the hosted application server. *Proceedings of the IEEE 8th International Workshops on Enabling Technologies: Infrastructure for Collaborative Enterprises*.

Edwards, M. (2001, March). *FBI finds secret U.S. source code on computer in Sweden*. InstantDoc #20178.

Ernst & Young. (2004). Global information security survey 2004. Assurance and Advisory Business Services.

Harper, H. (2002). Cyberterror: A fact of life. *Industrial Distribution*, (January).

Haugh, R. (2003). Cyber terror. *Hospitals & Health Networks*, (June).

Institute for Information Infrastructure Protection. (2003, January). *Cyber security research and development agenda*.

Joint Inquiry of the Senate Select Committee on Intelligence and the House Permanent Select Committee. (2002, October). Statement for the record by Lieutenant General Michael V. Hayden, USAF, Director, National Security Agency.

Karrasand, M. (2003, June). Separating trojan horses, viruses, and worms: A proposed taxonomy of software weapons. *Proceedings of the 2003 IEEE Workshop on Information Assurance*.

Langnau, L. (2003). Cyberterroism: Threat or hype? *Material Handling Management*, (May).

Levack, K. (2003). The E-Government Act of 2002: A stab at cyber security. *EContent*, (March).

Magoni, D. (2003). Tearing down the Internet. *IEEE Journal on Selected Areas in Communications, 21*(6).

Mavrakis, N. (2003). Vulnerabilities of ISPs. *IEEE Potentials,* (October/November).

Maxion, R., & Townsend, T. (2004). Masquerade detection augmented with error analysis. *IEEE Transactions on Reliability, 53*(1).

McCollum, T. (2003). Report targets U.S. cyber-security. *The Internal Auditor,* (February).

Mearian, L. (2002). Wall Street seeks cyberterror defenses. *Computerworld*, (March).

Misra, S. (2003). High-tech terror. *The American City & Country*, (June).

Mukhtar, M. (2004). *Cyber terrorism: The new kind of terrorism*. Retrieved April 8, 2004, from http://www.crimeresearch.org/articles/Cyber_Terrorism_new_kind_Terrorism

Nasir, B. (1994, October). Components, modeling and robustness of network management for telecommunications systems. *Proceedings of the IEE Colloquium on Network Management for Personal and Mobile Telecommunications Systems*.

NATO Parliamentary Assembly, Science and Technology Sub-Committee on the Proliferation of Military Technology. (n.d.). Draft interim report: Technology and terrorism. Retrieved from http://www.nato-pa.int/publications/comrep/2001/au-121-e.html#3

NATO Parliamentary Assembly, Science and Technology Sub-Committee on the Proliferation of Military Technology. (n.d.). *Draft report: Technology and terrorism: A post-September 11 assessment.* Retrieved from http://www.nato-pa.int/publications/comrep/2002/av-118-e.html#3

Ollmann, G. (2004, September). *The phishing guide: Understanding & preventing phishing attacks.* NGSSoftware Insight Security Research.

Pescape, A., & Ventre, G. (2004, April). Experimental analysis of attacks against routing network infrastructures. *Proceedings of the 2004 IEEE International Conference on Performance, Computing, and Communications.*

President's Critical Infrastructure Protection Board. (2002, September). *The national strategy to secure cyberspace.*

Reed, M., Syverson, P., & Goldschlag, D. (1998). Anonymous connections and onion routing. *IEEE Journal on Selected Areas in Communications, 16*(4).

Rennhard, M., Rafaeli, S., Mathy, L., Plattner, B., & Hutchinson, D. (2002, June). Analysis of an anonymity network for Web browsing. *Proceedings of the 11th IEEE International Workshops on Enabling Technologies: Infrastructures for Collaborative Enterprises.*

Rietscha, E. (2003, September). *Buffer overrun vulnerabilities in Microsoft programs: Do you really need to apply all of the security patches?* SANS Institute.

Sabeel, A., Rajeev, S., & Chandrashekar, H. (2002/2003). Packet sniffing: A brief introduction. *IEEE Potentials,* (December/January).

Shimeall, T., Williams, P., & Dunlevy, C. (2001/2002). Countering cyber war. *NATO Review,* (Winter).

Solomon, H. (2003). War in Iraq could cripple Internet, IDC. *Computing Canada,* (January).

Spencer, V. (2002). Cyber terrorism: Mass destruction or mass disruption? *Canadian Underwriter,* (February).

Thibodeau, P. (2001). War against terrorism raises IT security stakes. *Computerworld,* (September).

Thuraisingham, B. (2000). Understanding data mining and applying it to command, control, communications and intelligence environments. *Proceedings of COMPSAC 2000.*

U.S. Commission on National Security. (1999, September). *New world coming: American security in the 21st century: Major themes and implications.*

U.S. General Accounting Office. (2003, January). *Critical infrastructure protection: Efforts of the financial services sector to address cyber threats.*

Vatis, M. (2001, September 22). *Cyber attacks during the war on terrorism: A predictive analysis.* Institute for Security Technology Studies at Dartmouth College.

Verton, D. (2002). Experts predict major cyberattack coming. *Computerworld,* (July).

Voyiatzis, A., & Serpanos, D. (2003). Pulse: A class of super-worms against network infrastructure. *Proceedings of the 23rd International Conference on Distributed Computer Systems Workshops.*

Wan, K., & Chang, R. (2002). Engineering of a global defense infrastructure for DDOS attacks. *Proceedings of the 10th IEEE International Conference on Networks.*

Weaver, N., Paxson, V., Staniford, S., & Cunningham, R. (2003). A taxonomy of computer worms. *Proceedings of the 2003 ACM Workshop on Rapid Malcode.*

Wheatman, V., & Leskela, L. (2001, August). *The myths and realities of "cybersecurity" in China.* Gartner.

第一部分 术语、概念和定义

在绪论里，我们定义了赛博恐怖主义和赛博战，阐述了其简要历史以及与处理赛博攻击相关的一些主要问题。

赛博恐怖主义和赛博战的存在已超过10年。在这个相对较短的时期内，它已发生了质的变化。这些变化源于信息技术的进步，区域和全球政治的发展，以及当今社会伦理道德标准的改变。

这些变化是许多研究者和实践者感兴趣的研究主题。他们仍在研究这些趋势，发布相关报告，建立分类方法，设计进一步研究所需的工具并规划预后响应。这些及类似主题构成了本部分的主体。

密码学、隐写术和其他技术是发动赛博战和赛博恐怖主义行动的主要手段。在制定赛博战和赛博恐怖主义的应对策略时，有必要掌握这些技术及其应对方法。

本部分包含如下章节。

第1章 赛博恐怖主义袭击

第2章 信息战十大趋势

第3章 比特和字节 vs.子弹和炸弹：一种新的战争形态

第4章 赛博战基础设施

第5章 恐怖主义与互联网

第6章 隐写术

第7章 密码学

第8章 可信IT过程交付路线图

第 1 章 赛博恐怖主义袭击

Kevin Curran，Kevin Concannon，Sean McKeever
（欧斯特大学，英国）

赛博恐怖主义是一种以信息、计算机系统、计算机程序和数据为目标，有预谋且带有政治动机的攻击行为。它是国家分裂组织或特工人员针对非战斗目标的暴力攻击。网络互联和信息技术的应用，给赛博恐怖主义创造了无限可能。政府计算机网络、金融网络、发电厂等都是可能的攻击目标。恐怖主义为了制造恐慌情绪将其视为最恰当的破坏目标。利用带有秘密后门的软件控制系统，窃取涉密文件，删除数据，篡改Web页面，植入计算机病毒等只是恐怖主义者对安全系统实施渗透的若干例子。本章简要介绍此前发生的恐怖主义袭击事件及政府的应对措施。

1.1 引言

恐怖主义可定义为"个人或有组织的团体，因意识形态或政治原因，非法使用或威胁使用武力或暴力攻击人员和财产，以图达到恐吓或胁迫社会或政府的目的"（Denning，2000，pp. 54-55）。至今为止，还未发生过严重的网络恐怖袭击事件。但在近年来发生的科索沃和中东冲突中，已经有计算机网络受到攻击。由于恐怖主义分子经费有限，网络攻击对其更具诱惑力，因为它所需的人员和资源较少（这意味着所需的资金更少）。网络攻击的另一个优势是它有利于恐怖主义分子隐藏身份，因为他们实际执行攻击的地点可能离攻击目标所在地甚远。恐怖主义据点通常建在政府软弱的国家，而赛博恐怖主义分子则可以不暴露身份在任何地方建立据点（Oba，2004）。现实恐怖主义和赛博恐怖主义的结合，被认为是赛博恐怖行动最有效的实施途径。举个例子，在现实中制造突发事件，同时中断网络中的紧急事件服务，就是此二者结合的非常有效途径。互联网和信息技术的应用，为赛博恐怖主义创造了无限可能。政府计算机网络、金融网络、发电厂等都是可能的攻击目标，恐怖主义为了制造恐慌情绪会把它们视为最恰当的破坏目标。利用带有秘密后门的软件控制系统，窃取涉密文件，删除数据，篡改Web页面，植入计算机病毒等只是恐怖主义者对安全系统实施渗透的若干例子。此外，劫持航空管制系统或者远程破坏电力网络等案例，也证实了利用计算机技术发动恐怖袭击的可能性（Gordon & Loeb，2005）。

恐怖主义团体越来越多地使用信息技术和互联网制定计划、筹集资金、开展宣传和进行安全通信。在2000年关于全球威胁的声明中，中央情报局局长乔治·特尼特（George Tenet）证实："包括黎巴嫩真主党、哈马斯、阿布尼达尔组织和本·拉登的基地组织等的恐怖组织已在其行动中使用计算机化的文件、电子邮件和加密手段。" 世贸中心爆炸事件的策划者拉姆齐·优素福（目前已被定罪）就利用了加密技术，在其笔记本电脑上存储了炸毁美国客机的详细计划（Kosloff，Moore，Keller，Manes，& Shenoi，2002，p. 22）。

恐怖组织也利用互联网针对听众发布信息，从而不必再依赖广播、电视或出版等公开渠道。网站是突出不公平事件，并为那些受压迫和监禁的政治犯寻求支持的途径。恐怖主义网站一般不会披露有关暴力活动的任何信息，它通常只会声称自己别无选择，只能求助于暴力。他们声称自己受迫害，其领导人遭到暗杀威胁，以及其支持者被屠杀。他们以这种策略来树立其弱者形象，并把自己描绘成受压迫者（Berinato，2002）。这种公关手法使其可以很容易地招募到新成员和支持者。除了言论宣传，恐怖分子还利用网站来传递如何制造化学武器和炸弹等信息。通过网站，他们可以辨别出访问频繁的用户，这些人可能是其恐怖主义事业的同情者。因此，网站是一种经济有效的招募方法。网站也使得个人独自从事恐怖活动成为可能。1999年，在伦敦，一个名叫大卫·考普兰的恐怖分子在三个不同的地方安装了长钉炸弹（nail bomb），造成3人死亡139人受伤。通过审讯，发现他使用了从互联网上下载的《恐怖分子手册》（Forest，2005）和《如何制造炸弹》（Bombs，2004）。

1.2 赛博恐怖袭击

恐怖分子利用赛博空间制造混乱。他们使用一切可能的手段同政府对抗，以达到其目的。网络攻击有两种形式：一种是以数据为目标，另一种是以控制系统为目标（Lemos，2002）。窃取和破坏数据是最常见的网络和计算机攻击形式，它会导致服务被破坏。以控制系统为主要目标的攻击则被用于瘫痪或操纵物理基础设施，如电网、铁路、供水等设施被渗透将在特定的区域范围内造成广泛的负面影响。利用互联网发送数据或渗入安全系统就可以做到这一点。2000年3月，澳大利亚一名失去全职工作的雇员，因心怀不满，利用互联网向昆士兰州的河流和沿海海域排放了100万升污水（Lemos，2002）。

事实上，他总共尝试了45次才成功侵入系统，前44次均失败了但未被检测到。攻击发生在当年的9月11日，公共安全审计员对关键基础设施主要归属于私有公司表示担忧，因为这些公司并不总是与高安全级实践相适应（Lemos，2002）。

1998年，一个恐怖分子游击队组织连续两周，每天向斯里兰卡大使馆发送800封电子邮件。邮件内容是"我们是互联网黑老虎（Internet Black Tigers），我们此举的目的是瘫痪你们的通信联络。"情报部门认为该事件是恐怖分子首次针对国家计算机系统发动攻击。1998年夏，印度巴巴原子能研究中心的网站首页被篡改，电子邮件被窃取。三名匿名作案人员在接受互联网访问时声称，他们是以此抗议印度新近进行的核试验（Briere, 2005）。1997年7月，一个中国黑客组织的领导人声称他们已暂时瘫痪了中国卫星，并宣称正着手建立一个新的全球破解组织以抗议和破坏西方在华投资。

1998年9月，在瑞典大选前夕，瑞典右翼温和派的网站页面被篡改，破坏者在其中添加了指向左翼党派网站和色情站点的网络链接。同月，有人修改了墨西哥政府的互联网站点页面，以此抗议政府腐败和审查制度。分析家们称此类网络犯罪为低级信息战（Berinato, 2002）。美国和澳大利亚等国已经建议成立一个包括互联网服务提供商、计算机硬件供应商和软件开发商组成的网络行动中心，其任务是发展安全技术。如，情报分析软件，用于筛选和分析现存的公开和私有数据，从而查出可疑活动（Simons & Spafford, 2003）。

1.3 政府对赛博恐怖主义的反应

欧洲委员会已要求所有欧盟成员国惩罚干扰信息系统正常工作的攻击行为。如果该行为是以严重篡改或破坏政治、经济或社会体系为目标，则应将其定为恐怖犯罪。法国扩大了警察权限，允许他们未经授权调查私有财产。西班牙限制了任何同埃塔组织（武装的巴克斯地区独立组织）有直接或千丝万缕联系的组织的活动。欧洲理事会已着手建立欧洲范围内适用的逮捕令，并给出"恐怖犯罪"的通用定义。德国政府放松了对电话监听、电子邮件和银行记录监控的限制，警察与保密机构间曾一度被禁止的通信也再度放行。2002年6月，英国试图借反恐之名提出一项法令，批准几乎所有的地方和全国政府机构在未经授权的情况下访问通信数据（Kamien, 2006）。

澳大利亚推行了一项针对恐怖分子的法令，赋予该国间谍机构——澳大利亚安全情报组织（Australian Security Intelligence Organization），拦截电子邮件的权利。制定了用于打击恐怖行动准备或策划行为的法案，并允许冻结和没收恐怖分子的财产。新西兰也开始类似的立法工作，以保持与澳大利亚的双边司法协调协定的一致性。印度也通过了《恐怖主义预防法令》（Prevention of Terrorism Ordinance），尽管有人担心其可能会被用于打压政治对手，当局仍允许未经审讯拘留嫌犯、在某些情形下课以罚款、进行电话监听、没收恐怖嫌犯的现金和财产（Taylor，Krings，& Alves-Foss，2002）。

1.4 全面监视的风险

有些人对西方政府所提出的某些反恐计划持反对态度。美国计算机协会的公共政策委员会就是其中的一个议员游说团体，它担心国防部高级研究计划局（DARPA）所提出的全民信息监视计划（Total Information Awareness，TIA）将无法达到其所声称的"通过预防来实现反恐"这一目标。此外，他们认为该计划所收集的大量正确和错误的信息可能会被滥用，从而损害公众利益（Simons & Spafford，2003）。他们建议对TIA进行严格而独立的审查，包括对其技术可行性和实用性进行检查。他们声称TIA所提出的数据库，因其向访问者（其中可能隐藏有恐怖分子）提供了大量个人身份信息，因而增大了身份盗用的风险。最近发生的500 000份与军队相关的医疗文件和30 000份信用历史记录被窃事件，预示了存储信息的安全风险。他们还指出，TIA的保密性，使得公民无法验证其信息的准确性，也无法确认其是否受到保护而不会被滥用。由于对那些非法获取他人信息并利用其进行威胁和敲诈勒索的个人和滥用权力的政府机关缺乏防范，因而将导致更严重的后果。由于全体公民都将受到TIA的监视，哪怕是极小比例的虚警都可能导致众多守法公民被定为嫌疑人（Yen，2003）。

联邦调查局（FBI）有一套名为"食肉者（Carnivore）"的互联网监视工具（为了使它听起来不那么吓人，该工具后改称为DCS1000）。该工具允许美国执法机构在法庭的授权下，拦截和收集电子邮件及其他电子通信。较之传统的电话系统，在分组网络中辨别特定目标信息的难度要大得多。FBI雇员只接收并查看特定法庭所授权的特定犯罪主体的通信信息。FBI最近的新闻稿显示，他们发现了一个入侵国民警卫队仓库、盗窃武器和爆炸物，并在美国南部同时摧毁多个电力传输设施的犯罪计划。

在这个国内恐怖团伙内部安插了合作证人之后，发现他们的许多通信都是通过电子邮件进行的。调查结束后，从计算机上提取的证据表明，该团伙正在下载关于蓖麻毒的信息。蓖麻毒是世界上第三大致命毒素。如果没有在该团伙内部安插卧底，FBI要想查明并防止恐怖分子的这些行动并成功起诉他们，就必须从技术上拦截其电子邮件并破解出其中信息。

有了这些具有潜在灾难性后果的案例，人们就很难否认实施监控的必要性了。问题可能在于监控与侵犯隐私之间的界线非常模糊。人们对"食肉者"的存在感到不安，个中原因是不难理解的。FBI可以在ISP的设备上安装"食肉者"，ISP的所有通信流量都将流经监视系统，从而使其容易遭受未授权的监视（Hughes，2002）。"食肉者"系统本身就存在风险，因为只要黑客掌握了正确口令，就能访问公众的敏感信息。在传统的电话监听系统中，是服务提供商按照法庭的指令收集信息，再交给要求进行信息收集的机构。相比较而言，FBI的系统则可绕过这道程序。尽管FBI已表示将在系统中加入审计和防滥用功能，但仍有人指责该系统违反了美国法律中关于禁止执法机构收集额外信息的规定（Verton，2003）。

1.5 未来趋势

娱乐业向人们展现了一个场景：恐怖主义团伙侵入互联网或政府网络的关键节点，具备了发射核武器的能力，破坏了通信系统，导致铁路或航空运输出现极大混乱或使金融部门出现灾难性的中断，使电子世界末日的概念家喻户晓。虽说这只是娱乐场景，但却很难消除人们的这种恐惧（Berinato，2002）。

Dancho Danchev在其"信息安全思考"（*Mindstreams of Information Security*）博客（Danchev，2005）中提到一个同美国的射频标识（RFID）护照

有关的场景：如果给定一定数量的广播信息（如，处于特定位置的美国公民的信息），就能够自动引爆炸弹。

安全专家罗森伯格认为，一种实际而又常见的恐怖袭击情景是摧毁关键数据。如，Parasites——它是寄生在数据库的中小型计算机程序，会缓慢地破坏数据及其备份，能够摧毁诸如社会保险等关键数据库（Gavrilenko，2004；McClure，Scambray，& Jurtz，2003）。恐怖分子也可能侵入医院数据库，在病人服用处方药时引发致命的医疗失误。"如果你想抗议航空公司，那就侵入订票系统"，Schneier说："如果你想通过网络恐吓航空公司，那就侵入负责测量飞机油料和载荷的度量计算机"（Berinato，2002，p. 2）。

1.6 结束语

赛博恐怖分子为了达到其政治目的，正创造日益高明的方法和工具用以攻击计算机系统和政府。国家和世界的安全均面临这种风险。而这种风险之所以存在，原因就在于互联网不受制约、受众规模巨大、通信具有匿名性且信息传播速度快。为了反击赛博恐怖主义，必须对互联网的这四个关键特征进行深入研究。

参考文献

Berinato, S. (2002, March). The truth about cyberterrorism. *CIO Magazine*.
Bombs. (2005). Retrieved from http://www.bluemud.org/article/11606
Briere, D. (2005). *Wireless network hacks and mods for dummies* (for Dummies S.). Hungry Minds, Inc.
Danchev, D. (2005, December 19). Cyberterrorism—don't stereotype and it's there! *Mind streams of information security knowledge blog*. Retrieved from http://ddanchev.blogspot.com/2005/12/cyberterrorism-dont-stereotype-and-its.html
Denning, D. (2000, May 23). Cyberterrorism. *Testimony before the Special Oversight Panel on Terrorism, Committee on Armed Services U.S. House of Representatives*, Georgetown University.

Forest, J. (2005). *The making of a terrorist: Recruitment, training and root causes*. Westport, CT: Praeger Publishers.

Gavrilenko, K. (2004) *WI-FOO: The secrets of wireless hacking*. Addison Wesley.

Gordon, L., & Loeb, M. (2005). *Managing aging cybersecurity resources: a cost-benefit analysis* (1st ed.). McGraw-Hill.

Hughes, B. (2002, November 21). A functional definition of critical infrastructure: making the problem manageable. *ACM Workshop on Scientific Aspects of Cyber Terrorism (SACT)*, Washington DC.

Kamien, D. (2006). *The McGraw-Hill homeland security handbook*. McGraw-Hill.

Kosloff, T., Moore, T., Keller, J., Manes, G., & Shenoi, S. (2002, November 21). SS7 messaging attacks on public telephone networks: Attack scenarios and detection. *ACM Workshop on Scientific Aspects of Cyber Terrorism (SACT)*, Washington DC.

Lemos, R. (2002, August 26). What are the real risks of cyberterrorism? *ZDNet*.

McClure, S., Scambray, J., & Jurtz, G. (2003). *Hacking exposed: network security secrets and solutions* (4th ed.). McGraw-Hill; Osborne Media.

Oba, T. (2004, April). *Cyberterrorism seen as future threat* (Computer Crime Research Centre Tech. Report). Retrieved from http://www.crime-research.org/news/2003/04/Mess0103.html

Simons, B., & Spafford, E. H. (2003, March). Inside Risks 153. Communications of the ACM, 46(3).

Taylor, C., Krings, A., & Alves-Foss, J. (2002, November 21). Risk analysis and probabilistic survivability assessment (RAPSA): An assessment approach for power substation hardening. *ACM Workshop on Scientific Aspects of Cyber Terrorism (SACT)*, Washington DC.

Verton, D. (2003). *Black ice: The invisible threat of cyber-terrorism* (1st ed.). McGraw-Hill; Osborne Media.

Yen, J. (2003, September). Emerging technologies for homeland security. *Communications of the ACM, 46*(9).

术语和定义

赛博恐怖主义（Cyber Terrorism）：一种以信息、计算机系统、计算机程序和数据为目标，有预谋且带有政治动机的攻击行为。它是国家分裂组织或特工人员针对非战斗目标的暴力攻击。

黑客（Hacker）：通常指那些利用自己所掌握计算机网络和系统知识，获取对计算机系统的未授权访问权的任何个人。

第 2 章 信息战十大趋势

[1]Kenneth J. Knapp，[2]William R. Boulton

([1]美国空军学院，美国；[2]奥本大学，美国)

本章通过强调信息战的十大趋势，探讨了民用和商业领域中快速增长的信息冲突。对网络技术的日益依赖，使社会越来越多暴露在信息战的威胁源之中。公司的领导者必须知晓各种潜在的攻击，包括高技术间谍行为、有组织的犯罪、认知战斗（perception battles），以及来自普通黑客或受国家或商业对手资助团体的攻击。基于作者的文献综述，本章提出了一个包括十个趋势的信息战框架，以促进人们更好地理解商业环境所面临的网络威胁。

2.1 引言

一般而言信息战是军事话题，但现在它已经成了一个社会问题。尽管大量的赛博战文献是从军事层面进行阐述的，但信息战的范围已经扩大到了非军事领域（Cronin & Crawford, 1999; Hutchinson, 2002）。本章在回顾1990—2005年16年间相关文献的基础上，给出了信息战的十大重要趋势。尽管每个趋势并不令人惊讶，但我们把所有这些趋势整合到一个框架，在其中展示信息战是如何从军事领域延伸到了商界的。信息战向商界的这种蔓延，表明负责保护商业信息资产的信息管理者们所面临的威胁与日俱增。

现代社会依赖于当今的商业基础设施。倘若可以非常容易地获得基于互联网的、造价低廉的、可对民用信息资产发动攻击的赛博战武器，那么现代社会的经济稳定将面临威胁。由于传统的军事使命一般并不保护商业化运作的基础设施（Dearth，1998），商务经理们应当承担起自卫的责任，准备应对日益增大的网络威胁。本章所描述的趋势合起来构成了一个一体化框架，有助于我们理解信息战是如何传播到民用和商业领域的。

2.2 信息战背景

信息战是一个相对较新的研究领域。据传，"信息战"这个词汇是Thomas Rona博士于1976年发明的。从那以后，许多关于信息战的定义都侧重于其军事含义。Libicki（1995）用军事术语描述了信息战的七个范畴：指挥控制战，情报战，电子战，心理战，黑客战，电子信息战和赛博战。《韦氏新世界词典》对"冲突"的定义是：（1）战斗或战争；（2）尖锐的分歧。对"战争"的定义是：（1）作战行动，武装冲突；（2）冲突或任何形式的争斗。本章将不严格区分"冲突"和"战争"。

我们用"信息战"和"赛博战"这样的术语来研究政治、经济、犯罪、安全、非军事和军事等许多类型的冲突。Winn Schwartau在国会作证时声称，政府和商用计算机系统因其拙劣的防护水平而面临"电子珍珠港"威胁（Schwartau，1998，p. 56）。还有人把信息战描述成：为达到目标、获得胜利或取得显著优势而采取的保护、利用、破坏、拒绝或摧毁信息或信息资源等行动（Alger，1996）。Cronin 和 Crawford提出了一种框架，将信息战延伸到了军事领域以外。他们认为信息战将会更加激烈，可能导致严重的社会问题，并给犯罪审判系统带来全新挑战。他们认为信息战可能成为军事、经济、社会和个人这四个领域的常见现象。

2.3 信息战趋势

查阅信息战文献发现，信息战的样式已经发生变化。表2-1所示的十大趋势表明信息战已经超越了军事领域，延伸到了非军事领域。这一点与Cronin and Crawford（1999）的观点是一致的。下面详细阐述这十大趋势。

表 2-1 信息战框架

信息战特征	1990 年	2005 年
1. CERT/CC 收到的与计算机相关的安全事件	255 起	137,529 起（2003）
2. 网络攻击的技术门槛	高	低
3. 网络武器的种类	种类少，难得到	种类多，易得到
4. 制定了信息战计划的国家	极少数国家	超过 30 个国家
5. 经济对信息基础设施的依赖	局部依赖	严重依赖
6. 信息冲突的主要目标	军事目标和私有目标	私有目标比重增大
7. 网络技术在感知管理中的应用	环球电视，广播	无处不在，多媒体
8. 网络技术在商业间谍行为中的应用	较少	多且不断增长
9. 网络技术在有组织犯罪中的应用	较少	多且不断增长
10. 网络技术在对付个人和小企业中的应用	较少	多且不断增长

1. 与计算机相关的安全事件普遍存在

CERT/CC[1]和CSI/FBI[2]的年度报告是最有参考价值的安全事件数据源。基于CERT和CSI的信息：（1）安全事件普遍存在，（2）为数众多的网络攻击是以私有机构为目标的，（3）许多事件并未被公开承认。CERT/CC收到的安全事件报告从1988年的8起猛增到2003年的137 529起。

安全事件的数量看起来已经很大了，但实际上这些数字被低估了。CSI/FBI的年度调查中发现，许多公司并未向其客户、股东和商业伙伴或执法机构公开承认所有发生的安全事件。比如，在2005年仅有20%的受访者向执法机构报告了安全事件，主要原因是他们担心由此在公众中引发负面影响

(Gordon，Loeb，Lucyshyn，& Richardson，2005)。

2. 网络攻击者的进入门槛低

早期的网络武器（即黑客工具）须具备技术知识才能有效使用。比如，20世纪60年代的黑客有些就是MIT的学生（PCWorld，2001）。在20世纪70年代，系统黑客被描绘成上进心强、具有技术知识的聪明人，他们通常在大学或商业计算机中心工作（Parker，1976）。在20世纪90年代早期，黑客的社会环境开始发生变化。随着可下载和图形界面工具的普及，黑客的技术门槛开始降低[3]。"太阳初升"（Solar Sunrise）事件中，在一名年仅18岁的顾问的指导下，一群少年黑客取得了对包括军事基地在内的大量政府计算机的访问权限。该事件警醒人们：那些相对来说技术上并不专业的人，也可以掌握复杂的黑客技术。

1999年在国会作证时，中央情报局局长乔治·特尼特声称：恐怖分子和其他一些人已经认识到，信息战工具为他们从事活动提供了廉价手段。这些工具有很多是基于Windows系统的，仅要求具备最少的技术基础，并且可以免费取得。截至2002年，一名信息系统安全专家维护了一个包含超过6 000个黑客站点的数据库。但人们相信这些网站仅包含了部分较好的黑客工具（Jones，Kovacich，& Luzwick，2002）。

3. 已经出现了危险的赛博战武器

在1980年前后，出现了第一个供黑客使用的电子留言板。这些留言板实现了黑客技巧和软件的快速共享，其中包括分布式拒绝服务攻击工具。这类软件造成了2000年2月7日Yahoo，eBay，Amazon，E*Trade和CNN等主要互联网站点的关闭。

在过去的20年里，出现了从击键记录仪和窃听设备到高能射频（High-Energy Radio Frequency，HERF）和电磁脉冲（Electromagnetic Pulse，EMP）产生器等大量令人生畏的赛博武器。攻击者只需付出400美元的代价就可制造出电子炸弹，这种炸弹携带的电磁能量可破坏计算机的电子装置（Wilson，2001）。1994年这种炸弹第一次得到了验证。根据伦敦《星期日泰晤士报》（*Sunday Times*）上的一则报道，国防研究局（Defense Research Agency）相信，赛博恐怖分子首次使用HERF中断了伦敦金融机构的计算机，然后以彻底击垮这些金融计算机系统为要挟，提出高达数百万英镑的勒索金额（*Sunday Times*，1996）。可以预见，随着技术的进步将会出现更小型化、价格更低、更危险的赛博武器。

4. 许多国家拥有信息战能力

在20世纪90年代早期，仅有极少数国家形成了信息战能力。到2001年，据信已有超过30个国家和地区制定了信息战计划，其中包括印度、中国、中国台湾、伊朗、以色列、法国、俄罗斯和巴西（Adams，2001）。在2003年度的 CSI/FBI 的调查中，28%的受访者认为其系统可能受到了他国政府的攻击。

中国就是其中一个正在提高信息战能力的国家（Rhem，2005）。有人认为下面是中国少将王普丰的言论：

在不久的将来，信息战将控制战争的形态和未来。我们认识到信息战的这种发展趋势，并视之为中国军队现代化和斗争准备的一个驱动力。这种趋势对于打赢未来战争极为关键（Jones et al.，2002，p. 221）。

尽管军队关注的是国家资助的信息战计划，但商业公司也应对此予以关注。鉴于至少有30个国家在积极谋求获得赛博武备，商务和政府管理人员都应该评估其可能受到协同攻击的安全弱点。

5. 经济对信息基础设施的依赖增大

我们的社会经历了从农耕文明到工业文明再到一个基于信息文明的演进过程。"数字经济"和"第三次浪潮"（Toffler，1981）描述了当今社会对信息技术的日益依赖。鉴于对发生潜在破坏的忧虑日益增长，在1991年国家研究理事会（National Research Council）发布的一篇名为《处于危险的计算机》（*Computers at Risk*）的报告中，美国政府认真地阐述了经济对计算机的深度依赖。该报告对"电力输送、通信、航空和金融服务"等对计算机的依赖，以及计算机用于存储医疗记录、商务计划以及犯罪记录等关键信息表示关注（National Research Council，1991，p.7）。这种依赖在2003年美国《保护赛博空间国家战略》（*National Strategy to Secure Cyberspace*）中被再次指出：

截至2003年，我们的经济和国家安全已完全依赖信息技术和信息基础设施。一个由网络连成的网络直接支撑了我国的能源、交通、金融和银行、信息和电信、公共卫生、应急服务、供水、医疗、国防工业基础、食品、农业以及邮政和物流等所有经济部门的运作（p. 6）。

6. 私有部门成为主要目标

许多高调的网络攻击最初都是针对军队的。1986年发生的杜鹃蛋（*Cuckoo's Egg*）事件促使Clifford Stoll追踪正刺探美国军事系统的德国黑客。1994年，黑客渗入了Griffis空军基地的计算机，从中攻击其他的军事、非军事和政府组织。

随着经济对信息技术的依赖性日益增强，非军事基础设施越来越成为网络攻击的主要目标。SQL Slammer、MyDoom、MSBlast（冲击波病毒）、Sasser（震荡波病毒）等轰动一时的网络攻击针对的就是广为使用的商业产品和网站。Slammer渗入了俄亥俄州一家核电站的计算机网络，使其安全监控系统瘫痪了将近5个小时。这个攻击事件促使国会要求监管机构为美国境内运行的103座核反应堆制定网络安全需求（Poulsen，2004）。

有些学者担心美国的敌人会发动针对其平民、商业公司和基础设施的信息战（Strassmann，2001）。为了避免同美国发生直接军事对抗，外国攻击者可能将攻击转移到私有部门和基础设施，从而使军事报复变得困难。如前所述，对于严重依赖于电子设备的社会来说，电磁脉冲（EMP）是种日益发展的严重威胁。不幸的是，许多商业系统在防护EMP方面能力很弱或者根本就没有这个能力。如果攻击国在目标国上空几百英里引爆核弹，因核爆炸产生的EMP可能严重破坏整个大片地理区域内的商用电子部件（Chisholm，2005）。当前，私有和公用部门已经成为21世纪战争的前沿阵地，普通公民和商用基础设施很可能成为主要攻击目标（Adams，2001）。

7. 网络技术日益应用于认知管理（Perception Management）

认知管理是以影响公众观念乃至整个文化为目标的行动的统称

(Callamari & Reveron，2003)，它跨越了经济、政治、公民、文化和军事领域。现代认知管理的一个新兴特征是新技术加速了媒体信息的传播，从而在公众认知的影响方面发挥了关键作用。环球电视和互联网技术的兴起，使得认知管理在许多冲突中扮演了关键角色。

认知战争的目标是博取公众观念上的支持。以伊拉克战争中的电子认知战役为例，2003年，反战分子通过互联网组织并倡议游行集会。战时记者跟随军队行动，提供了有利于战争行动的新闻。卡达尔半岛电视台向阿拉伯世界传送了伊拉克平民受伤和死亡的画面，并开办了一个英文网站，以应对美军对美国媒体的新闻审查。半岛电视台的网站一度被黑客攻击，无法在线运行（Svensson, 2003)。2004年，阿布格莱布监狱的虐囚照片被传到互联网上，这个事件影响了全世界对美国人行为的看法。有位记者称在互联网上散播恐怖分子斩首西方人质的视频为赛博恐怖主义的新形态，它对每个家庭都产生了影响。

8. 网络技术越来越多地应用于企业间谍活动

间谍行为已经存在了数千年。日益加剧的全球化竞争，信息技术的进步，以及小型嵌入式存储设备的扩散增大了间谍行为的危险性。例如，2001年3月，美国国防部长威廉·科恩确认：法国前情报局长公开承认法国情报部门秘密收集美国及他国公司的情报，并提供给与其竞争的法国公司。在其中一起事件中，法国情报部门窃取了一家美国计算机制造商的专利技术数据，然后把它提供给一家法国公司（Cohen, 2001)。根据FBI的数据，黑客攻击或拒绝服务攻击给公司带来的平均损失大约在15万美元，而企业间谍事件所造成的平均损失则要大得多（Cohen, 2001)。

间谍行为可能发生在商业竞争对手雇员间的电子邮件通信中。一份针对来自不同机构的498名雇员的调查表明，40%受访者承认通过互联网获得过关于竞争对手的机密信息，这个数据比1999年上升了356%（Rosenoer, 2002)。

2004年，司法部宣布Operation Web Snare检测到互联网上大范围的犯罪活动，包括信用卡诈骗和商业间谍行为。调查发现，造成的损失超过了2.15

亿美元，受害者数量超过15万人（Hansell，2004）。在机构开放其内部网络，向其雇员和供应商提供更多公司信息的同时，企业间谍事件发生的可能性也随之增大。

9. 网络技术日益被有组织的犯罪所利用

互联网的爆炸性发展带来了网络犯罪的新形式。2003年5月，美国司法部启用Operation E-Con系统以帮助发现一些先进的网络经济犯罪（Federal News Service，2003）。司法部宣称，互联网欺诈以及其他形式的网络经济犯罪是增长最快的犯罪形式之一。Web网站欺诈是其中一类犯罪。例如，澳大利亚骗子通过制作外观类似的网站欺骗美国顾客。骗子向顾客发送含有虚假网站地址的电子邮件，让其提供用户名和口令。这种钓鱼欺骗攻击了75个用户账户（Legard，2003）。

全球网络犯罪还有其他形式，包括东欧和俄罗斯黑帮的网络勒索（O'Rourke，2004）。在某个重要体育赛事中，俄罗斯网络黑帮对九家博彩公司实施了拒绝服务攻击。在其中两家受害的公司同意各支付4万美元之后，负责打击网络犯罪的俄罗斯内务部粉碎了该勒索利益链（The Australian，2004）。在另一个领域，反病毒研究人员指出有组织的计算机病毒和蠕虫开发活动呈大幅度上升趋势。这种地下犯罪活动助长了专门从事身份盗窃和垃圾邮件活动的地下经济（Verton，2004）。

10. 网络技术被日益应用于攻击个人和小企业

间谍软件和广告软件是个人和小企业所面临的威胁之一。这些监控程序既可能是用户同意安装的合法计算机程序，也可能是有不良企图的第三方程序（Stafford & Urbaczewski，2004）。据报道目前有7000种间谍程序。根据微软公司的报告，在所有PC机系统崩溃案例中（Sipior, Ward, & Roselli, 2005），有一半是这些软件所导致的。有研究表明91%的家庭PC感染间谍软件（Richmond，2004）。

另外一个日益严重的问题是身份窃取，它是一种以个人为目标的赛博恐怖主义新形态（Sterling，2004）。它广泛搜集受害者的身份信息并用于犯罪用途（Neumann，1998）。这种犯罪对个人和商业用户都有不良影响。据联邦贸易委员会报告，2003年有990万美国人沦为此种攻击的受害者（Gerard，Hillison，& Pacini，2004）。在大多数案件中，网络窃贼利用他人信息开设新的账户，每个账户所带来的损失平均达1200美元（Sterling，2004）。伪造账户给商业部门带来的损失达329亿美元，给消费者带来的损失达38亿美元（DeMarrais，2003）。

除了与身份窃取有关的安全漏洞外，最近的一项研究强调指出，小企业与大公司一样，有许多相同的安全脆弱点。小企业认识到的首要威胁包括：内部威胁（故意和无意的），木马，黑客，计算机病毒，口令控制，系统脆弱性，间谍软件和恶意代码（Keller，Powell，Horstmann，Predmore，& Crawford，2005）。本章所讨论的许多赛博战威胁，与小型组织也同样有关。

2.4 结束语

本章通过突出信息战十大趋势，阐述了信息冲突迅速进入民用和商业领域的情形。但从历史上看，大多数管理者对信息安全的关注还不够高。许多人要么完全开放其信息系统要么仅做轻量保护，似乎甘愿冒遭受严重损失之风险。对信息技术的日益依赖，将信息系统越来越多地暴露给了形形色色的赛博战争威胁源。公司的领导者必须了解攻击的多样性，包括高技术情报刺探、有组织犯罪、认知战役以及来自普通黑客、政府或商业竞争对手所资助团体的攻击。我们的目的是通过本章所展示的信息战框架，提高人们对商业环境所面临的日益增长的网络威胁的认识。

说明

本文节选并改编自Knapp & Boulton（2006），"Cyber Warfare Threatens Corporations：Expansion into Commercial Environments"，*Information Systems*

Management, 23（2）.

本文所表达或蕴含的观点、结论和建议仅代表作者的意见，不代表美国空军学院、美国空军、美国国防部或任何其他美国政府机构。

参考文献

Adams, J. (2001). Virtual defense. *Foreign Affairs, 80*(3), 98112.
Alger, J. I. (1996). *Introduction.* In W. Schwartau (Ed.), *Information warfare: Cyberterrorism: Protecting your personal security in the information age* (2nd ed., pp. 814). New York: Thunder's Mouth Press.
Australian, The. (2004, August 3). Officials break up Russian extortion ring. *The Australian,* p. C03.
Callamari, P., & Reveron, D. (2003). China's use of perception management. *International Journal of Intelligence & Counter Intelligence, 16*(1), 115.
Chisholm, P. (2005, December 19). *Protect our electronics against EMP attack.* Retrieved from www.csmonitor.com/2005/1219/p25s02-stct.html
Cohen, W. (2001, March 6). *Former Defense Secretary Cohen's remarks at the 2001 summit.* George Mason University. Retrieved August 10, 2005, from http://www.gmu.edu/departments/law/techcenter/programs/summit/cohen's_2001_remarks.html
Cronin, B., & Crawford, H. (1999). Information warfare: Its applications in military and civilian contexts. *Information Society, 15*(4), 257264.
Dearth, D. H. (1998). Imperatives of information operations and information warfare. In A. D. Campen & D.
H. Dearth (Eds.), *Cyberwar 2.0: Myths, mysteries, and reality.* Fairfax, VA: AFCEA International Press.
DeMarrais, K. (2003, September 4). Identity theft on the rise, FTC warns. *Knight Ridder Business News,* pp. 14.
Federal News Service. (2003, May 16). Press Conference with Attorney General John Ashcroft, FBI Director Robert Mueller, and FTC Chairman Timothy J. Muris. *Federal News Service Inc.*
Gerard, G., Hillison, W., & Pacini, C. (2004, May/June). What your firm should know about identity theft. *The Journal of Corporate Accounting & Finance,* 311.
Gordon, L. A., Loeb, M. P., Lucyshyn, W., & Richardson, R. (2005). *Tenth Annual, 2005 CSI/FBI Computer Crime and Security Survey.* San Francisco: Computer Security Institute (www.gocsi.com).
Hansell, S. (2004, August 26). U.S. tally in onlinecrime sweep: 150 charged. *New York Times.*
Hutchinson, W. (2002). Concepts in information warfare. *Logistics Information Management, 15*(5/6), 410413.

Jones, A., Kovacich, G. L., & Luzwick, P. G. (2002). *Global information warfare: How businesses, governments, and others achieve objectives and attain competitive advantages.* New York: Auerbach Publications.

Keller, S., Powell, A., Horstmann, B., Predmore, C., & Crawford, M. (2005). Information security threats and practices in small businesses. *Information Systems Management, 22*(2), 719.

Legard, D. (2003, May 14). *Fake bank web site scam reaches U.S.* Retrieved August 10, 2005, from http://www.itworld.com/Tech/2987/030514fakebank Libicki, M. C. (1995). *What is information warfare?* Washington, DC: National Defense University, Institute for National Strategic Studies.

Meall, L. (1989). Survival of the fittest. *Accountancy (UK), 103*(1147), 140141.

National Research Council. (1991). *Computers at risk.* Washington, DC: National Academy Press.

Neumann, P. G. (1998). Identity-related misuse. In D.E. Denning & P. J. Denning (Eds.), *Internet Besieged.* Reading, MA: ACM Press.

O'Rourke, M. (2004). Cyber-extortion evolves. *Risk Management, 51*(4), 1012.

Parker, D. B. (1976). *Crime by computer.* New York: Scribners.

PCWorld. (2001, November 19). Timeline: A 40-year history of hacking. *IDG News Service.* Retrieved August 10, 2005, from http://www.cnn.com/2001/TECH/internet/11/19/hack.history.idg/

Poulsen, K. (2004, September 27). U.N. warns of nuclear cyber attack risk. *Security Focus.* Retrieved August 10, 2005, from http://www.securityfocus. com/news/9592

Rattray, G. J. (2001). *Strategic warfare in cyberspace.* Cambridge, MA: MIT Press.

Rhem, K. T. (2005, July 20). China investing in information warfare technology, doctrine. *American Forces Press Service.* Retrieved August 10, 2005, from http://www.pentagon.gov/news/jul2005/20050720_2171.html

Richmond, R. (2004, January 22). Netware associates to attack spyware with new products. *Wall Street Journal,* p. B5.

Rosenoer, J. (2002). Safeguarding your critical business information. *Harvard Business Review, 80*(2), 2021.

Schwartau, W. (1998). Something other than war. In A. D. Campen & D. H. Dearth (Eds.), *Cyberwar 2.0: Myths, mysteries, and reality.* Fairfax, VA: AFCEA International Press.

Sipior, J. C., Ward, B. T., & Roselli, G. R. (2005). The ethical and legal concerns of spyware. *Information Systems Management, 22*(2), 3949.

Smith, L. (2004, June 30). Web amplifies message of primitive executions. *Los Angeles Times.*

Stafford, T. F., & Urbaczewski, A. (2004). Spyware: The ghost in the machine. *Communications of the Association for Information Systems, 14*, 291306.

Sterling, B. (2004, August). The other war on terror. *Wired, 12*(8). Retrieved August 10, 2005, from http://www.wired.com/wired/archive/12.08/view.html?pg=4

Strassmann, P. A. (2001). *Government should blaze global information warfare trails.* Retrieved August 10, 2005, from http://www.strassmann.com/pubs/searchsecurity/2001-8.php

Sunday Times. (1996, June 9). Secret DTI inquiry into cyber terror. *The (London) Sunday*

Times, pp. 18.
Svensson, P. (2003, March 25). Al-Jazeera site experiences hack attack. *The Associated Press.*
Toffler, A. (1981). *The third wave.* New York: Bantam Books.
Verton, D. (2004, August 30). *Organized crime invades cyberspace.* Retrieved August 10, 2005, from http://www.computerworld.com/securitytopics/security/story/0,10801,95501,00.html
Wilson, J. (2001). E-bomb. *Popular Mechanics, 178*(9), 5054.

术语和定义

计算机应急响应小组（Computer Emergency Response Team，CERT）：CERT协调中心（CERT/CC）是拥有互联网安全专业知识技能的中心，位于软件工程研究所，成立于1988年，受联邦政府资金资助，其研发中心由卡耐基梅隆大学运营。

计算机安全学会（Computer Security Institute，CSI）：成立于1974年，是一个致力于信息、计算机和网络安全专业人员培训的会员组织。

电磁脉冲（Electromagnetic Pulse，EMP）：电磁能量的高烈度爆发。闪电、电磁脉冲枪或原子弹爆炸都可能产生电磁脉冲。能量足够强大的电磁脉冲能够造成计算机和电子设备的临时性或永久性破坏。

间谍行为（Espionage）：为了军事、政治或商业目的，从对手或敌人那里刺探秘密。信息技术的进步和微型嵌入式存储设备的扩散，极大地增加了间谍行为的危险性。

高能射频（High-Energy Radio Frequency，HERF）：HERF枪可通过辐射具有破坏性的高能无线电频率射线，破坏计算机设备。

信息战（Information Warfare）：为了取得相对于敌手的优势，采取行动保护己方的信息和信息系统，入侵、破坏、摧毁敌方的信息和信息系统，或使之无法使用。

有组织犯罪（Organized Crime）：正规犯罪组织有系统地实施的非法行动。先进的信息技术带来了新的有组织赛博犯罪形式。

认知管理（Perception Management）：以影响公众观念乃至整个文化为目标的行动，它跨越了经济、政治、公民、文化和军事领域。通过大众传媒，互联网技术越来越多地被应用于影响公众认知。

附注

[1] 位于卡耐基梅隆大学的软件工程研究所负责 CERT 协调中心（CERT/CC）的日常运作。考虑到针对互联系统的攻击已相当普遍，以及其他已声明的原因，从 2004 年起，CERT 不再发布事件的标号（见 www.cert.org/stats/cert_stats.html）。

[2] 计算机安全研究所每年进行一次"计算机犯罪与安全调查"，旧金山联邦调查局计算机入侵分队参与了此项调查（见 www.gocsi.com）。

[3] http://www.insecure.org/tools.html 网页提供了一个含有75个安全工具的列表，表中的信息来自黑客邮件列表中。所列的许多工具都是出现多年的免费黑客工具。

第3章 比特和字节 vs. 子弹和炸弹：一种新的战争形态

[1]John H. Nugent，[2]Mahesh Raisinghani

（[1]达拉斯大学，美国；[2]得州女子大学，美国）

本章简要回顾了战争的历史。从数字进攻和防御而非传统的军事较量的角度，阐述了未来战争胜利和失败的可能性。数字进攻和防御不受地理限制，也不要求参战方拥有压倒性优势的国力。这个变革中的领域极有可能使那些此前对世界强国并不构成主要威胁的国家或团体，在不久的将来构成比传统武器（包括大规模杀伤性武器）更大或至少相当的威胁。

3.1 战争的宏观历史

战争这一主题可以从不同角度进行研究。如果从不同视点研究战争，就能发现战争已从有限种类（规模，位置，杀伤力等）的冲突发展到技术与战争的时间、距离和潜在破坏性成线性关系的阶段。也就是说，过去（1945年之前）集团、部落或军队用威力相对有限的武器进行战斗，而今的世界强国拥有战略导弹系统，按一下按钮，就能在数分钟时间内向几乎全球各地投放极大的破坏力量（核武器，生物武器，化学武器）。

图3-1所示为战争的历史分析内容。纵观千年来的各种冲突，有一个永恒的规律，即胜利者几乎总是在情报、指挥、通信和控制基础设施（C3I）等方面胜对手一筹。当今的世界大国，尽管其武器库中拥有战略性大规模杀伤武器，但都必须认识到有一种新的威胁，即数字化武器使得那些资源拥有量明显不如超级大国的对手得以造成具有同等破坏力的威胁态势。正如James Adams所指出的那样："美国可能是军事上无可匹敌的超级大国，但它仍然无力防范信息战这一种新的攻击方式"（Adams，2001）。

战争的定义方法
- 按发生的时代或时期定义
- 按持续时间定义
- 按规模或破坏级别定义
- 按战场，地理区域或气候定义
- 按类型定义（部落，国内，境外，游击，已宣战，未宣战，热战，冷战等）
- 按形态定义（陆战，海战，空战，空间战，互联网战争，此五者中的部分或全部）
- 按武器，技术或情报定义
- 按国家资源或国家年代或阶段定义
- 按领导者的个性定义
- 按政府形态或组织结构定义
- 按战略和战术定义
- 按驱动力或战争原因定义

图3-1　战争的历史分析（来源：达拉斯大学信息保障中心，2005）

尼葛洛庞帝（Nicholas Negroponte）指出，我们所拥有资产的实质，正从实体形态转变为虚拟形态（Negroponte，1995）。当今所保存的数字信息的增长即是其中一个明证。据预测，每年新增的存储信息在1艾～2艾字节（Exabyte，10^{18}），大约地球上每个人平均250MB数据（Sims，2002）。

而且，当今的大多数系统、操作和基础设施都是通过各种性能和安全性不一的数字化控制系统来运行的。此外，随着数字通信技术的发展，大多数人已认识到电信技术只是信息技术的一个子集，而不是相反。

当前，信息基地、控制系统和通信方式正向更加互联的数字化转变。这种转变造就了一个数字化的阿基里斯脚踝（译注：阿基里斯是古希腊神话中的英雄，全身刀枪不入，唯一致命的弱点是其脚踝），那些最先进的数字化部门，如果未能充分的防护，将成为最脆弱或者最具危险性的部门。

也就是说，"互联网的结构使计算机病毒（或其他攻击）获得了更高的传播效率"（Pastor-Satorras，2001）。更严重的是，互联网缺乏Pastor-Satorras所说的传播阈值（epidemic threshold）。对人类社会而言，传播阈值可以天然地限制疾病在大规模人群中的传播。而且，"互联网的健壮性使其可以抵御随机发生的连接失效，这使得它易受智能化攻击"（Barabasi，2000）。

发展IPv6（Internet Protocol version 6）是解决这一普遍安全问题，并满足对IP地址的更多需求以及解决移动性问题的一个尝试。在IPv6体系结构中，IP地址的长度为128位（IPv4地址仅有32位）。它不仅可以提供多得多的IP地址（$3.4*10^{38}$），而且可以从根本上解决通信安全问题。这意味着在IPv6体系结构的设计之初就考虑了安全问题，而不是在设计之后再解决安全问题。然而，在从IPv4向IPv6过渡过程中，问题仍然存在。例如，过渡工具可被用于把IPv4应用程序连接到IPv6网络服务器，也可用来将IPv6应用程序连接到IPv4服务（Ironwalker，2004）。更有甚者，由于许多防火墙允许UDP流量通过，IPv6承载的UDP报文可以在管理员不知情的情况下穿越防火墙。目前，IETF正在解决这类问题。

3.2　新的数字威胁

当今，世界人口比以往任何时候都多且联系更加紧密。世界组织、宗教团体、国际贸易伙伴、诸如联合国及其众多代理机构等国际机构、国际法庭、条约组织、跨国公司等，这些组织均以这样或那样的方式跨越了传统的国界。陆海空交通运输技术的发展、工业技术的突破、通信技术的发展和应用，在很大程度上，促进了地理上多样化世界的一体化发展。

从表3-1所示的世界人口和互联网用户数字可以明显看出，这个世界已经日趋一体化，特别是数字一体化。

表 3-1　人口数量（来源：ITU[www.itu.org]，2001；美国人口调查局 [www.census.gov, 2005]）

	年份		
	1990	2005	2015（预测）
世界人口数量预测值	53 亿	64 亿	72 亿
互联网用户数量预测值	260 万	10 亿	20 亿
互联网用户占世界人口的比重	<1%	15.6%	27.8%

我们有充分的理由认为，所给出的还只是未来一体化用户数量的下限。麻省理工学院多媒体实验室的尼葛洛庞帝所领导的OLPC组织（OLPC是One Laptop per Child的简写，即每个孩子一台笔记本电脑）于2005年推出了带有无线上网功能的100美元笔记本电脑。随着这种电脑的推出，互联网用户数量将大大超过当前所估计的数目，从而进一步加剧数字化威胁（Kahn，2005）。

以太网之父罗伯特·梅特卡夫（Robert Metcalfe）曾断言网络的价值与网络结点数量的平方成正比（Green，2003）。与网络价值一样，随着联网用户数量的增长，网络威胁、脆弱性、风险和攻击也将呈平方增长，读者可参阅图3-2、图3-3、图3-4。网络互联为一人或一些人与多人取得联系并对其进行潜在破坏提供了条件。此外，随着网络访问和数字连接速度的提高，对数字化威胁、风险、脆弱性和攻击的响应时间减少了。也就是说，威胁和攻击的数量和能力与其响应时间呈反比关系。

2001年，Nimda病毒只用了22分钟便成为世界上传播最快的病毒（ICSA/TruSecure，2002）。2003年1月，Slammer蠕虫在大约10分钟内传染了75 000台计算机，成为传播最快的蠕虫。在其传播的第一分钟内，受传染的计算机数每8.5秒即翻一倍（Pearson Education，2005）。但是，2004年出现了Sasser病毒，使世界面临所谓的"零日"攻击。该病毒在不到一小时内传播到了几乎所有互联网路由器。据估计，它带来的损失高达35亿美元（CipherTrust，2004）。

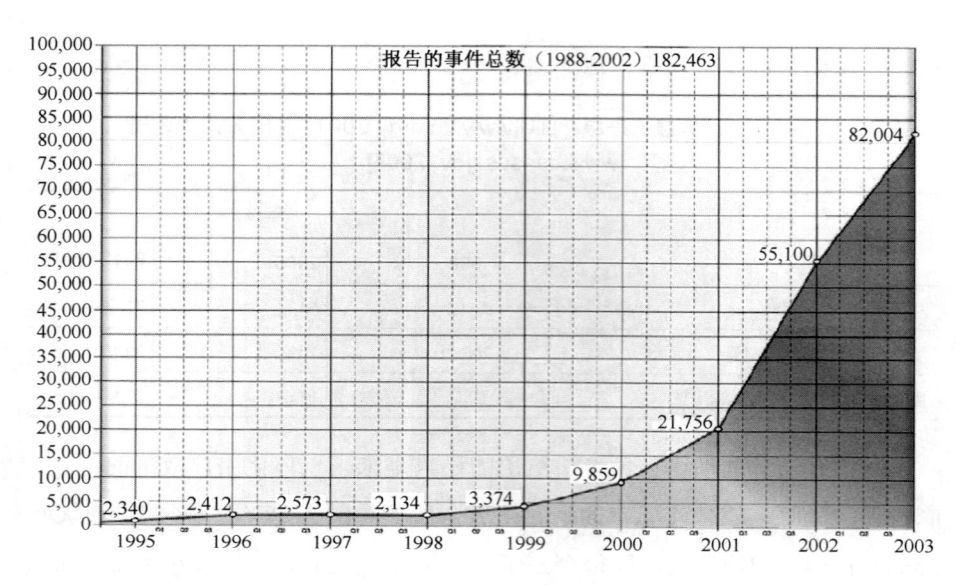

图3-2　CERT安全事件报告（来源：www.cert.org, 2003）

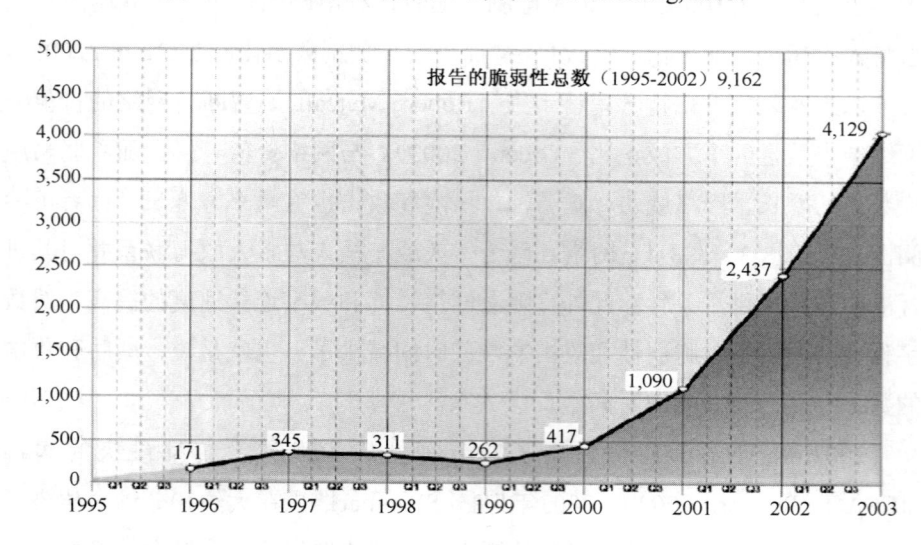

图3-3　CERT脆弱性报告（来源：www.cert.org, 2003）

随着攻击数量和严重性的增大，所带来的负面财务损失也随之增大，而攻击者为此付出的代价却相对较小，主要是用来开发和发动数字攻击的费用。因为攻击者用以实施攻击的网络（互联网）和有潜在安全漏洞的服务器

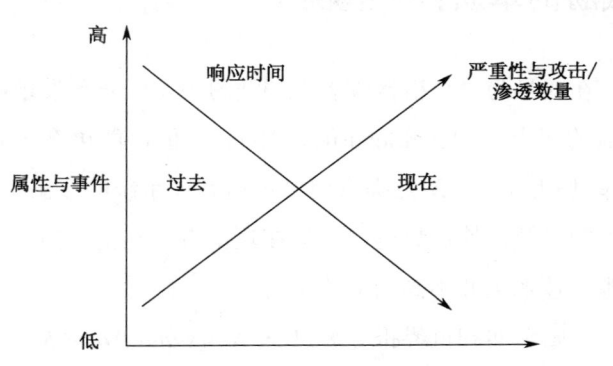

是现成的，所有想要并且有能力对其发动攻击的人都可以利用这些设施。

图3-4　事件与响应时间：一种反比关系

正如表3-2中的数据所警示的那样，2001年6月，FBI一位名叫查尔斯·尼尔的网络犯罪部门的负责人表示："那些发现自己站点被黑的公司中，报案的只有2%。而且，我们已经发现数以千计的站点被黑。由于我们可以快速地找到大量此类站点，连我们自己都分不清它们到底是不是受害者"（Smetannikov，2001）。因此，可以合理假设报案的数量以及与这些案件相关的损失是被低估的。此外，也可打赌有许多政府、罪犯、恐怖分子或其他实体一直在测试攻击技术，以检验其能以多快的速度入侵互联网节点。例如，2003年发生的Slammer蠕虫，基本上是一种无害攻击。

表 3-2　计算机病毒攻击的财务损失（来源：《计算机经济学》，2006）

| 世界范围内的损失（单位：10亿美元） || 世界范围内的损失（单位：10亿美元） ||
年份	损失	年份	损失
2005	14.2	1999	13.0
2004	17.5	1998	6.1
2003	13.0	1997	3.3
2002	11.1	1996	1.8
2001	13.2	1995	0.5
2000	17.1		

3.3 新威胁的本质：一些例子

1997年，在代号为"合格接收者"的演习中，国防部发现美国关键基础设施存在明显的弱点（GlobalSecurity，2005）。但可能更令人震撼的是，演习中发现有超过3万个Web站点提供用以渗透其他系统的攻击工具或技术。攻击工具和技术的扩散，使优势倒向了潜在攻击者，甚至倒向了那些只拥有相对有限的资源、技术上并不高明的攻击者。

1992年《美国新闻和世界报导》（*U.S. News and World Report*）上的一篇文章谈到，美国国家安全局在法国打印机的一个芯片中嵌入了一款软件，由于该打印机连接到伊拉克的防空系统，从而使美国政府可以遥控伊拉克的防空系统（Arkin，1999）。这个报道最终被驳斥为愚人节玩笑。但不管这个故事的真实性如何，它凸显了一个可能性，即许多政府主动或被动地在进行技术漏洞的利用实践。由于越来越多的电子设备是在亚洲制造，大型制造商（或与其所属国政府合作）进行技术漏洞的利用，有其现实的可能性。

1999年9月，美国中央情报局向那些通过离岸外包方式修复软件中的Y2K问题的商业部门发出警告（Messmer，1999）。该机构开列了一个名单，名单上的国家被指与其国内的Y2K问题软件修复公司合作，在修复Y2K问题的同时，向软件中植入后门，以备将来侵入运行这些软件的系统。

最近，据报道桑迪亚国家实验室（Sandia National Laboratories）雇员Shawn Carpenter 追踪到一个名为泰坦雨（Titan Rain）的中国黑客组织。该组织已渗入一些最机密的美国站点并从中复制了大量数据（Thornburgh，2005）。Carpenter说该组织的效率极高，只在网站停留10～30分钟，而且通常会留下一个几乎检测不到的后门。这样他们就可以随心所欲地再次进入系统。Carpenter说这些黑客在系统中活动时不会留下审计踪迹，是他所见过的水平最高的攻击。

泰坦雨的故事回避了一个问题：如果这些攻击者的技术真的如此高超，

那么他们是否可能属于通过远程指挥位于中国的服务器对美国系统实施攻击的某个国家或党派？（这种攻击手法被称为假标记攻击(false flag attack)。）

3.4 一个未来战争想定

未来战争及其结果可能以跨越地理疆界的战略和战术层次的数字攻击和防御为基础。在战争中，通过入侵敌方的数字控制中心或存储媒介，用电子手段获得、遥控或摧毁资产。

通信技术将成为大规模数字攻击的手段，用来彻底破坏敌方指挥、控制、通信、作战系统以及所存储的信息。

综合性攻击将只能由相对少数的技术熟练专家来执行，在有限的时间内通过互联网和其他网络发起。

电磁脉冲能等新技术将被用于以较小的能量，摧毁较远距离外的数字化存储信息。这些武器在被激活之前很久就可被定位（Nugent，2005）。

3.5 结束语

随着世界的日益数字化和互联以及用户数量和能力的日益增长，对手有可能开发同时具有进攻和防御能力的数字战略，并发展这些战略的支持能力。

未来战争似乎很有可能使一国得以通过快速下载另一国的数字资产（包括其数字经济）实现掠夺，然后在控制敌方指挥、控制和通信手段的同时，摧毁其手中的数字资产。也就是说，战争的一方可能有能力使另一方成为数字上的傻子、盲人、聋子和哑巴。

此外，当今处于领先地位的超级大国很有可能受到那些资源有限的二流或三流国家，或者技术能人的挑战，从而使力量发生实质转移。这种威胁也可能导致先发制人战略的出现，从而增大了各方所面临的威胁。

另一个可能是各国将更难辨别对手是否正在发动攻击，特别当对手是比国家小的团体并且使用了假标记（false flag）数字伪装手段来隐藏其真实身份。这个现象也使得反应、攻击和防御措施变得复杂。

上述可能的威胁或行动要求发展并部署新一代互联网体系结构，以更好地抵御以破坏为目的的滥用行为。新体系结构的加密强度更大、入侵防御系统更强、操作系统和应用软件更安全、补丁能力更好更及时，并在世界网络中驻留智能数字代理，以感知并减缓数字威胁。

参考文献

Adams, J. (2001, May/June). Virtual defense. *Foreign Affairs*. Retrieved May 11, 2007 from http://www.foreignaffairs.org/20010501faessay4771/james-adams/virtual-defense.html

Arkin, W. (1999, January 26). Phreaking hacktivists *The Washington Post*. Retrieved from http://www.washingtonpost.com/wp=srv/national/dotmil/arkin.htm

Barabasi, A.-L. (2000, July 26). *Strength is weakness on the internet*. Retrieved from http://physicsweb.org/articles/news/4/7/10/1

Bosworth, S., & Kabay, M. E. (2002). *Computer security handbook* (4th ed.). John Wiley & Sons.

CipherTrust. (2004, November 18). *Maximizing Email Security ROI*. Retrieved from http://www.ciphertrust.com/resourses/articles/articles/roi_2_virus.php

Computer Economics. (2005). Retrieved from http://http://www.computereconomics.com/article.cfm?id=1090

GlobalSecurity. (2005). *Eligible receiver*. Retrieved from http://www.globalsecurity.org/miliatary/ops/eligible-receiver.htm

Green, H. (2003, August 25). We all knew better. *BusinessWeek Online*. Retrieved from http://www.businessweek.com/magazine/toc/03_34/B38460333futuretech.htm

ICSA/TruSecure. (2002). *Virus stats*. Retrieved from http://www.ICSAlabs.com; also at http://www.cit.cornell.edu/computer/security/seminarspast/virusIronwalker, (2004). *Does IPv6 introduce new security vulnerabilities?* (#9464). Retrieved from http://www.dslreports.com/faq/9464

Kahn, A. (2005, December 13). *Quanta computer to manufacture $100 laptop*. Retrieved from http://www.laptop.org/2005-1213.olpc.pdf

Kaspersky. (2006). *Virus statistics*. Retrieved from http://www.kasprsky.com/press?chapter=146437529

Messmer, E. (1999, September 13). Threat of "infowar" brings CIA warnings. *Network World Fusion*. Retrieved from http://www.nwfusion.com/archive/1999/75306_09-13-1999.html

Negroponte, N. (2005). *Being Digital*, p. 11, New York: Alfred A. Knopf, Inc.

Nugent, J. (2005). *RF energy as an attack medium for digitally stored data*. Unpublished working conceptual research paper, University of Dallas Center for Information Assurance, Irving, TX.
Pastor-Satorras, R., & Vespignani, A. (2001, April 4). *Internet aids the spread of computer viruses*. Retrieved from http://www.physicsweb.org/article/news/5/4/2/1
Pearson Education, Inc., Information Please Database.(2005). *History of viruses*. Retrieved from http://www.factmonster.com/pages/copyright.html
Sims. (2002). *How much info 2000?* Retrieved from http://sims.berkeley.edu/research/projects/how-muchinfo/summary.html
Smetannikov, M. (2001, June 4). Cyberspies protect the virtual business world. *Interactive Week*. Retrieved from http://www.zdnet.com/zdnn/stories/news/0,4586,2767657.00.html
Thornburgh, N. (2005, August 29). The Invasion of the chinese cyberspies (and the man who tried to stop them).
Time Magazine. Retrieved from http://www.time.com/time/magazine/article/0,9171.1098961,00html

术语和定义

阿基里斯脚踝（Achilles' Heel）：比喻可导致突然败亡的致命弱点。

灯塔（Beacon）：参阅*rootkit*。

比特（bit）：指二进制系统中的一个数字，例如，二进制数1001011的长度为7比特。

字节（Byte）：一组固定长度的比特序列。在现代计算机系统中，每个字节的长度通常为8比特。

C3I：指挥（Command）、控制（Control）、通信（Communications）和情报（Intelligence）。

赛博空间（Cyberspace）：由互相连接的计算机和通信系统构成的全球网络。

合格接收者（Eligible Receiver）：指1997年美国国防部组织的一次网络渗透测试，它凸显了计算机安全防御方面的重大弱点。此次测试中发现，有超过3万个Web站点提供攻击技术和工具。

艾字节（Exabyte）：百亿亿字节（2^{60}字节）。

假标记（False Flag）：假标记行动是政府、公司或其他组织执行的隐蔽行动，目的是使从表面上看其执行者是其他实体。

黑客（Hacker）：未经授权侵入计算机系统的人，或越权访问信息，企图对这些信息进行浏览、复制、修改、删除或破坏的人。

IETF："互联网工程任务组"的简称，该组织是由网络设计者、运营者、供应商和研究人员组成的大型开放的国际化社区。它关注互联网体系结构的演进，以及互联网的平稳运行。该组织向任何感兴趣的个人开放，其网址是www.ietf.org。

IPv4和IPv6：IPv4是指网际协议的版本4，它采用32比特的地址架构，最多提供40亿个网络地址。IPv6是新版的网际协议，支持数以万亿计的网络地址（3.4×10^{38}）。IPv6从设计之初便考虑了安全性。此外，IPv6可有效地支持移动通信。已经设计了一种转换机制，允许IPv4网络与IPv6兼容网络进行通信。

Nimba：尼姆达病毒。参阅"计算机病毒"。

NSA：美国国家安全局。

黑客（Phreaker）：Hacker的同义词。

Rootkit：Rootkit是黑客用以掩盖系统管理员权限被窃取这一事实的众多工具之一。Rootkit通常不用于系统的入侵，而是用于确保入侵者可以再次造访被入侵的系统。Rootkit由安装在受害机器上一组工具构成。这些工具修改了最常用的基本程序，以伪装自己。Rootkit很难发现，因为从表面上看，系统中的命令和程序与原来没有两样。Rootkit中包含的常见工具有：特洛伊木马、后门、信标、陷门、日志擦除器和数据包嗅探器。

Sasser：参阅"计算机病毒"。

Slammer：参阅"计算机病毒"。

漏洞的技术利用（Technology exploitation）：将隐秘功能隐藏在一个提供公开功能的组件、硬件、软件或系统中。

泰坦雨（Titan Rain）：发生在2005年的一次对美国政府和机构数据库的

渗透活动，其服务器位于中国。

陷门（Trapdoor）：参阅*rootkit*。

计算机病毒（Virus）：一种可以自我复制的程序，它通过将自身注入其他可执行代码或文档进行传播。从本质上看，计算机病毒的行为类似于生物病毒，生物病毒通过将自身注入活性细胞进行传播。Nimba、Sasser、Slammer都是典型的计算机病毒。

大规模杀伤性武器（WMD）：大规模杀伤性武器一般包括核武器、生物武器、化学武器，以及越来越多的放射性武器。这个词汇的最早出现在1937年，当时，空袭对西班牙的格尔尼卡镇造成了大规模破坏。在日本的广岛和长崎受到原子弹轰炸，并经过了冷战时期之后，这一词汇开始用于指称非常规武器。

零日（Zero Day）：表示没有时间来对攻击做出响应。

Chapter 4
第 4 章 赛博战基础设施

Robert S. Owen

（得州农业机械大学，美国）

有关赛博战的讨论，倾向于将焦点集中在对关键核心基础设施的削弱或扰乱方面。如果关键基础设施中的系统或资产遭到破坏，将对物理安全、经济安全、公共卫生或公共安全产生重大影响。一些人认为，赛博战不太可能对关键基础设施产生有意义的和持续的破坏。然而，对非关键基础设施的破坏能使目标区域或社会遭受相当大的经济损失，并使现存或即将出现的技术失去人们的认可。战争策划者将在不对关键基础设施进行物理破坏的前提下，以相对较低的代价达到破坏经济或降低生活质量的目的。对非关键基础设施的许多攻击可以通过互联网上的志愿者执行，而这些志愿者可能根本没有意识到战争策划者或网络恐怖分子的动机。本章概括并讨论了易受攻击的非关键基础设施，主张对这些非关键基础设施的脆弱点予以关注。

4.1 引言

我们呼吁对易受赛博战攻击的非关键基础设施予以关注。提起赛博战，有时人们关注的是其破坏程度，即其能否破坏关键基础设施或者是否这些设施就是脆弱的。这些讨论的焦点往往假定赛博战是以削弱或扰乱关键核心基础设施为目标，如就互联网基础设施而言，阻塞网络带宽或攻击服务器。然而，似乎有证据表明，赛博恐怖分子或其他战争策划者利用赛博战策略对核心基础设施进行有意义的破坏是不可能的。

这里所说的非关键基础设施，对于技术的普及和持续使用是必需的。它包括社会基础设施，商业基础设施中的客户基础设施，以及用来平衡客户基础设施的政治/控制基础设施。为了达到破坏经济或降低生活质量的目的，以这些附属基础设施为目标的策略，可能成为扰乱核心技术或物理基础设施战略的重要部分。尽管这种策略不可能立即使技术或相关物理基础设施遭受大规模破坏，但却可有效阻止新兴技术的出现，或使现存技术失去某些领域或社会团体的信任。

4.2 背景

对赛博恐怖主义的讨论往往从这样一个定义开始：为了达到强迫或威胁政府或大众的目的，利用计算机网络工具使得关键基础设施停止运转。所谓关键基础设施，是指那些如果遭到破坏，将对物理安全、国家经济安全和国家公共卫生设施的安全产生影响的系统和资产，包括能源、食物、运输、银行、通信、政府和网络本身。赛博空间是指使关键基础设施工作的相互连接的计算机、服务器、路由器、交换机和电缆。

恐怖分子的目标，有可能是使一小部分关键网络基础设施突然失效，用小事件短暂地瘫痪关键网络基础设施。发生这种事件的可能性越来越大，并且有可能影响到整体。在现实生活中，经常出现因自然原因而导致关键基础设施失效的事件，并引起能源消耗、航班延误及通信中断等后果。我们的社会尽管依赖这些关键基础设施，但对这类事件的适应性似乎很强。赛博攻击对这些关键基础设施的影响，绝不比自然因素带来的影响小（cf., Lewis, 2002）。

本章的观点是：尽管发生数字"9·11"事件的可能性不大，但一些小规模的攻击行动却能够提供两种有用的战略功能：一是降低公众对网络系统的信心，二是被赛博战策划者用于策划未来攻击。为了准备今后的攻击，赛博战策划者需要勾画信息系统结构，识别关键目标并且创建后门以备将来能够再次利用。本章所关注的是：破坏系统的形象，很可能导致公众减少对该系统的依赖。而因对系统信赖的下降，减少对该系统的使用，其效果与对系统实施攻击而产生破坏效果是一样的。二者的区别在于：对关键基础设施进行强有力攻击可能并不容易，但以较低代价实施看似无关紧要的攻击却很容易实现。

本章认为并不只有关键核心基础设施是脆弱的、重要的和值得关注的。为了将某个区域的居民赶走，暴徒绝不会去破坏房屋的地基，他们可能通过给邻居小孩发些糖果，让他们不断向窗户扔石头，这样能够达到同样的效果。基于这个观点，一块巨石可能破坏不了重要资产，但数千块小石头却可能将其瘫痪。我们建议将关键基础设施与其漏洞联系起来。除了关键核心基础设施——服务器、路由器、交换机、电缆，在设计互联网的赛博战防御策略时，我们还应该考虑社会性基础设施、商业基础设施和政治/控制基础设施。

4.3 最经济的破坏性赛博漏洞利用

互联网基础设施被物理破坏的可能性极低。相反，有许多"暂时性的骚扰武器"的漏洞利用武器。正如我们将要看到的那样，这些骚扰策略能够导致数十亿美元的损失。在赛博战中，这些确曾出现的损失应该得到与源于单个大型基础设施的损失同等的重视。对网络基础设施的攻击，也就是对大多数用户依赖的网络系统进行攻击，这仅仅是网络利用或网络行动的一种样式。其他网络漏洞利用包括：

- 探测：试图获取系统访问权限
- 扫描：使用自动工具进行探测
- 账户威胁：未授权使用计算机账户

- 权限威胁：获取系统管理员权限
- 包嗅探：信息在网络上传输时获取数据
- 拒绝服务攻击：故意消耗系统资源拒绝合法用户使用
- 恶意程序和软件：隐蔽的或行为不符合预期的程序，可能对系统带来不可预料的影响，或产生不希望出现的结果

最近由计算机安全学会和美国联邦调查局共同发起的对700个组织的一项调查表明：病毒攻击在所有调查对象中造成的经济损失最大，2005年约为4.28亿元；未授权攻击造成的损失约为3.12亿元；私有信息窃取造成的损失约为3.09亿元。拒绝服务攻击位列第四，仅为0.73亿元（Gordon et al., 2005）。

从这项调查中可以发现，恶意软件利用是最令人头疼的问题，所造成的经济损失大约是能对互联网基础设施带来直接影响的拒绝服务攻击的六倍。Cashell等人的报告表明，2003年恶意软件造成的影响约为130亿元。尽管与"9·11"恐怖袭击带来的500亿元经济损失相比，恶意软件带来的每年130亿元的经济损失似乎很小，但是前者可能永远不会再次发生，而后者却会年复一年地出现。理想的恐怖分子倾向于制造政治事件，但战争策划者却更倾向于破坏经济或降低生活质量，这使得赛博战在没有试图攻击关键基础设施本身的前提下，能够以较小的代价破坏经济。

4.4 非关键基础设施攻击

如果病毒和蠕虫能够产生六倍于拒绝服务攻击的经济损失，那么有理由将目前已经运用于赛博战中的恶意软件作为一种武器使用。不管我们是否意识到这一点，恶意软件是一种不错的可用于赛博战的武器。尽管赛博战的策划者还没有意识到这些。考虑到这种攻击的传播，我们必须考虑到互联网基础设施存在的如下两个层面。

- 核心基础设施：路由器、名字服务器以及连接网络的主干网，也即通常讨论的关键基础设施。

- 客户基础设施：个人计算机和企业网络，这些是互联网络的一部分。

家庭计算机和企业客户端已经成为物理网络的一部分。2003年，它们所传播的恶意应用导致了130亿美元的经济损失。进行战争复仇的国家，不再需要发展核弹头或者用飞机去撞大厦，就能造数十亿美元的经济损失。如果只是为了破坏经济，而非引起政治上的关注，使用恶意软件就能达到同样的效果。

4.5 非关键基础设施攻击的经济潜力

与物理攻击相比，赛博攻击有其独有的优势。赛博攻击能够在不接近物理目标的情况下，通过远程实施。而且在不掌握运行机制的情况下也能进行有效打击。这就要求攻击者能够较好地伪装身份、位置及渗透路径。在很多情况下，这些工作仅需要唾手可得的商业技术就能完成。攻击也可以转包给黑客完成。这些黑客掌握相应的技术知识，并且他们不必分享或了解恐怖分子的动机。

Hutchings（2004a，2004b）注意到，目前世界范围内失业青年数量急剧增加，其中包括54个穆斯林人口大国中的21个。他进一步注意到一半以上的阿拉伯人年龄在15岁以下。世界上的这些失业青年中，可能包括相当一部分有才华的年轻人。他们把发展恶意赛博攻击作为展示才华的最好方法。即使没有政治原因，这个群体的成员也极有可能协同制造破坏。在当前社会政治运动的影响下，他们更可能这样做。

4.6 非关键基础设施

上面的讨论表明，即使没有破坏核心或关键基础设施（主干计算机、路由器、传输介质，等等），也可能造成严重经济损失。对其他基础设施的攻击，也会造成社会的经济损失。下面是对NIAC的核心+客户基础设施思想的扩展。

将NIAC的客户基础设施分成两部分：社会基础设施和商业/竞争基础设施。可以在此模型上增加额外的政策/规则基础设施，作为环境对其他三个基础设施的影响的调节因素。

核心技术基础设施

在赛博空间中，由主干计算机、路由器、电缆等组成的关键基础设施。

社会基础设施

为了将核心技术基础设施拓展到日常应用，就必需有社会基础设施。在赛博空间中，如果用户没有将微机作为家用电器，没有将网上冲浪作为消遣方式，没有将在线信息收集或购物作为可信的工作方式，互联网零售贸易就不会普及。

尽管赛博空间是分散的，但赛博战能够限制社会基础设施。如果人们对网络的可靠性和安全性失去信赖，那么赛博战争贩子就赢得了战争。如果客户担心身份信息会由于因被嗅探而失窃，他们就会逃离电子商务。在喧嚣的网络中，如果毫无宣传用途的垃圾邮件不断淹没商业客户的有价值的电子邮件信息，那么他们就会降低对这种通信方式的信赖。为了达到影响甚至瘫痪核心关键基础设施的目的，并不一定要对其本身实施攻击。

竞争/商业基础设施

在社会基础设施普及的过程中，市场行为和竞争行为的作用也很重要。为了使赛博空间运转，商家必须在客户熟悉或接受互联网销售模式之前通过网络宣传商品或销售信息。竞争基础设施和社会基础设施是相互联系的：客户必需开始通过电子商务进行商业交易，电子商务必需在客户能够采取这种推销和分发方式之前存在。

和社会基础设施一样，不难想象，尽管商业基础设施已经普及，但因易受攻击而应用受限。如果探测、扫描、账户欺骗等被认为是代价高昂的漏洞，那么客户和商业伙伴可能很少会使用互联网。如果恶意软件的威胁是一个问题，那么在交易中员工使用电子邮件将受到限制。不管是赛博恐怖分子对部分核心基础设施进行不断的干扰，还是由于赛博战使非关键基础设施不能提供正常服务从而导致商业用户主动放弃使用某些技术，此二者所产生的影响是一样的。

政策/规则基础设施

最后，没有控制基础设施电子商务将不可能普及。必须有用来申请IP地址和域名解析的通信协议、解决电子商务中问题争端的方式以及用于指导商业活动的规则。

然而，由于强制措施及约束力的不完善，使得各种各样的非核心基础设施变得脆弱。例如，电子邮件的使用者可能会接收到没有任何价值的电子邮件，发送者的目的无非是消耗电子邮箱空间或判断对方是否收到了邮件以便于将来的攻击。如果不约束发送者、不约束允许发送者做这样操作的服务提供商、不约束允许这种活动存在的政府部门，那么垃圾邮件将会越来越多。因为，许多年轻的失业青年喜欢用这种方式打发时间。对世界范围内赛博活动的控制似乎是可以实现的（cf. Grove et al., 2000）。

4.7　未来趋势

当前的看法似乎是，对关键基础设施的赛博攻击还没有构成特别大的威胁。赛博空间中发生事件往往被认为是犯罪或恶作剧。不管隐藏在这些非关键事件背后的动机是什么，最终都会带来严重的经济影响。如果战争策划者的目的是引起经济混乱并降低生活质量，那么他们迟早会注意到对非关键基础设施的攻击。虽然对非关键基础设施的攻击没有像对关键基础设施的攻击那样有效，但由于它容易实施，尽管目前仍被忽视，但终将成为有用的武器。

将来在部署赛博战策略时，将有一大批受过教育的失业青年可为之所用。等到了那一天，理解非关键基础设施中的漏洞，对于抵御赛博战策略将非常有用。

4.8 结束语

为了发动赛博战，对互联网关键核心技术设施进行攻击不仅不大可能，而且也没有必要。虽然恐怖组织的意图可能是造成显著损害，但个人、组织或国家也可能对损害经济或生活质量的战争感兴趣。这些损害完全不必通过中断关键核心基础设施来实现，它可以通过中断客户基础设施（包括社会基础设施和商业基础设施）来实现。

对社会和商业基础设施的攻击可以通过控制基础设施实施或阻止。如果对网络基础设施的攻击源于某个特定结点，那么这个结点需要承担责任。例如，拒绝服务攻击可能由无法定位的个体发起，因为它可能通过窃取到的他人账号来实施。尽管这些个体不容易找到，但是被窃账号的所有者应该对未能及时更新应用负责，或者服务器的管理者应对未能及时监听到非法活动而导致账户被窃取而承担相应责任。病毒和蠕虫可以通过个人计算机而迅速传播，这些计算机可能正在使用过时的操作系统和防护程序。如果有法律要求汽车驾驶员保证车辆安全和排放达标，那么对信息高速公路的使用者也应该规定安全标准。如果国家能仔细检查核武器和生物恐怖行为，那么也应该仔细检查那些从事赛博活动的群体。

参考文献

Caruso, J.T. (2002). Congressional Testimony. Testimony before the House Subcommittee on National Security, Veterans Affairs, and International Relations, March 21, 2002. Last accessed electronically January 30, 2006, from http://www.fbi.gov/congress/ congress02/caruso032102.htm

Cashell, B., Jackson, W. D., Jickling, M., & Webel, B. (2004). *The economic impact of cyber-attacks*.

CRS Report for Congress, Congressional Research Service, The Library of Congress. April 1, 2004.

DHS (2003a). *The national strategy to secure cyberspace.* Department of Homeland Security, February 2003. Last accessed January 30, 2006, from http:// www.dhs.gov/interweb/assetlibrary/ National_Cyberspace Strategy.pdf

DHS (2003b). *The national strategy for the physical protection of critical infrastructures and key assets.* The United States Whitehouse, February, 2003. Last accessed January 30, 2006, from http://www.dhs.gov/ interweb/assetlibrary/Physical_Strategy.pdf

Frambach, R. T. (1993). An integrated model of organizational adoption and diffusion of innovations. *European Journal of Marketing, 27*(5), 22-41. Gatignon, H., & Robertson, T. (1985). A prepositional inventory for new diffusion research. *Journal of Consumer Research, 11*(March), 849-867.

Gordon, L. A., Loeg, M. P., Lucyshyn, W., & Richardson, R. (2005). *2005 CSI/FBI computer crime and security survey.* Computer Security Institute. Last accessed January 30, 2006, from http://i.cmpnet. com/gocsi/db_area/pdfs/fbi/FBI2005.pdf

Grove, G. D., Goodman, S. E., & Lukasik, S. J. (2000). Cyber-attacks and international law. *Survival, 42*(3), 89-103.

HR 3162 (2001). Uniting and Strengthening America by Providing Appropriate Tools Required to Intercept and Obstruct Terrorism (USA PATRIOT ACT) Act of 2001. United States Senate.

Hutchings, R. (2004a). *Terrorism and economic security.* Talk given at the International Security Management Association meeting, Scottsdale, AZ, 14 January 2004. Last accessed January 30, 2006, from http://www.cia.gov/nic/PDF_GIF_speeches/terror_ and_econ_sec.pdf

Hutchings, R. L. (2004b). *Looking over the horizon: Assessing America's strategic challenges.* Talk given at the Department of State/INR/World Affairs Council Seminar, Washington, DC, March 9, 2004. Last accessed January 30, 2006, from http://www.cia.gov/nic/PDF_GIF_speeches/ strategic_challenges.pdf

Lewis, J. A. (2002). Assessing the risks of cyber terrorism, cyber war and other cyber threats. Center for Strategic and International Studies, December 2002. Last accessed January 30, 2006, from http://www.csis.org/media/csis/pubs/021101_risks_of_cyberterror.pdf

Lewis, J. (2003). Cyber terror: Missing in action. *Knowledge, Technology, & Policy, 16*(2), 34-41.

NIAC (2004a). Prioritizing cyber vulnerabilities: Final report and recommendations by the Council. National Infrastructure Advisory Council. October 12, 2004.

NIAC (2004b). Hardening the Internet: Final report and recommendations by the Council. National Infrastructure Advisory Council. October 12, 2004. Robertson, T. S., & Gatignon, H. (1986). Competitive effects on technology diffusion. *Journal of Marketing, 50*(July), 1-12.

Rogers, E. M. (1995). *Diffusion of innovations* (4th ed.). New York: The Free Press.

Warren, M.J., & Furnell, S.M. (1999). *Cyber-terrorism: The political evolution of the computer hacker.* Australian Computer Ethics Conference, July 1999. Last accessed January 30, 2006, from http://www.cissr.com/whitepapers/cyberterrorism4.pdf

术语和定义

关键基础设施（Critical Infrastructure）：物理安全、国家经济安全或公共卫生与公共安全所依赖的重要系统或资产，如果受到破坏，将会导致重大影响。

核心基础设施（Core Infrastructure）：物理或技术基础设施，大多数情况下，它可能是关键基础设施。

客户基础设施（Customer Infrastructure）：依靠核心基础设施的基础设施，或者核心基础设施的产物。

社会基础设施（Social Infrastructure）：客户基础设施的使用者，他们决定使用或不使用核心基础设施。

商业基础设施/竞争基础设施（Commercial/Competitive Infrastructure）：客户基础设施的组织者，他们要么使用基础设施，要么不用。

政策/规则基础设施（Political/Regulatory Infrastructure）：能够授权或阻止基础设施建设的政府、企业和政治实体。

漏洞利用（Exploit）：充分利用软件或硬件的弱点或漏洞的行为。

Chapter 5
第 5 章 恐怖主义与互联网

M. J. Warren
（迪肯大学，澳大利亚）

新的千年已带来重要影响，我们所生存的世界正在发生变革。信息社会正向全球化发展，电子商务的成长正在全球发展出新的工业化市场。但信息社会是建立在互联网这一非常脆弱的框架之上的。互联网处于受攻击的危险之中，历史上这些攻击只是单纯地来自黑客，但现在我们已看到赛博恐怖组织的发展。本章将在分析一些中东案例的基础上，探究恐怖组织利用互联网的途径。

5.1 引言

现代社会的许多方面都直接或间接地依赖信息技术。因此，破坏相关系统（包括银行、政府、卫生和执法等不同领域）的可用性或完整性可导致引人注目的社会后果。

在许多现代商业环境中，哪怕是短暂的互联网和电子邮件连接中断，都会产生严重的破坏性影响。这种现象迫使人们转向那些现今人们认为不那么方便的其他通信方式。可以想象，拒绝服务的影响将是长期的，而且通常也会给信息基础设施带来不良影响。许多政府目前已开始认识到这一点。

恐怖分子或恐怖主义都是很具感情色彩的词汇。但作为一般词汇，恐怖分子是指那些通过有组织地运用恐怖手段来表明自己观点或统治特定区域的激进分子（Wilkinson，1976）。

赛博恐怖主义是恐怖主义的另一种形式，它不是有组织的暴力恐怖行为（除非攻击导致了关键系统失效），而是系统化地破坏信息资源。一个与此问题相关的现实是，人们很容易把恐怖分子团伙当做执行合法行动的抵抗组织。本章把这两种团体都定义为恐怖分子/抵抗组织，以中立的观点观察其行为和目的。

本章研究的场景是：赛博恐怖分子有意将技术基础设施或服务作为攻击目标。

5.2 赛博恐怖分子

近年来，恐怖组织已广泛使用信息技术，赛博恐怖主义这一新的威胁应运而生。赛博恐怖主义不使用暴力恐怖手段，而是以信息系统和信息资源为攻击目标，与传统恐怖主义有明显区别（Hutchinson & Warren，2001）。

从技能和技术角度看，赛博恐怖分子与一般黑客几乎没有区别。两者都要利用技术武器来达到破坏目标系统安全性的目的。但从攻击动机看，赛博恐怖分子与特定的政治或意识形态组织协同战斗以支持其行动，这一点与一般黑客有明显的区别。而这又促使赛博恐怖分子更专注于达到其目的，并在选择攻击目标时更加深思熟虑。然而，二者的区别并不只有这些，还要考虑一些其他因素。首先，网络恐怖分子作为一个有组织团伙的组成部分，这意味着他们有支持其行动的资金来源。这反过来又意味着他们可雇用个人黑客为其执行攻击（事实上是转包给其所需要的技术专家）。在这种情形下，黑客本身可能并不信仰恐怖分子的"事业"，但却为了获得金钱执行了攻击任务（Verton，2003）。

宣传

恐怖团伙很难未经审查在一般公众传媒上发布其政治声明。现在，他们可以利用互联网来达成这个目的。各种恐怖组织和政党目前都在利用互联网，只是其目的各不相同而已，举例如下。

1. 图帕克·阿马鲁革命运动组织（MRTA）：1997年，一个名为MRTA的秘鲁恐怖组织占领了日本驻秘鲁大使馆，劫持了许多人质。其间，MRTA网站发布了来自大使馆内的MRTA成员的声明、事件的最新进展和相关照片。

2. 车臣反叛组织：车臣反叛组织一直都在使用互联网同俄罗斯展开宣传战。反叛组织宣称击落了一架俄罗斯战机，俄罗斯先是对此予以驳斥。但反叛组织在其官方网站www.Kavkaz.org上展示了被击落战机的图片后，俄罗斯被迫承认了这一事实。

3. 筹款活动：位于伦敦以奥萨马·本·拉登的导师阿扎姆（Sheikh Abdullah Azzam）名字命名的Azzam Publications是一个致力于全球穆斯林圣战的网站，它与基地组织有关联。据说Azzam Publications网站销售书籍、录像等与圣战有关的资料，为阿富汗塔利班和正同俄罗斯交战的车臣游击队筹款。"9·11"事件之后，Azzam Publications面临巨大压力，无法再通过其网站销售产品。在其网站发布的关闭声明中，他们提供了一些替代方法，以确保能筹集到资金并汇到全球的抵抗组织。2002年，提供相同筹款选项的Azzam主站点恢复在线运行。新站点在全球范围内做了镜像，并将其内容翻译成阿拉伯语、英语、德语、西班牙语、印度尼西亚语、土耳其语、马来语、阿尔巴尼亚语、乌克兰语、法语、瑞典语、荷兰语、意大利语、乌尔都语和索马里语（如图5-1所示）等语言。按照Azzam网站的说法，他们这么做的原因是为了免遭西方审查法律（Western Censorship Laws）的打击。在Azzam网站将其信息以多种语言镜像到互联网之后，未来将很难再关闭它。

图5-1 Azzam的多语言网站实例

4. 信息战：赛博恐怖主义（更恰当的说法是此前讨论过的信息战）正成为攻击组织机构的通用技术。赛博恐怖团伙雇佣所谓的黑客激进分子（Hacktivism）。黑客活动家（Hacktivists）是一帮出于政治目的而丑化敌方网站的激进分子。例如，赛博恐怖主义组织或者那些为其服务的团伙（Meikle，2002；Warren & Hutchinson，2002）。

5.3 案例研究一

恐怖组织是具有思考和学习能力的组织（Warren，2005）。以黎巴嫩真主党为例，他们在互联网上的最初存在只是一个提供有限信息的Web站点。该站点只是他们的一个可以在不受政治限制或审查条件下向世界传播其政治主张的宣传工具。

目前，该网站已越来越高级。不仅有其军事行动和政治运动的详细信息，而且还包括了他们在全球范围内军事行动的详细信息。

这个网站还有读者来信，通过这种形式，个人能公开对真主党表示支持。

此外，该网站还提供漫画、各种图片、多媒体以及该组织的电子邮件联系方式等。图5-2和图5-3显示了其发展过程。

图5-2　早期的真主党网站

图5-3　稍后出现的真主党网站（2001）

网站上的多媒体信息包括战场上拍摄的照片、视频片段、新闻报道和真主党的演讲录音。

5.4 案例研究二

在2003年的伊拉克战争中,可以看到黑客、病毒和网络宣传等场面。与此前发生的赛博战(如塞尔维亚与北约之间的赛博战)相比,这场战争有所不同。原因有二:一、在伊拉克战争期间的赛博战中,实际卷入其中的不止两方;二、战争的动机源自宗教和政治等意识形态。此次赛博战争涉及三方,包括(Warren,2003):

- 来自美国的黑客,这些人出于爱国主义,愿意攻击任何伊拉克目标。
- 信奉伊斯兰教的黑客,这些人攻击可检测到的联军目标,力图在网络上开展圣战,如图 5-4、图 5-5 所示。
- 和平活动家,他们使用 Web 网站发表声明,倡导和平——但对激进的和平活动家而言,如果战争继续,他们将会采取什么行动呢?

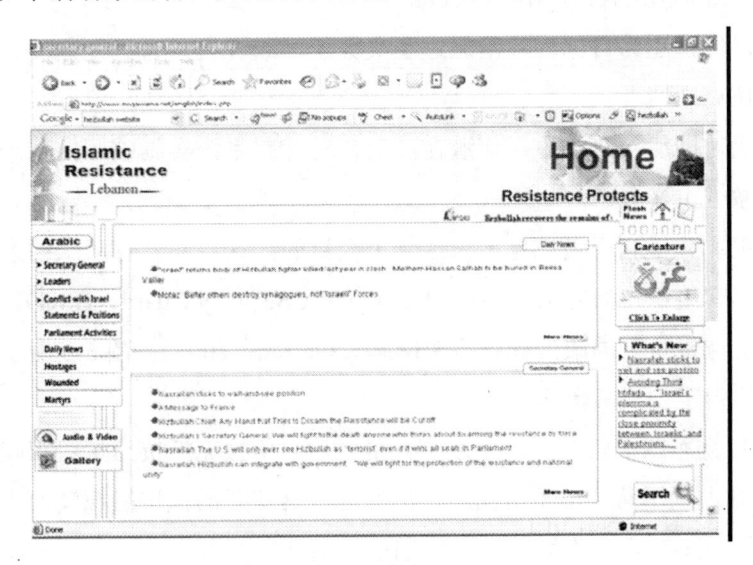

图5-4 目前的真主党网站(2006)

图5-5 真主党网站上的多媒体内容样例

当你看到美国NIPC于2003年2月11日代表美国政府发表的限制"爱国主义黑客行为"的劝告书后（NIPC，2003），可能会感觉相当困惑。他们列出了如下几个攻击动机（NIPC，2003）：

- 以伊拉克为目标的政治激进主义分子，或者自诩为"爱国黑客"的伊拉克同情者。
- 反对同伊拉克发生任何潜在冲突，对美国系统实施破坏性攻击的政治激进主义分子。
- 犯罪分子利用当前危机来达到个人目的。这期间，有活跃的亲伊斯兰黑客组织，如 UNIX 安全卫士（UNIX Security Guard，USG），他们用支持伊拉克的政治标语涂改网站（Warren，2003）。图 5-6 所示的是一次得手的反战黑客行为。

伊拉克军队被打败，民主政府恢复之后，伊拉克抵抗力量组织起来对抗新政府并占领军营。出于前面所述的原因，这些新的抵抗组织转而求助于互联网（见图5-7），但不同的是，他们：

- 招募志愿者。

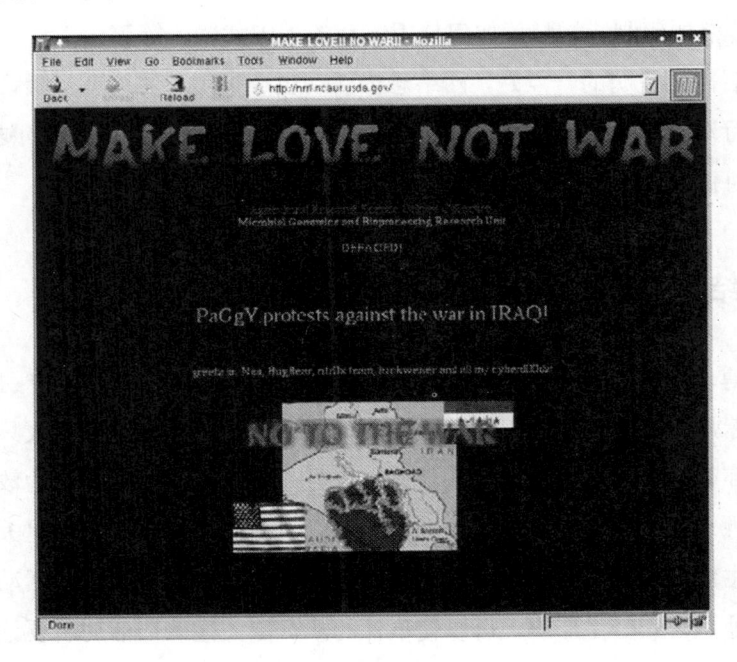

图5-6 赛博恐怖主义的行动实例

图5-7 伊拉克抵抗组织的行动实例

- 把重点放在阿拉伯语 Web 网站和网络内容，而不是英语。
- 传播如何制造炸弹，如何使用缴获的外国武器，等等。

最后需要说明的一点是，网络恐怖活动也可被用于协助或支援许多传统的袭击行动。例如，黑客技术可以用来从系统中获取情报信息，并用这些信息帮助发动暴力袭击。

5.5　结束语

赛博攻击使恐怖活动分子可以在更大范围内造成影响。传统的恐怖活动，如爆炸，其影响力仅限特定的地理位置或社区。此时，更多人只是围观者，恐怖行动并没有直接影响到他们。况且，暴力行为未必是表达政治或意识形态观点的最佳途径——因为在暴力活动发生时，媒体和公众更关注其所造成的生命财产损失，而不是其所要宣扬的事业。赛博恐怖主义活动可以更大范围地对公众产生影响，可以使事件的涉众更关注恐怖活动所要达成的目的，与此同时还能确保不会出现足以转移公众注意力的长效破坏。举个例子，在拒绝服务攻击中，如果被威胁的一方同意恐怖分子的要求，那么就可以恢复到攻击发生前的状态（至少表面上是如此），即可以恢复提供服务。在现实世界的事件中，如果发生了人员死亡或毁灭性破坏，那就不可能再恢复到以前的状态。

赛博恐怖分子根据政治方案展开行动。这种动机（更确切地说法是狂热）意味着此类攻击的目标更明确，攻击的系统更关键。这种集体行动比单个黑客的行为更有害。这也是筹款的问题所在，由于恐怖团伙有坚实的资金来源，他们可以轻而易举地雇用黑客为其服务。

不论喜欢与否，我们已经严重依赖（而且将来还将日益依赖）信息技术。互联网每天24小时均可访问，因此以发达国家为攻击目标的赛博恐怖分子可以每天24小时随时发动攻击。这意味着所有组织都可能受到影响，因为它们的网站可能恰好就放置在澳大利亚、美国和日本等国家。随着时间的推移，我们所面临的赛博恐怖主义威胁的风险将会显现。

参考文献

Hutchinson, W., & Warren, M. J. (2001). *Information Warfare: Corporate attack and defence in a digital world.* London: Butterworth-Heinemann.
Meikle, G. (2002). *Future active: Media activism and the internet.* Routledge.
NIPC. (2003).*Encourages heightened cyber security as Iraq—US tensions increase* (Advisory 03-002).
Washington, DC.
Verton, D. (2003). *Black ice: The invisible threat of cyber terrorism.* McGraw Hill.
Warren, M. J. (2003). *The impact of hackers.* Presented at the Second European Information Warfare Conference, Reading, UK.
Warren, M. J. (2005). *Cyber terrorism.* Presented at the Annual Police Summit, Melbourne, Australia.
Warren, M. J., & Hutchinson, W. (2002). *Will new laws be effective in reducing web sponsorship of terrorist groups.* Presented at the Third Australian Information Warfare and Security Conference, Perth, Australia.
Wilkinson, P. (1976). *Political terrorism.* MacMillan Press Ltd.

术语和定义

说明：以下定义取自Dictionary.Com（网址：http://dictionary.reference.com/browse）。

互联网（Internet）：一种通过TCP/IP协议，将全球的计算机网络相互连接在一起的系统。

风险（Risk）：遭受伤害或损失的可能性。

恐怖分子（Terrorist）：从事恐怖主义行径的人。

恐怖主义（Terrorism）：个人或有组织的团伙，为了制造恐慌或者胁迫政府或社会，非法地对人员或者财产使用或威胁使用暴力。

第 6 章 隐写术

[1]Merrill Warkentin,[2]Mark B. Schmidt,[3]Ernst Bekkering

([1]密西西比州立大学，美国；[2]圣克劳州立大学，美国；[3]东北州立大学，美国）

  隐写术是信息隐藏过程，可用于将信息或消息嵌入数字文件之中。隐写术的某些应用是合法的，如数字水印或把文字合并到医学图像中。但该技术也可以被用于犯罪目的，或被恐怖分子用来隐藏彼此间的秘密通信。本章讨论一些常见隐写工具、隐写分析方法，以及该领域的未来挑战。将来，隐写术的合法性可能有赖于法律方面的问题与挑战。司法差异可能是其中一个要考虑的因素。当局为了履行保护公众安全的职责，将不得不从犯罪和恐怖威胁的角度对隐私权进行权衡。隐写分析技术将日益重要，并将随着互联网和 VOIP 等新兴技术的应用而变得复杂。分组路由使文件分析变得复杂，新的数据流类型为信息隐藏提供了新机会。将有必要在国际范围内对威胁响应进行协调。

6.1 引言

  隐写术是信息隐藏过程。在数字环境中，隐写术（其字面意义是"覆写"）是将数据或消息隐藏在看似合法的文件中，从而逃避当局的检查。自古希腊以来，隐写术就已在实践中应用。古代的隐写方法简单但有效。比如，他们把消息写在木制的刻写板上，然后用蜡覆盖，以此来藏匿消息。另外还有一种方法，把信使的头发剃光，把消息纹在头皮上，等头发长好后派他去送信。到达目的地后，再将其头发剃光就可以看到消息（Jupitermedia Corporation，2003）。更具技术性的隐写术也已存在了若干年。事实上，1996年以来，国际上都会定期举办信息隐藏和隐写术领域的研讨会（Moulin & O'Sullivan，2003）。然而，采用计算机处理的隐写术多数是在2000年之后才得到发展和应用的（Cole，2003）。隐写术不一定要对消息进行加密，这是密码学要解决的问题。它的目的是隐藏信息存在这一事实（Anderson & Petitcolas，1998），这样任何截获或看到文件（图像，文件，电子邮件等）的人就不会察觉到所隐藏的比特。现代技术已可高效而方便地实现隐藏信息的嵌入。这些计算机化的工具对消息进行编码，然后将其嵌入到其他文件中。

6.2　背景：隐写术的合法使用

有一些应用程序可以实现隐写。好比多年来一直用水印和印花技术来识别钞票或其他重要文档，数字水印可被引入文件，用以标识图像或音乐文件等数字内容的拥有者。这种用于保护知识产权（版权，商标，等等）的工具增强了创作者安全发布其作品的能力，使之无需担心侵权问题（Nikolaidis & Pitas，1996）。这种工具也能对有版权文件的合法使用进行监控。智能软件机器人可用于在Web中搜索文件（例如，JPG图像文件），它有可能搜到文件中内嵌的拥有者信息字串（数字水印）。用这种方法，撰稿人或艺术家就可以确保其数字签名（通常是可用作虚拟指纹的唯一序列号）仅在其授权使用的网页中出现（Moulin & O'Sullivan，2003）。

隐写术的另一个用途是发送秘密消息（Anderson & Petitcolas，1998）。其他用途包括：在电台广告中隐藏消息以查证其是否按合同运作，在文件中嵌入评论，在医学图像中嵌入患者的姓名，在付费电视节目中嵌入多语言配音（Anderson & Petitcolas，1998；Moulin & O'Sullivan，2003）。嵌入式数字水印也已应用于识别软件版权（Hachez，2003）和防范音像文件的非法复制。

6.3 隐写术带来的风险

尽管大多数人一般利用现代技术来提高生产力或创造其他积极效益，但还有些人将技术用于有害的活动。比如，网络盗窃，策划恐怖袭击等。奥萨马·本·拉登及其恐怖主义网络——基地组织——就是一个证据。美国情报部门有证据证明基地组织利用Web来指挥恐怖行动（Cohen，2001）。已知的例证有：Mohamed Atta 在Americanairlines.com网站上预订机位；其成员使用Yahoo电子邮件；利用Web研究撒农药飞机在化学袭击中的有效性。更近的一个例子是一名渗入荷兰情报机构的穆斯林激进分子使用了隐写术（Reporter，2004）。类似地，隐写术已被用于犯罪目的。一名荷兰勒索分子命令受害者（一食品生产者）将存有赎金的银行账户信息隐藏在一张网络图片中。这张图片放在一家专业报纸的网站上（Ringelestijn，2004）。

6.4 隐写软件工具

简单隐写工具使得恐怖分子和其他犯罪分子可以相对容易地把数据隐藏在文件中。事实上，执法部门将隐写术视为一种易得易用的非法资料交换方法（Jajodia & Johnson，1998）。从Web上可以容易地获得隐写工具，许多工具甚至可以免费获得（感兴趣的读者可以访问http：//www.pcworld.com/downloads/等类似网站查找详细信息）。恐怖分子和罪犯不仅可以使用隐写工具将消息隐藏在其Web网站文件和电子邮件中，还可以利用黑客技术入侵其他Web网站。然后将信息隐藏在那里。据推测，基地组织将消息隐藏在色情网站中，因为这些网站传播范围广，而且一般认为穆斯林不会访问这类网站。这样，色情网站就为恐怖分子躲避检测提供了额外保护（Cohen，2001）。

举个例子，SpamMimic是一种在电子邮件和其他通信中伪装隐藏信息的方法。想伪装消息的人可访问http：//spammimic.com，然后输入一条消息，该网站会将其转换成一条看似无害的电子邮件，该邮件看起来像垃圾邮件，但可像正常邮件那样发送（发送者可将其剪切并粘贴到电子邮件客户端）。接收者同样可以访问spammimic.com网站，对消息进行解码，从而获得原始消息。尽管该软件的合法性还有争议（即是否还有其他人可以解码这些伪装过的消息，或者说spammimic.com的运营者是否是某个政府的情报部门），但它是一个有意思的概念，将来可能得到进一步发展。像spammimic.com这样用户友好型的隐写资源，加重了政府监控计划（如Carnivore、Echelon）的工作负载。为了检测伪装信息，它们必须对垃圾邮件进行处理，而不能再简单地丢弃它们（Clark，2001）。

还有其他一些利用Web来散布秘密信息的方法，其技术含量要低些。Web网站的内容和项目布局可被用来传递秘密信息。这种隐写术的技术含量较低。例如，在Web网站上显示一幅穿蓝色衬衫男人的图片，这幅直观的图片可能是告诉特务某个攻击行动安排在周二进行。对恐怖分子而言，使用Web传递的信息的好处包括传递的速度、可达的范围和网站的秘密性。

包括速度、范围以及网站的秘密类型。按照恐怖主义研究中心的Matthew Devost的说法，隐写术使策划者得以避免实际会议存在的行动安全问题（Cohen，2001）。

6.5 公众可获得的隐写工具

尽管有些隐写工具只有秘密的政府机构才能得到，但Web上还是能找到许多工具，而且其中不少还是免费的。表6-1列出了一些隐写工具。有兴趣的读者可以访问http：//www.jjtc.com/Steganography/toolmatrix.htm，那里有内容更丰富的列表。该网站由Neil F. Johnson维护，其中列出并介绍了大约150个隐写工具。

表 6-1　隐写工具实例

工具名称	支持的文件类型	价格	下载地址
Camouflage	若干种	免费	http：//www.downseek.com/download/5746.asp
Invisible Secrets v4.0	JPG，PNG，BMP，HTML，WAV	39.95 美元	http：//www.stegoarchive.com/
SecurEngine 2.0	BMP，JPG，TXT	免费	http：//www.freewareseek.com
Camera/Shy	GIF 与网页	免费	http：//sourceforge.net/projects/camerashy/
Stegdetect（XSteg）	检测 JPG 图像中是否有隐写信息	免费	http：//packages.debian.org/cgi-bin/download.pl
MP3Stego	MP3	免费	http：//www.petitcolas.net/fabien/software/index.html
Hydan	可执行文件	免费	http：//www.crazyboy.com/hydan/

最初，隐写工具只能把信息隐藏在图像文件中。最近，已经出现了一些隐写程序，它们可以将文件隐藏在音频、文本、可执行文件甚至磁盘的未用分区等多种其他类型的文件之中。

6.6　隐写分析：从文件中检测隐藏数据

隐写分析是在预定格式的文件中搜寻细微偏差，对隐写的载体文件进行检测的过程（Cohen，2001）。"大多数当代隐写分析技术类似于病毒检测技术，它们倾向于采用基于特征的检测方法，很少关注基于异常的盲隐写检测。基于异常的方法试图从正常状态中检测出偏差"（Claypoole Jr.，Gunsch，& Jackson，2003）。当前的一个研究领域是采用遗传算法，用统计学的方法进行隐写检测（Claypoole Jr. et al.，2003）。随着执法部门对待隐写术态度的越发重视，将会在效率高且效果好的隐写检测方法和潜在载体文件的隔离等方面投入更多努力。

6.7 隐写嵌入的数据具有易碎性

含有隐写数据的文件和嵌入其中的数据都具有易碎性。嵌入的数据有可能被有意无意地修改或删除。要清除宿主文件中的隐写数据，一个简单的办法就是将其保存成另外一个格式的文件，然后再令其保持新格式，也可以重新另存回原格式。哪怕是压缩（或其他文件转换方式）时的轻微变化，都会摧毁文件中所隐藏的信息（Cole, 2003）。例如，将JPG文件转换成另一种图像文件格式，然后再转换回JPG格式。在这个过程中，图片的视觉特征几乎未变，但其中的嵌入信息不是被搅乱就是被彻底破坏。

6.8 未来的法律问题和挑战

如同其他新技术，隐写术也存在一些现存法律所没有涉及的问题。然而，与互联网相关的法律，即使制定了也很难实施。管辖权是一个要解决的问题，因为大多数互联网通信跨越了洲界和国界。有的事情在一国可能是非法的，但在另一国则未必。

1952年，美国颁布了联邦刑法（*Federal Criminal Code*）第1343节，其中有电信欺诈条款（wire fraud provision），该条款被扩展以涵盖互联网的情形。在犯罪活动中，使用电信系统的任一部分都违反了联邦法律（Cole, 2003）。为了监控电话交谈，必须先获得法官授权，而且此授权仅对指定的电话号码有效。犯罪分子使用一次性手机就可规避此项法令（Charny, 2001）。另一个挑战是新技术的出现，如网络电话（VoIP）。这种技术将电话交谈内容拆分成数据报文，通过互联网传送到目的地后再进行报文重组。要监控这种流量，就必须建立一些中心结点，把语音流转向此处，将其复制下来之后再重发到目的地（Wired News, 2003）。如果所有报文走的是单一路径，那么在通信开始且报文还未被分拆的时候，或者在报文即将达到目的地的时候，对其进行监视将会有效得多。

需要认真权衡个人隐私和社会利益。事实上，美国公民自由联盟（American Civil Liberties Union，ACLU）等组织正为维护隐私权而斗争，他们要防止执法部门监听通信。下面是ACLU在隐私和技术方面的立场：

美国有演变成全民监视（fullfledged surveillance）社会的风险，如下两个领域将会伴随这种趋势得到发展：

- 监视技术将会出现爆炸式发展。乔治·奥威尔（George Orwell）所假想的专制政府已具备技术上实现的可能。
- 在监控设备已经发展起来的时候，我们却正在弱化防止它们践踏隐私权的法律约束。

一般认为政府是为公众利益服务的。尽管如此，法律总有可能被用于其他非预期的目的。例如，根据数字千年法案（Digital Millennium Copyright Act，DMCA），密歇根州于2003年3月31日颁布了一个法律。该法律的本意是保护有线电视的运营商和宽带服务的提供商，其中有一条规定："个人不能以下列方式（但不限于）安装、开发、生产、拥有、分发或使用任何类型的通信接入设备：……（b）隐藏任何通信服务的存在性、信源或信宿"（Act 328 of 1931，2004）。根据这一规定，信息隐藏等技术的合法使用亦被明令禁止。为此，被迫于2004年对该法律进行了修改。类似地，当局所收集的某些信息有可能被用于非法目的。

近年来，美国政府奋力争取扩大对通信的访问权并限制加密技术的使用。与1994年美国颁布的执法中的通信协助法案（Communications Assistance for Law Enforcement Act，CALEA）类似，欧洲议会于2002年通过了通信数据保护指令（Communications Data Protection Directive）。在成员国中，当局可以命令电信公司无限期地保存所有电子通信内容，包括电话呼叫、电子邮件和互联网的使用。在信息隐藏技术方面，欧盟采取了一种更宽容的方法，未专门针对隐写术颁布限制法令，也没有对隐写术的使用进行法律限制。

即便可以实现高效且有效的隐写监控，是否值得以损失隐私权为代价打击潜在的犯罪活动和恐怖企图，这点仍然有待观察。

6.9　未来需求：隐写检测系统

目前有专门的软件可以检查隐写内容，但还不能从公开可得的资源中找到对内含隐写内容的文件进行检测的方法。试想，互联网传送的文件数量是如此之大，要对所有流量进行检查既不可能也不切实际。更合理的办法是选择合理数量的文件，使检测具有可行性。政府所开发的"食肉者"(Carnivore)、"梯队"(Echelon)等监视系统，完全有可能已经实现了这个目标。

互联网使合法和非法团体通信的效率、有效性和机密性都得到了提升。互联网提供了若干通信协议，包括电子邮件、FTP、IRC、即时通信（IM）、P2P（如Napster and Kazaa）、HTTP（Web网站）和WSDL（Web服务）。据估计，每年将有数以万亿计的文件通过互联网传输（Cole，2003）。这就是困难之所在——执法部门和安全官员怎样才能识别、隔离、拦截和处理含有犯罪或恐怖企图的文件？这个问题很难。全面的解决方案要求互联网接入服务提供商（例如，互联网服务提供商ISP）和执法部门、国防部以及新成立的国土安全部等政府机构之间开展合作。接入服务提供商在通信的起点和终点处承载了几乎全部网络流量，处于防范互联网犯罪的第一线。但由于互联网采用的是分组多路径路由技术，对发送者和接收者之间的信息传输进行监控需要更多资源。

6.10　结束语

尽管计算机化的隐写术（如水印、版权保护和数字指纹等）有其合法用途，但对于恐怖分子和其他罪犯而言，它也是一种非常有效的保密通信工具。特别地，有证据表明恐怖分子团伙（如，基地组织）已经在通信中使用了隐写术。因此，很有必要持续研究载体文件的识别方法和内含非法信息的互联网数据流量的（临时）阻断方法。隐写数据可以隐藏在图片、视频、音频、文本、电子邮件、可执行文件等类型的文件，以及磁盘的空白分区之中。必须开发和使用更好的方法，以识别这些被修改的文件。国际上应建立一个针对恐怖主义的国家联盟，共享与隐写和隐写分析方法相关的知识成果。

参考文献

Act 328 of 1931, Michigan Penal Code. §750.540c (2004).

American Civil Liberties Union. (2003). *Privacy and technology*. Retrieved October 29, 2003, from http://www.aclu.org/Privacy/PrivacyMain.cfm

Anderson, R. J., & Petitcolas, F. A. P. (1998). On the limits of steganography. *IEEE Journal on Selected Areas in Communications, 16*(4), 474-481.

Charny, B. (2001). *Disposable cell phones spur debates*. Retrieved October 29, 2003, from http://news.com.com/2102-1033_3-273084.html?tag=st_util_print

Clark, E. (2001). A reason to love spam. *Network Magazine, 16,* 20.

Claypoole Jr., R. L., Gunsch, G. H., & Jackson, J. T.(2003). Blind steganography detection using a computational immune system: A work in progress. *International Journal of Digital Evidence, 4*(1), 1-19.

Cohen, A. (2001, November 12). When terror hides oOnline. *Time, 158,* 65-69.

Cole, E. (2003). *Hiding in plain sight: Steganography and the art of covert communication*. Indianapolis, IN: Wiley Publishing, Inc.

Hachez, G. (2003). *A comparative study of software protection tools suited for e-commerce with contributions to software watermarking and smart cards*. Unpublished doctoral dissertation, Louvain-la-Neuve.

Jajodia, S., & Johnson, N. F. (1998). Exploring steganography: Seeing the unseen. *IEEE Computer, 31*(2), 26-34.

Jupitermedia Corporation. (2003). *Steganography*. Retrieved August 31, 2003, from http://www.webopedia.com/TERM/S/steganography.html

Moulin, P., & O'Sullivan, J. A. (2003). Informationtheoretic analysis of information hiding. *IEEE Transactions on Information Theory, 49*(3), 563-593.

Nikolaidis, N., & Pitas, I. (1996). Copyright protection of images using robust digital signatures. *IEEE International Conference on Acoustics, Speech and Signal Processing, 4,* 2168-2171.

Reporter. (2004, November 14). Mol in AIVD gaf tekens op website. *De Telegraaf*.

Ringelestijn, T. V. (2004, March 23). *Technologie buiten schot in zaak toetjesterrorist*. Retrieved June 30, 2006, from http://www.netkwesties.nl/editie86/artikel3.php

Wired News. (2003). *Internet phone calls stymie FBI*. Retrieved October 27, 2003, from http://www.wired.com/news/print/0,1294,58350,00.html

术语和定义

数字水印（Digital Watermarks）：与信头的水印非常类似。数字水印用于帮助识别文档或其他文件的属主，它包括内嵌的具有唯一性的数据串，不会影响图像、音乐或其他数据文件的感官效果。

"梯队"（Echelon）：这是一种被推定存在的国际通信分析系统。由于政府官员对有关存在该系统的报道常常予以否认或不予理睬，因此很难获得有关该系统的详细信息。

SpamMimic：这是一个Web网站的名称，其网址是 http://www.spammimic.com。该网站可将秘密信息隐藏在一个伪装的垃圾邮件之中，从而增加FBI的"食肉者"和"梯队"系统工作量。

隐写分析（Steganalysis）：在其他文件中检测隐藏信息的过程。典型的隐写分析方法，是在特定类型的文件中搜索微小的偏差。

虚拟指纹（Virtual Fingerprint）：一种具有唯一性的数字水印，可作为特定文件的唯一标识。

第 7 章 密码学

Kevin Curran，Niall Smyth，Bryan Mc Grory
（欧斯特大学，英国）

密码学是主要的安全保护方法之一，只有掌握密钥的人才能将加密数据解密并获取其真正含义。目前有许多加密方式，有些方法比其他方法更有效。密码编码学的工作原理是把原始信息转换成密文，也即把信息加密成不可读的形式。为了解密信息，我们仅仅需要做相反的工作，解密不可读信息使之成为明文。信息的加密和解密通过使用密码算法来完成。密码算法基本上像一个秘密编码，二者的主要区别是秘密编码只工作在一种含义下。本章主要讨论密码学的历史、主要加密方法以及政府管制等关于加密的一些争论。

7.1 引言

密码学作为一种艺术可以追溯至公元前1900年，起源于古埃及抄写员所使用的象形文字通信。纵观历史，有很多人为密码学的发展做出了贡献。这其中有许多人比较知名，尤利乌斯·凯撒便是其中之一。他使用只移动字母的字母表代换法。另外一个使用并改变了密码学的历史人物是托马斯·杰斐逊。他于1790年发明了轮转密码。该密码被用于创建第二次世界大战时美国海军使用的带状密码。第二次世界大战期间，出现了几种用来产生密码的机械设备，其中包括转子密码机等，而最著名的是恩尼格玛密码机。机械密码机的出现大大增加了密码破译的复杂性。加密方法通常分为两大类：替换密码和置换密码。替换密码用不同字符代替明文字符，但保留其顺序不变；相反，置换密码打乱了明文字符的顺序，但不用其他字符替换它们。明文是指消息被加密前的原始形式。本章，我们主要讨论密码学的历史、一些主要的加密方法以及关于加密的一些争论（如，政府限制）。

7.2 背景

最早的加密方法大概是由古希腊历史学家Polybius于公元前2世纪发明的，这是一种替换密码。这种方法中使用的替换表包含希腊字母表中的字母。它用火炬通信的方式发送信息。消息的发送者持10把火炬，每只手5个。他以逐个字母的方式发送信息，左手所持的火炬数目代表字母所在的行，右手所持火炬的个数代表字母所在的列。例如，对于字母"s"，发送者将会在左手持3把火炬，右手4把火炬。Polybius写道："这种方法是Cleoxenus 和Democritus发明的，但是我改进了它"（Denes，2002，P.7）。该方法尽管简单，但却是一种加密电报消息的有效方法。在保持加密方法不变的情况下，可以方便地改动这张表，只要发送者和接收者所拥有的表相同即可。其他人不知道这张表，所以尽管他们也能看到传送的信号，但却只有意定的接收者能够理解其中的真正含义。这是一种基于秘密密钥的加密方式，即发送者和接收者拥有相同的密钥。在上述情形中，这个密钥就是字母表。

另外一种替换密码是凯撒码，由朱利叶斯·凯撒创造（Tannenbaum，1996）。在这种方法中，字母表向后移动特定数字（用k表示这个数）的字母数。例如，当k=3时，字母A用D代替，B用E代替，Z用C代替，以此类推。这也是一种秘密密钥加密法，为了解密消息，必须知道k值。显然，这种简单的加密方式不难破解，因为k只有26种可能取值。要破解密文，只需要用可能的k值移动密文，直至得到一种可以理解的明文。这种编码还有更复杂的破译方法，如使用字母的统计特性来从消息中推算出可能的字母。例如，E是英语里最常用的字母，因此，密文中出现最多的字母有可能是E。这样，用最常用的字母代替密文中出现最多的字母，一旦部分解密了一个单词，就很容易猜出其意思。比如，如果E和T用来代替出现最多的字母，一个部分解密的单词是"tXe"，那么根据单词"the"，X很可能是H，再用H代替消息中所有出现X的地方，就可以猜测出更多单词（Garrett & Lieman，2005）。

一种常用的置换密码是列置换，其原理是引入一个秘密密钥。该密钥是一个不包含重复字母的单词或短语。例如，HISTORY。密钥用做列的标志，将第一列置于密钥中最接近字母表首部的那个字母之下，以此类推。明文字母按行写在密钥的下面，从第一列开始按列读出的就是密文。如图7-1例子所示。

H	I	S	T	O	R	Y
1	2	5	6	3	4	7
a	_	p	r	i	v	a
a	t	e	_	p	h	r
a	s	e	_	t	o	_
b	e	_	e	n	c	r
y	p	t	e	d	_	_

原始消息：
a_private_phrase_to_be_encrypted
加密消息：
aaby_tsepiptndvhoc_ pee_tr_ _eear_r_
消息的接收者用密钥提供的列标号将加密消息还原。

图7-1　通用的列置换密码

密码分析学是在不知道加密密钥的情况下，研究从加密信息中获得明文的科学。按照外行人的观点，它是指编码的破解或破译的实践。字典中将密码分析学定义为分析或破译密码著作/密码系统，或关于破解加密信息的密码学分支。密码分析者和密码编码者天生对立，因为密码编码者的工作是保护信息或使信息更加安全，而密码分析者则致力于破译加密数据。然而，他们又是互补的。因为如果没有密码分析者或者密码分析过程，将很难创造安全的密码学。因此，设计一个新的密码算法时，通常使用密码分析技术以发现或纠正算法中的任何弱点。在破译密码时，大部分密码分析技术需要利用从明文中发现的模式。数据压缩能够减少这些模式，因此提高了抗密码分析的能力。

7.3 常用加密方法

密码编码学是通过一种算法把原始信息转换成不可读形式的科学。密钥用于转换原始信息。不可读形式的信息称为密文。为了解密信息，我们仅仅做相反的工作，把不可读信息转换成明文。在加密和解密信息过程中所使用的算法称为密码算法。密码类似于秘密代码，二者的区别是秘密代码仅在一定条件下有意义。秘密代码与原始信息使用的是相同的字母或单词，是原始信息经过重新排列的结果。而密码与此不同，它能够以每一位或每个单词为目标，将原始文件变换成完全不能识别的替代文件。关于密码算法另一个有趣的事情是它们需要密钥配合工作。根据密钥的种类，可以设计不同的加密程序。没有密钥，密码不能够加密或解密。

一次一密乱码本

前面讨论的传统加密方式能够被知道一定信息的人破解，有一种称为一次一密乱码本的加密方案能够创造不可破译的加密信息。在这种方案中，以一个随机位串作为密钥，然后把要加密消息也转换成位串。例如，使用消息中每个字母的ASCII码。然后对这两个位串进行按位异或运算。比如，用0100010加密消息中字母A，A的ASCII码是1000001，其一次一密乱码本加密结果是1100011。一次一密加密的信息不可破译，因为每个明文消息是等概率候选（Tannenbaum，2002）。只有知道正确密钥的人才能够解密。但是这种方案有一些缺点，首先，密钥至少要和被加密的位串等长；由于密钥是一个长的随机位串，因此难以记忆。为此，发送者和接收者都需要保存密钥的副本。一旦密钥副本落入不合适的人的手中，密钥将面临安全风险。此外，如果发送者和接收者事先有一个协商好的密钥，那么发送者就不能用这个密钥发送太长的消息。

借助计算机系统，一次一密乱码本方案会更有用。因为密钥能够存储在CD之类的电子介质中。因此，它可以较长并且相对容易伪装。另外，值得一提的是在一次一密乱码本方案中，密钥用一次便不再用，永不重复。

高级加密标准

高级加密标准（AES）也称Rijndael，是美国政府所采纳的分组加密标准。它有望在世界范围内广泛使用并且被充分分析。这一点和它的前身数据加密标准（DES）一样。随着更加便宜而高速的硬件的出现，AES应运而生。DES很快将被淘汰。为了说明这个问题，美国国家标准与技术研究所（NIST）于1997年发布了RFC文档，将AES作为DES的替代标准。NIST致力于为工业和密码通信发展下一代秘密密钥算法。AES由两位比利时密码学家Joan Daemen和Vincent Rijmen设计，并将它命名为Rijndael提交给AES选拔组。Rijndael是两位发明者名字的混合（McCaffrey，2003）。

安全性是AES算法考虑的首要因素。除了安全性，算法还必须具有弹性设计。此外，与传统设计不同，算法设计必须简单以便于分析。AES算法基于置换和代替。置换是数据重新排列，代替是指用一个数据单元代替另外一个。AES使用几种不同的技术执行置换和代替。概括来说，在AES核心操作中，有如下4种基本操作：

- 密钥加：使用从种子密钥值中产生的轮密钥代替4字节组。
- 字节代换：使用S盒代替单个字节。
- 行移位：通过循环左移达到序列改变。
- 列混合：使用有限域加和乘法混合代替字节。

从某种意义来说，用AES加密的数据是不可破译的。除了使用所有可能的256位密钥进行蛮力破解之外，没有已知的密码分析方法可以破解用AES加密的信息。

截至2006年，针对AES唯一成功的攻击是旁路攻击。旁路攻击并不攻击基本密码算法本身，而是攻击那些在无意间泄露数据的系统上的算法实现。然而一些密码学家开始担忧AES的安全性。他们认为，密码算法中指定的轮数与众所周知的攻击之间的距离太近，以至于令人不安。目前存在的风险是，如果找到某种改进攻击的方法，那么密码算法将被破译（McCaffrey，2003）。

DES

DES是IBM公司设计的著名加密算法，于1977年被美国政府选为用于保护非秘密数据的加密标准。根据Tanenbaum所说，该标准的原始形式已不再安全，但其变形仍然有用。IBM公司最初设计的算法称为Lucifer，使用128位密钥。美国国家安全局同IBM公司讨论了这个系统。经过讨论，在美国政府将其采纳为标准之前，IBM将密钥从128位压缩为56位。

许多人猜测，缩短密钥是为了使NSA能够破译他们想浏览的DES加密数据，而预算较少的组织则不能。与其他大多数密码形式一样，用蛮力破解方法有可能破译DES，即利用计算机试遍所有可能的密钥来破译数据。由于计算机处理速度不断提高，在过去的每一年里，破译DES加密数据的速度越来越快。DES的密钥长度不足以抵挡蛮力攻击，因此最初形式的DES已不安全。许多其他类似DES的分组密码相继被提出，其中包括国际数据加密算法（IDEA），其密钥长度为128位，能够抵御蛮力攻击。由于从巨大的密钥空间中发现正确的密钥需要较长的时间，因此该算法目前还比较安全。

迄今为止所讨论的加密方法都属于秘密密钥加密方法，即用来加密数据的密钥仅在发送者和接收者之间共享，即必须在发送者和接收者之间安全地传递密钥。例如，你将加密的电子邮件发送给你的商业合作伙伴，与此同时将加密密钥也以电子邮件的形式发送给对方是毫无意义的。因为这降低了原始电子邮件的安全性。下面将讨论另外一种加密方式，它能解决这个问题，这就是公钥密码。

公钥加密

公钥密码的思想最早由斯坦福大学的Martin Hellman，Ralph Merkle和Whitfield Diffie于1976年提出。他们提出这样一种方法：加密密钥和解密密钥不同，而且通过加密密钥不能求解出解密密钥。使用这样的系统，加密密钥可以公开，只有意定的接收者才拥有解密密钥。个人在使用这个系统时，可以把公钥分发给任何想给他传送秘密信息的人，而自己保存私钥。当然，加密算法也要公开。对于公钥密码而言，有三个重要需求：

1. 当解密过程应用于加密消息时，结果必须与加密前的原始消息相同；
2. 从公钥推导出私钥要非常困难（几乎不可能）；
3. 这种密码体制必须不能通过明文攻击破译。由于加、解密算法和公钥公开，试图破译密码的人会尝试各种办法，试图找到系统的漏洞。

RSA 算法

目前一种流行的公钥密码算法是由美国麻省理工学院（MIT）的研究小组提出并以小组三名成员的第一个字母命名，他们分别是Ron Rivest，Adi Shamir, and Leonard Adleman。据说在RSA算法细节被公开之前，美国政府曾要求算法的发明人取消公布计划。然而，文章的复制已经公开，并且《美国科学》（Scientific American）的A. K. Dewdney已有这个算法解释文档的复印件。该复印件很快便传播开来。RSA算法的专利归MIT所有，后来被授权给加利福尼亚州Public Key Partner（PKP）公司。PKP拥有独家出售和颁发RSA公钥系统证书的商业许可证。他们也拥有其他公钥密码算法专利。RSA算法的攻击方法主要是基于大数分解，由于大数分解需要大量的时间，因此这种攻击可以忽略。遗憾的是，用RSA加密大容量数据速度太慢，因此通常是用它来加密秘密密钥体制（如，IDEA）中的密钥。这样，密钥可以安全地通过公开信道传输，从而解决了秘密密钥体制中密钥安全问题。

PGP

PGP（Pretty Good Privacy）是一个基于公钥密码的电子邮件加密软件包，1991年在互联网上免费公开。它最初由菲利浦·齐默尔曼作为一个维护人权的工具而设计，使人权活动分子可以保护敏感信息不被截获。在其发展初期，因美国法律禁止密码算法的出口，当PGP通过互联网公开在网上广泛传播后，齐默尔曼遭到了刑事调查。尽管如此，PGP作为电子邮件加密软件在世界范围内得到了广泛应用。PGP将IDEA和RSA巧妙结合，以保证电子邮件在公钥密码体制下安全传输。1996年，美国政府终于撤销了对齐默尔曼的指控。随后PGP公司成立了，它继续发展PGP软件。PGP公司收购ViaCrypt并且开始发布PGP新的版本。直到2000年早期，美国才取消对加密软件的出口限制。PGP公司合法利用法律漏洞，印刷了PGP源代码，并且将包含源代码的书籍出口到美国以外的国家。在这些国家，人们可以通过OCR软件浏览源代码，并且合法地发布PGP的国际软件版本。1997年，PGP被NAI公司收购，齐默尔曼作为高级会员在那里工作了三年。2002年，PGP公司从NAI购买了PGP的使用权，齐默尔曼目前仍是该公司的顾问。PGP公司打破仅向高级用户公开源代码的传统，使得普通用户和密码编码专家可以证实产品的完整性，确保软件中没有便于解密的后门。

隐写术

隐写术指以某种方式将秘密信息隐藏到一个较大的消息里。这样，那些没有意识到消息存在的人就不会去检测它。就计算机数据而言，隐写术的工作原理是用不同的、不可见的信息替换正常文件（如，图像、视频或文档）中没有意义的或从不使用的数据。隐藏的信息可以是明文、加密文档甚至是图像。对于那些不想让别人知道他们正在发送秘密信息的人来说，这种方法很有用。　尽管使用公钥密码体制可以保证数据的安全，但是任何看到它的人都会明白这是加密过的信息。使用隐写术，可以对传送秘密消息这一事实进行保密。你可以将信息隐藏到一个简单的照片中，没有人会怀疑到它的存在。这引出了密码学中的一个重要争论：即政府介入密码的使用。

不管怎样，密码编码学和隐写术截然不同。密码编码技术用来将消息打乱。这样，即使被发现，人们也不能读懂它。如果一条加密消息被发现，一般会认为这是一条隐藏信息（任何拦截到它的人都会对它产生怀疑）。隐写术则隐藏了消息的存在，即使被拦截，也不会引起怀疑。

政府与密码学

许多政府试图限制密码算法的使用，因为他们希望能够监视潜在的犯罪分子。如果这些犯罪分子使用安全的加密算法相互传送信息，执法机构将不能获取他们传送的信息。基于此，美国政府发展了密钥托管系统；据传英国政府也试图设计一个类似系统，但没有成功。密钥托管系统可以作为一个公钥密码系统使用，不同的是某些特定的政府机构持有一个"空闲密钥"，如果他们怀疑传递的消息中有非法活动，就可以对秘密消息进行解密。此类系统有一些明显缺点，其中之一是任何使用此系统的人都无法对政府隐藏任何情况。

随着网络犯罪技术的复杂化，政府需要采取新的、更强大的技术防范新的犯罪分子滋生。使用生物特征鉴别系统不仅可以增强网络世界的可信性，而且能够用于加密。这使得密码学的作用，超出了其在大型计算中的传统角色，可以保护网络中每个角落的数据安全。其结果将是，在设计和开发计算机系统时即构件健壮的安全性，而不是在事后再考虑它。

7.4　结束语

密码学是一个强大的工具，既可以用于保护重要信息的机密性，也会被不法之徒用于对政府部门隐藏非法活动。随着计算机变得越来越快以及密码破解方法越来越切实可行，必须不断加强加密算法，以此防止其变得不安全。

由于缺少对强加密算法的使用限制，因而很难防止密码学被用于藏匿非法活动。对于习惯自由的西方国家而言，这会引起愤怒。密钥托管或密钥恢复似乎只有利于政府在需要的时候定位它想要跟踪的人，但前提是这些系统没有被滥用，这样才有可能满足使用者的机密性需求。密钥托管系统或芯片的最大不足是它们主要用于执法，但犯罪分子或恐怖分子又怎么会使用这种政府能够解密的技术呢！这将促使恐怖分子寻求更强的加密方法，那时这个模型的所有优点将不复存在，唯一成功的方法将是抓捕或监听罪犯。

参考文献

Bailey, K., Curran, K., & Condell, J. (2004). An evaluation of automated stegodetection methods in images. *International Conference on Information Technology and Telecommunications*. Limerick Institute of Technology.

Burgess, J., Pattison, E., & Goksel, M., (2000) *Public key cryptography*. Stanford University. Retrieved from http://cse.stanford.edu/classes/sophmore-college/ projects-97/cryptography/history.html

Cobb, C. (2004). *Cryptography for dummies*. Dummies Series. Dénes, T. (2002). *Cardan and cryptography—The mathematics of encryption grids*. Hungary. Retrieved from http://www.komal.hu/lap/2002-ang/cardano.e.shtml

Garrett, P., & Lieman, D. (2005). Public-key cryptography. In *Proceedings of Symposia in Applied Mathematica*.

Gritzalis, S. (2005). Public key infrastructure: Research and applications. *International Journal of Information Security, 5*(1), 1-2.

Hook, D. (2005). *Beginning cryptography with Java*. Wrox.

IBM. (2005). *The future of crime*. Retrieved from http://www.306.ibm.com/innovation/us/pointofview/cybercrime/jan23/IBM_Future_Crime.html

McCaffrey, J. (2003, November). Keep your data secure with the new advanced encryption standard. *MSDN Magazine*. Retrieved from http://msdn.microsoft.com/msdnmag/issues/03/11/AES/

Minami, N., & Kasahara, M. (2005). A new decoding method for digital watermark based on error correcting codes and cryptography. *Electronics and Communications in Japan (Part III: Fundamental Electronic Science), 88*(8), 9-17.

Mollin, R. (2002). *RSA and public-key cryptography*. Chapman & Hall/CRC.

PGP Corporation. (2005). *PGP Corporation source code*. Retrieved from http://www.pgp.com/downloads/ sourcecode/index.html

Stallings, W. (2005). *Cryptography and network security* (4th ed.). Prentice Hall.

Sun, Z., & Wang, R. (2003). Research on mixed encryption authentication. *The Journal of China Universities of Posts and Telecommunications, 10*(4), 90-94.

Tannenbaum, A. (1996). *Computer networks* (3th ed.). Prentice Hall.

Trappe, W., & Washington, L. (2005). *Introduction to cryptography with coding theory* (2nd ed.). Prentice Hall.

Venkatesan, R., & Jakubowski, M. H. (2000). *Image watermarking with better resilience*. Presented at the IEEE International Conference on Image Processing (ICIP 2000).

Venkatesan, R ., Koon, S. -M., Jakubowski, M. H., & Moulin, P. (2000 September). *Proceedings of the IEEE ICIP*. Vancouver. Wikipedia. (2006). Retrieved from http://en.wikipedia.org/wiki/Cryptography

Yamaguchi, T., Hashiyama, T., & Okuma, S. (2005). The proposal of power analysis for common key cryptography implemented on the FPGA and its countermeasure. *Electronics and Communications in Japan* (Part III: Fundamental Electronic Science), *88*(8), 28-37.

Zimmermann, P. (2004). *Philip Zimmermann—Creator of PGP*. Retrieved from http://www.philzimmermann. Com

Zimmermann, P. (2005). *Why do you need PGP?* Retrieved from http://www.pgpi.org/doc/whypgp/en/

术语和定义

认证（Authentication）：确保信息是由所其声称的实体发送，且该信息没有被伪造或篡改。

证书，公钥（Certificate，Public Key）：一个特定格式的数据块，其中包含公钥及其拥有者的名字。为了保证公钥的真实性，证书中携带了认证中心的签名。

密码学（Cryptography）：加密和解密的研究与实践，即对数据进行编码，确保只有特定的个体才能够解码。用于加密和解密数据的系统称为密码系统。

私钥（Private Key）：公开密钥密码学中的密钥，它由独立的实体秘密持有。

公钥系统（Public Key System）：使用两个密钥的系统，公钥公开，而私钥仅为信息的接收者使用。

RSA：一个常用的高强度的公私钥加密算法，该算法的名字来自其设计者姓氏的首字母（麻省理工学院的三位教授Ron Rivest，Adi Shamir，and Leonard Adleman）。

安全套接字层（Secure Sockets Layer，SSL）：应用于套接字（socket）接口层数据的密码协议。它通常与具体的应用绑定，广泛应用于保护WWW通信。

第 8 章 可信 IT 过程交付路线图

Kassem Saleh, Imran Zualkernan, Ibrahim Al Kattan
（沙迦美国大学，阿联酋）

由于计算机和网络的快速发展，许多组织以在线方式提供服务。但同时，这些组织也更容易遭受来自网络罪犯和内部入侵者的攻击。这些攻击最终将会降低对组织的信任和服务本身的可信性。服务提供商主要通过内部IT过程提供在线服务。本章将给出一个系统的路线图，它从战略、战术和操作等三个层面出发，强调可信IT过程的交付方法。本路线图采用基于防御和预防的方法来保证所提供服务的可信性。我们认为，为了交付一个可信的服务，所采取的IT过程本身必须可信。本章还讨论了在组织内部为了实现和交付可信IT过程所需要的条件。对每个IT过程，我们详细讨论了其保密性、完整性、可用性、可审计性、可靠性、隐私性和商业完整性等需求是如何得到满足的。

8.1 引言

计算机和网络的发展，以及基于在线服务需求的增长，使得各种组织更容易遭受来自包括网络恐怖分子和网络罪犯在内的各种恶意用户的安全攻击。在本章，我们提出一种基于防御和预防思想的方法以帮助组织应付赛博恐怖主义和赛博战。在这些组织中，信息技术（IT）部门负责提供可信的IT

服务，因而也负责抵御恶意用户和攻击者。IT服务的提供是通过执行战略、战术和操作层的过程而实现的。我们提出的方法依赖于确保这些IT过程本身是可信的。本章首先将改进Microsoft关于可信的定义（Mundie，deVries，Haynes，& Corwine，2002），并明确由Luftman（2003）确定的38个IT过程。然后将讨论每个改进的可信需求在IT过程的工程和管理中是如何考虑的，这些需求显然包括了安全需求（Fire smith，2003）。本章的结论可作为通用的行动指南，以指导IT过程的可信交付。不同规模和预算的组织都可以采用这种指南来解决各自的问题。本指南进行扩展后，也可以用于服务可信性的定性或者定量评价。本章剩余部分的内容包括：首先，我们提供一些有关可信和IT过程的基本背景介绍，然后将在战略、策略和运行等层面给出IT过程可信的一般需求，最后给出一些有关未来研究的观点作为结论。

8.2 背景

在基于IT技术的系统中，信任是当前研究人员和从业人员关注的焦点。Microsoft、Cisco、软件工程学会（Software Engineering Institute，SEI）和其他一些机构（Mundie et al.，2002）都制定了长期计划，以提供具有高可信性的服务。Microsoft认为，可信计算的4个支撑分别是安全性、隐私性、可靠性和商业完整性。安全性强调的问题涉及机密性、完整性、可用性和可审计性。隐私性与信息的公正处理相关。可靠性与系统提供服务的可靠性有关。而商业完整性则与服务提供者的响应和道德责任相关。Luftman定义了38个IT过程，并将它们划分为3层（Luftman，2003）。首先是策略层，由3个过程组成，它们集中于组织的长期目标并考虑IT和商业目标的战略部署。这三个过程分别是：商业策略规划、体系结构扫描与定义、IT策略计划与控制。其次是战术层，由14个过程组成，它们集中于策略目标的中期目标。最后是操作层，由21个过程组成，提供了达到战术过程的日常活动的指南。我们将战术过程聚合为：IT金融管理、IT人力资源管理、IT项目管理、IT系统开发与维护，以及IT服务工程与管理。图8-1给出了Luftman定义的IT过程3个层次的示意图。接下来我们将改进Microsoft可信计算的4个支撑，使其适应于可信过程和可信服务。

商业策略规划	体系结构扫描与定义	IT策略计划与控制
管理规划： ● 监视与规划 ● 项目规划	**发展规划：** ● 应用规划 ● 数据规划 ● 网络规划 ● 系统规划	**资源规划：** ● 容量规划 ● 技能规划 ● 预算规划 ● 厂商规划	**服务规划：** ● 服务等级规划 ● 恢复规划 ● 安全规划 ● 审计规划
金融管理： ● 资产管理 ● 金融表现	**人力资源管理：** ● 职员管理 ● 教育与培训 ● 补充、招聘与接待	**项目管理：** ● 任务委派与调度 ● 需求控制 ● 控制与评估	**系统工程与管理：** ● 软件开发与维护 ● S/w与h/w过程系统维护 ● 系统调优与负载均衡 ● 故障及控制调整	**服务工程与管理：** ● 服务评估 ● 服务营销 ● 生产与分发调度

图8-1 Luftman IT过程的3层结构

- **安全性**：使用服务的客户希望提供的服务可以防范恶意攻击以保护他们的机密性（C）、完整性（I）和可用性（AV）。机密性意味着所有数据、信息和知识都是秘密保存的。完整性表示这些数据、信息和知识只能被特定的实体所使用和共享，这些实体必须根据规则赋予相应的访问权限。最后，可用性表示该服务只要需求就可以使用。例如在策略层上，机密性表示在策略规则中使用的所有数据、信息和知识必须秘密保存。并且，还必须小心地加强对其完整性的保护。这意味着在策略处理过程中个人得到的信息与他们的权利和角色是一致的。可用性在策略层上是一个重要的指标，策略处理过程可以通过它为其他 IT 过程提供策略性的指导。最后，可审计性（AC）也可视为一种安全需求，因为让合法用户对他们的行为负责能够增强安全性并且避免对其行为的否认。
- **可靠性（R）**：当需要的时候，服务的客户端可依赖于服务方提供的服务满足他们的功能需求。这个特征与服务方提供服务的"正确性"有关。故障率越小、平均无故障时间越长,则服务的可靠性就越高。在策略层,可靠性决定着策略过程作出"正确"策略决策并找到"正确"方向的能力。因此,这一层次的可靠性可以通过策略"不正确"的次数进行衡量。

- **隐私性**(P):服务的客户端能够通过交付服务过程来管理他们的个人数据或者机构数据。而且,这些数据必须经过他们的许可才能被外部过程共享使用。以策略层为例,这表示与策略制定相关的数据,例如生产记录、失效率等,由提供这些数据的客户所掌控。
- **商业完整性**(BI):服务的拥有者提供可靠的、响应式的服务。这表示在客户端和组织之间的利益得到平衡的同时,来自服务客户端的请求将会得到妥善的处理。并且此类服务会在一定合理时间内内提供。以策略层为例,具有商业完整性的策略过程应当以一种公平的方式,恰当地同时处理好商业和 IT 方面的问题。

8.3　IT 过程的可信需求

本节描述战略、战术和操作各层操作的可信需求。这里,分别给出策略层、战术层和操作层过程的可信需求。对于每个提供服务的IT过程,应当识别不同的服务参与者,包括服务拥有者、服务客户端和服务提供商。服务客户分为内部客户和外部客户。内部客户包括同一个组织内部的其他实体,例如另外一个部门。外部客户是指外部的一些机构,如政府、第三方审计、兼容机构等。

8.4　策略层过程

策略层过程分为三类:商业策略规划、体系结构扫描与定义和IT策略规划。每类过程的可信性如表8-1所示。

商业策略规划过程定义了一个由IT使能和驱动的商业策略。该过程的主要客户是IT策略规划过程。可信的所有方面均可应用到策略规划过程中。以表8-1所示为例，保密性要求控制有关商业范围、结构、市场和竞争对手的信息。

体系结构扫描与定义过程定义了企业的数据、信息和知识体系结构。其主要的、直接的客户为内部的IT组织、供应方和消费方。仍以表8-1所示为例，隐私性限制要求商业、IT、客户和供应方具有控制他们提供的数据的能力。

表 8-1 策略过程的可信性

过程	保密性	完整性	可用性	可审计性	可靠性	隐私性	商业完整性
商业策略规划	商业扫描、结构、市场、竞争对手	用访问权限限制访问活动	当商业或者IT策略发生改变时	决策是否追踪的	策略是正确的	保护商业数据和IT数据	重视真正的商业需求
体系结构扫描与定义	供应方、合作方和消费方的IT能力、标准和数据	同上	同上	同上	体系结构是正确的	同时考虑消费方和供应方的数据	正确地说明具有的能力，既不能低估，也不能高估
IT策略规划	范围、资格、监管、过程、技能、等等	同上	同上	同上	IT与商业相结合	保护IT与商业	在IT与商业之间维持恰当的平衡

IT策略规划过程与定义一个支撑商业策略的IT策略有关。IT规划过程由调节模型驱动，将策略规划过程作为商业和IT之间的一个结盟（Handerson & Venkatraman, 1993）。该过程的主要客户为较高层的管理人员，他们需要实现和批准一种商业IT策略，使其与商业目标相结合，同时IT开发功能需要实现该策略。仍然以表8-1所示为例，该过程的可靠性限制为：商业必须正确地与IT相结合。

8.5 战术层过程

战术层过程由管理规划、开发规划、资源规划和服务规划等过程组成。

表8-2总结了管理规划过程的可信需求。

表 8-2 管理规划过程的可信需求

过程	保密性	完整性	可用性	可审计性	可靠性	隐私性	商业完整性
监视与规划	源自数据、资源、服务与安全规划的所有信息	来自不同服务的数据,只有经过允许才能被共享	当任何战术过程发生改变时	所有决策均可追踪	正确地进行监视调度与规划	保护所有的隐私过程	为服务分配足够的资源
项目规划	组织的资源、目标与开发进度表	拥有访问权限的人,才能访问数据	伴随着操作层或者战略层的改变	所有的决策对数据和小组均可追踪	项目进度表完备,且与策略层目标相一致	保护策略层和操作层过程	需要考虑所有参与各方

管理系统的规划过程以策略层过程为工具,在回顾现有IT规划的基础上,定义一个新的、优先的项目计划,以匹配组织的目标。该过程的主要客户为其他的IT规划过程。最后,项目规划与定义可行和可管理的项目有关,该定义必须反映组织的目标。以表8-2所示为例,约束该过程的商业完整性需要保证在其他战术层过程中进行资源的公平分配。开发规划过程的可信需求如表8-3所示。

表 8-3 开发规划过程的可信需求

过程	保密性	完整性	可用性	可审计性	可靠性	隐私性	商业完整性
应用规划	计划与调度	拥有访问权限的人,才能访问数据	伴随着操作层或者战略层的改变	所有的决策对数据和小组均可追踪	恰当的计划与调度	策略与操作层进程	计划无偏向性
数据规划	数据需求与调度	同上	同上	同上	正确的时间规划与调度	同上	需要考虑所有参与各方
网络规划	网络需求与调度	同上	同上	同上	正确的网络规划与调度	同上	同上
系统规划	硬件、软件、网络需求、策略性目标	同上	同上	同上	满足策略性目标	同上	同上

应用规划过程定义了一段时间范围内待建或者待修改应用的计划和进度表。数据规划过程与应用计划协同工作，确定规划所需要的数据。网络规划集中企业网络连接性的需求。系统规划负责将企业的策略目标转换为硬件、软件、网络和人员的组合。开发规划过程的主要用户为实际构成项目和服务的操作层IT过程。以表8-3所示为例，应用计划与进度表需要对应用规划过程保密。表8-4总结了不同资源规划过程的可信需求。

表 8-4　资源规划的可信需求

过程	保密性	完整性	可用性	可审计性	可靠性	隐私性	商业完整性
能力规划与管理	金融能力、技术能力	拥有访问权限的人，才能访问数据	需要操作层或者战略层的改变	所有的决策均可追踪	恰当的能力规划	内部IT能力数据	操作层进程之间的公平
技能规划与管理	技能描述与能力	同上	同上	同上	正确的技能规划	个人的技能描述	同上
预算规划与价值管理	财政约束	同上	同上	同上	恰当的预算	金融数据	同上
商家规划与管理	合同、定价、关系、服务等级	同上	同上	同上	建立正确的商家关系	商家描述与合同	同上

能力规划与管理决定了为满足IT需求所需的资源。技能规划与管理以服务和项目规划中确定的需求为依据，确定职员等级与描述。为了支持不同的项目和服务，预算规划与管理将单个计划转换为金融术语，并确定基金的来源、分配与分发方式。厂商与规划管理处理IT服务的外包和外部厂商的管理。这些过程的客户都不相同。例如，能力管理决定着为执行特定项目所需的资源，它能够影响IT操作层过程。技能规划过程则影响着组织内部的人力资源和培训功能。如表8-4所示，从可信的角度出发，技能规划与管理过程的隐私性需求意味着雇员能够掌控他们的技能描述。表8-5总结了服务规划过程的可信需求。

表 8-5 服务规划的可信需求

过程	保密性	完整性	可用性	可审计性	可靠性	隐私性	商业完整性
能力规划与管理	金融能力、技术能力	拥有访问权限的人，才能访问数据	需要操作层或者战略层的改变	所有的决策均可追踪	恰当的能力规划	内部 IT 能力数据	操作层进程之间的公平
技能规划与管理	技能描述与能力	同上	同上	同上	正确的技能规划	个人的技能描述	同上
预算规划与价值管理	财政约束	同上	同上	同上	恰当的预算	金融数据	同上
商家规划与管理	合同、定价、关系、服务等级	同上	同上	同上	建立正确的商家关系	商家描述与合同	同上

服务规划过程定义、协商、部署并监视着服务等级协定。服务规划还关注着恢复规划与管理、安全规划与管理、以及审计规划与管理。这些过程的客户也不相同。例如，服务管理过程可以同时有内部客户和外部客户。以表8-5中所示为例，服务等级规划过程的商业完整性需求表示商业需求与服务等级协定的表述不发生冲突。

8.6 操作层过程，金融管理（FM）过程

IT为资产管理和金融表现管理提供支持。这两个与金融管理相关的过程的客户主要来自组织内部。然而，为了解决购买订单和合同管理等问题，金融表现过程允许与厂商直接交互与合作。资产管理过程提供一些内部服务，包括系统资产的确认与管理、存货清单状态的报告与控制，等等。除了外部服务之外，金融表现过程还提供一些内部服务，包括成本计算过程、计算与金融状态的报告、厂商表现的追踪等。表8-6中给出了金融管理过程中的可信需求。

表 8-6 金融管理过程的可信需求

过程	保密性	完整性	可用性	可审计性	可靠性	隐私性	商业完整性
资产管理	恰当的身份鉴别与身份认证，基于角色的访问控制	需要访问资源的计划者，必须具备完整性	访问权的授予应当有合理的延迟	审计日志可以追踪以往的行为	使用著名的资产管理软件包	必须保护厂商的隐私性	与厂商之间关系的透明性
金融表现	同上	同上	同上	同上	使用著名的金融表现软件包	无	了解规范的、专业的行为

8.7 项目管理（PM）过程

IT为PM相关过程提供支持，包括指派、调度、控制、评价和需求控制等。这些PM相关IT过程的客户主要来自组织内部。不同的是，项目需求控制过程的客户来自组织外部，他必须针对外部客户的请求实施接收、分析和决策制定，以反映客户需求的变化。表8-7总结了项目管理过程的可信需求。

表 8-7 项目管理过程的可信需求

过程	保密性	完整性	可用性	可审计性	可靠性	隐私性	商业完整性
指派与调度控制与评估	恰当的身份鉴别与身份认证，基于角色的访问控制	反映角色的访问权限	访问权的授予应当有合理的延迟	审计日志可以追踪以往的行为	使用著名的项目管理工具	无	符合项目管理的专业规范
需求控制	同上	同上	同上	同上	使用著名的、可靠的需求工程工具	必须保护秘密客户的需求	规范、专业地处理客户请求

8.8 人力资源管理（HRM）过程

IT提供对人力资源管理过程相关的支持，包括职员表现、教育与培训、招收、雇佣以及人员的留用。这些过程的客户主要是组织内部客户。不过，招收、雇佣和留用等过程的客户则主要是与人员补充相关的外部客户。同时，教育与培训过程的客户既包括外部训练服务提供者，又包括内部训练服务提供者。表8-8中给出了人力资源管理过程的可信需求。

表 8-8 人力资源管理过程的可信需求

过程	保密性	完整性	可用性	可审计性	可靠性	隐私性	商业完整性
职员表现招收、雇佣和留用	恰当的身份鉴别与身份认证，基于角色的访问控制	由访问权限与角色规定的完整性限制	访问权的授予应当有合理的延迟	审计日志可以追踪以往的行为	使用著名的、可靠的人力资源管理工具	必须保护客户信息的隐私性	符合人力资源管理的专业规范
教育与培训	同上	同上	同上	同上	使用著名的外部训练服务提供者	必须保护受训者和施训者信息的隐私性	符合培训的专业标准和质量标准

8.9 系统工程与管理（System E&M）过程

系统工程与管理过程同时支持向内部客户和外部客户递交IT服务。这些IT过程包括软硬件的获得、软件开发与维护、系统开发与维护、性能调优与负载均衡，以及故障与变化控制。它们的客户主要来自组织内部，服务管理员发现故障并报告给系统管理员。这些问题有可能需要对软硬件做出改变，包括开发与维护行为，还有可能包括系统调优与负载均衡行为。结果将出现系统更新测试与部署。项目管理员、金融管理员和人力资源经理还能够发起请求，需要软件开发或者维护。外部客户也可以在软硬件的获取活动中与这些过程交互。这些客户可以包括厂商、承包商、外部质量审计师、标准权威部门和政府调解员等。表8-9中说明了系统工程与管理过程的可信需求。

表 8-9 系统工程与管理过程的可信需求

过程	保密性	完整性	可用性	可审计性	可靠性	隐私性	商业完整性
软件开发与维护系统维护	恰当的身份鉴别与身份认证,基于角色的访问控制	由访问权限和角色规定的完整性限制	访问权的授予应当有合理的延迟	审计日志可以追踪以往的行为	使用可靠的开发、维护工具,经过熟练培训的专家	必须保护客户数据的隐私性	符合软件工程代码规范的专家
软硬件获取	同上	同上	同上	同上	使用专业的、著名的获取决策	私人厂商/提供商的信息必须加以保护	符合培训的专业标准和质量标准
性能调优与负载均衡	同上	同上	同上	同上	经过熟练培训的专家处理性能调优与负载均衡	无	对调优和负载均衡请求忠实的、及时的响应
故障与变化控制	同上	同上	同上	同上	使用可靠的配置管理工具	秘密的用户信息必须加以保护	以响应的方式,专业、规范地处理故障/变化请求

8.10 服务工程与管理（Service E&M）过程

服务工程与管理E&M过程同时支持向内部和外部客户提交IT服务。这些过程包括服务评估与营销、生成与分配调度。这两个过程的客户可以是内部的，也可以是外部的。服务管理员负责对收集到的操作方面的服务数据进行评估，并将其与服务等级协定进行比较。然后，生成更改请求并传递给系统的E&M过程。服务管理员同时负责报告现有服务状态和认证新服务请求的身份。现有的或者可能的服务客户也可以请求新的服务。在部署新服务之前，服务管理员与公共关系和人力资源部门沟通，如帮助台管理员、售后管理员等，为了提供新服务，需要增加新的服务提供者，然后再销售这些新服务。并且，服务管理员将服务等级协定映射为生产与调配活动的日程表。服务管理员必须监视这些活动的全过程并在需要的时候进行必要的调整以符合该协定。最后，服务管理员还必须监视生产与调配的状态并及时上报，如有必要，检查必要的响应或者回复过程的执行，与恰当的系统管理员保持一致。表8-10给出了服务工程与管理过程的可信需求。

表 8-10 服务工程与管理过程的可信需求

过程	保密性	完整性	可用性	可审计性	可靠性	隐私性	商业完整性
服务评估	恰当的身份鉴别与身份认证，基于角色的访问控制	由访问权限和角色规定的完整性限制	及时执行以保证改善服务	收集到的审计日志可以提供对以往的行为可追踪性	雇佣非常熟练的专业人员	必须保护秘密客户信息的隐私性	符合服务行业的服务标准
服务出售	同上	同上	同上	同上	雇佣非常熟练的营销专业人员	同上	符合营销行业的规范标准
生产与分配调度	同上	同上	访问权的授予应当有合理的延迟	同上	使用可靠的工具，雇佣专业人员	无	符合服务生产与调配的规范行为标准

8.11 未来趋势

作为本章内容的扩展，我们正打算改编本指南，使其能够在不同组织上下文中对现有IT过程进行评估。IT过程的可信性量化等级，将为组织提高其可信性，提供一个很好的指标。也可以指出需要关注的安全弱点范围。因此，我们计划针对基于服务的组织开发一个可信性成熟度模型。我们还计划将此指南应用到知识管理系统中，并定义知识可信的概念。此外，检查并确认过程可信性、客户的信任等级与被报道的计算机犯罪与攻击事件之间的直接联系也是非常有意义的。

8.12 结束语

计算机技术和网络技术的快速发展，以及计算机用户和网络用户的增长导致了计算机相关的攻击与犯罪事件日益增多。本章基于提高组织对其IT过程可信性的感知，给出了一个防御性的预防解决方案。我们认为，一个组织应对计算机攻击的准备程度，与其内部IT过程的可信性等级密切相关。我们建议，可信性不但要涉及IT过程的操作层面，还应涵盖战略和战术层面的策划和决策过程。具备了IT过程的可信性感知能力，就可以提高应对计算机犯罪的准备水平，从而提高内部和外部用户对已交付的IT服务的信心。

参考文献

Firesmith, D. (2003). Engineering security requirements. *Journal of Object Technology, 2*(1), 53-64.

Handerson, J. C., & Venkatraman, N. (1993). Strategic alignment: Leveraging information technology for transforming organizations. *IBM Systems Journal, 32*(1), 472-483.

Luftman, J. (2003). *Managing the information technology resource*. Prentice Hall.

Mundie, C., de Vries, P., Haynes, P., & Corwine, M.(2002). *Trustworthy computing*. Microsoft White Paper.

术语与定义

商业完整性需求（Business Integrity Requirement）：在处理客户请求时，服务提供者应满足的最高道德规范和专业标准。

隐私性需求（Privacy Requirement）：服务提供者保证客户的隐私信息得到保护，且用户能够完全控制对他们隐私信息的访问。

预防控制（Preventive Control）：一种为了阻止犯罪行为发生而提前采取的防御性方法。

信任（Trust）：信任是一种相对的用户感知，用以表示用户对其所使用系统的信任等级。

可信服务（Trustworthy Service）：一个可信系统可以通过满足用户特定的安全性、隐私性、可靠性和商业完整性需求，从用户获得很高级别的信任。

第二部分 赛博战和赛博恐怖主义的动态要素

从定义上看，赛博攻击的的发起方或者攻击目标是电子数据的处理设施。但正如前文所总结的那样，它们可能还有其他目标，银行/金融部门就是其中典型例子。不难预测，针对纽约证券交易所（New York Stock Exchange，NYSE）的赛博攻击不但会给NYSE的交易客户造成重大损失，而且可能会在国际证券交易市场上产生多米诺效应，从而降低证券交易量。

毫无疑问，银行和金融部门是第一个完全计算机化的人类活动部门，它包含和集成了我们所知道的一切事物。SWIFT金融网络是第一个真正意义上的国际商业网络，远远早于阿帕网（ARPANET）的设计。从以上可以看出，"金钱统治世界"这一谚语对数字世界的影响巨大。这也是本部分有多篇论文探讨针对金融系统攻击的基本原因。利用各种形态的攻击手法，金融及其他系统可能遭受大量网络犯罪行为的攻击。

为了取得系统的访问权，攻击者可能会用各种手段欺骗合法用户。与欺骗紧密相关的是道德问题，本部分收录了几篇探讨欺骗与道德问题的论文。在执行赛博攻击时，可使用软件作为传输手段，本部分也收录了这方面的论文。

本部分收录的论文如下：

第9章 赛博安全经济中的若干关键主题

第10章 FS-ISAC在反击赛博恐怖主义中的作用

第11章 赛博攻击中的欺骗

第12章 赛博攻击防御中的欺骗

第13章　赛博战中的道德问题
第14章　国际外包，个人数据和赛博恐怖主义：监管方法
第15章　基于网络的被动信息搜集
第16章　现代电子商务中的电子货币管理
第17章　洗钱手法分析
第18章　恶意软件：专用特洛伊木马
第19章　SQL代码中毒：最流行的Web数据库攻击技术

第9章 赛博安全经济中的若干关键主题

Neil Gandal
（特拉维夫大学与经济政策研究中心，以色列）

由于攻击者可利用脆弱性严重破坏系统，所以软件安全成了市场中供应商、消费者和监管者共同关心的一个重要话题。本章将对刚萌芽的赛博安全经济中若干关键主题进行论述，探讨的焦点是经济动机如何影响信息安全研究中的重点和热点。与赛博安全经济问题密切相关的两个内容分别是：（1）安全的外部性，（2）计算机软件中的网络效应。目前，新生的赛博安全经济已经开始验证系统漏洞公告、系统补丁、产品价格及效益之间的相互关系。

9.1 引言

收到关于杀手级计算机病毒攻击的警告已是司空见惯的事情，当然其中一些病毒仅仅只是吓唬人而已，但有些已经造成了巨大的破坏。根据《经济学家》杂志报道[1]，2003年的Blaster蠕虫和SoBig.F病毒造成了350亿美元的损失。Weaver和Paxson（2004）指出，一个最厉害的蠕虫病毒可能会造成500亿美元到1000亿美元的损失，并且攻击发动时间与软件脆弱性发布时间之间间隔有越来越短的趋势。《经济学家》杂志写道：从脆弱性公布到Slammer蠕虫（2003.1）攻击的出现共计用时6个月，而从漏洞发布到Blaster蠕虫（2003.8）攻击的发生仅用时三个星期。

尽管后来微软公司发布了相应的安全补丁或更新了产品以消除Slammer、Blaster和Sobig.F蠕虫病毒所利用的脆弱性，而且安全更新补丁随处可得，但安装这些安全更新的用户相当少。实际上，2004年的调查发现[2]：

- 连接互联网的计算机80%受过间谍软件的感染；
- 20%的计算机中过毒；
- 调查中，77%的人认为在对抗在线威胁时他们非常安全或相当安全，而且67%的人未更新过防病毒软件；
- 2/3 的计算机缺少防火墙的保护。

本章将讨论计算机科学与工程与网络安全与软件供应交叉领域中的若干新兴的研究主题，重点探讨经济动机如何影响信息安全的研究热点和重点[3]。关于该主题的简要介绍可参考Ross Anderson的《经济与安全资源专栏》[4]，同时也可参考经济和信息安全年会（WEIS）[5]。

9.2 两个关键现象：安全外部性和网络效应

有两个现象与赛博安全经济密切相关：（1）安全的外部性；（2）计算机软件中的网络效应。

安全的外部性

毫无防范措施的计算机很容易被黑客利用来攻击其他计算机。对于每一个系统用户来说，由于病毒传播所带来的损失往往由他人承担，所以他们通常缺少保护计算机免受病毒攻击的动力。也就是说，计算机安全可以用一个明确的外部性来描述，如果用户能采取积极的预防措施来保护自己的计算机，他就可以提高自己与其他用户的安全性。由此，必然会存在传统的搭便车问题。在安全市场缺失的情况下，每个人将会选择尽可能少的安全措施而不是主动去维护社会最佳安全状态。于是，解决搭便车问题就被提上了议事日程。

网络效应

计算机软件中出现网络效应。计算机软件的效益通常情况下与购买了软件（或其兼容软件）许可权的用户数量密切相关。随着网络用户数量的增加，网络产品和服务的价值也在不断增加，这样一来，直接的网络效应就会展现出来，如电话、电子邮件这样的通信网络便是其中最常见的例子。

同样，个人使用硬件和配套软件时，也会发生网络效应。在这样的系统中，硬件商品的价值将会随着可兼容软件种类的增多而增加。同时随着使用具有良好兼容性硬件用户数量的增多，兼容软件需求也将会不断增多，这可能会极大地促使软件投资商提升软件供应量和种类。这反过来也有利于硬件、软件、虚拟网络的消费者。消费电子产品市场就是很好的虚拟网络效应例子，用户对电子产品的使用不仅仅局限于CD播放器、压缩光盘，也包括计算机操作系统和应用程序等。

信息技术网络的交互变得越来越重要，兼容性和标准化已成为主流经济支柱之一。关于网络效应和政策问题的介绍见文献Gandal（2002）和 Church and Gandal（2006）。

一般认为，网络效应有利于消费者和遵守标准的厂商，但网络效应也会带来安全问题。相对而言，大型网络自身具有较多的易受攻击的安全缺陷。正是由于微软浏览器的安装基数大，比起Mosaic公司的火狐浏览器，它似乎更容易受到黑客的攻击。这是因为黑客攻击微软浏览器所带来的收益明显要高于攻击火狐浏览器。

9.3　赛博安全经济研究

赛博安全经济中极其重要的部分是开辟市场。本节将综述这方面的研究，然后探讨软件厂商在提供安全产品方面的动力。

软件脆弱性的市场与中介机构

计算机应急响应小组（CERT/CC）是卡内基-梅隆大学软件学院的一个互联网安全处理中心，虽然CERT/CC不是一个公共机构，但它担任着用户和厂商之间的协调角色，用户负责向CERT/CC报告软件弱点，而厂商则负责更新软件并及时发布补丁。CERT/CC指导处理两者之间存在的问题，如果用户真的面临安全弱点的威胁，CERT/CC将会及时提醒软件厂商，并给它45天时间的弱点修复时间窗，允许它在此期间升级软件。45天期限一过，即使安全升级还没有完成，CERT/CC也将公布此弱点。

近期出现了软件弱点私营市场，其中像iDefense、Tipping Point/3Com这样的机构承担着中介角色，他们负责将软件弱点信息或是别人提供的类似信息报告给定制这些软件服务的用户。

软件弱点正在慢慢成为市场，Camp和Wolfram在2004年就开始分析弱点市场问题。同年，Schechter正式建立了弱点市场模型，Ozment证实了这样的一个市场可能就会像拍卖行一样运作，Kannan和Telang则建立了基于四角色（它们分别是中介机构、良性代理、攻击者、软件用户，其中良性代理能识别软件弱点）的弱点模型，并讨论了基于这种机制的市场模型是否比只有公共代理作为监管者的市场更优。

以上讨论的研究工作中，很显然缺少一个重要的角色——软件厂商。软件厂商直接与良性代理进行交易，将会减少对中介市场的需求。

软件厂商动机分析

本节将讨论模型中包含的软件厂商的研究情况。2004年，Arora、Telang和Xu从理论上验证了软件弱点公开的最优策略，软件厂商的策略被限制于：（1）发不发布补丁；（2）如果发布，那么何时发布。2005年，August和Tunca也对软件厂商的策略进行了研究，他们将厂商的策略限制在软件定价上。同年，Nizovtsev和Thursby分析了软件公司在公开论坛上公布弱点的动机。

2007年，Choi、Fershtman和Gandal分析了软件弱点如何影响软件公司和软件消费者，他们提出了软件公司的三项决策模型：（1）进行软件质量的前期投资，以减少潜在弱点；（2）是否公布弱点的策略决策；（3）软件定价。同时他们也建立了消费者的两个决策模型：（1）是否使用该软件，（2）是否应用安全升级。该文不同于以前，因为它分析了弱点公布、软件补丁、产品价格和利润之间的相互关系。同时，文中所建立的模型提供了一个很好的基准，后来的研究必须分析软件厂商在软件安全方面的一些动机。

赛博安全经济的实证研究

据我所知，赛博安全经济方面仅有数篇实证性论文。2004年，Arora、Nandkumar、Krishman、Telang、Yang等对308种弱点进行了分析，分析表明弱点的公布会增加每台主机的攻击数量，而安装安全升级补丁则会减少每台主机的攻击数量。2005年，Arora、Krishman、Telang、Yang等发现公布期限很见效，CERT/CC公布弱点之后，厂商的反应明显要比没有公布前快。

实证研究的数据

在很多领域，由于缺乏数据，理论研究成果远比实验成果快。但自从国家软件弱点数据库（NVD）建立以来，互联网安全经济方面的实证研究明显具备了不可估量的潜力。顺便介绍一下，NVD由美国国家标准技术研究所（NIST）下属的计算机安全部创建，它通过http：//nvd.nist.gov/statistics.cfm 提供在线数据服务。它可提供软件弱点层面和行业或公司层面的高质量数据，包括弱点的安全性、弱点的影响、弱点的类型等方面的信息。2004年，Arora、Nandkumar、Krishman、Telang和Yang在研究中使用了该数据库。2005年，Arora、Krishman、Telang、Yang 再次使用它。

通过对NVD的在线数据进行统计分析可以发现，尽管NVD中弱点数量从2002年的1858个增至2005年的3753个，但极其严重的弱点始终保持大致不变[6]。

从NVD看，2002年严重弱点占总弱点数量的48%，2004年降至33%，2005年又降至23.5%。这些数据表明，严重弱点所占百分比在不断下降。

这些数据将进一步表明，在极其严重弱点之中，未授权访问、输入有效性错误、缓冲区溢出、边界条件错误等弱点所占的百分比很大，而且在不断增加。1995—2001年期间，它们所占百分比大致为50%，而2002—2004年期间增至60%，2005年它们则增至72%。

对于研究者而言，知道何种因素造成这样或那样的趋势无疑很有帮助。简单的统计表明，跨学科实证研究富有成效。经济学家可能判断出数据的趋势，但若没有计算机专家和工程师的鼎力合作，他们不可能知道数据中隐含的意思，希望这样的合作在不远的将来会实现。

致谢

感谢Jay P. Choi、Chaim Fershtman、Jacques Lawarree、Shlomit Wagman等专家，感谢WEIS 2005和本书匿名审阅者提出的有益点评；同时非常感谢微软对研究的大力支持，同样也欢迎多提宝贵意见。

参考文献

Anderson, R. (2001). *Why information security ishard*. Mimeo.
Arora, A., Krishman, R., Telang, R., & Yang, Y. (2005).*An empirical analysis of vendor response to software vulnerability disclosure*. Mimeo.
Arora, A., Nandkumar, A., Krishman, R., Telang, R. & Yang, Y. (2004, May 13-15). *Impact of vulnerability disclosure and patch availability—An empirical* enalysis. Presented at the Third Workshop on Economics and Information Security, Minneapolis, MN.
Arora, A., Telang, R., & Xu, H. (2004). *Optimal policy for software vulnerability disclosure*. Working paper, Carnegie-Mellon.
August, T., & Tunca, T. (2005). *Network software security and user incentives*. Mimeo.
Camp, L. J., & Wolfram, C. (2004). Pricing security. In L.J. Camp & S. Lewis (Eds.). *Economics of information security* (Vol. 12). *Advances in information security*. Springer-Kluwer.

Choi, J., Fershtman, C., & Gandal, N. (2007). *Network Security: Vulnerabilities and Disclosure Policy* (CEPR Working Paper #6134).

Church, J., & Gandal, N. (2006). Platform competition in telecommunications. In M. Cave, S. Majumdar, & I. Vogelsang (Eds.), *The handbook of telecommunications* (Vol. 2, pp. 117-153). Elsevier.

Gandal, N. (2002). Compatibility, standardization, & network effects: Some policy implications. *Oxford Review of Economic Policy*, 18, 8091

Grady, M., & Francesco, P. (2006, in press). *The law and economics of cybersecurity: An introduction.* Cambridge University Press.

Kannan, K., & Telang, R. (2004). *Market for software vulnerabilities? Think again.* Working paper, Carnegie-Mellon.

Nizovtsev, D., & Thursby, M. (2005). *Economic analysis of incentives to disclose software vulnerabilities.* Mimeo.

Ozment, A. (2004). *Bug auctions: Vulnerability markets reconsidered.* Mimeo.

Schechter, S. (2004). *Computer security, strength and risk: A quantitative approach.* Mimeo.

Weaver, N., & Paxson, V. (2004). *A worst case worm.* Mimeo.

附注

[1] http：//www.economist.co.uk/science/display-Story.cfm?story_id=2246018。

[2] 来自John Markoff于2004年10月25日发布的文章*Home Web Security Falls Short，Surey Shows*，网址：http：//www.staysafeonline.info/news/safety_study_v04.pdf。

[3] Grady与Francesco调查的法律问题。对隐私经济感兴趣的读者可访问Alessandro Acquisti维护的网页http：//www.heinz.cmu.edu/~acquisti/economics-privacy.htm。

[4] 见 http：//www.cl.cam.ac.uk/users/rja14/econsec.html. Bruce Schneier的网页（http：//www.schneier.com/essays-comp.html）上有大量计算机安全方面的文章。

[5] 第一次会议在2002年举行。（The first conference was held in 2002）。

[6] NVD所定义的"高严重性"漏洞具备如下特点：（1）允许远程攻击者

违反系统安全防御策略,如获取用户、root权限、账户;(2)允许本地攻击以获取系统的完全控制权;或(3)CERT/CC发布了相关公告或USCERT作出了相关警示,见http://nvd.nist.gov/faq.cfm。

Chapter 10
第 10 章 FS-ISAC 在反击赛博恐怖主义中的作用

[1]Manish Gupta，[2]H. R. Rao

（[1]M&T银行，美国；[2]纽约州立大学布法罗分校，美国）

当今时代，关键业务和基础设施对互联计算机系统的依赖性增大了。与此同时，暴力和赛博威胁及其潜在攻击后果也越发严重。相关利益方共享信息并对威胁响应进行协调具有前所未有的重要性。在创建全面而实用的威胁打击方案时，组织间的信息共享与协作处于中心地位。金融服务业是非常具有吸引力的攻击目标，其所面临的赛博和暴力威胁来源很多，涵盖了从恐怖分子集团或其他国家利益集团发动的潜在毁灭性攻击，到黑客和内部作案等其他恶意实体所实施的有目的的渗透活动。本章，我们概述金融服务行业的构成，主要部门，以及信息共享和分析所涉及的概念。然后对照当前赛博恐怖主义的各种难题和关键要素，探讨保护金融服务机构的基础设施不受赛博攻击的重要性。我们还讨论ISAC在反恐中的中作用及其组织结构，以及FS-ISAC的组成要素，功能和细节。

10.1 引言

互联网无处不在的特性，伴之赛博恐怖主义威胁，凸显了其基础设施安全性的极端重要性（Devost & Pallard，2002）。除了那些孤立的针对Web网站的骚扰事件外，在美国，可能发生的赛博恐怖袭击活动的目标还有该国的大部分关键基础设施，其中包括电力、供水和供应链系统，银行、ATM和交易所等金融服务，以及信息和通信系统（Estevez-Tapiadoe，2004）。黑客行为作为赛博犯罪的一部分，其技术也在不断发展，新工具和新病毒层出不穷（Sukhai，2004）。目前，反恐分析中的一个主要挑战，是如何从流向政府情报部门和反恐机构的大量数据中，找到相对较少且零星的与恐怖主义有关的信息（Popp et al.，2004）。在互联网上，黑客的优势在于他可以选择攻击的时间和方式（Schneier，n.d.）。然而，在操作层面，赛博恐怖分子拟采用的信息技术、自动化工具和攻击目标的识别方法是可观测的，而且在一定程度上还是可预测的（Chakrabarti & Manimaran，2002）。

当今时代，关键业务和基础设施对互联计算机系统的依赖性增大了。与此同时，暴力和赛博威胁及其潜在的攻击后果也随之增大。相关利益方进行信息共享和威胁响应协调的重要性前所未有。在制定全面而实用的威胁打击方案时，组织间的信息共享与协作处于中心地位。此外，在事件发生时，提供全面而实时的信息，有助于联邦和非联邦部门对攻击的实质进行判断，从而对缓解攻击的影响提出建议（Homeland security，2003）。

第63号总统令提出了美国国家关键基础设施保护策略（CIP），并在其余颁布的国家战略文件中予以确认，其中包括2002年7月发布的国土安全战略。第63号总统令要求公共和私有部门合作保护国家关键基础设施，并要求为此制定一套战略。目前这样的部门共有14个，联邦政府的牵头机构（联络部门）和私有部门的牵头机构（协调部门）将共同工作。联邦CIP政策也鼓励自发创建信息共享与分析中心（ISAC），从基础设施部门和NIPC等政府机构收集信息，进行分析和适当过滤，然后回送给他们（Homeland security，2003）。目前，ISAC所控制的国家关键基础设施超过80%。

金融服务业所面临的赛博和暴力威胁来源很多，从恐怖团伙或他国利益集团所制造的大规模攻击，到黑客对特定目标所实施的渗透，以及内部作案等，涵盖的范围很广。在业界范围内共享攻击和安全信息，可以最大限度地提高业界和国家在面临现实威胁时识别、响应和生存的能力（金融服务信息共享与分析中心（FS-ISAC）手册，n.d.）。

本章，我们概述金融服务行业的构成、主要部门以及信息共享与分析所涉及的概念。然后探讨保护金融服务机构的基础设施不受赛博攻击的重要性。下一节详细阐述信息共享问题，在发展全面而实用的赛博及其他攻击防御策略时，这是一个关键点。接着，我们提出当前赛博恐怖主义的各种难题和关键要素。然后，以信息共享为行动宗旨，探讨ISAC在反恐中的作用和组织结构。接着，详细探讨了FS-ISAC的组成、功能和各种细节。最后是本章的总结和讨论。

10.2 金融服务机构

金融服务机构是极具财务吸引力的目标。较之其他行业，以金融部门为目标的赛博攻击的频率和复杂性不断增大。美国审计总局（U.S. General Accounting Office，GAO）的报告显示，在为期6个月的调查期间，平均每个金融服务公司遭到1108次攻击。与此同时，有46%公司至少遭受了一次"严重"攻击。在2004年度的全球安全调查中（Deloitte Global Security Survey，2004），Deloitte and Touche报告指出：在过去的一年里，有83%金融服务公司承认其系统安全受到侵害，而2002年这个数字仅为39%。这些公司当中，有40%声称攻击导致了财务损失。金融服务业对公众信任的高度依赖导致其在面对形形色色的赛博攻击时，需要承担更大风险。任何破坏金融数据或交易的机密性、完整性和可用性的行为，都会对机构和行业造成负面影响（Deloitte

Global Security Survey，2004）。

金融服务业的下列特点，扩大了其受攻击范围（www.fsisac.com/tour.htm）。
- 目的性：50%的赛博攻击针对金融服务公司
- 脆弱性：在线运行（受互联网软件脆弱性的影响）
- 信任性：行业业务运行的基础
- 规范性：定期检查是否符合规范
- 互联性：在全球范围内处理支付和证券交易

在过去一年里，针对金融机构的攻击呈上升态势。金融服务机构因持有公众财富并存有大量个人信息而成为攻击的目标。许多全球金融机构遭受了钓鱼攻击（Deloitte Global Security Survey，2005）。公司管理层愿意在防范物理灾难、赛博恐怖主义和其他潜在威胁方面加大投入，这一点与上年度持平。2005年度的Deloitte and Touche调查显示：在全球范围内，针对金融机构的攻击，亚太地区占16%，加拿大占50%。

10.3　信息共享

信息共享是发展全面而实用的赛博攻击防范方案之关键。威胁、漏洞和已发生事件等信息，尽管难以共享和分析，但有助于识别攻击趋势，更好地了解风险，并采取防护措施。要获得有效的反恐效果，要求快速地对源自多方的信息进行有意义的综合（Choucri，Madnick，Moulton，Siegel，& Zhu，2004）。对于反恐中的信息共享，正如"9·11"事件后政府和军队的行动那样，传统的"需要知道"原则正为动态社区利益中的"需要共享"原则所替代（Yuan & Wenzel，2005）。金融服务业拥有最高利益的社区之一。

私有部门一直关注与政府共享信息及获得安全授权的困难性。国会和行政部门都在采取措施处理法律和新近政策指南中的信息共享问题。由国土安全部（DHS）制定的《2002年国土安全法》中提出，建立22个不同机构以防范针对美国的恐怖袭击、减少安全薄弱点、在恐怖袭击发生后将破坏最小化并帮助恢复（Homeland security，2003）。为完成这一使命，该法令明确了国土安全部的职责，其中包括在其所属机构与其他联邦机构、州、地方政府、私有部门以及其他部门之间共享信息。法令要求GAO讨论DHS在信息共享方面所做的努力，包括：（1）信息共享在DHS履行其职责中的重要性；（2）GAO对改进联邦政府信息共享努力方面的分析与建议；（3）在开发实现有效的信息共享过程与系统时，DHS应该考虑的管理方面的重要问题（Homeland security，2003）。

10.4 赛博恐怖主义

2001年"9·11"事件发生后，恐怖主义威胁上升为美国国家安全与执法的首要议程。正如总统在2002年7月的《国家国土安全政策》中所宣称的那样，我国的恐怖主义敌人正不断地寻求以新的战术或难以预料的途径发动袭击，并放大袭击效果。比如，他们正努力获得化学武器、生物武器、放射性武器和核武器。除了传统威胁，恐怖分子正在获取非传统的攻击技能，如赛博攻击。为了完成其使命，DHS要与其他联邦机构、州、地方政府、私有部门和其他部门等进行协调并共享信息。这种信息共享对于DHS成功应对日益上升的威胁并完成其使命至关重要。

在反恐共同体中，信息技术是重要的贡献者和使能者。它能够更快地发现并共享信息，实现不同部门间的灵活协作与联络，更快更佳的分析，以及帮助进行更好的决策（Jonietz，2003；Secretary of Defense，2003），提供了预测恐怖袭击并最终占据反恐先机的机制和能力。这里有很多技术上的挑战，但最重要的还是如何从流到政府情报部门和反恐设备的海量信息中找到零星的有用信息。正如《国家反恐战略》（2003）和《"9·11"恐怖袭击联合调查报告》（2003）所述，信息技术在应对这一挑战中作用十分关键，是美国国家和国土安全战略的一个主要原则。美国政府的情报部门和反恐机构负责吸收这些海量信息，对其进行处理和分析，将其转化可用于诉讼的情报，然后恰当而及时地发布它们。表10-1总结了针对基础设施的主要网络威胁（Homeland security，2003）。

表 10-1　FBI 观察到的针对关键基础设施的赛博威胁

威胁	描述
犯罪团伙	为了金钱目的而攻击系统的犯罪团伙
外国情报机构	利用赛博工具搜集情报和从事间谍活动的外国情报机构
黑客	黑客有时因渴望挑战,或为了在黑客社区中吹牛而侵入网络。因此,尽管攻击工具越来越尖端,但也越来越易用
黑客激进分子	出于政治动机而攻击公开 Web 页面/资源或电子邮件服务器
信息战	有几个国家正积极发展信息战学说、计划和能力,实现以单个实体中断用以支持军事力量的供应、通信和经济基础设施,从而造成显著且严重的影响
内部威胁	组织中心怀不满的内部人员是计算机犯罪的主要源头
病毒作者	计算机病毒作者所构成的威胁日益严重

政府官员日益关注来自有恶意目的的个人和集团的赛博攻击,如犯罪、恐怖主义、外国情报收集和战争行为。根据FBI的说法,恐怖分子、传统犯罪和情报人员很快认识到并已开始使用信息,利用如计算机病毒、特洛伊木马、蠕虫、逻辑炸弹和监听工具,以摧毁、拦截、阻止对数据的访问,或降低其完整性级别。随着经由计算机系统转账的资金越来越大,越来越敏感的经济和商业信息采用电子化交换,国防和情报领域越来越多地依赖商用信息技术,赛博攻击威胁国家核心利益的可能性增大了(Homeland security,2003)。

10.5　ISAC

1998年的第63号总统令(PDD-63)要求创建ISAC。该指令要求公共和私有部门建立合作关系,以共享现实和赛博空间中的威胁、脆弱性和事件信息,以保护美国的关键基础设施。2003年的《国土安全总统令》/HSPD-7对PDD-63做了更新,重申要建立这种合作关系。为了更好地保护国家关键基础设施并最大限度地减少安全脆弱性,DHS建立了ISAC,使得关键部门之间可以共享信息并协同工作,以更好地保护经济。如今,已有如下14个为关键基础设施服务的ISAC(FS-ISAC FAQ,n.d.):

1. 农业

2. 粮食
3. 供水
4. 公共卫生
5. 应急服务
6. 政府
7. 国防工业基地
8. 信息与电信
9. 能源
10. 交通
11. 银行和财政
12. 化工与危险原料
13. 邮政与航运
14. 房地产

这些举措可以提高单个部门的安全状况，也可以提高部门之间以及部门与各级政府之间的沟通层次（Homeland security，2003）。尽管PDD-63鼓励建立ISAC，但它没有对ISAC的功能、实际设计及其与NIPC间的合作关系做出明确规定，这些由私有部门在与联邦政府磋商后决定（Homeland security，2003）。

PDD-63建议一些ISAC可执行的具体业务（Homeland security，2003），包括：

- 为各种基础设施建立基准统计数字和模式。
- 充当部门内部和部门之间的信息交换所。
- 建立历史数据库供私有部门和政府使用。
- 向NIPC报告私有部门中发生的事件。

10.6 FS-ISAC

FS-ISAC是金融服务行业为响应1998年的PDD-63而建立的一个非盈利

机构。它为金融服务业发布实体和网络安全、威胁、脆弱性、事件和解决方案等信息。后来，《国土安全总统令》更新了PDD-63，新法令要求公共和私有部门之间共享实体和网络中的安全威胁和脆弱性信息以保护美国的关键基础设施。

　　FS-ISAC为合格参与方提供匿名共享实体和网络安全信息的能力。FS-ISAC收集金融服务部门所面临的网络与现实中的威胁、脆弱性和风险信息。信息的来源包括收集此类信息的商业公司、政府机构、CERTs、学术界和其他可信渠道。FS-ISAC也具备在整个金融服务业中匿名共享信息的能力。每次收到提交的信息之后，业界专家对威胁进行验证和分析，并推荐解决方案，然后向FS-ISAC成员发出告警。这样确保了成员公司可以获得经测试证明是正确的步骤和最佳实践，以抵御已知的和新出现的安全威胁。在业界专家分析之后，根据成员公司的服务级别，向其发出告警(FS-ISAC FAQ, n.d.)。最近，FS-ISAC成功地推出了一个关键基础设施通知系统（CINS），该系统具有几乎同时向多个接收者进行告警的能力，并设置了用户认证和发送确认功能。FS-ISAC提供的公共和关键服务中还包括一个用以共享安全信息的业内平台，如每半月一次的威胁电话会议、危机电话会议、成员会议和安全门户。FS-ISAC的会员申请对正规的金融服务公司和金融事业公司开放。会员采用分级管理，有多种选项可供参与公司选择。表10-2所示的是金融业中参与FS-ISAC公司的比例。

表 10-2　FS-ISAC 中的部门参与情况（数据来源：FS-ISAC）

部门	比例
商业银行	72%
储蓄机构	12%
证券公司	2%
保险公司	2%
汇兑部门	3%

FS-ISAC会员由美国财政部、货币监理署办公室、DHS、联邦经济情报局和金融服务业协调理事会推荐，提供多种服务级别，各种规模和采用不同安全政策的组织均可从中受益。根据服务的级别，FS-ISAC的成员可享受许多重要的权益，包括安全威胁和攻击的早期告警、业内的匿名信息共享、参加定期举行的会员会议和半月一次的电话会议（*FS-ASAC dashboard*，n.d.）。到2005年，FS-ISAC的目标是能够在一个小时内向超过99%的金融服务业成员（总数已超过25 000名）发送紧急和危机告警。目前，金融服务业界所控制的资产有90%处于FS-ISAC成员的管理之下。

10.7 结束语

"我们处于危险之中。美国越来越依赖计算机。计算机控制了电力输送、通信、导航和金融服务"（National Research Council，1991，p. 7）。为了保护和反击赛博攻击，有必要对信息基础设施进行主动安全防御。互联网已成为恐怖团伙与单个恐怖分子的论坛和信息传播渠道，他们借此进行通信、宣扬仇恨和暴力、攻击基于计算机的信息资源。要获得有效的反恐效果，要求快速对源自多方的信息进行有意义的综合。在不同反恐领域的信息共享中，信息技术的作用至为关键，已经成为美国国家和国土安全战略中的一个主要理念。美国政府的情报和反恐机构负责对极为分散的信息进行相关处理，将其转化成可做诉讼之用的情报，然后及时发送出去。通过FS-ISAC，国内金融服务部门的许多专家可以共享其成员、执法机构、技术供应商和安全协会提供的威胁情报。

参考文献

Chakrabarti, A., & Manimaran, G. (2002, November/December). *Internet infrastructure security: A taxonomy.* Iowa State University, IEEE Network.
Choucri, N., Madnick, S. E., Moulton, A., Siege1, M. D., & Zhu, H. (2004). Activities: Re-

quirements for context mediation, MIT Sloan School of Management. In *IEEE Aerospace Conference Proceedings Information Integration for Counter Terrorism.*

Cousins, D. B., & Weishar, D. J. (2004, March). Intelligence collection for counter terrorism in massive information content. In *2004 IEEE Aerospace Conference Proceedings* (pp. 3273-3282) Vol.5

Deloitte Global Security Survey. (2004). *Global financial services industry.*

Deloitte Global Security Survey. (2005). *Global financial services industry.*

Devost, M., & Pollard, N. (2002). *Taking cyber terrorism seriously—Failing to adapt to threats could have dire consequences.* Retrieved from http://www.terrorism.com

Estevez-Tapiador, J. M. (2004). The emergence of cyber-terrorism. *IEEE Distributed Online System, 5*(1).

Financial services information sharing and analysis centers (FS-ISAC) brochure. (n.d.). Retrieved January 28, 2006, from http://www.fsisac.com/docs/FSISAC.pdf

FS-ISAC dashboard. (n.d.). Retrieved January 29, 2006, from https://core.fsisac.com/dashboard/*FS-ISAC FAQs.* (n.d.). Retrieved January 29, 2006, from http://www.fsisac.com/faqs.htm

Homeland security: Information sharing responsibilities, challenges, and key management issues [GAO-03-715T]. (2003, May 8). Presented to Committee on Government Reform, House of Representatives.

Jonietz, E. (2003). Total information overload. *MIT Technology Review, 106*(6), 68.

National Research Council. (1991). *Computers at risk.*

National Academy Press. *National strategy for combating terrorism.* (2003, February) Submitted by the White House.

Popp, R., Pattipati, K., Wille, P., Serfaty, D., Stacy, W., Carley, K., et al. (2004). Collaboration and modeling tools for counter-terrorism analysis. *CIHSPS2004—IEEE International Conference on Computational Intelligence for Homeland Security and Personal Safety*, Venice, Italy.

Report of the joint inquiry into the terrorist attacks of September 11, 2001. (2003, July). Submitted by the House Permanent Select Committee on Intelligence (HPSCI) and the Senate Select Committee on Intelligence (SSCI).

Schneier, B. (n.d.). *Natural advantages of defense: What military history can teach network security* (Part 1).

Sukhai, N. B. (2004). Hacking and cybercrime. *Computer Society, 5*(10), 128-132.

Yuan, E., & Wenzel, G. (2005, March). Assured counter-terrorism information sharing using: Attribute based information security (ABIS). In *Proceedings of IEEE Aerospace Conference* (pp. 1-12). 5-12 March 2005.

术语和定义

关键基础设施保护（Critical Infrastructure Protection）：为经济和政府最低限度运行所需的物理系统，以及基于赛博的系统提供保护，包括保护应急预防通信以及支撑这类系统的物理资产等。

国土安全部（Department of Homeland Security，DHS）：2002年的《国土安全法》，要求成立国土安全部。该部门由22个不同的机构组成，其职责是在美国本土预防恐怖袭击，减少美国面临恐怖袭击的风险，将恐怖袭击造成的破坏最小化，以及在恐怖袭击发生后帮助进行恢复。

金融服务信息共享与分析中心（Financial Services Information Sharing and Analysis Centers，FS-ISAC）：这是一个应PDD-63的要求而建立的一个非赢利机构。它为金融服务业提供物理和赛博安全、威胁、脆弱性、事件和解决方案等信息的分发服务。

黑客激进主义（Hacktivism）：指出于政治目的，攻击公开的Web页面/资源，或电子邮件服务器。

信息共享与分析中心（Information Sharing and Analysis Centers）：1998年的第63号总统令（PDD-63），要求成立信息共享与分析中心，使关键部门能够共享信息、协调工作，从而为经济提供更好的保护。

第63号总统令（Presidential Decision Directive 63，PDD-63）：1998年，为满足赛博空间中国家安全利益的需求，克林顿政府发布了第63号总统令，以保护美国的关键基础设施。

# Chapter 11

第 11 章 赛博攻击中的欺骗

Neil C. Rowe, E. John Custy
(美国海军研究生院,美国)

赛博空间、计算机和网络是当今战争的潜在领域。本章将探讨赛博空间中一些行之有效的欺骗手段,同时分析这些欺骗手段如何应用于攻击。在简要分析赛博空间中的欺骗之后,研究了包括身份欺骗、拒绝服务攻击、特洛伊木马以及其他几种的欺骗在内的不同欺骗方式,在此基础上对赛博攻击将来演化的方向进行了推测。

11.1 引言

任何通信信道都有可能传输虚假信息,因而就可能被用于欺骗目的(Miller & Stiff, 1993)。赛博空间的通信资源的如下特点为实施欺骗提供了便利:(1)身份识别困难,所以网络假冒行为更容易且有效,例如,垃圾邮件中的虚假Email地址、身份冒充中的假冒web站点、携带恶意功能的特洛伊木马;(2)赛博空间的软件依赖性,怂恿了自动欺骗攻击。所以,赛博空间基础设施本身可能沦为拒绝服务攻击的牺牲品。拒绝服务攻击以巨量虚假服务请求淹没网站。

黑客无时无刻不在攻击互联网站点,这些攻击行为大致包括:故意破坏、因不满而蓄意攻击、偷窃和敲诈勒索等。据CERT报道，攻击事件发生的频率随着自动化攻击工具的使用不断提高（CERT 2005）。由于大部分攻击技术都有相应的防范措施，因而它们会使用某种欺骗手法。黑客攻击技术很可能被信息战专家用做战争工具（Hutchinson and Warren 2001；Yoshihara, 2005）。一般来讲，攻击常常是利用软件缺陷来进行的。如果发现缺陷后马上修补，那么相应的攻击就不再起作用。像www.cert.org这样的网站，会及时报告被黑客利用的安全弱点报告，同时发布缺陷修复信息。因此，信息战中的攻击，要么通过一定途径知道当前还未修复的缺陷（对重要的设施来说，这种机会极少），要么开发别人还未掌握的新技术。当然，这些事情都比较困难，所以有必要使用欺骗手段以提高攻击的成功率。

11.2 赛博空间中的欺骗

欺骗可以看做欺骗者与攻击目标之间的交互作用，其中欺骗者可以成功地使目标接受虚假信息，并使目标以特定的方式满足欺骗者的某种企图。在现实世界中，只要人与人之间存在交互，各种利益冲突就不可避免。日常生活中，时常会发生欺骗事件。人们对所得税、政治、以及二手汽车销售中欺骗行为比较熟悉，但任何金融、经济活动中都有欺骗现象。当然，在广告、体育、其他形式的娱乐活动、法律、外交、军事冲突中同样也存在欺骗（Ford, 1996）。欺骗总是身负骂名，因为它违背了信息交换双方的合作协议，对于正常通信过程来讲，它是一种误用或威胁。然而，欺骗的道德地位有时不太明朗，比如在危险时刻它被认为是正当的，它也可用于对抗敌人保护公众利益以避免更大的损失，同样它还可用于保护像儿童这样的人不受有害真相的伤害（Bok, 1978）。

赛博空间与自然环境有很多不同，其中赛博攻击中就有两个独有的不同之处。第一，赛博空间的通信信道传送的信息要少于面对面交流（Vrij, 2000），也就是说，在面对面交互方式中，我们通常可以自动适应交互，但在赛博空间中，面对面交互中的用于帮助我们确定方向的线索要么没有，要么可能被伪造。例如，肢体语言、声音变形以及其他暗示方法都会在电子邮件信息中消失，而邮件消息允许"哄骗"——邮件消息很可能来自别人而非本人。第二，赛博空间中，信息容易创建，也易被修改，所以不能保持长久不变。例如，网站和电子邮件地址出现快、消失得也快，这使得在赛博空间中责任指派比较困难。不像现实世界中的商务，它们都有办公大楼或基础设施，软件标签与其代理之间的关联非常不可信，恶意用户可能会利用这一点。另外，由于不可能拿在手里检查，赛博空间中很难判断产品的质量，这就滋生了大量欺诈行为。比如，一些杀毒产品可能成为恶意代码的避难所或传送带。

Rowe和Rothstein分别于2004年、2006年基于语言学中的文法，确定了23类赛博空间中的欺骗攻击。按照欺骗攻击在网络中的适应性和有效性的降序排列如下。

- 代理：实施动作以欺骗目标；
- 伴随事件：伴随进行的行为；
- 频率：行为频率；
- 对象：动作对象；
- 父型：行为类型；
- 经验者：观察行为的人；
- 工具：常用实施行为工具；
- 体系：行为属于哪个体系；
- 内容；
- 外部前提：环境对行为的影响；
- 措施；
- 区域；
- 来源；
- 目标；
- 受益人；

- 起始时间；
- 价值：行为传输数据的价值；
- 宿；
- 路径；
- 经历时间；
- 内在前提：行为的完整性；
- 方向；
- 效果；
- 缘由。

一些主要欺骗类型将在文中详细阐述。

11.3 身份欺骗

既然赛博空间中身份很容易被假冒，那么就可利用身份假冒实施赛博攻击。总体来说，目标、体系、工具、父型和代理欺骗就属于身份假冒。军事人员通过社会工程攻击，使一个人扮演另一个人，社会工程者巧妙地采用一个假身份来操控其他人为其提供敏感信息或执行任务（Mitnik & Simon，2002），通过行骗达成目的，获取利益。例如通过假冒信息技术小组代表以偷取新员工的口令。

网络钓鱼是一种危害性特别强的社会工程攻击方式。最近，其使用频率和危害性都有所增加（MessageLabs，2005）。行骗者事先向大批潜在目标发送电子邮件，诱使他们访问看似熟悉的网站，以达成其虚假目的。比如，一封来自"PayPal公司"的虚假电子邮件会假借"安全更新需求"迫使用户重新输入其用户名和口令，受害者提供的信息可能会让身份窃贼或间谍拿到。目前，网络钓鱼者逐渐盯上了一些组织，他们就像间谍，非常谨慎地针对受害者定制攻击手法，以达到从特定受害者那里获取机密信息之目的。

赛博空间中更为狡猾的一种欺骗方式是"特权提升"，攻击者通过获取一个易受攻击的账户访问系统，然后利用其他弱点提升自身权限，以获取具有完全权限的系统管理员身份（Erbschloe，2005），这有点类似于间谍尝试提升访问能力。权限提升可通过特定的软件中缓冲区溢出漏洞来实现，当用户提供的信息超出程序设计时所给空间分配大小，就会发生缓冲区溢出。在正常的情况下，一旦软件存在缺陷，恶意用户就可能会重写操作系统中某一部分，由此就可以在一个更高权限上执行任何代码。由于C、C++等编程语言和一些常用的软件中没有检查缓冲区边界，因此缓冲区溢出非常常见。另外一种提升权限的方法是窃取口令文件，然后通过逐一试用口令以获取正确的系统口令。通常情况下，口令以哈希值形式存放于系统中。一般来说，哈希值是很难破译的，但哈希算法是公开的，所以攻击者通过在具备快速计算能力的计算机上进行穷尽匹配搜索，是可以找出口令的。

那些成功实施权限提升的攻击者可能会尝试安装rootkit，以隐藏他们的行踪而不被系统管理员发现（Kuhnhauser，2004）。rootkit可以放置在计算机操作系统中的关键位置，这样攻击者就可以利用它获取系统上的秘密信息，就像常规战争中占领敌方阵地那样完全地控制计算机。通常情况下，rootkit包括特定修改过的文件列表和进程列表命令，此举目的在于更好地隐藏攻击者的文件和进程而不让系统管理员和其他用户发现（Denning，1999）。它可以通过秘密监听端口为攻击者提供后门，以便控制命令的执行。

互联网上其他常用的身份欺骗还包括伪装计算机，其中包括通过伪造互联网数据包头信息进行网址欺骗，从而隐藏数据的真正来源。在进行计算机伪装过程中，哄骗可隐藏或伪装攻击源。也就是说，攻击者已获取未授权访问的计算机成了进一步实施其他未授权访问的跳板，伪装计算机也可隐藏攻击身份，这是因为大多数互联网协议运行于中间计算机中，很难通过这些计算机对网络连接进行反向追踪。攻击计算机也可能位于世界上的多个国家，而在不同的司法管辖区进行法律协调是比较困难的。

11.4 拒绝服务攻击

拒绝服务攻击通过发送大量虚假请求而导致赛博空间资源和服务运行变得异常缓慢甚至停止。拒绝服务攻击属于频率和目的类型的欺骗（Rowe和Rothstein，2004）。如果大量事先协调好的计算机同时访问同一个Web网站，那么就会发生拒绝服务攻击。这种攻击很容易实现，像Amazon网站和美国总统网站等都曾受到过拒绝服务攻击。利用TCP协议进行的SYN洪水攻击，也是拒绝服务攻击的一个实例（McClure，Scambray，& Kurtz，2005）。在SYN洪水攻击中，攻击者向受害计算机发起大量TCP协议"三次握手"连接请求，但却不完整执行握手过程，从而迫使受害机保持许多半连接状态，导致有效连接无法建立。通过Smurf攻击也可达到拒绝服务攻击。Smurf攻击通过让受害机不停地响应来自不同计算机的ICMP Echo请求，导致网络堵塞。这些向受害主机发出的ICMP Echo请求均来自虚假源地址，由此受害机就会被Echo响应充斥，甚至可能会崩溃。

在军事应用领域，拒绝服务攻击是一种非常有价值的攻击方法，它可以使敌方计算机系统崩溃。它潜在的袭击目标包括指挥控制网、存有作战计划的文件服务器、存有敌方通信侦听信息的Web服务器，以及为互联网提供索引服务的域名服务器（DNS）。

11.5 特洛伊木马

隐藏在其他应用软件中的攻击称为特洛伊木马（Erbschloe，2005），它们是附属物和内容攻击的实例。为诱使用户运行木马程序，攻击者常常以免费软件的形式让用户下载、以虚假地址形式向用户发送电子附件、将其隐藏在存储介质中，甚至还在软件中刻意嵌入木马程序。宿主软件可能是一个有用的程序、游戏，也可能是文档文件中的宏。运行软件并不足以说明它是恶意程序，因为它的破坏活动或间谍活动非常狡猾，也许它会根据事先设定好的时钟或通过远程攻击者触发工作。因不满而进行破坏的攻击者会通过木马程序修改数据值，或是使程序完全失效。计算机病毒、蠕虫是重要的木马程序，但它们太容易被发现，所以很少将它们应用到军事领域。

间谍软件或者赛博空间中的自动间谍工具是一类重要的特洛伊木马。这些工具可以偷偷地将计算机中的有用信息传送给攻击者。经验老到的攻击者常常会运用这种欺骗手法。目前，虽然有一些专门对付间谍软件的防病毒和防间谍软件，但它们仍然比较流行。商用间谍软件常常会报告用户会访问哪些Web网站，所以它们会被间谍用来记录用户的键盘输入，窃取用户口令和加密密钥。间谍软件利用"隐蔽通道"与控制者进行后台的加密通信和隐写通信。举个例子，在加密通信中，"foobar"会被加密成"&3Xh0y"，而在隐写通信中，"foobar"就成了"find our own bag at Rita's"，句子中每个单词的首字母就组成了要发送的内容。隐写术中，像每行字符数量、text文档中空格模式、每137个字母等敏感特征均会被采用。

11.6 其他欺骗

按照Rowe（2006）的分类方法，赛博空间还有如下其他欺骗方法：
- 通过向程序输入大量虚假输入信息造成缓冲区溢出；
- 利用不常用的软件、端口、网络站点进行攻击；
- 利用软件很少用到的特征攻击目标；
- 尽管每一个人都知道互联网总是活跃的，但攻击常常会在让人意想不到的时间发生；
- 尽管每一个人都知道攻击可能会来自任何网站，但它常常会在让人意想不到的网站出现；
- 为隐藏得更加隐蔽，攻击可能会进行得很缓慢，有时一天只向受害机发送一个命令；

- 攻击可能会修改文件和审计记录的时间和详细内容，使得攻击者看起来像是在不同的时间做了不同的事情；
- 为了敲诈，攻击者可能宣称其具备瘫痪计算机等攻击能力，但事实上他们并没有这些本事。

11.7 未来趋势

随着赛博攻击防御的不断改进，我们预计，业余赛博攻击会采用更多欺骗手法，信息战攻击也会如此。随着简单攻击手法被阻塞或挫败，技术上更尖端的攻击日益增多。欺骗是赛博空间任务计划的强力倍增器，就像在真实战场空间那样（（Dunnigan & Nofi，2001）。由于绝大多数可能的策略都已被开发出来，我们并不期待有许多新的欺骗方式出现。成功实施欺骗的难度越来越大。防御手段不断改进，防御者变得更加警觉，对付欺骗也更加老练。对于很多攻击而言，潜在受害主机的数量在减少。

将来，随着自动化工具不断的出现，欺骗攻击的多样性将会增加，工具允许攻击者瞬间尝试多种方法。但防御的多样性也会增多。在不对称的赛博战中，欺骗作为弱势一方的战略战术，将会更加普遍地被运用（Bell & Whaley，1991）。

11.8 结束语

在几乎所有的军事冲突中都会有欺骗。随着更多的军事行动向赛博空间的转移，我们将会在赛博空间中看到更多欺骗。在开发有效防御方法来对抗未来攻击时，分析攻击中欺骗如何被运用将会帮助我们更好地了解它们。本章描述的欺骗方法不难使用。尽管还未见有人证实使用欺骗手法的赛博战案例，信息战专家正利用这些方法开发赛博武器。然而，有很多方法可以确保某些针对特定目标的赛博欺骗攻击是完全无效的。

参考文献

Bell, J., & Whaley, B. (1991). *Cheating and deception.* New Brunswick, NJ: Transaction Publishers.

Bok, S. (1978). Lying: *Moral choice in public and private life.* New York: Pantheon.

CERT/CC. (2005). CERT/CC Statistics, 1988-2005. Retrieved February 15, 2006, from www.cert.org/stats/cert_stats.html

Denning, D. (1999). *Information warfare and security.* New York: Addison-Wesley.

Dunnigan, J. F., & Nofi, A. A. (2001). *Victory and deceit: Deception and trickery in war* (2nd ed.). San Jose, CA: Writers Press Books.

Erbschloe, M. (2005). *Trojans, worms, and spyware: A computer security professional's guide to malicious code.* Amsterdam: Elsevier.

Ford, C. V. (1996). *Lies! Lies!! Lies!!! The psychology of deceit.* Washington, DC: American Psychiatric Press.

Hutchinson, W., & Warren, M. (2001). *Information warfare: Corporate attack and defense in a digital world.* London: Butterworth-Heinemann.

Kuhnhauser, W. (2004). *Root kits: an operating systems viewpoint.* ACM SIGOPS Operating Systems Review, 38(1), 12-23.

McClure, S., Scambray, J., & Kurtz, G. (2005). *Hacking exposed* (5th ed.). New York: McGraw-Hill Osborne.

MessageLabs. (2005). *Annual security report.* Retrieved February 8, 2006, from www.messagelabs.com/pulishedctent/publish/threat_watch_dotcom_en/intelligence_reports/2005_annual_security_report/DA_123230.chp.html

Miller, G. R., & Stiff, J. B. (1993). *Deceptive communications.* Newbury Park, UK: Sage Publications.

Mitnick, K. D., & Simon, W. L. (2002). *The art of deception: Controlling the human element of security.* Indianapolis, IN: Wiley.

Pfleeger, C. P. (1997). *Security in computing* (2nd ed.). Upper Saddle River, NJ: Prentice Hall PTR.

Rowe, N. (2006, March). *A taxonomy of deception in cyberspace.* Presented at the International Conference on Information Warfare and Security, Princess Anne, MD.

Rowe, N., & Rothstein, H. (2004). *Two taxonomies of deception for attacks on information systems.* Journal of Information Warfare, 3(2), 27-39.

Stoll, C. (2000). *The cuckoo's egg: Tracking a spy through the maze of computer espionage.* New York: Pocket Books.

Vrij, A. (2000). *Detecting lies and deceit: The psychology of lying and the implications for professional practice.* Chichester, UK: Wiley.

Wayner, P. (2002). *Disappearing cryptography: Information hiding: Steganography and wa-*

termarking. San Francisco: Morgan Kaufmann.
Yoshihara, T. (2005). *Chinese information warfare: A phantom menace or emerging threat?* Retrieved December 2005 from www.strategicstudiesinstitute. army.mil/pubs/display.cfm?PubID=62

术语和定义

缓冲区溢出（Buffer Overflow）：这是一种攻击技术，它通过向软件提供大量输入，使之产生异常行为。

隐蔽通道（Covert Channel）：隐秘的通信信道。

权限提升（Escalation of Privileges）：利用安全弱点提升使用计算机系统的能力。

网络钓鱼（Phishing）：攻击者利用欺骗性的电子邮件和伪造的 Web 站点来进行网络诈骗活动，受骗者往往会泄露自己的私人资料，如信用卡号、银行卡账户、身份证号等内容。

隐写术（Steganography）：指将秘密信息嵌入或隐藏到其他不受怀疑的公开信息之中的技术。

Chapter 12
第12章 赛博攻击防御中的欺骗

Neil C. Rowe
（美国海军研究生院，美国）

随着计算机系统越来越容易被攻击者欺骗，近年来防御方也越来越多地研究欺骗方法。军事历史中早有防御性欺骗的经典战例，但并非所有战略战术都可在赛博空间类推。当今，蜜罐技术是最重要的欺骗方法之一，它是用来引诱攻击的计算机诱骗系统，作用是采集与攻击方法相关的数据。我们首先分析了在蜜罐中实施欺骗的时机，然后分析了虚假信息、虚假延时、虚假错误信息报文以及身份欺骗等欺骗方法，研究了在普通计算机系统中实施欺骗的时机，最后总结了可能的战略欺骗。

12.1 引言

赛博空间中的攻击（如漏洞攻击）防御比较困难。因为在这种战争形式中，攻方拥有固有的优势。在这样的不对称战争样式中，攻方可随意挑选时间、地点、方法且防御方事先很少知晓。因此，多层次深度防御非常重要（Tirenin & Faatz, 1999）。通过访问控制、身份验证组成赛博空间资产安全的第一道防线，但传统战争中包括欺骗在内的其他战略战术也非常有价值。

Dunnigan and Nofi（2001）提出了一种有效的分类方法，其中包括与其他文献相同的九种军事欺骗,它们分别是:(1)隐藏;(2)伪装;(3)假情报;(4)诡计;(5)炫耀;(6)示威;(7)佯攻;(8)谎言;(9)操纵对手影响其判断和目标。Rowe和Rothstein(2004)提出了基于语言学中的格理论的分类方法。表12-1列出了欺骗分类,他们按照从1(不适应)到10(适应),对适应性进行了改进评估,同时宣称这种分类法对于防御赛博攻击是可行的。有些欺骗方法,在其初始欺骗行为被对手识破后可进行二次使用。比如,通过明显的虚假错误报文进行欺骗的同时还会采用很精巧的方式来修改攻击者文件。

表 12-1 赛博空间欺骗分类

欺骗方法	适应性	例子
代理	4	伪装成一个新用户引诱身份贼
目标	7	伪装成关键目标或使目标看起来不那么重要,或将软件伪装成不同的软件
手段	1	以意想不到的方式实施
伴随物	4	诱使攻击者下载特洛伊木马
经验者	8	秘密监视攻击者行为
方向	3	将特洛伊木马转移给攻击者
源	2	授权者使用错误消息吓唬攻击者
宿	6	将攻击转移到安全机上,比如蜜罐
频率	7	使用消息和请求淹没攻击者
时间戳	2	文件关联错误的时间
起始时间	1	伪造文件创建时间
终止时间	1	伪造文件修改时间
时延	8	故意延迟处理命令
动机	7	假装未能处理事情或是处理未请求事情
效果	9	假装一次可疑命令成功
目的	8	为请求附加口令编造谎言
内容	9	种植虚假信息,重新定义执行命令,提供错误系统数据
材料	3	为增强安全性,以软件方式模拟计算机硬件
措施	6	发送大量请求返回给攻击者
价值	7	因一些特征信息的丢失,完全误解了攻击者的指令
父型	5	作为真实站点的一个虚假诱骗站点
体系结构	2	询问一些有关攻击者定位的问题
前提条件	10	提供不能执行攻击者命令的虚假借口
能力	6	假装成不称职的防御者,或是配置轻易就被攻破的软件

12.2 蜜罐

在赛博空间中，最有名的防御性欺骗技术是蜜罐（蜜罐工程，2004；Spitzner，2003）。充当蜜罐角色的计算机系统承担着收集攻击数据的任务，这意味着它们除了系统管理员之外没有其他合法用户，所以任何其他用户使用系统的行为都是可疑的。蜜罐系统在安全审计文件中记录了所有用户行为，以备日后的分析。缺乏合法流量意味着其中的大量数据都源自攻击行为。蜜罐是极少数几种能够检测新型攻击（零日攻击）的方法之一，它也可以模仿诸如军事指挥控制网络之类的重要系统，充当其攻击诱饵。

蜜罐常常成组地部署于蜜网中，用于提供攻击目标，以便研究攻击是如何在计算机之间进行传播的。蜜网工程（一个提供开源软件的研究者联盟）和一些商业厂商提供了构建蜜网的软件。蜜罐和蜜网均可分为低交互型和高交互型两类（Cohen & Koike，2004）。其中，低交互型用于模拟网络协议的初始步骤，而高交互型则允许进行登录和使用更多系统资源（像Sebek）。低交互型蜜罐可以充当诱饵，它通过模拟大量互联网网址和易受攻击的服务，使攻击者误以为系统上有很多好的攻击目标。比如，低交互型蜜罐可以充当军事指挥控制网络的诱饵，诱使敌方攻击自己，从而保护真正的指控网络。像HoneyD这样的低交互型蜜罐可为部署者提供较小的风险，但其欺骗性不强，因为通常必须在其中预置一组有限的响应方式。像Sebek这样的高交互型蜜罐会带来更多的安装或攻击传播风险，但它更能愚弄攻击者，使得其提供更有用的数据。一种更安全的高交互型蜜罐是沙箱，它提供一种逼真的模拟环境，对于恶意代码攻击取证非常重要。

蜜罐的反欺骗及其对抗方法

因为攻击者不希望系统记录其活动，所以在蜜罐中执行欺骗就显得很有必要。蜜罐既是对抗攻击的合法行为，也是学习攻击伎俩的一种途径。因此，一些攻击者会搜索他们所入侵系统是否存在蜜罐的证据，这就是一种反欺骗（McCarty，2003）。类似于赛博空间的入侵检测系统（Proctor，2001），这种反欺骗方法要么会收集具有统计特征的异常情况，要么会收集欺骗特征或签名，通过对文件或目录的类型、大小、日期进行统计，可以发现一些异常。例如，对没有电子邮件文件的系统就需保持警惕。在设计一个优秀的蜜罐系统时，要将反欺骗对抗技术应用其中，就要确保蜜罐统计特征的真实性（Rowe，2006），构建蜜罐的一个好办法是将典型真实计算机系统中的文件系统复制过来。但是，过于精确一致的文件系统可能会让人生疑，所以保证蜜罐系统中具备最起码的随机差异非常重要。

蜜罐签名存在于主存、辅存和网络数据包中（Holz & Raynal，2005）。蜜网工程已经将签名隐藏方法应用于蜜罐，这其中就包括了欺骗。既然好的蜜罐应该通过几种独立的方法（比如数据包截获、入侵检测系统警报、击键特征记录）记录数据，那么隐藏这些记录也就特别重要。Sebek使用特别裁剪的操作系统和应用软件而不是调用标准功能模块，比如直接实现UDP通信协议，而不是调用UDP功能模块。当列举操作系统文件清单时，尤其要隐藏蜜罐软件。也可以实现一个防火墙（用于保护性的网络过滤器），就像大多数防火墙一样，数据包通过时不用消耗其存活时间，这样也有助于保护自己。蜜罐也可通过间接路由发送数据来隐藏踪迹，比如利用一个根本不存在的计算机地址，而这个地址可能会在数据传输过程中被网络嗅探器探测到。用硬件方式实现的蜜罐可以更好地避免软件跟踪。蜜罐签名也能通过多种不同方式，比如，将关键数据存放在不寻常的位置、数据加密、频繁地用合法数据覆盖等进行隐藏。但信息隐藏技术在蜜罐中发挥不了多大用处，因为即使是向外发送日志数据，也会引起怀疑。

防止攻击扩散的欺骗

攻击者常常使用被入侵的系统作为新攻击的基地，所以蜜罐必须保证其发生的攻击不会扩散到合法计算机系统上。这意味着蜜罐应该有一个反向防火墙，用以控制数据离开其本身。欺骗对于反向防火墙来说是必需的，因为它们很少在合法系统上出现，而对于蜜罐来说反向防火墙是比较明显的线索。Sebek和其他II代蜜罐系统使用几种欺骗策略，主要包括对外向连接的数量进行隐性限制，依据目的地址或已知的恶意特征终止外出数据包，修改数据包使已知的恶意代码失效或更容易被发现。当攻击者正在发送的数据包是畸形的或不正常时，修改尤其管用。新的攻击特征被发现，可以作为向攻击者解释为什么攻击不能奏效的很好借口。

12.3　虚假情报

在日常使用的计算机系统中也可以进行欺骗。像平面媒体一样，也可以在计算机系统中故意植入假情报（错误信息），使敌方间谍能够发现它，所以它可以作为一种反间谍策略（Gerwehr，Weissler，Medby，Anderson，&Rothenberg，2000）。这些虚假信息包括：虚假作战计划、虚假后勤数据、虚假情报、虚假的指令等，也包括虚假的操作系统数据（比如虚假的临时文件、虚假的审计记录——这样可使计算机看起来更像是用于正常目的，好似在诺曼底登陆时盟军使用的虚假雷达情报Cruikshank，1979）。故意的假情报能在赛博空间得到有效使用，因为不像手写材料，电子数据无法提供有关欺骗的类型或出处（即获得数据的途径）的线索。对于固定格式的审计记录而言，文本不一致性的检测方法将会失效（Kaza，Murthy，& Hu，2003；Zhou，Twitchell，Qin，Burgoon，& Nunamaker，2003）。尽管操作系统确实能够记录谁复制了文件或何时复制了文件，但用户很容易被冒充，通过修改系统时钟日期也很容易被伪造。既然时间和位置对于军事行动来非常重要，所以虚构一些假情报就是一种非常有效的战术，比如复制先前真实报文但系统地修改其中涉及的时间或地点。

通过垃圾邮件蜜罐，假情报可用于对抗垃圾邮件（Krawetz，2004）。这些网站收集大量电子邮件流量信息，检测发往大量地址的相同信息（这些信息被识别成垃圾邮件），并快速地向电子邮件服务器报告，电子邮件服务器再将其列入黑名单。垃圾邮件蜜罐通过广泛宣扬（比如通过Web网站）它们的虚假电子邮件地址实施欺骗。当然，对那些通过钓鱼或通过垃圾邮件进行身份窃取的网站，还可以通过发送大量虚假身份数据对其进行反击。

既然攻击者想避开蜜罐，虚假的蜜罐指示器就可以作为假情报使用（Rowe，Duong，& Custy，2006）。比如，类似于VMware虚拟机的监控软件，可将其可执行文件和数据文件放到内存中，尽管它们当前并未运行。在Web网页上谎称某个网站使用了蜜罐技术，也可以作为一种假情报，它可使攻击者远离目标机。有趣的是，黑客也使用假情报，他们通过在杂志上发表虚假的技术文章，散布虚假信息说Sebek不能工作（McCarty，2003）。

12.4 欺骗性延时

当防御方需要时间整合防御手段或等待救援措施时，欺骗性延时是一种有效的战术。这就意味着，在响应之前防御方只能等待，或是在处理攻击之前给黑客提供额外需回答的问题或可读信息。当防御方对所处境地不太确定或半信半疑时，延时能有效的帮助他们，因为它可提供宝贵的时间用于收集证据。在赛博空间中，对欺骗进行有效的延时是有必要的，因为计算机在响应之前是不会思考的，尽管它们也许会要求获得授权（Somayaji & Forrest，2000）。对于欺骗性延时来说，一个很可能的借口就是计算过程需要很长的时间。例如，Web网站中，如果表格的输入异乎寻常的长或包括有看起来像程序代码一样的东西，欺骗性延时既能挫败它，还可以模拟一次成功的DoS攻击。延时也可用于LaBrea工具（www.hackbusters.net），以减缓针对不存在的互联网地址的查询攻击。看似有效的时延可能是输入的期望处理时间的单调递增函数，所以它们好像与时间有因果关系。时延可能是期望处理时间的二次函数，也可能是指数函数，因为它对非常可疑情况的处理，比对一般可疑情况的处理更严厉。

12.5 防御性谎言

谎言也是保护计算机系统免遭攻击的一种有效途径。在某些场合，软件也会故意对用户说谎，以便于控制用户，这一点常常没人意识到。例如，大多数Web浏览者为了取悦用户，会提示用户无法访问有拼写错误的网址。信息系统可能会通过说谎来保护自身免受危险行为侵害。有效的谎言能为资源拒绝服务提供理由，比如通过显示"网络当机"信息来响应网络服务请求指令。这好比用"老板刚刚外出"的谎言来避免工作区中的对峙。攻击者必须利用受害信息系统某些的关键资源（比如口令、文件系统访问权限、网络访问权限）。如果我们能够通过欺骗来拒绝它们，它们可能会推断出攻击没有成功，继而灰溜溜地离开。错误的资源拒绝服务优于传统强制访问控制、自主访问控制等安全机制，因为它不会告诉攻击者它们的可疑行为被发现了。因此，攻击者就会继续在尝试使用资源上浪费时间。资源拒绝服务也能根据可疑度进行微调，以更灵活地应对攻击，这一点访问控制是不能做到的。

在实施故意欺骗时，很有必要对骗局进行精心设计，因为好的谎言需要严格的一致性。所以赛博欺骗的策划者需要分析攻击者已经被告知了什么，以便谋划下一步要对他们说哪些谎言。决策理论可被用于对借口进行可疑度排序（Rowe，2004）。对于事先知道的攻击行为，需要编造更详细的防御性计划。2003年，Michael、Fragkos和Auguston采用了一种文件转移攻击模型设计出了假装屈从于攻击的程序，2004年Cohen和Koike利用攻击图来引导攻击者行为，并依据具体情形设计与虚拟蜜罐上的服务状态相关的谎言。

12.6 用于识别攻击者的欺骗

防御攻击的一个重要问题是要找到攻击源（归属），只有这样才可以设法阻止攻击、对抗攻击、实施制裁或是启动法律程序。但是，互联网的设计使得攻击追踪非常困难，军事网络通常是利用修改网络协议来跟踪路由信息，但想获取民用网站的路由信息是不可能的，因为这需要相当大的存储空间，而且在民网中的攻击者还可能会保持匿名状态。

可远程报告用户行为的间谍软件对于追溯攻击源很有效（Thompson，2005）。通过提供免费软件（如黑客工具）等途径，可将含有特洛伊木马程序的间谍软件植入攻击者的主机上，另外间谍软件也可能会偷偷地被下载到攻击者主机上。在攻击者尝试攻击时，间谍软件还可能用来延迟或阻止敌方。但间谍软件很可能被发现，而且一旦发现，后续的任何欺骗手段都可能会失效。

我们也可试着利用普通的网络扫描来对付攻击者（Grazioli & Jarvenpaa，2003）。可编造一些诱饵（如口令），并跟踪其使用；还可编造一些信用卡号，并监视它被传送到何处；我们可以通过提供个人数据表来愚弄攻击者；另外，既然很多黑客喜欢炫耀自己的发现，我们就可以试着与其聊天来获取其信息。

12.7 战略欺骗

欺骗也可在战略层面上运用，它可使敌方认为你拥有以前没有的信息系统能力。当然，也可以进行反欺骗。2001年，Dunnigan和Nofi认为，美国在20世纪80年代的战略防御计划是战略欺骗。尽管后来证明，在当时情况下从太空中打掉导弹是不可行的，但这也使苏联非常恐慌，急忙在军事上大量投入。类似的事情在信息技术领域也常有发生，通过欺骗，可利用特殊软件找到以前未发现的攻击者（Erdie & Michael，2005）。相反地，可以通过发布信息系统中脆弱性来诱导其可以处理的已知攻击。未使用蜜罐的组织，可以通过散布报告宣称其部署了蜜罐系统，使攻击者在攻击其信息系统时特别小心，从而可以减缓对它们的攻击。由于需要很多人和假情报相互配合，所以战略欺骗实施起来比较困难。

12.8 结束语

很久以来，欺骗就是战争的一个重要方面，所以将它作为一种防御性战术应用于赛博战也不足为怪。蜜罐在提供欺骗技术的试验平台方面走在了前列，因为它们需要以欺骗怂恿攻击者来使用它并暴露其攻击技术。由于攻击者期望计算机像一个屈从的仆人，所以任何计算机系统均会从欺骗保护中获益。然而，欺骗技术必须能瞒住攻击者，并需从费效比角度考虑它们对合法用户的影响。

参考文献

Cohen, F., & Koike, D. (2004). Misleading attackers with deception. In *Proceedings of the 5th Information Assurance Workshop*, West Point, NY (pp. 30-37).

Cruikshank, C. G. (1979). *Deception in World War Two*. New York: Oxford.

Dunnigan, J., & Nofi, A. (2001). *Victory and deceit: Deception and trickery in war* (2nd ed.). San Jose, CA: Writers Club Press.Erdie, P, & Michael, J. (2005, June). Network-centric strategic-level deception. In *Proceedings of the 10th International Command and Control Research and Technology Symposium*. McLean, VA.

Gerwehr, S., Weissler, R., Medby, J. J., Anderson, R. H., & Rothenberg, J. (2000). *Employing deception in information systems to thwart adversary reconnaissance-phase activities* (Project Memorandum, PM-1124-NSA). National Defense Research Institute, Rand Corp.

Grazioli, S., & Jarvenpaa, S. (2003). Deceived: Under target online. *Communications of the ACM, 46* (12), 196-205.

Holz, T., & Raynal, F. (2005). *Defeating honeypots: System issues* (Parts 1 and 2). Retrieved October 25, 2005, from www.securityfocus.com/infocus/1826

The Honeynet Project. (2004). *Know your enemy* (2nd ed.). Boston: Addison-Wesley.

Julian, D., Rowe, N., & Michael, J. (2003). Experiments with deceptive software responses to buffer-based attacks. In *Proceedings of the IEEE-SMC Workshop on Information Assurance* (pp. 43-44). West Point, NY.

Kaza, S., Murthy, S., & Hu, G. (2003). Identification of deliberately doctored text documents using frequent keyword chain (FKC) model. In *Proceedings of the IEEE International Conference on Information Reuse and Integration*, Las Vegas, NV (pp. 398-405).

Krawetz, N. (2004). Anti-honeypot technology. *IEEE Security and Privacy, 2*(1), 76-79.

McCarty, B. (2003). The honeynet arms race. *IEEE Security and Privacy, 1*(6), 79-82.

Michael, J. B., Fragkos, G., & Auguston, M. (2003). An experiment in software decoy design: intrusion detection and countermeasures via system call instrumentation. In *Proceedings of the IFIP 18th International Information Security Conference*, Athens, Greece (pp. 253-264).

Proctor, P. E. (2001). *Practical intrusion detection handbook.* Upper Saddle River, NJ: Prentice-Hall PTR.

Rowe, N. (2004). Designing good deceptions in defense of information systems. In *Proceedings of the Computer Security Applications Conference*, Tucson, AZ (pp. 418-427).

Rowe, N. (2006). Measuring the effectiveness of honeypot counter-counterdeception. In *Proceedings of the Hawaii International Conference on Systems Sciences,* Koloa, HI.

Rowe, N., Duong, B., & Custy, E. (2006). Fake honeypots: A defensive tactic for cyberspace. In *Proceedings of the 7th IEEE Workshop on Information Assurance,* West Point, NY.

Rowe, N., & Rothstein, H. (2004). Two taxonomies of deception for attacks on information systems. *Journal of Information Warfare, 3*(2), 27-39.

Somayaji, A., & Forrest, S., (2000). Automated response using system-call delays. In *Proceedings of the 9th Usenix Security Symposium*, Denver, CO (pp. 185-198).

Spitzner, L. (2003). *Honeypots: Tracking hackers.* Boston: Addison-Wesley.

Thompson, R. (2005). Why spyware poses multiple threats to security. *Communications of the ACM, 48*(8), 41-43.

Tirenin, W., & Faatz, D. (1999). A concept for strategic cyber defense. In *Proceedings of the Conference on Military Communications* (Vol. 1, pp. 458-463).

Zhou, L., Twitchell, D., Qin, T., Burgoon, J., & Nunamaker, J. (2003). An exploratory study into deception detection in text-based computer-mediated communication. In *Proceedings of the 36th Hawaii International Conference on Systems Sciences*, Waikoloa, HI (p. 10).

术语和定义

欺骗（Deception）：误导别人相信一件虚假的事情。

假情报（Disinformation）：用于提供给间谍的、故意设计的错误情报。

蜜罐（Honeypot）：一种仅用于收集有关入侵者数据的计算机系统。通过部署虚假的主机来欺骗黑客、引诱黑客进行攻击、记录黑客的行为并防止攻击泛滥。

蜜网（Honeynet）：由蜜罐组成的网络，其功能比单一蜜罐更优。

谎言（Lie）：通过故意陈述错误事情来进行欺骗。

低交互蜜罐（Low-Interaction Honeypot）：这类蜜罐仅模拟协议的初始

步骤，不会将操作系统全部访问权限交付给攻击者。

逆向防火墙（Reverse Firewall）：控制本地计算机网络外出流量的计算机。逆向防火墙对蜜罐而言相当重要，可以防止攻击扩散。

嗅探器（Sniffer）：一种用于窃听计算机网络数据流量的软件，它不仅对网络入侵检测系统非常必要，而且对于攻击者来说也非常有用。

间谍软件（Spyware）：用于秘密向远程站点传送用户信息的软件。

Chapter 13
第 13 章｜赛博战中的道德问题

Neil C. Rowe
（美国海军研究生院，美国）

攻击性的赛博战给社会带来了严重的道德问题，这些问题需要以政策形式加以阐述。因为赛博攻击武器较之于传统武器有很大的不同，公众对其知之甚少。因此对于赛博攻击武器的使用，他们或许会持两种极端的道德观点。由于计算机系统的互联互通和相互依赖，赛博武器很难精确地击中目标，所以当一个旨在破坏军方网站的病毒扩散到民用网站时，这种殃及民用目标的附加损害就变成了一个严重的威胁。对于赛博攻击的破坏评估是很困难的，因为大多数破坏都隐藏在数据之内；这也导致攻击者们发动大量的攻击，以确保对目标系统造成足够的破坏。要想修复遭到破坏的网络也是很困难的，尤其是对于那些技术简陋的受害国家而言。因为上述原因，一些赛博攻击可能被指控为战争犯罪。另外，赛博攻击武器价格昂贵，而且一经使用，它们就会因没有突袭的效果而很快丧失威力，因此这些武器的性价比并不高。

13.1 道德攻击的标准

道德始于法律。国际战争法试图规范合法战争的概念（Gutman & Rieff, 1999）。海牙公约（1899和1907）以及日内瓦公约（1949和1977）是最重要的两个条约。尽管按照1949年的日内瓦公约，大部分赛博攻击貌似不属于"严重违背国际条款"或"战争犯罪"，它们可能仍是不合法或不道德的。1977年的日内瓦公约的补充条款第51条所禁止的攻击包括在战斗中使用无法控制其影响的武器以及对平民造成更大伤害的武器。补充条款第57条称"对平民和民用设施要给予持续的关注"；赛博攻击武器难于准确攻击目标和对其攻击后的影响进行评估。海牙公约禁止使用引起不必要损失的武器；赛博攻击武器会对民用计算机造成大规模的难以修复的破坏。Arquilla（1999）在法律上总结了合乎道德规范的军事进攻三原则：一是非战斗人员在军事行动中免于伤害，二是反击的规模和范围应该与挑衅成比例（如反击不能过度），三是军事进攻的益处应比其破坏性大。然而这些在赛博空间都无法得到保证。几乎所有的政府当局都认可国际法适用于赛博战（Schmitt，2002）。

现在我们来分析上述概念在赛博战攻击（或称"赛博攻击"）中的应用，即赛博攻击是对敌手的计算机系统和计算机网络上的软件和数据发起的攻击（Bayles，2001；Lewis，2002）。首先要解决的问题是一个实体是否正在遭受赛博攻击（或者其在"信息战"中是否为防御者），因为这并不是那么显而易见（Molander & Siang，1998）。Manion和Goodrum（2000）指出，市民的一些合法的反抗行为（如向政府邮箱发送垃圾邮件或篡改政府网站等），虽貌似赛博战攻击行为，但不具有暴力倾向，应该将其同赛博战攻击区别开来。Michael，Wingfield，and Wijiksera（2003）提出了一种根据七要素的加权平均值来评估赛博空间中的一个实体是否正遭受"武力攻击"的Schmitt方法（1998），这七个要素分别为：严重性、即时性、直接性、入侵性、可测性、推定合法性以及响应性。有效赛博攻击的即时性和入侵性比较强（大部分都是破坏敌手的系统）。但是它们在严重性、直接性和可测性方面却相差甚远，这取决于所使用的赛博攻击方法。对于赛博攻击的合法性无法做出假设，而且响应性在赛博空间里更是难以赋值。这些使得证明反击的合法性十分困难。

13.2 和平主义与有条件和平主义

有相当数量的人认为任何情况下的军事进攻都是非正义的——这就是"和平主义"的理念（Miller，1991）。和平主义可以分为基于责任的（从道义上无法接受暴力行为），基于语用论的（从军事进攻能取得纯粹积极结果的罕见性），或者是二者兼有。基于责任的和平主义者最关心的是战争中的暴力和杀戮，所以相对于传统的战争而言，如果仅是数据遭到破坏，发生在赛博空间中的攻击更容易为他们所接受。但是，很难界定赛博空间中的非暴力行为，比如，使用非暴力手段瘫痪一个发电厂可能导致灾难性的事故、劫掠或是健康威胁。而基于语用论的和平主义者认为，战争浪费了本应用于社会建设的物质和智力资源（Nardin，1998），赛博战也毫不例外。对于他们而言，赛博攻击和其他军事攻击一样都是不道德的行为，因为它们都是带有侵略性的反社会行为。很多心理学家确实发现了不同类型的攻击行为（Leng，1994）。

较之纯粹的和平主义者，更多人持有的是"有条件和平主义"的观点。他们认为在某些情况下的战争应该是允许的。有句人们熟知的话是以牙还牙。联合国宪章禁止发动全国性的战争除非其首先遭到攻击（Gutman & Rieff，1999），这一条款同样可推广到赛博攻击中来。在国际法中，反击的目标仅限于国家政府，而不能是国家内的团体组织（如恐怖分子，不管是如何定义他们）。然而，Arquilla（1999）指出，赛博攻击在先发制人方面的诱人之处使得它很有可能会受到喜欢奇袭者的欢迎。

13.3 赛博攻击的附加损害

赛博攻击利用了操作系统和应用软件的漏洞。不幸的是，软件的日益标准化意味着军事机构所使用的软件经常和民用软件是相同的，并且这些软件多数有同样的漏洞。许多旨在摧毁军事网络系统的病毒和蠕虫同样可以轻而易举地瘫痪民用网络系统。计算机网络系统的互联互通导致赛博攻击可以通过多条路径，从军事机构的计算机系统入侵到无辜的民用计算机系统（Arquilla，1999；Westwood，1997）。军事系统竭力想要把他们自己的网络系统隔离在民用网络系统之外，但却并不成功。因为接入国际互联网可以使他们从许多繁杂的路由任务中解脱出来。此外，信息从民用系统流入军用系统往往比流入其他系统的限制更为宽松，这也使得敌手更乐于首先对民用网站发起攻击。

给平民带来过大的伤害是日内瓦公约关注的一个关键性问题。由于缺乏敌手计算机系统的完整信息可能会对民用系统造成更大的破坏：一次貌似对敌手军用计算机系统某个软件模块发起的精确攻击，可能会给正在使用同样软件模块的民用计算机系统造成深远的严重影响，这可能是攻击者所始料未及的。即使攻击者们确信他们获得了目标军用计算机系统的准确IP地址，但是对方可能在危急时刻改变他们的IP地址，并且把他们的旧的IP地址交给民用计算机网络。由于民用计算机系统在数量上比军用计算机系统多，而在安全性上又比军用计算机系统差，所以赛博攻击很容易给民用计算机系统带来更大的破坏。对小规模的组织（比如恐怖组织）而言，发起一场传统战争是比较困难的，他们更适于发动赛博攻击（Ericsson，1999）。但是他们缺少全面的知识和情报来向敌手发动精确攻击。另外，出于战略原因的考虑，攻击民用系统也是十分诱人的。如果能造成一个国家的电网、电话系统或银行系统的瘫痪，将会比攻击一些军用系统带来更大的破坏，因为军用系统中往往存在大量的备份和冗余。

还有一个附加损害是，发动一场赛博攻击几乎总是需要在攻击者和被攻击者之间操纵大量中间计算机，因为它们之间的路由被故意地设置了屏障。事实上，它们之间的路由甚至是不通的，因为很多关键计算机都被"架空"了或者说与外围网络隔离了。这样导致攻击者需要做大量的探测性的入侵来找到一条连接目标系统的路由，而这样的努力往往会劳而无果。**Himma**

（2004）认为网络入侵在道德上几无立足之地。即使警察们是为了追查罪犯，他们也无权随意侵入他们认为有可能窝藏罪犯的家庭，更何况是一些赛博攻击者呢！而且非法入侵他人的计算机也消耗了他人计算机的CPU资源，减慢了他们的合法活动的速度。

降低附加损害

有两种方法可以降低赛博攻击的附加损害：精确打击和修复机制。赛博攻击者可以选择他们要攻击敌手的哪个系统以及系统中的哪些部分。系统是由系统名和IP地址界定的，可以限制赛博攻击只攻击软件的某些"关键任务"部分。这样就使得敌手在"即时通信"失败的同时，仍能保证他们电子邮件收发的畅通（可能会降低收发速度），或者直接在敌手的关键雷达防御系统中植入延时程序；不过，若是使用DoS攻击，向系统提出大量资源请求，将会造成非常广泛的恶果，这肯定是不道德的。正常情况下，敌手都不会让赛博攻击者轻易地得到有关他们计算机系统（这是其"电子化的战斗序列"）的准确信息。敌手会故意引诱攻击者进入他们预先设置好的地址和网站，这就是所谓的蜜网或虚假计算机网络（蜜网工程，2004）。此外，Bissett（2004）指出，和当代战争一样，赛博攻击很少能够实现其外科手术式的精确打击的承诺。原因有很多，其中包括来自政治上的压力——要求其试验新型武器而不管它是否合适，在使用新技术时不可避免地会有计算误差，由于在技术上遥控目标系统而导致攻击者缺乏责任感，以及在可控环境中测试时不曾发生却在战时出现的突发事件。

如果把赛博攻击的破坏设计成可修复的，则不失为寻找道德立足点的一个诱人的妙招。例如，可以使用仅攻击者知道的密钥对敌手的关键数据或程序进行加密，以此来破坏目标系统，这样在需要修复其系统时只需进行一次解密过程就可以了。或者设计一个病毒，它可以存储被替换的代码，当需要修复系统时只需重新激活被替换的代码即可，当然这在病毒攻击多种软件时是很难做到的。修复程序可以设计成一个可触发的装置，在攻击者选定的时间触发修复程序，或者将该装置交由一个中立的第三方如联合国保管，等敌对双方停止"交火"时触发修复程序。

13.4　赛博攻击的破坏评估

在赛博空间进行破坏评估并非易事。如果一台计算机不能正常工作了，这可能是因为多个功能部件出现了问题。例如，某个病毒对代码的破坏可能会波及其他软件。与传统武器不同的是，要想确定赛博攻击造成了哪些部分的破坏相当困难，因为只有经过特殊测试才能发现受到破坏的部位。这一情况更加刺激了攻击者发动更多不必要的攻击以确认会给目标系统造成足够的破坏。破坏评估的困难又导致了系统修复的困难。尽管起初系统只受到轻微的破坏，但由于这种破坏持续时间长，它的累计效果将会是巨大的，所以如果对于军事目标计算机的攻击不慎扩展到了民用系统，这些赛博攻击的平民受害者将会在攻击结束后很长一段时间内受到影响，就如化学武器给人们带来的危害一样。的确，重装系统就可以实现修复，但是丢失的数据却再也找不回来了，这是令人无法接受的。由于病毒的多样性和变异性，很难搞清楚哪些软件受到了感染；如果病毒感染了备份文件，那么重装系统只会导致重新感染。计算机取证（Mandia & Prosise，2003）提供了一种工具用来对遭受攻击的计算机系统进行分析，但是他们分析的重点在于确定攻击的机制以及构建一个合法的框架来抵御犯罪者，而不提供修复系统的功能。

13.5　确定犯罪者和受害者

即使赛博攻击将它的附加损害降到最低，如果它没有一个归属仍然会被认为是不道德的。要确定赛博攻击的犯罪者是很困难的，因为对目标系统的大部分攻击都会通过很长的权限路径到达受害者。不是所有的站点都可以追踪路由信息的，即使可以追踪查找到用户，那也可能是犯罪者盗用或猜测普通用户口令后冒充其发起的攻击。因此聪明的攻击者会冒充其他人对目标发起攻击，尽管这样做违反了国际法。因为国际法明令禁止类似战斗人员用他国军装伪装自己的计谋。另外，赛博攻击者或许不是一个国家而只是一个团伙或仅仅是一个人在战斗。所以不能仅凭路由信息追踪到一个国家就判断赛博攻击是该国发起的。这样即使能够准确判断攻击者是谁，也很难判断反击得道德与否，同时还会导致危险进一步升级。要做到既符合法律规定又合乎道德规范，攻击者应该为那些被他们利用的中间代理软件负责（Orwant，1994）。所以，与直接的攻击一样，不正当的间接的攻击和反击都是不道德的。

攻击的预期受害者也不十分明朗，这使得难以将反击合法化。假设攻击的目标是位于巴基斯坦境内的一个国际恐怖组织使用的装有微软操作系统的一台计算机上的一个漏洞，那么这个攻击的受害者是巴基斯坦，恐怖组织，还是微软呢？国民普遍认为发生在自己国家境内的攻击就是针对国家的，但是如果该国是反对这个恐怖组织的，那么把该国当做攻击目标是不公平的。像微软这样的跨国公司通过对一个国家的社会一定程度的控制从而获得了在政府部门的权势，他们当然也是被攻击的对象。但是，如果恐怖组织认为他们有能力发动赛博攻击的话，那么情况就复杂了。

13.6 赛博攻击的可复用性

赛博攻击有一个传统战争所没有的问题。赛博攻击仅在第一次使用时会发挥巨大的威力（Ranum，2004）。受害者通过对遭受的攻击进行分析可以发现被利用的软件以及该软件存在的漏洞。这个软件可能在遭受攻击后立即失效，但很快又被修复以抵御第二次相同的攻击（Lewis，2002）。这次赛博攻击的消息会很快出现在各大漏洞信息交流网站，像 www.kb.cert.org，cve.mitre.org，以及 www.securityfocus.com。这样，其他潜在的受害者就会及时做出保护措施，为所有的安装软件自动下载一个经过厂家初始化的安全升级包。现如今，在几天之内就可以完成上述工作。这样，如果攻击者在一次攻击完成之后，试图用相同的手段进行攻击的话，攻击效果很有可能会大打折扣。独立于进攻之外的安全专家也会在测试分析软件之后得出应对策略。所以，往往可以在新的攻击发起之前就将其阻止。

另一方面，发动赛博攻击开销颇大。"初始的"或者说全新的攻击是最有效的，但是要发现软件里存在的其他人没有发现的新漏洞是十分困难的，这样的漏洞本身也是很罕见的。软件工程师在分析测试软件的安全漏洞方面正做的越来越好。另一个问题是，一个全新的攻击方案在付诸实施之前至少需要预先检验敌手是否易受攻击。因为有许多变量（比如敌手使用的操作系统版本）可能会造成攻击的失败，这样的预先检验其实是在通知敌手他们将面临更大的攻击。总的来说，赛博攻击的研发开销巨大而收效甚微，而且是一种资源的浪费。因此，赛博攻击是否道德值得商榷。

13.7　信息保密与赛博攻击

另一个与赛博攻击相关的问题是对信息保密的要求越来越高。在使用热火药的传统战争中，人们不必向敌手隐瞒炸药技术，因为这是众所周知的，而且出其不意的攻击依赖于时间和地点。但是在赛博战中，必须阻止有关赛博攻击的性质和传送机制的信息外泄（Denning，1999）。出奇制胜的效果不再依赖于攻击的时间和地点，因为所有人都知道任何时间任何地点都有可能遭到攻击。所以从计划攻击到开始实施这一重要阶段需要对攻击的方法严格保密。由于敌手会充分调动智力资源来破获秘密，所以想要完全做到密不透风也是很困难的。Bok（1986）指出信息保密还有其他不利之处，它可能会催生出一批与世隔绝的精英，导致他们不能及时了解社会不断变化的需求。信息保密还会导致机构工作的低效，因为由于保密他们可能会进行一些重复性研发工作。所以赛博攻击秘密性是否道德同样值得探究。

13.8 道德赛博攻击的策略

Hauptman（1996）认为计算机技术是十分先进的，应该出台一系列道德规范来约束它，而不仅仅是一些指导方针。因此赛博战应该有相关的道德策略来判定其道德与否。Arquilla（1999）提出了一些有益的建议。其中之一是立下"不打第一枪"的盟约，这类似于使用其他危险武器时所做的保证。另一个建议是只能在遭受赛博攻击时发动和攻击相称的赛博反击。还有一个建议是约定永不使用赛博攻击武器，因为这些武器会造成大规模的破坏。如果使用了赛博武器，需要有附加的策略来规定赛博攻击必须有明显的、不可抵赖的签名来标识谁应该负责、攻击目标是谁，或者攻击造成的后果是可逆的。还需要相关的策略来规范赛博战参与者在战争中的角色，指明他们是战士、间谍、平民或者其他的角色（Nitzberg，1998）。

13.9 结束语

赛博攻击给社会带来诸多道德问题，因为它会造成巨大的破坏。赛博攻击武器从某种意义上说就像是生化武器，虽然它可能并没有生化武器那样的威力，所以一个负责任的国家不应在军事行动中考虑使用赛博攻击。尽管赛博武器不像其他武器那样致命，而且攻击造成的破坏可以是可逆的，但由于它们高昂的开销、缺乏可复用性以及很难做到精确打击，导致它们难以成为上乘武器。国际法应该禁止赛博武器的使用并且制定严厉措施惩罚赛博武器的使用者。

参考文献

Arquilla, J. (1999). Ethics and information warfare. In Z. Khalilzad, J. White, & A. Marsall (Eds.), *Strategic appraisal: The changing role of information in warfare* (pp. 379-401). Santa

Monica, CA: Rand Corporation.

Bayles, W. (2001). Network attack. *Parameters, US Army War College Quarterly, 31,* 44-58.

Bissett, A. (2004). High technology war and "surgical strikes." *Computers and Society (ACM SIGCAS), 32*(7), 4.

Bok, S. (1986). *Secrets.* Oxford, UK: Oxford University Press.

Denning, D. (1999). *Information warfare and security.* Boston: Addison-Wesley.

Ericsson, E. (1999). Information warfare: Hype or reality? *The Nonproliferation Review, 6*(3), 57-64.

Gutman, R., & Rieff, D. (1999). *Crimes of war: What the public should know.* New York: Norton.

Hauptman, R. (1996). Cyberethics and social stability. *Ethics and Behavior, 6*(2), 161-163.

Himma, K. (2004). The ethics of tracing hacker attacks through the machines of innocent persons. *International Journal of Information Ethics, 2*(11), 1-13.

The Honeynet Project. (2004) *Know your enemy* (2nd ed.). Boston: Addison-Wesley.

Leng, R. (1994). Interstate crisis escalation and war. In M. Portegal & J. Knutson (Eds.), *The dynamics of aggression* (pp. 307-332). Hillsdale, NJ: Lawrence Erlbaum.

Lewis, J. (2002). *Assessing the risks of cyber-terrorism, cyber war, and other cyber threats.* Washington, DC: Center for Strategic and International Studies. Retrieved November 23, 2005, from http://www.csis.org

Mandia, K., & Prosise, C. (2003). *Incident response and computer forensics.* New York: McGraw-Hill/ Osborne.

Manion, M., & Goodrum, A. (2000). Terrorism or civil disobedience: toward a hacktivist ethic. *Computers and Society (ACM SIGCAS), 30*(2), 14-19.

Michael, J., Wingfield, T., & Wijiksera, D. (2003). Measured responses to cyber attacks using Schmitt analysis: a case study of attack scenarios for a software-intensive system. In *Proceedings of the 27th IEEE Computer Software and Applications Conference,* Dallas, TX.

Miller, R. (1991). *Interpretations of conflict: ethics,pacifism, and the just-war tradition.* Chicago, IL:: University of Chicago Press.

Molander, R., & Siang, S. (1998). The legitimization of strategic information warfare: Ethical considerations. *AAAS Professional Ethics Report, 11*(4). Retrieved November 23, 2005, from http://www.aaas.org/spp/sfrl/sfrl.htm

Nardin, T. (Ed.). (1998). *The ethics of war and peace.* Princeton, NJ: Princeton University Press.

Nitzberg, S. (1998). Conflict and the computer: Information warfare and related ethical issues. In *Proceed ings of the 21st National Information Systems SecurityConference,* Arlington, VA (p. D7).

Orwant, C. (1994). EPER ethics. In *Proceedings of the Conference on Ethics in the Computer Age,* Gatlinburg, TN (pp. 105-108).

Ranum, M. (2004). *The myth of homeland security.* Indianapolis: Wiley.

Schmitt, M. (1998). Bellum Americanum: The U.S. view of twenty-first century war and its possible implications for the law of armed conflict. *Michigan Journal of International Law, 19*(4), 1051-1090.

Schmitt, M. (2002). Wired warfare: computer network attack and jus in bello. *International Review of the Red Cross, 84*(846), 365-399.

Westwood, C. (1997). *The future is not what it used to be: Conflict in the information age.* Fairbairn, Australia: Air Power Studies Center.

术语和定义

间接伤害（Collateral Damage）：攻击导致的对非既定目标的伤害。

计算机取证（Computer Forensics）：用于确定在赛博攻击中，计算机和网络中所发生情况的方法。其目的是修复损伤并防止将来再次发生类似攻击。

赛博攻击（Cyber Attack）：针对计算机系统和网络的攻击行为。

赛博战（Cyber War）：通过软件和数据对计算机系统和网络进行攻击。

赛博武器（Cyber Weapon）：用来攻击计算机和数据的软件。

日内瓦公约（Jus in Bello）：一个对战争中的行为进行约束的国际法。

和平主义（Pacifism）：反对战争和暴力行为的意识形态。

补丁（Patch）：对软件中可能会被网络攻击利用的弱点的修改。

零日攻击（Zero-Day Attack）：一种从前没有用过的赛博攻击类型。

Chapter 14

第14章 国际外包、个人数据和赛博恐怖主义：监管方法

Kirk St.Amant
（得克萨斯理工大学，美国）

对恐怖分子而言，个人信息可能是非常有价值的商品。有了这些数据，他们可以从事许多非法活动，包括开立虚假银行账户、取得各种官方文件，甚至制造大范围的恐慌。不幸的是，通过在线媒体（如 Web 网站，聊天室或电子邮件）通常都可以容易地访问、交换或搜集个人信息。而且，在某些公共商业实践中，特别是那些与国际外包中的数据处理相关的活动，因其将个人数据存放在合法的灰色区域，更容易导致个人信息被滥用。由于这些原因，组织和个人需要知晓数据滥用的潜在可能，同时应被告知应采取哪些步骤来减少这种滥用。本文研究了国际外包中的隐私/数据滥用问题，提出了防范赛博恐怖分子滥用个人信息的若干方法。

14.1 引言

对恐怖分子而言，个人信息是非常有价值的商品。利用这些数据，他们

可以设置虚假地址用以接收资料，建立未知信用额度，申请签证、护照或其他文件，或者从银行账户中提款（Lormel，2002；Sullivan，2004）。恐怖分子可以将个人信息用于制造大范围的恐慌，大规模地破坏一个组织或一个地区的计算机系统，或者在社会上传播不实信息（Lormel，2002；Sullivan，2004）。因此，在反恐中保护个人信息极为重要。

不幸的是，这些数据常常可以通过Web网站、聊天室或电子邮件等在线媒体上方便地搜集和自由交换。这样，个人信息便成为恐怖分子（或者说那些利用在线媒体从事恐怖活动的个人）首要而又容易攻击的目标。而且，在某些商业实践中，大量个人数据被存储在有可能被他人滥用的环境中。

在这些商业实践当中，国际外包的问题更棘手。在国际外包活动中，个人数据被转移到当局所能控制的范围之外，从而使个人数据有可能被用于邪恶目的。本章研究与国际外包相关的隐私和数据滥用问题，提出了可供组织使用的赛博恐怖分子滥用个人数据的防范方法。

14.2 背景

在外包时，组织允许其他人或公司为其工作（Bendor-Samuel，2004）。外包决策通常包括费用和效率两个因素。也就是说，商业客户将任务外包给那些能比其自身更廉价而又高效地完成任务的组织。而且，这种工作通常是外包给国外的个人或组织。这个就是所谓的国际外包或离岸业务（offshoring）。

制造业的海外外包已有些日子了，目前的外包工作涵盖了以知识为基础的广泛业务，其中包括信息技术管理、软件和视频游戏编程、记账和医学翻译。在许多案例中，北美和西欧的公司将工作外包给位于印度、中国和菲律宾等国的外包服务提供商。

离岸实践的益处导致了外包业的爆炸性发展。如今，国际外包的市场价值高达100亿美元，仅在印度就创造了50万个就业机会（Baily & Farrell，2004；Rosenthal，2004b）。对于发展中的外包市场，这些可能还只是冰山一角。有观察家声称，到2008年国际外包市场将以每年20%的速度增长，2015年前将提供300万～500万个知识型工作岗位（Baily & Farrell，2004；Garten，2004；Rosenthal，2004b）。这种扩张也将意味着东欧、亚洲、南非和非洲等广大地区的发展中国家的外包服务提供商将会努力挤进这个有利可图的服务市场（Reuters，July 18，2004；Rosenthal，2004a；Rosenthal，2004c）。

此外，外包业的发展将涉及更广泛的专业工作范围，特别是财务处理和医疗领域。由此导致了一个结果：为了便于进行外包，更多敏感信息将会迁移到海外。然而，在这种趋势下出现了与数据收集和分发相关的法律问题。由于在离岸业务中数据处理是在多个国家中进行的，因此在对其过程进行规范时，所牵涉的法律体系将不止一个。

这个问题涉及到司法管辖权这一概念，或者说是应在何时适用何种法律。根据这一概念，一国的法律通常只能在其国界内适用。因此，一旦个人或资料迁移出国界，那么他就不再受该国法律的保护。

离岸业务产生了一个有趣的司法管辖权问题。如果在另一个国家开展工作，那么雇员在工作中所需遵守的法律，可能非常不同于提供该工作的公司的所在国法律。因此，一个活动在外包客户所在地是非法的，在外包公司员工的所在国可能又是合法的。在个人信息保护方面，这种状况特别成问题。因为在这一方面，各国法律的差异很大，有的很严格（如，欧盟的《数据保护法令》），还有的则根本没有这方面的立法（如中国）（Swire & Litan，1998）。这种差异在国际法中形成了一个灰色地带——应该在哪个地方以何种方式适用哪个法律（Rosenthal，2005）？反过来，恐怖分子又可通过灰色市场信息学（gray market informatics）的过程，利用这个灰色地带滥用个人数据。

14.3　本章的主要内容

有四大因素为离岸员工从事灰色市场信息学提供了机会。第一点，可能也是最重要的一点，是在离岸员工所在国从事个人信息收集和销售是完全合法的。这样，便没有法律机制来预防（通过惩罚）或劝阻（通过制裁威胁）个人，使其不去从事这些活动。第二点，对恰当的人或组织（如恐怖分子），这些信息具有相对较高的市场价值（Koerner，2006；Lormel，2002）。因此，利润的诱惑驱使人们无惧惩罚而滥用个人数据。第三点，由于个人信息的销售可能发生在海外，提供个人信息的组织可能根本就意识不到自己的信息滥用行为。这种情况进一步降低了外包客户为制裁信息滥用所采取的预期惩戒措施的威慑效果。第四点，外包服务的提供商所签定的通常是转包合同，外包客户并不知晓这一点。转包的出现，使外包客户和外包服务商之间又隔了一层，使得公司和执法机构更难进行监管。

所有这些，为恐怖分子创造了从各国获取大量个人信息的绝佳机会。地理位置的因素进一步助长了信息滥用，因为这意味着需要很长时间才有可能发现这些行为。此外，恐怖分子还能以雇员或转包商的身份轻而易举地直接介入外包环节，此时不仅个人会受到损害，而且组织、商界乃至整个行业都将遭受损失。因此，对恐怖分子来说，灰色市场信息学（可以轻易地获得数据）所带来的好处很多，而为此所需承担的风险（被抓获）却很低。

近期发生的事件已经使组织和个人不安地认识到个人信息被恐怖分子滥用是多么危险。"9·11"事件的劫机者，可能利用了从非法途径得到的社会保险号和驾驶证号，并以此获得其执行恐怖计划所需的虚假身份（Sieberg，2001）。此外，在阿富汗恐怖分子营地缴获的笔记本电脑中，发现了大量美国公民个人信息的汇编数据（Bloys，2006）。还有，基地组织在西班牙的一个基层分支在盗用信息卡信息购买活动用品，并向位于巴基斯坦的其他恐怖分子转账后被抓获（Lormel，2002）。

在更近的案例中，对个人信息的滥用已扩大到医疗信息，并且与外包的关系更加密切。在其中的一个案例中，一名住在巴基斯坦的医疗抄写员以将病历发布到互联网为要挟，威胁雇主向其支付500美元（Lazarus，March 28，2004）。此人最终收到了报酬，但谁能保证她没有将信息共享或卖给其他团体。第二个案例发生在印度，心怀不满的外包雇员威胁若客户不能支付一笔数目不明的金钱，它将公开病人信息（Lazarus，April 2，2004）。罪犯最后被抓获，而威胁也被证明是假的。这两个案例显示，离岸外包为潜在的个人数据滥用提供了方便。这些情况也表明，其他人也认识到了这个潜在可能。

在最近发生的这些案例中，外包工人可能为了牟利将同样的信息卖给恐怖分子，而恐怖分子则可能将这些数据用于恶意目的。事实上，没有办法可以确定没有发生这种买卖行为。上述的两个案例也表明，为了减少个人信息的滥用，应该对个人数据的外包进行规范或监控。当然，这种监管未必需要由政府来执行。在国际外包中，用五个相对简单的方法，业内公司和组织就可以解决数据滥用问题。

方法一：开发敏感数据分级系统，并同雇员共享该系统。

避免数据滥用的关键，是判断出哪些信息是特别敏感的，为了保护这些信息应将其限制在公司内部。非敏感数据可以发送到国外而无需担忧。但敏感数据的处理应限制在内部进行，这样公司和国内法律均可对数据的使用进行监管，以防止滥用。因此，组织应投入时间和资金检查其所拥有或使用的此类数据，对不同类型的敏感数据进行分门别类，然后依据类别对个人信息进行编码和分发。

与此同时，组织还应制定计划，帮助国内员工认识在国际外包中数据安全的重要性。这些受过教育的员工往往会认真地采取措施处理和发布这些数据，从而减少了潜在的滥用（Goolsby，2003；Peterson，2002）。

方法二：创建内部网，对员工和管理人员进行指导，帮助其认识和解决在外包中可能遇到的各种数据滥用。

作为预防性监管的辅助措施，组织应建设内部网，为识别各种数据滥用提供指导，并提供有关的公司官员或政府机构的联系方式（Peterson，2002）。通过增加国际外包活动的监管人员数量，违规事件失察的可能性就会降低。另外，让员工感受到他们是整个外包监管过程的一部分，可以使他们更主动地参与其中（Goolsby，2003；Peterson，2002）。这种内部网站应包括：定期的"外包更新"以鼓励员工定期使用网站；供员工用以进行自测的想定，用以评估其对外包政策的理解。

方法三：一旦将数据发给外包工人，就同其一起开发数据地图，对数据的去向进行编目。

这种地图应包括外包过程中为每一部分任务工作的员工姓名和联系方式。从数据安全角度看，最大的问题是对发往海外的数据进行追踪。地图可以清晰地描绘出数据发到海外以后的迁移情况，可以极大地帮助组织定位数据滥用或数据泄露的地点。然后利用这个信息来解决问题或设计替代方案（要求外包者用其他方法迁移或处理数据）以避免滥用（Atwood，2004）。

方法四：提高管理层对外包中转包问题的知悉度，制订政策对外包中的转包时机进行约束。

向外包客户或外包公司登记转包商，这样他们就可以对流向这些转包商的数据进行追踪（Peterson，2002）。正如前面所提及的，违规行为追踪中的一个主要问题是转包商如何使数据流向复杂化。这个问题特别重要，因为许多外包服务提供商有转包行为，但却极少向客户通报。

方法五：与其他公司合作开发行业内部及跨行业的国际外包信息共享网络。

在理想情况下，业内公司可以合作创建一个易于访问的注册库（如一个Web网站）。各公司可以向其中输入与其合作的外包服务商的名称及详细信息，还可以通过该网站共享其合作外包服务商工作效率方面的信息和评价。这样，就创建了一个类似于美国商誉促进局（Better Business Bureau）的注册系统，在其中记录某个外包服务提供商是否存在个人数据使用方面的违规行为，若有，又是如何违规的。注册列表中可以包括这些信息：违规者名称，违规的性质，客户对此如何回应，违规的后果如何。这种注册库有助于公司避免与名声不好的外包服务商合作，并提供了个人信息滥用问题的解决策略。最重要的是，这个在线资源需要定期更新。负责注册库监管和更新的机构可以包括行业监管主体，商会或州商誉促进局（如果该州有大量从事国际外包公司）。

上述方法为国际外包监管提供了手段，但这并非最终的解决方案。当然，这五个方法构成组织在商业和行业范围内开展实践的基础。这种实践需要尽快检查，因为新进行的开发有可能为赛博恐怖分子滥用个人数据提供更多机会。

14.4　未来趋势

尽管灰色市场信息学的报告已被限制，下列趋势却呈上升势头：
- 恐怖分子收集个人数据的机会；
- 可供滥用的个人数据的种类。

美国近期的立法实践是这些趋势的主要例证。2002年的萨班斯-奥克斯利法案之第404条要求国有公司的首席执行官和首席财务官检查其金融交易的内部控制措施（"404 tonnes，" 2004）。完成这一工作，需要付出大量的人力和财力，且具备这种资格的本国雇员数量有限（"404 tonnes，" 2004；Byrnes，2005）。

考虑到履行这些责任所需的财力，以及更多复杂的审计工作正被外包出去这一现实，也似乎有理由将404法案中的一些要求外包给海外公司来完成。可以看到，有些审计业务将成为外包服务提供商的关键服务领域，特别是在需求将美国审计人员的工资抬高了1020%的情况下（Byrnes，2005）。但是，这类业务的外包，需要将更多更敏感的财务数据送到海外。这个趋势并非只在美国发生。随着更多国家采用更严格更广泛的审计与报告制度，有些国家的企业越来越多地采用外包服务帮助其处理财务。

类似地，在外包环境中，与个人医疗记录有关的数据也为赛博恐怖分子提供了机会。以美国为例，卫生保健法规——1996年的"健康保险流通与责任法案"（Health Insurance Portability and Accountability Act，HIPAA）——创造了适于外包的数据处理环境。尽管HIPAA中有患者信息的保护机制，但为方便共享，它也要求以数字格式呈报所有患者信息（Goolsby，2001b；Goolsby，2001d）。对于卫生保健机构而言，将所有纸质的医疗记录转化成数字格式将是一项费时、费财且单调的工作（Goolsby，2001a；Goolsby，2001d）。

此外，将信息从一种格式转换成另一种格式时，如果出现延误，将会影响医疗保健的质量并引起患者的不满。因此，在国际外包市场上，这类与HIPAA相关的任务（例如医疗抄写和信息技术开发）非常具有竞争力（Goolsby，2001a；Salkever，2004；"Sink or Schwinn，"2004）。但是，正如前述的发生在巴基斯坦和印度的"人质"案例所揭示的那样，在这种环境中，越来越多的个人信息可能被恐怖分子所利用（Salkever，2004）。

随着越来越多国家加入有利可图的外包市场，解决这类问题的难度增大了。以中国为例，国有和私有部门的计划提高了国家的联网范围，使其成为较好的知识型工作的外包地（"Wired China，"2000）。类似地，马来西亚公司也正努力将自己宣传为良好的外包目的地，菲律宾则已经在英语客服和信息技术工作的外包方面树立了声望（Gaudin，2003；Reuters，September 2，2004；Rosenthal，2004c）。此外，俄罗斯和乌克兰已经建立了软件开发外包的细分市场（Goolsby，2001c；Weir，2004）。

随着更多国家进入外包市场，灰色市场信息学的复杂性增大了。每个国家在个人数据处理方面的法律法规各不相同。每个国家也都有可能成为转包商或数据传递的"中间人"。这使得国际数据流向的追踪和滥用事件的隔离变得更加困难。这些困难最终可能成为执法的障碍，因为在数据流向追踪方面所花费的时间和资金越多，组织就越不可能去追查违规者。这便为赛博恐怖分子创造了一个可以收集大量重要信息却不至于引起过多注意的理想氛围。所有这些因素融合在一起，将敦促组织设法确保在国际外包条件下个人数据能够获得安全处理。

14.5 结束语

国际外包从根本上影响了个人数据的分发。尽管它益处很多，但也带来某些问题，即这些数据可能为赛博恐怖分子所利用。解决这些问题并非易事，但为了防止恐怖分子滥用信息，组织必须以某种形式进行外包监管。本章所提出的方法在解决这个问题方面迈出了第一步。商务实践和外包目的地的变化将需要更复杂的监管方法，在新的需求出现之前，公共和私有部门必须尽快行动起来。

参考文献

404 tonnes. (2004, December 16). *The Economist.* Retrieved December 27, 2004, from http://www.economist.com/displaystory.cfm?story_id=3503931

Atwood, M. (2004). The art of governance. *Outsourcing Center.* Retrieved December 27, 2004, from http://www.outsourcing-requests.com/center/jsp/requests/print/story.jsp?id=4616

Baily, M. N. & Farrell, D. (2004, July). Exploding the myths of offshoring. *The McKinsey Quarterly.* Retrieved November 11, 2004, from http://www.mckinseyquarterly.com/article_print.aspx?L2=7&L3=10&ar=1453

Bendor-Samuel, P. (2004). Lou Dobbs: Here's why you're wrong! *Outsourcing Center.* Retrieved December 20, 2004, from http://www.outsourcing-requests.com/center/jsp/requests/print/story.jsp?id=4565

Bloys, D. (2006, January 22). Online records linked to identity theft and worse. *News for Public Officials.* Retrieved August 25, 2006, from http://www.davickservices.com/Online_Records_Linked_To_Crime.htm

Byrnes, N. (2005, January 1). Green eyeshades never looked so sexy. *Business Week Online.* Retrieved January 5, 2005, from http://www.businessweek.com/@@na*EhYQQxu80VAkA/magazine/content/05_02/b3915041_mz011.htm

Garten, J. E. (2004, June 21). Offshoring: You ain't seen nothin' yet. *Business Week Online.* Retrieved December 30, 2004, from http://businessweek.com/print/magazine/content/04_25/b3888024_mz007.htm

Gaudin, S. (2003, November 19). Offshoring IT jobs expected to accelerate. *ClickZ.* Retrieved November 30, 2004, from http://www.clickz.com/stats/sectors/b2b/print.php/3111321

Goolsby, K. (2001a). Healthcare's biggest challenge. *Outsourcing Center.* Retrieved December 12, 2004, from http://www.outsourcing-requests.com/center/jsp/requests/print/story.jsp?id=1660

Goolsby, K. (2001b). How to get ready for HIPAA. *Outsourcing Center.* Retrieved December 12, 2004, from http://www.outsourcing-requests.com/center/jsp/requests/print/story.jsp?id=1686

Goolsby, K. (2001c). Nobody does it better. *Outsourcing Center.* Retrieved December 12, 2004, from http://www.outsourcing-requests.com/center/jsp/requests/print/story.jsp?id=1816

Goolsby, K. (2001d). *Perspectives on HIPAA*. Dallas, TX: Outsourcing Center.
Goolsby, K. (2003). *Governing attitudes: 12 best practices in managing outsourcing relationships*. Dallas, TX: Outsourcing Center.
Koerner, B. (2006). Terrorist groups relying on identity theft for funding operations. *About.com*. Retrieved September 1, 2006, from http://idtheft.about.com/od/useofstolenidentity/p/ IDTheft-Terror.htm
Lazarus, D. (2004, March 28). Looking offshore: Outsourced UCSF notes highlight privacy risk. *San Francisco Chronicle*. Retrieved March 1, 2005, from http://www.sfgate.com/cgi-bin/article.cgi?file=/chronicle/archive/2004/03/28/MNGFS3080R264.DTL
Lazarus, D. (2004, April 2). Extortion threat to patients' records: Clients not informed of India staff's breach. *San Francisco Chronicle*. Retrieved March 1, 2005, from http://sfgate.com/cgi-bin/article.cgi?file=/c/a/2004/04/02/MNGI75VIEB1.DTL
Lormel, D. M. (2002, July 9). Testimony of Dennis M. Lormel, Chief, Terrorist Financial Review Group, FBI before the Senate Judiciary Committee Subcommittee on Technology, Terrorism and Government Information July 9, 2002 Hearing On S. 2541, "The Identity Theft Penalty Enhancement Act". *Federal Bureau of Investigation*. Retrieved February 12, 2006, from http://www.fbi.gov/congress/congress02/idtheft.htm
Peterson, B. L. (2002). Information security in outsourcing agreements. *Outsourcing Center*. Retrieved December 27, 2004, from http://www.outsourcing-requests.com/center/jsp/requests/print/story.jsp?id=2355
Reuters. (2004, July 18). France outsources, Senegal calls. *Wired*. Retrieved September 20, 2004, from http://www.wired.com/news/print/0,1294,64262,00.html
Reuters. (2004, September 2). Outsourcing's next big thing—Malaysia? *News.Com*. Retrieved September 7, 2004, from http://news.com.com/2100-1011-5344618.html
Rosenthal, B. E. (2004a). How real estate choices affect offshoring decisions. *Outsourcing Center*. Retrieved December 12, 2004, from http://www.outsourcing-requests.com/center/jsp/requests/print/story.jsp?id=4718
Rosenthal, B. E. (2004b). META predicts offshoring will continue to grow at 20 percent clips through 2008. *Outsourcing Center*. Retrieved December 27, 2004, from http://www.outsourcing-requests.com/center/jsp/requests/print/story.jsp?id=4714
Rosenthal, B. E. (2004c). Why the US and UK are calling South African call centers. *Outsourcing Center*. Retrieved December 12, 2004, from http://www.outsourcing-requests.com/center/jsp/requests/print/story.jsp?id=4717
Rosenthal, B. E. (2005). New outsourcing risks in 2005 and how to mitigate them. *Outsourcing Center*. Retrieved January 2, 2005, from http://www.outsourcing-requests.com/center/jsp/ requests/print/story.jsp?id=4721
Salkever, A. (2004, July 7). Racing to cure sickly medical security. *Business Week Online*. Retrieved December 30, 2004, from http://www.businessweek.com/print/technology/content/jul2004/tc2004077_9847_tc_171
Sieberg, D. (2001, September 21). Expert: Hijackers likely skilled with fake IDs. *CNN.com*.

Retrieved August 28, 2006, from http://archives.cnn.com/2001/US/09/21/inv.id.theft/
Sink or Schwinn. (2004, November 11). *The Economist*. Retrieved December 6, 2004, from http://www.economist.com/printedition/Printer Friendly.cfm?Story_ID=3351542
Sullivan, B. (2004, August 4). 9/11 report light on ID theft issues. *MSNBC*. Retrieved January 2, 2006, from http://www.msnbc.msn.com/id/5594385
Swire, P. P., & Litan, R. E. (1998). *None of your business: World data flows, electronic commerce, and the European privacy directive*. Washington DC: Brookings Institution Press.
Weir, L. (2004, August 24). Boring game? Outsource it. *Wired*. Retrieved September 20, 2004, from http://www.wired.com/news/print/0,1294,64638,00.html Wired China. (2000, July 22). *The Economist*, pp.24-28.

术语和定义

赛博恐怖分子（Cyber Terrorist）：使用在线媒体从事或帮助进行恐怖活动的人。

灰色市场信息学（Gray Market Informatics）：利用各国隐私法律的差异，进行个人数据的收集和分发。

国际外包（International Outsourcing）：一种将工作任务分配给位于海外的个人来完成的生产过程。

个人数据（Personal Data）：任何与特定个人相关的信息。

敏感数据（Sensitive Data）：需要特别保护的、不能与组织内部或外部人员共享的信息。

Chapter 15

第 15 章 基于网络的被动信息搜集

Romuald Thion
（里昂大学，法国）

赛博战中的信息搜集过程与真实战争中的信息搜集过程同样重要。一旦黑客或赛博恐怖分子把目标定到某个组织，他们迫切需要尽可能多地知道该组织的结构、网络组织方式、工作人员与他们的地址、所使用的软硬件。赛博战计划最重要的第一步是要尽可能多地知晓战场和敌人情况。尽管社会工程是实现此目的的常用而又有效的手段，但还有其他基于网络的技术可用于收集尽可能多的信息，其中，DNS 查询可推断网络拓扑结构，NSLookUp 可提取入侵者的姓名和电子邮件地址，以及扫描工具等入侵技术。所有相互关联的信息能产生非常精确的结果。当今，即将来临的 Google Hacking 是一种极其强大的方法，该方法可匿名提取敏感信息。我们将在文中介绍非入侵性信息提取工具的基本概念，着重阐述 Web 服务器、软件或硬件挖掘，同时描述涵盖高级查询技术的 Google 搜索引擎中有趣的功能，另外，介绍了一组最佳实践，以减少信息泄露的风险。

15.1 引言

互联网的兴起是计算机科学与经济生活的幸事。它重新定义了"信息"

一词，是信息革命的冰山一角。信息革命暗含了一种新的战争模式的兴起。在这种战争模式中，数量和机动性都决定不了战争的结局，这便是"赛博战"。它意味着：通过网络的互联互通了解敌方的一切，同时又不让敌方摸清己方情况。孙武早就在《孙子兵法》中描述过这种战术原则，毫无疑问它在互连世界中开辟了崭新的应用空间：

……什么使聪明的君王和优秀的将军战无不胜、攻无不克，并取得常人所不可及的成就呢？是先见之明！先见之明既不是来自精神，也不是来自经验归纳，更不是来自演绎计算。敌人的部署情况可从其他人身上知晓。

本章，我们将重点探讨基于网络的被动信息搜集技术。在网络环境中，"被动"是指不需要与目标系统连接，或与攻击没有正常关联的技术；而"主动"是指主动生成网络流量，并与可疑或恶意行为（比如端口扫描）关联的技术。

15.2 背景

渗透测试者、黑客、赛博罪犯都能以相同的方式进行赛博攻击，但渗透测试者是可靠的，他们是组织聘请的进行安全审计和攻击测试，以发现系统脆弱性和安全漏洞。而赛博罪犯和不道德的黑客则未经组织许可就进行攻击，其目的要么是为了钱，要么是为了破坏目标的可信性，要么是出于其他企图。在以上三种情形中，所使用的技术都是一样的。攻击大概可以划分为5个步骤（FX et al., 2004）。

1. 信息搜集：搜集尽可能多的与目标相关的信息。黑客在所使用的软硬件、网络拓扑结构等信息中搜集潜在脆弱性，一切信息对于攻击来说都非常有用（Grubb, 2004）。

2. 漏洞利用：利用先知信息，赛博罪犯能主动将精力集中到特定的漏洞上，而黑客则会尝试找到最有效的难度最小的漏洞利用方法。

3. 权限提升：通常情况下，可被利用的漏洞不会赋予用户完全的系统控制权限。在这一步中，黑客会将其权限提升到根（root）权限。

4. 隐藏踪迹：一旦系统被控制，黑客将会尽可能快地隐藏其踪迹，然后拥有更多的时间去进行非法操作。当然，这也会减小被发现的可能性。

5. 实现目标：黑客将收获其努力的果实。他或她可搜集任何想要的敏感信息，使用傀儡主机攻击其他主机、删除数据等。由此黑客可达成其目标。

本章的主题是攻击的第一步，即信息搜集，也称为预评估信息搜集。在这一阶段，黑客所感兴趣的是获取与目标有关的初步信息。

信息搜集技术大概可划分为以下几类。

- 社会工程：非网络技术可以通过操控用户来获取机密信息。社会工程师会通过电话、电子邮件等方式利用人的轻信心理进行欺骗，使他们泄露其敏感信息，或迫使他们从事一些违背政策的事情。社会工程比较容易实现，因为安全链中最脆弱的是人的行为。比如，著名的黑客 Kevin Mitnick 就大量使用了这些技术（Mitnick，Simon，& Wozniak，2002）。

- 主动搜集：通过发送特制的数据包到目标系统上进行入侵侦察，如端口扫描。高级网络枚举技术可避免直接与目标主机进行通信，如 NMAP（Fyodor，2006）。

- 被动搜集：包括不直接与目标系统通信的侦察、使用常见的公共信息的侦察、不常见的标准日志分析（Zalewski，2005），本章将集中研究这类信息搜集技术。

每一个连接到互联网的系统都可能无意中泄露其组织的内部信息，这就使被动信息搜集过程成为可能。另外，许多机构没有意识到来自信息泄露的潜在威胁，这些足以构成攻击。

组织的大部分信息可以从互联网这一公开渠道获得，它也可能存在于与目标无关的系统中。这类信息可被任何人匿名访问，而且不需要与组织的系统建立直接联系，这是信息泄露的一个重要方面。被动信息搜集技可被应用于任何公共服务中，比如工作岗位公告服务、公开报道或公共目录等。

15.3 被动技术

本节将综述传统基于网络的被动信息搜集技术。这些技术都采用了看似不可疑的连接，其中多数是基于搜集和获取公开信息的技术。

- "真实生活"信息：如物理位置、真实姓名、电话号码、组织内部结构、商务流程等可用于社会工程技术的信息（例如，通过核准员工的身份，Mitnick et al., 2004）。此类信息增加了攻击者对受害者的了解程度，使攻击更具目的性。
- "技术"信息：如IP地址、网络拓扑、服务端与客户端软硬件版本等。这类信息可帮助攻击者发现安全中最脆弱的环节。在大多数情况下，攻击者不能直接达成其目的。相反，他需要利用最简单且最有效的办法找到系统破绽。技术类信息很容易暴露出系统的脆弱性或攻击者为实现企图所需要控制的设备。

互联网服务注册

互联网上的每一台可用主机都必须拥有唯一IP地址（如207.46.20.60），为简化主机寻址和便于人们使用，域名系统（DNS）会将IP地址与唯一域名关联（如microsoft.com）。

国际机构负责管理IP地址和域名。相关组织必须向国际机构提供管理信息，这些信息可被公开使用也可被任何人自由访问。查询国际数据库是信息搜集中非常重要的第一步，WHOIS资源服务提供了这一查询功能。可查到的信息中包括物理位置、真实姓名和电话号码，这些对于社会工程来说尤其有用（Ollman, 2004）。DNS地址、分配IP地址数量、互联网服务提供商（ISP）联系方式和注册者等都能泄露敏感的技术信息。表15-1是从whois查询结果中提取到的电话号码、物理地址、真实姓名等信息。域名和IP注册相关工具可在http：//www.dnsstuff.com/上找到。

表 15-1　名字服务的 whois 查询结果示例："whois -h whois.nic.fr univ-lyon1.fr"

domaln:	univ-lyonl.fr
address:	Centre In formatique scient ifique et Medical de l'Universite Claude Bernard Lyon 1
address:	batiment 101, 27 A 43 boulevard du 11 Novembre 1918
address:	69622 villeurbanne Cedex
address:	FR
phone:	+33 4 72 44 83 60
fax-no:	+33 4 72 44 84 10
e-ma il:	gilles,rech@univ-lyonl,fr
admin-c:	GR258-FRNIC
te ch-c:	GR1378-FRNIC
zone-c:	NFCl-FRNIC
neserver:	dns.univ-lyonl.fr 134.214.100.6
nserver:	dns2.univ-lyonl.fr 134.214.100.245
nserver:	ccpntc3.in2p3.fr 134.158.69.191
nserver:	ccpnvx.in2p3.fr 134.158.69.104.._

域名服务

大多数操作系统都有名字服务查询工具（nslookup）。类Unix操作系统中还有dig工具。这些工具都可以用来查询DNS记录，可为攻击者提供非常有价值的信息。它们可以将域名转化为IP地址，反之亦然。最有效的一个工具就是"区域转移（zone transfer）"，它可将完整的DNS记录可以从一个DNS服务器转移到另一个DNS服务器。但利用nslookup或dig工具，也可以手工完成这一过程，因而可以获得目标组织的详细信息（Barr，1996）。有意义的信息包括电子邮件服务器名字（和地址），Web服务器、路由器和防火墙地址。大多数情况下，敏感信息可从组织的命名习惯中推导出来，像软硬件信息（如操作系统、制造商）、可用的服务等（Grubb，2004）。比如，表15-2中给出了已注册域名example.com的一些解释性结果。

表 15-2   IP 转化为域名的 DNS 查询结果示例

smtphost.example.com(192.168.0.4}, mail server
dns.example.com(192.168.O.6),   dns   server
pop.example.corn(192.168.0.7),   mail   server
routeur-ipv6-v100.example.com(192.168.0.45),   IPV6   router
dhcprov10O-02.example.com(192.168.0.47),   DHCP   server
testmath.example.com(192.168.0.231),   promising   "unsecure" host
cisco-ls.example.com   (192.168.4.9),   cisco router
hpserv, example.corn (192.168.4.10),   Hewlett-Packard   server

电子邮件系统

如果说Web网站为商业组织提供了门面，那么可以说电子邮件提供了必需的商务通信系统，许多信息可通过分析邮箱系统获得。简单邮件传输协议（SMTP）（Postel，1982）是标准的电子邮件协议，对其报头进行分析可得到内部服务器命名、网络拓扑、用户账号、电子邮件服务版本、客户端、补丁版本、内容过滤类型与版本、反垃圾邮件与反病毒软件。表15-3给出了SMTP报头的示例，从中可以看出，这封电子邮件是用户（其地址为user@example.com）利用便携式电脑上的微软Outlook发送的，IP地址为192.168.5.26。该例中未包含SMTP协议的中继转发信息，但分析这种传递链条也非常有用，它可显示出电子邮件服务器与内部拓扑之间的信任关系。依据该示例，赛博攻击者可能将精力集中到Outlook的脆弱性上并入侵用户系统。他也许会尝试利用Microsoft Office 2000中的漏洞，并猜测公司是否使用了该软件。

表 15-3 SMTP 报头示例

```
Return-Path:   <user@example.corn>
Received:    from cril4.sample.fr
             by dsi02.sample.fr   (Cyrus v2.2.12)    with LMTPA;
             Wed,  22  Feb   2006   12:02:37   +0100
Received:    from out4.example.fr
             by cismrelais,  sample.fr   (Postfix)    with ESMTP id 8417E48104
             for <john.doe@dummy.com;  Wed,  22  Feb 2006  II:52:20   +010O
Received:    from UserLaptop   ([192.168.5.26])   by   out4.example.fr
(Sun Java System Messaging   Server   6.1  HotFix   0.11   (built  Jan 28   05)]
Date:   Wed,  22  Feb  2006   12:51:5S  +0200
From:    Sample   User    <user@example.corn>
Subject:    Sample   test,  France
In-reply-to:   <34f699a5f6e6a879072a609ea2646d6d@example.com>
To:   '"John   DOE'"   <john.doe@dummy.com>
X-MIMEOLE:    Produced By Microsoft MimeOLE V6.00.2800.1106
X-Mailer:   Microsoft Outlook CWS,   Build   9.0.2416   (9.0.2910.0)
X-Virus-Scanned:    by AMaViS   snapshot-20020222
X-Virus-Scanned:    amavisd-new
```

Web 站点分析

Web站点越大越复杂，就越可能在不经意间泄露内部信息，攻击者就越可能获得更多的信息。大型网站由若干管理人员管理、几十开发者构建、几百人负责其运行，因此可能会导致信息泄露。攻击者的常用手法是先提取整个目标站点，进而在其本地镜像中分析网站内容，这样可以避免因多次连接目标系统而引起怀疑。随后，黑客将会随意地浏览和获取该站点的敏感信息。自动获取Web站点和分析其内容的过程通常由网络爬虫来完成，常用的工具有Sam Spade和Wget。Sam Spade可在网站中爬行并找到链接的Web网页，它可非常快捷地完整下载公司的Web站点。另一个非常强大的工具是Wget，它是脚本命令行格式的浏览器，可像标准浏览器一样提取HTML网页、图像和窗体。

还会发现如下有意思的信息（Ollman，2004）：

- 真实姓名和电子邮件地址。
- 内部开发者的注释：可泄露技术类信息，如所使用的技术、系统维护、内部资源、链接方法（如数据库链接）。如果未很好地清理资源，还可能泄露服务端的程序片段甚至是自定义口令。
- 泄露调试、原型和测试信息的注释：像失效的网页或暂时还不能正常访问的内部开发主机。
- 签名工具（例如在元标签内）：可提供非常精准的版本和开发软件信息。
- 日志和临时文件：可泄露非常敏感的细节，像用户习惯或所链接的外部消费 Web 站点。
- 错误网页：如 404（未找到的网页）和 500（内部错误）错误提示，它可泄露文件存在与否、编码错误、无用 URL。
- 文档和二进制数据的链接可能会带来更大的泄露威胁，如微软 Word 文件常包括有内部主机信息、真实名字甚至还有共享资源位置。

因此，对所有内容进行分析与清理，对于发现无意泄露的信息非常重要。

15.4 当前研究热点

上节所讨论的技术都是基于公开可用信息，如域名注册、DNS、邮件报头等，互联网上可用的Web内容和二进制数据也在其讨论范围之内。然而，第一步中需要使用一些专用工具（尽管它们很常见），如dig、WHOIS查询工具或traceroute等。还有一种功能极其强大的工具——Google搜索引擎，它能非常精确且有效查询Web内容（Long, Skoudis, & Van Eijkelenborg, 2001）。

Google的缓存系统、高级查询操作符（如site：，filetype：，intitle：）和翻译功能，是被动信息搜集的强大武器。下面将描述一些利用Google进行信息搜集的技术，它不要求直接连接到目标系统，但是却可获取私密信息。

- 使用缓存系统：Google 可以将已经爬行过的网页保存在自己的数据库中。也许你已经使用了出现在搜索结果网页上的缓存链接。高级操作符 cache：可直接跳转到缓存的 Web 网站快照，而不需要执行查询，这是一种简单而有效方法，可以浏览 Web 网页但却不需直接连接到目标。
- 将 Google 作为代理服务器：Google 可以被用做翻译服务的透明代理

服务器。当你点击"翻译此页"链接时，网页就会被自动翻译成你所熟悉的语言。你可以使用该功能将网页翻译成与它所用语言相同的语言，当 Google 在网页上爬行时，它好像什么都没有翻译就将网页提供给了用户。这一点可以通过将 Google 搜索 URL 中的 hl 变量修改成网页的本土语言来实现。

- **发现网络资源**：在网络发现阶段，Google 也能提供帮助。Google 搜索可被看做 DNS 查询的方案之一，方法是将 site：操作符和 NOT 运算符结合使用。利用这种方法，黑客可以获取一系列公共服务器清单，例如，输入"site：microsoft.com www.microsoft.com"，就能找到 msdn.microsoft.com、directory.microsoft.com、partnerconnect.microsoft.com、officelive.microsoft.com 等信息。另外，"link："操作符可找到链接到所要查询 URL 上的网页，它可提供域名与组织之间关系的重要线索。"intitle："和"inurl："可用于检测具有 Web 功能的网络设备（如路由器）。例如"inurl: tech-support inurl: show Cisco OR intitle:"switch home page" site: example.com"可搜索到 example.com 域中具有 Web 功能的 Cisco 设备。

- **利用高级指定查询获取系统文件、配置文件和感兴趣数据**：许多 Google 搜索可在 Long 等的著作中找到（2001），该书详细地描述了一些高级操作符以及如何使用它们查找口令（即使是被清除或改得面目全非）、用户名字和具有 Web 功能的设备等。表 15-4 列出了简单但有效的 Google 搜索方法，可以用来提取系统文件、配置文件和特定数据。其主要思路是利用特定的表达式，组合运用 intitle：、inurl：和 site：等操作符，例如"#-FrontPage-"是 FrontPage 文件的标记，表 15-4 中的 10 次查询是真实的查询示例，可成功处理并找到口令或配置文件。

表 15-4 对 johnny.ihackstuff.com 的 10 次安全查询操作

1) "http://*:*@www" domainname (get inline passwords)
2) intitle:index.of.password (or passwd or passwd)
3) "access denied for user....using password" (SQL error message, this message can display the username, database, path names and partial SQL code)
4) "AutoCreate=TRUE password=*" (Searches the password for "website access. Analyzer")
5) intitle:"Index of" _vti _inf.html ("vti _ " files are part of the FrontPage communication system between a web site and the server)
6} ~-FrontPage-" ext:pwd inurl:(service | authors | administrators | users) "~
-FrontPage-" inurl:service.pwd (search for MD5 hashed FrontPage password)
7) inurl:passlist.txt
8) "A syntax error has occurred" filetype:ihtml (Informix error message, this message can display path names, function names, filenames and partial code)
9) allinurl:auth user file.txt (DCForum's password file. This file gives a list of passwords, usernames and email addresses)
10) allinurl: admin mdb (administrator's access databases containing user- names, passwords and other sensitive information)

15.5 结束语

大多数组织和系统管理人员都非常熟悉渗透测试和入侵检测新技术，这些技术是安全评估的基础，它们主要集中在利用系统脆弱性和可疑/恶意行为上（如日志分析）。但是，仅仅依赖这些技术的组织，很可能低估了可以通过互联网上的公开内容而匿名取得的大量信息。本章对基于网络的被动信息搜集技术进行了综述，有些人可能会注意到，从内部角度看，这些被动技术同样非常有效，它减少了内部网络的通信流量（例如，被动的操作系统指纹识别可枚举正在使用的操作系统（Treurniet，2004））。为保护自身安全，组织应仔细检查其公共可用的信息。

- 一些必须公开的信息（如电子邮件地址）可能会被垃圾邮件误用，需要采取相应的保护措施，以防止被自动化的网络爬虫找到。避免敏感信息被爬虫搜索的常用方法，是采用对人简单但对机器复杂的保护机制。例如，让正则表达式无法匹配到电子邮件地址中的"@"符号。
- 遵守最小特权原则，严格地将要发布的信息量最少化，同时使得网络爬虫只搜索公共信息而非敏感信息。这条忠告对于 DNS 来说是合理的，不能公布那些禁止外部网络访问的主机名或设备名。对于配置文件来说也是合理的，如果一个文件不能公开，那么就应该保持其机密性，如 FrontPage 中的_vti_文件、调试/测试页面。
- 审查代码和 Web 网页，以确保其整洁性，避免在代码和 Web 网页中出现注释、冗长的标记和版本数字，等等。从错误页面、标记和看似无关紧要的信息中能搜集到很多信息。令人难以置信的是，注释可能也是信息泄露源。客户端上有完整的服务端代码块也并不罕见。

总而言之，在攻击中，信息搜集是非常关键的第一步，也许还是攻击者成功达成其目标的最关键的一步。本阶段搜集到的信息是原始数据，可用来构建严格的攻击。攻击者能获取目标的全局概貌，能将其精力集中到安全中的最薄弱环节，能获取足够的信息去指导社会工程。如果纯粹采用被动技术，完全利用公开信息来进行信息搜集，那么这一步应该是匿名的并且不会被检测到。因此，机构应该非常小心互联网上可匿名使用的内容，应该采取简单而有效的解决措施。

你的物理邮箱应是任何人都可以访问的，最起码是邮递员。但在现实生活中，没有人会将自己的社会保险号、出生日期和工作情况写在邮箱上。这类信息应该对邮递员和路人保密，这一点与网络世界是一样的。

参考文献

Barr, D. (1996). RFC 1912: Common DNS operational and configuration errors.
FX, Craig, P., Grand, J., Mullen, T., Fyodor, Russell, R., & Beale, J. (2004). *Stealing the network: How toown a continent.*
Fyodor. (2006). *Nmap (network mapper) documentation(including zombie scanning technique).* Retrieved from http://www.insecure.org/nmap/docs.html
Grubb, L. (2004). *Survey of network weapons: part 1: weapons for profiling.* Consortium for Computing Sciences in Colleges (CCSC).
Long, J., Skoudis, E., & Van Eijkelenborg, A. (Eds.).(2001). *Google hacking for penetration*

testers..
Mitnick, K., Simon, W., & Wozniak S. (2002). *Theart of deception: controlling the human element of security*.
Mockapetris, P. (1987). RFC 1035: Domain names- Implementation and specification. Ollman, G. (2004). *Passive information gathering: The analysis of leaked network security information* (Tech. paper). Next Generation Security Software Ltd. Postel, J. (1982). *RFC 821: Simple mail transfer protocol*.
Treurniet, J. (2004). *An overview of passive information gathering techniques for network security* (Tech. memo.).
Defence R&D Canada. Tzu, S. (1910). *Sun Tzu on the art of war, the oldest military treatise in the world*. (L. Giles, Trans.).
Zalewski, M. (2005). *Silence on the wire: A field guide to passive reconnaissance and indirect attacks*.

术语和定义

域名系统/域名服务器/域名服务（Domain Name System/Domain Name Server/Domain Name Service，DNS）：这是一种用于存储与域名相关的信息的系统，其最主要用途是将IP地址与域名关联起来，但也提供域名的邮件服务器和管理者的联系方式。DNS将难以记忆的IP地址（如66.249.93.99）与容易记忆的域名（如google.com）关联在一起。

代理服务器（Proxy Server）：这是一种提供网络服务的计算机，其功能是为客户提供转发服务（包括过滤和缓存，例如，Web代理可以阻止访问被列入黑名单的网站，使之能够间接地连接到其他网络服务。客户连接到代理服务器并请求连接，代理服务器连接到指定的服务器上下载或从缓存中提取用户所需的资源。

简单邮件传输协议（Simple Mail Transfer Protocol，SMTP）：这是在互联网上传输电子邮件的事实标准。SMTP是一种基于文本的简单协议，它使用TCP的25号端口。给定一个域名，要确定其SMTP服务器，需要用到DNS的邮件交换（MX）记录。

Web爬虫（Web Crawling）：Web爬虫（或称Web蜘蛛），是一种可以自

动浏览Web页面的程序。它逐一复制Web页面以供日后处理之用，例如，可以通过搜索引擎实现爬虫功能。Web爬虫可用于搜集信息，如电子邮件信息（常被用于发送垃圾邮件）。

WHOIS：这是一种查询/应答协议，用于确定域名和IP地址的主人，或系统的其他信息。该系统最初是作为向系统管理提供联系方式的"白页"而出现的。现在，它已被用于查找安全Web页面的证书中心。查询中返回的数据，可增加黑客对系统的了解或被用于发送垃圾邮件（例如有种机器可自动地处理WHOIS记录，从中创建电子邮件地址库）。

区域转移（Zone Transfer）：这是一种DNS业务类型，用于在不同的DNS服务器之间复制DNS数据库。与此类业务相关的操作码是AXFR（表示完全转移）和IXFD（表示增量转移）。区域转移是黑客手工获取区域内容的一个途径。

Chapter 16

第 16 章 | 现代电子商务中的电子货币管理

Konstantinos Robotis，Theodoros Tzouramanis
（爱琴大学，希腊）

本章讨论如何利用现代支付处理系统管理电子货币。研究了现代支付处理系统的协议和体系结构，讨论了电子支付系统所面临的来自网络欺诈威胁，以及这些威胁的识别和消除方法。系统而详细地给出了网络抢劫行为的打击措施。简要介绍了 PayPal 的支付处理系统以及 VeriSign 的支付网关服务。本章的主要目的是帮助电子商务和在线商家理解可能发生的威胁的实质，以保护客户的金融交易免遭任何风险。

16.1 引言

在当今的全球化市场中，互联网已不仅限于电子邮件和 Web 网站。它已成为从电子商务和电子供应链管理到在线市场和协作等电子商务活动的关键推动力。

电子商务交易管理已成为信息安全领域最敏感的问题之一。本章讨论如何利用现代支付处理系统管理电子货币。研究了现代支付处理系统的协议和体系结构，讨论了电子支付系统所面临的来自网络欺诈威胁，以及这些威胁的识别和消除方法。系统而详细地给出了网络抢劫行为的打击措施。简要介绍了 PayPal 的支付处理系统以及 VeriSign 的支付网关服务。本章的主要目的，是帮助电子商务和在线商家理解可能发生威胁的实质，以保护客户的金融交易免遭任何风险。

16.2 背景

信息安全的焦点是保护有价值和敏感的企业数据。在保护信息资产安全的同时，必须确保其对合法用户可用，并阻止未授权访问。

为满足电子支付处理的安全需求，系统需要提供某些略微特殊的安全服务。在支付交易中，最重要的安全需求（Asokan, Janson, Steiner, & Waidner, 1997）如下。

- 认证性：认证对支付系统至为关键。它确保信息确实来自其所声称的地方。
- 机密性：保护用户的隐私，防止企业的信息在存储和传输时失窃。
- 完整性：数据完整性确保数据的内外一致性以及其他数据属性（如时效性和完备性等）与需求的一致。获得完整性的途径是防止对数据进行未授权或不恰当的改变。
- 可用性和可靠性：这两个需求确保对授权用户的服务不会中断。服务中断既可能是偶发的，也可能是恶意的拒绝服务攻击所导致的。
- 不可否认性：该需求确保收发双方均无法否认其所传送的消息。

其他的支付安全服务（Hassler, 2001）还有用户匿名性和隐私，这些确保买家的身份、网络地址或位置不被泄露（如果买家和付款者不是同一个人，还要保证付款者的身份不被泄露）。为提供这些非常关键的保护特性，在设计和实现电子支付系统时，必须将信息安全作为其中的一个有机组成部分。

16.3 本章的主要内容

电子商务是指通过互联网交换货物和服务。主要零售商都已开通了在线商店，而且许多在线商家并没有对应的实体店。在网络零售领域，在线支付已成为整个电子商务过程不可或缺的组成部分。只要假设在线客户必须为产品和服务付款，那么电子支付系统就与电子商务高度地关联在一起。

支付系统

电子支付系统通常指任何提供货物或商品的货币交易的网络服务。这里的货物可以是有形的商品（如书籍或CD），也可以是电子商品（如电子文档，图片或音乐）。类似地，既有酒店或航班预订等传统服务，也有电子形式的金融市场分析等电子服务（Hassler, 2001）。

电子支付系统是从传统支付系统演化而来的。因此，它们有很多共同点。商业活动总是涉及付款人（客户）和收款人（商户）——他们之间用货币交换商品或服务，此外，还至少包括一家金融机构。通常称客户的银行为发卡银行（Issuer Bank），称商户的银行为收单银行（Acquirer Bank）（Asokan, et al., 1997）。在电子支付中，货币从发卡银行转移到收单银行，从而完成付款过程。

图16-1所示的是一个典型的电子支付系统，其中显示了预付款系统中几个典型的现金流，它与现金支付系统类似。在这些系统中，特定数量的货币被从发卡银行取出，然后通过支付网关存入收单银行。支付网关充当传统支付设施与电子支付设施之间的仲裁者（Hassler, 2001），是现有金融网络的前端。发卡银行通过支付网关对所发生的每笔交易进行明确授权（O'Mahony, Peirce, & Tewari, 2001）。

支付网关由金融机构运营，它以软件组件的形式向商家提供网关接口。例如，VeriSign的PayFlow Pro（PFPro）支付网关就提供了各种PFPro组件，

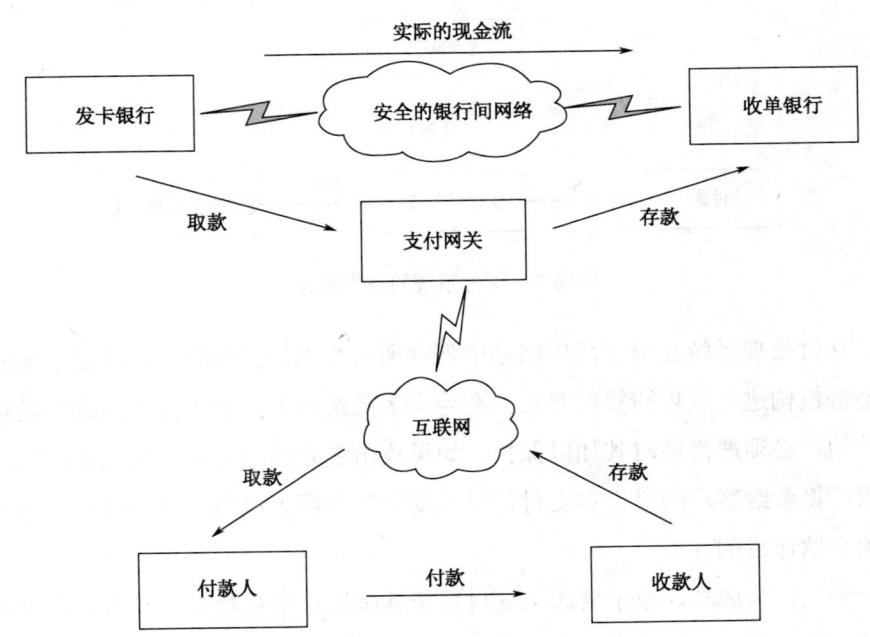

包括Java Object、Microsoft COM DLL和UNIX共享模块。

图16-1　电子支付系统的概览

在购物过程中，电子支付处理系统通过支付网关的接口与其通信，以验证客户支付手段的真实性（Mc-Clure，Shah，& Shah，2002）。在使用信用卡支付时，支付网关验证信息卡的卡号和过期时间、核实卡的主人、判断卡上是否有足够的信用额度等。

电子商店程序（商家程序）调用支付网关的接口组件，它通过SSL等加密隧道将支付信息发送给支付网关。接口组件会向电子商店程序返回用以指示交易状态的响应码。响应码表示交易是否成功，并可提供有关交易的其他细节。电子商店根据响应码决定如何处理订单。

支付系统的技术视角如图16-2所示。

一旦交易被传给支付网关，交易的细节以及响应码将被写入后台的交易数据库以备后用。必须仔细设计交易数据库的接口，以防止攻击者读取或修改交易数据。

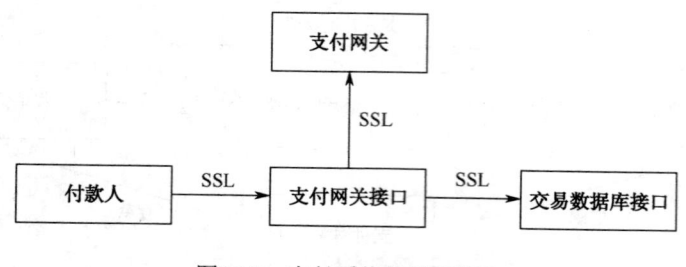

```
                        ┌──────────┐
                        │  支付网关  │
                        └──────────┘
                              ↑
                             SSL
                              │
┌────────┐   SSL   ┌──────────────┐   SSL   ┌──────────────┐
│ 付款人 │ ──────→ │  支付网关接口 │ ──────→ │ 交易数据库接口│
└────────┘         └──────────────┘         └──────────────┘
```

图16-2　支付系统的技术视角

　　支付处理系统在电子商店网站中保存所有交易的详细日志，以便于他们与金融机构进行款项清算时对账。在绝大多数情况下，交易日志的维护是强制性的，必须严格地对其加以保护。如果攻击者获得对交易日志数据库的访问权，将会给客户的身份和支付信息的安全带来巨大风险，因为这些信息可被用于欺诈目的。

　　一旦付款成功，电子商店的支付系统就确认订单被接受，并为客户生成收据。这些程序可通过电子邮件将收据发送给客户，并告知他们发货的时间及包裹的追踪号。客户可通过追踪号自行向配送机构查询送货情况。

威胁

　　所有金融系统对骗子和公款窃贼都有吸引力，它所面临的威胁涵盖了从个人盗取小额款项到涉及巨款的有组织犯罪。电子金融系统与公共网络相连，允许从世界各地访问，而且有很大的匿名空间，从而为犯罪活动提供更多机会。除了前面所说的威胁，还有其他方法（而且是非常有效的）可能威胁到电子支付系统的合法运行。那些最容易且最有利可图的攻击方法，有的是基于对雇员或用户的欺骗，这种方法也叫社会工程技术（Garfinkel, 2001）。另外一种现代形式的社会工程攻击是钓鱼程序。关于钓鱼攻击或其后果的更多信息请参阅Litan（2005）。另外一些难以处理和解决的威胁是暴力威胁（Platt, 2002）。最后还有一种称为"内部攻击"的威胁，即雇员出于报复或金钱目的而故意进行攻击（Tippett，2002）。

1. 蛮力攻击

蛮力攻击最常用于搜索加密密钥和用户口令（Schneier，1995）。在所有应用层认证协议中，HTTP认证或许最容易用蛮力破解（McClure，et al.，2002）。Brutus和WebCracker就是著名的HTTP认证蛮力破解工具，它们可以在几小时甚至几分钟内遍历一份很长的用户名和口令列表。

在加密系统中，蛮力破解能否成功依赖于攻击者的运算能力和密钥长度。从统计学角度看，要成功解密，必须对密钥空间里的一半密钥进行检验。在现行技术标准中，128位长的密钥应足以阻止蛮力破解。

2. 软件漏洞

每个电子商务程序都包括若干组成部分，如数据库、Web服务器、门户框架或应用服务器。识别出服务器中运行程序的准确版本后，黑客就可利用其中存在的漏洞。

软件漏洞存在于FTP、BIND和SMTP等网络服务中（Ghosh，2002）。在Web安全中，数据库、应用服务器和操作系统漏洞是常见的攻击目标（Ghosh，1998；McClure，Scambray，& Kurtz，2005）。商用软件中还有一种名为缓冲区溢出的常见安全漏洞（McClure，et al.，2002）。

3. 拒绝服务

拒绝服务（DoS）攻击的唯一目的是让服务不可用（Garfinkel，2001）。DoS攻击不仅对电子支付系统，而且对一般的电子商务系统都是严重威胁。只有所有互联网服务提供商（ISPs）以及其他遍布全球的互联系统进行广泛合作，才能成功防范DoS攻击。

对策

有些重要手段可以防范前述的威胁和攻击。这些防范手段可以是技术措施，也可以是非技术措施（物理措施）。用户教育便是一种非技术防范措施。在文献Smith（2004）and McClure，et al.（2002）中可以找到大量有关电子商务防护对策方面的信息。

近年来,若干信用卡电子支付方案被设计、提出并实现(O'Mahony et al., 2001)。其中最典型的例子有：20世纪90年代IBM开发的基于互联网密钥协商的支付协议——iKP(这里i = 1,2,3)协议族(Bellare et al., 1995),一个以万事达(MasterCard)为主席的联盟开发了安全电子支付协议(Secure Electronic Payment Protocol, SEPP)。此外,CyberCash公司制定了一个协议,用于开展和保护互联网上的信用卡支付交易(Eastlake, Boesch, Crocker, & Yesil, 1996)。

虽然iKP、CyberCash和SEPP已不再使用了,但它们是安全电子交易(Secure Electronic Transactions, SET)协议的基础(SET, 1999)。SET协议作为被认可的信用卡标准,在20世纪90年代末被大力宣传,但却没有赢得预期的市场份额。人们曾普遍赞成并期待将SET作为在互联网上开展信息卡交易的技术选择。这个愿望没能成为现实,而商业界也已不再强烈支持SET,其中一个原因是SET协议复杂且难以实现。

安全套接字层(SSL)

SSL协议是Netscape公司为了管理互联网上消息传输的安全性而开发的(Freier, Karlton, & Kocher, 1996)。从本质上说,它不是支付技术,但已被建议作为保护支付消息的一种手段。SSL需要公钥基础设施(PKI)的支持,可提供认证、机密性和完整性机制,是电子商务的安全基石。

TLS是从SSL协议派生而来的,由互联网工程任务组(Internet Engineering Task Force, IETF)在RFC2246文档中提出(Dierks & Allen, 1999)。尽管SSL3.0与TLS1.0略有区别,但二者在本质上是相同的。

当代支付处理系统

PayPal和VeriSign的PayFlow Pro等支付处理系统使得个人、企业和在线商户,可以通过电子邮件安全、快速而又划算地在Web上发送和接收电子款项。

1. PayPal

PayPal的服务建立在现有银行账户和信用卡等金融基础设施之上，其目标是创建安全而实时的全球支付解决方案。文献Garfinkel（2001）认为，账号容易创建是PayPal取得成功的主要原因。

当客户从其计算机上向PayPal的服务器传送信息时，PayPal自动使用128位密钥的SSL协议对机密信息进行加密（PayPal，n.d.）。在客户注册或登录到PayPal网站之前，PayPal服务器会判断该客户所使用的浏览器是否支持SSL 3.0或以上版本。

PayPal将信用卡和银行账户信息以加密形式存储在与互联网隔离的服务器上，并将该服务器置于防火墙之后（PayPal，n.d.）。PayPal同时采用物理手段和电子手段对这些服务器严加保护。此外，员工只有在客户服务需要时，才能访问这些信息。

2. VeriSign的支付网关服务

PayFlow Pro是一种流行的支付网关服务，由VeriSign公司提供。PayFlow Pro的客户端组件驻留在电子商店应用程序中，客户端组件使用HTTP协议，在SSL协议的保护下与PayFlow Pro服务器交互。

PayFlow Pro允许通过一种"瘦客户"的网络服务直接访问PayFlow支付处理API。PayFlow Pro SDK中提供了这种API。在系统安装完毕之后，PayFlow Pro SDK就以一种小型（仅有400KB）消息代理程序形态运行。它使用SSL和X.509证书与VeriSign支付服务器进行安全通信。PayFlow Pro API的客户软件在商户的电子商店程序和VeriSign的交易服务器之间建立SSL连接，实现两者间信息的安全交换（VeriSign，n.d.）。

VeriSign通过金融网络安全地将交易发送到适当的银行，确保客户的购买行为是经过授权的。客户执行了购买操作后，交易数据就由商家的网上商店传给PayFlow Pro客户端。PayFlow Pro客户端将交易数据安全地发送给VeriSign支付服务器做进一步处理。

商家和客户会自动收到电子邮件，确认交易已被认可。然后资金就会转账到互联网商户的账户上。支付结果返回给商户之后，PayFlow Pro客户端也会向VeriSign发送确认信息，这样可以防止客户因网络延迟或掉线而被重复记账。PayFlow Pro客户端中不含任何与特定支付过程相关的逻辑，这样无需商户升级其PayFlow Pro客户端软件，VeriSign就可以随时引入新的服务或交易类型。

16.4 未来趋势

电子商务因简化了商业交易过程，自出现以来，获得了巨大发展。同以往任何时候相比，在线商业交易的使用都更加频繁（Johnson & Tesch, 2005）。电子商务也有其劣势，其中以欺诈和身份窃取最为常见。文献Regan（2005）和Litan（2005）支持了这种观点，它们指出：在电子商务领域中，每年因欺诈导致的损失呈显著上升之势。因此，对于大多数企业和从事电子商务的人来说，网络安全是个大问题。

文献Tippett（2002）提出了一个适用于现时的有趣观点，它认为支付处理系统及其安全支持服务变化的速度越来越快，这些系统中存在的安全漏洞也呈类似的变化趋势。安全产品会得到改进，但同时又会出现新的安全需求，这样便形成一个难以强化其安全性的不稳定环境（Ritter & Money, 2002）。

考虑到此前的iKP、SET等标准化努力并没有获得市场份额，目前还无法看清未来信用卡电子支付市场的演化方式。

16.5 结束语

在不断发展的电子商务时代，许多组织和商家对电子商务所能带来的好处感到兴奋，他们乐于解决其中存在的安全问题。尽管人们一如既往地担心隐私和安全问题，但在线销售仍不断增长，互联网商务欣欣向荣。如果能够解决这些问题，或者这些问题能有所改善，那么电子商务终将取得与传统商业一样的地位。

电子商务程序的核心是电子支付系统，与之相伴的安全基础设施则是其取得全面成功所不可或缺的。系统的安全性肯定与威胁呈一定关系，也与系统中安全漏洞的处理呈一定关系。电子商务行业的目标是采取必要步骤以确保达到足够的安全等级，降低安全事件的发生概率，从而让买家和卖家打消对交易安全性的顾虑。

参考文献

Asokan, N., Janson, P. A., Steiner, M., & Waidner, M. (1997). The state of the art in electronic payment
systems. *IEEE Computer, 30*(9), 2835.

Bellare, M., Garay, J. A., Hauser, R., Herzberg, A., Krawczyk, H., Steiner, M., et al. (1995). iKP—A family of secure electronic payment protocols. *Usenix Electronic Commerce Workshop.*

Dierks, T., & Allen, C. (1999). *The TLS protocol version 1.0.* Internet Engineering Task Force, Request For Comments: 2246.

Eastlake, D., III, Boesch, B., Crocker, S., & Yesil, M. (1996). *Cybercash credit card protocol version 0.8.* RFC 1898.

Freier, A. O., Karlton, P., & Kocher, P. C. (1996). *The SSL protocol version 3.0.* Internet Engineering Task Force, Internet Draft.

Ghosh, A. K. (1998). *E-commerce security: Weak links, best defenses.* John Wiley & Sons.

Ghosh, A. K. (2002). E-commerce vulnerabilities. In S. Bosworth & M. E. Kabay (Eds.), *Computer security handbook* (4th ed., chap. 13, pp. 13-113-21). John Wiley & Sons.

Hassler, V. (2001). *Security fundamentals for e-commerce.* Artech House.

Johnson, A. C., & Tesch, B. (2005). *US e-commerce: 2005 to 2010: A five-year forecast and analysis of US online retail sales.* Forrester Research.

Litan, A. (2005). *Increased phishing and online attacks cause dip in consumer confidence.* Gartner Group.

McClure, S., Shah, S., & Shah, S. (2002). *Web hacking:Attacks and defense.* Addison-Wesley.

McClure, S., Scambray, J., & Kurtz, G. (2005). *Hacking exposed: Network security secrets & solutions* (5th ed.). McGraw-Hill Osborne Media.

O'Mahony, D., Peirce, A. M., & Tewari, H. (2001). *Electronic payment systems for e-commerce* (2nd ed.). Artech House.

PayPal Corporation. (n. d.). Retrieved from http://www.paypal.com

Platt, A. F. (2002). Physical threats to the information infrastructure. In S. Bosworth & M. E. Kabay (Eds.), *Computer security handbook* (4th ed., chap. 14, pp.14-114-25). John Wiley & Sons.

Regan, K. (2005). *Fraud seen rising among large ecommerce companies*. http://www.ecommercetimes.com/story/47260.html

Ritter, J. B., & Money, M. (2002). E-commerce safeguards. In S. Bosworth & M. E. Kabay (Eds.), *Computer security handbook* (4th ed., chap. 19, pp.19-119-31). John Wiley & Sons.

Schneier, B. (1995). *Applied cryptography: Protocols, algorithms and source code in C*. John Wiley & Sons.

SET—Secure Electronic Transaction LLC. (1999). *The SET™ specification*. Retrieved from http://www.setco.org/

Smith, G. (2004). *Control and security of e-commerce*.John Wiley & Sons.

Tippett, P. (2002). The future of information security. In S. Bosworth & M. E. Kabay (Eds.), *Computer security handbook* (4th ed., chap. 54, pp. 54-154-18).John Wiley & Sons.

VeriSign. (n. d.). *PayFlow Pro, how it works*. Retrieved from http://www.verisign.com/products-services/payment-processing/online-payment/payflow-pro/howit-works.html

术语和定义

　　蛮力攻击（Brute-Force Attack）：试图通过穷尽所有可能的密钥来破解消息。大多数尝试都将失败，但其中之一将最终获得成功，使得破解者得以侵入系统或得到明文。蛮力攻击最常用于破解加密密钥和用户口令。

　　SET协议（Secure Electronic Transaction，SET）：这是一种用于保护互联网上信用卡交易安全的支付协议，由MasterCard、Visa以及包括Netscape、IBM、Microsoft和VeriSign在内的众多计算机公司共同开发。SET为信用卡交易提供了隐私和抗抵赖保护，而且可防止商家获得信用卡号。

　　威胁（Threat）：任何对信息系统具有潜在负面影响的（有预谋或偶然）的情况或事件，这种负面影响包括对数据的未授权访问、破坏、泄露、修改和/或拒绝服务等。威胁利用了系统中已知的脆弱性。

传输层安全（Transport Layer Security，TLS）：这是一种利用数据加密技术，对公网上的通信进行保护和认证的协议。TLS派生于SSL v3，是互联网标准之一（RFC2246）。

脆弱性（Vulnerability）：系统的设计、实现或运行与管理中存在的缺陷和弱点，它可被利用于破坏系统的安全策略。

第 17 章 洗钱手法分析

Krzysztof Woda
（法兰克福大学，德国）

恐怖主义资金筹措中的筹款、汇款或取款等非法活动与洗钱有许多关联。洗钱具有多阶段操作的特征，这也是恐怖主义筹款的典型特征。它通常包含一系列交易，以隐藏资金的来源或用途。本章对最适合恐怖主义筹款使用的洗钱手法进行分析，这些方法使用了电子支付系统（如转账、移动支付系统或虚拟金币等）。此外，从一个单阶段的洗钱过程入手，分析了支付系统在恐怖主义秘密筹款交易中的适用性。

17.1 引言

赛博恐怖主义通常被定义为针对信息系统、计算机系统和数据的攻击。更一般地，可将其定义为因信息系统导致的关键基础设施被中断（Krasavin，2000；Nisbet，2003）。现代洗钱行为主要通过网络系统进行，赛博恐怖主义的这种狭义界定与其有许多共同特征。

互联网通信的特性，如匿名性、个人到个人的支付、低廉的通信和交易开销、国际上个人与银行间的财富自由转移等，使其常被洗钱或恐怖主义筹款等非法活动所利用。

在洗钱与恐怖主义筹款的关联方面还有许多疑问。例如，在利用电信网络、电子银行（如离岸银行）或电子支付系统等洗钱手法当中，哪些最适合恐怖主义在筹措资金（包括筹款、汇款和取款）时使用？空壳公司、无所有权的证券登记者、非官方汇款系统、结构化支付（structured payments）、电汇等传统的洗钱手法，是否仍有助于恐怖主义筹措资金或准备恐怖行动（Financial Action Task Force on Money Laundering（FATF），2005）？在单个洗钱阶段中，这些洗钱手法有何区别？

17.2 赛博恐怖主义与洗钱：定义，区别与联系

赛博恐怖主义的广义定义是：任何针对关键基础设施的计算机攻击。这与计算机犯罪的定义并无二致。因此，许多作者设法将赛博恐怖主义的定义具体化（Krasavin，2000；Nisbet，2003；Pollitt，1997）。Pollitt把赛博空间与恐怖主义二者的定义结合起来，将赛博恐怖主义定义为：赛博恐怖主义是地方组织或秘密机构实施的有预谋和带有政治动机的攻击行为，它以信息、计算机系统、计算机程序和数据为攻击对象，可导致对非战斗目标的攻击（Pollitt，1997，p 2）。

尽管如此，该定义中仍然包括与计算机犯罪相同的领域或活动（如黑客攻击），因而将计算机恐怖主义定位为计算机犯罪的一部分。Krasavin（2000，p 2）将计算机恐怖主义定义为："恐怖分子团伙及其代理人对信息技术和手段的使用"，并指出动机是区别计算机恐怖主义与计算机犯罪的依据。赛博恐怖分子的动机是利用计算机系统及网络组织实施攻击，计算机犯罪以破坏程序、基础设施或数据为目标（Krasavin，2000）。国际安全与合作中心（Center for International Security and Co-operation，CISC）等机构将计算机恐怖主义狭义地定义为"对网络系统的攻击"（Nisbet，2003，被CISC引用）。

洗钱是一种转换和转移不法财产的故意违法行为（European Parliament and of the Council，2001；U.S. Patriot Act，2001）。洗钱的目的是隐藏或伪装

不法财产的真实来源、性质、处置或控制（European Parliament and of the Council，2001）。许多资产可以用于洗钱目的，如现金、存款、支票和电子货币（例如，预付款凭证和虚拟金币）、金融产品、房地产和服务（例如，餐饮、娱乐或电子商务中的虚假交易）。以非法资金流转为目的的兑换、转账、转移、收购、占有或使用等操作就是典型的洗钱行为（European Parliament and of the Council，2001；U.S. Patriot，2001）。欧盟委员会所给出的新定义将洗钱扩展到恐怖分子的资金筹措（Article 1 of the Proposal for a Directive of the European Parliament and the Council，2003，analogy in U.S. PATRIOT Act of 2001—Section 981 a（1）（G））。

现在，基于Krasavin（2000）和CISC所给出的定义来探究恐怖主义筹款和洗钱之间的关系。Krasavin（2000）认为恐怖活动的准备（策划、后勤支援和对象收集）包含资金支援或筹资。为了不让当局获悉恐怖行动的准备工作，如金融活动（大多数是非法进行的），必须隐藏资金的来源和使用。此外，尽管计算机系统并未充当破坏角色，但它可用于隐藏非法资金流动（例如，使用密码手段），使之常常无法检测。这些活动如果没有网络的支持是无法进行的，因为它们通常是合法系统的一个组成部分（如银行转账）。CISC给出的定义与Krasavin（2000）的不同，尽管他们都强调了对网络系统的攻击。

计算机恐怖主义和洗钱都强调网络系统的重要作用。现代洗钱活动使用了上述所有复杂的电子转账方法，但计算机恐怖主义使用的主要是通信技术。赛博恐怖主义和洗钱活动间的其他共同点，是没有合法许可及具有潜在的破坏性（Nisbet，2003）。洗钱不仅给其中介机构带来不当利润，而且还会给相关公司和金融服务机构带来流动性风险，并由此使整个支付和银行系统陷入信任危机（巴塞尔银行监管委员会（BCBS），2003）。

洗钱活动与恐怖主义筹资之间也有一些区别（美国财政部恐怖主义及金融情报办公室（TFI），2003）。洗钱的目的是隐藏从犯罪所得资金的性质或来源。在恐怖主义筹资中，资金的来源可能是合法的。侦查洗钱活动的目的是进行起诉和罚款,但对于恐怖主义筹资,当局最重要的任务是阻止资金流动(TFI,2003)。

17.3 洗钱手法及其在恐怖主义筹资中的适用性分析

反洗钱金融行动特别工作组(Financial Action Task Force on Money Laundering,FATF)、美国财政部等组织已经识别出许多洗钱技术和方法。FATF认为判断系统或工具是否适用于洗钱,资产的易存取性、潜在投资的复杂性和国际转账能力是重要的考虑因素(FATF,2004a)。产品的高度复杂性和流动性,使转账追踪变得复杂。国际转账经常要在无洗钱打击合作的国家间进行,因而可以隐瞒资金来源。在洗钱活动和恐怖主义筹资中,选择何种技术取决于许多因素,如交易周期、交易量、国际或国内转账的特点等。然而,这也取决于洗钱者或恐怖分子的个人偏好,如对技术的熟悉程度、对新式支付方法的了解等。

转账

转账是通过电信网络将资金从付款人流转到收款人的金融交易(欧洲中央银行\[EZB\],2003)。转账系统有合法和非法之分。非法转账系统常被称为平行银行转账系统(parallel bank transfer systems)(TFI,2003)。在专用客户领域,合法转账系统有电子银行。在国际上,合法转账系统则有诸如SWIFT or TARGET(特别对公司间的大额转账)等特殊的结算和转账系统。非法转账是通过像Hawala这样的系统进行的。Hawala不采用官方银行账户,而是通过非正式途径或熟人转移资金(TFI,2003)。在Hawala系统中,支付是建立在现金的基础上的,但通信和支付确认则经常采用电子途径(如电子邮件、传真)。Hawala转账系统将传统现金系统的优点(如匿名性)与电子通信的高速和高费效比相结合,无需进行交易注册,并且可以在个人之间进行转账。

尽管有电子追踪和识别措施,转账仍是恐怖主义筹资中有效的资金转移方法。银行账户的合法持有者如果泄露了其个人识别码（即PIN码）或口令，那么其账户就可能被洗钱者或恐怖分子所利用（TFI, 2003）。结构化支付可用于对抗洗钱侦查，它将大额款项分割成若干小额款项（例如在美国，低于1万美元的法定限额）（FATF, 2005）。结构化支付通常经由若干渠道（电话、网上银行、智能卡和移动支付系统）和离岸国家的银行系统进行。在恐怖主义筹资中，利用黑客入侵银行系统然后转移盗窃资金的方法，可在短期内收取资金。将合法的银行转账与Hawala系统结合使用，并通过互联网预先安排好转账事宜，是恐怖主义筹资操作等短期非法活动的理想工具。

空壳公司，离岸公司，代理人和慈善机构

公司或慈善机构等非盈利组织拥有的国际转账额度也比个人大，因而可被恐怖分子用于收集资金。慈善机构常常运行于危机地区，而这也是恐怖分子活跃的地区。人道主义募捐与为恐怖分子提供资金支持的募捐之间常常不易区分。因此，在非法金融活动的侦查中，资金用途成了一个关键判断因素。此外，还存在一些非正规的慈善机构。它们在十分封闭的种族或宗教团体的范围内运作，并通过Hawala系统等非正规的途径转账（FATF, 2004b）。慈善机构甚至也会使用非正规的转账系统，例如，来自若干个国家（包括恐怖分子活动的国家）的员工相互进行转账，只要确保其内部账目的平衡即可。

转账到空壳公司（资本转移中介，通常具有金字塔式的业主结构，有一名类似律师的代理人或离岸公司经理，有许多银行账户（Madinger & Zalopany, 1999）），或者操纵发票（开低价发票和开高价发票）都是大额资金转账的典型方法。这些方法的操作周期长且过程复杂（涉及公司注册等），在恐怖主义筹款和洗钱这二者中，它们更适用于后者。

17.4 金融产品

由于市场规模、易存取性、可获得性和品种多样性等原因，金融产品（保

险凭证，非标准的衍生品，例如掉期交易、以贷款为基础的高级组合证券）是洗钱的理想工具（FATF，2004b）。尽管如此，这些工具并不适合用于恐怖主义筹资，因为它们通常要长期规划，流动性不如货币，而且还需要注册证券代理人作为中介。

虚拟金币

虚拟金币是基于账户的电子支付系统，其价值与真实黄金（如金块、金条或金币）完全等同。为兑换或购买金币，用户需要在虚拟货币提供商那里注册一个互联网账户，注册时需要一个电子邮件地址。通过互联网上的代理，将黄金兑换成中央银行所发行的货币。尽管虚拟金币系统对客户身份进行了注册和验证（例如，身份标识的复印件、验证码，当有洗钱嫌疑时检查交易数据），但看起来仍适合用于洗钱和向恐怖主义提供资金支持等短期操作。用户可以在虚拟金币系统提供商那里注册若干账号，这样就可以进行结构化支付。虚拟金币用户间的转账使非法资金流的侦测更加复杂。离岸银行以虚拟金币为保证金，无需姓名、地址或信用检查，就可以发行匿名ATM支付卡。这种ATM卡可用于提款（Gold-ATM）。还有些代理商接受将现金或邮政汇款兑换成虚拟金币的定单服务。此外，许多虚拟金币系统的提供商位于离岸国家，它们与反洗钱组织或国家没有合作关系。这是恐怖分子应用此类系统进行筹款的关键原因。

预付卡

多用途的预付费智能卡既可用于个人间转账，也可用于电子商务（使用特殊的读卡器）。受充值额度限制（如德国的GeldKarte卡的充值限额为200欧元）、需要账户支持（客户身份标识）、系统提供商的交易协议（统一的序列号、卡号和终端号等）、取款和充值终端不流行等因素的限制，大多数预付卡产品只能有条件地用于洗钱和恐怖主义筹资（Stickel & Woda，2005）。使用预付卡的项目通常只能在境内实施。尽管如此，预付卡的某些特点，如以离线方式在个人之间进行转账（如，Mondex wallet）、匿名性（如，WhiteCard-GeldKarte）或互用性（如，Proton Prisma系统）等，可被恐怖分子用于转移资金或取款（EURO Kartensysteme，2006；MasterCard Int.，2006；STMicroelectronics，2006）。由于流行范围小，目前这类预付款产品已不适用于转移非法资金或存款。使用预付卡进行频繁和高额交易会很快引起反洗钱部门的警觉。然而，将来那些具有多币种并可在个人用户间自由转账的无责任产品，还是会被用于重大恐怖行动的准备工作。

移动支付系统

一般来说，移动支付系统具有良好的应用灵活性（可用于移动商务、电子商务、固定交易（in stationary trade）和个人间转账等多种应用）、易用性（电子钱包功能）和开户方法与存取方法多样性等特点（McKitterick & Dowling，2003）。当今的移动支付系统是以服务器为基础的，具备明确的身份识别和实时的客户认证等功能特征，因而不适用于洗钱活动。然而，未来移动支付系统的国际性、应用灵活性和本地直接支付能力（经常是匿名支付，使用特殊读卡器，如带有两个插槽或两个芯片的终端设备）将会提高，这些特点加上巨大的移动用户群，将使其成为组织恐怖行动的重要支付手段。

17.5　网络系统在不同洗钱阶段的适用性

洗钱是一个复杂的多阶段过程，它包含许多个单项交易。美国海关总署将洗钱过程分为三个阶段（Bongard，2001，as cited in U.S. Customs Service，1989；Madinger & Zalopany，1999）：（1）安置阶段（placement phase），将非法活动所得转换成其他形式；（2）分层阶段（layering phase），在不同机构和个人账户间进行一系列交易，以隐藏洗钱者的真实身份；（3）整合阶段（integration phase），将合法和非法的资产结合在一起，使之形成完整的商业周期。在整合阶段，洗钱交易看起来是合法的，但为恐怖主义筹资的交易仍然严格地秘密进行。另一方面，只有在从筹集到提款的整个商业周期中不暴露资金的非法来源，恐怖行动的准备工作才能成功。

支付系统主要用于实现单个洗钱阶段的目的。大多数电子支付系统（转账，移动支付系统）只适用于分层阶段，用以在不同账户、国家和个人之间转账。预付费卡（特别是匿名卡）适用于洗钱的安置阶段。在洗钱活动中使用网络系统有一些重要局限，即网络系统有用户注册或身份识别功能且不允许进行个人间转账。然而，在传统支付中还可以使用空壳公司、虚假公司、慈善机构、匿名电子邮件账户、回购贷款组合（back-loan schemes）、开高价发票和开低价发票等方法，将非法资金整合到一个商业周期之中，以实现为恐怖主义筹资的目的。

黄金货币可用于洗钱的各个阶段，对洗钱活动和恐怖主义筹资具有吸引力（TFI，2003）。在安置阶段，可以通过互联网代理、空壳公司、托管人或个人转账系统（如，Hawala），以汇票、支票、慈善资金或匿名的金币用户（个人到个人转账）等途径存入资金。在分层阶段，互联网上的大量服务商和代理商所形成的网络，为个人、公司和离岸国家间的资金流动创造了理想条件。通过所谓的Gold ATM卡将金币兑换成央行货币，以发放虚构的电子商务活动利润等形式提取现金，再将洗白后的资金重新注入合法的交易系统。

17.6 结束语

黄金货币因其自身的特点，使其看起来非常适用于洗钱和恐怖主义金融交易。其他电子支付系统只有某些特征适用于这些活动，因此只能有条件地用于某个洗钱阶段。此外，就某个方法的运用而言，洗钱和恐怖主义筹资也有不同之处。以银行转账为例，由于系统具有电子追踪功能，它不适用于洗钱。但若它与Hawala、虚假公司或空壳公司等其他手法结合使用，却可用于恐怖主义筹资。洗钱和恐怖主义筹资手法也在不断发展之中。因此，发展适宜的对策和侦测方法就显得很重要。限制预付费卡的最高充值限额、不允许在个人之间转账等建议并不新颖。因此，应将研究的注意力集中在采用新技术和新工艺开发适用的解决方案（技术，密码，监控系统等）。

参考文献

Basel Committee on Banking Supervision (BCBS). (2003). *Initiatives by the BCBS, IAIS and IOSCO to combat money laundering and the financing of terrorism.* Retrieved February 15, 2006, from http://www.bis.org/publ/joint05.pdf

Bongard, K. (2001). *Wirtschaftsfaktor Geldwäsche.* Wiesbaden, Germany: Deutscher Universitäts-Verlag.

Center for International Security and Co-operation. *Proposal for an international convention on cyber crime and terrorism.* Retrieved February 3, 2006, from http://www.iwar.org.uk/cyberterror/ #cyber

Commission of the European Communities. (2003). *Proposal for a directive of the European Parliament and of the council on measures and procedures to ensure the enforcement of intellectual property rights* (Brussels, 30.1.2003). Retrieved February 15, 2006, from http://europa.eu.int/eur-lex/en/com/pdf/2003/com2003_0046en01.pdf

'*Cyberterrorism*' *testimony before the House Special Oversight Panel on Terrorism Committee on Armed Services.* (2000). (testimony of D. E. Denning). Retrieved February 3, 2006, from http://www.cs.georgetown.edu/~denning/infosec/cyberterror.html

e-gold Ltd. (n.d.). *What is e-gold?* Retrieved February 3, 2006, from http://www.e-gold.com/unsecure/qanda.html

EURO Kartensysteme. (2006). *Kartenarten.* Retrieved February 15, 2006, from http://www.geldkarte.de/ww/de/pub/rund_um_die_geldkarte/hintergruende/karten_arten.htm

Europäische Zentralbank. (EZB). (2003). *Elektronisierung des Zahlungsverkehrs in Europa* (Monatsbericht, S. 65-78).

European Parliament and of the Council. (2001). *Directive 2001/97/EC.* Retrieved February 15, 2006, from http://europa.eu.int/eurlex/pri/en/oj/dat/2001/l_344/l_34420011228en00760081.pdf

Financial Action Task Force on Money Laundering (FATF). (2004a). *Report on money laundering typologies, 2003-2004.* Retrieved February 3, 2006, from http://www.fatf-gafi.org/dataoecd/19/11/33624379.pdf

Financial Action Task Force on Money Laundering (FATF). (2004b). *Report on money laundering and terrorist financing typologies, 2003-2004* (FATF-XV). Retrieved February 3, 2006, from http://www1.oecd.org/fatf/pdf/TY2004_en.PDF

Financial Action Task Force on Money Laundering (FATF). (2005). *Typologies report 2004-2005.* Retrieved February 15, 2006, from http://www.fatf-gafi.org/ dataoecd/41/25/34988062.pdf

Gold-ATM. *Debit and prepaid cards for digital currencies users.* Retrieved February 13, 2006, from http://www.gold-atm.biz/cards.php

Krasavin, S. (2000). *What is cyber-terrorism?* Computer Crime Research Center. Retrieved February 3, 2006, from http://www.crime-research.org/library/Cyber-terrorism.htm

Madinger, J., & Zalopany, S. A. (1999). *Money laundering. A guide for criminal investigators.* Boca Raton, FL: CRC Press.

Mastercard Int. *Frequently asked questions.* Retrieved February 15, 2006, from http://www.mondex.com/faq.html#q07

McKitterick, D., & Dowling, J. (2003). *State of the art review of mobile payment technology* (Tech. Rep.). The University of Dublin, Trinity College. Retrieved February 15, 2006, from http://www.cs.tcd.ie/publications/tech-reports/reports.03/TCD-CS-2003-24.pdf

Nisbet, C. (2003). Cybercrime and cyber terrorism. In S. Paulus, N. Pohlmann, & H. Reimer (Eds.), *Securing electronic business processes—Highlights of the information security solutions conference 2003.* Vieweg. Retrieved February 3, 2006, from http://www.qinetiq.com/home_enterprise_security/conference_papers_index.Par.0001.File.pdf%5D

Pollitt, M. M. (1997). A cyberterrorism fact or fancy? In *Proceedings of the 20th National Information Systems Security Conference, 1997* (pp. 285-289). Retrieved February 3, 2006, from http://www.cs.georgetown.edu/~denning/infosec/pollitt.html

Stickel, E., & Woda, K. (2005): Electronic money. In E. Petzel (Ed.), *E-finance* (pp. 831-860). Gabler Verlag. STMicroelectronics, Proton PRISMA. (n.d.). Retrieved February 15, 2006, from http://www.st.com/stonline/products/promlit/pdf/flprotongen-1003.pdf

U.S. Patriot Act of 2001. §§ 1956, 981.

U.S. Treasury—The Office of Terrorism and Financial Intelligence (TFI). (2003). *National money laundering strategy.* Retrieved February 3, 2006, from http://www.treas.gov/offices/enforcement/publications/ml2003.pdf

术语和定义

Hawala：这是一种非正规的价值转移系统（也称为并行汇款转账系统），用于在国际间转移资金。付款人在其本国的Hawala经纪人处存入一定数额的资金，该经纪人与收款人所在国的Hawala经纪人联系，由其向收款人支付资金。双方的经纪人在内部进行债务的结算，而无需进行资金的转移。

分层（Layering）：在洗钱活动中，分层指在公司、机构和其他人的账户之间进行的一系列资产转移活动，目的是藏匿资产的来源和洗钱者的身份。

洗钱（Money Laundering）：一种以藏匿或伪装非法所得财产的真实来源、性质、支配权或控制权为目的的犯罪活动。

空壳公司（Shell Corp）：一个没有真实资产或经营活动的公司，它具有金字塔式的股东结构，并开设了许多银行账户，这些账户常常用于行骗。

结构化支付（Smurfing or structured payments）：将大额款项分成多份低于指定限额的小额存款，以避开执法部门的报告和审查。

Chapter 18
第 18 章 | 恶意软件：专用特洛伊木马

Stefan Kiltz，Andreas Lang，Jana Dittmann
（马格德堡大学，德国）

  近期发生的以刺探工业情报为目的的攻击表明，特洛伊木马可以用于赛博战和赛博恐怖活动。为整合特洛伊木马的防范方法，本章提出了一种以元组（tuples）列表表示的特洛伊木马威胁分类法。在此基础上，定义了一个由木马传播方法、激活方法、存储方法、执行方式、通信方法及恶意功能等构成的集合，用以描述特洛伊木马的特征。其中每个功能特征又都带有自我防护方法（如加壳或加密），以对抗防护软件的检测和删除。元组列表以及特洛伊木马属性分类非常重要，是发展和组织此类威胁的防范方法的第一步。提出了一种新的木马分类方法，该方法对特殊和通用特洛伊木马均适用。此类恶意软件尤其适用于赛博战和赛博恐怖行动，因为常见的防护软件（如病毒扫描器）不太可能检测到它。为了达到该目的，可针对特定计算机系统的特别攻击要求，定制具有情报刺探或破坏功能的特洛伊木马。如果在攻击中未曾大规模使用这种木马，那么反恶意软件厂商就几乎没有机会或根本不可能获得其特征码。被监视的系统会在毫无知觉的情况下将重要信息发给攻击者。此外，攻击者还可以选择永久或暂时中断信息基础设施（如对硬件实施拒绝服务攻击或破坏）。攻击者可以对通用特洛伊木马进行更新以扩充其功能。文中所提出的元组列表可用于描述专用或通用特洛伊木马。

18.1 引言

特洛伊木马是一种特殊的恶意软件，已存在相当长时间了，其威胁不容低估。因此，当今的反病毒软件厂商提供了特洛伊木马的检测和清除手段，但他们几乎无一例外地都是依赖特征码来检测此类程序。对于那些经过精心设计的一次性使用或者极少使用的木马，由于没有人截获其特征码并将其加入病毒特征库，反病毒软件将无法检测出它们。最近发生的以工业情报刺探为目的的攻击表明，这种木马可以应用于赛博战和赛博恐怖行动（Neumann, 1997）。

本章描述该类特洛伊木马的威胁，然后提出一种系统化描述其特征的方法。在此基础上，研究其防范方法。

18.2 背景

特洛伊木马是一种特殊的恶意软件，得名于一个古希腊神话，其中讲述了一个将藏有军队的巨大木马作为礼物送给特洛伊城居民，从而绕过特洛伊城的坚固城防从内部发起攻击的故事（Trojan War, 2005）。

类似地，将那些看起来对用户有用，但却同时包含未在文档上说明的秘密恶意功能的程序称做特洛伊木马。或者，根据Matt Bishop（Trojan War, 2005, p. 614）的定义，特洛伊木马是"一种同时包含公开功能（已文档化的已知功能）和秘密功能（未文档化的非预期功能）的程序"。

特洛伊木马经常使用社会工程技术，欺骗用户安装并运行它。由于是用户自己要运行，所以防火墙、垃圾邮件过滤器等自动防护工具对其没有防范作用。

18.3 本章的主要内容

特殊通用木马

特洛伊木马程序的出现已有些时日。目前，木马制造者的重点是开发新颖且具危险性的特殊通用木马（Dittman & Lang, 2004）。这类恶意软件尤其适用于赛博战和赛博恐怖行动，因为常见的保护软件（如病毒扫描器）不可能检测到它们。为达到这一目的，可针对特定的计算机系统定制具有间谍或破坏功能的木马。只要不大规模使用，反恶意代码软件厂商就没有机会提取到其特征码。这样，就可以在用户没有知觉的情况下对系统进行刺探，并将关键信息发给攻击者。此外，攻击者还可以选择永久或暂时的中断信息技术基础设施（例如，拒绝服务攻击，破坏硬件等）。

特殊通用木马（Special and Universal Trojan）的定义如下：特殊通用木马是一种以特定计算机系统为攻击目标的特制程序，攻击者可利用它对受害计算机系统进行未授权的绝对访问。其特殊之处在于它是针对系统的攻击需求专门定制的。这种木马具有通用性，因为攻击者可以在运行阶段重新配置其代码功能。

尽管有些保护机制（如防火墙）可以实现盲阻塞（blind blocking），即无需预先检测就可防范威胁，但为了检测特洛伊木马，往往需要检测其存在性。要防范特殊通用木马，尤其需要研究其属性，并基于这些属性找到其攻击模式。本文使用元组列表来描述特殊通用木马的属性，下一节将详细阐述这一列表。

特殊通用木马的描述元组

要描述特殊通用木马的属性，需要考察几个主要的功能类。特殊通用木马的功能类如下：

- 传播方法：V

- 激活方法：A
- 存储方法：U
- 通信方法：K
- 运行方式：W
- 载荷功能：F
- 自我保护措施：S

这些类别构成如下元组：

$T=(V|S, A|S, U|S, W|S, K|S, F|S)$

需要说明的是，在不同的功能类中，特殊通用木马所采取的自我防护措施可能不同，文中用"|"表示。

下面分别描述每个功能类，并给出元组元素的示例。元组元素的构造方法如下：用整数i索引方法，用整数j索引项，以$v_{i,j}$表示元组V中的元素。下列各表列出了我们目前正在开展的工作，这种表示方法既便于扩展功能类，也便于扩展现有功能类中的项目。

如表18-1所示，传播方法V描述了特殊通用木马植入受害计算机的途径。在这些传播方法中，有些必须有用户的主动参与，有些则完全不需要用户的参与。

表 18-1　传播方法 V 的部分实例

$v_{i,j}$	i=1 文件执行，下载	i=2 社会工程	i=3 漏洞	i=4 畸形数据对象	i=5 物理访问
j=1	电子邮件附件				
j=2	即时通信				
j=3	文件共享网络（点对点）				

激活方法A描述了攻击者在受害计算机上运行木马程序的途径。有几种可用的技术，它们绝大多数依赖于受攻击计算机上运行的操作系统。表18-2所示的是激活方法的几个实例。

表 18-2　激活方法 A 的部分实例

$a_{i,j}$	i=1 操作系统的引导序列	i=2 无意的程序调用
j=1	初始化脚本（如 Windows 系统中的 win.ini 或 Linux 系统的 init.d 脚本）	被修改的程序
j=2	注册项（大约有 50 项）	利用混合应用程序中的漏洞（将 Unix 的 cp 程序与 Windows 的 copy 程序相互替代）
j=3	内核模块（在运行时动态加载）	使用社会工程

对攻击者而言，有一点非常重要，就是要在受害计算机系统中永久保存特洛伊木马的程序代码和运行结果（例如，刺探到的信息）。存储方法 U 描述了数据在本地计算机系统中的存储位置。表18-3所示的是存储方法的一些示例。

表 18-3　传播方法 U 的部分实例

$u_{i,j}$	i=1 以文件形式保存在大容量存储介质中	i=2 以与文件系统无关的形式存储在硬盘中	i=3 保存在硬件的模块/内存区中	i=4 分散到多个文件中（迷惑型特洛伊木马）
j=1		保存在"坏"簇内		
j=2		保存在已用簇的残余空间中		
j=3		保存在分区的残余空间中		

有时，特洛伊木马使用特殊技术感染受害的计算机。运行方式 W 可用于描述已知的运行方法。表18-4列举了几个例子。

表 18-4　运行方法 W 的部分实例

$w_{i,j}$	i=1 DLL 注入	i=2 进程注入	i=3 修改配置	i=4 绕过受保护的堆栈	i=5 加载/加入模块
j=1					

攻击者需要通过某些途径与木马程序建立通信。通信方法 K 描述了这些通信途径。通常有被动连接和主动连接两种方法，它们的唯一区别在于通信

的发起者不同。在被动通信中，攻击者等待木马与其建立连接，这种方法通常比较隐蔽且难以检测；在主动通信中，攻击者在其选定的时间向木马发送命令。表18-5是通信方法示例。

表 18-5　通信方法 K 的部分实例

$k_{i,j}$	$i=1$ 主动（直接）通信	$i=2$ 被动（间接）通信	$i=3$ 电子邮件、IRC、ICQ、HTTP	$i=4$ 使用其他协议隧道（如，ICMP、DNS、HTTP）
$j=1$				
$j=2$				
$j=3$				

几乎所有植入受害计算机中的特洛伊木马都要实现某种目的。载荷功能 F 描述了实现特洛伊木马实现目的的途径。表18-6是载荷功能示例。

表 18-6　载荷功能 F 的部分实例

$f_{i,j}$	$i=1$ 文件管理器	$i=2$ 进程管理器	$i=3$ 键盘记录器	$i=4$ 更新功能	$i=5$ 注册表
$j=1$	文件上传/下载	显示运行进程	离线键盘记录器（保存击键操作）	增加模块	跳转到特定键
$j=2$	创建/删除目录	结束/启动进程	在线键盘记录器（传送击键操作）	删除模块（缩减体积）	创建/删除特定键
$j=3$	执行文件		在保存的击键记录中查找		增加/修改键值

为了逃避检测或防止被删除，特洛伊木马采用了一些自我防护措施，以 S 表示。木马所用的保护机制类似于计算机病毒（详见Szor，2005）。这些防护机制可单独应用于保护元组中的某个特定功能类。表18-7是可能用到的自我保护措施。

基于前述的元组列表，可以描述给定特洛伊木马的属性。下文将结合两个特殊通用木马实例，解释元组列表的用法。

表 18-7 自我保护措施 S 的部分实例

a	$i=0$ 无	$i=1$ 加壳	$i=2$ 多态	$i=3$ 隐藏	$i=4$ 隐写	$i=5$ 加密	$i=6$ 控制保护软件
$j=1$							

特殊通用特洛伊木马示例

为了解释元组列表的用法，将定义两个抽象的特殊通用木马。第一个是对其所在计算机进行侦查的木马模型，记为t_1，其表示如下：

$t_1 = (\{v_{1.1}, v_4\}|\{s_3\}, \{a_1, a_{2.1}\}|\{s_3\}, \{u_{2.3}\}|\{s_3\}, \{w_2\}|\{s_3\}, \{k_2, k_3, k_4\}|\{s_3\}, \{f_{1.5}, f_{3.1}\}|\{s_3\})$

上式的含义是：通过电子邮件（$v_{1.1}$）将t_1发送到受害计算机上，利用电子邮件程序中的漏洞实施攻击（v_4），木马的激活方法是$a_{2.1}$。通过运行方式w_2（译注：原文为w_3）将恶意代码植入操作系统中后，此后木马就可以在操作系统启动时，以a_1方式激活，与被控制的内核一同启动。该木马利用查找功能（$f_{1.5}$）在受害计算机系统上搜索感兴趣的文件，将结果存储在本机硬盘中正常文件系统以外的空间（$u_{2.3}$）。为了与攻击者通信，它操纵现有通信渠道（k_3），采用被动方式（k_2）通信。其思路是以受害者发送的电子邮件为容器，将所收集到的信息发给攻击者。为了绕过加密机制，t_1利用击键记录器记录受害者的口令（$f_{3.1}$）。整个过程如下：木马通过将搜集到的信息嵌在电子邮件中发送给攻击者；攻击者收到电子邮件后，从邮件中抽取出信息，再把余下的内容发到电子邮件的原始接收地址（k_4）。t_1中的每个功能都使用了隐藏机制进行自我保护（s_3），这样，只要被操纵的操作系统内核启动，t_1被检测到的机会就微乎其微。

第二个例子是在受害计算机上以最短时间实施最大破坏的抽象木马模型，记之为t_2，其表示如下：

$t_2 = (\{v_3\}|\{s_0\}, \{a_2\}|\{s_0\}, \{u_3\}|\{s_0\}, \{w_2\}|\{s_0\}, \{f_{1.2}, f_{1.1}\}|\{s_0\})$

上式的含义是：利用新近漏洞（v_3）将其自身传播到受害计算机上。利用缓冲区溢出漏洞将代码注入一个运行中的服务进程（a_2和u_3），以获得管理员权限。t_2仅存在于内存中（u_3），它竭尽全力删除所有可访问的文件系统，并擦除所有可擦写设备中可通过flash更新的固件，以达到破坏硬件之目的，从而达到最大破坏效果。进入受害计算机后，t_2立即实施破坏，因此它不需要通信和自我保护功能。

18.4 结束语

特洛伊木马，特别是特殊通用特洛伊木马，是计算机系统的紧急威胁。尽管反病毒软件厂商提供了木马扫描能力，但仍有一些木马可逃过检测。防火墙等其他自动化的防御手段可防止常规恶意软件进入计算机系统，但对特殊通用木马的攻击却几乎无能为力。基于异常检测机制的入侵检测系统对某些攻击模式具有更强的检测能力，但却容易产生误报。

元组列表是分析特殊通用木马威胁的第一步。辅以其他恰当的措施，可以改变木马的某些属性从而挫败攻击（例如，停止使用文件共享网络，它是恶意软件的持续来源。）

对当今的软件而言，单纯的技术手段无法确保对特殊通用木马的防范效果。采用某些组织层面的措施，如，最小权限概念或全部采用认证过的软件（包括应用程序和操作系统）可以减少威胁。个人措施，如定期教育，有助于防范社会工程技术。可以断言，技术、组织和个人三种措施并用可以在很大程度上将威胁最小化。

参考文献

Bishop, M. (2005). Introduction to computer security.
Trojan War. (2005). In Britannica.com. Retrieved from http://www.britannica.com/ebc/article-9381198?query=trojan\%horse&ct=
Dittmann, J., & Lang, A. (2004). Lecture selected aspects of IT-security (WS 04/05) (Internal

Rep.).

Neumann, P. G. (1997). Computer security in aviation: Vulnerabilities, threats, and risks. In Proceedings of the International Conference in Aviation Safety and Security in the 21st Century, White House Commission on Safety and Security, and George Washington University. Retrieved from http://www.csl.sri.com/neumann/air.html

Szor, P. (2005). The art of computer virus research and defense.

第 19 章 SQL 代码中毒：最流行的 Web 数据库攻击技术

Theodoros Tzouramanis
（爱琴大学，希腊）

本章的研究重点是 SQL 代码中毒攻击，给出了利用恶意 SQL 代码使 Web 数据库中毒的不同方法。这些方法可破坏系统安全性。接着，描述了 SQL 代码中毒的检测技术，讨论了许多与此类攻击相关的安全防范问题。本章也探讨了 Web 应用程序防范非预期用户输入攻击、防止数据库结构被篡改、保护数据不被破坏以及防止私有和机密信息外泄的安全机制和软件工具，以保护其不受 SQL 代码中毒攻击。

19.1 引言

Web 应用程序面临的攻击呈不断上升之势，使任何有网络业务的组织面临新的风险。SQL 代码中毒（SQL Code Poisoning），也称 SQL 注入攻击（SQL Injection Attack）（CERT，2002），是数据库所面临的最严重的安全威胁，是最常见的 Web 数据库间接攻击技术，可有效破坏 Web 应用程序的机密性、完整性和可用性。这种攻击狡猾而又普遍，其基本思路是：通过注入结果恒真或恒假的操作，修改预定义查询中的预定义逻辑表达式。用这种简单的技术，攻击者可以运行任意SQL查询，从而从电子商务应用中提取敏感的客户和定单信息，或者绕过强大的安全机制，危害后台数据库和数据服务器文件系统的安全。尽管存在这种威胁，但互联网上容易遭受此类攻击的系统还是多得令人惊奇。

本章的研究重点是SQL代码中毒攻击，给出了利用恶意SQL代码使Web数据库中毒的不同方法。这些方法可破坏系统安全性。接着，描述了SQL代码中毒的检测技术，讨论了许多与此类攻击相关的安全防范问题。本章也探讨了Web应用程序防范非预期用户输入攻击、防止数据库结构被篡改、保护数据不被破坏以及防止私有和机密信息外泄的安全机制和软件工具，以保护其不受SQL代码中毒攻击。

19.2 背景知识

当今，电子商务和组织通常通过某种软件或硬件防火墙解决方案来保障其网络安全（Theriault & Newman，2001）。防火墙的作用是对进入和离开组织网络的网络流量进行过滤，确保只有经过许可的"合法"用户才能使用网络。依靠防火墙来实现安全性，存在一个概念性问题，即防火墙是工作在IP层和网络端口上的。因此，防火墙不理解更高层次的协议细节，如超文本传输协议，它是Web应用程序的运行协议。

根据定义，应用层攻击可以直接穿越防火墙。SQL代码中毒就是其中一种攻击方式，它利用Web应用程序未对输入进行验证的漏洞，将SQL命令传递给后台数据库执行。后台数据库是大多数Web应用程序的核心所在。攻击者利用程序员经常根据用户提供的参数链接得到SQL命令这一事实，将SQL命令内嵌到这些参数中。这样，就可以通过Web应用程序在后端数据库服务器上执行恶意的SQL查询操作。

为执行SQL代码中毒攻击，攻击者仅需要一个Web浏览器并猜测出一些重要表单和字段的名称。SQL代码中毒之所以成为目前互联网上最常见的应用层攻击，原因就在于此。Rain Forest Puppy是这种攻击的发明者，他曾经是一名黑客，现在是一家国际软件开发公司的安全顾问。

19.3　SQL 代码中毒攻击

SQL 代码中毒原理

SQL代码中毒是一种特别狡猾的攻击手法，因为它能越过安全数据库在安装阶段所设置的所有经良好规划的策略，使个别恶意人员可以利用有漏洞的应用程序将代码直接注入数据库管理系统（DBMS）（Spett，2002）。这种攻击的基本原理是，恶意用户通过伪造Web应用程序发给后台数据库的数据，改变DBMS将要执行的SQL查询操作。

这种伪造行为看似无害，实际上却非常危险。最令人担忧的是，SQL代码中毒攻击很容易实现，即使Web应用程序的开发者知道此类攻击。

在Web编程语言中，容易受到SQL代码中毒攻击的主要是动态脚本语言，如ASP、ASP.NET、PHP、JSP以及CGI等（Anupam & Mayer，1998）。举个例子，图19-1所示的是一种典型的含有用户名和口令的Web应用程序入口表单，当用户提供其认证凭据时，一段类似于图19-2所示的ASP代码可能会获得SQL语句的查询结果，其结果可以验证用户的身份。

事实上，当用户键入一个有效的登录名和口令组合时，应用程序将通过提交相关的SQL查询，在某个名为USERS的表中查询username和password列。在图19-2所示的代码中，如下这行最为重要：

str_query = "select * from USERS where username ="

"+text_username+"　'and password='　"+ text_password +'"　'; ";

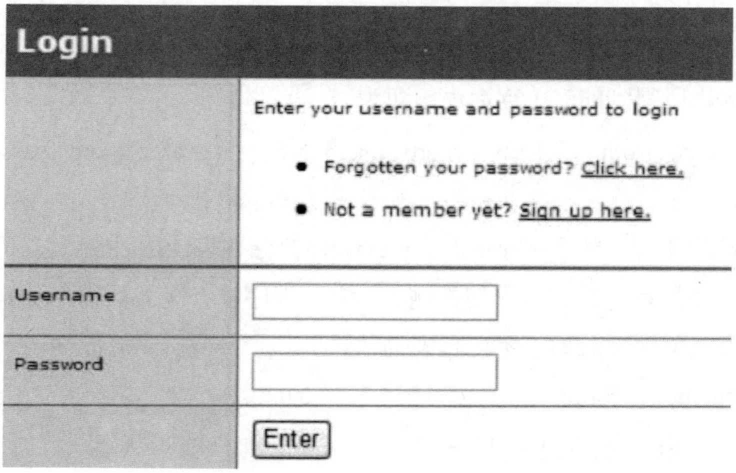

图19-1　Web应用程序中一个典型的用户登录表单

```
<%
dim username, password;
username = Request.form("text_username");
password = Request.form("text_password");

var con = Server.CreateObject(ADODB.Connention");
var rso = Server.CreateObject(ADODB.Recordset");

var str_query = "select * from USERS where username = ' " + text_username +
            " ' and password = ' " + text_password + " ';";

rso.open(str_query, con);
if (rso.eof) then
    response.write "Invalid login."
else
    response.write "Welcome to the database!";
%>
```

图19-2　通过Web应用程序在数据库中管理用户登录请求的ASP代码实例

查询语句被送到数据库中执行。其中，变量text_username和text_password的值是由用户提供的。例如，如果用户输入

username：george

password：45dc&vg3

那么，所得到的SQL查询语句即为

select * from USERS where username = 'george' and password = '45dc&vg3'；

这就意味着，如果username和password存储在表USERS中，身份验证即告成功，并且系统会将用户切换到Web应用程序私有区。然而，如果恶意用户在登录表单中输入如下不可预期的值：

username：george

password：anything' or '1' = '1'

那么动态的SQL查询就变成了

select * from USERS where username = 'george' and

password = 'anything' or '1' = '1'；

对于表中的任何一行，表达式"1" = "1"始终为真。而一个真表达式通过"or"与另一表达式相连，其结果也为真。因此，数据库将返回的USERS表中所有的记录。然后，假如Web应用程序收到了数据库查询结果，得到了某些记录，那么它会认定用户的口令为anything，并允许其登录。在最坏的情况下，Web应用程序会在屏幕上显示USERS表中的所有元组，即所有的usernames/passwords信息。

如果恶意用户知道的全部或部分用户的登录名，那么通过输入如下形式的用户名，就可以在不知道口令的情况下登录系统：

Username：' or username = 'admin'； --

Password：

在transact-SQL环境中，"--"表示单行注释的开始。所以，在微软的SQL服务器环境中，查询语句中"--"之后部分将被忽略。通过类似的表达式，恶意用户可以更改用户口令、删除用户表和创建新的数据库。Web应用程序权限范围内的任何操作，只要可以表示成SQL查询语句形式，它们可以有效执行。这些操作包括运行任意命令、在数据库管理系统进程中创建和运行动态链接库、关闭数据库服务器或者将所有数据发送到互联网上的某些服务器。

URL 中毒

利用URL参数，也可以实施SQL代码中毒攻击。当用户进入URL为http://www.mywebapplication.com/products.asp?Pid=158的网址时，一个类似下面的SQL查询语句将被执行：

select Pname，Pdetails from PRODUCTS where PID =158

这时，如果PID值未经充分验证就被传递给数据库，那么攻击者就可以通过操纵这一参数值构造恶意SQL语句。例如，将PID值设为"158 or 1=1"，则可能会生成如下URL：

http：//www.mywebapplication.com/products. asp?Pid=158%20or%201=1

这里，URL中的"%20"表示URL编码的空格字符。所以，上面的URL实际看起来应为

http：//www.mywebapplicaion.com/products.asp?Pid=158 or 1=1

与此对应的SQL语句是

select Pname，Pdetails from PRODUCTS where PID= 158 or 1=1

该语句的条件值将始终为真，将会返回所有*Pname*/*Pdetails*记录。同时，攻击者甚至可以再插入一些恶意命令来进一步操纵应用程序。例如，在微软SQL服务器中，攻击者可以访问下面的URL地址，以获取查询表的名称：

http：//www.mywebapplication.com/products.asp?Pid=158％20having％201=1

这将在Web浏览器中生成以下错误信息：

Column 'PRODUCTS.PID' is invalid in the select list because it is not contained in an aggregate function and there is no GROUP BY clause. /products.asp，line 22

一旦攻击者知道产品表的名称（即'PRODUCTS'），他们就能修改表的

内容，或者通过在浏览器中调用如下网址删掉整个表：

http：//www.mywebapplication.com/products.asp?Pid=158；%20drop20%table%20PRODUCTS

攻击者也可以利用SQL代码中毒来获取其他表中的数据。利用SQL的"union select"语句可以实现这一目的。该语句可将两个单独的SQL select查询操作的结果链接起来。例如，攻击者可以请求下面的网址：

http://www.mywebapplication.com/products.asp?Pid=158%20union%20select%20number,%20expires_end%20from%20CREDITCARDS%20where %20type='visa'

看看如下SQL查询语句的执行情况：

select Pname，Pdetails from PRODUCTS where PID ='158'

union

select number，expires_end from CREDITCARDS where type='visa'；

上述查询操作将返回一个包含两列的表，每列分别保存了第一个和第二个查询语句的查询结果。

高级 SQL 代码中毒技术

在众多用来获取Web数据库访问权的方法中，比较先进的是利用时延来提取信息。其基本思想是：通过执行SQL查询操作，使数据库服务器处于运行状态，在此过程中，按照某种标准，暂停一段时间（该时间长度可测量）。这样，攻击者就可以利用SQL代码中毒技术同时启动多道SQL查询，经由Web应用程序进入数据库服务器，通过观察哪些查询被暂停而哪些未被暂停来提取信息。该技术已在互联网上进行了实际演示，获得了约1字节/秒的可靠带宽（Andrews，Litchfield，Grindlay，& NGS Software，2003），是一种从数据库中提取信息的实用方法。

此外，如果Web应用程序中存在SQL代码中毒漏洞，攻击者很可能利用这些漏洞完成系统级的攻击。扩展的存储函数和存储过程为在DBMS中增加功能，提供了灵活机制。另外，各种内置的扩展功能和程序允许数据库服务器管理员（DBA）创建脚本，用来与操作系统交互。例如，在微软的SQL Server中，扩展存储程序xp_cmdshell可以执行操作系统命令（Cerrudo，2004；Peikary&Fogie，2003）。攻击者可以利用这些函数在机器上执行任何管理操作，包括操作系统（或用户）的活动目录、注册表、Web以及数据服务器自身的管理。

SQL 黑客攻击的防范

　　SQL代码中毒攻击之所以如此普遍和成功，主要因为恶意用户是通过Web应用程序的合法输入表单来提交相关的攻击代码。这种攻击最简单的防范方法是检查用户输入中是否有单引号。正如前面所讨论的例子，大多数SQL代码中毒攻击需要用单引号来结束一个表达式。然而，在许多应用中，开发人员为了访问系统，只能通过替换输入字符串，以避开使用单引号。这对有效性认证是有帮助的，例如，为了能够输入姓氏如"O'Hara"或者"M'Donalds"，可以使用图19-3所示的简单替换函数，删除所有单引号（甚至把所有单引号变成双引号），这样恶意代码攻击成功的概率就会大大降低。

```
function escape( input )
        input = replace(input, " ' ", "");
        escape = input;
end function;
```

　　图19-3　一个从用户的输入数据中过滤并去掉单引号的简单函数

　　正如在本章前面所示，某些字符和字符串，如"select"，"where"，"from"，"insert"，"xp_"，和"；"可被用于执行SQL代码中毒攻击。在构造查询语句之前，从用户的输入中消除这些字符和字符串（例子见图9-4（a）中validate_string（）函数），将进一步有助于较少代码中毒攻击的机会。因此，如果攻击者在Microsoft SQL Server中执行如下查询：

　　select Pname from PRODUCTS where Pid=158；xp_cmdshell 'format c：/q

/yes ';

  drop database SYSTEM；--

  那么该查询最终会被解释成如下语句：

  Pname PRODUCTS Pid=158 cmdshell ''format c：/q /yes '' database SYSTEM

  这基本上是一条无用的查询，因为它将不返回任何记录。此类方法中，需要注意避免错误的拒绝行为，即拒绝了看似危险但是实际上是合法输入的字符串。例如，"fromage"（乳酪）的前四个字符组成了"From"这个有害的关键字。因此，需要使用正则表达式进行额外检查，以判断用户的输入格式是否正确。

  然而，这种方法虽然可以轻易地"禁止"一些惹麻烦的字符，但却不是最佳的，原因有二：首先，可能会遗漏一些对攻击者有用的字符；其次，有害字符的表示方式通常不只一种。例如，攻击者可能会对单引号进行转义，验证代码会忽略这个转义后的单引号，并将其传给数据库，而数据库则会将其视为正常的单引号字符。图19-4（b）描述了一种更好的方法，其中函数validate_password（）定义了允许用户输入的字符并且只允许那些字符进入系统。这种方法需要更多的工作量，但保证了更严格的输入控制。一种更安全的解决方案是将图19-4中的两个函数整合起来，在过滤完正当的字符后，进一步检查危险字符串。无论采用何种方法，都要限制用户输入的长度，这是一个基本要求，因为有些SQL代码中毒攻击会用到大量字符。

  此外，如果Web应用程序需要接受产品ID等类似的数值字符串的查询请求，则必须有一个函数用来检查该值是否为数字（如ASP中的IsNumeric（）函数）。如果不是数字，则要么是报错，要么将用户重定向到另一个页面，在那里他们可以选择一个合法的输入。另一方面，有必要将表单的方法属性设置为POST，以防止一些聪明的用户看到URL末尾的表单变量后猜到他们想要的内容。

第 19 章 SQL 代码中毒：最流行的 Web 数据库攻击技术　235

```
function validate_string( input )
    known_bad = array(" select"," insert",
    "update"," delete"," drop"," shutdown",
    "--","'");
    validate_string = true;
    for i = lbound(known_bad) to
    ubound(known_bad)
        if (instr(1,input,known_bad(i),
        vbtextcompare) <> 0) then {
            validate_string = false;
            exit function;
        }
end function;
```
(a)

图19-4（a）　　图中函数的功能是识别并去除不良的用户输入

```
function validate_password( input )
    good_password_chars = "abcdefghijkl
    mnopqrstuvwxyzABCDEFGH
    IJKLMNOPQRSTUVWXYZ0123456789
    ~@#$%^*(){}[]<>,.?"
    validate_password = true;
    for i = 1 to len( input ) {
        c = mid( input, i, 1 )
        if ( InStr( good_password_chars, c ) = 0 )
            then {
                validate_password = false; }
                exit function;
            };
end function;
```
(b)

图19-4（b）　　图中函数的功能是识别正当的用户输入，且只接受这些输入。

　　关于数据库连接方面，其中一条实践经验是必须避免使用具有管理员权限的数据库账号。拥有管理员权限的用户可以在数据库管理系统中做任何事情：创建登录账号和删除数据库就是两种可能的攻击手段。有充分的理由说明用数据库管理员账号（或者任何高权限的账号）访问数据库是一种极其糟糕的想法。而创建一个受限的访问账户来代替管理员账号则好得多，该账号可能仅拥有数据库表格的读权限（Breidenbach，2002年）。

为进一步降低SQL代码中毒攻击的风险，必须从客户端的所有出错提示中删除技术信息。出错提示经常会透露出一些技术细节，它们有助于攻击者发现漏洞的切入点。SQL代码中毒攻击是因输入产生的还是因输出产生的，这个问题仍有待解决。因此，也需要对输出进行过滤。未用的存储程序、触发器或者用户定义函数也需要删除。

最后一个安全措施是对存储的敏感信息进行加密。即使攻击者设法突破了防线，仍要确保数据库中敏感信息的秘密性，这时就需要进行加密。需要加密的敏感信息包括：用户个人信息、用户登录信息和财务信息（如信用卡信息）等。

软件工具解决方案

检查Web应用程序是否存在SQL代码中毒攻击漏洞，方法之一是使用专门软件，它能够自动扫描整个Web应用程序的SQL代码中毒漏洞。这种软件将会显示哪些URL或脚本容易受到SQL代码中毒攻击，这样开发人员就可以方便地修复漏洞。除了SQL代码中毒漏洞，Web应用程序扫描器也可以检查跨站脚本和其他Web漏洞。

为了检查SQL语句的执行是否经过了授权，需要一个代理服务器来获取正在执行的SQL语句。为了检查SQL语句是否被许可，代理驱动程序将对SQL语句进行规格化，并且在一个已排序的列表中搜索，以确定该语句是否已在其中。如果表中有这个规格化后的SQL语句，那么当且仅当所有变量在他们规定的值域内取值时，这条SQL语句才被允许执行。如果这个规格化后的SQL语句不在被允许的列表当中，那么系统将检查用户提供的其他正则表达式列表。如果这个规格化后的SQL语句与表中所有正则表达式都不匹配，则阻断该语句。图19-5中所示的是一个半安全架构，它允许系统处理可能与当前的变量规格化算法不兼容的例外情况。由于系统是在对变量进行规格化后才检查正则表达式列表，攻击者应该没有能力绕过授权进程。而且，由于大多数SQL语句不需要与正则表达式进行匹配，所以对性能的影响微乎其微。

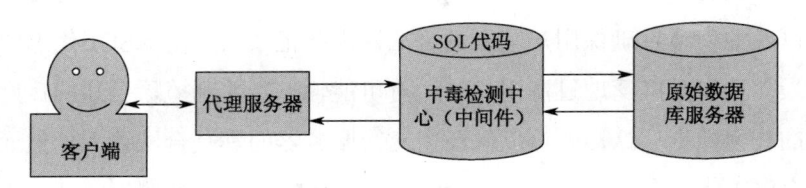

图19-5　一种防范SQL代码中毒攻击的半安全架构

最后，还有一些自动化工具可用于防范SQL代码中毒，它们对SQL语句进行随机化处理，生成攻击者不可预测的语言实例（Boyd & Keromytis，2004）。它们也以代理服务器的形式运行。

19.4　未来趋势

为设计一个可以保护所有潜在应用免遭SQL代码中毒攻击的安全系统，还有许多问题需要解决。其中，最易为人所忽略的问题是如何支持多线程应用程序。目前我们还不知道有哪个系统工具解决了这一问题。

另一个重要改进是提供基于网络的入侵检测工具（Axelsson，2000；Wagner & Dean，2001），该工具具有在HTTP协议层或数据库连接中检测所有已知的SQL代码中毒攻击的能力（Mookhey & Burghate，2003）。

19.5　结束语

SQL代码中毒攻击是Web应用程序开发人员关注的热点，因为这类攻击可以被用来突破名义上很安全的系统，并窃取、更改或破坏敏感数据。不幸的是，许多Web应用程序的安全模型都假定SQL查询语句是可信任的。这使得攻击者可以利用SQL查询绕开访问控制、身份验证和授权检查。在某些情况下，SQL查询也可以执行主机的操作系统级命令。

本章讨论了如何利用Web应用程序表单或URL来执行SQL代码中毒攻击，以及如何通过确保用户输入的合法性来防范攻击。防御SQL代码中毒攻击的最佳途径是广泛地过滤用户的所有可能输入，并删掉除已知的良好数据以外的任何数据。这样就可以保证提交给服务器的都是合法输入。然而，防范所有SQL代码中毒攻击是不可能的。在任何情况下，都要告知开发人员各种攻击类型，以制定防御对策。

对SQL代码中毒攻击敏感的数据库系统有Oracle数据库、IBM的DB2、微软的SQL Server、MySQL和PostgreSQL等，这里提到的仅仅是一小部分。换言之，SQL代码中毒是一种现实的威胁，对它来说，没有哪一个数据库管理系统是安全的或者是没有漏洞的。

参考文献

Andrews, C., Litchfield, D., Grindlay, B., & NGS Software. (2003). *SQL server security*. McGraw-Hill/Osborne.

Anupam, V., & Mayer, A. (1998). Security of web browser scripting languages: Vulnerabilities, attacks, and remedies. In *Proceedings of the 7th USENIX Security Symposium* (pp. 187-200).

Axelsson, S. (2000). *Intrusion detection systems: A survey and taxonomy* (Tech. Rep. No. 99-15). Chalmers University.

Boyd, S., & Keromytis, A. (2004, June 8-11). SQLrand: Preventing SQL injection attacks. In *Proceedings of the Second Applied Cryptography and Network Security (ACNS) Conference*, Yellow Mountain, China (LNCS 2121, pp. 292-302). Heidelberg, Germany: Springer-Verlag.

Breidenbach, B. (2002). *Guarding your website against SQL injection attacks* (e-book). Apress.

Cerrudo, C. (2004). *Manipulating Microsoft SQL server using SQL injection* (Tech. Rep.). Application Security, Inc.

CERT. (2002). *CERT vulnerability note VU#282403*. Retrieved from http://www.kb.cert.org/vuls/id/282403

Mookhey, K. K., & Burghate, N. (2003). *Detection of SQL injection and cross-site scripting attacks* (Tech. Rep.). Retrieved from http://www.securityfocus.com/infocus/1768

Peikary, C., & Fogie, S. (2003). *Guarding against SQL server attacks: Hacking, cracking and protection techniques* (Tech. Rep.). AirScanner.

Spett, K. (2002). *SQL injection: s your Web application vulnerable?* (Tech. Rep.). SPI Dynamics Inc.

Theriault, M., & Newman, A. (2001). Oracle security handbook. In *Firewalls and oracle*. Osborne/Mc-Graw-Hill.

Wagner, D., & Dean, D. (2001). Intrusion detection via static analysis. In *Proceedings of the IEEE Symposium on Security and Privacy*, Washington, DC (pp. 156-169).

术语和定义

异常检测（Anomaly Detection）：指使用专门软件检查计算机的日志文件，挖掘出异常的信息或活动，并进行质疑的过程。它通常只能鉴别出"已知的安全"行为，并认定其他所有的行为都是不合法的。它有能力检测出所有类型的攻击，包括定制代码的"未知的"攻击。

Cookie中毒（Cookie Poisoning）：是指攻击者通过修改cookie信息（cookie通常指Web用户计算机上的个人信息）来获得未经授权的用户信息。攻击者可能利用这些信息开立新账号，或进入用户的现有Web账号。为了防范cookie中毒攻击，Web应用程序在将cookie发送给用户之前，需要对cookie信息进行保护（例如，可以通过加密技术来实现）。

CRLF注入攻击（CRLF Injection Attack）：该术语中的CRLF表示"回车"（CR，ASCII 值为13或者'\r'）和"换行"（LF，ASCII 值为10或者'\n'）。这些ACSII字符不显示在屏幕上，但是在Windows中被广泛用于指示行的结尾。在UNIX系统中，每行的结尾只是用换行来表示。当黑客设法将CRLF命令注入系统时，CRLF注入攻击就发生了。这种攻击并不是操作系统或服务器软件中的技术安全漏洞，而是取决于一个Web应用程序的开发方式。一些开发者在开发Web应用程序时不知道这种攻击的存在，因而敞开方便之门，允许黑客注入CRLF命令以达到攻击目的。

跨站脚本（或CSS）攻击（Cross-Site Scripting（or CSS）Attack）：如果一个动态Web页面收集了来自用户的恶意数据，而且未经适当的认证就将该输入显示到页面，就可能会发生跨站脚本攻击。这些数据通常以超链接的格式存在，含有恶意内容的数据能以任何可能的方式在互联网上传播。

数据库管理员（Database Administrator，DBA）：负责规划、实施、配置和管理数据库管理系统的人。DBA有权限让数据库管理系统运行任何命令，并通常负责维护系统的安全，包括以用户身份访问数据库管理系统、执行备份和恢复功能。

数据库管理系统（Database Management System，DBMS）：一种用于创建和维护数据库的软件包。它在物理数据和应用程序之间提供一个透明的中间层。

数据库结构化查询语言（Database Structured Query Language，SQL）：一种用于访问、查询、更新和管理关系型数据库管理系统的标准化查询语言。原来的版本称为SEQUEL（Structured English QUEry Language 结构化的英语查询语言），1975年由IBM研究中心设计。

目录遍历攻击（Directory Traversal Attack）：这是一个基于HTTP协议的漏洞，它允许攻击者访问受限的目录，并在Web服务器根目录之外执行命令。如果系统有此漏洞，那么攻击者可以跳出根目录，并访问文件系统中的其他部分。这可能会给攻击者以查看受限文件的能力。更危险的是，它允许攻击者在Web服务器上执行功能强大的命令，从而导致系统被完全控制。根据Web网站的访问设置，攻击者通过将自己伪装成Web应用程序的用户来执行命令。因此，这种攻击将完全取决于系统授予应用程序用户的访问权限。

Google黑客攻击（Google Hacking Attack）：指使用搜索引擎寻找目标漏洞和敏感数据的黑客攻击行为。谷歌黑客数据库（GHDB）是一个用于识别敏感信息查询的数据库。尽管谷歌搜索引擎阻止了一些知名的谷歌黑客查询，但是无法阻止黑客通过爬虫抓取Web应用程序，然后用谷歌黑客数据库直接查询所抓取的内容。谷歌黑客数据库的网址是：http：//johnny.ihackstuff.com/index.php?module=prodreviews。

机密性、完整性和可用性（Secrecy；Integrity；and Availability）：这是三个最重要的安全服务，分别用于确保：（a）其他用户无法获取所存储的敏感信息；（b）可以检测到对信息的修改；（c）授权用户在需要时可以访问和使用信息。

SQL代码中毒（或SQL注入）攻击（SQL Code Poisoning（or SQL Injection）Attack）：是一种针对数据库驱动的Web应用程序的攻击方式，它利用Web应用程序没有对用户输入进行合法性验证的漏洞。其目标是通过运行恶意代码破坏数据库管理系统，从而泄露敏感信息，或者操纵服务器。

第三部分 赛博战和赛博恐怖主义中的人为要素

所有的现代活动都可视为技术、组织和人力的综合运用。这一点也适用于赛博战和赛博恐怖主义。在这里，信息技术中的人为因素显得极其重要。包括本书作者在内的许多人都曾广泛引用Kevin Mitnik的一句话，他说侵入一个系统最简单的方法不是使用最复杂的计算机程序，而是想办法从密码的所有者那里得到密码。

由于信息技术的飞速发展，计算机数据库中存储了越来越多的信息，它们记录了详细的私人资料和个人活动。这些数据库的数量和容量都已不断增长。据估计，每个美国居民拥有的个人档案信息保存在平均大约200个不同的数据库中，而这个数字在新西兰是大约40。数据库的快速增长将导致一些严重的后果。由于这些数据库在逻辑上没有联系，因此个人记录的更新非常困难。单个人很难对其信息内容施加显著影响。此外，与隐私保护相关的话题也值得关注，因为从历史上讲这些系统都曾被攻破过，大量的记录曾经被泄露。对这些数据库及其存储内容的安全性鲜有全面而强制的防护措施。所有对电子记录的隐私保护方法没有落到实处。本部分包括如下内容。

第20章　电子监视与公民权利

第21章　社会工程（Ⅰ）

第22章　社会工程（Ⅱ）

第23章　行为信息安全

第24章　深入理解人员异常检测

第25章　赛博跟踪：Web安全的挑战

Chapter 20 第 20 章 电子监视与公民权利

Kevin Curran, Steven McIntyre, Hugo Meenan, Ciaran Heaney
（欧斯特大学，英国）

现代技术为监督提供了空前的机会。雇主可以查看雇员的电子邮件，调查他们的计算机文档，甚至窃听他们的电话。许多公司安装了摄像机用以全天监视雇员。由于雇员并不经常访问他们自己的电子数据，他们就不能纠正错误的信息。但奇怪的是，这种信息收集方式并不违法，甚至在雇员不知情的情况下也是如此。这是因为没有任何法律规范了私人工作场所中的电子监视行为。本章给出了电子监视和公民自由的一个概述。

20.1 引言

雇主有检查工作的合法权利，用以保证工作效率和生产力。然而电子监视技术往往超出了合法管理的范围，成为侦察员工隐私的一种工具。2002年，纽约市的邮政工人惊奇地发现管理方在员工休息大厅里安装了视频监视镜头。一个大型商场东北分部的女性员工在一个腾空的办公室里发现了一个秘密安装的视频镜头，而这个办公室通常用做更衣室。一个大型波士顿旅店秘密地记录下了衣帽间里服务员换衣服的过程。尽管以上每个案例中的雇主都声称他们这样做是为了防范小偷，但是他们从未公布任何非法的行为。可是，他们却剥夺了员工的尊严和个人隐私（ACLU，2004）。

人们可以从互联网上免费获取海量信息，他们对政府、公司和企业行为的了解越来越多。同时，互联网也为人们提供了一个开放的论坛，在这里人们可以对人权发表看法（Arterton，1989）。民权监视计划（Civil Liberties Monitoring Project，CLMP）[1]是一个美国组织，由美国加利福利亚州洪堡县当地居民所建立。他们宣称要监视、证明、倡导和培育被法律执行部门和其他政府机构所侵犯的公民权利和人权。CLMP的目的是为了促进人们对宪法所赋予权利的觉醒，并促进整个社会在保留和保护这些权利上的进步。在欧洲也有被称为StateWatch2的类似组织，他们关注民权、安全和情报事务。

现代技术为监督提供了空前的机会。雇主可以查看雇员的电子邮件，调查他们的计算机文档，甚至窃听他们的电话。许多公司还安装了摄像头，成天监视他们的雇员。由于雇员并不经常访问他们自己的电子数据，因此他们不能修正错误的信息。即使没有任何雇员知道他们被监视，这种信息的收集通常也是合法的。因为没有任何法律规范私有工作区域的电子监视行为。雇主有合法的权益来监视工作以保证效率和生产力，然而值得探讨的是：电子监视经常超出合法管理应当关注的范围，并成为侦察员工隐私的工具。计算机数据银行帮助雇主跟踪雇员以前的雇佣记录、财政状况和医疗历史信息。尽管有相关法律阻止雇主与公司以外的其他人共享雇员的隐私信息，但与公司内部人员共享这些信息却几乎没有任何限制（ACLU，2004）。

我们生活在一个数字世界，监视是其中非常重要的一部分。看起来我们必须得适应它。目前一个更具侵犯性的例子是速度摄像机的使用。速度摄像机可以抓拍和记录在特定路段超速的车辆的汽车牌照号码（Simons & Spafford，2003）。然而，它们通常被用于其他用途，比如在道路税数据库中运行查找程序就可以识别没有缴纳"道路税"的车辆。

在安全日益受到关注的当今世界，政府的检查可以说无孔不入。民意调查显示：多数人对更加严格的监视、更高的加密标准和其他的安全措施选择了忍耐（Ang & Nadarajan，1996；Barquin，LaPorte，& Weitzner，1995；Borland

& Bowman，2002）。公民自由论者担心，虽然人们表示愿意配合检查，但是增加检查力度仍然会毫无必要地连累到无辜的市民，破坏了宪法赋予公民隐私和自由言论的权利。一些人认为：即使不做明确的限制，出于对报复的畏惧心理，人们会降低公共行为的热情。由于各种日志文件和消费记录在数量上急剧累积，同时访问敏感站点和其他信息变得简单，这两个原因相结合的结果是互联网加剧了有关电子信息和恐怖主义的争论（Borland & Bowman，2002）。在美国，从"9·11"开始，一个未透露名称的超市连锁店开始将购物俱乐部会员卡记录透露给联邦调查员和Lexis/Nexis，（一个包含了新闻报道、法律条文和各种公开记录的大型数据库）。据说，在"9·11"之后，它正在多条战线上与执法部门密切合作，完成包括对个人身份的"认证"等在内的许多工作（Borland & Bowman，2002）。

令人沮丧的是，为了更好地拓展中国这个互联网快速发展的市场，谷歌在2005年早些时候宣布拥护中国对自由言论的限制，同意对其在中国的搜索结果进行审查（Liedtke，2005）。由于政府对信息封锁设置的壁垒，中国的谷歌用户要么根本无法使用该搜索引擎，要么当他们访问该网站时的访问延迟非常大。中国已经拥有超过1亿的Web用户，而这一数字有望持续增加（Liedtke，2005）。

20.2 计算机监视

加拿大司法委员会认为：
计算机监视是指通过软件跟踪计算机的各种活动。监视范围包括：跟踪网络行为和安全隐患、互联网的使用、数据入侵、电子邮件和其他个人使用的计算机。监视由用户之外的相关人员实施，监视行为可以让用户知晓，也可以秘密进行。在任何情况下，用户都不能操纵监视过程和修改监视产生的数据。

雇主希望他们的雇员认真工作，然而雇员却不希望每天都受到监视技的打扰。这就是职场上监视的内在矛盾。新技术使得雇主能够从多方面监视雇员的工作，尤其是电话、电脑终端、电子邮件和语音邮件，以及雇员对互联网的使用。多数人在工作时会用到互联网，但大部分人的使用是有约束条件的。这种约束从限制小孩使用家庭个人电脑的预装软件发展而来，一般以某种互联网访问控制的形式出现。尽管新技术的开发可以将更强大的管理能力集成到应用程序中，但是事实证明这种约束机制难以实现和管理，并经常妨碍雇员访问正常的网站。因此，对不同的雇员可以执行不同级别的保护。即使有这些新技术的帮助，公司仍然需要相信他们的员工会正确地使用资源。有时候这种信任又很难理解，互联网连接全面影响着雇员的生产力、公司的安全和责任。举例来说，一些数字可以说明雇员在上班时间使用互联网所造成的生产力损失；一些公司报告称，由于员工上班时间在Web上冲浪每年给公司造成的损失高达数百万英镑。个人发展特许协会（Chartered Institute of Personnel Development，CIPD）[4]的最新报告发现，英国公司由非因公网络冲浪引起的损失每年超过2 500 000英镑，另一个报告声称公司员工给公司带来的麻烦甚至超过电脑黑客。电脑病毒可能由于员工的疏忽而被下载到企业系统中，这种疏忽可以表现为多种不同的形式。例如一个员工在个人电子邮件中接收了一个附件，当他将这个附件下载到电脑中时没有意识到里面包含了病毒。如果这个病毒被设计为根据公司规模将公司的运营活动停止一段时间，那么它将给公司造成数百万英镑的损失。另一个例子是，某个员工将工作带回家并在家中的个人电脑上工作，但是当他将工作带回公司时，他没有意识到他已经将原来在家庭电脑上潜伏的病毒带回了公司。虽然这些例子只是意外，但是他们仍然给公司造成了很大损失。此外，电子邮件使得在公司之间传递信息变得更加简单。但反过来，由于通过电子邮件发送附件非常容易，这也为某些员工将秘密信息透露给竞争对手大开方便之门。这种行为可以给公司带来灭顶之灾，例如某位员工可以得到新型汽车设计的计划，他将这些计划发送给竞争对手，从而导致汽车设计流产，公司损失巨大。由于现代商业面临的这些危险，人们只能别无选择地监视员工对计算机的使用

(Introna，2000）。

然而，在一定条件下雇员可以获得某种保护，即在某些情况下，不允许雇主利用计算机和其他形式的电子监视设备监视雇员。例如通过工会合同可以限制雇主监视雇员的权利，雇员必须假定使用互联网收发电子邮件等活动是被监督的，而不是私人的行为。多数人能够正确地认识到公司自己的电子邮件系统是被监视的，因为它的所有权属于雇主，雇主可以随时查看，然而多数雇员错误地认为使用基于Web的电子邮件账号可以躲过监视。事实上，从公司内部发出的所有消息，以及从任何一名雇员的计算机终端与另一个公司之间的交互信息都可以被雇主监视。几个工作场合隐私案例的法庭判决结果都对雇员有利，例如Bourke v. Nissan[5]案、Smyth v. Pillsbury[6]案和 Shoars v. Epson[7]案。工作场所被监视已成为生活中不可避免的事实，位于纽约的美国管理协会的一项统计调查表明：2001年，77%的美国大公司记录和查阅了雇员在工作中的通信和活动——这一数字只用了4年就翻了一番（Immen，2004）。超过三分之一的被调查公司承认他们存在视频监视行为，而15%的公司承认他们保存了磁带或者数字化记录，用以评估雇员的表现。多数公司报告称他们既检查和记录雇员的电话、语音邮件和电子邮件消息，又监视雇员经常浏览的Web站点。更有甚者，不少公司宣称他们还例行记录雇员登录计算机的时间，以及雇员一天之内敲击按键的次数（Immen，2004）。

20.3 软件和硬件监视

几乎从第一台计算机的诞生开始就已经有了按键记录软件的存在。这类程序会忠实记录下所有的键盘操作，并将这些操作保存到硬盘上的一个日志文件中。通常情况下，这种程序是以中断驱动（键盘中断）的方式工作的。因此，当它读取一个个按键并将这些按键序列写入硬盘时，它会消耗额外的计算时间。更糟糕的是，保存在硬盘上的文件还可能被发现、擦写或者修改。WinWhatWhere[8]是其中一款专业的按键监视程序，直到今天它的功能还在持续发展中。为了防止被侦测到，它甚至能够设置为在一个预先设定的时间点上自动进行自卸载。用户还可以选择将此日志文件通过电子邮件发送到指定邮箱，或者将它保存到硬盘上。Spectorsoft[9]能够记录屏幕图像，然后将其以类似于VCR的方式进行回放。一些程序可以将按键日志发送到远程计算机。

反间谍程序能够侦测并且删除按键记录软件。SpyCop[10]能够侦测出超过300种现有的按键记录软件。SpectorSoft承认自己能够被SpyGuard反间谍软件侦测到。一些防病毒程序也已经将按键记录软件列入病毒名单。McAfee防病毒程序能够侦测出流行的按键记录软件，Erasers尝试掩盖计算机用户的使用记录，Surfsecret Privacy Protector可以擦除所有的互联网历史信息和超过30种第三方软件的历史记录。SpyGuard则将反间谍功能与擦除功能进行结合，可以同时侦测监视软件和擦除互联网历史信息。

硬件按键记录器由两个组件组成：一个简单的微处理器和一个非易失性存储器。微处理器完成包括解释按键、检查访问口令和显示菜单选项等在内的任务。非易失性存储器是一个容量庞大的存储器，用于按键信息的保存。非易失性存储器能够持久保存数据，即使断电也不会丢失。硬件按键记录器有两种不同的具体外形，以4spycameras[11]为代表的一类设备通常只有一节AA电池大小，它们可以插入计算机背后位于键盘端口和键盘配线之间的位置。而另一类是以InstaGuard[12]为代表的计算机安全键盘，这类硬件按键记录器直接内置在键盘中。以上两种类型的设备都通过键盘端口供电，因此不需要额外的配线。硬件按键记录器不需要在计算机系统上安装专门的软件。他们可以通过某种"宿主程序"进行工作，这种"宿主程序"可以是任何文字处理软件或者编辑软件。硬件按键记录器不断检查按键序列，并从中查找访问口令。一旦该设备发现访问口令，它将临时关闭键盘并在屏幕上"打出"一个菜单，这也许是硬件按键记录器最新颖的方面。该技术允许硬件按键记录器无需在计算机系统上安装任何软件就可以工作，并且记录按键时不需要占用任何CPU时间。另一个让政府感到恐惧的技术是Pretty Good Privacy（PGP）[13]。PGP用一种加密算法进行信息加密——包括电子邮件——目前已经证明这种算法是无法被破解的。这款软件太过于强大,以至于美国国防部已经正式宣布其为"战略物资",并禁止其向北美以外地区出口。鉴于父母或者监护人非常关心小孩子通过互联网浏览的内容和交往的人群,一部分人认为这些系统可以合法地用于对未成年人的监管。

20.4 政府监视技术

欧洲理事会已着手建立一个全欧洲范围内的拘捕授权,并制定"恐怖犯罪"的公共定义。德国政府已放松了对电话的监听和对电子邮件、银行记录等监视的限制,并解除了警察和秘密服务之间曾经被禁止的通信往来。2002年6月,英国尝试以反恐为由引入相关法规,让几乎所有本土和国家政府机构无需授权就可以访问通信数据。澳大利亚制定了一部有关恐怖主义的法律,规定国家可以中途截取电子邮件(赋予该国国内间谍中央机构——澳大利亚安全情报组织以权力),对筹备或者谋划恐怖行动的行为定罪,并允许冻结和查封恐怖主义者的财产。新西兰着手类似法律的制定,以遵守两国之间双边法律的一致性协定。印度也通过了预防恐怖主义法令,允许当局无需审讯即可拘捕嫌疑分子,在某些情况下可以对其判处死刑,安装窃听器,查封恐怖主义嫌疑人的现金和财产——尽管有人担心这项法令会用于迫害政治对手。

英国引入了强制身份卡[14],这是他们向"资格卡"计划迈进的重要一步。有关方面建议,在接受NHS治疗、获得教育和享受国家福利等方面使用这种卡,通过检查强制身份卡的权限可以有力地限制欺诈行为。电脑卡能够存储照片、指纹和包括姓名、地址等在内的个人信息。David Blunkett认为电脑卡的主要用途是证明拥有何种权利的人如何获得相应的服务,同时不需要识别他们的身份。David Blunkett说:"我们对仅仅只是拥有另一种形式的ID不感兴趣,因为人们已经有了护照或者驾照"(BBC,2002)。有人认为该系统也可以帮助银行减少身份欺诈,例如,信用卡犯罪或者伪造的福利申请。然而,

Liberty（一个民间自由组织）运动的领导人Mark Littlewood呼吁政府考虑用其他方法来解决身份欺诈的问题。他认为人们不应该被强制随身携带身份卡，他说："如果需要一个人访问所有类型的服务，那么出于全盘考虑的目的就必须强制性地提供这种功能。"（BBC，2002）。

自2001年的"9·11"事件以来，人们对于为了增加安全而放弃公民自由已有了更多的心理准备。并不是所有人都认可对隐私的限制，自"9·11"以来，法律的触手几乎无孔不入，对于这一点美国的潜水员们深有感受。2004年，调查与潜水相关的恐怖主义计划的联邦密探要求调用专业潜水教练协会的所有数据库（Borland & Bowman，2002）。大多数会员所不知道的是，该组织自愿交出了一份名单，其中列出了全世界超过100 000名认证潜水员的信息。它在稍后的解释中称，它这样做是为了避免FBI有可能要求其公布更多信息。最近，人们发现了联邦调查员掌握私有数据库中数据的方式。这些调查员收集所有零碎的数据，而这些数据有可能在恐怖主义调查中充当线索。食品杂货店的购物清单、旅行记录和来自其他公共数据库的信息都已被纳入政府的反恐网络（Borland & Bowman，2002）。

联邦调查局（the Federal Bureau of Investigation，FBI）运行着一个称为"食肉者"（Carnivore[16]）（或DCS1000）的互联网监视工具，它允许执法机构依据某项法院指令截取并收集电子邮件和其他电子通信内容。与传统电话系统相比，分组网络的特性决定了确认特定的目标信息要困难很多。FBI工作人员只接收并查看与特定犯罪主题服务相关的特定通信定位信息，关心的是某个特定的法院指令是否得到授权。最近，FBI在新闻中披露：FBI揭露了一个秘密计划，该计划企图侵入国家警卫仓库，并窃取能够同时摧毁美国南部多个电力传输装置的武器和炸药。在将协作证据引入到国内恐怖集团的内部圈子之后，可以清楚的看到，这个团体的许多通信联络都是通过电子邮件进行的。当调查结束后，从计算机获得的证据表明，这个团体正在下载有关蓖麻毒素的信息，而蓖麻毒素是地球上排名第三的毒素。人们对"食肉者"感觉不自在的原因是易于理解的。在ISP设施上安装"食肉者"只能由FBI技术人员进行，所有ISP上的通信流量都必须通过这个监视系统，而且可以公开给其他未经授权的监视系统。据说该系统能够跟踪比它所需多得多的信息，而每个有正确口令的人都能够访问。与传统有线窃听系统相比，该服务的提供商能够收集法院指令要求的信息，并交给需要这些信息的机构，而FBI的系统则可以不受检查。尽管FBI声称该系统以后会增加审计跟踪功能并保存审计踪迹，以防止被滥用，但是他们仍然备受指责。民众认为他们违反了一条美国修正案，该法案明确禁止执法机构收集的信息超过必需的范围。

20.5 隐私权利组织

有些人反对个人隐私受到侵害，他们为了互联网职权滥用受害者的权利而斗争。其中两个组织分别是隐私权利交流中心（Privacy Rights Clearinghouse）和电子隐私信息中心（Electronic Privacy Information Center，EPIC）。

隐私权利交流中心

隐私权利交流中心（Privacy Rights Clearinghouse[17]）是一个非营利性的消费者教育和研究计划，它为隐私保护提供实用的技巧，培训人员控制私人信息外泄。大部分人群在日常工作中会泄露信息。垃圾邮件是每年消费者投诉最多的五个主题之一。

最近几年无线电话变得非常普遍，使用无线电话的人数也稳步上升。尽管无线设备有许多优点，但它的隐私性并不是其中之一。如果使用相同类型的无线电话，别人就能够偷听到谈话内容。扫描仪能够安插在包括婴儿监视器、步谈机等不同的设备之中，可以从紧急事件、警察呼叫、飞机、天气预报和用户维护报告，以及其他途径中截取任何的消息传播。工作于更高频率（900MHz到5.8GHz之间）的无线电话具有更高的安全性，但是它们仍然不能完全避免监听。寻呼机消息也不能避免监听，因为寻呼网络通常不加密。寻呼机使用比无线电扫描仪和婴儿监视器更低的频率发射信号，因此，如果没有特殊的设备辅助扫描仪，消息不能被解密。移动电话的文本消息或者短消息服务（SMS）是否能够被截取（Kamien，2006）目前仍不清楚。

　　一个人获得工作或者获得升职的机会可能由背景调查中所反映的信息所决定。背景调查可以比较随意，例如要求雇员提交一张情况说明，而雇员通常希望提供的是工作申请。对于某些特定的工作领域，扫描必须是强制性的，例如为了保住工作岗位，家庭助理和老师需要一个干净的记录，而雇主需要保证他们用工历史的清白，保证他们没有虐待儿童的前科。简而言之，尽管工作申请者和雇员担心雇主会为了工作之外的原因去深挖他们的历史记录，但是雇主仍然变得非常谨慎。雇主需要了解工作申请者的内容随着工作性质的不同而不同。有关过失雇佣的法律诉讼数量有所增加，如果发生意外雇主必须承担责任，这解释了雇主对应聘者保持小心谨慎的原因（Thuraisingham，2002）。

电子隐私信息中心

　　EPIC是一个公共兴趣研究中心，主要关注公众对公民自由问题的看法。2004年1月，该中心在Alert实时通信中披露了美国与欧洲之间存在的一项协定，该协定泄露了前往美国旅行的欧洲旅客名单。欧洲议会批评了此项协定，并敦促欧洲委员会达成另一项协定，为飞行旅客提供真正隐私保证。由于这项新协定悬而未决，因此欧洲议会的解决方案是请求欧洲国家立即同意欧洲及国内的数据保护法律。西班牙政府提出一项议案，建议位于欧洲内部的航线要求给欧洲到达国政府提供旅客数据。

　　在垃圾邮件方面，EPIC支持创建一种"不要发送列表（Do-Not-E-mail-Registry）"，以防止垃圾邮件的泛滥。这种机制支持域一级的登记，因此个人无需泄漏他们的电子邮件地址即可从中受益。EPIC支持由私有组织联盟制定反垃圾邮件准则，该联盟建议将垃圾邮件明确定义为：主动提供的、大量的商业性质的邮件。同时，该联盟还敦促规则制定人员建立许可式保护，建立个人行为的私人权利，提供解决垃圾邮件的技术途径，支持国际间的反垃圾邮件合作，并反对优先购买权（Danchev，2005）以遏制垃圾邮件。

EPIC和隐私与消费者团体联盟已经向谷歌施加压力，要求其暂停部署G-mail[19]邮件系统，该系统将扫描用户的通信内容以标识广告信息。这被看做对通信隐私前所未有的侵犯。该系统将通信内容长期保存，从而导致用户的通信缺少隐私保护。在联合国秘书长科菲·安南和其他联合国官员的个人谈话和电话被美国国家安全局和英国政府通信总部窃听后，EPIC在其网站上建立了一个有关外交隐私的网页（BBC，2004）。

2003年1月，为了保护欧盟境内计算机用户的隐私权，欧洲各国政府强制微软修改其Passport系统。这是一种在线认证系统，它能识别互联网用户的身份并能在任何Web站点之间传递个人信息。人们发现，Passport违反了欧盟的多个数据保护准则。这意味着微软必须在欧洲的法律框架之下构建更清晰的隐私权，并且更加公平地收集和处理个人信息。同时，它赋予了用户更多的权利，他们能够针对每一个站点清楚地说明哪些个人信息可以被公开。2001年7月在联邦商业委员会上，EPIC和一个隐私和消费者团体联盟开始对微软提出起诉，声称Passport侵犯了联邦商业委员会法案的一部分，并构成了"不公平和欺诈的商业行为"。经过几乎18个月的等待，这条规则最终得以通过。EPIC在其站点[20]上提供了范围覆盖很广的安全通信工具以供下载，例如CryptoAnywhere，Ensuredmail，Hushmail和 Mutemail。这些工具基本上都可以提供加密连接的安全电子邮件通信（Gordon & Loeb，2005，p. 22）。

20.6　结束语

由于当前存在的恐怖主义威胁，各国政府正在积极寻求控制互联网和监视计算机的方法。美国已经引入了爱国者计划[21]。这给公民的隐私权与政府、雇主或者另一个人的安全带来了更多问题（McClure，Scambray，& Jurtz，2003；MOR，1996）。

实际上，当前信息收集呈不断增长的趋势，假如没有合适的限制，就会使其暴露于滥用和误用。信息自由法案授权让我们确切知道哪些信息是被商业甚至警察所掌握的。只有极少一部分人知道这种情况或者是哪些人在利用这个机遇。不正确的信息收集被用于决策，而这个决策却能够决定性地影响我们的未来：这种可能性一直存在。Simon Davies（Davies, 2002）总结了这个论题，并将市民的信仰归为两类。"怀疑论者可以称其为审查制度，爱国主义者可以称其为合作。"从某种程度上来讲这是对的，但是它是站在每个人的角度监督我们的政府，并保护了我们今天和子孙后代的公民权利。

参考文献

ACLU. (2004). *Privacy in America: Electronic monitoring.* Retrieved 14 May, 2005 from http://archive.aclu.org/library/pbr2.html

Ang, P., & Nadarajan, B. (1996, June). Censorship and the internet: A Singapore perspective. *Communications of the ACM, 39*(6), 7278.

Arterton, C. (1989). Teledemocracy: Can technology protect democracy? In T. Forester (Ed.), *Computers in the human context* (pp. 438450). Cambridge, MA: MIT Press.

Barquin, R., LaPorte, T., & Weitzner, D. (1995, April 28). Democracy in cyberspace. *Presented at the 4th National Computer Ethics Institute Conference,* Washington, DC.

BBC. (2002, February 5). Move towards compulsory ID cards. *BBC News Online.* Retrieved May 25, 2004, from http://news.bbc.co.uk/1/hi/uk_politics/1802847.stm

BBC. (2004, February 27). UN bugging scandal widens. *BBC News.* http://news.bbc.co.uk/2/hi/asiapacific/3492146.stm

Borland, J., & Bowman, L. (2002, August 27). E-terrorism: Liberty vs. security. *ZDNet.com.* Retrieved 22 May, 2005 from http://zdnet.com.com/2100-1105-955493.html

Danchev, D. (2005, December 19). Cyberterrorism—don't stereotype and it's there! *Mind Streams of Information Security Knowledge blog.* Retrieved 12 May, 2005 from http://ddanchev.blogspot.com/2005/12/cyberterrorism-dont-stereotype-and-its.html

Davies, S. (2002). A year after 9/11: Where are we now? *Communications of the ACM, 45*(9), 35-39.

Gordon, L., & Loeb, M. (2005). *Managing aging cybersecurity resources: A cost-benefit analysis* (1st ed.). McGraw-Hill.

Immen, W. (2004, April 28). Workplace privacy gets day in court. *The Globe and Mail.* Retrieved 12 May, 2005 from http://www.theglobeandmail.com

Introna, L. (2000, December). Workplace surveillance, privacy and Distributive justice. *ACM SIGCAS Computers and Society, CEPE 2000, 30*(4), 33-39.

Kamien, D. (2006). *The McGraw-Hill homeland security handbook*. McGraw-Hill.
Liedtke, M. (2005, January 24). Google agrees to censor results in China. *BREITBART.COM*. Retrieved 12 May, 2005 from http://www.breitbart.com/article.php?id=2006-01-25_D8FBONMG7&show_article=1&cat=breaking
McClure, S., Scambray, J., & Jurtz, G. (2003). *Hacking exposed: Network security secrets and solutions* (4th ed.). Osbourne McGraw-Hill.
MOR. (1996). Ministry of Research. *The global shortcircuit and the explosion of information*. Retrieved 15 May, 2005 from http://www.fsk.dk/fsk/publ/info2000-uk/chap01.html
Simons, B., & Spafford, E. H. (2003, March). Inside risks 153. *Communications of the ACM, 46*(3).
Thuraisingham, B. (2002, December). Data mining, national security, privacy and civil liberties. *ACM SIGKDD Explorations Newsletter, 4*(2), 1-5.

术语和定义

公民自由（Civil Liberties）：公民自由是指全面地保护个人自由，使之不受政府侵犯。公民自由对政府设置了一定约束，使之不能滥用权力干扰其公民的生活。

窃听（Eavesdropping）：窃听可以针对有线电话（搭线窃听）、电子邮件、即时消息和其他任何私密的通信手段。可以通过部署隐私安全服务，防止消息被窃听。这种隐私服务可通过加密实现。

电子隐私信息中心（Electronic Privacy Information Centre，EPIC）：EPIC是一个公共利益研究中心，主要关注公众对当前的公民自由问题的看法。

电子监视（Electronic Surveillance）：电子监视是指使用电子设备跟踪个人活动的行为。

按键记录器（Keystroke Recording）：对按键操作进行记录，并将记录文件保存在计算机硬盘上的程序。这些程序通常是中断驱动的（源自键盘中断），因此，在读取按键和写入硬盘时需要占用计算机CPU时间。

附注

[1] http：//www.civilliberties.org

[2] http：//www.statewatch.org

[3] http://www.cjc-ccm.gc.ca/english/publications/ComputerMonitoringGuidelines.htm

[4] http：//www.cipd.co.uk/default.cipd

[5] http：//www.loundy.com/CASES/Bourke_v_Nissan.html

[6] http：//www.loundy.com/CASES/Smyth_v_Pillsbury.html

[7] http：//www.law.seattleu.edu/fachome/chonm/Cases/shoars.html

[8] http：//www.winwhatwhere.com

[9] http：//www.spectorsoft.com

[10] http：//www.spycop.com

[11] http：//www.4spycameras.com

[12] http：//www.instaguard.com/

[13] http：//www.pgp.com/

[14] http：//www.homeoffice.gov.uk/comrace/identitycards/

[15] http：//www.civilliberties.com

[16] http：//stopcarnivore.org/

[17] http：//www.privacyrights.org/

[18] http：//www.epic.org/alert/

[19] https：//gmail.google.com

[20] http：//www.epic.org/privacy/tools.html

[21] http：//www.lifeandliberty.gov/

Chapter 21

第21章 社会工程（I）

B. Bhagyavati

（迪西尔斯大学，美国）

本章将详细介绍社会工程的各个方面，还将阐明用户需要特别警惕社会工程技术的原因。本章的核心内容包括：社会工程是什么，社会工程黑客能够使用哪些技术，以及这些技术能够收集哪些种类的信息。我们还将分析Kevin Mitnick等一些著名社会工程黑客的案例。本章将描述不同的社会工程攻击模式。这些攻击可以通过电话或者互联网发起。我们还将深入介绍由一次成功的社会工程攻击所产生的结果。为了避免成为社会工程黑客的牺牲品，用户可以采取一系列措施。在本章中，我们结合例子对这些措施进行探究。我们还将介绍雇员和用户的训练策略，以便将社会工程攻击造成的风险降到最低。最后，我们还对秘书等一线员工提出警告，提醒他们不能忽视培训并加强意识。由于社会工程黑客通常试图绕开位于一线的员工，因此训练第一线人员以识别和抵制此种攻击非常关键。

21.1 引言

社会工程是一个过程，通过这个过程一个人可以让其他人为他的愿望服务。这个术语用来描述这样一些技术和方法：通过这些技术和方法（通常情况下），一些人希望不通过合法访问的途径就可以间接地获得一些敏感信息。这些人被称为社会工程黑客，他们的典型做法是：促使其他有合法访问权限的人将信息透漏给他们。在政治学上，社会工程是一个术语，它包括政府或者个人用来管理一个较大范围内人们社会行为的方法（Wikipedia, 2006a）。

在计算机安全领域中，社会工程是指用心不良者试图通过非法手段获得对一些敏感数据和信息的访问权。利用社会工程技术获取信息并不看重技术层面的能力，而是非常强调社交能力。但是，一个熟练的社会工程黑客也要花费大量的时间收集与目标数据相关的公共可用信息，并在获得对所需信息的直接访问权之前与最终受害者进行大量的交谈。

Harl（1997）这样评述社会工程："像编制黑客程序一样，社会工程的大部分工作是在准备阶段，而不是在攻击本身。"例如，一个社会工程黑客需要采取翻找垃圾箱或者其他手段，通过学习一个组织的内部资料来掌握该组织的指挥流程和层次结构等知识。通过一个电话，社会工程黑客就可以确定某位雇员的上级主管不在城区之内，而且不太容易找到。最后，社会工程黑客可以假装这位主管的客人，询问某个特定雇员的敏感信息，并确信这位主管目前的地位还不足以拆穿他的身份。

21.2 背景

人类管理计算机和信息系统，但正是这些人容易遭受各种社会工程技术的攻击。技术高超的社会工程黑客能够使人们丧失判断力，说服人们泄露机密信息。这种弱点在人群中普遍存在，不依赖于任何平台、操作系统、硬件、软件或者信息系统所使用的设备类型。因此，在电子恐怖主义阵线中，社会工程是一种强大的工具，防护者需要下大力气考虑防范社会工程攻击的措施。

根据Harl（1997）的说法，即使那些被认为不是安全策略组成部分的人员也可能在不知不觉中被社会工程黑客所利用，帮助他们扩展对整个组织的政策和程序的了解；于是，一位高明的社会工程黑客就能够利用这些资源给组织造成安全漏洞和损失，即使这些资源从传统意义上来说处于安全策略范围之外。因此，在防范社会工程攻击时必须将训练和提醒作为关键性的挑战来强调。任何知晓信息系统物理配置或者电子设置的人员都应当视为社会工程黑客潜在的可能攻击目标。

社会工程黑客使用的技术可以根据几种不同的因素发生变化，例如要求的响应时间、需要的准备时间、攻击的环境、掌握数据人员的警惕程度（或者缺乏警惕的程度），以及信息的敏感程度。社会工程攻击通常使用多种手段的组合，例如需要信任和受害者的帮助；使用公共可用信息；猜测或者对内部过程的真实了解；使用权威或者其他诡计取得受害人的合作，等等。如果社会工程黑客技术足够高超，他们可以通过自身的技术知识直接访问系统的一部分，然后利用其他人的知识访问系统的剩余部分。

通常，社会工程黑客使用多种小型攻击获得许多从表面上看无伤大雅的信息，然后他们将这些信息聚集成一个巨大的敏感信息池，从而达到他们危害整个组织安全的目的。正如Dolan（2004）所说："社会工程就是利用他人采集信息，进行渗透攻击。"在经历过"9·11"事件之后，社会工程可以成为一次有组织的网络进攻的一部分。当它与一次针对供水设施和能源系统等关键基础设施和设备的进攻相结合时，它可以带来巨大的恐慌。考虑到当前系统的高度连通性，我们需要强制性地要求人员警惕和抵御社会工程战术。

维基百科（2006）全书中社会工程的定义是："通过操纵合法用户获取秘密信息的行为"。尽管面对面式交谈是社会工程黑客常用方法的一个组成部分，但通常社会工程的使用模式是通过电话或者互联网。社会工程黑客的进攻依赖于受害者的自然天性，即他们更多地倾向于信任而不是严格地遵守安全策略。一般而言，安全专家都认同这个观点：人类是计算机和网络安全中最薄弱的一个环节；而社会工程黑客也通过他们的行动证实了这一点。

21.3　社会工程攻击实例与后果

　　社会工程的基本目标是获得对系统或者敏感信息的非授权访问，因此它的目标与黑客的目标大体上类似。在获得授权访问或者窃取信息之后，社会工程黑客要么将其用于进一步的攻击，要么破坏系统造成伤害。高度组织化的社会工程黑客，可能会为了攫取利益而实施攻击；赛博恐怖分子可能会向他们支付报酬，以换取对内部系统和秘密信息的访问；或者，某些组织可能出钱让社会工程黑客为其培养和训练用户，教他们如何应对社会工程攻击。社会工程黑客的目标，一般是瞄准收集和存储了敏感数据的大型组织。这些组织可能包括电话服务提供商、跨国公司、金融实体、医院和军队。

　　由于给受害单位造成的尴尬处境和名誉损失，要确认成功的社会工程攻击行为的案例并不容易。一个公司很难检查到由于（或者部分由于）社会工程攻击而造成的安全损害。即使公司已经觉察到社会工程攻击的发生，出于对公司声誉的考虑，公司通常不希望公众了解攻击的实情（Granger，2001）。除了造成的尴尬处境和名誉损失之外，人们往往发现，一次成功的社会工程攻击经常会伴随着另一次的网络攻击，从而导致真正的金融损失。这种损失将导致更多的后果，包括未来采用的更加严格的执行政策、强制性的政府规则，雇员训练开销或者由于秘密数据被泄露而引发的诉讼。

　　为了欺骗可能的受害者，社会工程黑客通常具有出色的交流技巧，而且足智多谋，能够中途变换策略。他们可以假装成问讯处员工或者问讯处传唤员，在另一些商业单位内假装成执行官员或者同事、某个单位的网络管理员或者首席财务官等不同角色，以获取秘密信息的访问权。他们还可以制造恐慌或者突发事件，使得受害者不能停下来考虑他们的行为举止。社会工程黑客还善于利用环境，例如一个友善的员工打开门，他们会走过去；他们会假装成维修技术人员或者看门人；他们会与招待和秘书等一线人员聊天，从而获取有关单位层次结构的信息；如此种种。Kevin Mitnick被认为是一个成功社会工程黑客的典型范例（Mitnick，2002）。他曾经成功地侵入Motorola、DEC、Sun Microsystems和Novell等知名公司的内部。

21.4 社会工程黑客的方法学

社会工程黑客利用人们易于相信他人的天性，用听起来合情合理的请求获取信息（SearchSecurity.com关于社会工程的定义，2005）。他们用最简单和直接的方式询问信息或者访问数据。他们有时也需要用闲聊、富有同情心的举动和令人愉快的讲话方式建立信任。其他技巧包括从一群人中收集各种小道消息，然后从这些小道消息中找到有用的信息。成功的社会工程黑客拥有良好的沟通技巧，能够意识到受害者的犹豫或者勉强；在这些情形下，他们会转移话题并询问其他人，从而避免引起猜疑。根据Granger（2001）的观点，社会工程黑客说服受害者泄露信息的不同方法包括"扮演、讨好、认同、职责扩散和简单而古老的友谊。"

Mitnick指出，在通常情况下社会工程行为几乎都比技术手段能更容易、更快地获得敏感数据。根据经验，Mitnick在他的书中概述了上述现象的原因。许多情况下，他仅仅通过电话，使用一个似是而非的故事和身份询问相关的信息，而人们都将真实情况告诉了他（Mitnick，2002）。他使用的另一个技巧是假装成受害者所在单位的一名职员，被叫来"帮助"受害者，向其传递一个有关（虚构的）病毒的信息；当受害者对他的"帮助"信息感激涕零的时候，他就要求他或者她重置密码，从而获取了受害者在该组织中身份所对应的信息的控制权。

社会工程黑客的优势是在接触一名员工之前做好准备工作并对该单位进行充分的调查研究，这些工作可以帮助他建立一个名单，名单中的人能够访问到他所需的信息，而这些人将成为可能的受害者。这种准备和调查工作可以通过翻找垃圾箱等方式进行。例如，假设社会工程黑客通过前期调查得知某单位的会议室里有连接到该单位企业网的网络接口，那么能够进入会议室就意味着能够取得该组织内所有的敏感信息。从前台职员那里请求电子邮件访问就可以得到进入会议室的允许。要知道,连接一个无线嗅探器以侦听公司的网络通信是非常简单的。但是,这些职员通常不会意识到这一点。

为了更具有效率,社会工程黑客必须减少受害者方面的怀疑,他必须表现得对公司的流程非常熟悉,从而使受害者降低警惕性并相信他们的伪装身份。例如,社会工程黑客假装成一个服务台职员,他给某位雇员打电话假装帮助他重置密码。如果这位工程师在谈话过程中熟练地使用本单位特有的行话,那么该雇员毫不怀疑地与其合作的可能性更大。如果社会工程黑客是一个心怀不满的雇员,那么在他离开公司之前安装的恶意软件可能会不加怀疑地被一个受害者以相同的方式激活(Kratt, 2004)。一些社会工程黑客伪装成公司的高级官员,因此受害者迫于权力的威胁,向他们泄漏出敏感的信息。

尽管高明的社会工程黑客进行攻击并不需要先进的技术知识,但是这些先进技术知识却可以与社会工程技巧相结合,以扩大攻击的效果。例如,在获得受害者的信任后,可以通过电子邮件附件的方式向受害者发送一个病毒;然后安装一个恶意补丁;用秘密附着在键盘上的一个按键记录设备捕获用户的按键动作;在计算机窗口上覆盖一个假的窗口,社会工程黑客就可以窃取用户的登录信息。有关组织基础结构的详细技术知识也是社会工程行为的一个目标。例如,社会工程黑客可以通过请求与不同雇员进行合作,获得有价值的命令流程信息。社会工程黑客还可以用电子邮件附件发送病毒或者特洛伊木马,让雇员作为"补丁"进行安装。

21.5 攻击模式

社会工程黑客可以使用以下一种或者几种攻击模式:(1)亲自出面;(2)通过电话;(3)通过电子邮件。以上每种攻击模式各有优缺点,一个高明的社会工程黑客可以在同一次攻击中综合运用几种不同的模式。如果社会工程黑客觉察到受害者对他们的问询和方法发生质疑,他们还会及时地切换模式。例如，一名雇员可能对一个电子邮件中的奇怪请求产生怀疑，但是，当同样的请求由一个组织高层官员通过电话用具有权威性的语气下达时，他往往会立刻执行该请求。陌生人询问一名接待员可能看起来充满疑点；但是同样是这名接待员，当他接到"网络管理员"的电话并听到病毒攻击警报的时候，他却会毫不怀疑地提供有关信息。于是接下来他被告知需要重置其密码，成为一次社会工程攻击的受害者。

社会工程黑客亲自出面实施社会工程攻击是一把双刃剑。受害者可能会对攻击发生有所察觉；在这种模式下，社会工程黑客要想掩盖掉自己的轨迹就不能像在其他模式下那样容易。另一方面，友善的社会工程黑客亲自出面比通过电话更能够说服一个不太情愿合作的雇员。通过电话的社会工程攻击模式流行最为广泛（Granger，2001）。在电话里，声音和事实的伪装比较容易，打电话的人也可以使用假的身份。帮助台职员特别容易受到这种形式的攻击，他们帮助真正的雇员解决他们的计算问题，因此他们不会怀疑社会工程攻击。电子邮件攻击的优势在于通过附件发送恶意代码，但由于受害者的一些个人天性，这种方式可能受到受害者的怀疑。在通过亲自出面或者电话等方式获取受害者的信任之后，社会工程黑客就可以方便地使用电子邮件方式，让雇员安装恶意软件。

21.6 社会工程攻击手段剖析

一次社会工程攻击可以分为以下四个主要阶段：
1. 攻击准备阶段
2. 预攻击阶段
3. 攻击阶段
4. 攻击后阶段

攻击准备阶段包括：收集攻击对象的信息，确定将要进行攻击的受害者。在预攻击阶段，社会工程黑客确定攻击模式和攻击所要达到的目标。攻击阶段包括与受害者进行实际的接触和完成预定目标。攻击后阶段主要是控制攻击的结果，并将攻击目标集成到其他攻击中去，这些将共同对目标组织造成实质性的伤害。

在攻击准备阶段，社会工程黑客确定目标单位，并花一段时间收集有关目标的信息。这一步可以通过以下方式完成：对网络通信的被动式监视；侦察该单位的构成方式和人员的工作安排表；从图书馆或者互联网等公共可用资源收集信息；或者是其他一些策略，例如翻找垃圾箱，从中查找可用信息，等等。社会工程黑客关注的内容包括与可能接触到的雇员的一切有关情报，例如他们的基本信息、他们的背景、他们的休假安排、他们在公司中的职位，以及与他们合作的可能性。

预攻击阶段确定攻击模式和攻击将要达到的目标。这是可能的两个目标的例子：一个是进入建筑物的一部分，另一个是将一个设备连接到公司网络中以便在将来通过远程观测所有的网络通信（例如通过嗅探器）。

下一个主要阶段为实际的攻击阶段。在本阶段当中，社会工程黑客可以依据环境和被选择受害者的行为来修正他们的策略。这个阶段的任务是完成预备阶段制定的既定目标。如果目标是进入某个房间，那么社会工程黑客可以在成功进入之前尝试各种策略。如果目标是安装恶意软件，那么社会工程黑客可以使用不同的方法，例如，假装成信息技术（IT）员工并要求雇员安装补丁，让自己看起来"有用"并在雇员机器上安装补丁，等等。

在攻击后阶段，社会工程黑客尝试控制攻击行为后的结果。本阶段包括两个任务：一是掩盖攻击痕迹，二是将获得的信息与其他信息结合。在本阶段完成之后，社会工程行为结束，然后攻击者可以与其他攻击者合作，共同商定一个组合策略，从而对该单位造成严重后果。例如，由于防火墙承认受信任用户的信任信息，因此获得某个雇员的登录口令和密码信息就能够访问位于防火墙保护之后的敏感数据。现在多种类型的恶意软件都可以安置到受害组织系统的内部深处，并在必要的时候激活。

21.7　社会工程攻击的防范措施

防范社会工程和防范其他任何攻击一样，其出发点是必须具有一个能覆盖整个组织的、考虑到所有形式普通攻击及其对策的安全策略。经过认真计划的安全政策和程序可以给新老员工熟悉安全攻防提供指导。安全措施必须强调社会工程攻击的物质因素和人为因素。例如，提醒安全警卫不接待任何没有员工身份的人的访问，以此防范物理访问。针对基于电话的社会工程策略对员工进行训练可以防范在此类攻击中人性中与生俱来的弱点。为安全措施提供一个坚实的逻辑基础，可以激发雇员执行安全计算策略的积极性。

所有雇员，包括全职和兼职人员、职员和承包人、一线办公室职员和看门人、安全人员和其他人，都需要经过有关警惕性和政策方面的培训和周期性再培训，必须让那些习惯用电话和电子邮件与访问者联系的职员对针对他们的社会工程攻击的可能性保持警惕。优秀的社会工程黑客之所以将目标瞄准这些人，是因为他们不懂得技术细节，对相关的问题基本不了解。一线职员也是在保持数据完整性和能访问公司网络的人员中在安全培训方面投资最少的人群。其他的措施包括将敏感信息分开存放和对口令保密，即使是电话或者电子邮件中所谓的网络管理员也不例外。

培训课程必须涵盖社会工程黑客如何从貌似没有危害的资源里挖掘到公开、可用细节的内容，这些资源包括内部电话目录、会议备忘录、管理人员的日程安排、不安全的磁介质和垃圾桶。培训必须着重规范常见的办公室行为，例如分享口令和将口令写在易于接触到的地点（例如将口令记录在显示器上、办公桌抽屉下，等等）。有些雇员试图向所谓的"网络管理员"提供帮助，并回答他们有关口令的问题；所有雇员需要清醒地认识到在这种事情中存在的潜在危险（美国计算机应急响应小组（U.S. Computer Emergency Response Team, US-CERT），2004）。除了向新雇员进行介绍之外，反复组织课程复习对减轻社会工程攻击大有帮助。企业需要在培训中介绍社会工程攻击发生的表象，例如，胁迫、略提知名人物以示相识而提高自己身份、要求敏感信息、模拟一次紧急情况、引起恐慌、扩大客观情况等，都可能表明正在发生一次社会工程攻击。

除了开展教育，还必须维持技术性的安全措施。必须部署一些良好的安全原则，例如需知原则、对关键资产采用双方或者三方认证、不通过电话或者邮件泄露口令，等等（Granger，2002）。严格的口令创建和替换策略、老化和锁定策略、以及严格的管理和监督口令标准是其中的关键（Wilson，2002）。口令必须在确认个人身份之后才允许重置，这里有多种认证方法，例如挑战-应答机制。社会工程黑客能够利用其他雇员打开的门进入组织内部，而前台的身份确认和验证策略可以帮助消除这种情况。用外部独立的审计员进行周期性的弱点评估也能够帮助一个机构保障其内部各系统的安全。

在部署诸如单点登录系统和离散系统设计方法等易于使用的应用软件之前，必须全盘考虑与之相关联的安全和威胁。为了可用性和对用户的友好性，这些系统会间接地、无意识地为社会工程黑客大开方便之门（Clear，2002）。多层认证和在雇员中保持一定的怀疑成分将有利于抵挡社会工程攻击并能影响社会工程黑客取得成功。同时，信息的其他属性，例如数据的完整性对单位也非常关键，保护这些属性通常比识别社会工程具有更高的优先权。

21.8　总结与展望

鉴于社会工程黑客对安全措施的破坏，一个组织必须不断升级安全和员工培训，以便将此类攻击造成的损失降至最低。将来，由于混合式的安全威胁更加常见，社会工程攻击应当作为更大安全威胁的一部分加以强调（Gaudin，2003）。通过运用社会工程行为，高明的社会工程黑客所需的时间比其他攻击方式所需时间大为减少（Barnes，2004）。另一个未来趋势是，一些瞄准特定单位的人为了利益而组成严密的电子犯罪团伙。例如，在一个高能见度事件发生期间，停止一次拒绝服务攻击以便敲诈某个单位可以让有组织的电子罪犯们获得可观的回报。这些团伙更倾向于使用诸如社会工程、拒绝服务和破坏网站在内的各种方法实施组合攻击。

然而，另一个令人担忧的趋势是，社会工程攻击将结合其他电子攻击和物理攻击进行。在 Verton（2003）的著作《黑冰》中，作者描述了这样一段场景，社会工程攻击与轰炸公用事业公司等物理攻击同时进行，打击了一系列的单位或者政府。他突出了下列不同行业之间的互相关联：银行业、公共事业、金融业、卫生保健和基于计算机系统和网络的娱乐。在未来，数字安全和物理安全彼此之间结合会更紧密，因此，各单位需要将社会工程威胁视为数字世界中全部威胁的一部分，而这种威胁可以在现实世界中造成严重的反应。此外，为了提高生产力，在安全和合作之间的折中做法似乎更倾向于后者。尽管为了将社会工程威胁降至最低，组织可以采取一些偏激的手段，但是互相信任和对信息自由流通施加最少的限制是组织运作良好的基础。任何专门设计用于抵御社会工程的计划必须认真地衡量一些利益，这些利益与防范可信赖的协作环境中固有的风险息息相关。

在某个组织的安全因素中，人是最为薄弱的一个环节，社会工程黑客常常利用人们友善、信任、合作和乐于助人等天性。如果雇员没有受过社会工程攻击的相关教育，而且也没有防范社会工程攻击的相关知识，那么即使在技术上配置了严格安全措施的组织仍然容易遭受攻击。同时，保护一个单位的系统不受社会工程威胁也比防范其他攻击更容易。Granger（2002）给出了一张表，其中记录了一个单位内部面临的普通威胁的各个方面。他还指出社会工程黑客将如何攻击方面进行社会工程攻击，以及为了抵挡社会工程黑客的攻击可以采取的策略。所有的雇员，包括一线员工和秘书等职员，必须接受培训以识别社会工程攻击并懂得如何防止这种攻击。教育、警惕性、实现和执行仔细安排的策略，是将社会工程攻击降至最低的最有效方法。这些方法也许并不能消除所有的攻击，但是警惕性高的雇员能够成为抵御各种社会工程攻击的第一道防线。

参考文献

Barnes, V. (2004). *An hour with Kevin Mitnick, Part 2*. Retrieved May 23, 2007, http://www.enterpriseitplanet.com/security/features/article.php/3337141

Clear, T. (2002). Design and usability in security systems: Daily life as a context of use? *Inroads SIGCSE Bulletin, 34*(4).

Dolan, A. (2004). *Social engineering* (GSEC Option 1 version 1.4b). Retrieved March 1, 2006, from http://sans.org/rr

Gaudin, S. (2003). *Smarter 'blended threats' replacing simple viruses*. Retrieved March 2, 2006, from http://www.winplanet.com/article/2310-.htm

Granger, S. (2001). *Social engineering fundamentals, part I: Hacker tactics*. Retrieved May 23, 2007 from http://www.securityfocus.com/infocus/1527

Granger, S. (2002). *Social engineering fundamentals, part II: Combat strategies*. Retrieved May 23, 2007 from http://www.securityfocus.com/infocus/1533

Harl. (1997). *People hacking: The psychology of social engineering* (text of Harl's talk at Access All Areas III). Retrieved May 23, 2007 from http://packetstormsecurity.nl/docs/social-engineering/aaatalk.html

Kratt, H. (2004). *The inside story: A disgruntled employee gets his revenge*. Retrieved May 23, 2007, from http://sans.org/rr

Mitnick, K. D., Simon, W. L., & Wozniak, S. (2002). *The art of deception: Controlling the human element of security*. John Wiley & Sons.

Ross, S. (2005). *A guide to social engineering* (vol. 1 and 2). Astalavista.

SearchSecurity.com's definitions: Social engineering.(2005). Retrieved May 23, 2007 from http://searchsecurity.techtarget.com/sDefinition/0,290660,sid14_gci531120,00.html

Symantec Internet sescurity threat report, volume IX:March 2006 (Highlights). (2006). Retrieved March 5, 2006, from http://www.symantec.com/enterprise/threatreport/index.jsp

U.S. Computer Emergency Response Team (USCERT).(2004). Cyber security tip ST04-014: Avoiding social engineering and phishing attacks. Carnegie Mellon University, U.S. Computer Emergency Readiness Team National Cyber Alert System. Retrieved May 23, 2007 from http://www.us-cert.gov/cas/tips/ST04-014.html

Verton, D. (2003). *Black ice: The invisible threat of cyber-terrorism*. McGraw-Hill Osborne.

Webopedia: Trojan horse. (2006). Retrieved May 23, 2007 from http://www.webopedia.com/TERM/T/Trojan_horse.html

Wikipedia. (2007). Social engineering (political science). Retrieved March 6, 2006, from http://en.wikipedia.org/wiki/Social_engineering_(political_science)

Wikipedia. (2007). Social engineering (computer security). Retrieved March 6, 2006, from http://en.wikipedia.org/wiki/Social_engineering_%28computer_security

Wilson, S. (2002). *Combating the lazy user: An examination of various password policies and guidelines*. Retrieved March 1, 2006, http://sans.org/rr

术语和定义

混合威胁（Blended Threat）：同时运行多种攻击技术，例如将社会工程攻击与特洛伊木马相结合，其目标是实现攻击效果的最大化。

翻找垃圾箱（Dumpster Diving）：社会工程黑客采用的一种技术。在发动社会工程攻击之前，他们在垃圾箱里翻找废弃物，试图从中找到有价值的信息。

按键记录（Key Logging）：一种按键监视技术，使用某种硬件设备捕捉键盘的移动或者通过软件记录按键动作。这种硬件或者软件是事先安装好的，可以为安装它的黑客提供用户活动的周期性日志。

恶意软件（Malware）：指带有恶意功能的计算机软件，例如特洛伊木马、嗅探器、病毒和蠕虫等，它能够通过窃听、传染、复制、传播、堵塞和降低整个网络的网速等方式对计算机系统造成破坏。

社会工程（Social Engineering）：让人们按照某人的愿望和请求行事，以获得某些未经授权的（通常也是敏感的）信息的一种方法和技术。

第 22 章 社会工程（Ⅱ）

Michael Aiello

（纽约科技大学，美国）

在传统意义上，社会工程的含义是"为了系统地管理在一个较大范围内流行的看法和社会行为所做的努力"（Wikipedia，2006）。从这个角度来看，社会工程活动就是对许多人运用感知管理技术的过程。社会工程与恐怖主义有关联，它可以被恐怖主义者作为工具使用。一种社会制度应当具有保护其公民人身及其财产安全的能力，恐怖主义者可以通过社会工程使人们丧失对这种能力的信心。

22.1 引言

在传统意义上，社会工程的含义是"为了系统地管理在一个较大范围内流行的看法和社会行为所做的努力"（Wikipedia，2006）。从这个角度来看，社会工程活动就是对许多人运用感知管理技术的过程。社会工程与恐怖主义有关联，它被恐怖主义者作为工具使用。一种社会制度应当具有保护其公民人身及其财产安全的能力，恐怖主义者可以通过社会工程使人们丧失对这种能力的信心。

在网络安全中，社会工程是社会工程黑客操纵别人执行某些动作或者获取秘密信息从而令自己获利的过程。社会工程的一般做法是先取得受害者的信任，然后将他们的心理状态调整到一个更容易遭受社会工程黑客攻击的状态。这里介绍一个最简单的案例：攻击者给某个单位的一个员工打电话，声称自己是帮助台的技术人员，并要求该员工提供口令信息以便于系统维护。需要注意的是，社会工程攻击决不仅限于用电话诱导，它能够通过多种媒介发生。

22.2 社会工程

Mitnick最初是一名黑客，后来成为一位著名的安全专家。他的著作《欺骗的艺术》（Mitnick，2002）使得社会工程作为一种入侵计算机系统的方法普及开来。在这本书中，他描述了各种各样的社会工程技巧。Mitnick正是采用这些技巧成功地从多个技术组织获得大量不公开的源代码，并利用这些源代码入侵系统。

要想全面地描述社会工程攻击的威胁很难，原因在于社会工程定义的宽泛性，社会工程攻击手段的复杂性，以及统计"黑客事件"的困难性。即便如此，多个针对政府系统实施社会工程攻击的例子已经被公之于众。

1. 2005年3月15日，美国财政报告的统计显示：至少100名财政部审计员"能够说服25名经理和员工为其提供用户名并修改密码"。这一数字"比在2001年进行的上一次测试结果大约增长了50%"（美国财政部，2005）。

2. 在2006年早些时候，在Microsoft Windows操作系统的最新图像处理漏洞被发现后，一些黑客尝试向英国政府发送带有恶意软件的电子邮件，从而"可以查看机密的政府密码"。这次攻击发生在1月2日清晨，正好在Microsoft官方补丁发布之前。这些黑客使用社会工程技术向用户发送电子邮件，并引诱他们打开一个包含WMF/ Setabortproc木马的附件（Espiner，2006）。

更有甚者，Mitnick（2002）声称："从事安全渗透的公司在其测试报告中指出：采用社会工程方法入侵客户公司计算机系统的尝试其成功率几乎是

100%"（第245页）。

22.3　社会工程的类型

在《社会工程的主动防御》一书中，作者（2001）将社会工程划分为基于人的攻击方法和基于计算机的攻击方法两种主要攻击途径。在基于人的攻击中，攻击者直接与受害者接触（亲自出面、通过电话、电子邮件、传统信件，等等），并说服他们答应自己的某些请求。在基于计算机的攻击中，计算机系统说服受害者泄露某些信息或者执行某些操作。例如，电子邮件钓鱼就是一种典型的基于计算机的社会工程攻击。攻击者以其他受信任实体的身份向受害者发送电子邮件消息，诱导受害者将授权信息交给攻击者或者引诱他们安装某些软件。

22.4　社会工程过程

社会工程攻击遵循一个简单的流程，包括信息收集、关系建立和社会工程攻击实施三大步骤。

在信息收集阶段，社会工程黑客从公共信息资源中挖掘可用信息，包括Web站点、季度报告、新闻组布告、公开可用的合法文档、厂商的广告和描述一个单位人员、运作和系统的所有材料。信息收集阶段的目标是提升攻击者的能力，使其能够更好地伪装成这个单位中的一员。该阶段成功与否与受攻击机构公开可用信息的数量直接相关（例如首字母缩拼、公司图表和其他一些特殊信息，等等）。

在关系建立阶段，社会工程黑客捏造一个与受害者有联系的关系。这种假装关系的深度和本性取决于攻击的类型。不同社会工程攻击的关系建立阶段区别很大。在简单情况下，社会工程黑客可以声称自己是一名技术人员或者监管人员；在复杂情况下，社会工程黑客长期伪装成一个与受害者密切接触的关系。关系建立阶段的目标是建立与受害者之间的信任关系并利用这个关系。

在社会攻击实施阶段，攻击者尝试将受害者的某种心理状态提升或者降至最低，使得受害者按照攻击者预定的方式行事。例如，在电子邮件钓鱼中，攻击者可以告诉受害者赢得了一大笔钱，让受害者兴奋起来。攻击者希望用这笔钱控制受害者，让受害者遵从他们的命令。在攻击者与受害者接触当中，一旦攻击者确定受害者改变了他或者她的心理状态，那么攻击者就会要求受害者执行某个操作或者泄露一些对攻击者有利的信息。如果受害者心理状态的变化非常明显（受害者感到受了极大的恩惠、缺乏兴趣、恐惧或者愤怒，等等），那么他们将更有可能被攻击者操控。

22.5 社会工程黑客使用的心理触发方法

在《社会工程多层次防御》（2003）中，Gragg介绍了主要的心理触发方法。利用这些方法，社会工程黑客能够"展示某些影响或者说服他人的能力"。

强烈的影响

强烈的影响是一种"被提升了的情绪状态"。Gragg（2003）认为：高明的社会工程黑客能够将受害者的情绪状态（愤怒、欢悦、预感等）提升到一个超过正常水平的状态，他们有更好的机会控制受害人对各种要求的反应。造成这种结果的原因可能是由于受害者在这种被提升了的情绪状态下"倾向于对提出的意见不再多加思考"（Gragg，2003）。

在攻击状态下，社会工程黑客可以利用心理触发方法，声称自己来自人力资源部，并告诉受害者他或者她由于不恰当使用计算机而被解雇。这将带给受害者强烈的情绪（强烈的影响），从而颠覆受害者对具有潜在威胁的或者不恰当的请求进行确认的能力。攻击者一旦意识到受害者转变到此种状态，他就以维护为借口向受害者索要口令。

超载

Burtner（1991）认为，当给一个人快速地提供大量信息时，他或者她将会进入一种"精神被动"的社会状态。此时，他或者她将"更多地吸收信息，而非评价信息"（Burtner，1991，第2页）。这种方法称为"超载"。社会工程黑客可以尝试让受害者超载，一旦意识到受害者被控制，他们就可以让受害者按照他们捏造的情况采取行动。实际上，这些行动将使社会工程黑客受益。

举例说明，一个社会工程黑客假装自己为税务审计部门工作。他先向某个受害者解释一个非常复杂的税务退还条款，然后要求受害者提供社会保险和银行账号等信息，最后他们用电汇转走受害者一大笔钱。受害者为了弄清楚他们想象中的税务优惠政策已经头昏脑涨，很容易将他们的个人信息透漏给身份未经确认的人。

互惠

"在社会交往当中有一个公认的规则，即当某人给予我们好处或者向我们承诺某些好处时，我们也要回报他们的好意"（Gragg，2003）。社会工程黑客利用这种慷慨或者帮助的反作用来欺骗受害者，让受害者透露一些信息或者做一些有利于他们的事情。

Mitnick（2002）描述了一种禁用攻击对象的以太网端口的方法。攻击者打电话给受害者，声称自己是帮助台的技术人员，现在注意到受害者的互联网连接已断开。在打电话的过程中，攻击者恢复受害者的网络连接。然后攻击者要求受害者下载一个"补丁"预防将来再次发生这种问题。实际上，这个补丁是一种攻击者准备的特洛伊木马。因为所谓的技术人员帮助了受害者，因此受害者就认为自己有必要帮助他们。

欺骗关系

在社会工程中，攻击者建立欺骗关系，目的是让受害者对攻击者产生信任。建立欺骗关系一般有共享私人信息、讨论某个共同的敌人、假装有某些相似的性格或者兴趣爱好几种方法。

例如，攻击者选定位于某主要防御工程承包公司总部附近的一个当地酒吧。在酒吧当中，他可以和该承包公司的某个雇员建立某种关系。一旦建立起这种关系，攻击者会尝试得到有关这个受害者或者该公司执行的、研究的所有秘密信息。

责任扩散

"责任扩散是指让目标觉得他或者她不会为他或者她的行为承担独立责任"（Gragg，2003）。攻击者使用这种心理触发方法强迫受害者执行某些动作，而这些动作在正常情况下他们一般是不会执行的。在单位中，雇员经常会填写各种问卷调查或者表格。雇员们不会认为自己需要为通过这种方式泄露信息负责，特别是当他们确信所有的同事也在泄露这些信息的时候。

攻击者能够成功地将责任扩散给被攻击组织之外的实体。攻击者可以向该单位内某个雇员发放一份问卷调查，并承诺填完调查将会有现金奖励。受害者会认为该行业中的许多人都接受了这种调查。虽然调查的信息可能包含一些秘密信息，或者为完成在线调查所提供的URL地址中包含了恶意软件，但是受害者不会考虑其中的安全隐患，因为他们不会认为他们的行为会担负独立责任。

完整性和一致性

在社会工程中，完整性和一致性可以用来描述一些社会力量，这种力量可以将个人从混乱的状态推向他们认为所处环境正在趋于稳定的状态。如果一个社会工程黑客能够给受害者造成他的环境正在恶化的印象，那么受害者将更倾向于采取那些能够让环境恢复"正常"的行为。

一致性攻击可能会对受害者乐于助人的信念造成不良影响。在《欺骗的艺术》（2001）中，Mitnick描述了这样的一次攻击：社会工程黑客知道某个员工何时外出午餐，然后以他的名义向该单位另一个部门询问有关信息。攻击者声称这个信息对于当天的交易非常关键，并且需要即时处理。由于那个员工不在公司，因此受害者不能够验证攻击者正在假冒的那个同事的身份，于是他就将有关信息告诉了攻击者，并且相信他或者她正在对单位的运作产生重大的、积极的影响。实际上，这些操作只是让攻击者获得了好处。

权威

"人们习惯于回答权威"（Gragg, 2003）。在军事组织中这一点尤其突出，因为在军队中命令和控制结构的一致性是建立在一切行动听指挥的信条之上的。如果社会工程黑客能够让受害者相信自己身居权力部门要职、或者正在代表某个权威执行任务，那么受害者答应攻击者要求的可能性会更大。

22.6 确定社会工程弱点

一个单位的社会工程弱点可以用该单位员工受外部联系影响的程度和他们对此类攻击的了解程度来描述。在某些情况下，社会工程攻击的目标只是获取雇员的名单、职位和电话号码。然后他们将利用这些信息发动更多的攻击。因此，对于一个社会工程攻击者而言，攻击一个将组织结构公开的单位比攻击一个将这些信息作为秘密信息保护的单位要容易得多。

一些组织经常用评估来确定他们对社会工程的抵抗力。《开源测试方法学手册》中描述了一些被广泛接受的评估方法，其中还公布了一组职员测试指导方法和模板（Herzog, 2006），通常的评估方法是：从单位的特定人员中随机挑选出一些人，然后给他们打电话，并使用常见的社会工程方法进行试探。通过这种方法可以确定单位的哪些部门需要额外的训练以防御社会工程攻击。

大型机构更容易遭受社会工程攻击，因为通常他们接触陌生人的可能性更高。这就降低了受害者识别出通过语音通信进行社会工程攻击的可能性。有些公司故意不让职员之间过于接近，攻击者可以利用这一点来假冒他人的身份进行攻击，从而达到他们的目的。同样地，有些公司的职员经过训练，能够严格执行从高层职员传达下来的命令，其实这个公司更容易遭受权威攻击。这是因为在这个公司里，个人质疑从高层下达的命令的可能性更小。

22.7 预防措施

有效的社会工程预防程序应当与综合信息安全程序结合起来。社会工程预防程序包括以下方面：创建和加强恰当的通信和计算策略，维护一个"安全须知"的环境，针对社会工程的倾向性训练，维护一个主动的安全了解程序。大部分预防框架对这些方法进行了分类，并描述了实现各个方法的最佳途径。

例如，Gragg（2003）的模型从根本上提出了一个具有安全策略的多层方法。这种策略还必须补充注意力训练、易受攻击人员的抵抗力训练、提醒程序和一个制定好的事故响应计划等措施。在这些防范社会工程威胁所采用的标准信息保证措施之外，Gragg（2003）还描述了一种称为"gotcha级"的预防措施。

"gotcha级"是雇员必须了解的一组技术，当他们怀疑打电话人的身份时，这组技术可帮助他们确定电话里人员的身份。第一个技术称为回拨策略，通过电话泄露任何敏感信息之前先要一个回拨的电话号码。第二个技术称为"三个问题规则"。这是一组私人问题，要访问秘密信息的人必须首先回答帮助台提供的三个问题，以核实其身份的真实性。正确无误地回答三个随机提出的问题的人才能够获得访问权限。第三个技术称为"伪造问题"，任何人都可以用这种方法来确定打电话的人是否在行骗。其中一个例子是：向可疑的打电话人询问他们车辆上制动装置的工作情况。正常打电话的人会说他或者她最近没用过制动装置或者根本就没有车。但是如果打电话的人给出一个不合常理的答案，那么他或者她显然是在行骗。最后，必须对职员组织训练，让他们感到自己被控制或者完全情绪化时将电话挂起。这将有助于他们重组思路，从而有可能察觉到正在发生的社会工程攻击。

22.8　社会工程与赛博战

孙子在他的经典著作《孙子兵法》中指出："兵者，诡道也。"因此，理解社会工程，运用社会工程这种具有欺骗性的方法攻击网络资源对于赛博战至关重要。攻击者可以用社会工程技巧说服某个用户打开一个主题为"我爱你"的电子邮件中的恶意附件，进而控制网络资源。通常情况下，用这种方式控制网络资源比摧毁防火墙、入侵检测系统和其他网络防御技术等方式更简单。通过欺骗用户，攻击者可以击败这些复杂的通知和监测系统达到他们的目标。有一些社会工程攻击可视为赛博战，这样的例子包括：

1. 2004年一种名为Myfip的蠕虫病毒"将一封电子邮件进行伪装，让人们误以为它来自eBay的一位网管。这封邮件邀请读者参加一个有机会赢取大奖的'多项拍卖'活动"（McArdle，2004）。然后这个病毒收集被攻击主机上的所有Adobe pdf文档、Microsoft Word文件、数据库文件以及AutoCAD文件，并将其打包发送给位于中国天津市的某个地址。这是一个基本的钓鱼攻击的例子，它让用户相信一个受信任的实体（在本例中为eBay）有可能发放免费奖品。此类攻击的原理是让受害者兴奋起来或者激发起他们的兴趣，然后放松警惕去执行附件。

2. 2005年发生了一连串针对英国政府关键计算机网络的钓鱼攻击。攻击者从互联网下载了一些公开的政府文档，然后在这些文档上加载特洛伊木马，最后将它们通过电子邮件邮寄给一些精心挑选的、很有可能打开这种文档的职员。为了让这些邮件更具真实性，这些邮件的地址看起来都是来自某个同行（Swartz，2005）。在这个案例当中，攻击者瞄准一个特定的目标人群，这些人都在他感兴趣的项目中工作。攻击者会选择一个受害者熟悉、但大多数人都不了解的项目。他通过详细描述和提供该项目的相关文档、以及将邮件的源地址伪装成某位同事的邮箱地址等方法提高邮件的可信程度。

3. 2005年，Choicepoint的销售员工和一个顾客数据经纪人受到社会工程攻击，他们将145 000条客户记录卖给了一个"假装在雇员和顾客中搜寻商业信息"的攻击者。"他们花了不到200美元的费用，只是提供了一些伪造的文档，就获得了包括地址、电话号码和社会保险金账号等在内的私人信息的访问权限"（Perez，2005）。

22.9 总结与展望

社会工程的应对技术措施越来越完备，已经能够成功抵挡单纯的网络入侵，因此社会工程攻击方法的重要性将得到进一步加强。社会工程正在成为混合攻击中的重要一环。在混合攻击中，攻击者先使用一些非技术手段击破目标的"外部壁垒"；一旦成功进入内部，再使用传统的技术手段展开进一步攻击。

一些系统试图采用语音特征与情绪特征状态鉴别相结合的方法，探测电话中的社会工程攻击（Haddad, Walter, Ratley, & Smith, 2002），这种方法还刚刚起步。不过，他们的潜力并不大，仅限于帮助社会工程预防程序检测突发事件并做出相应处理。为了更好地遏制社会工程，一个单位必须开发一套自底向上的、安全的环境。

让单位内的每个人知道该单位所接触的每一个实体，这显然超出了单位的能力范围。因此社会工程从刚开始就以多种方式存在。这些技术已经和正在被恐怖主义分子、间谍、猎头和黑客所使用，他们试图从技术目标和非技术目标中获取秘密信息。对于一个组织而言，如果其成员被训练成唯命是从，那么针对它的社会工程攻击效果将尤为明显，军事机构就是其中一例。参与战争的军事机构，其赛博资源所面临的危险性大，必须防范社会工程黑客利用这个弱点进行攻击。从根本上来说，社会工程攻击的成功，与受攻击组织的内部人员对社会工程的了解程度成反比。

参考文献

A proactive defense to social engineering. (2001). Wendy Arthurs. Retrieved January 30, 2006, fromhttp://www.sans.org/rr/whitepapers/engineering/511.php

Burtner, W. (1991). Hidden pressures. *Notre Dame Magazine,* 29-32.

Hackers attacked parliament using WMF exploit.(2006). Tom Espiner. Retrieved January 30, 2006, from http://news.zdnet.co.uk/internet/security/0,39020375,39248387,00.htm

A multi-level defense against social engineering.(2003). David Gragg. Retrieved January 30, 2006, from http://www.sans.org/rr/whitepapers/engineering/920.php

Haddad, D., Walter, S., Ratley R., & Smith, M. (2002). *Investigation and evaluation of voice stress analysis technology* (NIJ 193832). Washington, DC: Office of Justice Programs, National Institute of Justice, Department of Justice.

OSSTMM: Open source security testing methodology manual. (2006). Pete Herzog. Retrieved January 30, 2005, from http://www.isecom.org/osstmm/McArdle, D. (2004). Myfip packing trait worries virus experts. *Electricnews,* Retrieved July 15, 2006, from http://www.electricnews.net/news.html?code=9561560

Mitnick, K. (2002). *The art of deception: Controlling the human element of security.* New York: John Wiley & Sons.

Perez, E. (2005, February 18). Identity theft puts pressure on data sellers. *Wall Street Journal.*

Social engineering. (2006). In *Wikipedia: The free encyclopedia.* Retrieved December 18, 2005, from http://en.wikipedia.org/wiki/Social_engineering

Swartz, N. (2005). Britain warns of Trojan horse computer attacks. *Information Management Journal,* Retrieved July 15, 2006, from http://www.findarticles.com/p/articles/mi_qa3937/is_200509/ai_n15350562

While progress has been made, managers and employees are still susceptible to social engineering techniques(2005). U.S. Department of Treasury. Retrieved December 15, 2005, from http://www.treas.gov/tigta/auditreports/2005reports/200520042fr.html

术语和定义

欺骗关系（Deceptive Relationship）：由社会工程黑客建立的关系，目的是利用受害者对攻击者的信任。

超载（Overloading）：一种社会工程攻击，指攻击者快速地向受害者提供大量的信息，试图使其在精神上陷于被动接受状态。

钓鱼（Phishing）：这是一种基于计算机的社会工程攻击，攻击者伪装成一个受信任的实体向受害者发送邮件，欺骗其向恶意网站提供其私人信息或者安装恶意软件。

互惠（Reciprocation）：这是一种对获得好处进行回馈的本能，社会工程黑客利用它窃取受害人的某些信息。

Chapter 23
第 23 章 | 行为信息安全

Isabelle J. Fagnot
(雪城大学，美国)

组织内部人员不恰当的、破坏性的行为会极大地限制信息安全的实际效果。当前所发生的重大安全事故表明：成功的内部入侵将导致人们对组织内部反复出现的破坏行为产生恐惧心理；与外部威胁相比，内部入侵造成的破坏性更大，造成的损失也更大。如今，大部分终端用户是企业的员工。他们在许多工作和非工作场合下需要处理丰富多样的信息，这就给企业带来了新的挑战，并驱动着技术和管理的革新。为了理解这些现象并提出对策和措施，研究人员做出了许多努力，他们在行为信息安全、信息安全和社会工程等诸多领域中已经展开了深入的研究。本文首先给出行为信息安全的定义，然后列举安全行为对组织安全造成全面影响的例子，最后在未来趋势中我们将介绍这一威胁的缓解措施。

23.1 引言

行为信息安全是指对信息安全中人为因素的研究，只是在最近人们才将信息安全中的人为因素纳入研究范围。而在此之前，信息安全主要指其中的技术性因素——某个组织的安全等级仅仅是用其信息系统技术层面的品质和责任进行描述。因此，人们往往容易忽视一个关键的安全属性，这就是人的行为对组织信息安全和保障所造成的全面影响。当人们需要收集的消费者、客户、病人和同事的敏感信息持续增长时，这种忽略将会带来很多问题。因而，组织必须对敏感信息的安全和保密负责。

在当今信息社会中，信息技术（IT）终端用户群体主要由企业员工组成。这一事实揭示了企业内部人为错误增加的原因，然而管理人员和安全分析员仍然忽视了员工行为的重要性，这是非常错误的。信息安全中的人为因素，在企业的安全状况中扮演着重要的角色。如今，警惕性高的企业会同时重视安全中的两个方面：技术上高度安全的信息系统和经过充分论证的信息安全策略。如果员工没有受过恰当的安全培训，不了解安全策略和安全程序，而且如果企业的管理不能得到加强，那么该企业内信息的安全性将受到严重危害（David，2002）。确保员工了解最新的安全问题，这对于优化企业安全以预防安全威胁是非常必要的。在最近的几次重大安全事故中，新闻报道已经更多地注意到了企业的内部威胁；而其中一些企业倒闭的直接原因甚至就是来自于内部威胁（Keeney, Kowalski, Cappelli, Moore, Shimeall, and Rogers, 2005）。这些受害企业已经为来自内部的威胁付出了巨大的代价。鉴于此，在企业管理中出现了一个新的领域：信息安全管理（Conner, Noonan, & Holleyman, 2003）。该领域着重强调以下内容：企业的安全策略和过程必须有效衔接，必须得到员工的共同遵守，且必须加强日常性的管理。

本章的目标分为两部分：第一，定义什么是行为信息安全，并举例说明特定员工的行为可以增强或者削弱信息安全；第二，分析哪些措施有助于提高企业内部的安全级别并减轻安全威胁。

23.2 背景

信息安全，特别是其中的人为因素，是一个崭新的研究领域。作为保持企业发展和成功所依赖的信息技术，信息安全已经得到了加强。然而，信息安全面临的攻击越来越多，它已经被企业视为攻击的来源，不管是来自外部的攻击还是来自内部的攻击，将导致事故发生和经济损失。

　　一方面，计算机安全技术已经随着计算机的发展而得到了长足的发展。另一方面，它却只适用于过去的十年。与互联网的爆炸性增长相一致，更多的信息循环和更多的人参与到信息的流动之中。人为因素和行为信息安全已经吸引了越来越多的关注。通过更多有关黑客攻击、外部入侵、数据丢失、内部威胁、成本等案例，研究人员正在揭示和解释这些有害行为的原因，并努力寻找解决办法。目前人们的普遍看法是：企业的内部攻击远比外部攻击严重，因此内部威胁得到了更多的关注（Schultz, 2002）。内部攻击更加有效的事实逼迫企业将精力更多地投入到内部攻击的防范上，以防止类似事件的重演。内部攻击不仅会造成严重的财产损失，而且会伤害一个企业的声誉（Ernst & Young, 2002）。因此，信息安全的有效性极大地受限于企业内部不恰当和破坏性的人为行为。因此，行为信息安全逐渐形成了一整套概念、理论和研究，这些概念、理论和研究与企业内人员行为以及该行为对信息安全造成影响的方式密切相关。

23.3　本章的主要内容

行为信息安全：重要行为

　　为了正确认识信息安全中的人为因素，Syracuse大学信息研究学院的研究人员主持了一项重大研究，对信息安全的政治、动机和道德规范等展开了历时三年的研究[1]。这项研究用实例说明了行为信息安全的主题。在本节中我们将引用其中的一些分析成果，同时还将引用信息安全方面的著作。

　　Nguyen等人在他们的论文（Nguyen, Reiher, and Kuenning, 2003, 第一页）中指出："现在人们对计算机的外部攻击宣传得越来越多，然而事实上内部攻击非常普遍，并且它们通常具有更大的破坏力"，而且造成的损失也更大（D'Arcy, 2005）。确定员工行为可以增强或者减弱组织的安全，这一点实际上是以下面的事实作为前提的：即如今员工被认为是组织安全链条中最薄弱的环节（Mitnick & Simon, 2002）。

为了捕获雇员的正常行为，进而确定这些行为是恶意或是好意，是故意或是无意，研究人员需要将终端用户的行为进行归类、辨别、组织和分析。为此，文献Stanton, Stam, Mastrangelo, and Jolton（2005）中给出了一种"信息安全终端用户行为分类法"，对可能影响组织安全的行为进行了总结归纳（表23-1）。

表 23-1　安全行为的双因素分类法（摘自文献 Stanton et al., 2005）

专家意见	意图	名　称	描　述
高	恶意	故意破坏	行为要求： —较高的专业技术要求 —要造成破坏的企图
低	恶意	错误使用	行为要求： —很少的专业技术要求 —没有明确要造成破坏的企图
高	中立	危险的修补	行为要求： —较高的专业技术要求
低	中立	朴素的错误	行为要求： —很少的专业技术要求 —没有明确要造成破坏的企图
高	获益	有意担保	行为要求： —较高的专业技术要求 —强烈的想做好事的意图
低	获益	基本卫生	行为要求： —很少的专业技术要求 —明确的保护安全的意图

为了增强对员工行为的理解，Syracuse信息系统评价项目（Syracuse Information Systems Evaluation，SISE）小组对中小企业中不同部门的社会技术安全进行了评估。采集到的数据主要来自一对一的访问（$N=75$），目的是

获得员工对信息安全的认识。他们从两个主要问题出发对这些访问进行了分析：第一，揭示员工行为对信息安全的影响；第二，说明是否可以提出一些对策，以及这些对策是否需要修改和/或者增强。

在此分析的基础之上，SISE小组确定了影响组织安全的因素（例如朴素的错误）。他们发现放松安全策略会带来安全威胁，例如允许员工禁用防病毒软件，因为这会使他们的电脑运行变慢。此外，当组织运行在一个受信任的基础工作环境中时，员工经常会互相共享密码，或者将密码粘贴在他们的椅子上（Sasse, Brostoff, & Weirich, 2001; Stam, Guzman, Fagnot, & Stanton, 2005）。

从上述分类法确定的方面来看，研究人员能够用统计数据证明各种类别之间的显著差异，并且对安全威胁有了更加清晰的理解。

行为信息安全：威胁的迁移

为了实现威胁迁移，首先必须有确认威胁的方法。Schultz（2002，第527页）提供了"一个理解和预测内部攻击的框架"。作者给出了一个行为的列表，这些行为可能揭示内部威胁的存在，对于考虑信息安全非常关键。这些可能的行为包括个性特点、口头行为、相关的使用模式、预备行为、有目的的错误和有预谋的标记，等等。

研究人员对信息安全中的人为因素加强了研究，已经找到了一些可以应对内部威胁的措施。Sushma 和 Dhillon（2006）在其关于信息系统安全管理的工作中回顾了相关文献，并将这些应对措施分为5大类别：先发制人的安全文化、内部控制评估、安全策略实现、个人价值与信仰、安全培训。与此类似的是，Yamodo-Fagnot 和 Stam（2005）认为"培训和安全意识是提升组织内部安全的关键性因素。"如果对员工进行技术方面的培训非常关键，那么增强他们应对诸如社会工程（Mitnick & Simon, 2002）等威胁的意识也同样关键，例如，能够迅速地识别并且提防怀有恶意的电话是对潜在的安全相关结果进行分类的一个重要行为。在能够为安全分配高额预算的组织里，他们能够雇佣专门的IT安全专家以确保组织的安全级别是最先进的。这些措施有助于验证与安全相关的策略和过程，以及这些策略和过程的兼容性。有效的安全组织、积极的安全领导、监视员工的行为（D'Arcy，2005）和对用户角色和行为的清晰指派，所有这些都是提升安全级别的有效措施。

研究人员已经展开了一些创新性研究，主要分析不同企业类型的组织方式和有效及无效终端用户的行为。随着这项研究的进展，可以通过实现战略性的安全措施提升信息安全系统的性能，而这些措施对于解决现实世界中的安全问题是十分详细的。

为了捕捉雇员的行为，定性方法比定量方法包含着更丰富的数据。然而，进行定性的社会技术安全评估取决于两大因素：第一，定性评估比定量评估耗时更久，并且费用更高；第二，企业通常不愿意暴露太多的自身安全状况。Kotulic 和 Clark（2004）认为针对该问题的研究不甚积极，这也许正是原因所在。

23.4 未来趋势

假如企业要扩大对于技术和信息系统的应用，那么更全面地承认信息安全中人为因素的存在并加大对雇员行为的观察是非常重要的。在一个组织中，这种做法可以保证维持最优的安全级别，而且敏感信息的机密性也能够得到控制和保证。研究人员对于围绕安全问题的人类行为的关注程度不断增长，这预示着未来对于这种趋势的研究仍将继续。

调查员工行为的工作一般在进行安全评估的过程中完成。这种评估通常的过程是：通过问话和访问的形式收集到定性的数据，然后对这些数据进行测量和分析。Stanton 和 Fagnot（2006，第二页）认为：

通过请教组织信息安全专家，安全审核员可以了解到：组织的信息系统体系结构、合理的安全策略、典型的安全行为、策略和行为中的弱点、职员应做的准备、管理支持工作，以及采购人员的能力。

随着新研究项目的启动，研究人员将进一步研究定性的数据分析方法以减少对企业的时间和财力开销。同时，最近出现了一种创新的方法，其思路是深入分析雇员用来描述他们工作环境和习惯所用的语言（Fagnot & Stanton, 2006; Stanton & Fagnot, 2006）。从这点出发，研究人员开启了一个新的趋势，即研究语言学在这些行为分析中如何扮演越来越重要的角色（Chand & Orgun, 2006; Symonenko, Liddy, Yilmazel, Del Soppo, Brown, & Downey, 2004）。对安全评估分析的表述越系统，则企业节省时间和金钱的数量越大。因此，企业会尽快采用开销较小的、必要的措施来改善他们的总体安全状况。

23.5 结束语

对于任何组织而言，为了确保组织的健康和安全运营，必须具有两种要素：优秀的信息技术和恰当的员工行为。管理者对于合理开发、利用这两个要素起着至关重要的作用。他们甚至需要了解更多有关信息安全的行为问题，并更多地关注每名员工在信息保护上所扮演的关键角色。

人类行为自有其复杂性，这就使得对人类行为的持续和更深层次的理解成为必然，因为这些行为能够影响到组织内的信息安全。行为信息安全能够帮助组织更清晰地掌握员工的行为并减小他们到目前为止所遭受的安全威胁（包括来自内部和外部的双重威胁）。有一种方法可以帮助管理者推进特定的培训和教育程序，从而增强组织的信息安全能力。如果管理者能够找到优化行为信息安全和强化安全策略的方法，那么该组织的安全状况将会真正得到加强。

参考文献

Chand, V., & Orgun, C. O. (2006). Exploiting linguistic features in lexical steganography: Design and proofof-concept implementation. *Proceedings of the 39th Annual Hawaii International Conference on System Sciences (HICSS)*.

Conner, B., Noonan, T. & Holleyman, R.W., II. (2003). *Information security governance: Toward a framework for action.* Business Software Alliance.

D'Arcy, J. (2005). *Improving IS security through procedural and technical countermeasures: An analysis of organizational security measures* (Research report). Temple University, Irwin L. Gross e-business Institute.

David, J. (2002). Policy enforcement in the workplace. *Computers and Security, 21*(6), 506513.

Ernst and Young LLP. (2002). *Global information security survey.* Presentation Services.

Fagnot, I. J., & Stanton, J. M. (2006). Using security assessment interviews to predict organizational security status. *The Security Conference,* Las Vegas, NV.

Keeney, M.M., Kowalski, E.F., Cappelli, D.M., Moore, A.P., Shimeall, T.J., and Rogers, S.N. (2005). Insider hreat study: Computer system sabotage in critical infrastructure sectors. *National Threat Assessment Center, United States Secret Service; CERT® Program,* Software Engineering Institute, Carnegie-Mellon University.

Kotulic, A. G., & Clark, G. J. (2004). Why there aren't more information security research studies. *Information & Management, 41*, 597-607.

Mitnick, K. D.,& Simon, W. L. (2002). *The art of deception: Controlling the human element of security.* Indianapolis, IN: Wiley

Nguyen, N., Reiher, P., & Kuenning, G. H. (2003). Detecting insider threats by monitoring system call activity. *Proceedings of the 2003 IEEE Workshop on Information Assurance.*

Sasse, M. A., Brostoff, S., & Weirich, D. (2001). Transforming the "weakest link": A human/computer interaction approach to usable and effective security. *BT Technology Journal, 19*(3), 122-131.

Schultz, E. E. (2002). A framework for understanding and predicting insider attacks. *Computers and Security, 21*(6), 526-531.

Stam, K., Guzman, I., Fagnot, I., & Stanton, J. (2005). *What's your password? The experience of fieldworkers using ethnographic methods to study information technology in work organizations.* Paper presented at the 2005 American Anthropological Association Annual Meetings, Washington, DC.

Stanton, J. & Fagnot, I. (2006). Extracting useful information from security assessment interviews. *Proceedings of the 39th Annual Hawaii International Conference on System Sciences (HICSS).*

Stanton, J. M., Stam, K. R., Mastrangelo, P., & Jolton, J. (2005). An analysis of end user security behaviors. *Computers and Security, 24*, 124-133.

Stanton, J. M., Yamodo-Fagnot, I., & Stam, K. R.(2005). The madness of crowds: Employees beliefs about information security in relation to security outcomes. *The Security Conference,* Las Vegas, NV.

Sushma, M., & Dhillon, G. (2006). Information systems security governance research: A behavioral perspective. *NYS Cyber Security Conference (NYS CSIS),* Albany, NY.

Symonenko, S., Liddy, E. D., Yilmazel, O., Del Soppo, R., Brown, E., & Downey, M. (2004). *Semantic analysis for monitoring insider threats.* Presented at The Second NSF/NIJ Symposium on Intelligence and Security Informatics (ISI). Tucson, AZ.

术语与定义

行为信息安全（Behavioral Information Security）：信息安全的一个方面，处理影响组织总体安全状况的人员行为。

人为因素（Human Factor）：指每个人都可能犯错，从而会影响特定形势的事实。

信息安全（Information Security）：该术语不仅指保证信息系统的安全，而且指对各种信息的全面保护。

信息安全监管（Information Security Governance）：企业监管的一部分，强调企业内部的安全策略和过程必须有效衔接，必须得到员工的共同遵守，必须加强日常性的管理。

信息技术安全官（Information Technology Security Officer）：负责验证组织内与安全相关的策略和过程的人，他还负责验证组织对信息技术安全的遵从程度。

内部威胁（Insider Threat）：具有合法内部访问权限的个人，对组织的信息资源所实施的蓄意破坏、不道德或者非法的行为。

组织安全（Organizational Security）：该术语涵盖了保护一个组织所必需的一切安全因素，包括技术安全和行为安全。

安全策略（Security Policy）：组织为了维护信息的机密性和安全性所涉及的所有规则、法律、过程和实践。

敏感性息（Sensitive Information）：在信息安全的范畴中，指各种私有信息（例如，社会保险号、生日、医疗和金融信息等）以及其他应该加以保密的各种私人信息。

附注

[1] Syracuse 信息系统评估项目（项目主管：J. M. Stanton；项目副主管：K. R. Stam, I. J. Fagnot），网址：http://sise.syr.edu。

第 24 章 深入理解人员异常检测

Shuyuan Mary Ho

（雪城大学，美国）

近年来，对那些著名组织的安全威胁有增无减，因此人们对于信息安全的需求大大增加。目前人们设计和开发了多种方法以应对外部攻击。通常的做法是主动禁止非授权连接和/或者限制对公司内部资源的访问；然而，来自内部攻击者的威胁更阴险、更复杂。那些备受信任的人员拥有该组织重要的内部知识，这些知识能够影响到组织的利益或者完整性。他们通常是公司内部的潜在威胁源，有可能泄露或者损坏机密的敏感信息——无论出自有意或者无意。识别并检测反常的人员行为和潜在的威胁是相辅相成的，二者具有相同的重要性。其方法是：长期观察并评估员工的通信意图和行为产生的结果。人为观察受制于观察的不可靠性，而系统统计数字存在误报的局限性，因此人员异常检测则与观测人员在提供公司安全和个人隐私相关信息时的可信赖性的变化有关。本章将内部威胁视为影响公司安全的重要问题，从社会和系统两个角度出发，介绍一些关于人员异常检测的深入讨论。

24.1 引言

许多学科都对信息安全和隐私的概念进行了探讨和研究。在政治科学领域，对于共同的道德规范、保密和诸如商业秘密、市场竞争情报、情报资产等敏感信息的讨论尤为激烈。企业的安全策略规定企业资产的保护原则，它也是热点讨论问题之一（Stevenson, 1980; Swann & Gill, 1993）。政府为了维护国家安全而监视民众，这个问题在过去的十年当中备受争议。在《1984年》这本书中，George Orwell是这样定义这个问题的：

  过去，政府没有权力将公民置于全程监视之下。然而，印刷术的发明使得操纵大众的思想变得更加简单，而电影和无线电广播进一步推进了这个过程。随着电视技术的发展和科学技术的进步，利用同一台仪器同时接收和传送信号成为可能，于是私人生活的末日到来了。（Orwell, 1949, 第206-207页）

  布什政府的国内监管丑闻事件造成的后果是：将对恐怖主义活动的监视扩大到了美国公民的日常生活当中。国家安全需要已经在公民的隐私权上投上了挥之不去的阴影。这条法则同样也适用于企业监管。由于政府或者企业监管制约了个人隐私自由，那么再强调个人隐私会导致人们在企业内部形成交往的黑箱，这样的后果是对企业、政府和国家安全造成威胁。于是，如何在个人隐私和企业安全监管上达成一个平衡就显得异常重要。哪些安全措施对于保护企业安全利益是必要的，这些安全措施对个人隐私会造成什么影响？在当今社会这些问题确实具有挑战性。

24.2 背景

  为了维持企业竞争力，企业必须保护自己的商业情报。实际上对这种保护的讨论从未间断过。在社会背景下我们能够在商业策略、政策决断、管理过程和运作生产中找到各种解决方案。社会科学家提供了多种用于信息保护和安全的观点和发现，并广泛应用于管理通信和交互评估、记账和信息系统、市场营销和策略管理等过程中（Alvesson & Willmott, 1996）。社会认知讨论了角色在不一致认知过程中的影响（Forgas, 2001）。一个心怀不满的员工是否能够对企业的信息安全造成巨大的伤害？这种负面影响多早能够被检测到？对员工的信任等级如何进行调整？像这样的诸多关键问题都有待研究。而且，当一个人获得较高安全授权时，"人的阴暗面"（Ghiglieri, 1999）是否会背叛和改变他或者她的受信赖程度，这仍然是一个问题。类似的事故曾经在多种场合被发现过。例如，具有高级安全授权的Jonathan Pollard在1985年被逮捕，原因是他向以色列传递卫星照片和武器系统数据等机密的美国国家信息（Noe, 2007; Haydon, 1999）。

发生在过去十年中的那些安全事故不仅与社会有关，而且其中有许多是系统性的、技术性的事故。这些事故范围包括：毁坏物理设施、非法的网络/系统渗透、互联网交易的伪造行为、对机密信息的非授权修改或泄漏。接二连三的安全事故促使研究人员和科学家进一步推进了技术和系统方案研究，提供层次式的防御方法（Park & Ho, 2004）。这种想法不仅促使我们去识别现有物理基础设施、政策、操作流程、个人信赖和技术中的弱点和威胁，而且促使我们去研究对策，寻找有形资产与无形资产两个方面的防御策略。来自恶意的外部黑客/骇客的许多威胁都能够利用各种主动和被动手段进行检测和预防[1]，但是，来自恶意的内部职员的威胁通常更加阴险，也更加复杂（Keeney et al., 2005）。识别内部威胁的复杂性和困难性取决于有多少信息、有多大权力委托给了那些处理最高级秘密的人员。某个人对内部资源掌握的知识越多，那么他所具有的内部威胁就越大。鉴于核实某个人员是否可信赖变得越来越关键，因此研究人员在人员安全领域中创造了一个新的、可扩展的研究方向。

由于关键信息可能被误用，并且网络可能被各种外部或者内部攻击者所嗅探，因此人们用数字安全[2]技术来预防、检测和保护企业的信息资产不受侵害。系统的研究观点通常集中在：从选定的资源（例如数据库、应用程序和网络设备）中收集审计日志，然后通过自然语言处理（DelZoppo et al., 2004; Symonenko et al., 2004）、文本挖掘和信息抽取等技术建立个人使用行为档案。其目标是能够正确识别与正常行为模式不相符的异常行为。除了数字安全之外，认知匹配技术也可用于以下途径：研究个人可信赖度；在社会学背景下构建正常的行为档案；定义和应用安全策略；以及识别与正常行为模式相冲突的异常行为。研究社会学和系统学两个方面的正常行为之间的相互关系，发现异常检测[3]的监视机制是人员安全中的关键研究领域。通过分析与关联社会层次和数字层次之间的人员行为，可以发现恶意内部攻击者的异常行为。

24.3 公司安全中的人事问题

信息方便性/可用性和信息安全性是截然相反、互相对立的两种用户需求。要确定一个Web站点的信息安全是否可以称之为可接受的，必须将其交给攻/防机制进行测试（例如渗透测试）。事实上，对于人员管理来说情况同样如此。例如，一些人偶尔不遵守安全规定。并且，人员策略一般并不突出强调信息安全；而员工对于信息安全的概念也可能过时。举一个信息安全实现方面的例子：一些高级官员有时将他们的个人（一般也是非技术性的）意见强加在站点的信息安全解决方案当中，这就会危及整个安全体系。这只是我们今天需要面对的最关键的问题之一。其结果是，如何使站点真正安全成为一个非常困难的问题。"渗透行为"测试在保证站点可访问性的前提下，安排安全专家（"白帽"）对网站进行渗透和测试以检验网站的安全性。如果该网站能够承受这些攻/防行为的渗透测试，那么可以认为该网站的安全机制处于可接受的范围之内。可以认为：该网站对于外部威胁是安全的。

如果有专人负责管理信息安全的防御问题，那么可以认为该企业的安全是完整的。但是许多事故正是由负责管理计算机的人员本身所引起的。例如，特定的程序需要以正确的访问流程发送给远端的人员，以便帮助他们理解安全访问需求。即使这些访问流程像"常识"一样简单，我们仍然需要将这些"常识"流程发送给在外的人员，以保证其远程访问的安全。然而终端用户，甚至包括数据入口管理人员在内，经常希望访问方便一些，他们会偶尔启动一台连接到内部网络的计算机上的互联网连接。不在网络中设置物理隔离措施会让内部信息资源和网络面临严重的安全威胁和风险。一方面互联网的发明给我们的生活带来了更多的便利，例如互联网基础设施提供的"数字图书馆"；但是另一方面，互联网的便利实际上也给我们的内部网络带来了更大的威胁。我们需要的是用层次化的安全检查所有相关的各个层面上的设备。

在军队中设置的"等级"有时会带来麻烦。高级别军官能免除冗长乏味的管理检查，或者不遵守安全策略所要求的管理流程。军队中存在不同的文化和纪律，因此处理军队中的高级别特权问题比处理组织中的安全问题更困难。在考虑安全机制时，"等级"和"自觉"是互相依存的。

级别问题增加了内部威胁的可能性。军队中通常的做法是：如果关系到安全问题，那么级别就不应该妨碍安全。然而，这样的事情也会时有发生：一个高级别军官借口涉及到机密信息而拒绝进行常规检查和安全审计。这就给调查和搜集证据造成很大困难。一些移动设备由于使用方便（例如软驱、记忆棒或者mp3设备），被用于敏感信息的传递。企业内部会设置一些防范外部攻击的移动设备限制策略，但是这些策略在员工和许多部门的内部人员中间经常得不到有效遵守。从检查的角度来审视某栋建筑物内的信息安全机制就会发现，公平对待每个人是最恰当的防范；任何具有更高的级别或者身份的人都不应具有特权，也不能避免安全检查。

身份较高的人经常要求获得一些他不具有合法权限的机密信息。访问控制负责管理哪些人能访问哪些资源，身份认证保证处理机密信息的人是正确的人，这两者是非常重要的机制。除了正确的授权机制之外，管理工作的增加经常导致信息获取程序的某些做法超出常规访问控制机制。

24.4　可信性评估的社会因素

可以从两个层面来考虑人员的可信赖性：当前状态和后台检查。这两个层面都包括对当前和过去的物理访问、交际圈、对个人私生活的调查。那些企图盗取和/或者出售敏感信息的，通常都是希望为个人谋利的人。

虽然在通常情况下人员安全审计是可行的，但是对于审计人员或者上级而言，通过个别谈话或者交谈的方式去了解人员的可信赖性仍然十分困难。受限于问话，人们一般不会为了很小的事情就向上级反映他们的伙伴或者同事。但是实际上，大家都认为："每个人都知道他们隔壁办公桌上的同事在做些什么。"

个人的财政、训练、工作等相关的事件也能够用来衡量信任的等级。更为重要的是，个人财政的稳定性和账目、不同时间内税收的波动情况、财产报告以及银行的财产声明能够说明很多问题。然而，债务情况需要进行专门的调查，因为一般情况下大部分银行不会泄露个人的私有负债信息。

如果一个人使用个人身份证（PID）访问某个物理设施时，我们通过监测访问控制系统的日志就能够识别实际的访问行为。这种用于跟踪物理访问日志的身份证还可以用于记录对文件、信息或者数据库等的访问活动。这种方法的最大弱点在于：它只是忠实地监测并记录下所有的事件，但并不对这些事件进行分析。例如，视频监视器需要有人坐在监视器前分析观察到的活动。同样地，基于主机的入侵报警网络基础设施能够记录下大量的事件，但如果缺乏有效的机制分析收集到的各种事件，那么这反而成为极大的弱点。如果不能迅速确认可疑行为，那么该行为将被忽视。那些貌似正常、但在将来有可能成为法庭证据的行为，有可能在较短的时间内被错误地删除掉。如果这些行为不能首先引起怀疑，那么保存在数据库或者录像带中的文件将会被擦掉。

由于计算机环境中管理结构有平板化和简单化的趋势，因此解雇职员有可能导致检查日志文件或者监视远程通信/信息安全的人员数量不足。尽管不涉及实际行动，但是信息战的可能性仍然存在于每个有线和无线环境中。为保证系统的完整性，保证足够数量的信息安全管理职员是非常关键的。

在个人信任等级中检测变化是"基本不可能"的。从安全的观点来看，组织当中的每个人都值得怀疑。从管理层决策的观点来看，处理绝密信息的人的信任度必须设置得很高——即绝对信任。他或者她对于公司的忠诚度和信任级别必须毫无疑义。然而，在调查那些处理绝密信息的人员的活动中，调查过程必须严格按照规定执行和操作。

人们当真密切关心那些处理敏感、机密甚至绝密信息文件和信息的人员的忠诚度吗？尽管监管部门经常将大量时间花费在检查下级是否汇报了商业谈判的细节上，但他们却往往忽视了对下级行为的其他重要方面的了解。检测人员信任等级的变化非常困难。信任等级检测需要直接、密切的监督和安全审计员的间接监视。在管理运作过程中必须包括常规安全"审计"和应急响应"调查"。

对职员的行为进行监视是否恰当？这一问题仍存在争议。监视职员的信息通常会与职员的隐私权相冲突。通过个人诚信声明审计并调查某位员工的社会交际圈和他们的财政稳定性并不违反隐私权的范围，因为这是背景检查的常规部分。然而，监视并记录个人在线交易的信息就会变成牵涉到个人隐私的非常敏感的问题，例如股票购买情况，等等。法律保护所有公民的隐私权。利用网络基础设施、卫星系统、嵌入个人身体或物品中的传感器芯片等当前技术可以监视个人的金融活动，但是这却严重侵犯了公民的隐私权。这一点在国家安全防卫利益上表现尤其突出。如何在这两种需求之间寻求一种平衡？这一问题始终悬而未决。在此之前我们可能需要继续等待，直到某个事件的发生迫使"法律"允许我们通过先进的科学技术调查和收集证据。

背景检查可通过填表的方式实施；然而，填写的诚实度和完整性会成为另一个问题。长期观察会对一个人人生的转变形成更恰当的了解，包括其校园生活、跳槽经历、以及发生在他身上的特别的事情。对一个人观察的时间越久，则对他的观察和了解就越准确。另外，推荐信是个人的过去社会关系对其出具的证明，这也为了解个人的背景提供了一条很好的途径。

24.5 信任评价的数字化问题

使用智能身份（ID）卡是记录所有职员在工厂中所有行为的一种有效的

鉴别机制。然而，这种机制存在一个缺点，即员工会交换使用他们的ID卡。必须在人员级别上制定安全策略来要求和控制每个人只使用自己的身份。此外，指纹、掌纹、脉搏测量或者体温感知技术都可以用做有效的身份认证机制。此外，访问某些设备或者系统时要求提供照片/图片也是行之有效的方法。这些基于身份的图片处理可以与访问控制机制同时进行，并且可以为了消除争议而生成访问日志。

我们虽然可以用日志记录访问活动，但是却不能洞察或者分析这些活动的内容和目的。虽然分析访问目标的内容并非不可能，但是人们一般不会这样做。许多内容分析技术，例如数据挖掘和自然语言处理等，可用在访问活动的内容分析。社会网络分析技术还可以分析电子邮件和即时通信的内容(Natarajan & Hossain, 2004)。

当一个人正常访问文件时，要想检测他的恶意企图通常是非常困难的。这个人可能趁机获取相同或者更高等级的其他文件，并将其转交给他人。这些人会在正常职责背后隐藏他的恶意企图。在竞争早期预警（CEW）三角中，Gilad定义了三个互锁的步骤，可帮助组织改进公司的策略和措施并对早期风险预警做出反应。CEW框架结构首先定义了风险，它成为情报监视的指示器。在监视之后，报警用于提醒公司管理部门采取行动。行动的反馈被送给风险检验人员形成进一步的检测决定(Gilad, 2004)。为了检测异常行为，计算机系统通常会设置一个基准线，界定正常行为并检测异常行为。然而，如果人员工作的职责和性质变动太大，这种方法就很难奏效。有时要"模式化"诸如销售人员或者研究人员等人群的行为是非常困难的，因为他们对数据库或者系统的访问没有任何规律可循。

24.6 基于内容的人员异常检测

入侵检测系统（IDS）技术通常可分为误用检测和异常检测(Lee & Stolfo, 2000; Michael & Ghosh, 2002)。最新研究主要集中在基于程序、基于系统

（Burgess et al., 2002; Michael & Ghosh, 2002）和基于网络的IDS（Huang & Lee, 2003; Lee & Stolfo 2000; Zhang & Lee, 2000; Zhang, Lee, & Huang, 2003）。基于内容的语义异常检测（Berger, Della Pietra, & Della Pietra, 1996; DelZoppo et al., 2004; Raz, Koopman, & Shaw, 2002b; Symonenko et al., 2004）可能采用自然语言处理或者数据挖掘技术（Teoh, Zhang, Tseng, Ma, & Wu, 2004），从电子邮件或者数据库等数据源中检测语义上的异常。在人员异常检测中，数字化行为和社会行为之间的关联机制对于人员安全意义重大。为了检测人员的异常行为，金融行为和物理设施的访问日志等人员的社会行为可作为模式辨认和检测评估的重要数据源。同样的，数据库和应用程序的访问等人员的数字化行为也是模式辨认和检测评估的重要数据源。

在人员异常检测的研究中，确定人员在社会和系统背景下的安全标准非常关键，而如何从聚合的原子事件中有效地分析和检测异常也同样关键。特别地，在审视人员的信任度评估时可以分为两种角度。

1. **社会背景**：在社会背景下的评估必须考虑某些因素，例如人员的物理访问活动、金融稳定性、情绪稳定性、纪律性和基于事件的衡量标准等。

2. **系统背景**：在系统背景下，审计跟踪、系统日志、电子邮件、即时消息、公司日程安排等都是以点为基础的数据，可以收集起来用于员工之间电子通信交互的分析。

可以通过对反常行为的线索进行更深入的数字化分析来获得更多的内容分析和社会关系网分析结果。可以通过不同的技术识别员工的行为特征和模式。在归纳了正常的特征之后，就可以采用相关分析辨别出异常或者出格的行为。

24.7 结束语

人员异常检测必须以企业安全的视角，从策略上理解人员、技术、策略和组织之间的相互作用。它建立了一种基准模型，并刻画了对组织内部和外部资源具有访问授权的个人的正常用户行为，包括他们对系统、网络、应用和设施的访问行为。人员异常检测寻求公司内部员工之间通信和协同模式的辨别方法，检测人员的特殊行为，并通过一系列可疑或古怪的事件预警特定人员可能带来的内部威胁。

员工信任度的社会相关评估和系统相关评估，是人员异常检测机制的两个重要因素。利用一致性原则，当某人的行为可疑值得进一步调查时，这两个因素能够明确地提供证据。技术的收敛性和相关性分析研究可以继续对参数分类，可帮助检测人员异常，并在对组织造成严重伤害之前确定潜在的内部威胁源。

致谢

作者目前在Syracuse大学信息研究学院致力于人员异常检测的研究，以应对内部威胁并研究协同防御。2004年，作者参与了一个名为"内部威胁应对"的SRC-SU联合研究项目，项目联合主持人为自然语言处理中心（CNLP）的Liddy、Syracuse大学的D'Eredita等人，以及Syracuse研究公司的DelZoppo等人。这项研究得到了"先进研究和发展活动"（ARDA）下"情报部门的信息保障"（Information Assurance for the Intelligence Community，IAIC）项目的资助。作者还对Conrad Metcalfe为本文所做的编辑工作表示衷心的感谢。

参考文献

Alvesson, M., & Willmott, H. (1996). *Making sense of management: A critical introduction.* SAGE Publications.

Associated Press. (2005, December 18). *Bush says domestic surveillance a 'vital tool'.* Retrieved May 18, 2007 from http://www.msnbc.msn.com/id/10505574/

Berger, A. L., Della Pietra, S. A., & Della Pietra, V. J. (1996). A maximum entropy approach to natural language processing. *1996 Association for Computational Linguistics, 22*(1), 1-36.

Burgess, G., Clark, T. D., Hauser, R. D. Jr., & Zmud, R. W. (1992). The application of causal maps to develop a collective understanding of complex organizational contexts in requirements analysis. *Accounting, Management and Information Technology, 2*(3), 143-164.

DelZoppo, R., Browns, E., Downey, M., Liddy, E. D., Symonenko, S., Park, J. S., et al. (2004). A multidisciplinary approach for countering insider threats. *Workshop on Secure Knowledge Management (SKM),* Amherst, NY.

Forgas, J. P. (Ed.). (2001). *Handbook of affect and social cognition.* Lawrence Erlbaum Associates.

Ghiglieri, M. P. (1999). *The dark side of man: Tracing the origins of male violence.* Perseus Books.

Gilad, B. (2004). *Early warning: Using competitive intelligence to anticipate market shifts, control risk, and create powerful strategies.* AMACOM.

Haydon, M. V. (1999). *The insider threat to U.S. government information systems* [INFOSEC 1-99]. National Security Telecommunications and Information Systems Security Committee. Retrieved June 4, 2006 from http://www.nstissc.gov/Assets/pdf/NSTISSAM_INFOSEC1-99.pdf

Huang, Y. A., & Lee, W. (2003). A cooperative intrusion detection system for ad hoc Networks. *Proceedings of the 1st ACM Workshop Security of Ad Hoc and Sensor Networks* (pp. 135-147).

Keeney, M., Kowalski, E., Cappelli, D., Moore, A.,Shimeall, T., & Rogers, S. (2005). *Insider threat study: Computer system sabotage in critical infrastructure sectors.* National Threat Assessment Center, U.S. Secret Service, and CERT® Coordination Center/Software Engineering Institute, Carnegie Mellon. Retrieved from http://www.cert.org/archive/pdf/insidercross051105.pdf

Lee, W., & Stolfo, S. (2000). A framework for constructing features and models for intrusion detection systems. *ACM Transactions on Information and System Security, 3*(4), 227-261.

Michael, C. C., & Ghosh, A. (2002). Simple, statebased approaches to program-based anomaly detection. *ACM Transactions on Information and System Security, 5*(3), 203-237.

Natarajan, A., & Hossain, L. (2004). Towards a social network approach for monitoring insider threats to information security. *Proceedings of the Second NSF/NIJ Symposium on Intelligence and Security Informatics,* Tucson, AZ.

Noe, D (2007). *The near escape: The Jonathan Jay Pollard spy case.* Retrieved May 18, 2007 from http://www.crimelibrary.com/terrorists_spies/spies/pollard/1.html

Orwell, G. (1949). *Nineteen eighty-four.* New York: Harcourt Brace Javanovich.

Park, J. S., & Ho, S. M. (2004). Composite role-based monitoring (CRBM) for countering insider threats. *Proceedings of Second Symposium on Intelligence and Security Informatics (ISI),* Tucson, Arizona.

Raz, O., Koopman, P., & Shaw, M. (2002). Enabling automatic adaptation in systems with under-specified elements. *WOSS'02.*

Raz, O., Koopman, P., & Shaw, M. (2002b). Semantic anomaly detection in online data sources. In Proceedings of the *ICSE'02* (pp. 302-312).

Stevenson, Jr. R. B. (1980). *Corporations and information: Secrecy, access, and disclosure.*

The John Hopkins University Press.

Swann, P., & Gill, J. (1993). *Corporate vision and rapid technology change: The revolution of market structure*. New York: Routledge.

Symonenko, S., Liddy, E. D., Yilmazel, O., Del Zoppo, R., Brown, E., & Downey, M. (2004). Semantic analysis for monitoring insider threats. The *2nd NSF/NIJ Symposium on Intelligence and Security Informatics (ISI 2004)*.

Teoh, S. T., Zhang, K., Tseng, S. M., Ma, K. L., & Wu, S. F. (2004). Combining visual and automated data mining for rear-real-time anomaly detection and analysis in BGP. *VizSEC/DMSEC'04*.

Zhang, Y., & Lee, W. (2000) Intrusion detection in wireless ad-hoc networks. *MOBICOM 2000*.

Zhang, Y., Lee, W., & Huang, Y. A. (2003). *Intrusion detection techniques for mobile wireless networks*. The Netherlands: Kluwer Academic Publishers.

术语和定义

异常（Anomaly）：偏离或者背离正常的状态、形式或规则，通常表现出一定程度的特殊性、不规则性和反常性，它包括好、坏两种趋势。

检测（Detection）：对人员的隐藏或者伪装行为、一系列发生的事件，和/或者存在的状态进行检查的行为或者认知。

自然语言处理（Natural Language Processing, NLP）：人工智能和语言学的一个分支，是研究人类语言、语音和将计算机数据库中的信息转化为标准人类语言的一门科学。

渗透测试（Penetration Test）：通过模拟黑客攻击来评估计算机系统或者网络安全的一种方法。包括系统威胁和弱点的主动性分析。发现的任何安全弱点将提供给系统所有者，同时包括对这些弱点可能造成影响的评估，通常还包括缓解威胁的建议或者技术解决方案。

职员（Personnel）：受组织或者公司雇佣的个人，他们可以对组织的系统、网络、应用程序和设施等内、外部资源进行授权访问。

人员异常检测（Personnel Anomaly Detection）：根据对内、外部资源具有授权访问权限的人员的正常行为，识别其异常的行为或状态；根据其对一组条件或者特定环境/刺激的反应模式，对观察到的偏离行为进行标记，以辨别来自某些坏人、一些可疑事件或者古怪状态的内部威胁。

可信性（Trustworthiness）：经过长期的观察与评估所确定的言行之间的一致程度。该定义的一个重要含义是：应该有某个人、群体或者某些系统，对员工的言行进行长期的观察和评估。

白帽（White Hat）：指一类黑客，他们关注信息系统的安全保护，并从道义上反对攻击信息系统。

附注

[1] 按照设计、使用和控制的特征，工具可划分为主动工具和被动工具。主动工具包括访问控制策略、安全体系结构和管理、高级安全驱动技术；被动工具则包括检测和监视机制。

[2] 这里作者认为，数字安全是指信息系统安全和网络安全的集合。

[3] 作者亲身参与了一个名为"内部威胁"的SRC-SU联合研究项目，并引用了其中的观点。该项目由自然语言处理中心（CNLP）的Liddy、Syracuse大学的D'Eredita等人，以及Syracuse研究公司的DelZoppo等人联合研究，受"先进研究和发展活动"（ARDA）下"情报部门的信息保障"（Information Assurance for the Intelligence Community，IAIC）项目的资助。

第 25 章 赛博跟踪：Web 安全的挑战

Alok Mishra, Deepti Mishra
（Atilim大学，土耳其）

赛博跟踪是一种新型的赛博恐怖犯罪形式。尽管它获得的优先级比赛博恐怖主义低，但是它仍不失为一个重要的全球性问题。赛博跟踪的技术有多种，可使用不同的形式实施。它利用了互联网提供的匿名性和安全缺陷，传播扩散非常快。抑制赛博跟踪的技术和工具有许多的局限性，且不易实现。保护人们不受赛博跟踪的合法措施是从地理上对相应的州或者国家加以限制。本章回顾了赛博跟踪，包括其方法、影响、法律行为规定以及可采取的预防措施。人们迫切希望研究赛博跟踪的不同方面，以便评估这种新型社会问题。

25.1 引言

一项针对资产排名前1000的公司展开的调查发现：通过互联网对他们实施的赛博攻击每年增长64%（Bagchi & Udo, 2003）。纽约州警方的赛博恐怖主义部门将赛博跟踪作为电子犯罪调查的重要组成部分加以考虑。最早有关跟踪行为的报告，始见于19世纪（Lewis, Fremouw, Ben, & Farr, 2001）。互联网为用户提供了新的机会（Miller, 1999），但许多用户所没有意识到的是：在线跟踪能够获得与离线式跟踪相同的效果（Lancaster, 1998）。赛博跟踪是指某个人被在线跟踪和跟踪。他们的隐私被侵犯，他们的一举一动都处于监视之下。这对于受害者是一种严重骚扰，会破坏他们的正常生活并让他们陷入害怕甚至恐惧之中。一些人对赛博跟踪的定义是：利用包括寻呼机、移动电话、电子邮件和互联网等电子通信手段来威吓、威胁、骚扰和胁迫受害者（CyberAngels, 1999; Dean, 2000; Ellison & Akdeniz, 1998; Laughren, 2000; Ogilvie, 2000）。因此，这是一种可导致赛博恐怖主义的网络攻击形式。随着人们对于信息技术（IT）的经济依赖的增长，民用基础设施日益成为赛博攻击的首要目标。这种对于IT依赖性的增长暴露出了更多的电子战威胁源。赛博跟踪已经成为一种重要的全球性问题和日益增长的社会问题（CyberAngels, 1999; Ellison, 1999; Ellison & Akdeniz, 1998; Report on Cyberstalking, 1999），它创造了新的攻击者和受害者（Wallace, 2000）。例如，2000年8月苏格兰议会出版了一系列研究笔记，其中一篇《跟踪与骚扰》中写道："跟踪，包括赛博跟踪，是比以前预想更为严重的问题，必须作为主要的犯罪审判问题和公众健康关注点加以对待。"（Bocij, 2004）另一个对赛博跟踪的详细定义见于文献Bocij and McFarlane（2002）：

个人、团体或者组织使用信息和通信技术（ICT）骚扰某个或者某些人的一组行为。这些行为可能包括、但不仅限于：散播威胁、伪造指控、偷窃身份、偷窃数据、毁坏数据或者设备、监视计算机、出于胁迫和对抗的目的诱惑未成年人，等等。骚扰的定义是：拥有某些信息的人引发另一个人承受情绪痛苦的过程。

该定义说明赛博跟踪有些时候与一个组织传播的骚扰有关。这种行为通常称之为赛博跟踪。它有可能导致商业世界里的赛博战。

通常情况下，赛博跟踪的受害者不熟悉Web和网络惯例，缺乏互联网安全的经验。他们的目标大多是女性、小孩、情绪有缺陷者或者情绪不稳定的人。一般的看法是：超过75%的受害者是女性，但是有时候男性也会被跟踪。这些数据只是猜测，而真实的数据可能永远不会有人知道，因为大多数受害者选择了沉默（"电子犯罪，" 2004）。至今尚没有任何研究可以为确定赛博跟踪的影响范围提供经验（Ogilvie, 2000）。

按照对互联网使用的不同方式，存在如下三种主要的赛博跟踪方法（Ogilvie, 2000）。

- **电子邮件跟踪**：通过电子邮件直接进行通信联系，这是最简单有效的骚扰方式。它与传统意义上的跟踪在某些方面非常相似。一个人可以发送带有威胁、憎恨、淫秽内容的电子邮件，甚至发送垃圾邮件或者病毒以骚扰别人。例如，2004 年在印度有两个 MBA 学生通过发送电子邮件的方式胁迫他们的一个女同学。由于匿名发送和转发邮件（即隐藏发送人的身份并可以将电子邮件的内容进行隐藏）十分方便，因此跟踪者常常利用这种机制更有效地掩盖他们的跟踪行为，从而为其提供高度的保护。
- **互联网跟踪**：通过互联网可以进行全球通信。互联网跟踪的范围比电子邮件跟踪更广泛、更公开。跟踪者可以采取一系列活动去骚扰他们的受害者。例如，一位妇女被跟踪长达六个月之久。她的骚扰者在某个聊天室贴出告示，威胁要恐吓和杀死她，并假造她的色情图片在网上大肆张贴，还公布了她的个人详细信息（Dean, 2000）。
- **计算机跟踪**：即以非授权的方式控制他人的计算机。在这种方式中，跟踪者利用互联网和 Windows 操作系统中存在的漏洞，完全控制受害目标的计算机。只要目标计算机连接上互联网，赛博跟踪者就可以直接和他的目标进行通信。跟踪者能够完全控制受害人的计算机，受害人所能做的唯一的抵抗方法只能是断开网络连接，并放弃他们当前的互联网"地址"。因为连接到互联网的个人 Windows 计算机正是通过这个"地址"被确定并被另一台互联网计算机所连接的。这条"连接"不通过第三方，不具有互联网的典型交互特征；实际上，它是一种计算机到计算机的直接连接,入侵者能够对目标计算机施加完全的控制。目前,要以这种方式利用互联网和Windows操作系统中的漏洞,要求计算机的智能达到合理的高度。然而,在互联网上是可以找到这种技术的用法说明。有迹象表明,在未来会出现更简单的免费脚本指导人们如何下载它们。

更多的赛博跟踪者可以分为以下三种类型。

- 普通困扰型赛博跟踪者:此类跟踪者拒绝相信他们的关系已经结束。
- 错觉型赛博跟踪者:他们会承受类似精神分裂症之类的某些精神疾病的折磨,具有一种错误的信仰,这种信仰会将他们与他们的受害者紧紧地绑在一起。他们认为受害者深爱着他们,即使他们素昧平生。错觉型跟踪者通常生性孤独,他们通常会选择已婚妇女、名人、医生、教师等作为跟踪对象。那些从事高尚的、能帮助他人的职业的人,例如医生、教师等,对错觉型跟踪者的吸引力最大。这些跟踪者很难被摆脱。
- 报复型跟踪者:这类赛博跟踪者会因为某些微不足道的原因迁怒于他们的受害者——无论这些原因是真实的还是想象的,典型的例子是心怀不满的雇员或者前任配偶等。

赛博跟踪可采用多种方式。Ellison(1999)给出了一个建议:赛博跟踪可以通过跟踪受害者所采用的电子通信类型和通信是秘密的还是公开的进行分类。Ellison(1999)将赛博跟踪分为"直接"和"间接"两类。例如,直接的赛博跟踪包括使用寻呼机、移动电话和电子邮件发送仇恨、淫秽和威胁信息去胁迫受害者。据报道,与离线跟踪(Wallace,2000)类似,直接的赛博跟踪被认为是最为常见的赛博跟踪形式。例如,《制止网络滥用》(Working to Halt Online Abuse,2003)描述了起源于电子邮件的大部分在线骚扰或者赛博跟踪。

而间接赛博跟踪包括使用互联网显示仇恨、威胁的信息,或者传播有关受害人的流言蜚语(Ellison & Akdeniz,1998)。可以在Web网页上、在聊天组或者电子公告牌上张贴消息。《制止网络犯罪》(Working to Halt Online Abuse，2003)一文中的统计数据表明：聊天室、即时消息、消息公告牌和新闻组是发起赛博跟踪最为常用的方式。Ogilvie(2000)认为，间接赛博跟踪具有最大的可能性转变为真实的跟踪。发布在互联网公共空间的消息会鼓励第三方加入到攻击中去(Report on Cyberstalking, 1999)。因此，间接赛博跟踪能够通过限制潜在威胁的物理边界增加受害者的风险。于是，当间接赛博跟踪增大第三方参与进来的可能性时，与直接赛博跟踪相比，它有更大的可能性转化到现实世界中来(Maxwell, 2001)。根据《停止在线虐待》(2003)，2000年19.5%的赛博跟踪在线骚扰案件转变成了现实世界中的跟踪案。赛博跟踪可以在范围和严重程度上变化，经常是离线跟踪行为的反映。虽然可以视赛博跟踪为离线跟踪行为的一种扩展，但是它却可以不受地理边界的限制。

25.2 罪犯及其行为

赛博跟踪者的动机是什么？大多数研究都集中在离线的跟踪罪犯身上。对离线跟踪罪犯的一些研究(Farnham, James, & Cantrell, 2000; Meloy, 1996; Meloy & Gothard, 1995; Mullen, Pathe, Purcell, & Stuart, 1999)将罪犯划分为三种主要群体。文献Zona, Sharma, and Lone(1993)将离线跟踪者分为"简单骚扰"、"爱慕骚扰"和"色情骚扰"三类。大多数跟踪者都属于简单骚扰。他们与受害人以前就已经建立了一定的关系，他们实施跟踪的目标是为了重建这种关系，或者是在这种关系被解除之后进行报复。文献Mullen, et al. (1999)认为大多数简单骚扰跟踪者都具有某种形式的人格失调，而且作为一个群体，他们最有可能演变成暴力犯罪者。爱慕骚扰型跟踪者与他们的受害人从未谋面。在所有的跟踪者当中，色情骚扰跟踪者人数最少，他们固执地认为受害人爱慕他们，最终导致主动妄想症(Zona et al., 1993)。研究表明，不考虑群体因素，绝大多数的离线跟踪者是男性(Meloy & Gothard, 1995; Mullen et al., 1999)。并且，Working to Halt Online Abuse(2003)一文的统计数据表明：2000年68%的在线骚扰者或者赛博跟踪者都是男性。但是现在这种趋势有所颠倒：男性骚扰者人数在下降（2003年为52%），而女性骚扰者的人数却在增加（从2000年的27%增长为2003年的38%）。在离线跟踪罪犯中发现的另一个有趣的现象是：社会因素的作用十分明显，例如社会经济背景的多样性、不充分就业或者失业状况（Meloy, 1996）。Kamphuis 和 Emmelkamp（2000）的研究深入分析了心理因素，他们发现：社交孤立、调节能力不强、情绪不成熟和处理失败关系的能力差等因素和离线跟踪有很大关系。

此外，与其他罪犯相比，离线跟踪者往往非常聪明，年纪也较大（McCann, 2000）。文献（Maxwell, 2001）认为，研究离线跟踪罪犯可为赛博跟踪者提供更多认识。更早期的观察发现，只有50%的跟踪者被举报，并且只有25%的跟踪者被逮捕，而被起诉的比例仅仅占到12%（Kamphuis & Emmelkamp, 2000）。研究人员认为，赛博跟踪者与离线跟踪者具有相似的特征，他们大部分的动机都是为了控制受害人（Jenson, 1996; Ogilvie, 2000; Report on Cyberstalking, 1999）。

25.3 受害者及其特征

研究表明：大多数受害者都是女性，她们达到社会平均经济水平；而离线跟踪主要是针对年轻人群的犯罪，大部分受害者的年龄分布在18至29岁之间（Brownstein, 2000）。作为一种针对年轻人群的犯罪行为，赛博跟踪在大学里非常盛行。例如，辛辛那提大学的研究表明25%的大学女生曾经被赛博跟踪过（Tjaden & Thoennes, 1997）。通过根据《制止网络犯罪》（Working to Halt Online Abuse，2003）的数据，大部分在线骚扰或者赛博跟踪的受害者在18～30岁之间。对离线跟踪罪犯的研究发现了一些关于受害者的普通特征，例如大部分受害者并不是富人或者名人，而是一般的普通人（Brownstein, 2000; McCann, 2000; Sinwelski & Vinton, 2001）。Goode（1995）也认为：超过80%的离线跟踪受害者具有平均水平的社会经济背景。Hitchcock（2002）的另一项重要发现是：90%的离线跟踪受害者是女性。而在《制止网络犯罪》（Working to Halt Online Abuse，2003）中，这一性别比例数据在2000年和2003年间为78%。Zona等人（1993年）提出：65%的跟踪受害者与其跟踪者间具有某种前期关系。然而根据《制止网络犯罪》（Working to Halt Online Abuse，2003）的统计结果，这个数字是51%，但这个数字还不足以说明它是招致赛博跟踪的重要风险因素。

25.4 社会与心理影响

这些研究基本上都注意到了离线跟踪及其对受害人的影响，但所关注的都是大学生们（Maxwell，2001）。例如，Fremauw, Westrup和Pennypacker（1997）研究了大学离线跟踪受害者的处理方式。他们发现：大多数处理跟踪最常用的方法是忽略跟踪者，位于第二位的方法是对抗跟踪者。根据他们的研究结果，受害者很少愿意向有关方面报告离线跟踪者。许多受害者会感到害羞或者觉得跟踪是他们的问题（Sheridan, Davies, & Boon, 2001）。文献《制止网络犯罪》（Working to Halt Online Abuse，2003）的报告称：大部分在线赛博跟踪是通过联系互联网服务供应商（ISP）解决的，占到所有案例的49%；接下来有16%是联系警察；然后12%是通过其他方式解决的，包括忽略这些消息、采取有礼貌的行动、或者选择逃避，不再回到赛博跟踪发生的论坛。赛博跟踪报告（1999）中提到：许多受害者认为即使他们想报告赛博跟踪也不会有人听。大部分赛博跟踪受害者并没有意识到这些跟踪者是在犯罪。当前针对受害者心理影响的研究不多（Maxwell，2001）。Westrup, Fremouw, Thompson和Lewis（1999）研究了232名女性离线跟踪受害者的心理影响，他们发现大多数受害者产生了压抑、忧虑和恐慌等症状。Mullen 和 Pathe（1997）的另一项研究发现：20%的受害者饮酒量增加，而74%的受害者受到失眠的困扰。然而社会影响和心理影响是互相关联的。在一项独立研究中，David, Coker和Sanderson（2002）发现被跟踪造成的心理和精神健康影响与性别无关。男性和女性受害者都会有健康状况受损、抑郁、受伤等经历。与没有被跟踪的人相比，他们更有可能导致犯罪。

25.5　规避跟踪的技术方法

尽管存在保护用户的多种工具和技术，但是它们的实现并非易事且存在一系列限制。例如，尽管效果有限，但应答机和呼叫身份鉴别仍不失为两种防范电话骚扰的有效技术。相比之下，针对不同的在线媒介，有一些在线工具可以完全阻止那些垃圾邮件（Spertus，1996）：

- 用于阅读 Usenet 新闻的程序能支持黑名单（kill file），可自动过滤那些来自特定个人的或者符合其他用户定义标准的信息。这就允许个人可以选择不会看到在指定的讨论"线索"中的、或者由某个用户账号或机器张贴的信息。为了提醒其他人防范那些动机不良者，人们可以选择互相共享黑名单。
- 实时讨论论坛，例如 MUD 和互联网中继聊天（Internet relay chat，IRC），允许用户阻止来自特定用户的消息。相似的技术可用于阻止包含了那些用户认为不受欢迎的单词的消息，也可以通过论坛管理员的判断禁止某些个人的账号。
- 根据电子邮件的内容或者发送地址自动丢弃（文件、或者转发）电子邮件的程序已经存在多年，现在这些程序的使用范围正在扩大之中。人们已经开发出第二代的过滤工具。LISTSERV 列表维护软件（Lsoft 96）包含了侦测违规广告的启发式信息，另外一个称为 Smokey 的实验性系统可识别"火焰"（一种攻击电子邮件）。
- 许多工具可选择性地阻止对 World Wide Web 站点的访问。最简单的一个工具称为 SurfWatch，它维护了一个网页的中央数据库，这些网页被视为不适合未成年人访问。其他一些攻击更加复杂。SafeSurf 以多种不同标准对网页分级。Net Nanny 提供了恶意站点的初始字典，并允许用户进行编辑。用户也可以将那些包含了特殊单词或者短语而不应被下载的网页列入字典之中。

以上这些技术最大的局限在于：计算机要决定一条信息是否非法是非常困难的。上述的许多工具使用字符串匹配机制，但是如果一个非法短语被故意拼错或者用别的话来表述，他们就无法正确识别。少数几个系统采用了更为复杂的技术。Somkey认为单词"你"后面接一个名词短语通常就表示这是个非法短语，但是这些启发式信息的准确性有限，特别是在人们都知道这些启发信息的情况下。

25.6 预防与保护法案

现在包括州警察局的地方治安部门、FBI、美国邮政检查服务等在内的各个法律执行机构已经认识到赛博跟踪是一种非常现实的问题，需要认真对待。许多机构正在要求其人员学习互联网的使用并与一些在线的赛博跟踪受害人团体展开合作，例如停止在线侵权妇女会（Women Halting Online Abuse，WHOA）、SafetyED和CyberAngels等。还有一些机构积极参加各种讨论会和研讨会，学习如何跟踪赛博跟踪者和如何处置受害者（Hitchcock，2000）。

保护人们不受离线跟踪的法令相对较新。离线反跟踪法律的发展，只是过去十年间的事情（Goode，1995）。美国第一部"反跟踪"法于1990年在加利福利亚通过立法，1998年该法正式将赛博跟踪确定为一种犯罪行为。然而，只有不到三分之一的州颁布了有关赛博跟踪的反跟踪法律（Miller，1999）。根据Hitchcock（2000）的研究，在美国有将近20个州颁布了赛博跟踪或者相关法案，而一部联邦赛博跟踪法正在等待参议院的批准。其他一些州的相关法律也在制定当中。无论是在法律执行方面还是在媒体方面，赛博跟踪最终引起了人们的关注。为了防止离线跟踪或者赛博跟踪，英国颁布了"反骚扰保护法1997"和"恶意通信法1998"（ISE，n.d.）。新西兰的"骚扰法1987"、

"犯罪法1961"、"国内暴力法1995"和"通信法1987"等法律可制裁在线骚扰或者赛博跟踪（Computers and Crime, 2000）。而在澳大利亚，鉴于许多表面行为会掩盖罪犯的犯罪行为，其中就"有可能"包括跟踪犯罪，维多利亚和昆士兰将发送电子信息或者接触受害者作为赛博跟踪的两大基本要素，它们也是唯一这样做的两个州。

这些行为包括（Ogilive, 2000）：
- 将一个人置于监视之下
- 通过散发或者递交攻击性材料妨碍他人的财产所有权
- 用电话或者其他方式接触某人
- 以某种极有可能引起他人忧虑或者恐惧的方式行事
- 参与相当于胁迫、骚扰或者干扰他人的行为

这里有两个可能的例外情况：新南威尔士州和西澳大利亚州。这两个州对跟踪的定义非常狭窄，它们将一些特定的位置，居住、商业、工作等场所排除在赛博空间之外，于是在这些场所跟随或者观察别人将不会归入赛博跟踪的范围。由于赛博跟踪可能出现在"个人为了任何社交或者休闲目的而频繁出现的任何地点"，因此在这两个州里对赛博跟踪的起诉会受到一些限制。南澳大利亚和澳大利亚堪培拉特区会出现一些其他的问题，那里的法律要求罪犯必须有引起"严重"忧惧和恐惧的企图。假如罪犯和受害者之间的没有物理上的接近，地方官员可能会拒绝对赛博跟踪案件进行立案（Ogilive, 2000）。

在印度，赛博跟踪案件增长明显，其主要原因是人们仍然使用互联网隐藏他们的身份并纵容在线骚扰。必须注意的是，尽管赛博跟踪行为在增加，但赛博跟踪案件的报案数量却在下降。其原因可能是由于法律处理此类犯罪不当。"信息技术法2000"没有将赛博跟踪包括在内，"印度刑事编码1860"没有为赛博跟踪受害者提供明确的法律依据。印度政府正在考虑为电子犯罪制定专门的规定。"通信集中法2001"建议稿中提到了这个规定，该稿已经提请国会讨论审批；此外，在这部提议法案中，议会信息技术常任委员会已

经向政府提交了详细的报告和建议书。"集中法"中与赛博跟踪相关的规定包括以下几点。

传递淫秽或者攻击信息的处罚：

任何人，如果利用通信服务或者网络基础设施发送：a）任何具有极大攻击性或者包含淫秽、威胁性质的内容；b）为了引起烦恼、不便、危险、阻塞、侮辱、受伤、犯罪胁迫、憎恨、仇恨或者生病等目的，任何明知是不好的内容。或者是为了上述目的持续利用通信服务或者网络基础设施的，可以处以最高三年监禁、或处最高425 000美元罚金、或者两项并处。这是印度法律中罚金最高的处罚规定之一。

人们希望当这项法案实施时，网络跟踪的受害者会感受到新的希望("No Law"，2004）。

目前，还没有禁止这些行为的全球性法律保护手段（Ellison & Akdeniz, 1998）。网络世界中全球法律保护的欠缺使赛博跟踪成为一个日益严重的问题。即使是在赛博战和赛博恐怖主义中也同样如此。与离线跟踪不同的是，赛博跟踪没有地域限制。尽管一些国家和/或州对日益增多的赛博跟踪做出了回应，修改了当前的反跟踪法律，但是基本上只有在这些地区，赛博跟踪才会被定罪，这些法律对赛博世界依然无效。此外根据Ogilvie（2000年）的观点，对恐吓电子邮件定罪虽然是一个比较容易解决的问题，但这并未克服通过立法打击赛博跟踪的基本困难，这是司法权之间的问题。虽然在许多方面赛博跟踪类似于物理世界的缠扰行为，但是在其他时间，互联网需要作为一个全新的通信媒体被认可。正是在这一点上，反赛博跟踪的立法变得困难。例如，根据Ogilvie（2000）的研究，假设在加州斯托克的一个跟踪者使用在内华达州的国际服务提供商的网络，连接到一个在拉脱维亚的匿名目标，跟踪目标在澳大利亚。那么，哪个地方的法律必须负责规范赛博跟踪行为？在制定法律来制止赛博跟踪时，这必须作为一个主要制约因素加以考虑。不过，相关的反离线跟踪或者反赛博跟踪法律的实现，有赖于受害者及时、准确地报告跟踪行为，以便有关当局获得足够的证据

（Maxwell，2001年）。

25.7 防范策略

众所周知的是"防大于治"，仅仅是一点点细心就可以极大地避免事故的发生。避免被跟踪最有效的方法是时刻保持高度的安全意识。Hitchcock（2000）给出了关于保持在线安全的几点建议，如下所示：

1. 只有与你知道或者信任的人群传递信息时才使用你的主要电子邮件账号；

2. 从 Hotmail、Juno 或者 Excite 等站点获取一个免费电子邮件账号，用于除第 1 条之外的所有其他在线活动；

3. 在选择电子邮件用户名或者聊天昵称时，要使用某些中性名称，不要透露你在别处或者曾经有过的任何信息；避免使用真实姓名；

4. 不要填写电子邮件账号、聊天室、即时消息（IM）和其他地方的详细身份信息；

5. 务必在聊天室或者 IM 中进行设置，屏蔽除好友列表之外的所有用户；

6. 务必掌握邮件过滤功能，将垃圾邮件信息从电子邮件中过滤掉。

如果已经被人在线跟踪，请不要试图反击。这其实正是跟踪者所希望的回应。如果你已经反击且跟踪已经逐步升级，请参照下列步骤：

a. 与跟踪者联系，并有礼貌地请他们离开你；

b. 与他们的 ISP 联系，并将跟踪信息转发给他们；

c. 如果跟踪持续升级，与当地警察局联系；

d. 如果当地警察局无能为力，请联系州警察局、地区律师事务所和/或者州律师总事务所；

e. 与某个受害者组织联系，例如 WHOA, SafetyED 或者 CyberAngels。

25.8 结束语

据估计，在美国日常生活中有大约200 000名跟踪者。在1 250人中大约有1名是跟踪者——这是一个不小的比例。在任何给定的时间内，全球范围内大约有79 000 000名互联网在线用户，而其中就包括63 000名互联网跟踪者，他们在信息高速公路上游荡，跟踪着474 000名受害者（Cyber Crime in India, 2004; Hitchcock, 2000）。对全体互联网用户而言，这是个极大的威胁。赛博跟踪会助长赛博战和赛博恐怖主义的气焰。当前处理赛博跟踪的法律受限于对应州或者国家的地理边界。因此，在全球立法处理赛博战和赛博恐怖主义迫在眉睫。这项工作应当由类似联合国和国际警察组织等组织发起。为了处理赛博跟踪，必须强制推进新立法、新技术和对策研究。我们希望信息系统安全专家能够朝此目标努力。研究人员也会以经验为依据，加强对赛博跟踪不同方面的研究，深化对赛博跟踪的认识，帮助科学家、法律制定者和其他人对赛博跟踪进行真实的评估。

参考文献

Brownstein, A. (2000). In the campus shadows, women are stalkers as well as the stalked. *The Chronicle of Higher Education, 47*(15), 4042.

Bagchi, K., & Udo, G. (2003). An analysis of the growth of computer and internet security breaches.
Communications of the Association for Information Systems, 12(46), 129.

Bocij, P. (2004). *Corporate cyberstalking: An invitation to build theory*. http://www.firstmonday.dk/issues/issues7_11/bocij/

Bocij, P., & McFarlane, L. (2002, February). Online harassment: Towards a definition of cyberstalking. [HM Prison Service, London]. *Prison Service Journal,* 139, 31-38.

Computers and Crime. (2000). IT law lecture notes (Rev. ed.). http://www.law.auckland.ac.nz/itlaw/itlawhome.htm

Cyber Crime in India. (2004). *Cyber stalking—online harassment*. http://www.indianchild.com/

cyberstalking:htm

CyberAngels. (1999). http://cyberangels.org

Davis, K. E., Coker, L., & Sanderson, M. (2002, August). Physical and mental health effects of being stalked for men and women. *Violence Vict 2002, 17*(4), 429-43.

Dean, K. (2000). The epidemic of cyberstalking. *Wired News* http://www.wired.com/news/politics/0,1283,35728,00.html

Ellison, L. (1999). Cyberspace 1999: Criminal, criminal justice and the internet. *Fourteenth BILETA Conference*, York, UK. http ://www.bileta.ac.uk/99papers/ellison.html

Ellison, L., & Akdeniz, Y. (1998). Cyber-stalking: The regulation of harassment on the internet (Special Edition: Crime, Criminal Justice and the Internet). *Criminal Law Review*, 2948. http://www.cyber-rights.org/documents/stalking

Farnham, F. R., James, D. V., & Cantrell, P. (2000). Association between violence, psychosis, and relationship to victim in stalkers. *The Lancet, 355*(9199), 199.

Fremauw, W. J., Westrup, D., & Pennypacker, J. (1997). Stalking on campus: The prevalence and strategies for coping with stalking. *Journal of Forensic Sciences, 42*(4), 666-669.

Goode, M. (1995). Stalking: Crime of the nineties? *Criminal Law Journal, 19*, 21-31.

Hitchcock, J. A. (2000). Cyberstalking. *Link-Up, 17*(4). http://www.infotoday.com/lu/ju100/hitchcock.htm

ISE. (n.d.). *The internet no1 close protection resource.* http://www.intel-sec.demon.co.uk

Jenson, B. (1996). *Cyberstalking: Crime, enforcement and personal responsibility of the on-line world.* S.G.R. MacMillan. http://www.sgrm.com/art-8.htm

Kamphuis, J. H., & Emmelkamp, P. M. G. (2000). Stalking—A contemporary challenge for forensic and clinical psychiatry. *British Journal of Psychiatry, 176*, 206-209.

Lancaster, J. (1998, June). Cyber-stalkers: The scariest growth crime of the 90's is now rife on the net. *The Weekend Australian*, 20-21.

Laughren, J. (2000). *Cyberstalking awareness and education.* http://www.acs.ucalgary.ca/~dabrent/380/webproj/jessica.html

Lewis, S. F., Fremouw, W. J., Ben, K. D., & Farr, C.(2001). An investigation of the psychological characteristics of stalkers: Empathy, problem-solving, attachment and borderline personality features. *Journal of Forensic Sciences, 46*(1), 8084.

Maxwell, A. (2001). *Cyberstalking.* Masters' thesis, http://www.netsafe.org.nz/ie/downloads/cyberstalking.pdf

McCann, J. T. (2000). A descriptive study of child and adolescent obsessional followers. *Journal of Forensic Sciences, 45*(1), 195-199.

Meloy, J. R. (1996). Stalking (obsessional following): A review of some preliminary studies. *Aggressive and Violent Behaviour, 1*(2), 147-162.

Meloy, J. R., & Gothard, S. (1995). Demographic and clinical comparison of obsessional followers and offenders with mental disorders. *American Journal of Psychiatry, 152*(2), 25826.

Miller, G. (1999). Gore to release cyberstalking report, call for tougher laws. *Latimes.com.* http://www.latimes.com/news/ploitics/elect2000/pres/gore

Mullen, P. E., & Pathe, M. (1997). The impact of stalkers on their victims. *British Journal of Psychiatry, 170*, 12-17.

Mullen, P. E., Pathe, M., Purcell, R., & Stuart, G. W.(1999). Study of stalkers. *The American Journal of Psychiatry, 156*(8), 1244-1249.

No Law to Tackle Cyberstalking. (2004). *The Economic Times.* http://ecoonomictimes.indiatimes.com/articleshow/43871804.cms

Ogilvie, E. (2000). *Cyberstalking, trends and issues in crime and criminal justice.* 166. http://www.aic.gov.au

Report on Cyberstalking. (1999, August). *Cyberstalking: A new challenge for law enforcement and industry.* A Report from the Attorney General to The Vice President. http://www.usdoj.gov/criminal/cybercrime/cyberstalking.htm

Sheridan, L., Davies, G. M., & Boon, J. C. W. (2001). Stalking: Perceptions and prevalence. *Journal of Interpersonal Violence, 16*(2), 151-167.

Sinwelski, S., & Vinton, L. (2001). Stalking: The constant threat of violence. *Affilia, 16*, 46-65.

Spertus, E. (1996). *Social and technical means for fighting on-line harassment.* http://ai.mit.edu./people/ellens/Gender/glc

Tjaden, P., & Thoennes, N. (1997). Stalking in America: Findings from the National Violence. Retrieved May 25, 2007 from http://www.ncjrs.gov/txtfiles/169592.txt

Wallace, B. (2000, July 10). Stalkers find a new tool—The Internet e-mail is increasingly used to threaten and harass, authorities say. *SF Gate News.* http://sfgate.com/cgi-bin/article_cgi?file=/chronicle/archive/2000/07/10/MN39633.DTL

Westrup, D., Fremouw, W. J., Thompson, R. N., & Lewis, S. F. (1999). The psychological impact of stalking on female undergraduates. *Journal of Forensic Sciences, 44*, 554-557.

Working to Halt Online Abuse. (WHO). (2003). *Online harrassment statistics.* Retrieved May 25, 2007 from http://www.haltabuse.org/resources/stats/index.shtml

Zona, M. A., Sharma, K. K., & Lone, J. (1993). A comparative study of erotomanic and obsessional subjects in a forensic sample. *Journal of Forensic Sciences, 38*, 894-903.

术语和定义

网络礼节（Netiquette）：计算机网络（尤其是互联网）上的礼节。

垃圾邮件（SPAM）：一些主动发送的电子邮件，通常是给某些产品或者服务做广告。垃圾邮件会对一些人或者ISP造成临时性的冲击，会极大地阻塞数据流。

跟踪（Stalking）：持续跟随或者观察某人，特别是出于妄想或者精神混乱的原因。

第四部分　应对赛博攻击的技术措施

赛博攻击的应对措施可分为三大类：技术措施，人员措施和组织措施。在运用系统方法时，我们必须强调每种措施对其他措施的重要性。这意味着在进行系统防护时，是否采用某种措施决定于这种措施的有效性。遗憾的是，人们并不是经常采纳这种方法。在绝大多数组织，以片面措施处理安全问题仍占主流。片面措施只考虑了某个特定问题，而不是从整体上全面解决安全问题。

本部分从组织和技术方面探讨赛博战和赛博恐怖袭击的应对措施，主要内容如下：

第26章　赛博安全模型

第27章　赛博战防御：集成安全的系统开发

第28章　信息战中的垃圾邮件防范

第29章　拒绝服务攻击：预防，检测和缓解

第30章　关键数字基础设施的大规模监控

第31章　公钥基础设施：一种提高网络安全性的措施

第32章　地理信息系统在赛博战和赛博反恐中的应用

第33章　遥感图像在赛博战和赛博反恐中的应用

第 26 章 赛博安全模型

Norman F. Schneidewind
（美国海军研究生院，美国）

为更好地对抗日益增长的赛博恐怖主义，亟需构建一种能够估计赛博攻击发生的预测模型。遗憾的是，现在没有一个真正的有关攻击、脆弱性、攻击后果以及风险的数据库供模型的研制和验证使用。然而，对于潜在攻击威胁，提供相关定义、方程、图表和分析仍然非常有用。我们对预测模型的元素及其关系进行推理和分析，这些元素对应着现实赛博世界的对象和事件。这种模型为使用者提供了一种工具，用来在攻击发生之前测试关于如何对赛博攻击进行反映的假设，模型中使用了风险、脆弱性、攻击间隔时间和入侵（离散时间和持续时间）等概念。

26.1 引言

背景

我们所感兴趣的是开发赛博安全预测模型，为研究人员提供赛博威胁模型的开发框架，并为应用人员提供赛博恐怖袭击的响应决策支持。赛博安全的严峻形势和赛博攻击对信息基础设施造成的巨大破坏，促使我们开展这方面的研究。如下的报告摘录阐述了赛博威胁的严峻性：

国家信息技术（IT）基础设施一直随着美国的技术革新而发展（例如，个人计算机及互联网的发展）。当今计算机有着各种各样的结构，从超级计算机到掌上设备，社会各个部分也越来越依赖于网络互联所带来的高速通信、信息互访、快速计算、事务处理和自动化处理。互联网固有的开放性、创造性以及对使用者的善意假设，是大量基础设施接入互联网的原因（"Cyber Security," 2005）。

这些特征使得美国的信息基础设施成为对全球的破坏者和罪犯都极具诱惑力的攻击目标。总统信息技术顾问委员会（PITAC）认为，恐怖分子必然会利用这些重要网络基础设施的漏洞进行攻击，其中包括那些还没有被国家清楚地认识到和处理过的漏洞。那些管控美国关键设备、基础设施和重要公共服务的计算机，由于与互联网连接，在世界上几乎任何地方都可以访问到它们，因而很可能沦为攻击目标，从而引起大面积系统瘫痪（"Cyber Security," 2005）。

计算机系统控制着电厂管理、大坝、北美电网、空中交通管制、食物和能源分配以及金融等系统。因这些敏感物理设施和过程对它的依赖，信息基础设施本身也就显得极为关键，对其进行保护事关国家利益（"Cyber Security," 2005）。

下列片段摘自《华盛顿邮报》，可作为上述问题的例证（Graham, 2005）：

据美国部分官员声称，在中国有大量网站被用来攻击美国国防部和其他机构的计算机网络，并成功地攻击了成千上万的非保密网络。他们补充道，保密系统并未被危及。但是美国当局将继续保持关注，因为正如一位官员所说，如果把那些看似无用的信息汇集在一起也会给攻击方提供很多有用的信息。

不仅是国防部，其他许多部门的网络也曾遭受到攻击。这些部门包括国务院各部门、能源及国土安全部门，也包括国防承包商。有官员称"这种攻击是持续的、有组织的，它正尝试从我们非保密系统中窃取信息。"

"随着互联网用户的增加，计算机入侵的威胁也与日俱增。美国官方似乎已经毫无秘密可言，与商业和家庭计算机一样，他们的系统也会受到攻击。由于五角大楼所拥有的计算机比任何其他机构都多（在全球约有500万台），所以它们最容易受到国内外黑客的攻击"（p. A1）。

显然，潜在的网络攻击并不仅源自美国。例如，2001年，Yurcik 和 Doss 在《互联网攻击：一种交战规则政策框架》(*Internet Attacks: A Policy Framework for Rules of Engagement*) 一文中也提到了源自国外的攻击并给出了相关的证据。

我们越来越频繁地检测到其他国家制定赛博战条令和专用的攻击性程序。根据各种来源的情报，我们发现有若干国家正寻求得到政府支持的赛博攻击程序。对于那些无法与美国进行传统军事抗衡的国家而言，信息战正成为他们重要的战略选择。这些国家觉察到来自美国内部或外部的赛博攻击具有非对称性，在与美国的武装对抗中，他们需要借此平衡双方的实力。

攻击者可以更大规模地运用其几个星期前所使用的手段，在国家层面上发动袭击，从而对国家经济和基础设施进行毁灭性的破坏。(John Serabian，中情局信息作战问题负责人，在美国国会联合经济委员会的发言中提到，2000.3.4）。

在商业领域，微软，这个迄今没有注意其系统安全问题的公司，也已经发生了重大的转变，并制定了以下政策：随着可信赖计算的实施，安全已经摆在了最优先的地位。默认安装虽然易于使用，但不够安全。展望未来，在微软产品的安全性将比易用性更重要。由于微软在软件业的影响，他们已经赞同建立赛博安全建模这一思想，因为威胁模型是其可信赖计算计划的关键部分（Schoonover, 2005）。

研究问题

为应对赛博安全危机，我们建议研究如下重要问题：

（1）各种赛博安全的描述和模型能否为研究者和实践者提供进一步研究的框架？

(2) 理论预测模型可否用来对各种赛博攻击进行风险评估？

模型对于理解和发展赛博安全理论非常重要。这些模型为预测赛博安全风险提供支持。第一类模型，风险模型，用于根据特定赛博安全环境的脆弱性和攻击后果预测攻击风险。第二类模型，指数模型，它基于时间，是攻击概率的函数，可以在给定风险优先级的情况下估计攻击时间间隔。攻击间隔时间可作为风险评估的指标，这是因为攻击的间隔时间越短，用户所面临的安全风险就越大。这里需要强调，由于未来攻击的性质是不可预知的，所以这些模型无法验证现实世界的攻击事件。我们最多只能为研究者和赛博安全官员进行赛博安全环境评估提供重要参数和变量，并给出特定条件下网络安全想定的可能结果。

26.2 相关研究

可用性通常是一种与安全无关的系统属性。《IEEE 软件工程标准术语表》（*IEEE Standard Glossary of Software Engineering Terminology*）给出的定义是：可用性是指用户提出请求时系统或部件的可操作和可访问程度，通常以概率表示（*IEEE Standard Glossary*）。然而，《无干扰与端到端可用性策略》（*End-to-End Availability Policies and Noninterference*）一文将可用性与安全性联系起来。虽然这种做法不符合上述标准定义，但是很有价值。因为，如果系统被攻击和中断，它的可用性就会下降。因此，将不可用作为赛博攻击后果之一是有意义的。遗憾的是，赛博安全数据库中并没有这个指标。需要额外数据来支持模型验证。在这方面，Yurcik, Loomis, and Korzyk, Sr. 在《互联网攻击预测：有效度量方法学研究》（*Predicting Internet Attacks: On Developing an Effective Measurement Methodology*）一文中，首次提出要对赛博安全指标进行度量，描述如下。

互联网攻击预测方法的度量指标包括：

1. 基于通用分类法的互联网攻击

2. 互联网攻击频率增长的数量/百分比

3. 检测/未检测出的互联网攻击的数量/百分比

4. 成功/未成功实施的互联网攻击的数量/百分比

5. 报告/未报告的互联网攻击的数量/百分比

6. 自动化的互联网攻击的数量/百分比

7. 自动化的互联网攻击的类型——使用的工具/侦听的端口

8. 一定时间段内互联网攻击的平稳性（每天/每周/每月/每年/每季）

9. 互联网攻击的持续时间（日/月/年）

10. 互联网攻击涉及的主机数量

11. 不同互联网攻击的损毁代价估计

12. 互联网攻击的地理位置（物理和虚拟位置）

13. 目标系统（位置/组织/厂商/操作系统）

我们认为第 3、4、5、6、7 项指标数据很难收集。因为，这些数据大多掌握在攻击者手中。尽管第 11 项指标很有用，但也很难得到它的数值，因为企业不可能公布对其竞争不利的信息。另外，上述条款不包括脆弱性、风险和攻击后果等因素，这些都是赛博安全性分析的关键。

Tinnel, Saydjari 和 Farrell（2002）在《赛博目标，战略，战术和技术分析》(*An Analysis of Cyber Goals, Strategies, Tactics, and Techniques*)一文倡导通过一种有趣的方法来搜集赛博战情报信息，从而主动监视潜在的黑客活动。尽管这方面的赛博安全防护不在本文的讨论之列，但值得所有研究人员去深入思考。简言之，该方法不但可以在组织层面实现，也可以用于互联网的重要结点。

26.3 风险模型

定义

R_i：风险优先级，表示指定类型攻击的后果（如，拒绝服务）与其他类型攻击的后果（如，病毒）的比较结果。

P_{ai}：风险优先级为 i 的攻击的相对概率

P_{vi}：风险优先级 i 的脆弱性概率。由于我们无法知道组织中存在的漏洞（他们也不会承认），因此在分析中必须随机选定此概率，以避免计算上的偏差。

C_i：风险优先级 i 的关联结果。例如，赛博基础设施被破坏的程度和受影响的网络实体数量（如路由器、互联网服务提供商（ISP）、服务器、主机、网站和链接等）。

$T_L(i)$：风险优先级 i 的相对威胁水平

n：攻击的总数。

模型结构

如图 26-1 所示，该模型将攻击的相对概率、脆弱性概率和攻击后果关联起来。

由于无法得到进行量化估计所需的数据，因而逐一计算攻击概率并不可行。尽管如此，可以使用相对攻击概率代替。如式（5）所示，相对攻击概率可以根据不同类型攻击的相对威胁水平计算得出。假设风险可由式（1）精确计算，那么当式（1）中的三个参数值同时增大时，攻击风险也将增大。

风险＝攻击的相对概率×脆弱性概率×攻击后果 (1)

$$R_i = P_{ai} * P_{vi} * C_i \tag{2}$$

公式（2）举例如下：

$R_1 = P_{a1}$（拒绝服务）$* P_{v1}$（没有防火墙）$* C_1$（风险优先级为 1 的攻击结果） (3)

$R_2 = P_{a2}$（病毒）$* P_{v2}$（Telnet 访问）$* C_2$（风险优先级为 2 的攻击结果）(4)

相对攻击概率可据式（5）估算：

$$P_{ai} = \frac{T_L(i)}{\sum_{i=1}^{n} T_L(i)} \tag{5}$$

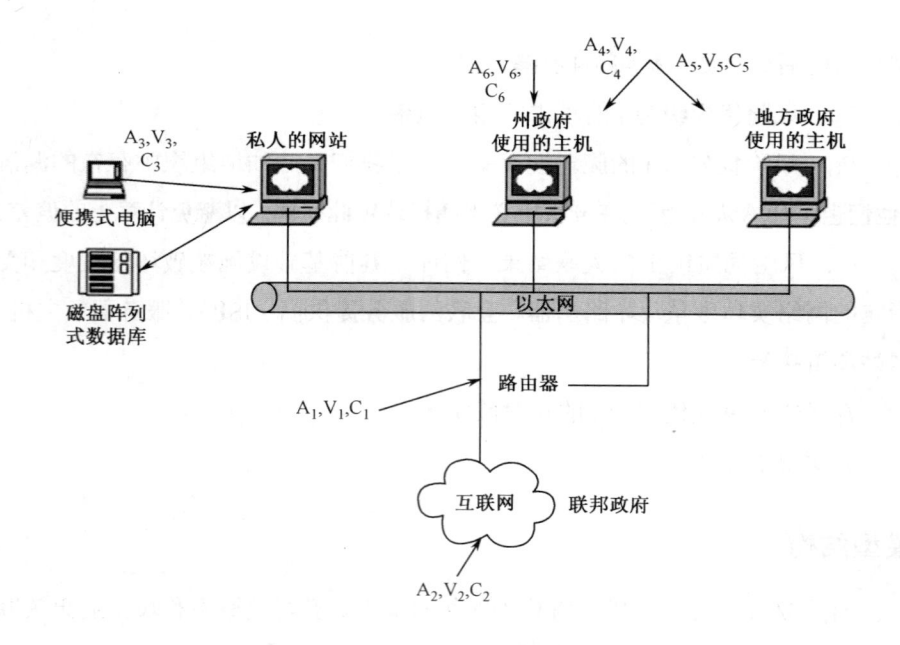

图26-1 关键基础设施的安全性

图 26-1 中各符号的含义如下。

A_i：攻击，风险优先级	V_i：脆弱性	C_i：后果
A_1：拒绝服务：路由器阻塞	V_1：防火墙	C_1：因特网与内联网间的连接中断
A_2：嗅探：密码截获	V_2：没有密码保护的计算机	C_2：内联网的密码被获取
A_3：探测：获取网站服务器的账户信息	V_3：没有网站服务器防火墙	C_3：网站服务器程序被劫持
A_4：蠕虫：自我复制	V_4：没有反蠕虫软件	C_4：内联网瘫痪
A_5：病毒：破坏操作系统	V_5：没有反病毒软件	C_5：操作系统无法运行
A_6：特洛伊木马：隐藏在主机中破坏应用	V_6：没有特洛伊木马检测软件	C_6：应用程序被破坏

风险模型的计算实例

下面举个例子，并将风险模型的输出结果以数值和图表的形式表示。表 26-1 中，上半部分显示了 11 种类型的攻击，从最严重的拒绝服务攻击到最轻微的数据库瘫痪。$T_{L\,(i)}$ 代表了各类攻击相关威胁的主观评价，这些数据始于"拒绝服务攻击=100"开始，止于"数据库破坏=3"。要注意的是，本例仅作说明之用,对不同类型攻击的相对威胁级别的不同赋值,会得出不同的计算结果。

P_{ai}可根据式(5)计算得到。如前所述,我们无法得到P_{vi}值。因此,需要在[0,1]之间随机选取P_{vi}值。C_i是攻击类型的线性赋值,如 11 表示 DoS 攻击,10 表示病毒,等等。我们所要的计算结果(即风险R_i)可据式(2)得出。图 26-2 指出了风险随攻击概率的变化情况,它表明了攻击类型与主要风险值之间的关系。从实用的角度看,当P_{ai}约为 0.15 时,风险值迅速升高。因此,应将此视为一种严重风险,用户应有所防范,尤其是 DoS 和探测攻击。然而,从表 26-1 中可以看出R_i是C_i函数。因此,要分析相对威胁水平对C_i取值的敏感性。图 26-3 显示,攻击的后果越严重,其风险也越大(图中以 DoS 和探测攻击为例)。图 26-1 和图 26-2 表明了风险、攻击概率、攻击后果的关系。很重要的一点是,要从这些图中得出有关此三者关系的多种结论并进行相互验证。例如,图 26-3 确认了图 26-2 所得出的 DoS 和探测攻击是主要风险这一结论。图 26-4 以攻击概率函数的形式给出了有关攻击本质的关键信息。

表 26-1 风险模型

	相对威胁水平=相对攻击概率=P_{ai}
拒绝服务	阻止合法用户获得服务
病毒	具有自我复制能力的程序片段
探测	探测系统信息
扫描	使用自动工具进行大量探测
账户攻击	用户账户的非授权使用
包嗅探	从数据包中获取信息
Root 账户攻击	攻击特权账号
特洛伊木马	隐藏于合法程序和文件中
蠕虫	无需人为干预即可传播
间谍软件	未授权访问计算机
数据库破坏	造成数据无法识别

$T_L(i)$:	P_{ai}	P_{vi}	C_i	R_i
100	0.2288	0.4384	11	1.1034
100	0.2288	0.1355	10	0.3101
70	0.1625	0.7639	9	1.1170
45	0.1030	0.7190	8	0.5923
33	0.0755	0.1741	7	0.0921
26	0.0595	0.4932	6	0.1761
13	0.0595	0.0213	5	0.0064
12	0.0297	0.6479	4	0.0771
8	0.0275	0.2946	3	0.0243
3	0.0183	0.8708	2	0.0319
437	0.0069	0.1832	1	0.0013
$\sum_{i=1}^{a} T_L(i)$	$\dfrac{T_L(i)}{\sum_{i=1}^{a} T_L(i)}$	RAND		$R_i = P_{ai} * P_{vi} * C_i$:

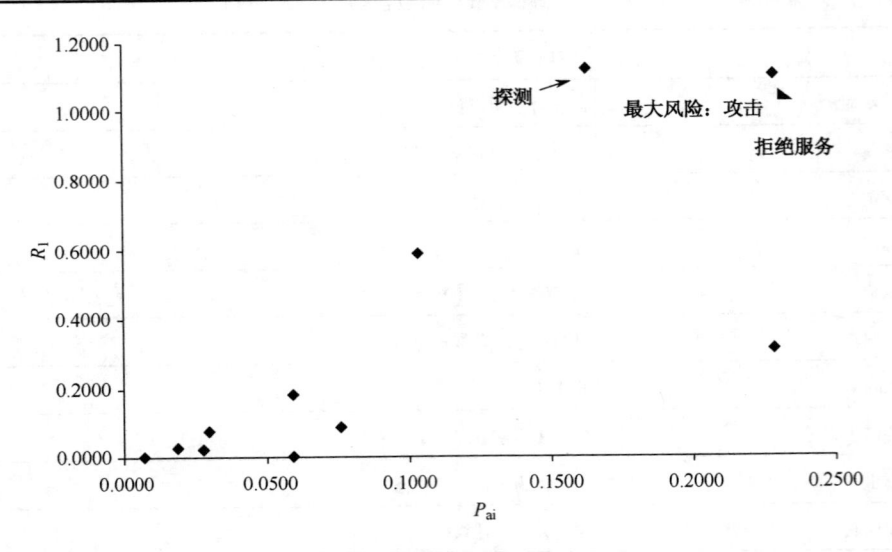

图26-2 风险R_i与攻击概率P_{ai}

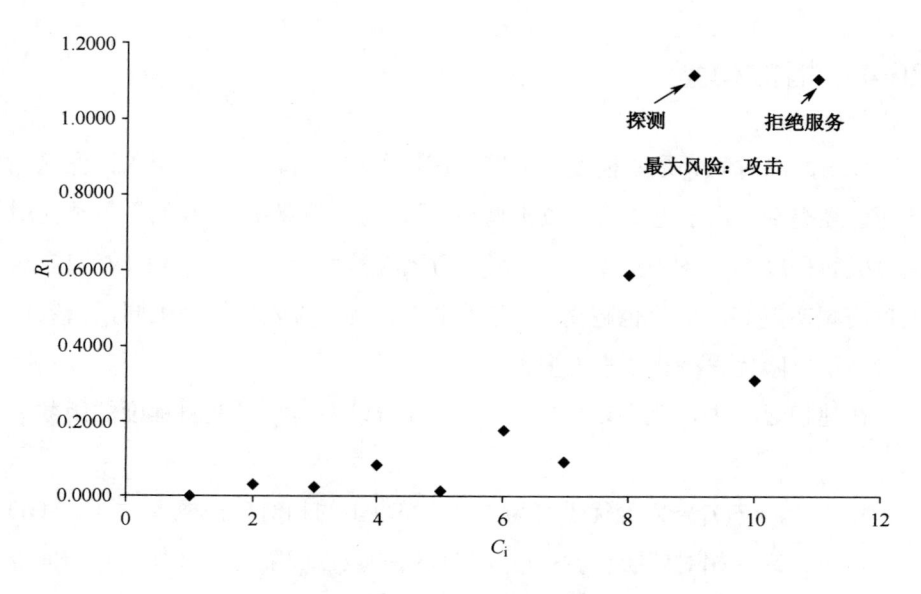

图26-3　风险R_i与后果C_i

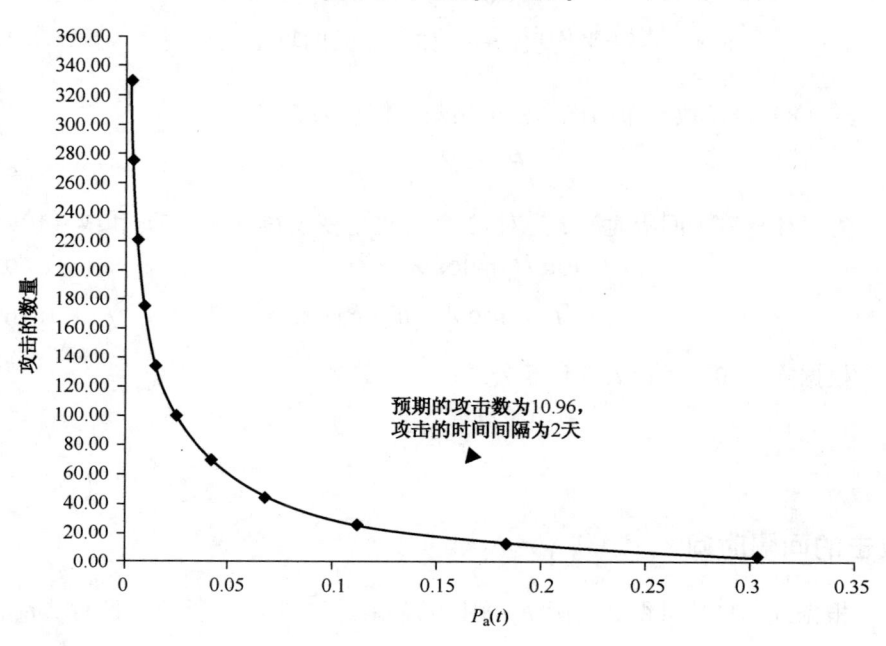

图26-4　t时刻期望的攻击数量与攻击概率

26.4 指数模型

攻击间隔时间 t_a 是本模型的基础，在抵御攻击时，它是一个关键变量。前面已经提到，由于无法得到攻击概率 P_{ai}，为了估算 P_{ai}，我们不得不使用相对威胁程度 T_L 来替代。另外，t_a 可作为风险程度的替代指标（t_a 的值越小，则攻击频率越高，风险也越高）。需要注意的是，与风险模型不同，指数模型考虑了风险优先级和攻击类型。

在建模过程中，我们以式（6）描述攻击概率与相对威胁程度的函数关系。

$$P_{ai} = f(T_L) = \text{风险优先级为 } i \text{ 的 } a \text{ 类攻击的相对攻击概率} \quad (6)$$

这里：T_L =相对威胁程度；t_a =a 类攻击的攻击间隔时间（如，攻击间隔天数）；$N(T)$ =T 时间内的攻击次数；T =特定的攻击周期（如，365 天）

$$\lambda = \frac{N(T)}{T} = \text{平均攻击率} \quad (\text{如，每天的攻击次数}) \quad (7)$$

式（8）是指数分布的概率密度函数，假设为 P_{ai}.

$$P_{ai} = \lambda e^{\lambda t_a} \quad (8)$$

为了计算攻击间隔时间 t_a，对式（8）进行变换得到式（9）和或（10）。

$$\log P_{ai} = \log \lambda - \lambda t_a \quad (9)$$

$$\lambda t_a = \log \lambda - \log P_{ai} \quad (10)$$

根据式（10）可得 t_a 的计算公式：

$$t_a = \frac{1}{\lambda} \log\left(\frac{\lambda}{P_{ai}}\right) \quad (11)$$

攻击的间隔时间

根据式（11）可得到 t_a 随 P_{ai} 变化的关系。如图 26-5 所示，我们以 t_a 的值为 24 小时边界，不考虑 $t_a > 24$ 的攻击。因为，较小的 t_a 值意味着较高的攻击频率和风险。这一策略将 DoS 排除在外。这是个直观的判断，鉴于 DoS 攻击的严重性，用户可能会觉得此策略不可接受。然而，应当考虑对抗 DoS 攻击过程中所付出的巨大的努力和成本代价。图中曲线展示了如何在安全性和成本间作出权衡。在表 26-2 中，t_a=24 小时这个点对应的 P_{ai}=0.0183，而一项 DoS 攻击防范策略对应的 t_a=52 小时，P_{ai}=0.0069。当面临一个非常低的攻击概率时，用户必须权衡是否值得花费精力和财力去提高防御手段。

图中公式：$t_a = \frac{1}{\lambda} \log(\frac{\lambda}{P_{ai}})$

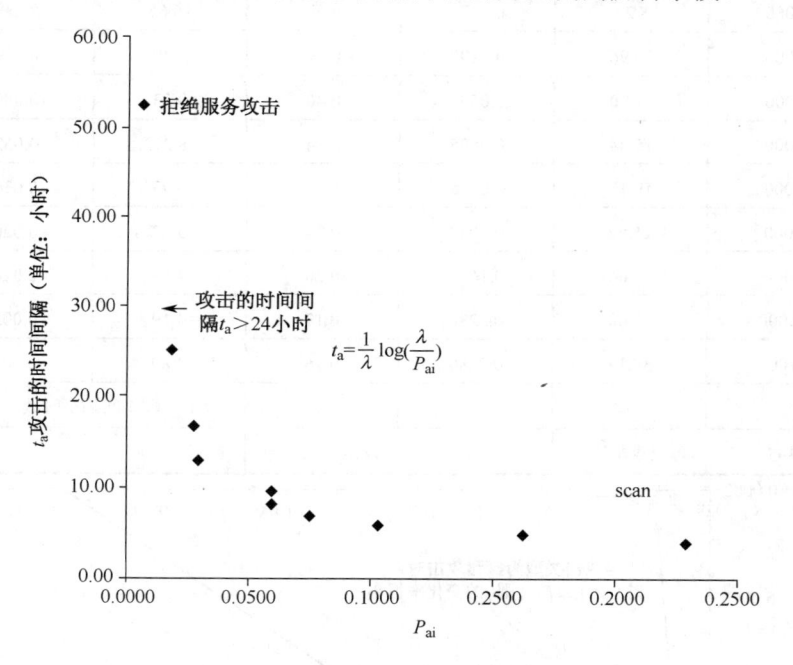

图26-5　t时刻预期的攻击数量与攻击概率

攻击间隔时间的计算实例

表 26-2 是攻击间隔时间的计算样例。第一列 $N(T)$ 表示一年内的攻击次数，T=365 天；攻击率 $\lambda=N(T)/T$，P_{ai} 可由式（6）计算得到。第四列是计算攻击间隔时间 t_a 的计算公式，单位为天；第五列中 t_a 的单位是小时。这些数值绘制在图 26-5 中。

表26-2 攻击的间隔时间

$N(T)$	$N(T)/T$	P_{ai}	$\frac{1}{\lambda}\log(\frac{\lambda}{P_{ai}})$	t_a*24	$\frac{d(t_a)}{d(P_{ai})}$
1000	2.74	0.0069	2.19	52.47	−19.4064
2000	5.48	0.0183	1.04	24.97	−1.8194
3000	8.22	0.0275	0.69	16.65	−0.5391
4000	10.96	0.0297	0.54	12.94	−0.2799
5000	13.70	0.0595	0.40	9.53	−0.0896
6000	16.44	0.0595	0.34	8.21	−0.0622
7000	19.18	0.0755	0.29	6.93	−0.0360
8000	21.92	0.1030	0.24	5.87	−0.0202
9000	24.66	0.1625	0.20	4.89	−0.0101
10000	27.40	0.2288	0.17	4.19	−0.0058
11000	30.14	0.2288	0.16	3.89	−0.0048
	λ		t_a	攻击间隔小时数	
365	每天攻击次数		攻击间隔天数		

图26-6 攻击间隔时间的变化率与攻击概率

当攻击类型为探测攻击时，若$P_{ai}=0.0275$，则t_a的变化率很小

攻击间隔时间的变化率

根据式（11）和式（12）可以得出相对于攻击概率的攻击间隔时间变化率，结果如表 26-2 所示。从表中可以看出，当 t_a 的变化率（风险的替代指标）很小时，威胁事实上并不存在，图 26-6 描绘了这种情形。对于探测攻击，当 $P_{ai} = 0.0275$ 时变化率极小，这意味着风险的变化率也非常小。

$$\frac{d(t_a)}{d(P_{ai})} = -\frac{1}{\lambda}(\frac{1}{P_{ai}^2})(\frac{P_{ai}}{\lambda}) = -(\frac{1}{\lambda^2})(\frac{1}{P_{ai}}) \quad （例如，每天的攻击概率） \quad （12）$$

预期的攻击数量

设 λt 为 t 时间内的攻击数量，如图 26-7 所示，若攻击间隔时间为 2 天，攻击概率为 0.18，则预期的攻击数量为 10.96 次。主观上，我们认为 0.18 的攻击概率相对较小。因此，如果确实发生了攻击事件，我们预测攻击数量为 11，并且 2 天之后才蔓延。

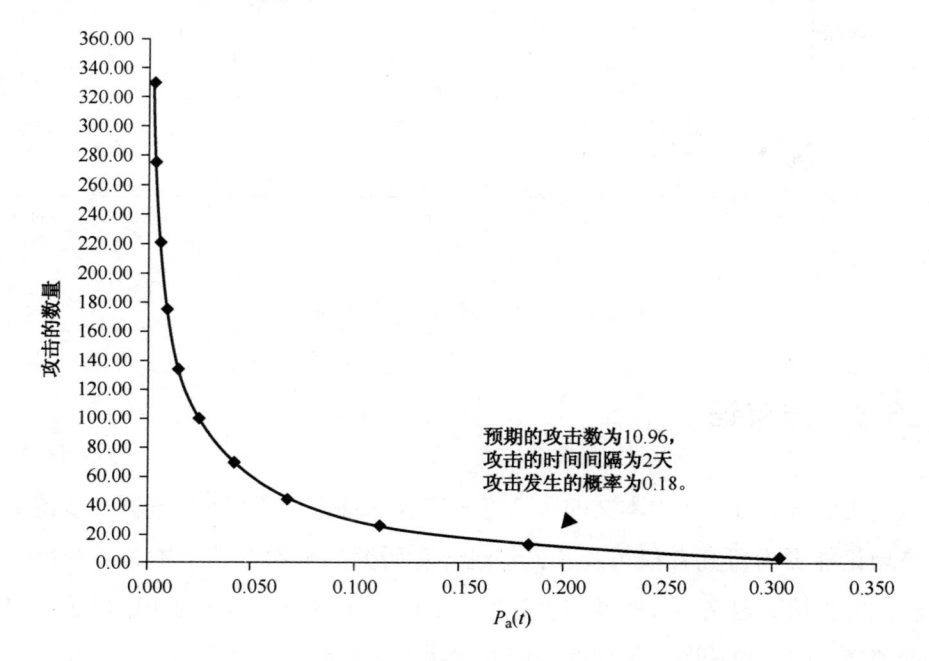

图26-7 攻击数量与攻击概率

26.5 风险与指数模型之间的对应关系

用攻击间隔时间 t_a 作为风险 R_i 的替代指标,通过绘制两者关系曲线图来验证这种假设,结果如图 26-8 所示,其中展现了两者较好的对应关系。此结果的重要性在于,因指数模型较风险模型更易实现,用户可选择它作为预测模型。

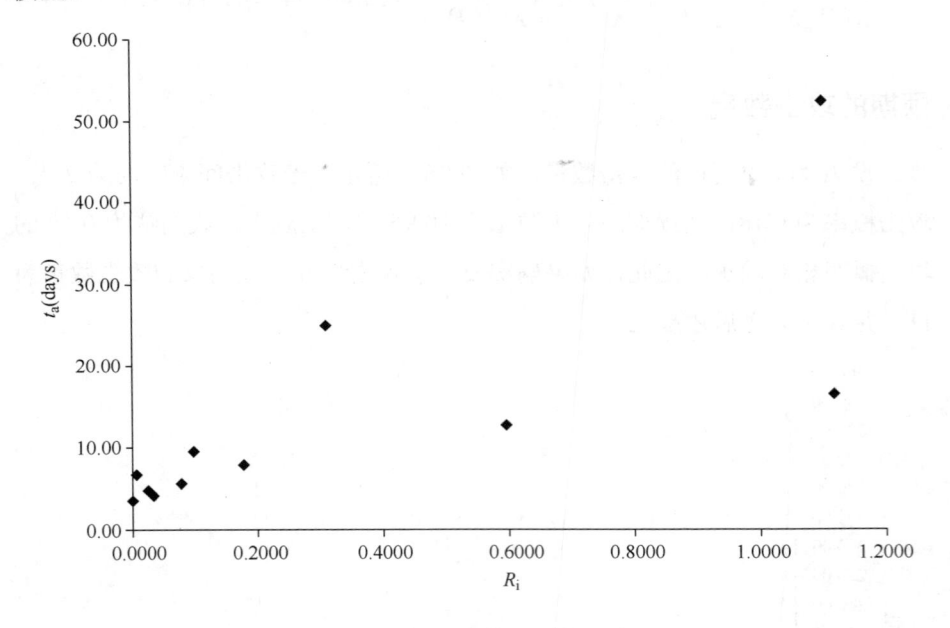

图26-8 攻击间隔时间与风险

26.6 结束语

在引言部分,指出本文的研究将解答以下问题:(1)各种赛博安全模型与理论能否为研究者和实践者提供进一步研究的框架?基于本文的赛博安全研究方法、定义、公式及图表等所构成的研究框架,对此问题给出了肯定的答案。(2)理论预测模型能否用以评估不同类型赛博攻击的风险?我们给出的有关图形，足以说明答案是肯定的。例如，图 26-2 的风险模型证明了风险最大的攻击类型是探测攻击和拒绝服务攻击。此外，图 26-4 描绘了风险模型中有关参数之间的关系。图 26-5 的指数模型提供了攻击概率与攻击间隔时间之间的阈值。然而，在得到这些结论的同时，我们应该意识到这样一个事实，即模型预测结果的优劣取决于其前提假设的正确性。例如，图 26-2 中，由于我们没有有关攻击脆弱性概率的经验信息，P_{vi} 只能取随机值。因此，风险评估结果依赖于随机数发生器的输出。这些随机信息可以用于解决"如果这样"的问题。例如，P_{vi} 的分布与表 26-1 中的不同，则我们会对风险的含义产生疑问。第二个例子是图 26-4，攻击概率 P_{ai} 的分布与此不同，结果将会如何？攻击数量的预期结果又将如何？

参考文献

Cyber Security: A Crisis of Prioritization. (2005, February). *President's Information Technology Advisory Committee.*

Graham, B. (2005, August 25). *Hackers attack via Chinese Web sites, U.S.* agencies' networks are among targets. The Washington Post, p. A1.

IEEE standard glossary of software—Engineeringterminology [Standard 610.12-1990]. (n.d.).

Schoonover, G. (2005). *Enhancing customer security: Built-in versus bolt-on.* DoD Software Tech News, Secure Software Engineering, 8(2).

Tinnel, L. S., Sami Saydjari, O., & Farrell, D. (2002,June). *An analysis of cyber goals, strategies, tactics, and techniques.* In Proceedings of the 2002 IEEE Workshop on Information Assurance, United States Military Academy, West Point, NY.

Yurcik, W., Loomis, D., & Korzyk, Sr., A. D. (2000,September). *Predicting Internet attacks: On developing an effective measurement methodology.* In Proceedings of the 18th Annual International Communications Forecasting Conference.

Yurcik, W., & Doss, D. (2001). *Internet attacks: A policy framework for rules of engagement.* Department   of Applied Computer Science, Illinois State University.

Zheng, L., & Myers, A. C. (2005). *End-to-end availability policies and noninterference.* Presented at the 18th IEEE Computer Security Foundations Workshop, Aix-en-Provence, France.

术语与定义

风险优先级(Risk Priority):指某一类型攻击(如拒绝服务)的结果与其他类型攻击(如计算机病毒)的风险的比较结果。

风险优先级的脆弱性(Vulnerability of Risk Priority):由于我们无法知道组织的安全脆弱性(他们也不会承认),因此,在分析过程中,必须随机选择脆弱性的概率值,以确保在计算中不带任何偏见。

风险后果(Consequence Associated with Risk):例如:对赛博基础设施的破坏,受影响网络实体(如路由器、互联网服务提供商(ISP)、服务器、主机、网站和链接)的数量。

Chapter 27
第 27 章 | 赛博战防御：集成安全的系统开发

Murray E. Jennex
（圣地亚哥州立大学，美国）

赛博战真实存在，并已被发动。赛博恐怖分子和赛博战士已在攻击系统。但幸运的是，他们攻击系统的方法与黑客一样。这对于系统安全设计者来说是件好事，因为系统中用来防御黑客攻击的安全控制方法，同样可以用于对付赛博恐怖分子和赛博战士。然而，虽然有些工具可以用于识别安全需求，包括检查列表、威胁风险分析和安全策略等，但它们不能很好地集成在一起形成整体的安全保护方法，以确保明确和实现安全需求。本章提出采用壁垒分析法和深度防御的概念来修改Siponen 和 Baskerville于2001年提出的集成设计范型，该方法更直观更易于理解，并且采用了旨在提高系统的安全性能和防御赛博战能力的方法论。

27.1 引言

赛博恐怖分子和赛博战士常常采用与黑客一样的方法来攻击系统，对系统安全设计师而言，这是件好事，因为黑客攻击的防御手段也同样适用于防范赛博恐怖分子和赛博战士。有许多辅助工具可以帮助系统分析师辨识信息系统的安全需求。然而，这些工具虽然可以识别安全需求，但却不能集成到一个整体的设计方法中，以确保在构建系统或应用程序时能够识别和实现安全需求。其结果是一些常用的系统或应用程序为了迎合终端用户需求，只是将安全看成附属品。另外，许多系统分析师/设计者在设计系统或应用程序时，也没有考虑安全问题，而是将安全问题留给了网络技师。这就导致了过分地依赖防火墙或反病毒软件所提供的安全保证，而不是使用鲁棒性强的编程方法、管理控制、接口与数据库设计、备份与恢复等措施，来提供系统或应用程序的安全性。2001年，Siponen和Baskerville尝试通过一个安全设计范型（design paradigm）来解决这一问题，该范型依赖元记号（meta notation）对系统进行抽象，并对集成到信息系统开发方法中的安全需求进行文档化。但是，这个范型未被广泛采纳。

本章推荐使用壁垒分析方法和深度防御方法来修改Siponen和Baskerville的方法和Lee等人的集成设计方法，使其更直观、更容易理解和使用。除了Siponen和Baskerville（2001）提出的符号以外，本章还将提出将壁垒图与壁垒分析法结合使用，以提供一个可视和集成的方法，将安全性增加到系统分析和设计过程，进而确保在整个软件开发生命周期（SDLC）中所有阶段的安全水平。

壁垒分析法是Haddon Jr.在1973年提出的概念，它在核能源领域应用最为广泛。系统安全开发中心（能源部的一个训练小组）对其进行了改进（Clemens，2002）。壁垒分析法可以识别灾难与威胁，并可确定预防/缓解措施的有效性。在事件发生之后，也可以使用壁垒分析法，以确定灾难与威胁最根本的原因，进而确定采用何种壁垒来防止灾难与威胁的再次发生（Crowe，1990）。

为记录所提出方法的正确性和可用性，作为系统设计工程的一部分工作，由一组研究生对壁垒分析法和深度防御进行了测试。测试的目的是确定壁垒分析概念和壁垒表是否适合信息系统设计，以及该方法对安全需求的发现和实现是否有用。

此项研究的目的是确定是否应开展进一步的学习和研究，以展示该方法是有用的且应被采纳为业界的标准实践，以确保安全需求在系统开发生命周期内能被精确地发现、文档化、遵循和追踪。

27.2 背景

信息或系统安全是一个持续性的问题。计算机安全研究所（CSI）和联邦调查局（FBI）对大型公司和国家政府机构的调查结果显示，2004年，50%以上的受访者存在安全隐患，安全事件造成了超过1410亿美元的经济损失（CSI，2005），这些损失包括与善后相关的收入损失和成本开销、数据丢失和责任问题，更重要的是客户信任的丧失（Allen, Mikoaki, Jr., Nixon, & Skillman, 2002）。虽然，自2001年以来，因安全事件造成的损失呈现下降趋势。但是，根据Jennex and Walters（2003）的研究发现，黑客工具降低了入侵的技术门槛。这些数据和发现都表明潜在黑客的数量比以前更多。尽管各大组织在安全策略、安全措施、风险管理、安全技术、安全体系、安全设计等方面做出了巨大的努力，信息及其系统安全仍然值得重点关注。

信息系统安全设计范型

1993年，Baskerville定义了信息系统安全解决方案设计的两个主要范型，其中，主流范型是基于使用检查列表，集成范型则使用工程过程或逻辑抽象和转化模型，将观点和功能组成单一的安全转换模型。下面将对范型进行详细讨论。

主流范型

主流范型集中研究风险识别、分析和评估方法来辨识安全需求，然后使用检查列表、最佳实践和手册上的解决方法来减缓辨识出来的风险。依据

Siponen和Baskerville（2001）的观点，这些方法存在以下缺陷：

1. 从设计角度讲，检查列表法本质上如同模板，它不会考虑某个组织特有的安全需求。此外，当开发者遇到需要从管理层面做出决策的问题时，检查列表方法不能提供问题的解决方案。

2. 开发的二元性，即实现安全与信息系统开发，此二者的需求是完全无关的，由此导致的冲突是检查列表、风险管理和形式化开发等方法亟需解决的问题。

3. 检查列表和形式化开发方法的机械性和实用性，忽略了组织的社会本质。

目前，许多专业机构，如国家标准技术研究所（NIST）、计算机安全资源中心（CSRC）、计算机应急响应小组（CERT）和系统管理/审计/网络/安全研究所（SANS），所提供的安全管理教材和手册，均以提供模板、检查列表和最佳方案为基础。

集成范型

对于安全设计而言，主流方法存在种种局限性。于是就出现了集成多种方法的集成范型，像信息和数据库建模方法、职责方法（responsibility approaches）、商务过程方法和安全改进的IS开发法等。但已有的集成方法中存在四种基本不足，因而提出了集成方法领域进一步发展的需求（Siponen & Baskerville, 2001）：

1. 当前集成方法不支持组织层、概念层和技术层的综合建模；

2. 已有方法大多难以（有时也是不可能）集成到IS开发过程，这导致了开发的二元性问题（即系统开发与系统安全之间的矛盾）；

3. 这些方法抑制了开发者的创造性和自主性，有时还会限制开发者对开发方法的选择；

4. 在实践中，方法的具体实现途径并不总是一样的，新兴的IS开发方法会在IS开发和必需的安全性实现之间产生鸿沟。

当前，集成方法综合考虑了技术、组织、个人和教育等方面的问题，典型例子有，国家安全局、国家安全电讯和信息系统安全委员会（NSTISSC）的安全模型（Whitman & Mattord, 2004）和CERT的操作层关键威胁、资产和弱点评估（OCTAVE）方法（Alberts & Dorofee，2001），但这两种方法中都没有集成系统开发方法或可用的图解表示。

2001年，Siponen和Baskerville通过在开发过程加入元记号，将安全设计方法集成到系统开发中。元方法的目标是为计算机辅助系统分析和软件工程提供一种快速开发途径。元记号是多数方法和元方法的关键特征，它包括五个方面的内容：安全主体、安全客体、安全约束、安全等级划分和安全策略。通过在开发过程中描述这五个维度，实现以集成化方法描述IS开发中的安全需求（Siponen & Baskerville, 2001）。在一个典型用例中，参与者成了安全客体，安全客体中增加了安全级别（Siponen & Baskerville, 2001）。此外，在用例中引入安全策略和前提条件，以体现安全性在用例模型中的应用。这可确保每个参与者的安全需求得到描述，使安全策略成了IS设计的组成部分。

2002年，Lee等也提出了一种集成方法。这种方法将主流安全方法与标准软件工程方法和软件开发生命周期集成在一起，为供给、开发和运行维护过程提供一种生命周期过程、安全工程和生命周期数据之间的路线图。但该方法依旧使用了标准和检查列表，它仅在限制开发的二元性问题方面取得成功，其他的一些问题仍需探讨。

最后，本章提出了使用深度防御方法作为开发范型，同时还集成使用了Lee方法和Siponen与Baskerville方法的部分内容。

威胁分析

威胁是会带来损失和危害的事件集合（Pfleeger & Pfleeger, 2003），这些事件可能是由故意或无意或自然事件造成的。文献Jennex（2003）从赛博战的角度，给出了关于威胁的另一种定义，它认为威胁是敌方利用IS的能力和企图，或任何自然或无意识的事件都可能会给IS带来潜在危害，最终导致组织完成任务能力的下降。风险分析是对威胁进行识别、分类和评估。

有很多方法可以用来识别威胁，包括Courtney的暴露分组（exposure groups）（1997）、Fisher的暴露识别结构（exposure-identification structure）（1984）、Hutter的树状图分析过程（2002）等。这些方法中，Courtney的暴露分组方法（1997）最为经典，该方法将威胁划分为六组：①无意泄露，②无意修改，③无意破坏，④故意泄露，⑤故意篡改，⑥故意破坏。2003年，Jennex基于位置和意图来识别风险，并提供了五种基本威胁分组，它们在一定程度上与Courtney给出的分组结果是一致的，分别为：①外部意外，②外部故意，③内部意外，④内部故意，⑤自然灾害（如装备失效、火灾、地震等大规模事件）。每个分组都有三种风险等级，即数据破坏、数据无意修改、数据无意泄露，它们分别与NSTISSC的CIA三角模型中的可用性、完整性和机密性密切关联（Whitman & Mattord, 2004）。

本文使用了Jennex的威胁分组方法。这些威胁分组对于渗透型攻击是足够的，但是没有考虑那些以阻碍合法外部用户访问系统为目的的攻击。拒绝服务攻击是一种典型的外部攻击，主要是针对互联网服务提供商的。另外，有人建议将风险分析用于确定需要防范的威胁或风险，威胁分析的第二步是，针对每个威胁研究特定的脆弱性。

风险分析

除威胁分析之外，组织还需进行风险分析以确定威胁带来的经济影响。通过计算组件脆弱性的概率之和，可以确定威胁的可能性或概率。而脆弱性概率则可通过测试或使用业界数据来计算，攻击发生的可能性及其带来的损失（以美元计算）之间的乘积就是每一个风险的代价。风险分析可用来确定风险的优先级和风险的控制代价，也可以确定组织的风险管理方法，并将其作为安全计划的输入。

壁垒分析

壁垒分析是一种识别威胁或灾难并确定当前减缓措施的有效性的方法。它也用于在事件发生后确定致因，并通过确定未来的防范措施阻止事件的再次发生（Crowe, 1990）。

壁垒和壁垒系统可分成有形、无形、功能性和符号性等类别（Hollnagel, 1999）。比如，有形壁垒和壁垒系统可以是容器、墙、门或物理访问限制；功能性壁垒和壁垒系统可以是口令、前提条件或延迟等防范措施；符号性壁垒和壁垒系统指计数、调节、指示、许可和通信等，比如函数、过程、标记、许可操作或权限的编码。最后，无形壁垒和壁垒系统是指视觉检查、检查列表、规则和约束条件等监控和规定（Hollnagel, 1999）。

在网络安全中，壁垒分析主要是用来分析、设计、布置、维护和评估网络控制方法，以减轻系统或应用程序面临的风险或威胁。壁垒分析的目标，是布置更多的壁垒或控制措施，以应对更高的风险威胁（Jennex, 2003），然后运用壁垒分析来评估其效果，当然其间应采用渗透测试的方法。

最后，采用壁垒分析的优势，首先在于它能够识别风险威胁，并能在攻击发生之前布置控制措施。其次，它可确定风险因素及攻击发生之后应当采取的正确行动（Crowe, 1990）。其缺点是不能确保识别出所有合适的控制措施，也不能确保发现不恰当的壁垒。另外，它不能确保在壁垒分析中，完全识别出风险和威胁（Crowe, 1990）。不过，在集成设计范型中采用壁垒分析，可以减轻这些不足。

27.3 基于壁垒分析和深度防御的设计范型

壁垒图

依据壁垒分析和屏障设计的原本目的，屏障图显示了事故的必需元素，包括导致危害的环境条件，在前述条件下可能受到攻击的人或其他目标，攻击隔离控制措施失效/失控，导致最终事故的事件等（Trost and Nertney, 1995）。1990 年，Crowe 采用了一种更简洁的方法，用来防范威胁和保护资产的壁垒链。在此基础上，运用壁垒分析法评估壁垒系统的整体效果以及每个独立壁垒对事件的预防效果。图 27-1 是壁垒图的示例，它可用作 IS 系统安全的建模方法。

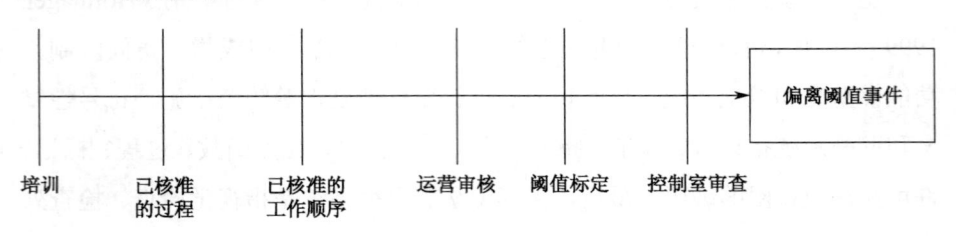

图27-1　壁垒图示例

深度防御

Hartman（2001）认为，任何依赖单点防护的 IS 安全设计都很容易被攻破。在威胁不断演化的现实世界中，不可能预测所有未来可能出现的威胁和攻击方法，并为此制定相应计划。为应对这种情况，提出了深度防御策略，也称为多层防护方法，深度防御是在不同层次上综合利用多种互补的控制方法，以防止或减轻威胁（Bass & Robichaux, 2002）。多个独立控制措施的运用，将会加大某一资产的攻击难度。由于控制措施之间相互独立，单一攻击不可能危及到所有控制措施。即便其中一个或多个控制措施被攻破或瘫痪，仍然还有其他控制措施提供安全保护（Hartman, 2001; McGuiness, 2001; Straub, 2003）。为确保独立性，设计者运用多种技术、管理和运行控制措施来保护资产（Anderson, 2001）。在不同层次上布置控制措施，使得设计者可以建立一系列防御边界。这些边界互相支持，并允许在某些层次被渗透的情况下，仍可为关键资产提供保护。潜在威胁既可能是故意的，也可能是无意的；既可能是内部的，也可能是外部的；还可能是上述多种情况的组合。安全措施和保护层的数量以及它们的部署密度，需要视威胁类型和资产重要程度而定。在风险/威胁和系统保护的代价/开销之间，势必存在一种平衡（Allen et al., 2002; Jennex, 2003）。在壁垒分析中，屏障可被定义为保护层与其控制措施的组合。

27.4 本章提出的方法

本章对 Lee（2002）等、Siponen 和 Baskerville（2001）提出的集成方法进行改进。所提出的方法综合利用了壁垒分析和深度防御，以建立安全需求识别和设计方法，并将其整合到传统系统分析和设计方法中。该方法鼓励使用 Siponen 和 Baskervilles（2001）的元记号，向现有系统开发图（如用例图和/或数据流图 DFD）中添加安全细节。同样，该方法也采用壁垒分析图作为安全需求的识别和文档化的图示工具。壁垒图可用于识别必需的壁垒，亦即控制措施和保护层，以防范从风险分析中所推断出来的安全威胁。深度防御范型可用于确保在威胁和安全事件之间，设置多个独立的安全壁垒（控制措施和保护层）。另外，Lee 等人（2002）建议，将安全设计集成到软件开发生命周期之中。

在系统分析阶段，完成安全壁垒需求的辨识，采用的方法是：应用安全计划（特别是安全策略）和最佳实践，开展风险评估，并生成壁垒图。风险评估用于判定可疑威胁和关键资产。壁垒图用于对需要防范的威胁、需要保护的资产、可能渗入威胁的关键过程以及其中涉及的关键参与者进行建档。每一个壁垒都是具备特定控制措施保护层，壁垒的辨识建立在对涉众、现有安全策略、现有支持壁垒和基础设施系统进行分析的基础之上，并采用了深度防御思想。保护层的标注，是在壁垒图上自顶向下地进行，并在壁垒图的下方列出控制措施。此阶段的涉众包括：系统分析师、用户、管理者和现有的安全团队或小组等。实体关系图 ERD、DFD 和用例可用于辅助识别资产、过程和关键参与者。壁垒图的另一用途是：在用户和其他涉众之间取得一致，以确保识别所有威胁和资产，以及足够的安全需求。系统需求建档应包括安全需求和作为安全模型的实际壁垒图。此外，组织应实施必需的安全策略，以支持所辨识出来的安全需求。

在系统设计阶段，根据适当的控制设计规范，详细说明所需的壁垒。分析师、开发人员和安全专家一起确定实现壁垒的技术和方法。设计规范的确定依据如下：安全计划、策略和过程，已有的安全和技术基础设施，标准数据完整性和容错设计实践。

在系统开发阶段，开发者和安全专家依据壁垒图和安全设计规范构建系统的安全性。壁垒的构建依据如下：安全策略、过程和程序，安全基础设施，检查列表/最佳实践，数据完整性和容错构建实践。以元记号的形式，将实现细节添加到壁垒图中。

在系统的测试和实现阶段，进行安全壁垒的测试。壁垒图可用于生成测试脚本和测试通过的准则，用户培训需求和实施计划。这些计划和脚本的细节，应通过壁垒图中元记号与参考文档建立链接。

在系统的维护阶段，要进行安全壁垒完整性的维护。屏障图可用于跟踪安全需求的持续实现，并在单一壁垒或深度防御的环境中，验证系统的增强和修复措施没有削弱安全壁垒的效果。

最后，在系统开发的所有阶段，壁垒图及其分析方法都可应用于分析安全事件。壁垒图可用于确定哪些壁垒失效，并确定应采取哪些修正措施，或者应如何在设计实现中预防事件的再次发生。

27.5　壁垒范型实例

下面以一个知识管理系统 KMS 为例，阐述壁垒图和深度防御范型的应用方法。假定本例中的 KMS 连接到互联网上，允许员工从内部和外部访问，而且知识库位于单一服务器上的某一数据库。该 KMS 的主要用途是跟踪 F18 大黄蜂战斗机的维修经验并建立档案。该系统可能会成为赛博恐怖分子/战士的攻击目标，因为知识库中的内容可帮助敌方发现 F18 大黄蜂战斗机的弱点，并在空战中利用这些弱点。对该知识库的修改和破坏，则会阻碍维修活动，导致维修变得缓慢且效果不佳，在战争时期，这是相当要命的。

需求分析阶段涉及的人员包括系统分析师、关键知识用户、管理人员和安全小组。该阶段，需要就知识库中所有需要保护的知识达成一致。此时，与关键业务领域相关的工程经验就显得十分关键。另外，还需就所有的五个威胁类别达成一致，这五类威胁是外部无意、外部故意、内部无意、内部故意和自然灾害。每类威胁包含不恰当的泄露、修改和破坏三个方面（自然灾害除外）。通过在实体关系图或数据目录中添加以元记号表示的注释，标出关键知识库资产。图 27-2 所示的是导致不恰当泄露、修改和破坏等后果的外部故意和外部无意威胁，它显示了外部威胁的不同层面。

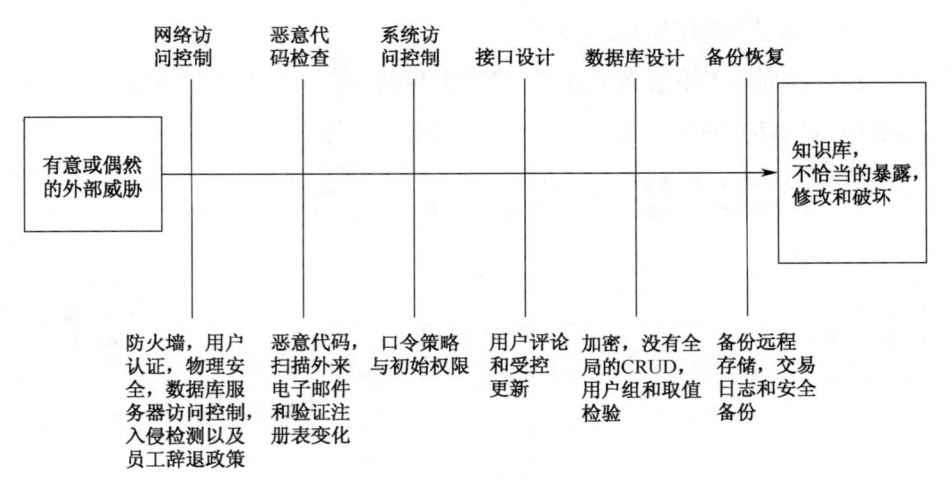

图27-2　针对外部故意和外部无意威胁的安全需求和设计壁垒图

限于篇幅，下面没有给出外部故意类威胁的所有图形，仅以文字总结如下。

- 信息泄露类外部威胁的控制措施：网络访问控制、间谍软件检查、系统访问、接口设计（用户视图）、数据库设计（加密、禁止全局创建、读、更新、删除[CRUD]，用户组）。

- 修改类外部威胁的控制措施：网络访问控制、病毒检查、系统访问、接口设计（控制的更新过程）、数据库设计（禁止全局 CRUD，用户组，赋值检查），备份与恢复（事务日志）。
- 破坏类外部故意威胁的控制措施：网络访问控制、病毒检查、系统访问控制、接口设计和数据库设计（禁止全局 CRUD，用户组），备份和恢复。
- 将所有壁垒整合到一张图，其结果是要将病毒检查和间谍软件检查整合成单一的恶意软件检查。功能性需求源于已识别的控制措施，它们作为支撑文档，与威胁表和壁垒图一起被写入系统的需求规格 SRS（随后将举例讨论）。最后，要检查当前的安全计划和策略，以确保存在与安全需求相对应的安全策略。

图 27-3 列出了不恰当泄露类、修改类和破坏类的内部故意威胁和内部无意威胁；图 27-4 列出了破坏类的自然威胁。

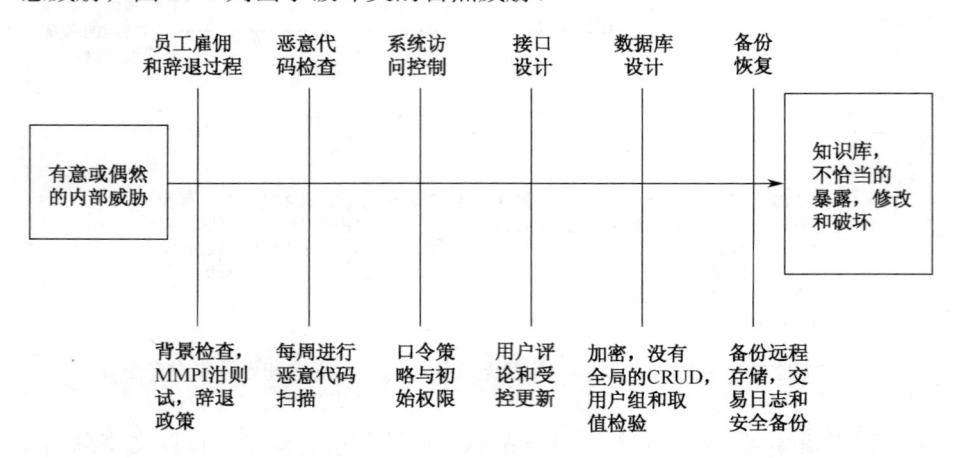

图27-3　壁垒需求阶段的内部故意威胁和内部无意威胁图

方框表示威胁实体（左端），也可用来表示特定的脆弱性，右端表示需要保护的资产。连接方框的线条表示威胁到资产之间的路径，与威胁路径垂直的线条表示用于防止威胁到达受保护资产的壁垒。上方的文字列出了保护层，下方的文字则列出了控制措施。安全需求产生于已识别的必需的控制措施。壁垒和需求随威胁分组的变化而变化，可能会有所重叠，因为安全策略可能用来应对多种威胁。

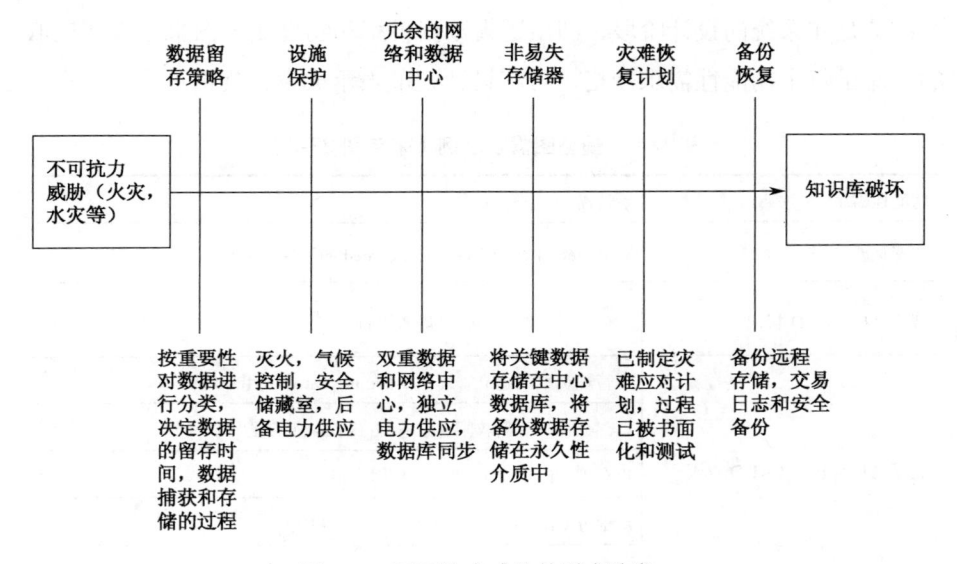

```
                数据留   设施   冗余的网   非易失   灾难恢   备份
                存策略   保护   络和数据   存储器   复计划   恢复
                               中心
    ┌─────────┐   │      │      │         │        │        │      ┌─────────┐
    │ 不可抗力 │   │      │      │         │        │        │      │         │
    │ 威胁(火灾,├───┴──────┴──────┴─────────┴────────┴────────┴─────→│知识库破坏│
    │ 水灾等) │                                                     │         │
    └─────────┘                                                     └─────────┘
                │      │      │         │        │        │
                按重要性 灭火，气候 双重数据  将关键数据 已制定灾 备份远程
                对数据进 控制，安全 和网络中  存储在中心 难应对计 存储，交易
                行分类， 储藏室，后 心，独立   数据库，  划，过程 日志和安全
                决定数据 备电力供应 电力供应， 备份数据存 已被书面 备份
                的留存时         数据库同步 储在永久性 化和测试
                间，数据                   介质中
                捕获和存
                储的过程
```

图27-4 不可抗力威胁的需求阶段

以上六种壁垒图是由多种独立的安全技术和方法与已有安全策略和基础设施集成而得的，诠释了深度防御策略。图27-2举例说明了壁垒分析法。防火墙用来保护授权用户；口令用来鉴别用户身份；用户权限组和用户视图用来限制用户所需访问的内容；数据入口测试用来在存储之前对数据进行验证，以防止潜在的无效数据被存储进去；加密用来防止未授权的数据泄露；在所有壁垒都失效，数据被威胁实体修改和破坏的情况下，使用备份与恢复。

分析师可独立使用图27-2～图27-4，或将其组合到一个单一的主图中。无论哪一种方法，都要将所有壁垒图的安全需求整合在一起，形成最终的需求规格。此外，壁垒图有助于涉众与安全分析师之间的沟通和达成共识。

一旦安全需求获得认可，分析师将会使用壁垒图生成安全设计规范，接着在屏障图上开发元记号，以包括更多层次的细节（特别是设计规格）。另一种添加细节的方法是，提供安全需求的相关设计规格表，作为壁垒图的补充。

表 27-1 阐释了如何用表格法，对图 27-2 和图 27-3 所示的数据库设计壁垒，进行设计规格的文档化。建议采用表格法，以确保壁垒图的可读性。这些细节是在系统的设计阶段，利用逻辑数据模型和物理制表图来生成或提取的。对于每个功能性需求规格，可将设计细节表示成设计规格。

表 27-1　壁垒图需求示例（来自图 27-2）

功能性需求	设计需求
加密重要知识	对 Project_Report.Lessons_Learned 的属性进行加密
禁止全局 CRUD 权限	在登录系统时，对数据库权限进行实例化
通过用户组建立 CRUD 权限	用管理员权限建立管理员（administrative）用户组
	以部分读、更新权限建立管理（management）用户组
	用全部 CRUD 权限建立更新用户组
	用部分 CRUD 权限建立项目经理用户组
	用部分 CRUD 权限建立知识用户组
在数据写进数据库之间进行检查输入数据（赋值检查）	提供选项有限的属性选择列表
	检查数字或货币属性的取值范围
	如果有预设格式的属性，格式化其输入数据

在编码和测试阶段，使用设计规范来生成单元和功能测试脚本。壁垒图可用来生成集成系统的测试计划，其中包括初始条件的建立、期望的系统响应和一系列来自不同攻击者轮廓（attacker profile）的受控攻击。攻击者轮廓应与分析得到的脆弱性相符。壁垒图给出了安全系统的运作流程，并为分析单一壁垒失效的原因提供基础。测试人员需要建立安全系统整体能力的测试场景，即由所有壁垒共同对资产提供保护。

当不能生成资产的成功入侵场景时，测试即告结束。如果找到了资产入侵场景，那么设计人员就必须对安全系统进行修正，以应对这一情况。必须对那些导致壁垒失效的场景进行检查，以确定壁垒的设计是否存在安全脆弱性。渗透测试可由"白帽"黑客来执行，他们采用与外部网络入侵一样的手段，尝试对系统进行渗透，以发现整体安全计划中脆弱性。此外，还可以用自动化的网络安全扫描技术，来识别网络安全中的脆弱性。最后，应假设网络有可能被渗透，并且应对其他壁垒进行测试，以判断其对资产保护或降低破坏程度方面的有效性。

在维护阶段，利用壁垒图和脆弱性评估方法，评估系统变化对安全设计的影响。当添加新的知识库时，应评估其关键程度，并决定是否有必要采取加密措施；当组织扩张到新位置时，壁垒图提供了本地功能和网络安全性的设计蓝图；当员工工作变化时（雇佣或离职），壁垒图提供了需要对哪些用户组进行修改的指南；最后，当识别到新威胁时，壁垒图可用来评估是否需要对安全系统作出修改。

最后，屏障图还可以用于评估那些可以攻破部分或全部壁垒的渗透企图、事件或内部行为。安全分析人员可用壁垒图来辨识失效的安全实现，以及导致失效的原因，以识别出需要改变或改进的用户行为、策略或技术。

27.6 壁垒图和深度防御的应用实验

一个研究生团队对壁垒图和深度防御进行了最初的测试。他们为国际学生中心设计一个 Web 网站，该网站为潜在的学生与大学取得联系提供方便，也为现有的国际学生参加国际学生联合会提供便利。

网站的功能有数据库、Web 表单、事件与会议计划表，并支持成员和潜在学生进行在线聊天。通过分析威胁并生产壁垒图，确定其安全需求。壁垒图是在与大学 IS 安全委员会主席讨论的基础上生成的，经验证是正确的。设计规格以表格形式生成且文档化，并与大学 IS 安全委员会主席进行了讨论以求获得批准。这些规格获得了核准，并最终成为系统设计规格的一部分。通过与工程小组之间的交流可以发现，壁垒图非常有效和有用，它可识别系统必需的全部安全需求，也可生成系统安全设计规格。在安全需求的表达方面，壁垒图同样有效。该团队还宣称，如果没有壁垒图的帮助，他们很可能会遗漏一些系统弱点。

27.7　未来趋势

系统分析和设计正朝向自动化方向发展。计算机辅助软件工程（CASE）工具，已经可以支持系统开发生命周期所有阶段和全部活动。我们希望文中所提出的方法能被接受，并且期待支持壁垒图自动生成、壁垒分析和深度防御分析的 CASE 工具的出现。另外，也需要对已有的 CASE 工具进行改进，以便将元记号功能集成到系统分析模型中。

27.8　结束语

壁垒图提供了一种可识别和判断安全需求的图形化工具，它增强了涉众之间的理解和沟通能力，可望加强对安全需求的理解和遵从。

深度防御范型提供了多种壁垒，以防止威胁导致破坏性事件，从而增强了系统安全性。使用壁垒图，为所有涉众提供了安全需求和努力的整合工具，并可确保安全措施协同工作而不是相互干扰。

这些工具的组合使用，为软件开发生命周期提供了一种集成安全设计和实现的途径。尽管探讨的是传统生命周期，但是这些工具可以应用于任何生命周期方法。将安全设计与实现整合到生命周期中，将会提高系统的整体质量。

最后，作为一种确定问题根源的工具，壁垒图及壁垒分析法的使用，可参照其在美国核工业中的应用方式。它提供了一种判断失效组件和确定安全预防措施的分析工具。

参考文献

Alberts, C. J., & Dorofee, A. J. (2001). *OCTAVE method implementation guide version 2.0.* Retrieved February 27, 2006, from Carnegie Mellon Software Engineering Institute Web site: http://www.cert.org/ octave/download/intro.html

Allen, J. H., Mikoski Jr., E. F., Nixon, K. M., & Skillman, D. L. (2002). *Common sense guide for senior managers: Top ten recommended information security practices.* Arlington, VA: Internet Security Alliance.

Anderson, P. (2001). *Deception: A healthy part of any defense in-depth strategy.* Retrieved February 25, 2006, from SANS Institute Web site: www.sans. org/rr/whitepapers/policyissues/506.php Baskerville, R. (1993). Information systems security design methods: Implications for information systems development. *ACM Computing Surveys, 25*(4), 375-414.

Bass, T., & Robichaux, R. (2002). *Defense in depth revisited: Qualitative risk analysis methodology for complex network-centric operations.* Retrieved February 26, 2006, from http://www.silkroad.com/papers/ pdf/archives/defense-in-depth-revisited-original.pdf

Clemens, P. L. (2002). *Energy flow/barrier analysis* (3rd ed.). Retrieved February 26, 2006, from http://www. sverdrup.com/safety/energy.pdf

Computer Security Institute. (2005). 2005 CSI/FBI computer crime and security survey. *Computer Security Issues and Trends.* Retrieved February 26, 2006, from http://www.gocsi.com

Courtney, R. (1997). Security risk assessment in electronic data processing. *AFIPS Proceedings of the National Computer Conference, 46* (pp. 97-104).

Crowe, D. (1990). *Root cause training course for Catawba nuclear station.* General Physics Corporation. Fisher, R. (1984). *Information systems security.* Englewood Cliffs, NJ: Prentice-Hall.

Haddon Jr., W. (1973). Energy damage and the ten countermeasure strategies. *Human Factors Journal, 15,* 355-365.

Hartman, S. (2001). *Securing e-commerce: An overview of defense in-depth.* Retrieved February 26, 2006, from http://www.giac.org/certified_professionals/ practicals/gsec/0592.php

Hollnagel, E. (1999). *Accident analysis and barrier functions.* Retrieved July 3, 2005, from http://www. hai.uu.se/projects/train/papers/accidentanalysis.pdf

Hutter, D. (2002). *Security engineering.* Retrieved July 3, 2005, from http://www.dfki.de/~hutter/lehre/ sicherheit/securityengineering.ppt

Jennex, M. E. (2003). *Security design.* Unpublished system design lecture [IDS 697]: San Diego State University.

Jennex, M. E., & Walters, A. (2003). A comparison of knowledge requirements for operating hacker and security tools. *The Security Conference,* Information Institute.

Lee, Y., Lee, Z., & Lee, C. K. (2002). A study of integrating the security engineering process into the software lifecycle process standard [IEEE/EIA 12207]. *6th Americas conference on information systems, AMCIS* (pp. 451-457). McGuiness, T. (2001). *Defense in depth.* Retrieved

February 25, 2006, from SANS Institute Web site: http://www.sans.org/rr/whitepapers/basics/525.php

Pfleeger, C. P., & Pfleeger, S. L. (2003). *Security in computing* (3rd ed.). Upper Saddle River, NJ: Prentice- Hall.

Siponen, M., Baskerville, R. (2001). A new paradigm for adding security into IS development methods. *8th Annual Working Conference on Information Security Management and Small Systems Security*.

Straub, K. R. (2003). *Managing risk with defense in depth.* Retrieved February 25, 2006, from SANS Institute Web site: http://www.sans.org/rr/whitepapers/ infosec/1224.php

Trost, W. A., & Nertney, R. J. (1995). *Barrier analysis.* Retrieved July 3, 2005, from http://ryker.eh.doe. gov/analysis/trac/29/trac29.html

Whitman, M. E., & Mattord, H. J. (2004). *Management of information security*. Boston: Thomson Course Technology.

术语和定义

壁垒（Barrier）：在一个安全层内实现的控制措施的组合。

壁垒分析（也称壁垒图）（Barrier analysis, also barrier diagrams）：一种使用壁垒图来分析问题根源的工具，壁垒分析是组织、过程、管理等壁垒的识别过程，这些壁垒用于阻止特定情况的发生。

控制（Control）：用来对抗系统攻击，减少风险，限制损失，减轻弱点的安全机制、安全原则、安全过程。

深度防御（也称多层设计）（Defense in depth, also multilayered design）：依靠多种技术和方法来减轻风险的一种安全措施。

层次（Layer）：由一些控制措施组成防御边界，用来保护特定的资产或资产集合。

问题根源分析（Root cause analysis）：缺点事件基本起因的过程。

系统开发生命周期（System development life cycle, SDLC）：也称软件开发生命周期。这是一种在开发过程的早期进行需求识别，然后在系统的整个生命周期进行需求维护的软件开发方法。SDLC 过程通常依赖于一系列阶段，如可行性分析、需求分析、设计、构建、实现和维护。

Chapter 28
第28章 信息战中的垃圾邮件防范

[1]Hsin-Yang Lu, [2]Chia-Jung Tsui, [2]Joon S. Park
([1]技术营销公司，美国；[2]雪城大学，美国)

垃圾邮件是指那些人们不想接收的、不请自来的批量电子邮件。如今，它正逐渐成为一个严重的问题，给电子邮件的接收方和互联网服务提供商都带来了沉重代价。越来越多人关注这一问题，并努力寻找各种反垃圾邮件的途径，其中有些方法尚处于建议阶段，而另一些则已在应用。本章介绍主要的反垃圾邮件方法（包括过滤、电子邮资、发件人身份验证、邮件转发、hashcash等），并分析和讨论如何将方法应用于对抗信息战和赛博恐怖主义。此外，还分析了每种方法的脆弱性并提出可能的对策建议。鉴于篇幅，本章没有讨论以上方法的技术细节及各种方法的比较。

28.1 背景

根据美国联邦调查局（FBI）的定义，赛博恐怖主义是"地方组织和秘密机构出于政治目的，有预谋地对信息、计算机系统、计算机程序和数据等非军事目标实施攻击"（Pollitt, 1997）。上述定义中，FBI更关注赛博恐怖主义的政治意图。也有人把赛博恐怖主义定义为"破坏电子商务流程完整性的任何事件"（Gustin, 2004）。

当今，赛博恐怖分子的主要攻击武器有特洛伊木马、病毒、蠕虫、拒绝服务（DoS）攻击、口令/身份标识盗窃工具，以及其他恶意软件。在信息战中，赛博恐怖分子也将垃圾邮件技术作为赛博攻击武器的有效补充。"垃圾邮件"是指那些不请自来，收件人不希望收到的不适当的批量电子邮件（Cerf, 2005; Denning, 1992; Neumann & Weinstein, 1997）。

电子邮件系统是现如今最普遍的通信平台之一。然而，不管对反恐措施和知识做了多少宣传，总有一些人缺乏安全意识。因此，从赛博恐怖主义者的角度来看，向数百万人发送含有恶意代码或虚假链接的垃圾邮件，使他们轻信上当，是发动赛博攻击最有效的方法之一。本章，我们分析反垃圾邮件的主要方法（包括过滤、邮件转发器、电子邮资、hashcash 和发件人身份认证），并且讨论如何运用反垃圾邮件方法对抗信息战和赛博恐怖攻击。此外，我们还分析了每种方法的脆弱性并给出了相应的改进建议。

28.2 垃圾邮件过滤

常用的垃圾邮件过滤方法有基于规则（启发式）垃圾邮件过滤与基于贝叶斯估计（统计）的垃圾邮件过滤两类。

2002 年前，基于规则的过滤是最常用的方法，它基于预定义的规则列表和匹配模式检测垃圾邮件（Park & Deshpande, 2005）。从本质上讲，来自黑名单中发送者的电子邮件被认为是垃圾邮件而被过滤，而来自于白名单中发件人的邮件则被默认为是合法邮件。为了实现有效的过滤，需要不断更新规则列表。垃圾邮件的匹配模式主要包括（但不限于）特定的单词和词组，许多大写字母和惊叹号，畸形的电子邮件首部，将来或过去的日期，不能回复的电子邮件地址，奇特的符号，嵌入的图形以及许多虚假路由信息等（Androutsopoulos, Koutsias, Chandrinos, & Spyropoulos, 2000; Cournane and

Hunt, 2004; Cranor & LaMacchia, 1998; Hidalgo, Opez, & Sanz, 2000; Ioannidis, 2003）。过滤器根据这些模式对扫描过的每封邮件进行评分，当分值超过阈值时，邮件被视为垃圾邮件。基于规则的过滤方法的主要缺点是，电子邮件首部信息容易被修改，垃圾邮件发送者可以通过伪造首部信息（包括域名服务器 DNS 名称，发件人地址和传递路径等），使电子邮件的来源看似合法，从而躲避规则匹配过滤。另外，由于规则是静态的，一旦确立了新规则，垃圾邮件发送者总能找到相应的办法规避过滤。如果过滤器规则是公开的，那么垃圾邮件发送者甚至可以在发送之前，依据过滤规则，对垃圾邮件进行测试。

相反，基于贝叶斯估计（统计）的过滤方法（Androutsopoulos et al., 2000; Sahami, Dumais, Heckerman, & Horovitz, 1998; Schneider, 2003）更加动态化，因为，它会不断地学习用户的垃圾邮件区分标准。本质上，它是基于先验知识预测未来可能发生的事件。如果用户将邮件标记为垃圾邮件，那么下一次遇到同一来源或同一模式类型的邮件时，贝叶斯过滤器就会自动将其识别为垃圾邮件。如果用户不把邮件标记为垃圾邮件，过滤器将认为它们是合法的。由于贝叶斯过滤器可以被训练，所以其有效性会不断提高。另一方面，也因为它们需要训练，每次出现分类错误时，用户必须进行纠正。幸运的是，随着过滤器学到的例子和模式越多，用户所需要做的工作就越少。

在赛博恐怖主义中，垃圾邮件所起的主要作用是"钓鱼"，这是一个新兴的刑事犯罪技术，可以骗取用户的个人或财务信息。例如，垃圾邮件发送者可以将垃圾邮件伪装成为银行官方电子邮件，要求目标客户提供财务资料。在这种情况下，基于规则的过滤方法，通过检查预定义的垃圾邮件，来识别列表和模式。为了绕过基于列表的过滤，即黑名单和白名单，钓鱼邮件只要使用银行的官方电子邮件地址即可。因为垃圾邮件发送者并不期望得到回复，但会将收件人引导到假冒的银行网站去输入其账户信息。而对于收件人来说，这封钓鱼邮件如同来自银行官方的一样。例如，为了欺骗收件人，钓鱼电子邮件中所显示的 Web 站点地址可能是正确的，但却将其链接到一个虚假地址（通常为 IP 地址）上。

因此，打击网络钓鱼的主要方式是确定发送者是否是其所声称的那个人，或者验证从发送端到接收端的路由路径。简单的过滤技术对钓鱼攻击并不十分有效。因为，除了一些路由信息和虚假网站的链接，钓鱼邮件与官方邮件几乎一样。我们建议将过滤技术与发件人身份验证方案结合使用，这样不仅可以检查垃圾邮件的特定模式，而且可以验证邮件来源的真实性。

28.3 邮件转发器

Gburzynski 和 Maitan 在 2004 年提出利用邮件转发器来限制垃圾邮件。这种方法的主要思想是在收件人和发件人之间建立一个相互转发电子邮件的"邮件转发器"。用户可以为其真实电子邮件地址设置不限数量的别名，并将别名发给其他想与之通信的用户。用户依据特定的时间段、所接收的信息数量、发件人的数量或其他参数设置别名的有效性。使用者通过邮件转发器处理并转换电子邮件，将真正的邮件地址隐藏起来。用户仅通过邮件别名与他人通信。这种方法与现有电子邮件基础设施兼容，可以容易地与其他反垃圾邮件技术集成。

邮件转发器方法有几个要素：一、电子邮件别名的生成，用户需要为与他联系的每个人或小型群组创建别名。通过将每个别名与特定的发件人（即使用此别名与别名的拥有者进行通信的那个人）关联，从而大大减少别名被用于发送垃圾邮件的机会。二、为公开的电子邮件地址设置一个主别名和一个挑战问题（challenge question）。挑战问题通常是用一张文本被随机扭曲的图片来展示，它很容易被人理解，却很难被计算机识别。这样垃圾邮件发送者就无法发送成千上万封，因为他们无法用人工方式逐一回答挑战问题。

使用邮件转发器技术，不仅会减少垃圾邮件，而且也可以预防大多数与垃圾邮件相关的赛博恐怖主义。赛博恐怖分子定期发送的垃圾邮件无法到达目标人群，因为这些数以百万计的邮件是由机器自动发送的，它们无法回答主动通信时必需回答的挑战问题。攻击者仍然可以采用人工方式回答问题以成功进行攻击，但它将无法伪造发件人地址。例如，在钓鱼攻击中，赛博恐怖分子为与主别名关联的永久性电子邮件地址进行通信，可以用人工方式向其发送邮件，回答挑战问题，并获得自己邮件地址（如，Bob@cyber.com）的有效别名。在后续的攻击中，用这个别名他们将无法冒充合法公司中的真实员工（如花旗银行的员工），使收件人落入骗局。因为他们只能用起初那个回答了挑战问题的电子邮件地址（即 Bob@cyber.com）的别名发信。由于在质询-应答过程中，只有初始提出通信请求的电子邮件地址才能够回答问题，而攻击者又无法阅读和回复发给 services@citibank.com 的电子邮件，所以他们将永远无法获得 services@citibank.com 的个性化别名。

但是，这并不意味着恐怖分子无法发送钓鱼邮件。例如，只要恐怖分子拥有大量别名地址，以及与这些别名对应的发件人地址，他们仍然可以发动钓鱼攻击。发给别名地址的邮件将会被投递，因为转发器会认为发件人先前回答了问题。攻击者利用一些恶意程序（如特洛伊木马），有可能窃取到用户计算机中的地址簿。在信息战中，为了防范这种攻击，发件人身份验证可以集成到邮件转发器中，以检查别名与发件人身份之间的联系。

28.4　电子邮资

电子邮资已经作为垃圾邮件的防御方案被提出和讨论（Fahlman, 2002）。顾名思义，该解决方案的灵感来自现实世界中的邮政服务机制。尽管不同研究人员已经提出不同版本的电子邮资系统，但总的思想都是引入一种电子邮件的现金付费机制。所不同的是，数字世界中的"邮票"是一段随同电子邮件发送的代码。为确保电子邮票的有效性并防止欺诈，必须由第三方对电子邮票进行认证。例如，采用公钥基础设施（PKI）技术（FIPS PUB 186, 1994; Rivest, Shamir, & Adleman, 1978）。该第三方的作用类似于现实世界中的邮局，他们向发件人颁发电子邮票，并确保其可被世界上的所有邮件服务器识别和承认。

与现实邮政服务不同的是,电子邮资主要是向最终的收件人或收件人的互联网服务提供商(ISP)付费,而不是向发行电子邮票的第三方付费,虽然他们有可能从中获得分成。这样做的原因,是因为收件人或他们的ISP需要为处理垃圾邮件损失成本,电子邮资可以用来抵偿他们的损失。此外,电子邮资金额由收件人决定,因为每个人对垃圾邮件接收成本的认识不同。收件人可以选择仅接收电子邮资超过其预设金额的电子邮件,或者仅接收来自白名单的未附带电子邮资的邮件。在防范与垃圾邮件相关的活动中,电子邮资通常是有效的。然而,只要恐怖分子认为经济上可行或政治上值得,他们仍然可以选择通过支付邮资来发送垃圾邮件。此外,恐怖分子也可以利用一些巧妙的技术绕开电子邮资。例如,恐怖分子可以利用恶意程序窃取用户计算机中的地址簿。一旦他们得到地址簿,就可以冒充地址簿的主人向其中的地址发送邮件。这样,攻击者就有可能免费发送电子邮件,因为他们所假冒发件人往往也在收件人的白名单上。

为了防范此类攻击,需要对电子邮资机制加以改进。方法之一是增加电子邮票费用,如有可能,还可以提供一些途径,以追踪究竟是谁购买了电子邮票。由于电子邮票是第三方权威机构发行的,不能被复制,因而从技术上讲,可以赋予每个或每组电子邮票一个唯一的识别码。在发售电子邮票时,为了达到追踪的目的,可用某种方式将识别码与其买家的身份关联起来,这样至少有助于缩小可疑恐怖组织的搜索范围。

28.5 Hashcash

Hashcash 是 1990 年初提出的另一个垃圾邮件解决方案(Dwork & Naor, 1992)。其思想与电子邮资类似,即在发送的每封电子邮件中附加一张电子邮票。所不同的是,这里的电子邮票不是用现金预先购买,而是通过消耗计算能力来获得。Hashcash 要求在发送的每封电子邮件中,附上某个计算问题的答案,如找到特定散列结果的散列输入值(Rivest, 1992 年)。对具有正常功能的计算机，回答这些计算问题，通常要消耗几秒钟时间。这种性能损失对于常规用户而言不过是稍微的延迟，但对于垃圾邮件发送方而言，他们想一次发送数千或上百万封电子邮件就不可行了。像电子邮资一样，Hashcash 采用了白名单机制。用户可以把他们的朋友、邮件列表或订阅的电子报等加入白名单，来自白名单上地址的电子邮件不需要电子邮票。已经有一些实现了 Hashcash 机制的商用反垃圾邮件软件，安装在 ISP 的邮件服务器中，包括 SpamAssassin、标记消息传递代理（Tagged Message Delivery Agent, TMDA）和 Camram。

在防范赛博恐怖袭击时，Hashcash 具有与电子邮资类似的优缺点，因为它们的工作原理相同，即让发件人支付资费。如果恐怖分子无力承担发送大量未经请求的电子邮件所需的计算开销，那么他们将无法批量地发送邮件。如果每个电子邮件攻击的成功率低的话，这样就能阻止其攻击。不过，Hashcash 可能比电子邮资更容易攻破。一般来说，更强大的计算机处理能力比电子邮资中的真金白银更容易获得。此外，如果攻击者利用恶意代码控制僵尸电脑，使用 Hashcash 从中一次发送少量垃圾邮件。那么，用户将很难察觉到其电脑因攻击而变慢。在信息战和赛博恐怖主义的防范方面，较之电子邮资，在 Hashcash 中加入跟踪机制难度更大。除了消耗了计算能力，整个过程并不会留下多少验证信息或日志，因而难以识别恐怖分子。为了进一步增强系统的安全性，Hashcash 可以与发件人认证等其他技术一同使用。

28.6 发件人认证

与邮件转发、电子邮资和 Hashcash 等反垃圾邮件手段不同，发件人认证更实用且已被一些主要公司（如雅虎、美国在线和微软等）采用。发件人验证的原理是：针对那些曾有匿名发送行为、在反垃圾邮件战争中臭名昭著的电子邮件系统，增加一个认证层。当发送电子邮件时，由于没有认证发件人身份的措施，只要发件人不在乎无法得到回复，他就可以容易而自由地声称自己是别人。虽然识别发送者的身份并不足以确认垃圾邮件，但这些信息仍然非常有用。因为，从邮件发送开始，就可以对发件人的信誉进行跟踪，并用以决定它是垃圾邮件来源的可能性。这样做的结果，对于发送域而言，为了将他们的电子邮件和垃圾邮件区别开，公布他们的出站电子邮件认证记录就显得越发重要。接下来，讨论基于域和用户的发件人认证。

基于域的发件人认证

基于域的发件人认证方法有两类：一是基于 IP 的认证，它验证发送域的地址；另一种基于加密的认证，它验证从邮件头提取的数字签名。此二者都要求在发送域的 DNS 记录中公布一些信息，接收域用此信息验证所收到的消息。将 DNS 作为公钥加密方案中的公钥发布权威，或将 DNS 作为基于 IP 方案中的发件人策略框架记录的发布权威，都是很巧妙的。DNS 作为一种良好的分布式权威中心，每个域名都有属于它自己的 DNS。这种属性确保了可用性，有助于基于域名的发件人认证机制避免 DoS 攻击，因为在这种情况下没有集中的服务系统。一旦基于域名的发件人认证得到普及，就能正确识别发送域名。这样，在处理进站邮件时，过往行为或发送域的声誉就成了判断是否无条件接收、过滤，以备将来审查或是直接拒绝它们的重要考虑因素。另一方面，每个发送域将不得不为它所发出的邮件承担更多责任，通过对任何异常流量的监测，防止潜在的垃圾邮件发件人滥用其服务。

在赛博恐怖行动中，为了绕开基于域的发件人验证机制实施钓鱼攻击，垃圾邮件发件人只需注册一个与官方或知名域名类似的容易混淆的域名，通过它来发送"合法"邮件。他们可以按照程序在 DNS 信息中发布一些信息，然后利用这些"授权过的"新域名的邮件服务器来发送垃圾邮件。尽管新的域名还没有为发送电子邮件积累任何声誉，但是由于电子邮件要么来自已经注册的 IP 地址列表，要么就是由公开的 IP 域正确签发的，所以钓鱼电子邮件将通过接收方的验证测试。至于电子邮件内容本身，可以制作成与官方邮件尽可能地类似，但却链接到一个假冒的网站，对收件人进行钓鱼攻击，以诱使其透露个人的关键信息。例如，垃圾邮件发送者可以登记 citibanking.com，伪装成 citibank.com 来骗取财务信息，或将 fbi.org 伪装成 fbi.gov 来获得社会保险号。这是一种主要威胁，尤其当垃圾邮件发送者的域名能够直接将收件人与该域名所提示的公司联系起来时。这种威胁将会一直持续到发生了安全问题或新域名积累了足够恶名。

尽管存在上述漏洞，在应对赛博恐怖主义时，基于域的发件人认证仍是一个可靠的解决方案，因为发件人认证仍将是对付以网络钓鱼或其他社会工程攻击为目的的垃圾邮件的主要方式。要让终端用户明白，基于域的发件人认证是必要的。例如，任何时候按照电子邮件的要求键入关键信息都必须小心，即使该邮件确实来自所声称的域名也是如此，因为有时并不能确定该域名是否属于和它名字相同的公司。

基于用户的发件人认证

当前，一些电子邮件的发送服务器，在用户注册使用其服务后，会要求发件人提供其账户信息（如雅虎、Hotmail 以及其他许多在 Web 网站上提供电子邮件账号和服务的可信组织）。这些服务器在提供服务之前，会先验证发件人身份，并将其写入电子邮件的首部。在这种情况下，垃圾邮件发送者就不能伪造"发件人"地址或在"接收"栏中伪造电子邮件发送服务器的 DNS 名称了。由于垃圾邮件中含有其发送者的身份，通过将发件人添加到黑名单，就可以很容易地将其过滤掉。但是，如果垃圾邮件发件人在进行服务器的发件人认证时，使用虚假注册的电子邮件账户，那么垃圾邮件将能够成功地被投递给收件人。虽然，在发送电子邮件之前，发件人必须在服务器上注册账户和进行身份验证，他们仍然可以在需要时创建虚假账户并用之发送垃圾邮件，但却无法通过假账户追查其真实身份。而且，垃圾邮件发送者可以在下一次使用另一个假账户。为了防止这类问题，我们需要一个强有力的机制来绑定发送者的真实身份和电子邮件账户。然而，这带来关于匿名电子邮件的争论，因为在某些情况下还是需要匿名电子邮件服务。

如果基于用户的发件人认证在全球范围内推广使用，那么收件人就可以确信发件人的真实身份，而在基于域的发件人认证中只能确定发件人的域。然而，发件人的身份认证也不能保证邮件是发件人自己所发。举例来说，这种攻击就可以通过蠕虫来实现。蠕虫是能够自我复制并蔓延至整个网络的计算机程序。在赛博恐怖主义的世界里，蠕虫大多是用来阻塞电子邮件服务器的。因此，人们可能会来自朋友的电子邮件，但事实上他的计算机却已被蠕虫入侵。这种电子邮件通常带有恶意附件且主题是以"Fw:"开头的，会伪善地让收件人检查邮件。由于发件人是熟人，根据基于用户的发件人认证，人们出于娱乐和信任，可能执行附件。这样，蠕虫便借助于基于用户的发件人认证机制进一步蔓延开来。和基于域的发件人认证一样，即使电子邮件通过了发件人认证，也仍然要对终端用户进行教育，使之对赛博恐怖主义保持警觉。

28.7　结束语

本章，我们分析了主要的反垃圾邮件方法，包括过滤、邮件转发、电子邮资、Hashcash 和发件人认证，并讨论了如何将这些方法应用于对抗信息战和赛博恐怖主义。此外，我们分析了每种方法的脆弱性，并提出了可能的对策。篇幅有限，没有讨论每种反垃圾邮件方法的技术细节，也未对它们进行比较。

参考文献

Androutsopoulos, I., Koutsias, J., Chandrinos, K., & Spyropoulos, D. (2000). An experimental comparison of naive Bayesian and keyword-based anti-spam filtering with personal email messages. In *Proceedings of the 23rd ACM SIGIR Annual Conference* (pp. 160-167).
Athens, Greece. Cerf, V. G. (2005). Spam, spim, and spit. *Communications of the ACM, 48*(4), 39-43.

Cournane, A., & Hunt, R. (2004). An analysis of the tools used for the generation and prevention of spam. *IEEE Computers & Security, 23*(2), 154-166.

Cranor, I., & LaMacchia, B. (1998). Spam! *Communications of the ACM, 41*(11), 74-84. *Cyber terrorism and critical infrastructure protection.* (2002) (testimony of Ronald L. Dick). Retrieved from www.fbi.gov/congress/congress02/nipc072402.htm

Denning, P. J. (1992). Electronic junk. *Communications of the ACM, 25*(3), 163-165.

Dwork, C., & Naor, M. (1992). Pricing via processing or combating junk mail. In *Proceedings of the 12th Annual International Cryptology Conference on Advances in Cryptology* (pp. 139-147). Santa Barbara, CA. Fahlman,

S. E. (2002). Selling interrupt rights: A way to control unwanted e-mail and telephone calls. *IBM Systems Journal, 41*(4), 759-766.

FIPS PUB 186. (1994). FIPS 186: Federal Information Processing Standard: Digital Signature Standard (DSS). National Institute of Standards and Technology (NIST). Retrieved from http://www.taugh.com/epostage. pdf

Gburzynski, P., & Maitan, J. (2004). Fighting the spam wars: A remailer approach with restrictive aliasing. *ACM Transactions on Internet Technology, 4*(1), 1-30.

Gustin, J. F. (2004). *Cyber terrorism: A guide for facility managers.* Fairmont Press.

Hidalgo, J., Opez, M., & Sanz, E. (2000). Combining text and heuristics for cost-sensitive spam filtering. In *Proceedings of the 4th Computational Natural Language Learning Workshop (CoNLL)* (pp. 99-102).

Lisbon, Portugal. Ioannidis, J. (2003). Fighting spam by encapsulating policy in email addresses. In *Proceedings of the 10th Annual Network and Distributed System Security Symposium (NDSS)*. San Diego, CA.

Neumann, P., & Weinstein, L. (1997). Inside risks: Spam, spam, spam! *Communications of the ACM,40*(6), 112.

Park, J. S., & Deshpande, A. (2005). Spam detection: Increasing accuracy with a hybrid solution. *Journal of Information Systems Management (ISM), 23*(1), 57-67.

Rivest, R. L. (1992). *The MD5 message-digest algorithm.* MIT LCS and RSA Data Security, Inc. RFC 1321. Retrieved from http://www.faqs.org/rfcs/rfc1321. html

Rivest, R. L., Shamir, A., & Adleman, L. M. (1978). A method for obtaining digital signatures and publickey cryptosystems. *Communications of the ACM, 21*(2), 120-126.

Sahami, M., Dumais, S., Heckerman, D., & Horovitz, E. (1998). A Bayesian approach to filtering junk email. In *AAAI Workshop on Learning for Text Categorization* (pp. 26-27). Madison, WI.

Schneider, K.-M. (2003). A comparison of event models for naive Bayes anti-spam e-mail filtering. In *Proceedings of the 10th Conference of the European Chapter of the Association for Computational Linguistics (EACL)* (pp. 307-314). Budapest, Hungary.

Wong, M. (2006). *Sender policy framework (SPF) for authorizing use of domains in e-mail.* Network Working Group. RFC 4408. Retrieved from http://tools.ietf. org/html/4408

术语和定义

电子邮资（E-Postage）：一段随电子邮件一同发送的代码，用于确保所发送的每封电子邮件都已付费。与现实的邮政服务不同的是，电子邮资主要是支付给最终的接收方或接收方的互联网服务提供商（ISP），而不是发行电子邮票的第三方。

Hashcash：一段随电子邮件一同发送的代码，用于证明发件人在发送邮件时已经消耗了一定的计算能力。

垃圾邮件（Spam）：那些人们不想接受但又不请自来的批量电子邮件。

邮件转发器（Remailer）：电子邮件发送方与接收方之间的一种软件，它使用别名为邮件收发双方转发邮件。

蠕虫（Worm）：一种具有自我复制能力，并可通过网络将自身复制传播到其他计算机上的程序。蠕虫可自动运行，并导致拒绝服务（DoS）攻击。

Chapter 29

第 29 章 拒绝服务攻击：预防、检测和缓解

Georg Disterer, Ame Alles, Axel Hervatin
（应用科学与艺术大学，德国）

拒绝服务（DoS）攻击是电子商务的一个主要威胁，其目标是一些公众熟知的著名网站。典型拒绝服务攻击是向目标网站提交虚假的数据请求，以阻碍合法用户访问网站。近年来，出现了分布式拒绝服务（DDoS）攻击，这扩大了网站的脆弱性。攻击者入侵数以百计或千计的计算机系统，并利用它们攻击商业网站。攻击者的手段有：利用协议或标准的缺失直接操纵目标网络或目标服务器，迫使其瘫痪或关机；或者试图消耗带宽、存储或处理能力等资源。攻击者使用这两种战略，试图阻碍或干扰合法用户。DDoS攻击的危害包括给合法用户和客户制造麻烦，使网站不稳定，直至最终延迟网络服务和迫使服务器关机，这是对电子商务参与公司的严重威胁。为提供安全可靠的服务，控制这种风险至关重要。因此，管理层必须采取预防、检测和缓解手段，以保护他们的Web服务。

29.1 引言

拒绝服务（Denial-of-service, DoS）攻击是电子商务的重大威胁。在2000

年和2004年，DoS攻击波袭击了像雅虎、谷歌、Double-click、Alta Vista，以及其他知名网站。早在20世纪80和90年代，计算机网络攻击都被归咎于具有技术专长的高层次专家。而今，任何人都可以使用工具和合适的脚本攻击互联网上的网站。攻击者不再限于技术高超的专家或在意识形态方面有野心的人，那些以取乐为目的或受罪犯胁迫的脚本小子（script kids），也会利用现成工具和技术，通过DoS攻击来威胁和敲诈各个公司。

近年来，出现了分布式拒绝服务（DDoS）攻击，它扩大了网站的脆弱性。攻击者入侵数以百计或千计的系统，通过它们攻击商业网站。在安永会计师事务所（Ernst & Young, 2004）的一项实证研究中，23%的受访者表示，2003年，DDoS攻击造成一个关键系统意外停电。伦敦警察厅获得的证据表明，互联网犯罪出现了货币化趋势，犯罪分子提供诸如"僵尸网络租赁"等业务（路透社，2004年）。

攻击者的手段有：利用协议或标准的缺失直接操纵目标网络或目标服务器，迫使其瘫痪或关闭；或者，试图消耗带宽、存储或处理能力等资源。攻击者使用这两种战略试图阻碍或干扰合法用户。DDoS攻击的危害包括给合法用户和客户制造麻烦，使网站不稳定，直至最终延迟网络服务和迫使服务器关闭。这是对电子商务参与公司的严重威胁。为提供安全可靠的服务，控制这种风险至关重要。因此，管理层必须采取预防、检测和控制手段，以保护他们的Web服务。

本章概述了DoS攻击的风险和威胁，并对可能的对策进行了分类。对于那些收入严重依赖互联网的公司而言，Web服务中断是一个严峻威胁，如互联网服务提供商、在线支付服务、新闻提供商、网上证券经纪和网上投注服务等。此外，攻击损害了受害公司的形象，调查显示，当受到DoS攻击的消息被披露之后，股票价格很快跌了1%到4%。总的来说，这些攻击是电子商务所面临的最危险威胁之一。

29.2　DoS 和 DDoS 攻击的特征

在电子商务中，客户通过互联网询问有关产品和服务的信息或进行商业交易。这些请求通常是具有诚实意图的合法用户提出的。供应商关心的是如何迅速而可靠地履行有关要求，因此服务器的可用性便成了任务的关键。

DoS 和 DDoS 攻击试图破坏这种依赖性。通常，它通过伪造数据请求对服务器进行攻击，以阻碍合法用户使用服务。一些其他类型的攻击则尝试直接操纵服务器，以使系统停机。随着系统安全性的提高，后一种类型的攻击如今被认为是可控的。但是，那些试图占用交易和处理能力以阻碍合法用户的攻击，仍是电子商务的严重威胁。

在 DoS 攻击的基本形式中，攻击者试图直接干扰目标服务器。有种名为"Ping 泛洪"的攻击方法，它以发送大量简单请求来淹没服务器。如今，由于目标的资源往往大大超出了攻击者的资源，这种攻击手法很少能够得手。这方面，只有邮件炸弹仍然被看做威胁。一旦邮件服务器的容量溢出，合法用户的电子信息将无法处理，直到这些不请自来的邮件被删除。

大约在 2000 年，攻击者开始协调网络（"僵尸网络"）上多个系统的资源，将其结合起来发动 DDoS 攻击。一般用户不会意识到其系统被感染并被滥用于实施 DDoS 攻击。通过被感染的系统，攻击者为其网络招募新的代理（图 29-1）。在用户不知情的情况下，他们将可执行代码传输到代理系统并激活恶意程序。

DoS 攻击的核心在于，互联网的 TCP/IP 协议允许伪造数据包中的源 IP 地址，使得欺骗行为得以发生。因此，攻击者利用代理来掩盖其真实地址，以有效限制回溯追踪。如今，所有类型的 DDoS 攻击都使用了此项技术，因而难以确定攻击者并追究其责任。

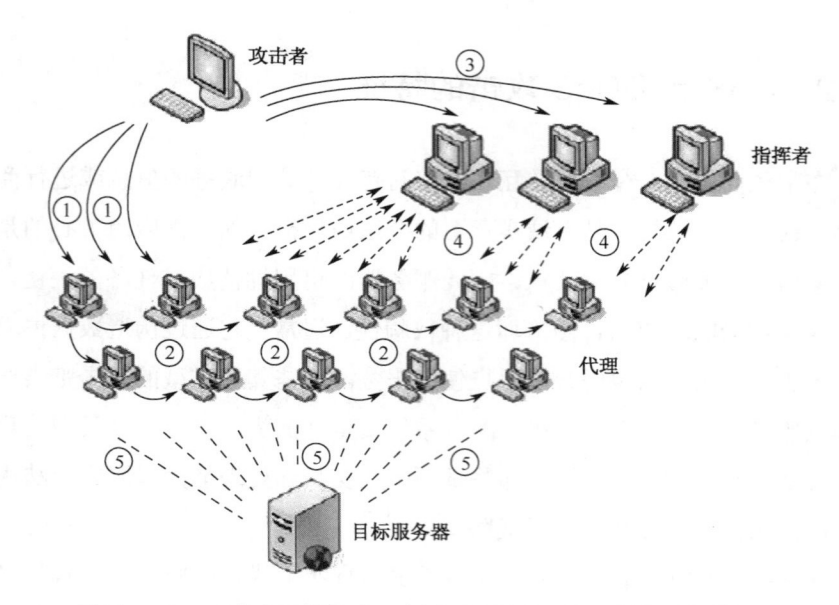

图29-1 DDoS攻击网络构成示意图（包括攻击者、指挥者与代理）

为了准备和执行攻击，要扫描潜在代理中的安全漏洞，然后编写恶意代码来利用这些漏洞。此代码可能包含几种攻击技术。攻击的发起时间既可以硬编码在程序中，也可以动态设置。攻击者使用各种协议（UDP、TCP 以及 Telnet 和 IRC 等更高层协议）向代理发送命令。当在某个时间点对一个明确的目标服务器发起攻击时，参与攻击的代理数量将受限于当前在线的代理。

通常，由脚本程序来执行计算机的扫描和自动感染。这些程序能够扫描互联网上系统的已知漏洞。分布式拒绝服务攻击网络招募代理的另一种方式，是利用一种名为蠕虫的恶意程序。蠕虫通过电子邮件附件传播（如图 29-1 中的（①）所示）。目标感染了恶意代码后，蠕虫会自我复制，以进一步感染下一个收件人。蠕虫病毒利用发送者的地址和受感染系统的电子地址簿条目来从事活动，以提高其有害垃圾信息的可信度。（如图 29-1 中的②所示）。

为避免在攻击者与其代理之间建立直接和可追溯的连接，可以在二者之间建立一组指挥者（如图 29-1 中的③所示）。通常情况下，攻击者认为充当指挥角色的系统可在内部使用。在图 29-1 所示的网络结构中，代理订阅了指挥者的各种命令，指挥者则在之后的某个时点发出开始攻击的信号（如图 29-1 中的④所示）。

最后，代理对目标服务器实施攻击（如图 29-1 中的⑤所示）。安装已知安全漏洞的补丁程序，有助于阻止 DDoS 网络进一步扩大。然而，一旦网络达到了临界规模，补丁便无法阻止实际的攻击。例如，2001 年 6 月 16 日，eEye 公司发现了微软 IIS 软件的安全漏洞，它将问题报告给了微软公司。10 天之后，微软公司提供了这个漏洞的补丁。然而，由于许多系统管理员没有及时安装补丁程序，红色代码蠕虫病毒在 2001 年 7 月迅速蔓延。在高峰时段，该蠕虫在 14 小时内感染了超过 359 000 套系统。因此，在安全漏洞被披露和修补程序发布后，仍有许多系统被感染。红色代码的攻击目标是在华盛顿特区的白宫网站。所有相关系统遭受的损失总额估计达 26 亿美元（Moore, Shannon, & Brown, 2002）。

29.3 攻击分类

DoS 和 DDoS 攻击，可以按照攻击所利用的互联网协议族的缺陷分类。

泛洪攻击：此类攻击是通过 UDP 协议向目标服务器发送大量数据包使其过载，这些数据包消耗网络带宽和服务器的处理能力，从而阻止服务器为合法用户提供服务。

另外，利用虚假的源地址，发送大量 ICMP 信息，伪装成服务器与客户端之间存在对话的假象。目标服务器则被迫继续这个伪造的会话。由于对方的地址是伪造的，只有经过相当数量的失败尝试后，服务器才会放弃重新建立对话。这种重复过程消耗了系统资源，阻碍了合法用户的正常使用。

放大攻击：此类攻击也被称"smurf"或"fraggle"攻击，它利用了系统和协议中的某些安全漏洞。路由器收到广播包后，会将它们自动发给指定网段的所有计算机。因此，不只是一个系统，而是许多目标系统都会处理所接收到数据包。如果攻击者冒用目标网络的广播地址，致命的连锁反应将导致额外的带宽和系统处理能力消耗。由于目标系统会对广播地址进行响应，回复的消息将再次被分发到所有计算机，从而放大了网络流量。

TCP 握手攻击。加重目标系统处理负担的另一个方法，是利用了 TCP 协议的缺陷。TCP 协议规定客户端和服务器之间通过一个三向握手来建立联系。然而，在执行 TCP SYN 攻击时，代理暗中破坏了这种的规则。首先，客户端向服务器发送一个 SYN 包形式的请求；接下来，服务器回应一个 SYN ACK 包，表示接受这一请求；最后，客户端向服务器发送 ACK 包进行确认。此时，双方就可以考虑建立会话。

在 TCP SYN 攻击中，代理发送许多 SYN 请求到目标服务器。目标服务器将 SYN 请求存储在缓冲区中，直到以 SYN ACK 包响应该请求。由于代理发送了大量 SYN 包，而缓冲区的容量有限，服务器被迫拒绝更多的 SYN 请求，其中包括来自合法用户的请求。此外，攻击代理使用的是假地址，服务器在没有收到任何 ACK 确认的情况下，被迫多次向假地址重传 SYN ACK 包（图 29-2）。这样，目标服务器的缓冲区将被攻击代理的 SYN 包占据，直至超时。

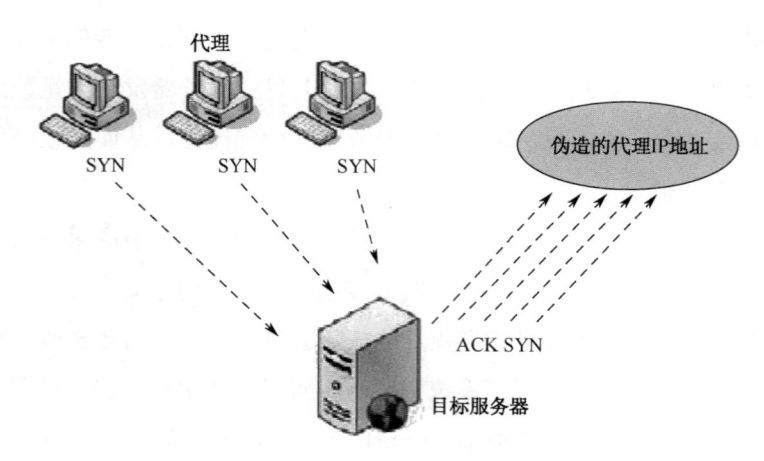

图29-2 欺骗造成的"握手"失败

畸形数据包攻击。根据 TCP/IP 协议，服务器会检查所收到数据包是否存在语法错误。然而，常规的检测程序不能发现攻击代理故意制造的一些有语义错误的数据包。这样便会造成处理失效。近几年发布的服务器补丁包可以防止发生这种情况，但这种攻击有可能再次出现。另外，Windows 95 和 NT 等老操作系统，不拒绝源地址和目的地址相同的畸形数据包（"LAND 攻击"），这会导致系统瘫痪。另一个导致系统中断的原因是"泪滴攻击"（teardrop attacks），它通过操纵 IP 包的首部来防止 IP 碎片重组。此外，一些老的操作系统所处理的数据包长度不能超过 65 536 字节，"Ping of death" 攻击利用了这一限制，通过发送较大的数据包，致使服务器瘫痪。

利用脚本和程序可将上述技术结合使用并使其自动化，从而增大了 DDoS 攻击的威胁。大多数攻击工具是基于 Linux/Unix，且有图形用户界面，为攻击者提供了现成的工具包。因此，攻击者不再需要拥有高超的技术和深奥的知识。事实上，对潜在攻击者而言，攻击门槛已降低到了脚本小子的水平（Brustoloni 2002）。所谓脚本小子，是指那些受幸灾乐祸和破坏心理，而非技术野心驱动的攻击者。

这些程序中最为古老的是 1999 年发布 Trin00。Trin00 使用 UDP 攻击，并在攻击者、指挥者和代理之间采用加密通信。Tribe Flood Network（TFN）程序支持 TCP SYN、ICMP Flood、Smurf 和 Spoofing 等各种攻击技术。与 Trin00 程序类似，TFN2K 和 Stacheldraht 这些相对流行的工具，也在 DDoS 网络通信中使用了加密技术。根据 Shaft 提供的 DDoS 网络和最新攻击进展的统计资料，Trinity 程序使用 IRC 并对 DDoS 网络内的通信进行加密，其改进版本名为 Plague。DDoS 攻击程序的最新发展表明，由于网络管理员监控其网络中的 DDoS 特征流量（如已知的字符串、口令和默认端口），所以，攻击者为了躲避检测，进行了许多小的变化。

29.4 DDoS 攻击的防范措施

预防

由于DDoS攻击严重威胁电子商务，必须建立系统而持续的措施来防范攻击或减轻攻击造成的危害。为防范DDoS攻击，信息技术（IT）管理人员必须充分规划、建立和控制操作流程。首先，应告知用户妥善保管口令并小心处理电子邮件附件。此外，所有用户应该了解在遭受攻击时的相关应对策略和处理程序。此外，作为预防措施，下列的最佳实践已被证明是有效的。

保守地配置系统。系统和应用软件只能按要求安装，不再使用的软件应该卸载。一般来说，工作站端口只能对已注册的应用程序开放（白名单方法），以防止未经授权使用诸如 FTP 或 Telnet 等服务。此外，数据和应用程序软件的访问权限只能在必要时才提供。

立即安装升级包。通过安装安全升级和补丁程序，系统管理员在很大程度上减少了DDoS攻击的威胁。通常情况下，软件厂商在提供免费的安全升级后不久，有关安全漏洞的信息就会被披露。由于潜在攻击者可能会受到这些消息的启发，所以要求管理员经常检查新的升级包。许多软件产品，如eEye的Retina，Symantec的NetRecon和ISS的Internet Scanner，可以扫描企业网络的安全漏洞。

前面提到红色代码的例子表明，攻击者可利用已发布补丁的系统漏洞进行攻击。事实上，从披露安全漏洞到出现基于该漏洞的攻击，平均时间为5.8天（Symantec, 2004）。这告诉我们，披露漏洞信息会激励攻击者。

加密通信。未授权的第三方可看到 SMTP、Telnet 或 FTP 传输的数据，因为它们传输的信息是明文。攻击者可以利用一种称为"嗅探器"的工具来窥探口令，并利用这些口令来安装恶意代码。通过采用新的通信标准（如安全的 FTP 和 SSH）可以防范这种攻击。

控制路由器的配置。连接企业网络和互联网之间的路由器应能检查出数据包中的伪造地址。DDoS 网络的攻击代理经常冒充自己是源自企业内部网络。安装在路由器上的入口过滤器将滤除包含这种模式的外部数据包。如果企业网络中计算机充当了攻击代理或指挥者，它们也会隐瞒自己的源地址。在这种情况下，安装在路由器上的出口过滤器将滤除来自无效地址的数据包。此外，应关掉广播功能，以防止 Smurf 和 Fraggle 攻击。

分散服务。为了减轻 DDoS 攻击的影响，网络服务如 Web 和电子邮件服务应分散在不同的服务器系统中。否则，针对某个服务的攻击也可能会波及所有其他服务。

建立评估和认证。IT 评估应基于《通用标准》（Common Criteria，又称 CC 标准），它是多个国家共同制定并于 1999 年成为 ISO15408 标准。英国标准化机构为企业发布了一个安全管理策略（BS 7799）。此外，应该考虑培训 IT 管理人员。在评估了企业和系统的标准遵从后，公共权威机构（如德国的联邦信息安全局）就会对其进行认证。

准备应急计划。公司应安排包括组织措施在内的详细应急计划，包括组建在攻击发生时能够对最重要岗位进行协调的应对力量（计算机应急响应小组（CERTs））。联系人、信息政策和初始措施，都应记录在案。

29.5 入侵检测与响应

及早地检测攻击可以减少损失，并为寻找对策提供足够时间。公司应不间断地监测其系统并能及时做出反应。入侵检测的相关措施可以按照下列标准进行区分。

一方面，对资源的消耗情况（如，网络流量）进行连续扫描，从中检测已知 DDoS 攻击类型和漏洞利用的签名特征。可从安全服务提供商那里更新签名特征。然而，这种策略只限于检测已知的攻击类型和漏洞利用方法。

另一方面，基于主机和网络的入侵检测将扫描主机上和主机间的异常数据流量（Innella, 2001）。基于资源消耗记录能够启发式地发现攻击和漏洞利用。基于主机的入侵检测主要是基于对系统日志文件分析。为了保证系统安全，应在所有主要的网络设备（如路由器、防火墙、负载平衡器和 Web 服务器）上安装嗅探软件。

缓解和服务质量保证

当 DDoS 攻击发生时，为保证合法用户的服务质量（QoS），除了早期的措施以外，还必须采取进一步的行动。可考虑用下列方法保护 Web 服务器、路由器和工作站。为减轻攻击的影响，所有措施都需要做大量准备工作，并应对其进行 IT 安全审查。

明确地配置服务器和路由器。 Web 服务器和路由器应配置成，丢弃第一次收到的 SYN 请求，仅当对方重传了该请求时，才对其进行处理。这样，就能过滤掉攻击代理通过不断变化源地址所发送的请求。为了识别合法用户发送的重复请求，该配置要求服务器和路由器暂时保存源地址。这种方法会降低所有入站请求的处理速度，包括合法用户的服务请求，因为他不得不等待重新传输 SYN 请求。此外，攻击者发送两次代理请求，就可以绕过这种保护（Kargl, Maier, Weber, 2001）。

为服务提供专门资源。"基于类别的排队"为某些类型的请求预留通信容量，请求的类型可通过 IP 头的一个特别字段（"服务类型字节"）来识别。没有标记的报文所消耗的资源被限制在一定配额内。这样，根据服务类型，攻击报文所能消耗的资源有限，并为合法用户保留了足够的通信容量。然而，为绕过这种保护，攻击者有可能随机变换服务类型。

负荷均衡。 万一遭到拒绝服务攻击，流量和处理能力均衡设备可以延迟对合法请求的干扰。与此同时，还会分配额外的性能。当性能不足时，路由器的流量调节功能可以防止瓶颈的发生。这些措施有助于延缓 DDoS 攻击的影响，为采取防御行动赢得时间。

基于历史的 IP 过滤。 这种方法只接受已知用户的请求，从而减轻了 DDoS 攻击的影响。这样，随机伪造源地址的攻击数据包将被抛弃。为了识别合法用户，在受到攻击的情况下，服务提供商需要存储已知用户的源地址（Peng, Leckie, & Ramamohanarao, 2003）。

服务器池。为了保护基于互联网的服务不受攻击，可将若干镜像服务器汇集起来，某一时刻只让其中一台处于工作状态。定期切换工作服务器，使工作服务器的 IP 地址轮流变换。由于目标的地址动态变化，便确保了攻击者无法通过单一 IP 地址来阻断服务（Khattab & Sangpachataranuk, 2003）。

为进一步配置服务器，可以考虑对路由器设置进行下列变化。然而，这些变化需要附加服务的支持和因特服务提供商（ISP）的合作。

VIP 服务。提供所谓 VIP 服务的 ISP，将为特权用户分配攻击者无法消耗的专用资源，从而赋予其服务请求以最高优先级。这样，DDoS 攻击就无法干扰合法用户的请求。提供 VIP 服务的电子商务企业，会注册用户及其源地址，并收取一定费用（Brustoloni, 2002）。未注册用户的数据包只能消耗一定配额的资源。

路由器协同。所有用户的请求都是通过路由器发送到目标服务器的。路由器应检查来自潜在攻击代理的可疑数据包，并丢弃受影响的网络流量。拒绝了数据包之后，路由器应该将被丢弃数据包的源地址回推给上一个路由器。这可以防止潜在攻击者通过另一条传输路径到达他们所要攻击的目标（Ioannidis & Bellovin, 2002）。如果从攻击代理到目标服务器的传输路径上的所有路由器都遵循这一规程，可疑数据包将会被及早地丢弃。

除了 Web 服务器，影响合法计算机用户的其他问题还有：

小额支付。对于攻击者而言，招聘代理和发起 DDoS 攻击大多数是免费的无本生意。为阻止攻击者，可利用小额支付系统收取流量和处理能力的消耗费用。根据"以市场为基础的服务质量差异化"的概念（Mankins, Krishnan, Boyd, Zao, & Frentz, 2001），用户应该为他们消耗的资源付费。如果用户的系统被用于进行 DDoS 攻击，对其收取的费用将会增加，这样用户就会意识到自己的系统被滥用。

谜题。通常 DDoS 网络的攻击代理所需消耗的资源很少，但却会给目标服务器带来沉重的流量和处理负担。一个拒绝服务攻击的证据显示，目标服务器在处理请求之前会要求客户求解计算密集型难题（Juels & Brainhard, 1999）。

攻击源追踪

为确保合法用户拥有可以接受的 QoS，应将 DDoS 攻击的检测和缓解放在第一位。然后，企业应尽力追踪攻击者并找到 DDoS 网络，以防止进一步的威胁。如果已经收集了足够的有关破坏的证据和经证实的经济损失的数额，应对攻击提起诉讼，充分追究其民事或刑事责任，以威慑其他潜在的攻击者。

为了发现攻击代理和指挥者，企业需要追踪从目标服务器到攻击者的传输路径（图 29-1）。首先，由于攻击者通常会伪造其 IP 地址，因此传输路径只能倒退到最后一个处理数据包的路由器。要想继续追踪，就需要传输路径上的所有 ISP 的协助。如果没有目标服务器到 DDoS 网络所涉及的所有路由器管理员的协助，追踪是不可能实现的。尽管提高攻击源追踪能力已经提出了多年，但迄今为止，还未听说有经过验证和测试的程序，可以自动完成这项耗时的任务（Douligeris & Mitrokotsa 2004）。

有些方法建议在传输的数据包中包含追踪信息。然而，这需要所有互联网路由器的合作。为了进行追踪，可要求传输路径中所涉及的每个路由器，向目标服务器发送一个 ICMP 消息作为收据。这样，目标服务器就能够重建到达 DDoS 攻击网络的传输路径。为了减少流量，路由器只需为随机选择的数据包生成收据。由于 DDoS 攻击期间会发送大量数据包，目标服务器仍然能够重建传输路径（Douligeris & Mitrokotsa, 2004）。

另外，追踪信息还可以直接包含在 IP 数据包里（Savage, Wetherall, Karlin, & Anderson, 2001）。每个路由器在其处理过的数据包中，附上自己的地址作为标记。这样，目标服务器就可以很容易地重建传输路径。由于数据量很大，所以路由器只需随机选取数据包加以标注，以减少资源消耗。

另一种方法是，路由器为所有已处理过的数据包保存一个 32 位的摘要，并将其临时存储起来。在遭受攻击的情况下，为了进行逐步追踪，目标服务器将向路由器查询 DDoS 流量是否流经它们。

上述所有的方法仅能发现攻击代理和 DDoS 攻击网络的指挥者，它仍然不太可能发现实际攻击者的位置。要做到这一点，必须分析攻击代理和指挥系统中运行的恶意代码。

29.6 结束语

除非解决了 TCP/IP 协议的缺陷，否则预防、入侵检测和缓解等措施无法提供足够的 DDoS 攻击防护能力。因此，上述方法只能提供有限的保护。其他方法则要求重新配置或更换互联网传输基础设施中的所有系统，这在近期似乎是不现实的。事实上，各公司应该预见到 DDoS 攻击在进一步增加。在 2005 年上半年里，赛门铁克每天记录了大约 1000 起攻击，并发现 DDoS 网络活动在强劲增长（Symantec, 2005）。

攻击者常常利用缺乏充分保护的私人用户的系统。BSI，一家德国 IT 安全机构，在 2005 年 1 月的报告中说到，每四个私人用户系统中只有一个有防病毒软件的保护，同时每两个私人用户系统中只有一个使用了防火墙。赛门铁克估计，在 2005 年上半年中，英国有最高达 32%的系统被感染，美国则有 19%，而其他国家的数据明显较低（Symantec, 2005）。事实是攻击者可以轻易获得大量的系统供 DDoS 攻击网络使用，有些 DDoS 攻击网络据说拥有数千被攻破的系统。

由于不限流量或是基于流量的计费方式等原因，私人使用的系统经常长时间地连接到互联网。因此，许多没有被保护的系统不断受到利用。借助恶意代码的攻击，这类系统随时都有可能被用于 DDoS 攻击。

此外，当局报告，使用 DDoS 网络的赛博网络犯罪有上升趋势。那些严重依赖电子商务的公司，需要安全可靠的 Web 服务器。犯罪分子则利用这种依赖性，利用 DDoS 攻击对公司进行网上敲诈。商人则利用 DDoS 网络试图破坏竞争对手的关键 Web 服务（McAfee, 2005）。此外，还有人推测，DDoS 网络犯罪与黑手党组织有联系。据说有个东欧财团的某些部门，在"出租僵尸网络"口号下提供 DDoS 网络。此外美国司法部注意到了这样一个趋势，诸如基地组织等恐怖组织，试图雇用攻击者渗透政府系统（NN, 2005）。

参考文献◆

Current information
The following Web sites provide current information. Additionally, software manufacturers' Web sites could be visited for product news:

- CERT Coordination Center, Research Center at Carnegie Mellon University:www.cert.org.
- Symantec, a commercial provider of security software and a source for information, securityresponse, symantec.com/avcenter/vinfodb.html.
- HackerWatch is an online community where users can share information about security threats and unwanted traffic:hackerwatch.org.
- DFN-CERT Computer Emergency Response Team of Deutsches Forschungsnetz DFN:www.cert.dfn.de
- SecurityFocus, Security Professionals Community, sponsored by Symantec:www.securityfocus.com.
- SANS SysAdmin, Audit, Network, Security Institute:www.sans.org.
- US-CERT United States Computer Emergency Readiness Team:www.us-cert.gov.
- CIAC Computer Incident Advisory Capability, U.S. Department of Energy www.ciac.org..ciac.
- CSRC Computer Security Resource Center. National Institute of Standards and Technology(NIST) ww.csrc.nist.gov.
- ICAT Metabase, Computer Vulnerability Search Engine, National Institute of Standards and Technology(NIST):icat.nist.gov.

Brustoloni, J. C. (2002). Protecting electronic commerce from distributed denial-of-service attacks. *Proc. 11th International WWW Conference, Honolulu.* Retrieved fromhttp://wwwconf.ecs.soton.ac.uk/archive/ 00000333/01

BSI Bundesamt für Sicherheit in der Informationstechnik BSI. Erkennung und Behandlung von Angriffen aus dem Internet. Retrieved from http://www.bsi.bund. de/fachthem/sinet/webserv/angriff.htm

Douligeris, C., & Mitrokotsa, A. (2004). DDoS attacks and defense mechanisms: Classification and state-ofthe- art. *Computer Networks: The International Journal of Computer and Tele-*

communications Networking Archive, 44(5), 643-666.

Ernst & Young. (2004). *Global information security survey.* Retrieved from http://www.ey.com

Garg, A., Curtis, J., & Halper, H. (2003). Quantifying the financial impact of IT security breaches. *Information Management and Computer Security, 11*(2), 74-83.

Innella, P. (2001). *The evolution of intrusion detection systems.* Retrieved from http://www.securityfocus. com/printable/infocus/1514

Ioannidis, J., & Bellovin, S. M. (2002). *Implementing pushback: Router-based defense against DDoS attacks.* Retrieved from http://www.isoc.org/isoc/conferences/ ndss/02/proceedings/papers/ioanni.pdf

Juels, A., & Brainhard, J. (1999). Client puzzles: A cryptographic countermeasure against connection depletion attacks. In *Proceedings of the Conference Networks and Distributed Security Systems* (pp. 151- 165). San Diego, CA. Retrieved from http://www. isoc.org/isoc/conferences/ndss/99/proceedings/papers/ juels.pdf

Kargl, F., Maier, J., & Weber, M. (2001). Protecting Web servers from distributed denial of service attacks. In *Proceedings 10th International WWW Conference* (pp. 514-524). Hong Kong. Retrieved from http://www.www10.org/cdrom/papers/p409.pdf

Khattab, S. M., & Sangpachatanaruk, C. (2003). Melhem, R.; Mosse, D.; Znati, T.: Proactive server roaming for mitigating denial-of-service attacks. In *Proceedings 1st Int. Conference on International Technology: Research and Education ITRE* (pp. 500- 504). Newark, NJ. Retrieved from http://www.cs.pitt. edu/NETSEC/publications_files/itre03.pdf

Mankins, D., Krishnan, R., Boyd, C., Zao, J., & Frentz, M. (2004). *Mitigating distributed denial of service attacks with dynamic resource pricing.* Retrieved from http://www.ir.bbn.com/~krash/pubs/mankins_acsac01.pdf

McAfee. (2005). *Virtual criminology report: North American study into organized crime and the Internet.* Santa Clara, CA.

Moore, D., Shannon, C., & Brown, J. (2002). *Code- Red: A case study on the spread and victims of an Internet worm.* Retrieved from http://www.caida. org/outreach/papers/2002/codered/codered.pdf

NN. (2004). Attracting hackers. *Communications of the ACM, 48*(11), 9.

Peng, T., Leckie, C., & Ramamohanarao, K. (2003). Protection from distributed denial of service attack using history-based IP filtering. *Proc. of IEEE Int. Conference of Communication ICC*, Anchorage. Retrieved from http://www.ee.mu.oz.au/staff/caleckie/ icc2003.pdf

Reuters. (2004, July 7). Scotland Yard and the case of the Rent-A-Zombies. *Online News.* Retrieved 16 May, 2007 from http://news.zdnet.com/2100-1009_22- 5260154.html

Savage, S., Wetherall, D., Karlin, A., & Anderson, T. (2001). Network support for IP traceback. *Transactions on Networking, 9*(3), 226-237.

Snoeren, A. C., Partridge, C., Sanchez, L. A., Jones, C. E., Tchakountio, F., Kent, S. T.; & Strayer, W. T. (2001). Hash-based IP traceback. In *Proceedings of the ACM SIGCOMM 2001 Conference on Applications, Technologies, Architectures, and Protocols for Computer Communication* (pp. 3-14). New York.

Symantec. (2004). Internet security threat report Vol. VI, Cupertino. Retrieved from http://www.enterprisesecurity.symantec.com

Symantec. (2005). Internet security threat report Vol. VIII, Cupertino. Retrieved from http://www.enterprisesecurity.symantec.com

术语与定义

拒绝服务攻击（Denial-of-Service（DoS）Attack）：DoS 攻击是指向目标服务器发出虚假的请求，减缓或阻止合法用户的访问服务。在基本形式的 DoS 攻击中，攻击者试图直接干预目标服务器。

分布式拒绝服务攻击（Distributed Denial-of-Service（DDoS）Attack）：DDoS 攻击是拒绝服务（DoS）攻击的改进类型，它协调网络上多个系统的资源，形成攻击网络，包括攻击者（Attacker）、指挥者（Handler）与代理（Agent）。分布式拒绝服务网络难以检测，可能会对目标服务器造成严重破坏，并给企业带来严重的财务损失。

欺骗手段（Spoofing）：通过 TCP/IP 协议，用伪造的 IP 源地址发送数据包。欺骗手段可用于各类拒绝服务攻击，以阻止追溯，保护攻击者的身份。

第 30 章 关键数字基础设施的大规模监控

André Årnes

（挪威科技大学，挪威）

无论是从企业和组织的安全措施，还是从国家基础设施保护的角度来看，网络监控都变得越来越重要。各国政府加大了监控力度，而且还提出了数据保持的要求，以便能够在调查严重犯罪（包括恐怖主义攻击）时获得相关的流量信息。欧洲于2005年12月通过了一项关于数据保持的决议（欧洲议会，2005）。然而，由于信息系统的复杂性和连通性日益增大，有效监控计算机网络越来越难。为了以适当的方式处理和监控高流量的通信数据，非常有必要建立高效的威胁识别和评估系统。本章讨论与关键基础设施相关的攻击，特别是那些连接到互联网上的。关键基础设施指数字域中的系统（例如，DNS和互联网的路由基础设施）以及与现实世界中关键基础设施相连接的系统（例如，电网控制系统和电信系统）。1988年，第一个互联网蠕虫（称为莫里斯蠕虫）令数千台主机瘫痪，致使互联网几乎无法使用。2002年，DNS根服务器遭到专门针对这些服务器的分布式拒绝服务攻击（DDoS），整个互联网的运行都受到了中断威胁。由于我们的关键基础设施（包括电信系统和电网）与数字系统的联系越来越紧密，且对其的依赖性越来越强。我们也同样受到信息战或赛博恐怖袭击武器的威胁。任何数字系统或基础设施都有其脆弱性和相应的威胁。这些威胁有可能利用脆弱性，造成不必要的事故。对于关键的基础设施而言，一旦这种漏洞被利用，将带来灾难性的后果。本章，我们讨论这些攻击的监控、检测和识别的相关方法。这里，将数据采集设备或软件称为传感器。本章考虑的威胁主要来自信息战和赛博恐怖攻击，例如计算机协同攻击、蠕虫攻击、DDoS攻击和大范围扫描和测绘。在这种情形下，网络监控的主要任务是检测与识别相关威胁，以便采取适当的预防措施并做出响应。

30.1 网络监控与入侵检测

在这一章中，将研究网络监控的各个方面。网络监控是指，获取网络中的流量数据并进行相应的分析。我们认为，网络监控这一术语涵盖了威胁监测、入侵检测和安全监测等概念，例如，互联网风暴中心（Internet Storm Center）使用的提法是威胁监控。在一篇有关计算机系统内部和外部威胁监控的报告中（安德森，1980年），NIST使用了这一术语。入侵检测主要是指检测攻击和控制计算机系统的企图。有关入侵检测系统（IDS）的早期文献由 D. E. Denning 在 1987 出版。许多书籍中都讨论了入侵检测的实践，如《网络入侵检测》（Northcutt，2002年）。2000年，Stefan Axelsson 出版了《IDS 的调查和分类》一书。1989年，Bishop 首次使用了安全监控（security monitoring）这一术语，它对一个由日志记录和审计为主要组成部分的安全监控系统进行了形式化描述。Richard Bejtlichs 的《后入侵检测时代的网络安全监控》（Bejtlich, 2004）将网络安全监控定义为："由收集、分析、指示、告警等步骤组成的入侵检测和响应过程"。

目前，互联网上有很多组织在监控和发布与安全有关的趋势和事件。例如，成立于 1988 年的计算机应急响应小组（CERT）[1]，提醒用户互联网上的潜在威胁；成立于 2001 年的互联网风暴中心（Internet Storm Center）[2]，为用户提供安全趋势报告和安全警告；互联网数据分析合作协会（Cooperative Association for Internet Data Analysis, Caida）[3]，提供互联网监控工具并发布互联网的分析结果。欧盟目前也正在资助一个项目，对互联网骨干基础设施进行大范围监控。该项目目前正处于实施阶段，其目的是为研究和实用领域的网络性能和安全性测试提供一个网络监控平台。

入侵检测的最新研究，主要集中在大规模和高速监控的性能和可扩展性。为了满足大型网络和可扩展性的需求，若干研究论文讨论了分布式入侵检测（Snapp et al., 1991; Staniford- Chen et al., 1996）。从分布式入侵检测又衍生出基于代理的入侵检测系统（Balasubramaniyan, Garcia-Fernandez, Isacoff, Spafford, & Zamboni, 1998; Carver, Hill, Surdu, & Pooch, 2000; Helmer, Wong, Honavar, Miller, & Wang, 2003）。IDMEF 是最近提出的入侵检测信息交换标准，它对传感器与分析系统之间的消息传递进行标准化（Debar, Curry, & Feinstein, 2005）。该标准已应用于 Prelude 和 STAT 等分布式入侵检测系统中。

威胁和入侵的检测一般基于数据分析，有两类方法：一是签名或模式检测，另一种是统计分析。入侵检测分为误用检测和异常检测。误用检测通过验证可疑安全事件的已知签名实现，而异常检测则是根据事件与已知（或假设）的正常数据流或用户模式的偏差进行报警。另一类的统计分析方法是数据挖掘，Jesus Menas 在《面向安全和犯罪检测的数据挖掘》（Investigative Data Mining for Security and Criminal Detection）（Mena, 2003）一书中讨论了数据挖掘。数据挖掘可以应用于入侵检测（Barbara, 2002; Lee & Stolfo, 1998），有关探讨详见 Marchette（2001）。

DDoS 攻击检测和蠕虫检测是网络监控和入侵检测的两个主要研究课题。这两种攻击可作为信息战和赛博恐怖攻击的有效武器。零日蠕虫检测是目前研究的重点与难点（Akritidis, Anagnostakis, & Markatos, 2005; Zou, Gong, Towsley, & Gao, 2005），Wormblog[4] 上可查到与蠕虫及其研究现状相关的信息。同样，DDoS 攻击检测问题也备受关注，早期 DDoS 攻击研究主要集中在互联网 DDoS 攻击的发生概率及规律方面，其研究数据主要来自取样的企业（Moore, Shannon, Brown, Voelker, & Savage, 2006; Moore, Voelker, & Savage, 2001）。

30.2 传感器技术

传感器是任何监控系统的基本组成部分。传感器是对特定事件进行记录和响应的设备或程序。这里指的是计算机网络中的流量。网络监控系统有多种类型，具有数据记录、收集、过滤以及报警等功能。因此，正确放置传感器是基本要求，理想的情况是实现无重叠的全范围监控。如果无法进行全面监控，可能会出现漏报，即有些事件检测不到。下面，将概述能够提供安全相关数据的传感器技术。

网络嗅探器

在大多数网络监控程序中，网络嗅探器是最基本的传感器类型，它可以从网络连接中拦截和存储数据。要限制嗅探器所处理和存储的网络流量，可以根据网络报文头的特定属性设置过滤规则，或者只保持部分数据（如报文头），或者使用采样方法。欧盟的 Scampi 项目，有部分工作就是研发专业、可靠和高带宽的嗅探硬件（Coppens et al., 2004），可从市场上购买到这个产品。网络流量日志的相关标准有，IPFIX（Claise, 2005）及其前身 NetFlow（一种 Cisco 标准）。在网络流量的合法拦截中，嗅探器通常作为窃听器使用。

入侵检测传感器

入侵检测技术已经得到广泛应用，既有现成产品，也有安全厂商提供的外包方案。入侵检测系统的目标，是检测和报告潜在的攻击和恶意的网络活动。入侵检测系统可以根据不同的标准分类。根据入侵检测传感器的功能，可以将入侵检测系统分为基于主机的入侵检测系统（HIDS）和基于网络的入侵检测系统（NIDS）。HIDS 监控整个主机的数据，而 NIDS 基于嗅探到的网络数据监控网络流量。入侵检测算法有两类：一类是基于签名的检测（通过识别攻击的相关属性来进行判别），另一类是基于异常的检测（利用统计方法来检测异常）。根据数据和报警的处理和存储是在本地进行还是集中进行，可以分为集中式入侵检测或分布式入侵检测。

系统和网络日志

大多数计算机系统在一定程度上实现了日志功能，以记录与操作系统、用户行为、应用程序以及安全相关的事件。日志中主要包含了交易发生的时间和地址，它们在事件处理和犯罪调查中具有重要作用。日志可以从计算机系统中得到，也可以从网络服务器及网络组件（如，防火墙和路由器）中得到。日志可使用标准的协议（如 syslog）存储在本地主机中，或者集中存储到一个基础设施中。值得注意的是，本地日志数据的准确性值得商榷。因为，它容易被系统特权用户篡改。

病毒检测

作为工作站及笔记本电脑的基本安全防护措施，以及网络过滤机制的组成部分，病毒检测系统的应用越来越广泛。病毒检测系统有能力检测和报告恶意代码（例如，病毒和蠕虫），并在某些情况下隔离或删除恶意代码。对于大型网络，病毒检测软件可能由中央管理系统管理，并可集成到更加通用的网络管理系统。

生产型蜜罐

蜜罐是一种数据收集工具，既可用于计算机安全研究，也可用于运营网络的监控。Lance Spitzner 出版了若干有关蜜罐技术的书（Spitzner, 2001, 2002, 2004），他将蜜罐定义为"一种安全资源，其价值在于被探测、攻击或入侵"。值得注意的是，在这种场景中，蜜罐主要有两个职能：一是作为传感器；二是作为欺骗手段。从长远来看，简单的蜜罐不可能让精明的攻击者上当。但是，使用生产型蜜罐可以迫使攻击者为查找和识别蜜罐消耗大量时间和资源，从而使蜜罐有时间收集攻击者使用的工具及算法的信息。蜜罐还可以用于检测和分析零日蠕虫攻击（Dagon et al., 2004; Riordan, Wespi, & Zamboni, 2005）。

30.3　网络监控中的挑战

网络监控面临着很多挑战，Ranum（2002）探讨了入侵检测面临的挑战。信息过载是最大问题，这既是技术问题也是组织问题。信息来自于大型高速网络，但是分析人员难以管理大量数据。为了更好地支持分析师作出有效、正确的分析，有必要对监控数据进行组织和优选。然而，这种处理存在一定虚警（即没有事件发生时也进行告警）和漏报（即出现事件时不进行告警）。通过关联、融合以及可视化的工具可以减少数据，并有助于解决以上问题。在基于多传感器的网络监控中心，告警关联或告警融合是一个重要的研究课题，可以提供更高层次的事件视图（Kruegel, Valeur, & Vigna, 2005; Valeur, Vigna, Kruegel, & Kemmerer, 2004）。此类系统可以极大地减少要分析的数据量，但也可能引入额外的误报率，主要取决于采用什么样的关联算法。在实时环境中，应用具有识别、评估威胁和风险功能的智能评估系统，有助于提高分析效率和判断的正确率。为此，提出了基于定量方法的评估系统用于进行辅助决策。在 Gehani 等人的论文中（Gehani and Kedem（2004）），可找到一个基于主机的风险评估实例。Årnes 等（Årnes et al.（2005））提出了基于入侵监测系统输入的风险量化评估系统。

目前的高速互联网骨干网基础设施，要求监测系统能够处理极高的带宽。受现场处理能力的限制，目前的传感器技术最多只能监控 10Gb/s 的数据。按照这样的速度，每一次操作，例如，模式分析、协议重组、分布式分析以及数据存储都会非常困难，甚至有必要在分析之间进行数据抽样和过滤。这种方法必然导致信息丢失和漏报。

依据所执行分析的不同，加密和匿名手段可降低监控系统的威胁检测概率。使用加密协议（如 SSL、SSH、PGP 和 IPSEC）之后，基于内容的分析就会失效。另一方面，如果采用了诸如文献 Chaum（1981，1988）介绍的并在 Onion 路由中使用的匿名系统，甚至基于流量的分析都将变得困难（Dingledine, Mathewson, & Syverson, 2004; Goldschlag, Reed, & Syverson, 1999）。

网络监控的操作者，对所有记录和处理数据的隐私性和保密性要承担重大责任。很显然，网络通信的内容应该是私密的或机密的，甚至流量信息也包含了使用者的隐私。在监控数据由多方共享的情况中，这一点尤为重要。为了保护数据，很重要的一点是，只能提供分析所需的最少量数据。目前，监控数据中的 IP 地址保护方案（例如，前缀保留匿名化技术（prefix-preserving pseudonymization）(Xu, Fan, Ammar, & Moon, 2002)），也很难应对简单的加密攻击（Brekne & Årnes, 2005; Brekne, Årnes, & Øslebø, 2005）。因此，还要考虑其他安全方案。

30.4 结束语

网络监控涉及传感器、分析方法和体系结构等许多层面。每种技术都有其优缺点，因此，一种好的方法应考虑多种技术的综合应用。尤其是，监控系统的性能依赖于传感器和分析算法的整个体系。我们还考虑了在网络监控中的一些其他挑战，探讨了隐私保护的问题和威胁和风险的实时量化评估，以提高检测效率和增强安全事件的准确响应能力。

致谢

感谢 Svein J. Knapskog 教授的有益反馈。本项目得到了美国—挪威富布赖特教育交流基金的部分支持。通信系统服务质量量化中心（Centre for

Quantifiable Quality of Service in Communication Systems, Centre of Excellence）由挪威研究理事会任命，并受研究理事会、NTNU 和 UNINETT 的资助。作者也得到了挪威国家刑事调查局（Norwegian National Criminal Investigation Service, Kripos）高科技罪案部（High-Tech Crime Division）的支持。

参考文献

Akritidis, P., Anagnostakis, K., & Markatos, E. (2005). Efficient content-based fingerprinting of zero-day worms. *Proceedings of the International Conference on Communications (ICC 2005)*.

Anderson, J. P. (1980). *Computer security threat monitoring and surveillance* (Technical Report). Fort Washington, PA.

Årnes, A., Sallhammar, K., Haslum, K., Brekne, T., Moe, M. E. G., & Knapskog, S. J. (2005). Real-time risk assessment with network sensors and intrusion detection systems. *Proceedings of the International Conference on Computational Intelligence and Security (CIS 2005)*.

Axelsson, S. (2000). *Intrusion detection systems: A survey and taxonomy* (Tech. Rep. No. 9915). Chalmers University, Sweden.

Balasubramaniyan, J. S., Garcia-Fernandez, J. O., Isacoff, D., Spafford, E., & Zamboni, D. (1998). An architecture for intrusion detection using autonomous agents. *Proceedings of the 14th Annual Computer Security Applications Conference,* IEEE Computer Society, p. 13.

Barbara, D. (2002). *Applications of data mining in computer security* (S. Jajodia, Ed.). Norwell, MA: Kluwer Academic Publishers.

Bejtlich, R. (2004). *The tao of network security monitoring: Beyond intrusion detection.* Addison Wesley Professional.

Bishop, M. (1989, December). A model of security monitoring. *Proceedings of the Fifth Annual Computer Security Applications Conference,* Tucson, AZ.

Brekne, T., & Årnes, A. (2005). Circumventing IP-address pseudonymization in O(n2) time. *Proceedings of IASTED Communication and Computer Networks (CCN 2005)*.

Brekne, T., Årnes, A., & sleb, A. (2005). Anonymization of IP traffic monitoring data: Attacks on two prefix-preserving anonymization schemes and some proposed remedies. *Proceedings of the Privacy Enhancing Technologies Workshop (PET 2005)*.

Carver, C. A., Jr., Hill, J. M., Surdu, J. R., & Pooch, U. W. (2000, June 6-7). A methodology for using intelligent agents to provide automated intrusion response. *Proceedings of the IEEE Systems, Man, and Cybernetics Information Assurance and Security Workshop,* West Point, NY.

Chaum, D. (1981). Untraceable electronic mail, return addresses, and digital pseudonyms.

Communications of the ACM, 24(2), 8488.

Chaum, D. (1988). The dining cryptographers problem: Unconditional sender and recipient untraceability. *Journal of Cryptology, 1*(1), 6575. Claise, B. (2005). IPFIX protocol specification. *IETF Internet Draft.*

Coppens, J., Markatos, E., Novotny, J., Polychronakis, M., Smotlacha, V., & Ubik, S. (2004). Scampi: A scaleable monitoring platform for the internet. *Proceedings of the 2nd International Workshop on Inter-domain Performance and Simulation (IPS 2004).*

Dagon, D., Qin, X., Gu, G., Lee, W., Grizzard, J. B., Levine, J. G., et al. (2004). Honeystat: Local worm detection using honeypots. *Proceedings of the Seventh International Symposium on Recent Advances in Intrusion Detection (RAID 2004).*

Debar, H., Curry, D., & Feinstein, B. (2005). Intrusion detection message exchange format (IDMEF). *IETF Internet-Draft.*

Denning, D. E. (1987, February). An intrusion-detection model. *IEEE Transactions on Software Engineering, 3*(2), 222-232.

Dingledine, R., Mathewson, N., & Syverson, P. (2004). Tor: The second-generation onion router. *Proceedings of the 13th USENIX Security Symposium.*

European Parliament, The. (2005). Electronic communications: Personal data protection rules and availability of traffic data for anti-terrorism purposes (amend. direct. 2002/58/EC).

Gehani, A., & Kedem, G. (2004). Rheostat: Real-time risk management. *Proceedings of the 7th International Symposium on Recent Advances in Intrusion Detection (RAID 2004).*

Goldschlag, D., Reed, M., & Syverson, P. (1999). Onion routing. *Communications of the ACM, 42*(2), 3941.

Helmer, G., Wong, J. S. K., Honavar, V. G., Miller, L., & Wang, Y. (2003). Lightweight agents for intrusion detection. *Journal of Systems and Software, 67*(2), 109122.

Internet Society, The. (2005). 20 DNS root name servers—frequently asked questions. *ISOC Member Briefing #20.* Retrieved July 31, 2006, from http://www.isoc.org/briefings/020/

Kruegel, C., Valeur, F., & Vigna, G. (2005). *Intrusion detection and correlation: challenges and solutions* (Vol. 14). Springer.

Lee, W., & Stolfo, S. (1998). Data mining approaches for intrusion detection. *Proceedings of the 7th USENIX Security Symposium.* San Antonio, TX, 2004.

Marchette, D. J. (2001). *Computer intrusion detection and network monitoring: A statistical viewpoint.* Springer-Verlag.

Mena, J. (2003). *Investigative data mining for security and criminal detection.* Butterworth Heinemann.

Moore, D., Shannon, C., Brown, D., Voelker, G. M., & Savage, S. (2006). Inferring internet denial-of-service activity. *ACM Transactions on Computer Science, 24*(2), 115-139.

Moore, D., Voelker, G. M., & Savage, S. (2001). Inferring internet denial-of-service activity. *Proceedings of the 2001 USENIX Security Symposium.*

Northcutt, S. J. N. (2002). *Network intrusion detection* (3rd ed.). Sams.

Ranum, M. (2002). Intrusion detection: Challenges and myths. *Network Flight Recorder, Inc.*

Retrieved July 31, 2006, from http://www.windowsecurity.com/whitepapers/

Riordan, J., Wespi, A., & Zamboni, D. (2005). How to hook worms. *IEEE Spectrum.*

Snapp, S. R., Brentano, J., Dias, G. V., Goan, T. L., Heberlein, L. T., Ho, C.lin, et al. (1991). DIDS (distributed intrusion detection system) motivation, architecture, and an early prototype. *Proceedings of the 14th National Computer Security Conference.* Washington, DC.

Spitzner, L. (2001). *Know your enemy: Revealing the security tools, tactics, and motives of the blackhat community.* Addison Wesley.

Spitzner, L. (2002). *Honeypots: Tracking hackers.* Addison Wesley.

Spitzner, L. (2004). *Know your enemy: Learning about security threats* (2nd ed.). Addison Wesley.

Staniford-Chen, S., Cheung, S., Crawford, R., Dilger, M., Frank, J., Hoagland, J., et al. (1996). GrIDS: A graph-based intrusion detection system for large networks. *Proceedings of the 19th National Information Systems Security Conference.*

Valeur, F., Vigna, G., Kruegel, C., & Kemmerer, R. A. (2004). A comprehensive approach to intrusion detection alert correlation. *IEEE Transactions on Dependable and Secure Computing, 1*(3), 146169.

Xu, J., Fan, J., Ammar, M., & Moon, S. B. (2002). Prefix-preserving IP address anonymization: Measurement- based security evaluation and a new cryptography-based scheme. *Proceedings of the 10th IEEE International Conference on Network Protocols* (ICNP 2002).

Zou, C. C., Gong, W., Towsley, D., & Gao, L. (2005, October). The monitoring and early detection of internet worms. *IEEE/ACM Transactions on Networking, 13*(5).

术语与定义

数据留存（Data Retention）：指服务提供商和政府对电信和网络流量的截获和存储，其目的是要对数据进行分析或便于明确交易双方的责任。

假阴性（False Negative）：这是一个统计学术语，指没有检测到发生的攻击（漏报）。

假阳性（False Positive）：这是一个统计学术语，指入侵检测系统中的假警报（误报）。

入侵检测系统（Intrusion Detection Systems）：入侵检测系统（IDS）用来监控网络流量和计算机系统，以便发现潜在的威胁。误用入侵检测系统指通过比较监测数据与已知的攻击特征而检测潜在攻击的系统。异常入侵检测系统使用统计方法，基于对正常的数据流量模型或用户模式的统计来检测异常事件。相对于误用入侵检测系统，异常入侵检测系统能够检测未知类型的攻击。

合法拦截（Lawful Interception）：指国家执法机关和安全机构拦截电信和网络流量。拦截必须遵守适用的国家法律，并得到主管机关的授权。合法截取也被称为监听。

网络流（Network Flow）：关于网络流术语并没有权威的定义，但通常指具有共同特征的一组数据包。一个常见的流定义是：流是一个五元组，其中所有的数据包具有相同的协议号（通常是IP协议）、源地址、目的地址、源端口号和目的端口号。

网络监控（Network Monitoring）：指通过对计算机网络的监控，识别流量趋势、失效的系统和异常行为。网络监控被用于网络管理，收集必要的数据，以便做出正确的决定。

第 31 章 公钥基础设施：一种提高网络安全性的措施

[1]Ioannis P. Chochliouros, [2]Stergios P. Chochliouros,
[3]Anastasia S. Spiliopoulou, [3]Evita Lampadari
（[1]希腊电信组织 S.A与伯罗奔尼撒大学，希腊；
[2]独立顾问，希腊；[3]希腊电信组织 S.A.，监察事务总局，希腊）

在不断增长的网络安全需求背景下，本文对公钥基础设施（Public Key Infrastructure, PKI）的核心特性进行了研究，主要包括：相关的基础技术和设施。介绍了公钥密码体制的基本特点，以及PKI的主要功能应用，这些都会影响到网络的开发与增长。讨论了与此相关的基础知识，以及为满足当前安全需求而衍生的PKI服务，这些服务是在竞争市场中使用和部署该基础设施的有力支撑。此外，考虑到PKI在未来面临的挑战，我们集中研究了信息与通信融合的最新进展，以及这些进展对PKI概念的影响。公钥基础设施已成为保护网络化世界安全的核心部分，可以预期，它将继续对商业产生巨大影响。此外，我们将以上活动与欧洲的最新监管措施以及类似的常见政策相联系，以推进在全面融合和开放的市场环境中使用数字签名。

31.1 引言

经过 1998～2000 年的快速增长，电子通信业目前正经历"严重的"调整期。在未来的全球经济增长中，其影响和可能的产出将起到重要的作用（European Commission, 2003）。在任何情况下，电子通信的重要性在于其对其他经济部门的影响。它为组织更好地利用其在信息社会技术（IST）中的投资、提高生产力和产品质量并更好地融入社会，提供了潜力和活力（Chochliouros & Spiliopoulou, 2003）。

层出不穷的创新技术（如宽带和 3G），以及新的内容、应用和/或（公共和私有的）服务（European Commission, 2004），都带来了新的安全挑战（Kaufman, 2002）。对于激发电子通信服务领域的新需求和进一步发展全球数字经济，解决安全问题至关重要（Chochliouros & Spiliopoulou, 2005）。网络和信息系统支持了服务，并承载很多高价值的信息，这些对其他应用非常关键。为了提高基础设施对各种攻击的防护能力，就需要保障其可用性、认证性、完整性以及机密性。在目前的欧洲市场，使用加密技术和数字签名增强安全性是必不可少的措施（Brands, 2000; European Parliament and Council of the European Union, 1999）。同时，在开放互通的环境中，为了满足不同需求，还需要逐步增加各种认证机制（European Commission, 2002）。

在当今的网络化世界中，PKI 是保障网络安全的核心部分，可为安全管理提供多层面支持。与此同时，PKI 可为私营或公共机构（国际标准化组织 ISO，2005 年）的安全应用提供越来越多服务，它是安全应用的推动者。安全电子邮件、Web 访问、虚拟专用网（Virtual Private Network, VPN）和单点用户认证等系统的多数标准协议，采用了某种形式的公钥证书，这就要求 PKI 具有一些特殊的形式。在提供电子服务（包括电子商务、在线公共服务）时，保证交易和数据的安全非常重要，对安全缺乏信心会阻碍此类服务的推广应用。当今的网络和计算机技术发展迅速，本章的目的，是监视这种发展对 PKI

概念的影响，以及在相关政策（主要是欧盟推动的政策）的背景下，这种发展对 PKI 支持业务和法律框架的影响。

31.2　背景：PKI 的基础技术和基础设施

通常，PKI 是软硬件产品、策略和过程的结合体。它可为用户提供安全通行的信任链，从而增强电子商务活动的安全性。数字证书是 PKI 基础（Brands, 2000），它类似于电子护照，将用户的身份信息与其公钥绑定。在接下来的章节中，将讨论与公钥密码相关的基本概念，分析 PKI 的主要特征。事实上，PKI 是一种认证技术，是辨别实体的一个技术手段。

31.3　公钥密码体制

公钥密码常与以下机制结合构建实体的鉴别技术（Feghhi, Williams, & Feghhi, 1998）：一、基于（预）定义信任模型的信任建立机制；二、实体的唯一命名机制；三、基于密钥对与用户信息绑定有效性的信息分发机制。在一定的条件下（Kaufman, 2002），公钥密码被认为是现代电子商务安全的技术基础。数据完整性、签名的不可否认性、数据认证、保密和访问控制认证等安全需求，可以通过能够提供数字签名和加密功能的密码技术来实现。

公钥密码体制出现于 1976 年（Diffie & Hellmann, 1976）。与 DES 等要求各方（如发送者和接收者）共享密钥的对称密码体制相比，公钥密码体制中的各方分别拥有公私钥对，它们可以支持实现必要的密码操作（Coppersmith, 1994）。在这里，公钥加密过程主要涉及使用证书认证中心（CA）提供的算法生成公私钥对。为了实现安全的电子交易，私钥仅提供给申请方，而公钥可以通过各方都可访问的公开目录得到。私钥是保密的，它不会被分发给除原始申请者以外的人，也从不会在互联网中直接发送。私钥用来解密第三方使用对应公钥加密的数据。

公钥密码体制是一种非常重要的技术，它实现了数字证书的概念。其中的密钥对思想（一个私钥对应一个公钥）可以实现许多协议和服务，包括机密性、完整性、安全（伪）随机数的生成以及零知识证明。

目前，公钥密码的概念（及其各种实现算法）已非常成熟。然而，为了将来进一步将其扩展应用到终端用户（包括公司或个人），有必要以统一的方式，将相关技术推广到各种环境和应用。

31.4 PKIS：功能操作

PKI 使用了公钥密码体制，它是一种在互联网上认证消息发送者或加密（和/或解密）消息的通用方法。PKI 可以让用户在任何类型网络中安全交换数据，其间主要涉及公私钥对的使用。公私钥对可以通过可信的权威机构得到。PKI 提供了可以用来识别个人或组织的数字证书（Feghhi et al., 1998），在必要条件下，还要提供可以存储和撤销证书的目录服务。

数字签名是一种电子签名，用来对发送者身份信息（或文件签名者）进行认证。同时，也用来保证接收到的信息内容在传输过程未被改变。数字签名可应用于密文或明文，使接收方可以判断发送方的真实性，并确信信息保持了其原有的格式。数字证书中也封装了签名信息，用于鉴别证书的签发机构。使用数字证书的额外好处是，它可以直接传送，不易抵赖，不能仿造，并且能够被自动打上时间戳（时间戳提供了 PKI 用户共同信任的时间源）。

最初的想法是"PKI 是安全基础设施的基础，它的提出和实施使用了公钥的概念和技术"（Adams & Lloyd, 2002）。就公钥技术本身而言，它仅仅提供了对数据的非对称数学运算（例如，对信息进行加密和签名），并没有建立与实际应用（或环境）（例如，电子邮件、电子商务或电子政务）的联系。作为安全设施的基础，功能齐全的 PKI 建立了与实际应用的联系，它包括一些额外的组件和服务（Housley, Ford, Polk & Solo, 1999）。

如前所述，为了验证发送方的网上身份，有必要建立一个独立的实体作为 CA。CA 作为一个可信方，将密钥对与实体绑定，从而验证发送方的身份并发布公私钥对。CA 通过签发公钥证书来实现绑定，公钥证书中包含了特定时间段的身份信息及相关公钥。证书存储于证书库中，任何实体可以从中获取已颁发的公钥证书。私钥被安全地发送给发送方，CA 用自己的私钥（称为根密钥）对发送方的公钥进行签名。这两个密钥的组合，构成了发送方的数字证书。根密钥被看做可以证实发送方证书有效性的水印，并证明发送方就是其所声称的那个人（Brands, 2000）。

另外，还有一些不常用的功能：（a）密钥更新，这是一种（理想中是自动的）使证书期满，并在证书过期前更换新证书的机制；（b）密钥备份和恢复，这是一个特殊的功能，正确实现这一功能，可以避免因私钥无法访问而导致加密数据的丢失。在理想情况下，使用该功能不需要用户具有专业知识。

一般情况下，为将 PKI 作为方法集成到电子购物过程中，必须遵循以下步骤：

- 由可信第三方（如 CA）向个人用户发布私钥，向大众提供有效的公钥；
- 客户表示他（或她）想通过供应商的网站购买商品，供应商要求客户提供他（或她）的身份，以确保采购订单是真实的；
- 客户使用 CA 先前颁发的私钥对订单进行签名；
- PKI 软件使用私钥，通过复杂的数学运算，生成采购单的唯一签名；
- 经加密和签名的采购单被传送给供应商；
- 供应商使用客户的公钥（必须由 CA 认证其有效性）解密，并验证采购单的相关签名；
- PKI 软件使用公钥，通过一个与前面类似的数学变换，对订单进行匹配计算；
- 如果原始数据与随后的计算匹配，则客户身份得到确认，订单正常处理。

这种方法通过可信 CA 实现公钥和私钥的交换。它为利用公共和私有网络进行商业交易提供安全的途径。PKI 技术意味着，如果掌握了如下信息，就可以开展商业交易（如信用卡交易）：（1）交易细节来自正确的发送者；（2）只有意定的接收方才能读取交易细节；（3）交易信息在到达目的地时，仍保持其发送时的原始形式。

公钥密码体制（和 PKI）作为互联网中实现电子交易的首选方法，能够避免不必要的解密和/或对网络传输数据的恶意篡改，尤其是当密钥被未授权方发现（或截获）时。

31.5 PKI 基本服务：安全需求

PKI 技术的部署对商业实体产生了重大影响，无论从技术方面还是组织、管理、立法等方面都必须考虑这种影响。PKI 管理依赖于证书颁发以及使用的详细管理流程（Adams & Lloyd, 2002），并有大量服务和应用有待开发，这些能够为电信运营商（以及其他的市场参与者）带来新的商机。不久的将来，数字证书将迅速成为一种广泛使用的用户身份认证手段，当通过网络基础设施提供服务时，它们将发挥重要作用。

各类关键应用的实现得益于有效的 PKI 集成（欧洲电信研究和战略研究所（Eurescom）GmbH, 2000）。这些应用包含文档交换（如电子交换文档 EDI、XML、安全电子邮件、安全工作流程）、电子商务、移动商务、家庭银行、医疗保健服务、单点登录服务、互联网服务提供商 ISP 漫游、远程教育、安全网络（虚拟专用网）、远程工作。通常认为，PKI 与认证、完整性和机密性这三个主要的安全需求有关；反过来，可将 PKI 视为可以满足这些安全需求的基础（核心）服务。

认证为一方向另一方证实自己的身份提供了保证。它包括实体认证和数据来源认证两种主要的应用（Boyd & Mathuria, 2003）。技术快速发展和互联网的全球化，使得具有电子认证功能的各种服务和技术成为必需。在电子通信中，数字签名的概念通常与"电子印章"的应用联系在一起，即将签名与数据绑定在一起，并允许接收方验证信息的来源。更准确地说，是使用特定接收方的密钥来验证信息来源。然而，数据源认证并不一定能证明密钥所有者的身份。由于公钥可以用另一个名字公布，所以接收方不能确定目前的发送方是否是"最初"的发送方。第三方验证是获得可靠的发送方身份信息的一种方法，它是双方都信任的人（或机构）。

完整性是指确保传输或存储中的数据，在两个通信节点或特定时间间隔中，没有被恶意或非恶意地改变（Merkle, 1978）。确保通信数据的完整性非常重要（尤其是在电子商务活动中），也存在很大的挑战，有必要采取合适的措施来解决（European Commission, 2002）。数字签名可以解决该问题，它不涉及"消息文本"本身的加密，而只是对消息指纹的加密。签名被附着在正常的可读文件后，并且可以让接收方检查数据是否被改动。如前所述，从技术角度看，最有效的数字签名，包括公开的公钥和保密的私钥两个密钥。相关的公钥常用来验证私钥所建立的数字签名。接收方也可以用它来检查数据是否已被改变，从而也能够验证发送方的公钥和私钥是否匹配，并检测数据是否在传输过程中一直保持不变。在这个阶段，不需要 CA 的参与。

保密性是指确保除了意定的接收方外，没有人能够"读出"特定的数据（Treasury Board of Canada Secretariat, 1999）。在保密服务中，PKI 是密钥协商程序的重要组成部分，而公钥算法（和证书）用于安全地协商/建立对称加密密钥。在任何情况下，如果有一个用户友好且成本较低的方式保障保密性，那么电子商务以及其他的创新性应用将会迅速发展。

显然，当消费者使用服务（如电视购物或电话银行）时，他们需要确信个人数据（如信用卡卡号）的私密性。在开放的网络上进行商业往来，企业必须能够确保自身安全，从而对抗工业间谍活动（这些活动主要与商业计划、招标邀请及研究成果有关）。另一方面，执法当局和国家安全机构担心，更广泛地使用加密通信可能妨碍他们打击犯罪。综上所述，上述的实体都需要证明他们的身份、确保重要数据没有改变、确定数据仅可以被意定的接收方看懂。

为了实现上述基本功能，需要考虑各种实现机制（Adams & Lloyd, 2002）：

- PKI 认证服务（相对于本地无 PKI 操作的认证，它包括单因素和多因素认证，也提供密码或生物识别设备）采用了数字签名技术。计算以下三个因素之一的哈希值，可以实现签名：（1）待验证的数据；（2）提交到远程服务器的请求数据；（3）由远程服务器产生的随机质询数据。第一个因素的哈希值支持 PKI 的数据源认证服务，后两个因素的哈希值支持 PKI 的实体认证服务。
- PKI 的完整性服务可采用以下两种技术实现。一个是数字签名技术，虽然数字签名是以提供身份认证为目的，但它同样提供了签名数据的完整性保护，因此，输入数据的任何改变都将导致输出数据发生不可预期的变化。第二种技术是消息认证码，它使用了对称分组密码或哈希函数。尽管此二者都是对称密码解决方案，但有必要指出它们都是密钥化机制（keyed vmechanisms），即方案的实现完全依赖于发送方与接收方的共享密钥。可以考虑利用 PKI 的密钥建立功能，来获取共享密钥。
- PKI 提供的机密性服务使用了与完整性认证方案类似的机制。

31.6 PKI：几个基础实例

在过去 10 年里，已提出并实现了若干 PKI 方案，它们可分为三类。

X.509 标准及其详尽的互联网轮廓（Profile）是非常不错的 PKI 组件（Housley et al., 1999），大多数情况下，由于执行相关标准的严格程度不同，PKI 的实现有所不同（Chokhani & Ford, 1999）。X.509 标准中定义的 CA，其商业市场不断发展，主要体现在产品不断成熟以及 PKI 如何为应用提供保护的逐步认识（尤其超过 90%的第一代 PKI 产品，都与互联网应用集成在一起）。X.509 标准中定义的数字证书非常容易与实际应用结合（如电子邮件客户端和 Web 浏览器）；但是，它们与传统的大型机和遗留应用的结合却存在一定难度。目前，Web 应用（*Webification*）已成为一种趋势，其目标是，随着运行 TCP/IP 协议的通用客户端的普及，用浏览器取代定制的客户端，从而有望大大降低维护费用。然而，专有客户端软件的减少和专有网络协议保护的削弱，却会导致安全风险的增加。由此可见，数字签名和加密变得更加重要。

PGP 是一种应用程序，通过它可以完成电子邮件的加解密，从而实现在互联网中安全传递电子邮件。同时，它也可以用来实现数字签名，使收件人能够验证发件人的身份，并确保邮件在传递过程中不被改动（Zimmermann，1995）。其他用户也可以使用 PGP 加密要存储的文件，并使这些文件不被非授权者读取。当与电子邮件一起使用时，PGP 允许加密并传送信息给所有的公钥持有者。发送方用接收方的公钥加密信息，接收方收到信息后用自己的私钥解密。由 PGP 用户共享的公钥目录被称为"密钥环"。收件人为了读取信息，必须能够访问这个密钥环。PGP 也能让发送方用自己的私钥对邮件进行数字签名。近期，PGP 又强调它能够支持类似 X.509 那样的功能。而且，PGP 也由于其分布式密钥管理的方法而历来颇受好评。PGP 证书由一个或多个认证信息组成，它将用户信息与其数字签名绑定。在一个简单的证书中传递密钥和用户信息，可以获得高度的灵活性。因此，基于 PGP 的 PKI 不需要任何形式的权威机构。

SPKI（Simple public key infrastructure，简单公钥基础设施）是基于对 X.509 的进一步分析而开发的（Ellison, 1999）。对 X.509 的主要反对意见与 X.500 命名机制有关。SPKI，更准确地说是一种授权基础设施，它依赖于名字代号与公钥组合的唯一性。

31.7 PKI：当前欧洲的监管问题

电子服务在经济中起着越来越重要的作用，网络和服务的安全涉及越来越广泛的公众利益（European Commission, 2001）。在欧洲，信息安全事件存在潜在增长趋势，这是互联网、电子商务和 B2B 交易快速发展直接导致的结果（Chochliouros & Spiliopoulou, 2003）。因此，网络基础设施的安全性已得到显著增强，并将在未来的数年中不断提高。这又增加了对 PKI 的各种解决方案的需求。

对个人、企业、管理部门以及其他组织而言，通过部署合适有效的安全技术保护其数据和信息，是实现信息安全的先决条件。特别是，各种在竞争环境中生存的市场主体，通过他们的能力不断创新，从而为适应真正的市场需求提供各种解决方案。在欧洲，有一些法律要求电信服务提供商采取合适的技术和组织措施保障服务的安全。保障安全的"核心"原则（欧洲委员会，2001、2003、2004）主要包括：（1）确保服务和数据的可用性；（2）防止对通信的未授权窃听和中断；（3）确保数据在发送、接收，以及存储中的完整性；（4）确保数据的机密性；（5）保护信息系统不受未授权的访问（和防止恶意攻击）；（6）确保可靠的认证。

欧盟以务实的方法解决以上问题，尽管认证和确保机密性都依赖于密码技术，但是它们之间仍有差别。目前，在电子签名应用领域，已有一项欧洲认证标准生效，可用它来确保证书和认证服务机构的安全（欧洲议会和欧洲联盟理事会，1999）。此外，当提及机密性时，事情就会变得更加敏感。电子通信资源的争夺已经引起了人们对公共安全问题的关注。因此，在密码学领域开展了许多研究项目。目前，最具挑战性的短期目标，是将现存的安全和隐私解决方案推向市场。现代电子通信和电子商务，需要使用电子签名及其相关服务。然而，关于电子签名法律的认可问题，以及欧盟成员国认证服务提供商的授权问题都存在分歧，这也将给电子签名及其相关服务的使用带来很大的阻碍。另一方面，对于使用电子签名的条件，已有一个明确的欧洲框架，这将增强使用者的信心，也会使这种新技术获得普遍接受。此外，欧盟成员国的立法不应妨碍内部市场商品、服务的自由流通。应允许证书服务提供商进行跨国界的经营，以增强其竞争力。由此，可不分国界地为消费者和企业提供安全的信息交换和电子商务活动的新方式。但无论怎样，在消费者和商务需求之间取得平衡总是非常重要的。

31.8 总结与展望

随着高速数字电子通信业的进一步发展（Chochliouros & Spiliopoulou, 2005），自从非对称密码算法出现以来，解决用户之间的安全通信问题以及确定通信者身份的需求越来越突出。随着万维网的发展和普及，认证和安全通信变得刻不容缓，将用户身份和公钥绑定生成证书的思想得到了快速发展，出现了为 Web 站点和用户实现安全通信的 PKI 结构。PKI 技术的应用已对多个业务实体产生了重大影响。

PKI 的使用正在并将对欧洲（和全球）的电子通信产业产生巨大的影响。目前，PKI 的主要应用是公司和个人的电子银行，其他应用（如电子政务）也有望得到发展，尤其近期在业界的倡议下（如欧盟所提出的倡议），这些发展将会加快（Lalopoulos, Chochliouros, & Spiliopoulou, 2004）。可信第三方服务产生了很多商业机遇，其中一大类是通用 PKI 服务，该服务提供公钥证书和证书管理。

另一个与应用独立的服务领域是电子签名，时间戳服务是其基本的组成部分。虽然证书仅颁发一次并可多次使用，但在每次交易中，都会使用时间戳。在某些情况下（如合同谈判中），还会重复使用时间戳。这对于保证不可否认性服务是有效的。据估计，随着技术的发展，将来会出现更多基于 PKI 的电子签名产品（如移动签名和签名服务器）。因此，监管机构、工业部门以及涉及 PKI 集成发展的市场参与者，都应该以开放的思想来看待这些技术，从而提出适当、适用的解决方案，增强网络的安全性。

致谢

谨以此文纪念 Panagiotis Chochliouros，他曾经是，也将永远是我们的精神动力。

参考文献

Adams, C., & Lloyd, S. (2002). *Understanding PKI: Concepts, standards, and deployment Considerations*. Addison-Wesley Professional.

Brands, S. A. (2000). *Rethinking public key infrastructures and digital certificates: Building in privacy*. MIT Press.

Boyd, C., & Mathuria, A. (2003). *Protocols for key establishment and authentication*. Germany: Springer- Verlag, Berlin and Heidelberg GmbH & Co.

Chochliouros, I. P., & Spiliopoulou, A. S. (2003). Perspectives for achieving competition and development in the European information and communications technologies (ICT) markets. *The Journal of the Communications Network,* 2(3), 42-50.

Chochliouros, I. P., & Spiliopoulou, A. S. (2005). Broadband access in the European Union: An enabler for technical progress, business renewal and social development. *The International Journal of Infonomics*, 1, 5-21.

Chokhani, S., & Ford, W. (1999). *Internet X.509 public key infrastructure: Certificate policy and certification practices framework, RFC 2527*. Sterling, VA: Internet Engineering Task Force (IETF).

Coppersmith, D. (1994). The data encryption standard (DES) and its strength against attacks. *IBM Journal of Research and Development,* 38(3), 243-250.

Diffie, W., & Hellman, M. (1976). New directions in cryptography. *IEEE Transactions on Information Theory*, 22(6), 644-654.

Ellison, C. (1999). SPKI requirement, RFC2692. Sterling, VA: Internet Engineering Task Force (IETF). European Commission. (2001). *Communication on network and information security: Proposal for a European policy approach* [COM (2001) 298 final, 06.06.2001]. Brussels, Belgium: European Commission.

European Commission. (2002). *Communication on eEurope 2005: An information society for all: An action plan* [COM(2002) 263 final, 28.05.2002]. Brussels, Belgium: European Commission.

European Commission. (2003). *Communication on electronic communications: The road to the knowledge economy* [COM(2003) 65 final, 11.02.2003]. Brussels, Belgium: European Commission.

European Commission. (2004). *Communication on connecting Europe at high speed: Recent developments in the sector of electronic communications* [COM(2004) 61 final, 03.02.2004]. Brussels, Belgium: European Commission.

European Institute for Research and Strategic Studies in Telecommunications (Eurescom) GmbH. (2000). *EURESCOM Project P944: Impact of PKI on the European telecommunications business. deliverable* [1, Main Rep.]. Heidelberg, Germany: Eurescom GmbH.

European Parliament and Council of the European Union. (1999). *Directive 1999/93/EC of 13 December 1999, on a community framework for electronic signatures* [Official Journal (OJ) L13, 19.01.2000, pp. 12-20]. Brussels, Belgium: European Parliament and Council of the European Union.

Feghhi, J., Williams, P., & Feghhi J. (1998). *Digital certificates: Applied Internet security*. MA: Addison- Wesley.

Housley, R., Ford, W., Polk, W., & Solo, D. (1999). *Internet X.509 public key infrastructure. Certificate and CRL profile, request for comments (RFC)* 2459. Sterling, VA: Internet Engineering Task Force (IETF).

International Organization for Standardization (ISO). (2005). *ISO/IEC 17799: Information technology—Security techniques: Code of practice for information security management.* Geneva, Switzerland: ISO.

Kaufman, C. (2002). *Network security: Private communication in a public world* (2nd ed.). Prentice Hall.

Lalopoulos, G. K., Chochliouros, I .P., & Spiliopoulou, A. S. (2004). Challenges and perspectives for Webbased applications in organizations. In M. Pagani (Ed.), *The encyclopedia of multimedia technology and networking* (pp. 82-88). Hershey, PA: IRM Press.

Merkle, R. C. (1978). Secure communications over insecure channels. *Communications of the ACM, 21*(4), 294-299.

Treasury Board of Canada Secretariat. (1999). *Digital signature and confidentiality—Certificate policies for the government of Canada public key infrastructure* [Government of Canada (GOC), PKI Certificate Policies version 3.02].

Zimmermann, P. R. (1995). *The official PGP user's guide.* Cambridge, MA: MIT Press.

术语和定义

认证（Authentication）：对系统实体所宣称的身份进行验证的过程。认证过程包括两个步骤：（1）标识步骤：向安全系统出示身份标识；（2）验证步骤：出示或产生认证信息，以验证实体和标识之间的绑定关系。

认证权威（Certification Authority, CA）：一个负责颁发数字证书（尤其是X.509证书），并确保证书数据项之间的绑定关系的实体。因此，它是一个或多个用户信任的权威机构，能创建、分配和管理证书。另外，CA可以创建用户的密钥对。由于证书用户依赖于所提供信息的有效性，所以CA通常由政府、公司或其他组织授权，具有权威地位。

加密密钥（Cryptographic Key）：加密过程使用的一个参数（例如，DES加密系统中64位的秘密数据），这样可以确保只有那些持有密钥的人才能完全确定和使用加密过程。

加密（Encryption）：将数据转化为不可识别形式的过程。对于单向加密，加密完成之后，将无法还原出原始数据；对于双向加密，如果不进行解密，将无法获得原始数据。需要加密的数据称为明文，加密后的数据称为密文，密文隐藏了明文数据的原始含义，从而使其无法被知晓或被使用。

颁发证书（Certification）：CA为用户的公钥颁发证书，并将该证书返回给用户的客户端和/或将证书存储于证书库的过程。

公钥基础设施（Public-Key Infrastructure, PKI）：一个权威的认证（和可选的注册管理机关与其他支撑的服务和代理）系统，它使用非对称密码体制，为用户提供证书管理、存档管理、密钥管理和令牌管理等功能。

安全管理（Security Management）：指安全策略的一系列支持活动，包括监控和控制安全服务、要素和机制，分发安全信息，报告安全事件。相关的功能包括：（1）控制（授权或限制）对系统资源的访问，（2）检索（收集）和归档（存储）安全信息，（3）管理和控制加密过程。

第 32 章 地理信息系统在赛博战和赛博反恐中的应用

Mark R. Leipnik

（萨姆休斯敦州立大学，美国）

根据地理信息系统（GIS）的三种不同应用模式，从一般和专业的角度给出并讨论了其定义。首先介绍地理信息系统中计算机地图匹配和空间分析技术在反恐中的应用。其次，分析了GIS技术被非法使用的潜在性，既包括被恐怖主义一般性的非法使用，也包括赛博恐怖分子通过利用GIS这种复杂程序的独特的漏洞，以及利用GIS程序所管理的巨大而复杂的数据集而产生危害等这种特殊的非法使用。最后，讨论了检测、避免和减少恐怖分子威胁地理空间基础设施的方法。

32.1 背景

地理信息系统的定义和结构：地理信息系统（GIS）是一套快速发展的计算机程序，它是有关地理空间数据的集合，它为输入、存储、操作、空间分析、查询和制图以及其他的与地球特征相关的输出提供依据。地理信息系统所包含的数据通过具有坐标和地图投影的多重注册的层存储在特殊的拓扑数据结构中。在各层中所描绘的特征，包括地形和基础设施的数据，均可以在一系列的属性数据库表中找到对应的描述性的数据。例如，街道使用线来表示，辖区则使用多边形，出事的地点使用点来描绘。地理信息系统中的拓扑和坐标系统，有助于在现实世界的坐标中准确判定地理位置，它还可以在计算机屏幕的二维空间中显示相当部分的地球曲面，并且还具有将其打印成地图的潜在功能（Burroughs, 1986）。

地理信息系统的一般应用：地理信息系统于 20 世纪 60 年代中期由加拿大发明，用来管理与大型自然资源有关的数据集（Foresman, 1998）。到了 80 年代，地理信息系统的典型应用被扩展到公共事业和基础设施管理、土地测绘和记录管理（地籍申请）、业务及营销等应用领域；例如，选址、物流以及大范围社科和物理科学的应用（Steinberg & Steinberg 2006）。20 世纪 90 年代出现了更多方面的应用，诸如基于 Web 的交互式地图、车辆导航及全球定位系统集成技术、计算机辅助设计、遥感数据图像和数字航空摄影图像处理（Longley, McGuire, Goodchild, & Rhind, 1999）。

地理信息系统程序和需求：GIS 程序包括 ArcGIS 和相关的软件，例如 ARCVIEW、ArcIMS 以及早期的来自于环境系统研究所（ESRI）的 Arc/Info 软件，该所在加利福尼亚雷德兰兹（www.ESRI.com）；还有阿拉巴马州亨茨维尔德的 Intergraph 公司的 GIS 软件，以及相关的 CAD 和设计工具；纽约特洛伊的 MapInfo 公司（www.Mapinfo.com）的桌面地图软件，该软件的功能不太强大，但成本更低。另外，还包括很多与具体应用相关的软件，例如，通过互联网的交互式地图服务、相关数据库管理系统接口，以及各种各样建模和分析软件。在一些机构中，软件通常由三个或更多的供应商提供，在美国联邦应急管理署（FEMA），ArcGIS 常被用来建立 GIS 数据库。然而，更简洁的 MapInfo 软件却可以在野外通过笔记本电脑使用（URISA, 2003）。地理信息系统方案及其相关的矢量拓扑结构和高分辨率的栅格数据集对系统要求很高。具体而言，目前 GIS 需要运行在拥有 1GB 内存和高性能显卡的机器上。另外，GIS 安装的常用组件包括高分辨率显示器、大幅面的绘图仪、大幅面的扫描仪、低成本磁带备份设备、高容量存储设备、能够显示 GIS 数据的 GPS，以及能够运行"迷你"GIS 程序设备，例如 ARCPAD（GIS,2005）。

32.2 在反恐中的应用

最早期的地理信息系统应用之一是在 20 世纪 60 年代中期，加拿大海军将其应用在国防上，主要用来描绘和研究沿海区域的特点。然而，比这个应用早上十年，RAND 公司的 Waldo Tobler 博士就将数字化地图应用于国防中。这些特殊的计算机显示来自警戒线（DEW）的雷达数据（没有连接数据库，不是真正的 GIS 系统）（Monmonier, 1982）。有趣的是，随着"冷战"的结束，地理信息系统在国防中的应用暂时下降了。这种下降的迹象是将国防测绘局地图绘制职能和中情局的地图制作职能整合到国家影像制图局中。然而，"9·11"袭击事件则强烈影响了这种下降的趋势，它导致了大量的资金和人员被投入到所谓的地理空间情报的研究中，并成立了隶属美国国防部的国家地理空间情报局（NGA）（Greene, 2003）。这个机构通常将大型的纸质地图和航空影响融入到"先进"的地理空间情报中，这不仅是接近实时的高分辨率图像，而且全面的属性数据以及当前地面的真实信息被添加进来以增强图像。日益发达的地理信息情报正通过计算机网络和无线方式传输至野外作业人员、情报分析人员以及其他分布广泛的用户。

地理信息系统的特点使其在军事和执法中得到了更多应用（Leipnik & Albert, 2003）。具体来说，根据围绕反恐而开展的军事和执法任务，GIS 系统有五个明确的用途。这些用途包括：（1）作为帮助评估已经发生的恐怖攻击的空间范围和防范漏洞的工具；（2）在模拟具体的恐怖袭击事件和规划具体的袭击场景中，使用地理空间数据；（3）协调对各种短期的实际攻击的各种响应，包括在计算机网络上的各类攻击；（4）协调救灾工作，并对恐怖袭击的实际影响进行评估；（5）为反击恐怖组织及其设施（如训练营地）提供计划和管理。这最后的一条具有最直接的军事特性，而协调关键事件响应在很大程度上是执法和民事应急响应机构的责任。有关这些技术在每种真实的和假设的例子的应用将进一步讨论。

1. 通过使用合适的数字数据集（例如，世界数字海图或 ESRI 世界数据集，它们包含了 175 000 种相关特征）实现空间恐怖袭击程度的映射。绘制和分析攻击实例包括地理信息系统生成的卡车爆炸事件、恐怖绑架、空中和海上海盗的地图。美国国防部顾问委员会已绘制出在伊拉克（美国海军，2004 年）美军所遭到的所有袭击的地图。图中部分的区域只是位置上的数据，它们并不适合进行精准定位。因此，在伊拉克的一个小镇所发生的恐怖攻击可能被数字地图映射到一个适当规模的世界地图，甚至是伊拉克全国范围的地图，但不能被映射到一个街道或一个镇。其他问题包括语言困难，特别是在像阿富汗这样有许多方言的地方，也存在过时或不完整的数据。

2. 通过使用地理信息系统刻画多种因素之间相互作用的空间可以用在仿真的恐怖袭击中。使用的数据包括航空影像、街道网络（通过对街道中心线或道路进行描绘，同时注明街道名字和地址范围）、与工程图纸对应的建筑物墙根印记，以及其他的专题数据层。仿真内容包括对攻击场景仿真、爆炸蒸汽云和区域的仿真，以及对紧急事件响应资源的访问和调配。部分仿真是在仿真指挥中心通过等离子屏和虚拟现实技术实现（NGIF, 2005）。

3. 资源协调可以通过使用与战场响应、调度和应急协调中心关联的数据来实现。如果事态进一步扩大，则要使用安装在特种装备车辆上的移动指挥中心。越来越多的数据通过无线方式传递到带有照相机和显示屏、能够展示和处理地图的 PDA 和手机（Peng & Tsou, 2003）。反应协调的一个主要方面是利用地理信息系统确定最近的应急资源（如消防、警察和医院等设施），并且应避免辖区间重叠，例如美国科罗拉多州的 24 个执法机构对于哥伦拜恩中学事件的响应糊涂混乱，由哪个机构负领导责任也十分混乱（Wang, 2005）。

4. 在评估长期影响这一方面，地理信息系统最典型的优势是全面规划和环境评估。"9·11"事件之后，利用 GIS 帮助恢复工作是最好的说明。在"9·11"事件后，大量技术被用来评估直接危害、协助疏散、为人员和设备的部署提供后勤支援，以及协助重建工作，特别是使用全球定位系统和激光全站仪恢复和鉴别受害者身份。在"9·11"事件的响应中，准确的多层地理信息系统、市政府联邦紧急措施署专家、学术界及 GIS 供应商在这次救援中起了至关重要的作用。同样重要的是光探测和测距（激光雷达）技术，它与 pictometry（高分辨率倾斜航空摄影）技术一起将在 GIS 的大范围应用中起到更重要的作用（Kwan & Lee, 2005）。

5. 利用 GIS 来规划反恐是 GIS 的一种典型的应用，这些方面许多材料是高度机密的。不过，航空侦察图像通过遥感传感器图像处理软件和地理信息系统处理，提取坐标并重新输进反恐作战中的巡航导弹的制导系统，这是公认的事实。同样，数码相机、GPS 以及全球鹰和捕食者无人驾驶空中飞行器（无人机）中的传感器也将信息传送到控制中心，控制中心配备了定制的地理信息系统程序，它配合地狱火导弹进行观察并偶尔直接实行攻击。大量的情报信息被中央情报局下属特别行动队收集，其中，合适的情报信息被建立到 GIS 数据集中。因此，可疑目标的 GPS 坐标可以通过空中图像和其他层配合分析，通常由攻击的飞机自己评估攻击效果，这些飞机本身也是由全球定位系统和地理信息系统相关技术进行引导（Monmonier, 2002）。

32.3 恐怖分子对 GIS 的潜在或实际使用

另一方面应考虑到地理空间数据和GIS程序也可以被恐怖分析和网络罪犯使用。因此，应适当地限制对地理空间数据库的访问，防止个人和团体通过这个关键数据库访问地理空间数据的潜在危险。越来越多的地理空间数据（包括地形、基础设施和地理人口统计数据）能够通过互联网的相关网站（如地理网）下载或从ESRI得到或者通过由地方、区域和国家政府和一些私人公司维护的基于Web的交互式地图程序得到。最近有一些多种用途的软件，例如，ESRI公司的Map Publisher（地图发布器）和Map Reader（地图阅读器）软件，能够通过互联网在线提供地图的查询和发布服务，然后用户可以进一步使用免费软件操作地图。这就意味着，当地图和地图阅读器程序被下载后，地理空间数据能够被下载后无需连接互联网就可以进行操作。这种便捷的途径使得地理空间数据的潜在非法使用越来越多，应当进行更严格的限制。

32.4 对策

最重要的对策是限制访问重要的地理空间基础设施数据，给用户相应的权限，仅允许授权的用户获得使用地理空间数据。但是，如果没有认真地审核用户的证书、培训和背景，将不会改变基本的数据集。利用地理空间数据交互地图网站和软件并通过INTERNET提供服务（例如，ESRI公司地图发布和阅读软件）的方法不是可行的。因为在这种情况下，虽然服务器中数据的完整性不会被破坏，但是在没有相关组织授权的情况下，这些数据本身会被非法使用而产生新的信息。在数据分发中的一个重要的事例说明，非法使用数据的危险超过了通过Internet传播数据带来的潜在利益，这个例子涉及美国环境保护局（EPA）地表水质量办公室。该机构的部分任务是在安全饮用水法案下规范饮用水的质量，EPA在网站中有标注，使用了基于WEB的交互式地图标明了道路的位置、水文特征和美国摄入量超过25 000生活用水的供水系统。这些地点中许多大型的每天处理数百万加仑的水处理厂并没有采用合适的围栏、警卫或相关措施来阻止供水系统的取水口遭受非法的攻击。相反，许多地方仅仅是一个开放的管道或是在一条不起眼的小路尽头放置一个几乎无法将路人和取水口隔开的栅栏（通常在水库和河流的取水口处都没有保护措施）。环保局在"9·11"后及时删除了Internet上的这些材料（EPA, 2003）。同样，商用核电厂的工程图纸也于"9·11"后的稍迟一段时间内被从核管理委员会的网站上删除（NRC, 2003）。保护Web网站的方法之一，是要认识到可能有多个网站会被潜在的恐怖分子所利用。因为，一个提供供水系统取水口坐标的网站可以和一个提供行车路线和0.25m彩色航空摄影的网站结合在一起使用，另外，一个提供城镇人口密度分布图服务的网站可以和另外一个显示应急机构能力的关键漏洞或显示执法机关距离的网站互相结合在一起使用。同样，当核电厂工程图纸与高分辨率航拍、行车路线、风向信息、人口密度和可能的疏散路线等信息结合在一起时，将具有被恶意使用的潜在危险。由于互联网上提供了许多地区的清晰地理空间数据，尤其关于美国的数据是广泛而细致的，因此消除恐怖规划链关键的最后环节显得尤其重要。

32.5 未来趋势

地理信息系统和相关技术继续迅速发展，这种发展主要朝着几个方向。一个是进入新的应用领域，如消费决策、行程规划、旅游。地理空间数据对于大量网络匿名用户的实用性的不断增加，确实构成潜在的安全风险。同样，地理信息系统正朝着更加便携的方向转变，如笔记本电脑、PDA、汽车导航系统和最新的手机。此外，一个具有更大的实用性的地理空间数据包含了世界上新的地区，同时涵盖了新的信息主题。例如东欧国家，一些长期受恐怖主义困扰的中东和南亚国家开始发展地理空间数据。随时通过互联网提供地理空间数据，土耳其，突尼斯，泰国，中国台湾都更新了老化的地图信息。马来西亚目前拥有很好的地理空间数据集，卡塔尔和科威特也一样。埃及各主要城市拥有优秀的信息数据，而以色列长期以来在地理空间数据上一直具有优势（Ralston, 2004）。由于长期受恐怖主义影响，以色列正在考虑采取安全预防措施保护所发布的国家的关键基础设施的数据，但是其他迅速发展地理空间数据的国家中，有一些也可能有不断发展的恐怖主义运动。

32.6 结束语

地理信息系统是数字数据的重要形式，具有无数有价值的用途，其中许多直接与反恐相关。然而，GIS数据集可能被非法使用而且由于GIS数据集非常大而且复杂，并且对于如紧急反应和公共事业等一些机构的运作往往又是至关重要的，因此数据集很容易受到破坏和改动。使用分布式网络共享和更新地理空间数据的趋势和多源的数据集合并在一起的多层地理信息系统的可能性使得有必要采取适当的安全防范措施来保护互联网上不断增加的地理空间数据量。特别是，基于Web的交互式地图的出现，使得许多新用户可以接触强大的空间分析技术和巨大的数据集。这些地理信息系统的许多新的用户，包括一些是技术熟练的用户，一些只是偶尔使用的用户，有的人使用这些数据没有邪恶的目的，而有些却有恐怖的目的。所有这些，要求管理部门采取应有的谨慎态度，规范地理数据内容的发布行为，使得这种便于使用的有价值的资源不会无意中成为具有破坏性用途的数字信息和强大的工具。

参考文献

Burroughs, P. A. (1986). *Principles of geographic information systems for land resources assessment.* Oxford: Claredon Press.
EPA. (2003). *Information management branch update.* http://www.epa.gov/ OGWDW/imb_update/february2003.htm
Foresman, T. (Ed.). (1998). *The history of geographic information systems: Perspectives from the pioneers.* Prentice Hall.
GIS. (2005). *Discussion of GIS system requirements.* www.gis.com/implementing_gis/Sysrequirements . html
Greene, R. W. (2002). *Confronting catastrophe: A GIS handbook.* Redlands, CA: ESRI Press.
Kennedy, H. (2001). *Dictionary of GIS terminology.* Redlands, CA: ESRI Press.
Kwan, M.-P., & Lee, J. (2005). Emergency response after 9/11. *Computers, Environment and Urban Systems*,29(2).
Leipnik, M. R., & Albert, D. (Eds.). (2003). *GIS in lawenforcement.* London: Taylor and Francis.
Longley, P. A., McGuire, D. J., Goodchild, M. F., &Rhind, D. (Eds.). (1999). *GIS principles and applications.*
London: Longmans.Monmonier, M. (1982). *Computer assisted cartography,principles and prospects.* Eaglewood Cliffs, NJ:Prentice-Hall.
Monmonier, M. (2002). *Spying with maps.* New York:University of Chicago Press.

NGIF. (2005). National geospatial intelligence foundation.*Proceedings of the Technologies for Critical Incident Response Conference and Exposition*, SanDiego, CA.

NRC. (2003). *NRC initiates additional security review of publicly available records.* Nuclear Regulatory Commission News, No. 04-135, Office of Public Affairs. www.nrc.gov

Peng, Z.-R., & Tsou, M.-H. (2003). *Internet GIS: DistributedGIS for the internet and wireless networks.* Hoboken, NJ: John Wiley & Sons.

Ralston, B. (2004). *GIS and public data.* Clifton Park,NY: Thompson/Delmar Press.

Stienberg, S., & Stienberg, S. (2006). *GIS for the social sciences.* Thousand Oaks, CA: Sage Publications.

URISA. (2003). Initial response and recovery at the World Trade Center. *Urban and Regional Information Systems Association Journal, January-February* 2003. www.URISA.org

U.S. Navy. (2004). *Patterns of global yerrorism. Monterey*, CA: Naval Postgraduate School. http://library.nps.navy.mil/home/terrorism.htm

Wang, F. (2005). *GIS and crime analysis.* IGI Global.

术语和定义

关键事件响应（Critical Incident Response）：使用各种工具（包括移动通信，全球定位系统、基于GIS的测绘以及空间分析）进行应急服务和/或执法机构的响应协调。

地理信息系统（Geographic Information Systems, GIS）：一个计算机硬件、软件和地理数据的集合体，用于捕获、存储、更新、处理、分析和显示所有形式的地理参考数据。

地理空间数据（Geospatial Data）：具有空间参照的数字化数据，例如，一个坐标系统和到描述性属性数据的链接，这些数据可用于地理信息系统中。

地理空间情报（Geospatial Intelligence）：地理空间数据和程序（如地理信息系统和图像处理软件）在军事和反恐中的应用。

全球定位系统（Global Positioning Systems, GPS）：美国国防部研制的由24颗卫星组成的星座，位于2万公里高空的地球轨道上。这些卫星传输信号，使地球上任何地方的GPS接收机能够计算出自己的位置。全球定位系统可用于导航、测绘、测量和其他需要精确定位的地方。

基于Web的交互式地图（Interactive Web-Based Mapping）：通过互联网提供的地图定制服务和有限的空间分析工具，能够浏览和查询存储在服务器上的地理空间数据。通过互联网提供交互式地图服务的软件有ESRI的Arc Internet Map Server和Map Info MapXreme。

空间分析（Spatial Analysis）：研究地理特征的位置和形状，以及它们之间的关系。传统上，它包括地图叠加、空间连接、缓冲带测定、表面分析、网络与线性分析，以及扫描与分析。

第 33 章 遥感图像在赛博战和赛博反恐中的应用

Gang Gong, Mark R. Leipnik
（萨姆休斯敦州立大学，美国）

遥感是指远距离信息获取。具体而言，它是指通过航拍照片或卫星传感器收集有关地球表面的特征数据。本文首先对遥感及相关的概念进行定义，并对收集和处理遥感图像信息的方法进行讨论，提出了遥感演化、遥感图像的一般应用和主要来源以及处理分析遥感图像的程序，笼统地讨论了遥感在信息战和反恐中的应用，并给出了在该特殊领域一些成功和失败的具体案例。其次，对网络中越来越容易获得的高清晰度遥感图像的潜在滥用及其防范对策进行讨论。最后，对这个迅速发展技术的未来发展趋势进行了展望。

33.1 引言：定义和历史

关于遥感这个概念，提出了很多的定义。例如："遥感是没有接触客体的数据采集"（Fussell et al., 1986），"遥感是没有接触客体而对客体信息收集和解释"（Weissel, 1990）。还有其他更集中、更准确的定义：

遥感是使用固定在飞机或航天器上的照相机、扫描仪、激光、线阵和(或)

面阵天线等设备，通过探测紫外线、可见光、红外线及微波波段电磁波谱，非接触式地记录被探测物体的信息，并通过视觉和图像处理方法分析获得的信息（Jensen, 2000, p. 4）。

遥感被美国摄影测量和遥感协会（ASPRS）定义为：在研究中，通过非物理、非接触的手段，对客体或现象的属性信息进行测量和获取（Colwell, 1983, p. 23）。1988年，ASPRS又采用了摄影测量与遥感相结合的定义：

摄影测量和遥感是获得客体和环境可靠信息的艺术、科学和技术，通过非接触传感器系统记录、测量和解释图像并对能源模式进行数字表示（Colwell, 1997, pp. 33-48）。

遥感的历史可以追溯到摄影的初期，两次世界大战期间广泛采用侦查飞机航拍的方式大大推动了其发展。空中拍摄科学的内涵已经发展到了可对高空航拍图像进行系统化特征检测的阶段。遥感技术的另一个发展是在"冷战"时期，它发展为通过地球表面飞行的卫星获得高分辨率数字图像（Goodchild, Pratt, & Watts, 2000）。就在那时，遥感这个词被海军研究办公室地理科（Pruitt1979）提出。除了相机（如扫描仪、辐射计）等设备外很多设备到现在还在被使用，成像技术被扩展到了电磁频谱和近红外线领域（如热红外、微波）。20世纪90年代，美国宇航局推出了一系列星载遥感系统，地球观测系统（EOS）、法国SPOT系列卫星和高分辨率地球轨道系统，如IKONOS和QUICKBIRD（www.earth.nasa.gov）。

33.2 遥感系统的结构

现代遥感数字设备被安装在卫星或航空器上。被动型遥感系统记录了地球表面反射的电磁能量，而主动型系统产生自己的电磁能量，测量反射的比例。光探测和测距（激光雷达）是广泛使用的主动遥感探测系统。通过激光探测地球表面反射的距离。对小范围的辐射监测（称为瞬时视场IFOV）数据进行记录和综合。完整图像被组合成二维像素数组。由于采用科学的可视化处理和假设检验技术，科学家们对遥感数据的数字图像处理取得重大的进展（Jensen, 2000）。主要的数字图像处理技术包括图像增强和校正、图像分类、模式识别和高光谱数据分析。

33.3 遥感的一般应用

目前，遥感系统主要有两大类型的应用。有些遥感系统用于对一些变化的数据进行测量，如南极上空的"臭氧空洞"测量。更多的时候，遥感系统是用于测绘。在这种情况下，图像被用来识别和定位地球表面的特征，例如植被、农作物、道路、建筑物或地质特征（Goodchild, Pratt, & Watts, 2000）。当今，遥感系统广泛应用于许多领域，包括情报收集、气象预报、作物估产、土地利用和土地覆盖变化探测、灾害监测等领域，偶尔应用于执法监督（尤其是在禁毒和疾病控制）。最近在遥感领域增加了民用和军用无人驾驶航空器的使用。

33.4 遥感图像处理程序和要求

遥感程序主要包括来自于徕卡地理空间成像测量系统的 ERDAS, LLC（http://gis.leicageosystems.com），加利福尼亚的来自地球资源映射的 ER MAPPER（http://www.ermapper.com），来自研究系统公司的 ENVI（http://www.rsinc.com），来自加拿大的 PCI（http://www.pcigeomatics.com），也有更昂贵的在马萨诸塞州的克拉克实验室（http://www.clarklabs.org）提供的 IDRISI 系统（Kruse, Lefkoff, Boardman, Heidebrecht, Shapiro, & Barloon, et al., 1992; Landgrebe, 1999）。由于要处理高分辨率和大尺寸的数据集，遥感程序通常有相当高的系统要求（Jensen, 2005）。通常，需要几个 GB 的磁盘空间（例如，ERDAS 需要 2.7GB 空间）和至少 512MB 内存，以及一个高性能显卡。另外，完整的遥感系统需要很多外设（如大幅面绘图仪、大幅面扫描仪和地理信息系统)。

33.5 遥感技术在战争中的应用

毫不夸张地说,遥感航空摄影和卫星成像的重大进展,都源自军事和国家安全的计划和考虑。从最初几年的应用能够看到遥感的优势是能够全面观察战场或敌国。航空拍摄最初来自于美国南北战争时期,通过气球实现(Haydon, 2000)。在飞机和飞艇出现之前,德国总参谋部在拍摄法国边境的防御工事时还是使用了在鸽子身上装备时间激活拍摄相机的方法。航空拍摄不是随着莱特兄弟的发明而真正发展,它是伴随着第一次世界大战的发生而迅速发展的。两次世界大战之间,航空拍摄不断加强,德国火箭计划进一步提高了高空摄影的能力(Estes, 1999)。一旦人造卫星运转在轨道上,间谍卫星计划就开始启动。当时卫星投回地球的相片很像早期的航空照片,这些影像是被空投回地球的。然而不久之后,电子传感器和数据的射频传播产生。早期卫星图像往往是低分辨率的,通常分辨率是100英尺(大约为当前分辨率的1/10 000)。美国国防部提出了很多方案,CORONA卫星就是一个很好的例子(Ruffner, 2005)。在同一时期,美国及其盟国能够通过使用高层次空中摄影平台得到高分辨率图像。值得注意的是,美国努力通过遥感手段拍摄古巴导弹基地高分辨率图像,这直接引发了1961年的古巴导弹危机。同时,他还拍摄了弗朗西斯加里 U2 间谍飞机执行任务时在苏联被秘密击落的照片(Gentry & Powers, 2003)。

"冷战"的很多计划促进了技术的发展,例如,锁眼间谍卫星方案。这些技术在反恐战争中得到了或多或少的成功应用(Geospatial Solutions, 2003)。具体来说,通过这些技术获得更多恐怖事件的图像(例如,阿富汗恐怖分子训练营的照片),并且把它们应用在目标打击中。这种应用引起了争议,其主要问题是在分辨率足够的情况下,空中拍摄受到怀疑的恐怖分子训练营鉴别其中的车辆和帐篷,这可以帮助目标巡航导弹目标定位或GPS联合制导 JDAM 炸弹（联合直接攻击弹药），但是并不能通过这些图像确定恐怖组织意图也不能识别个人（Boeing，2006）。

　　间谍卫星的主要进展是更高的分辨率和各种主动式传感器的部署（如合成孔径雷达）。但是，要实现利用数百英里外的传感器平台，以每小时数千英里的速度可靠地跟踪怀疑的单个恐怖分子还有很长的路要走。事实上，有效对抗卫星观测的措施很多，代价很小，而且这比通过调整卫星程序来对抗它们效率要高很多（Moniz，2002）。例如，常用的对策包括在卫星没有观察时、在夜间、在树下、在地下或在人群密集的市中心采取行动，在这种情况下再复杂的数字图像处理技术也很难清晰地定位潜在的目标。印度政府采取了许多这样的措施，也利用扬灰障眼的方法防止国家侦察局和其他国防和情报机构（Ladeen，2000年）利用天空眼窥视和检测核弹试验的准备情况。此外，在阿富汗很多情况也被证明很难进行目标分辨，例如，一场婚礼和一个恐怖集团就很难辨认（Shroder，2005）。清晰度依赖于图像分辨率的关键参数，这也说明了各种美国情报机构在萨达姆统治的伊拉克为什么不能够将鸡舍和飞毛腿导弹发射器区分开。事实上，鸡舍是由废弃的大尺寸管道组成的，这些管道与飞毛腿导弹发射器的尺寸和特征非常相似。这也表明了图像的最大的局限性是缺少属性数据。属性数据是一种描述性的信息，这些信息可以通过其他资源提供，例如，地面的实际情况告诉使用者它们看到的不仅仅有位置信息。另外，GIS 遥感图像也应具有这些属性数据，但是这同样存在很多问题，中国驻贝尔格莱德大使馆受到意外攻击的事件也说明了问题的存在。这座建筑无意中在国家影像制图局的资料库中标明，坐落在南斯拉夫政府物流中心（国家影像制图局资料库中早已表明它坐落于南斯拉夫政府物流中心）（Gertz，2000）。通常情况下，卫星用来识别潜在的利益地区，而载人侦察机用来获取高分辨率的图像。但令人担忧的是，这些观察恐怖分子和敌对势力区域的飞行员面临被捕获的危险。有记录表明，飞行员宁愿跳伞或被捕也不愿牺牲性命（因为它们希望弗朗西斯·加里权利机关将……）（Gentry & Powers，2003）。

间谍卫星图像分辨率较低，而航拍图像分辨率高但更加危险，针对这种两难的情况，近期提出了一个非常有效改进方案，就是采用遥控飞机或无人驾驶飞行器。这当然要归功于具有创造性的德国人在第一次世界大战中发展了第一架无人机用于飞跃敌方战壕，并且在面对更加有效的防空措施时，不用冒着飞行员被击落的风险拍摄航空照片（Nuke, 2002）。随着更先进的追踪、控制和通信能力的出现，类似的想法已经导致了全球鹰和捕食者无人机的应用。这些飞机都被用来监控，并且偶尔也用来攻击也门和巴基斯坦的恐怖分子嫌疑人（Moniz, 2002）。

33.6　潜在恐怖分子对遥感影像的使用

恐怖组织一般不会获得间谍卫星，但他们可以几乎不被限制地通过互联网获得许多地区的高分辨率图像。值得注意的是，虽然美国和其他国家政府试图（通常是失败的）阻止敏感军事设施图片（如在内华达州的马夫湖试验场 51 区），或在莫斯科郊外的预警雷达天线阵列）扩散，但通常它们无法从像 Google Earth 或包含潜在的恐怖主义目标的 Terraserver 图片等网站中被删除。人们可以通过它们获得分辨率达到 1m，有时甚至达到 0.25m 的美国国内的核电厂、炼油厂、港口设施、摩天大楼或犹太教堂的图像。除美国高分辨率数据外，在网络上还有英国和瑞典的数据以及一些从 1m 到 79m 的低分辨率数据，包括阿姆利则金庙，萨马拉的清真寺，西班牙铁路系统或巴厘岛夜总会区域等包含恐怖主义目标的地点。在已经发生和即将发生的恐怖袭击中，一个好的具有协调能力的恐怖组织很可能会利用所有可用的公共网络资源（如 Teraserver 和 Google Earth 等网站）。关于哪些涉及国家安全利益的内容应该被阻止扩散，似乎还处于冷处理状态，即仅仅对"敏感设施"（如导弹基地等）的图像加以控制。而其他更有可能包含"敏感目标"的高分辨率照片却能很轻易地接触到。当然，那些更加可能遭袭的目标，例如，在华盛顿特区的国家广场也受到普遍关注，并已早有现成的图像，最早的图像来自国家航空摄影方案，数字格式的图像源自地球数据中心（http://edcwww.cr.usgs.gov/）以及来自现在很多网站，如 Terrasever（http://terraserver.microsoft.com/）和谷歌地球（http://earth.google）网络中这些大图片的另一个有趣的应用是使用这些图片掩盖加密信息的传输。这种行为通常被称为隐写，隐藏的消息也需被进一步编码。据称，通过更换光栅图像中预定行和列像素的色调、饱和度和色度值，可以发送加密信息。任何适合的高分辨率图像都可以通过这样的方式隐藏信息，从而产生随机或模糊的像素区域。在一个3MB 大小普通摄影照片中进行这种操作可能比在一幅大得多的图片中的相对更小的部分进行这种操作更容易被检测到（例如，隐藏在一幅 750MB 地球资源卫星拍摄的照片中的信息更难检测）。遥感影像中的模式也有许多似乎是相当随机的，所以通过使用明显具有随机性的图像搭载编码的消息具有很好的隐蔽性。然而，以地理空间图像作为附件的电子邮件更容易引起怀疑，此时这种隐蔽性的优势就被抵消。因此，利用目前在国际网络空间中大量传输的日常事物、普通人物的数码相机照片甚至是色情图片承载秘密信息反而更少引起疑点（Wayner, 2006）。

33.7　未来趋势

遥感影像有几个重要方面的发展趋势。其一是基于胶片的航空摄影即将消失，而飞机上的数码相机备受青睐。这使航空摄影和卫星遥感影像在许多方面具有相似性。另一个趋势是远程控制成像平台向越来越小的方向发展，从小型远程遥控直升机和飞机大小，最终可能发展成为鸟类甚至昆虫大小的遥感设备。因此，被"窃听"可能意味着被一个大小和形状如苍蝇或黄蜂一样的设备所监视。今天，这种能够徘徊在战场上空的装置，可能更接近于一种翼龙、秃鹰或信天翁的尺寸，但是具有更长留空时间、体积更小的设备正在快速发展（Nuke, 2002）。最后一个重要的趋势是互联网上会有分辨率越来越高的卫星图片不断传播。谷歌地球仅仅是这一趋势的最新体现，它是一个基于 Web 的交互式智能地图网站，提供的图像查看与空间分析和查询工具，这些工具允许用户不但可以搜索街道地址，而且可以生成缓冲地带的图像，并且可以恢复图像中的特征属性。设计用于显示链接企业地址的高分辨率图像并建立相应的搜索引擎，从而通过高分辨率空间图像能够定位各个企业和家庭的地理坐标值，这样的网站已经在美国建立、运行，并且非常流行。

33.8 结束语

从一开始，遥感影像已经成为战争的重要组成部分，这项技术在基于航空器的航拍和卫星遥感图像采集、处理中得到发展，这种发展受到了国家安全的推动。虽然许多间谍卫星和侦察机拍摄的图像是高度机密，但是商业卫星公司如 Ikonos、Digital Globe 或 SPOT 和一些官方的数据如 NASA 的 EOS 计划，俄罗斯国防部的 SPIN 计划和印度卫星研究所等已制作了可用的大量遥感影像。这种图像可以通过网络进行浏览、下载和购买。这些图像大多数的潜在和实际的用户都无破坏性意图。然而，作为一个非常实用的技术，那些恶意使用者也可将它作为有效的实现计划的工具。通过限制图像使用渠道来最终阻止恐怖活动是存在问题的，也是不可能的。尽管如此，这种限制仍然非常重要，负责保障安全和打击恐怖主义的有关人员，应对滥用地理空间信息资源的行为有所警觉，并寻找解决方案。

参考文献

Boeing Company. (2006). *JDAM information*. www.boeing.com/defence-space/missiles/jadam/news/index.html

Colwell, R. N. (Ed.). (1983). *Manual of remote sensing* (2nd ed.). Falls Church, VA: American Society of Photogrammetry.

Colwell, R. N. (1997). History and place of photogrammetric interpretation. In W. R. Philipson (Ed.), *Manual of photographic interpretation* (2nd ed., pp. 3348). Bethesda: American Society for Photogrammery and Remote Sensing.

Estes, J. (1999). *History of remote sensing*. Santa Barbara, CA: National Center for Geographic Information and Analysis.

Fussell, J., Rundquist, D.C., & Harrington, J. A., Jr. (1986). On defining remote sensing. *Photogrammetric Engineering and Remote Sensing, 52*(9), 15071511.

Geospatial Solutions. (2003, February). Satellite imagery: History through the keyhole. *Geospatial Solutions Magazine*, (Feb), 19.

Gentry, C., & Powers, F. G. (2003). *A memoir of the U@ incident*. Potomac Books, Inc. Gertz, B. (2000). *The China threat* (1st ed.). Regnery Publishing.

Goodchild, M. (2000). Remote sensing. In R. J. Johnston et al. (Eds.), *The dictionary of human geography* (4th ed., pp. 699701). Oxford, UK: Blackwell.

Haydon, F. (2000). *Military ballooning during the Civil War*. Johns Hopkins University Press.

Jensen, J. (2000). *Remote sensing of the environment*. Upper Saddle River, NJ: Prentice-Hall.

Jensen, J. (2005). *Introductory digital image processing*. Prentice Hall. Kruse, F. A., Lefkoff, A. B., Boardman, J. W., Heidebrecht,

K. B., Shapiro, A. T., & Barloon, P. J. et al. (1992). The spectral image processing system (SIPS): Interactive visualization and analysis of imaging spectrometer data. In *Proceedings of the International Space Year Conference,* Pasadena, CA.

Ledeen, M. (2000). Blame the United States for India's Nukes: Indian nuclear testing program and CIA intelligence failure. *Journal of the American Enterprise Institute*. http://www.aei.org/publications/ pubID.9068/pub_detail.asp

Landgrebe, D. (1999). *An introduction to MULTISPEC*. West Lafayette, IN: Purdue University.

Moniz, D. (2002). U.S. fine tunes its air war capabilities. *USA Today* 12/06/2002.

Nuke, L. (2002). *A brief history of unmanned aerial vehicles.* American Institute of Aeronautics and Astronautics. Pruitt, E. L. (1979). The office of naval research and geography. *Annals, Association of American Geographers, 69*(1), 106.

Ruffner, K. (2005). *Corona: Americas first satellite program.* Morgan James Publishing, LLC.

Shroder, J. (2005). Remote sensing and GIS as counterterrorism tools in the Afghanistan war: Reality, plus the results of media hyperbole. *The Professional Geographer, 57*(4).

Wayner, P. (2006). *Disappearing cryptography: Information hiding, steganography and water marking.* Morgan Kaufman.

Weissel, J. (1990). Remote sensing entry. *Remote sensing Glossary*. Retrieved from http://rst.gsfc.nasa. gov/AppD/glossary.html

术语和定义

航空摄影（Aerial Photography）：从空中平台进行摄影。

分类（Classification）：对一幅图像中的每个像素进行归类的过程，通常基于光谱反射特性。

假彩色图像（False Color Image）：将一幅彩色图像中的部分不可见电磁频谱表示为红、绿、蓝成分中的一种或多种，从而使地球表面产生的颜色与正常的视觉效果不一致，这也称为假彩色合成（FCC）。最常见的假彩色图像将近红外显示为红色，将红色显示为绿色，将绿色显示为蓝色。

图像处理（Image Processing）：所有可应用于摄影或图像数据的操作，包括（但不仅限于）图像压缩、图像复原、图像增强、预处理、量化、空间滤波以及其他的图像模式识别技术。

斜光照片（Oblique Hotograph）：有意在水平和垂直之间的某个角度拍摄到的照片。

平台（Platform）：携带传感器的运载工具，如卫星、飞机、气球等。

极地轨道（Polar Orbit）：接近两极运行的轨道。在该轨道上运行的卫星，可以掠过除了两极附近的大部分地球表面。

遥感（Remote Sensing）：从远处获取（即无需物理接触）有关对象或现象的信息的科学、技术和艺术。

分辨率（Resolution）：在图像或照片中区分近距离物体的能力。分辨率通常表示为每单位距离中可区分的最近间隔线对的数量。也称为空间分辨率。

卫星（Satellite）：环绕地球或其他天体运行的设备，它常作为数据采集和传输的平台。

第五部分 身份认证、授权和访问控制

访问控制是加强系统安全的一个重要手段。在大部分网络攻击中，攻击者在第一阶段都是非法获取系统的访问权。攻击者进行非授权访问的方式多种多样，本部分将讨论各种非法访问技术及其防范方法，包括"传统攻击"（即利用系统漏洞来躲避系统防御机制）、基于记录属主与记录内容之间关联性的访问方法、利用数据挖掘在互联网上进行身份搜索、访问控制方法的特性和分类。本部分包含的各章如下。

第34章 黑客攻击和窃听

第35章 访问控制模型

第36章 基于异常检测的入侵检测系统综述

第37章 一种使用视觉诱发电位的认证模式

第38章 基于内容的多媒体授权和访问控制策略规范

第39章 数据挖掘

第40章 互联网数字地址的辨识与定位

第 34 章 黑客攻击和窃听

Kevin Curran, Peter Breslin, Kevin McLaughlin, Gary Tracey
（欧斯特大学，英国）

许多自称黑客（Hacker）的人实际上都将自己看成为某一公司提供某项服务的人，他们报告公司系统存在的漏洞，然后由公司采取一定措施来防御未来的攻击。黑客们声称，他们的存在促进了安全软件的发展。道德黑客会告诉你，为了自身利益而攻击系统的人是骇客（Cracker）而非黑客，正是由于黑客的存在，才使得安全软件变得如此重要。本章介绍了黑客工具、方法和黑客基本理论。

34.1 引言

在《信息技术法令》(*Information Technology Act*[1])之第 2（i）(a) 节中，"访问"被定义为"进入计算机、计算机系统或计算机网络中的逻辑资源、运算资源或存储资源，或者是对这些资源发出指示，或者与这些资源进行通信。"因此，非授权访问表示所有未经计算机、计算机系统或计算机网络的所有者或管理者许可而进行的访问。所以，不仅通过攻击密码认证系统而进入服务器是非法访问，未经计算机系统管理者的许可就启动计算机也是非法访问。《新黑客字典》(*The New Hacker's Dictionary*) 的编者雷蒙德（1996）

将黑客定义为聪明的程序员。根据雷蒙德的观点，好的 Hack 是指聪明地解决一个编程问题，而 Hacking 则是指问题的解决过程。雷蒙德列出了黑客具有的 5 个可能特征：

1. 喜欢学习编程语言细节或系统细节
2. 喜欢做实际编程，而不是研究关于编程的理论
3. 能尊重其他黑客的行为
4. 能很快地进行编程
5. 特定编程语言或系统的专家，例如 Unix 黑客。

和很多黑客一样，雷蒙德谴责那些试图攻击他人系统，或通过编程和专业知识进行恶意攻击的人。大多数黑客将这类人称为骇客（Cracker）。骇客是指绕过口令、许可等机制，非法闯入他人计算机或网络的人，其恶意行为的目的是获得利益。而（黑客所说的）黑客进入系统则是为了找出安全问题。因此，必须谨慎地区分黑客和骇客。尽管很多黑客说他们的行为有利于系统安全的发展，但是这种行为在《计算机滥用法》（*Computer Misuse Act*）中仍被认为是犯罪。这部法律规定的滥用行为包括：计算机欺骗（即对信息的非授权访问），计算机黑客攻击、窃听，为个人利益而非授权地使用数据，非授权地改变数据或毁灭数据，拒绝合法用户的访问，以及非授权地移除数据（Harris, Harper, Eagle, Ness, & Lester, 2005）。

这部法律并没有区分黑客和骇客。与此相关地，约翰·崔普尔（一名已改过自新的黑客）认为：

一般来说，黑客对互联网社会是非常重要的，因为他们是扣紧系统漏洞的人。政府应当对这类事件更加容忍，同时黑客也应当乐于联系相应的公司并说："我在你们的系统中发现了漏洞"（Machlis, 2000）。

他相信，如果没有黑客，安全也不会发展到现在这个样子。他相信黑客对高效安全系统的发展有重要影响，政府和法律应当承认这一点，同时应更仔细地区分黑客和骇客：黑客的目的是发现公司的安全漏洞，而骇客的目的则是真正的恶意行为。

骇客使用各种方法对计算机系统进行恶意攻击，其中之一就是"病毒（Virus）"。病毒是一段通常伪装成其他内容的程序代码，它可以导致一些意料之外的事件，而这些事件通常是人们所不希望发生的事件。计算机病毒将自身附加到程序或文件中，因此它可以从一台计算机传播到另一台计算机，并在传播过程中进行感染。计算机病毒的严重性和影响与人类病毒几乎一样。有些病毒只是轻微地影响主机，但是更多危险的病毒可以导致硬件和软件的严重损坏。几乎所有病毒都是附加到可执行文件上，这就意味着病毒可能存在于计算机中但并不产生影响，除非运行或打开这个恶意程序。需要特别注意的是，病毒在没有人工操作（如运行一个被感染的程序）时是不会传播的。人们通常不知不觉地传播计算机病毒，例如共享被感染的文件，或发送带有病毒附件的电子邮件。

另外一种方法是使用"蠕虫（Worm）"。从设计和破坏后果这两方面比较，蠕虫和病毒非常相似。像病毒一样，蠕虫在系统间进行传播。但是，和病毒不同的是，蠕虫传播不需要用户的任何辅助，而是利用计算机中已经存在的文件和信息。蠕虫最大的危险是能够将自身复制到系统中，因此被感染的计算机不是向外传播一个蠕虫，而是能传播成百上千的蠕虫副本，从而造成巨大的毁灭性后果。例如，蠕虫可以通过电子邮件发送。如果你通过电子邮件接收到一个蠕虫，这个蠕虫就可能通过你的通讯录将蠕虫副本发送给你的联系人以及他们的联系人等。蠕虫具有通过网络传播的能力和自我复制的特性。因此，在大多数情况下，蠕虫会消耗大量系统内存（或网络带宽），从而导致 Web 服务器、网络服务器和个人电脑停止响应。在最近的蠕虫攻击中，例如经常谈到的 Ms.Blaster 蠕虫，被设计成在系统中建立一个隧道，使恶意用户能远程控制计算机（Imai, 2005）。

病毒和蠕虫的对抗方法很多，包括使用反病毒软件和防火墙。防火墙是一种用于防止攻击者进入系统实施攻击的软件，而如果病毒或蠕虫设法进入了系统，那么反病毒软件（一种搜索硬盘查找并移除病毒的工具）可以对系统进行扫描并移除这些有害物。大多数反病毒软件具有自动升级的功能，可以自动升级病毒特征码等，因而更加安全（Vines, 2002）。

34.2 窃听

窃听可视为另一种形式的黑客行为。在很多情况下，攻击者是为了达到监听（收集）信息的目的而非法访问计算机系统，这是对隐私的侵犯。黑客可以通过窃听来收集受害者的信息，例如口令、银行账户信息，但不是所有窃听都以恶意攻击为目的。有些政府使用计算机窃听作为一种监视手段，他们使用这种方法来抓获恋童癖者和其他在计算机中存有违法信息的人。越来越多的雇主采购了监视软件（窃听软件），以监控和窃听雇员在计算机中输入的所有内容，比如电子邮件、浏览的 Web 网站乃至处理的文字。因此，并非所有形式的窃听都是非法的，正在开发的窃听软件也越来越多。

美国联邦调查局（FBI）正在开发一种名为"幻灯（Magic Lantern）"的窃听软件。作为 FBI 的"网络骑士（Cyber Knight）"项目的一部分，"幻灯"技术允许调查者秘密地在互联网中安装窃听软件，用于记录计算机中的键盘输入。可以通过诱使人们双击电子邮件的附件来安装"幻灯"，也可以利用商业软件的漏洞（黑客利用这些漏洞发动攻击）来安装"幻灯"。目前还不确定"幻灯"软件是否会将所记录的键盘输入通过互联网发送给 FBI，也不确定它是否会存储信息并在以后的搜捕中取得它们。MSNBC 最早曝光"幻灯"的存在。

这类监视（窃听）软件非常类似于一种叫做特洛伊木马的软件，已被一些黑客和公司间谍非法地使用。特洛伊木马是一种被很多黑客使用的非常通用的攻击和窃听工具。特洛伊木马使黑客得以进入系统，甚至对它进行控制。它使黑客可以远程访问计算机。乍看起来，特洛伊木马似乎是一种实用软件，但是一旦在计算机中安装或运行就会造成损害。特洛伊木马的接收者只有（通过打开）将木马激活，黑客才能获得访问权。用户通常会被诱使做这样的事情，因为他们看似从合法的来源接收合法的软件。一旦特洛伊木马在计算机中被激活，黑客就能进行访问。特洛伊木马的影响与病毒非常类似，有时甚至比那些更改桌面设置、增加令人迷惑的动态桌面图标的恶意软件还烦人。有的特洛伊木马还会删除系统文件和破坏信息，从而造成非常严重的影响。特洛伊木马能打开系统的"后门"，使其使用者可以查看私人的和涉密的文件。这种信息可以被用于达到某些目的，例如敲诈勒索。

电子窃听可能是最为严重的一种数据盗窃。通过最先进设备，窃听者甚至可以获得受害者行为的完整副本——每一次键盘按键和每一条显示在屏幕上或发送到打印机中的信息。与此同时，受害者通常不知道攻击者的存在，仍然在毫无顾忌地继续他的工作，不仅暴露了敏感信息，而且暴露了口令以及用于获取更多内容的必要信息。很多情况下，你可能并不知道是否正被监控。在有些情况下，当攻击者试图使用所获取的信息时，你会发现窃听者的存在，但到了那个时候，你通常已经不能阻止已产生的巨大破坏。以下列出几种不同的窃听方法。

窃听的首选方案是通过电线进行，因此得名"搭线窃听（Wiretapping）"。攻击者通过一个非常简单的接头就可以监听整个会话。有时甚至不需要物理地接触电线，只需将一个简单的感应线圈绕在目标电线上，就足以获取大部分语音信号和 RS-232 通信。以太网和其他局域网也容易被监听，所以闲置的办公室中不应当保留以太网或双绞线的接口。你可能希望通过定期扫描自己子网的互联网地址，来确保没有未经授权的互联网主机在控制你的网络；也可以运行局域网（LAN）监控软件，若在数据包中检测出先前未知的以太网地址则报警。有些 10Base-T 的集线器经过设置，可以监测所收到数据包的 IP 地址。一台连接到该集线器的计算机，如果它所发出的数据包与集线器事先设置的正确数据包不匹配，则集线器就可以报警并断开网络连接。这种功能可以阻止多种形式的以太网欺骗（McClure, Scrambray, & Kurtz, 2003）。

按键记录器

另一种窃听计算机系统的方法，是使用按键记录器（Key Logger）。按键记录器是一种在后台运行的程序，它记录所有按键操作。按键被记录之后，可以先隐藏在机器中，待日后再取回或自动发送给攻击者。利用按键记录器收集的信息，攻击者可以找到口令或银行账户的详细资料。

需要注意的是，按键记录器并不仅仅用做黑客工具。许多家庭用户和父母使用按键记录器，如隐藏的键盘记录器，来记录计算机和互联网活动。利用这些按键记录器收集到的信息，可以判断小孩是否与不合适的人在线交谈、或是否浏览不适当的网站内容。在商业中，按键记录器也可以用于监视雇员的工作状态。通常按键记录器会产生很多文件，这就意味着很难手动将它们清除。最好的方法是使用反病毒软件，或使用类似于防火墙的方法来阻止它们进入系统。

2005年3月17日，伦敦警方挫败了一起银行抢劫案，这起银行抢劫案是大不列颠最大的银行抢劫案之一。犯罪分子计划从日本三井住友银行伦敦支行盗窃估计2.2亿英镑，并将资金通过银行转账到全球的10个不同的账户。这次抢劫计划不同于英国历史上的任何传统银行抢劫，它不涉及持手枪闯入银行、劫持人质并乘车逃走。这是一个利用高科技手段的银行抢劫[2]。犯罪分子向银行网络上传了一个可以记录每次键盘按键的程序，该程序就是一种按键记录软件，可以记录浏览过的网站，以及在网站中输入的口令、银行账号以及个人身份号码（PIN），并将它们保存到文件中。犯罪分子可以访问这个文件，并使用记录到的信息登录银行网站，这个登录过程与在银行访问网站的过程没有任何差别，因此这些网站不会怀疑正在登录的人的合法性。

按键记录软件可以记录各种各样的电脑操作，而不仅仅是键盘的按键。它也可以记录接收和发送的电子邮件、聊天、即时通信、浏览的网站、访问的程序、点对点文件共享以及屏幕快照。键盘记录器有两种形式。一种是软件，可以从全世界各地上传到网络中。另一种是和电池类似的硬件，这种硬件可以通过键盘插入到计算机中，并记录键盘的按键。这是一种人为地物理安装到计算机中的方法，并且为了获取这种微型设备收集到的信息，还需要人为地物理移除这个硬件[3]。犯罪分子在执行抢劫计划6个月之前就将按键记录软件上传到了网络中。最初注意到这个按键记录软件是2004年10月。当时，国家高科技犯罪小组（National Hi-Tech Crime Unit, NHTCU）持续关注了整个情况，在该小组短暂的历史中，这是最重大的一次行动（Vines, 2002）。

口令抓取工具对系统拥有者和系统攻击者都非常有用，因为它可以提供监控事务的能力，以用于安全审计。口令抓取工具有多种，例如 Keycopy，它使用时间戳将所有的按键记录到文件；Keytrap，它复制所有的键盘扫描编码，之后再将其转换成 ASCII 码；Phantom，它每记录 32 次按键操作就将其写入文件中（Wright, 2003）。

间谍软件

广告软件（Adware）和间谍软件（Spyware）是最常见的计算机窃听软件。间谍软件是一种在用户不知情的情况下通过互联网收集用户信息的软件，通常用做广告宣传。间谍软件经常以隐藏组件的形式捆绑在互联网上的免费软件或共享软件中。但需要注意的是，大部分共享软件和免费软件并不带有间谍软件。一旦安装了这样的软件，间谍软件就会监视用户在互联网上的活动并在后台将信息发送给他人。间谍软件也可以收集关于电子邮件地址，甚至口令和信用卡号等信息（CMC, 2005）。

间谍软件和特洛伊木马非常类似，因为它们都是在用户不知情的情况下安装的。间谍软件也可能减少带宽，因为它运行于系统后台，并与其归属地通信，向其发送信息或从其接收信息。下载特定的免费软件和点对点文件交换网络（如 WarezP2P 或 Kazaa）上的软件，是间谍软件安装的主要途径。间谍软件可以用于公司发布广告，同时也能让黑客获取用于非法用途的信息。广告软件对计算机产生的影响同间谍软件类似，两者之间的主要区别是：广告软件通常用于公司发布广告。一旦连接到互联网，广告软件就会生成很多弹出窗口，它也可以在你的桌面上添加图标，在收藏夹中添加网址。广告软件和间谍软件都很难删除，因为它们会将自身附加到系统注册表的很多部分。可以从网上下载一些工具软件来删除它们，但是建议最好还是通过防火墙阻止它们。

现有法律对计算机的非法访问和窃听持否定态度。但事实上，在很多情况下，窃听并不都是犯罪。它可能只是父母用于进入孩子的计算机，来查看孩子曾经浏览过的网站以及网站内容，也可能是雇主在使用特定的窃听软件来检查雇员的工作状况。但是在另一方面，窃听和非授权的访问也会被用于谋取私利。

数据包嗅探

数据包嗅探是攻击者和刑侦专家经常使用的技术。数据在网络上以数据包的形式传输。这些数据包，也被称作数据报，其长度因网络带宽和传输数据的大小而异。每个包都包含标识部分，称作头部，其中包含源地址、目的地址、协议、数据包的大小、该序列数据包的总数以及数据包的唯一编号等信息。数据包中的数据是经过编码的，这并非出于安全的考虑，而是为了方便数据传输。编码后的文本通常是 16 进制的数据。当 A 发送文件给 B 的时候，文件中的数据被转换成 16 进制的形式，并分割到不同的数据包中。最后，对每个数据包添加头部，这时的数据包就可以用于传输了。

数据包在传输时，会经过许多层（开放系统互联 OSI 模型），其中网络层负责准备要传输的数据包。通常数据包的安全性不佳，很容易被破坏和嗅探。所以，黑客和敌手最喜欢攻击这一层。例如，当敌手（试图攻击该系统的人）C 希望截获 A 和 B 之间的通信时，他可以捕获传输的数据包，并将它们从 16 进制的形式转换成原始的数据。通常可以使用一种叫做"数据包嗅探"的技术完成这一工作。当使用该技术时，C 能够捕获所有或部分受害者（发送者）的电脑发出的数据包，也可以在消息的接收端执行嗅探操作，在接收者实际收到数据之前捕获这些数据包。使用嗅探技术，敌手只需要知道通信中任意一方的 IP 地址（如 202.13.174.171），然后令嗅探工具嗅探受害者的 IP 地址的网络层；之后，所有离开该 IP 地址的数据包都会被嗅探工具捕获，并以日志形式提交给敌手。捕获到的数据可能仍然是 16 进制的格式，但目前大多数嗅探工具都可以将截获的 16 进制数据转换成人工可读的原始数据。

电磁泄漏攻击

电磁泄漏攻击（Tempest Attack）能够监控计算机中的电磁泄漏并重建数据，可以远程监控网络电缆或显示器。TEMPEST 是瞬态电磁脉冲辐射标准（Transient Electromagnetic Pulse Emanation Standard）的缩写。有些字体去除了高频信息，因此可以有效地降低在远程利用显示器查看文字的能力。PGP 也提供了使用抵抗电磁泄漏的字体选项。装有特定设备的汽车可以停靠在目标建筑物附近，并远程捕获所有按键操作，并显示计算机屏幕上的信息。这会导致口令和信息等内容泄露。可以通过适当的屏蔽，使电脑设备和网络电缆不泄露信号，从而阻止这类攻击的发生。

34.3 黑客行为

有经验的专业黑客会选择有重要回报的目标，并希望通过长期而持续的工作来实现其目的。几乎可以确定，黑客会在某个阶段获得系统的访问权限。如果攻击者对系统做长期攻击的打算，则他会避免在日志记录中出现非常规模式。这可以通过在不同的远程地点、时间进行攻击来实现，确保任何系统管理员都不能检测到这样的攻击（Dr-K, 2000）。

系统的后门可以用于获取访问权限。通过学习 IP 协议以及用户和系统命令的临时切换，黑客可以显著地提升获得访问权限的机会。另外，关于设计结构的特点等知识也很重要。要实现访问，还要研究增强站点安全性的最好方法，研究的途径是：阅读不同的安全手册，部署其中的推荐方案，并理解为什么要这样做。当黑客能够访问系统时，获得管理员特权才能体现攻击的价值。这也使他们获得了普通用户没有体验过的自由。系统管理员具有最高的权限，因此获得这种权限可以给攻击者带来很大的优势，例如访问所有类别的文件。普通用户只有最基本权限，换句话说，他们只能访问由特定雇员完成的、和他们工作有关的文件。攻击者也能够编辑计算机系统日志，并隐藏其访问痕迹。这些能力还能用于创建假冒账户，使攻击者可以在日后更容易地访问系统（Raymond, 1996）。

在攻击系统时，一个很重要的方面是掩盖攻击痕迹，这可以通过很多种方法实现，但最重要的还是攻击者要保持谨慎，尽管 Rootkit 可以帮助攻击者完成此事。"Rootkit"是黑客专用的隐藏踪迹的工具包，当这些工具被编译到目标系统时，可以运行很多任务来掩盖黑客的行动。但是，攻击者必须了解这些软件，以确保它们在系统中恰当的地方运行，如日志（Dr-K, 2000）。口令获取器、按键记录器等其他工具对攻击者也很有帮助，它们将系统正常用户访问文件时的按键截取并存储起来，黑客可以从中获得进入系统的详细信息。

Web 服务器攻击

Web 服务器攻击是指黑客检测并充分利用 Web 服务器软件或其附加组件的漏洞，并对其发起攻击。例如，尼姆达（Nimba）和红色代码（Code Red）蠕虫就是通过微软 IIS 服务器软件的漏洞进行攻击的。源码泄露的漏洞使攻击者得以查看 Web 服务器中应用程序的源代码，再结合其他技术，攻击者就能够访问内含诸如口令等信息的受保护文件（McClure et al., 2003）。

计算机和网络资源通常有两种描述形式。规范化（Canonicalization）就是将资源名称统一表示为标准形式。如果应用程序只根据资源名称实施安全策略，那么当它面临一类名为规范化攻击（Canonicalization Attack）的非预期操作时，将面临很大危险。分布式的 Web 编写和版本控制是对 HTTP 协议的扩展，它通过一组 HTTP 首部和方法，其中包括创建、复制、删除、查询资源的能力，以及对资源属性的设置和搜索，实现分布式的 Web 编写。如果攻击者具备这种能力，对公司而言将是一种严重威胁。Web 字段溢出是一种通过浏览器使 Web 服务器宕机的攻击。这种漏洞的存在，是 Web 开发者通常只注重功能而不关心安全性造成的。解决方法之一是，开发者应当在每一个程序中对输入数据都进行安全处理。同时开发者应当将管理页面放置在单独目录中。现在已经有一些 Web 服务器漏洞扫描软件，可以对系统进行扫描来查找漏洞，并能检测出很多已知漏洞（McClure et al., 2003）。

口令破解

口令破解是指解密出口令或绕过保护机制。在 UNIX 操作系统的最初开发中，口令被存储在"/etc/passwd"文件中。该文件对所有用户可读，但是由于对口令进行了加密，因此用户无法推断出别人的口令。UNIX 的口令加密方式，支持对口令进行合法性测试，但却无法从密文中解密出口令。一个名为"crack"的程序可以通过对字典中的所有词汇进行测试，来破解"/etc/passwd"文件中的口令，从中找到所有使用字典中的词汇作为口令的用户。典型的字典包含人名，因为人们有可能选择配偶或孩子的名字作为口令。口令破解软件是口令猜测工具，有一种名为字典攻击的方法，它可对字典中预定义的所有词汇进行尝试。互联网上有做好的字典，其中包含上百万条常用口令，可以自由下载。另一种形式的口令破解是"蛮力攻击（Brute Force）"。这种攻击是对所有可能字母、数字和符号的组合逐一进行测试，直至找到口令为止。这种攻击比字典攻击更加耗时（Nakhjiri, 2005）。

病毒

病毒可以给黑客提供破坏计算机系统的能力。最初的病毒是一个能在计算机操作系统中自我复制的程序。黑客在开发可以植入目标系统的病毒时，需要使用汇编代码编写病毒（译注：高级语言和解释语言也可以编写病毒），指明病毒可传播的目标操作系统，并进行自己保护。反病毒软件是防范病毒的一种措施，它检测并删除可能的病毒。反病毒软件通过查看程序中嵌入的"病毒特征"或"病毒行为"来实现，可以阻止可能发生的攻击。病毒可能会造成的影响有很多种，有非破坏性的行为，如令人厌烦的弹出窗口或标语；

也可能会造成随机的破坏,如改变用户的按键;还可能造成严重的破坏,如删除数据等(Dr-K, 2000)。

无线攻击

无线网络的广播信号遍布在特定的区域,使得黑客在这个区域内能够轻易地接入该网络。如果在某范围内有相应的硬件,如,很大的天线、笔记本电脑、无线网卡,或者其他诸如 iPAQ 的掌上电脑设备,黑客就可以通过"战争驾驶(War-Driving)"接入网络。这样,只需简单地走过办公大楼的大堂,或驱车经过商业中心(McClure et al. 2003),就能完成网络接入。黑客首先通过被动监听接入端或广播基站来定位无线设备,也可以通过主动发送数据并等待回应来定位无线设备。通过使用 GPS 系统,黑客可以精确地定位无线网络的位置。黑客必须具备丰富的知识,才能对有线网络实施攻击。因为只有具备一定知识,才知道如何选择并利用最合适的工具、知道需要查询的对象和掩盖踪迹的方法(Briere, 2005)。但是相比而言,无线网络则更容易定位,保护也更弱[4]。

无线加密协议(WEP, Wireless Encryption Protocol)是一种广泛使用的安全加强方法(AirDefence, 2003),它使用密钥对网络中所有用户共享的数据进行加密;但利用特定的软件,可以轻易地绕过 WEP[5]。另一种方法是通过 MAC 地址过滤,只允许指定的无线网络适配器接入网络。MAC 地址具有唯一性,使用非常方便,但是这种方法比较耗时,也需要更多的网络知识(Hardjono & Lakshminath, 2005)。为了破解这种方法,黑客需要监控网络数据包并捕获在该网络中可用的 MAC 地址。这同获取系统的访问权很类似[6]。无线路由器一般带有防火墙功能,可以控制来自外部的计算机访问行为。但是,任何能够访问无线网络的人都能够绕过这个防火墙(Wright, 2003)。

34.5 未来趋势

目前，每周都会有大量新的系统漏洞被发现和公布。软件生产商要花费很长的时间来发布修复补丁，公司通常也要花费大量时间来部署有效的对策和补丁。此外，攻击者可以组成团队，在全世界共享信息，进行合作攻击。这是一个黑客行为的黄金时代（Cole，2003）。我们预测，基于 Web 的恶意软件会越来越多。例如，以某些版本的 phpBB 电子公告牌系统应用程序的缺陷为目标的 Santy 蠕虫，可以破坏 Web 站点的内容。这可以通过简单地创建一个 Google 自动搜索来实现。一旦 Google 明白了正在发生的事情，它就能够通过阻止任何用于恶意目的的搜索来制止蠕虫。最常见的 Google 黑客攻击包括搜索不安全服务器上的用户名、口令等信息。当含有特定用户信息的日志文件没有采取安全措施或设置访问权限时，这些文件就会存在危险。Google 并不为这些信息负责，它只是一个工具提供者。但是我们预料，Google 的模仿者会越来越多（Gilmer，2006）。

我们还预测，隐写工具将会更多地采用高级隐藏技术。"隐写"一词表示覆盖写入或隐藏写入。隐写的目的是通过无害媒介来传送数据（到接收者，同时不让其他人知道该数据正被发送）。基于计算机的隐写术允许改变数字文件，如图片文件或声音文件。这种改变就是隐藏信息，如果成功的话，传送媒介是察觉不到这些变化的（Bailey, Curran, & Condell, 2004）。不幸的是，这可被用于恐怖分子与另一个人传输数据，而其他人却并不知情。其他的趋势还有，移动恶意软件成功货币化；匿名、非法持有（有版权的）数据；加密和打包呈上升趋势；僵尸网络和被感染电脑的劫持（Danchev, 2006）。

34.6 结束语

计算机窃听和入侵都可以被归结为未授权的计算机访问。未授权访问可以表述为未经所有者同意而进入计算机系统的行为。这可能包括通过特定的黑客软件或攻击软件来非法地进入系统，也包括简单地通过猜测口令进入系统。有多种方法可以阻止对计算机的非授权访问，例如定期更改密码，确保在系统中使用最新的反病毒软件和防火墙。

参考文献

AirDefense. (2003). *Wireless LAN security: What hackers know that you don't*. Retrieved from http://ssl.salesforce.com/servlet.Email/AttachmentDownload?q=00m0000000003Pr00D00000000hiyd00500000005k8d5

Bailey, K., Curran, K., & Condell, J. (2004). An evaluation of pixel based steganography and stegodetection methods. *The Imaging Science Journal*, 52(3), 131-150.

Briere, D. (2005). *Wireless network hacks and mods for dummies* [For Dummies S.]. Hungry Minds Inc.

CMC (2005) *Watch Your Identity: Tips for reducing the risk of identity theft*. Retrieved May 17, 2007 from http://www.cmcweb.ca/epic/site/cmc-cmc.nsf/en/fe00040e.html

Cole, E. (2003). *Hacking: What the future holds. Computer and hacker exploits*. SANS Publishers.

Danchev, D. (2006, January 9). Malware: Future trends. *Mind streams of information security knowledge blog*. Retrieved May 17, 2007 from http://ddanchev.blogspot.com/2006_02_01_archive.html

Dr-K. (2000). *Complete hacker's handbook*. London: Carlton Book Limited.

Gilmer, C. (2006, February 15). Worms prey on Google for victims. *The unofficial Google weblog*. retrieved on May 17, 2007 from http://google.weblogsinc.com/2006/02/15/worms-prey-on-google-for-victims/

Hardjono, T., & Lakshminath R. D. (2005). *Security in wireless LANs and MANs*. Artech House Books.

Harris, S., Harper, A., Eagle, C., Ness, J., & Lester, M. (2005). *Gray hat hacking: The ethical hacker's handbook*. McGraw-Hill Publishing Co.

Imai, H. (Ed.). (2005). *Wireless communications security*. Artech House Books.

Machlis, A. (2000, April 21). *Protecting the net*. Retrieved May 17, 2007 from http://www.jewishjournal.com/old/hackers.4.21.0.htm

McClure, S., Scrambray, J., & Kurtz, G. (2003). *Hacking exposed: Network security secrets & solutions* (4th ed.). McGraw-Hill/Osborne.

Nakhjiri, M. (2005). *AAA and network security for mobile access: Radius, diameter, EAP, PKI and IP mobility*. John Wiley & Sons.

Raymond, E. (1996). *The new Hacker's dictionary* (3rd ed.). The MIT Press.
Vines, R. D. (2002). *Wireless security essentials, defending mobile systems from data piracy*. IN: Wiley Publishing.
Wright, J. (2003). *Detecting wireless LAN MAC address spoofing*. Retrieved from http://home.jwu.edu/jwright/papers/wlan-mac-spoof.pdf

术语和定义

后门（Back Door）：在系统安全中，后门是指设计者或维护者在特定地方故意留下的入口，供技术支持人员使用。但是，现在常指那些被远程人员恶意引入的软件，使他们可以在恰当的时间通过"后门"进入系统。

蛮力攻击（Brute Force）：一种通过一个个地尝试可能的字符组合，来查找密码或解密密钥的攻击手段。通常先尝试常见的名字和词汇，再按顺序尝试字母和数字等的组合。

骇客（Cracker）：这是黑客（Hacker）杜撰出来的词，用于对抗新闻媒体对"黑客"一词的滥用。骇客从事的是令人厌恶的偷盗、破坏等犯罪行为。

防火墙（Firewall）：防火墙是一种程序或硬件，可以将来自互联网的不想要的数据包过滤掉。由于它可以设置只允许特定的数据流，因此增加了黑客访问计算机或网络的难度。

黑客行为（Hacking）：通常指非授权访问计算机网络的行为。攻击计算机系统或网络只是众多黑客行为中的一种。

蜜罐（Honeypot）：蜜罐是一种用于充当探测、攻击或破坏目标的系统，它通常用于侦查或对黑客行为进行报警。一般来说，蜜罐用于模拟其他系统、已知漏洞或创建诱捕黑客的环境。

特洛伊木马（Trojan）：一种嵌在其他程序软件中的包含恶意代码的程序。当这个软件被执行的时候，特洛伊程序就会执行特定的动作集合，通常会试图将自己驻留在目标系统中。

附注

[1] http://www.stpi.soft.net/itbill2000_1.html
[2] http://news.bbc.co.uk/2/hi/technology/4357307.stm
[3] http://searchsecurity.techtarget.com/sDefinition/0,,sid14_gci962518,00.html
[4] http://news.bbc.co.uk/1/hi/sci/tech/1639661.stm
[5] http://www.pcstats.com/articleview.cfm?articleID=1489
[6] http://www.pcstats.com/articleview.cfm?articleid=1489&page=2

第 35 章 访问控制模型

Romuald Thion

（里昂大学，法国）

访问控制或授权，是目前计算机系统中最基础和使用最广泛的安全机制。在计算机系统中，许可授权就是决定主体是否可以访问资源。通俗地讲，也就是决定"谁能做什么"。在很多计算机系统中，访问控制都是加强机密性（只允许授权的用户读信息）和完整性（只允许授权的用户写信息）的重要部分，用于阻止黑客和赛博恐怖分子读写敏感文件。从1960年至今，人们已经提出了很多访问控制模型，包括简单的访问矩阵、基于任务的访问控制，以及军事模型。每个模型采用不同方法来组织和表达用户权限。例如，基于角色的访问控制模型就是根据角色的概念来组织权限，所有用户通过他们被赋予的角色来获得相应的权限。本章首先介绍访问控制的作用，然后介绍目前使用的模型及其特性和机制，最后提出当前访问控制仍存在的问题。

35.1 引言

在很久以前，情报知识就在战争中被认可。例如，《孙子兵法——谋攻第三》中就描述了知识的重要性：

知彼知己，百战不殆；不知彼而知己，一胜一负；不知彼不知己，每战必殆。

这句话指出,在战争胜利的众多因素中,情报信息是最重要的。这是2500年前关于信息战的介绍。信息战意味着针对敌人的情报制定策略,同时要保护自己的情报。在有些战争中,已将情报和对情报及系统的攻击作为工具使用。

为加强和保护个人信息安全性,通常使用的机制有密码、认证和授权。本章所关注的安全机制是授权,也就是访问控制。从广义上讲,这种概念比计算机科学出现的时间还要早。保险柜、锁、保护和防御都常用于保护有价值的情报不被敌人获得。

在可以让多个用户共享公共资源的分布式系统出现之初,就已使用了访问控制。随着人们对计算机系统防御的依赖的增加,19世纪60年代后期,美国国防部(DoD)调查了政府系统的漏洞,引领建立了第一个访问控制理论。研究人员也考虑了这个问题。例如,兰普森(Lampson)(1974)的访问控制矩阵就是最早的关于访问控制的形式化的数学描述。美国国防部的调查引领了多级访问控制的定义,其中涉及了文档分级,如非密、秘密、机密和绝密。同时更加清晰地区分了认证和授权。从那时起,人们就对访问控制进行了大量的研究、扩展并产品化,来填补计算机系统的安全漏洞,并将其作为阻止赛博恐怖分子访问敏感数据的主要工具。

35.2 访问控制的目的

在计算机系统中,访问控制是指根据策略,主体(例如进程、计算机、用户等)是否能够对客体(例如数据库中的记录、表格、文件、服务等,总体来说,任何系统的资源)进行操作(例如读、写、执行、删除、搜索等)。这些概念在大量访问控制和计算机安全的文献中很常见。对客体进行操作的权利称为权限。为了加强组织的安全性,访问控制策略定义了主体在计算机系统中的权限。制定、部署、检查和执行安全策略是基本安全活动之一。这些策略是根据访问控制模型来组织的。模型也可能在主体和权限之间增加一些概念来组织策略。例如，这些中间概念包括任务、组、角色或机密性标签等，它们可以使制定策略、管理和定义更加简单，尽可能地与受保护系统的内部结构、需求融为一体（Ferraiolo, Kuhn, & Chandramouli, 2003）。

通俗地讲，访问控制决定了谁能做什么。访问控制被公认为是计算机系统中最基本最常见的安全机制。

信息安全通常包含如下三个方面。

- 机密性：信息要保密，只有授权的用户能够读取信息。
- 完整性：要保护信息不被改变，只有授权的用户可以写信息。
- 可用性：信息必须能够使用。

访问控制的目的，是保护信息的机密性和完整性，并保护一定程度的可用性。访问控制仅为主体提供需要的权限，从而避免违规的写操作（主要与完整性有关）和读操作（主要和机密性有关）。访问控制和可用性虽然没有明显的联系，但也有很重要的作用。例如，一个赛博恐怖分子如果能够进行非法访问，那么他就能导致计算机宕机（Ferraiolo et al., 2003）。而且，访问控制可以阻止内部攻击和信息泄露。通过授权机制，组织中的叛徒或间谍就不能访问有价值的信息。信息泄露是私有企业最大的威胁，因为他们的知识产权、商务处理和系统方法都是赛博恐怖分子的攻击目标。

35.3 访问控制模型

访问控制模型定义了权限、操作、客体和主体之间的关系。这里将用户和主体进行区分。用户是使用计算机系统的人，而主体则是代表用户进行操作的计算机进程。为了组织这些关系，在最近的几十年里，人们又提出了一些中间概念。本节将介绍三种常用的访问控制模型：强制访问控制、自主访问控制和基于角色的访问控制。

Lampson 矩阵和自主访问控制

在 19 世纪 60 年代后期，Lampson（1974）提出了主体、客体和访问控制矩阵的形式化定义，并由此创造了访问控制这一术语。访问控制矩阵的表示很简单，矩阵中的[i, j]表示主体 i 被授予了对资源 j 的操作权限。表 35-1 是关于医疗的一个例子。例如，Charly（更精确地说是用户 Charly 所运行的进程）可以对医疗记录和行政记录进行读写访问，还可以对处方进行读访问。

表 35-1 一个访问控制矩阵样例

	医疗记录	行政记录	处方
Alice	W, R	R	R
Bob		R	
Charly	W, R	W, R	R
David	R	R	

访问矩阵可以这样读取。

- 按行读取：这时矩阵可以解释为能力表，定义了每个用户能够做什么。例如，David 可以对医疗记录和行政记录进行读访问。
- 按列读取：这时矩阵可以解释为访问控制列表，定义了可对每个客体进行哪些访问。例如，Alice 和 Charly 可以对处方进行读访问。

随着资源和用户数量的增加，访问控制矩阵的使用越来越少。该模型不能适应大型组织的需要。新模型（例如，基于角色的访问控制）的目标就是通过将主体或资源进行分组来解决这种限制问题。

自主访问控制（Discretionary Access Control，DAC）（美国国防部国家计算机安全中心，1985）是一种广泛使用的访问控制模型，可以看做包含"所有权（Ownership）"关系的访问控制矩阵。它允许主体对其所拥有的客体制定策略。该理论已经在 Unix/Linux 操作系统中实现，用于控制对文件的访问（例如，chown 命令就是改变文件的所有者）。该模型能够绕过系统管理员的控制而对任意用户授予或收回权限。尽管自主访问控制机制在商业领域获得广泛应用，但仍然存在以下的一些问题：

- 允许设置不安全的访问权。例如，典型的命令"chmod 777"可以让 Unix/Linux 系统中的任何用户做任何操作。
- 可以传递读访问权。例如，如果 Bob 能够读取 Charly 的文件，那么他就能复制文件的内容到一个新的文件（此文件的所有者是 Bob）并允许其他用户来阅读该内容。

因此，访问控制矩阵的安全性是不可判定的（Harrison, Ruzzo, & Ullman, 1976）。很难证明一个初始安全的访问权限设置是否能保持安全。系统可能会授予"不安全"的权限，因为没有对用户间的权限传递进行控制。因此，这种访问控制应当仅用于非重要组织。该模型虽然提供了安全性，但由于系统一旦被入侵，就可能带来严重的破坏或信息泄露，所以赛博恐怖分子的攻击对象（例如政府组织、大型公司，以及化学、生物和军事工业）不应使用这个模型。

BLP 模型，基于格的模型及强制访问控制

在很多组织中，当终端用户被授权访问某一信息时，并不意味着该用户拥有该信息。信息是公司财产，用户没有所有权。为了解决在重要环境中，自主访问控制在机密性保护方面存在的困难，人们提出了强制访问控制（Mandatory Access Control, MAC）（Bell & LaPadula, 1973）。强制访问控制用于解决计算机系统（例如军事系统）中文档分级的问题，其基本原理是根据用户的权限和客体的分级进行访问控制。这些分级可以划分成安全等级（可以将强制访问控制看做多级访问控制）；信息的机密程度越高，分级也就越高。例如，常见的政府分级有非密级（Unclassified）、秘密级（Confidential）、机密级（Secret）和绝密级（Top-Secret）。

表35-2　强制访问控制的控制规则

- 只有管理员，而不是数据的拥有者，可以改变客体的安全级别
- 对所有数据，根据其敏感性、机密性和保护价值分配安全等级
- 所有用户都可以从比他们更低等级中读取数据
- 所有用户都可以向更高等级中写入数据
- 所有用户只能对同样安全级的客体同时进行读、写访问
- 根据资源的安全级别和用户的凭证，决定是否允许用户访问客体

BLP 模型将表 35-2 中列出的规则形式化成适合定义和评估计算机系统安全性的数学模型。需要注意的是，安全等级和组织的信息流是相关的，它是组织分级结构的体现。为了在分级结构中发送文档，用户要能向更高级别中写入数据。

全序的层次等级过于严格。可以将若干分级组合在一起，形成一种具有偏序关系的分级，然后对其施加表 35-2 中的强制访问控制规则。这被称为基于格的访问控制模型。图 35-1 展示了这些组合。

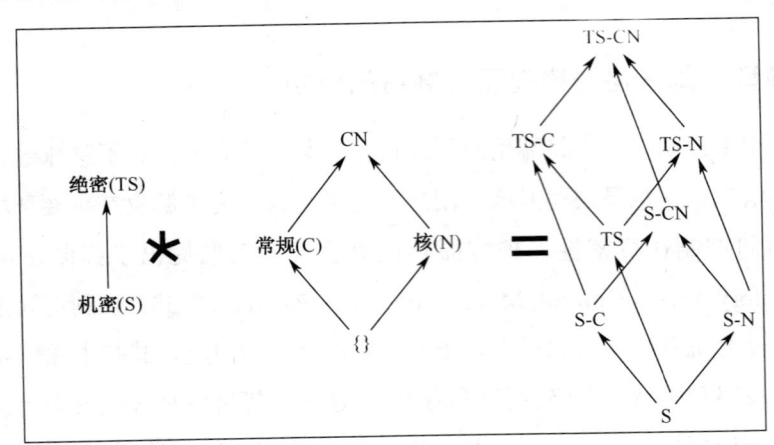

图35-1　一种形式的格

在机密性保护方面，这种访问控制模型无疑是最有效的模型。但由于它过于严格，导致一些商业公司无法接受。因此，这种模型适用于具有严格分级的组织（例如银行或军队）中，或者在同时使用多种访问控制模型的组织

中，将其应用于最重要的环节上。任何安全规划，尤其是那些容易遭受赛博恐怖分子攻击的组织，都要特别重视这种模型及其所实施的简单而有效的数据分级。历史上，这种模型最初源于信息战研究。

基于角色的访问控制

在基于角色的访问控制（Role-Based Access Control, RBAC）中，访问许可与角色相关联，而用户就是这些特定角色组的成员。用户并不被直接授予权限（如图35-2）。Sandhum, Coyne, Feinstein 和 Youman（1996）给出的角色定义是："角色就是组织中一个职务的功能或名称，和角色中每一个成员所授予的职责和权力相关"（p. 5）。

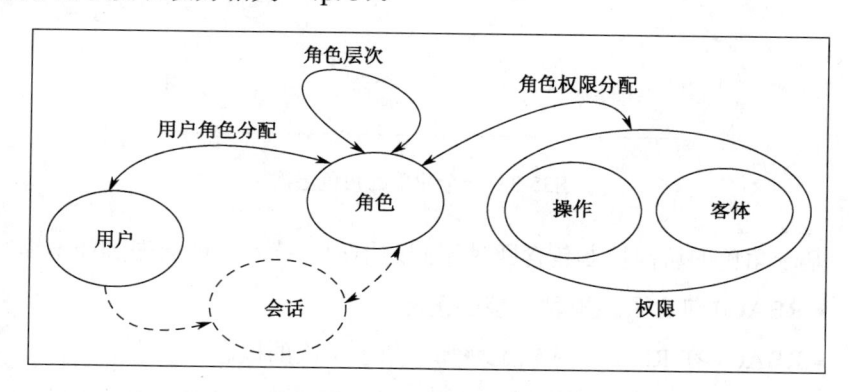

图35-2　基于角色的访问控制模型（不考虑约束）

基于角色的访问控制可以用于解决大型商业组织中存在的管理困难，例如自主访问控制难以实现，而强制访问控制又过于严格。由于访问控制判决的主要部分是以主体的功能或工作为依据的，所以使用角色可以显著地简化系统管理。由于组织中的角色可以和人员流动、任务分配相适应，基于角色的访问控制可以降低复杂性和费用，并减少为组织中用户权限分配错误的可能性，因而是一种非常健壮的模型（Ferraiolo et al., 2003）。基于角色的访问控制不但被广泛应用于电子商务、电子政务和电子医疗系统，而且是很热门的研究领域。

基于角色的访问控制模型的一个重要特色是角色分级。角色可以从父类继承权限，因此，角色并不是部分层次的权限集合组。分级是为了提高系统管理员的工作效率，简化权限的分配、检查和回收。图 35-3 是一个简单的角色分级例子。在这个例子中，医生和护士都继承了雇员的权限，也就是雇员角色所授予的权限也都授予给了医生和护士。根据传递性，心脏病专家和外科医生都被赋予了医生和雇员的权限。

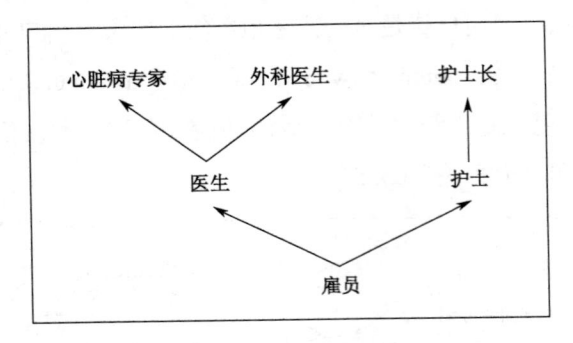

图35-3　一个简单的角色层次

基于角色的访问控制包含四种不同的模型，读者可能会遇到如下缩写：
- RBAC0 包含了该模型的核心概念；
- RBAC1 在 RBAC0 基础上增加了角色层次的概念；
- RBAC2 在基本模型上增加了静态的（和会话无关的）和动态的（和会话有关的）约束；
- RBAC3 包含了 RBAC1 和 RBAC2。

基于角色的访问控制已迅速地从理论发展成为商业实现（IBM 公司，2002），并获得了快速部署。例如，"1996 美国健康保险便利及责任法案"（U.S. Health Insurance Portability and Accountability Act of 1996）就明确提出了基于角色的访问控制的必要性。有些大型组织采用了基于角色的访问控制，例如西门子（Roeckle, Schimpf, & Weidinger, 2000）。

很明显，这种访问控制模型对那些包含不同类型用户的大型组织很有吸引力。这无疑是一种最有效的模型。很有意思的是，从赛博恐怖分子的角度来看，这是一种"中性的策略"。它可以和其他的策略共存。因此可以作为一个组织的主要访问控制模型（对于日常操作来说）。而更加严格的强制访问控制模型可以用于保护敏感服务或信息。这样的体系结构既可以阻止内鬼获得有价值的、敏感的或关键的信息，也可以阻止外部的攻击者（例如计算机间谍、恐怖分子）获得这些信息。

其他访问控制模型

自主访问控制、强制访问控制和基于角色的访问控制是最广泛使用的访问控制模型，但是还有一些其他的模型。本小节将介绍 Biba 完整性模型、中国墙策略和 Clark-Wilson 模型。

Biba 完整性模型（1977）与 BLP 模型（1973）不同，它用于加强军事安全策略中的完整性（译注：原文为机密性，有误）。在 Biba 模型中，安全等级是面向完整性的，例如，这些等级包括关键（Critical）、重要（Important）和普通（Ordinary）。除了读和写权限是颠倒的之外，Biba 模型和 BLP 模型很像。如果主体（或客体）的安全级支配客体（或主体）的安全级，那么该主体有权对该客体进行写（或读）访问。

Clark 和 Wilson（1987）比较了商业安全策略和军事安全策略，指出了二者的区别。他们提出了两个安全总则——职责分离和良构事务——来确保信息的完整性。Clark-Wilson 模型是面向商业领域的，它确保信息只能在认证的方式下由可信的人来修改。军事模型是通过操作权限来定义的，例如读和写；而 Clark-Wilson 是面向应用层次的。它定义了事务这一更抽象的概念。

中国墙（Chinese-Wall）策略（Brewer & Nash, 1989）是用于商业事务的，其作用就好比军事中使用的 BLP 模型。Brewer 和 Nash 提出了利益冲突的概念。中国墙策略的目标是避免这种冲突。中国墙策略的基础，是主体只允许访问和他们已拥有的信息（例如持有的电脑和以前访问过的信息）不冲突的信息。通俗地讲，"用户不能跨过利益冲突类之间的墙"。

35.4　当前存在的问题

　　访问控制模型研究的目标，是提供更具表达能力的模型，该模型能够考虑地理、时间、上下文感知和泛在计算机系统等研究领域的新趋势。当前，移动计算机设备和无线通信要求访问控制模型具有地理和上下文感知特性。基于角色的访问控制模型受到了特别的关注，主要是由于它现在成为了实际标准。例如，Geographical-RBAC 模型（Bertino, Catania, Damiani, & Perlasca, 2005）就和空间有关，可应用于基于位置的服务和移动应用，该项研究在无线信息系统安全中受到极大关注。这些新提议可以阻止移动攻击者进行那些以无线访问接入点为目标的攻击。移动计算发展无处不在，也逐渐成为了赛博恐怖分子关注的领域。比如健康（例如，装配有 PDA 和无线通信设备的应急装置）和石油公司（例如，可供工作人员通过笔记本电脑查询的传感器基础设施）。处理地理和时间方面的信息是访问控制的主要趋势之一。

　　研究人员也关注管理策略（Sandhu, Bhamidipati & Munawer, 1999; Derraiolo, Chandramouli, Ahn & Gavrila, 2003）和 XML 中的通用安全描述（结构化信息标准促进组织（OASIS, Organization for the Advancement of Structured Information Standards），2005）。事实上，国际组织中的策略非常庞大，可能涉及上千个用户和成百个安全管理员。例如，利用约束来反映组织的专属性，互斥角色或互斥条件都属于专属性。不幸的是，这些约束可能会使策略的含义更加混乱，并导致矛盾。特别是那些来自不同子组织的策略，当它们在分布式系统中共存时，就非常可能出现问题。最近的研究在尝试弥补这一缺陷，提出了分布式策略的设计方法和访问控制策略的设计与维护工具。这方面的研究非常重要，因为大多数安全漏洞都是因配置错误和管理失误造成的。组织要保护自己不受赛博恐怖分子的攻击，必须定义安全策略并通过访问控制机制来实施。但是，还需要对策略的执行进行验证，以防止由于疏忽或故意而引入其他错误。

35.5 结束语

访问控制是安全的重要方面，也是保护私有信息和机密信息不受攻击的主要方法。理解访问控制基础知识可以更好地进行信息安全管理。几十年来，人们已经开发了多种模型来加强机密性、完整性、可用性或管理的灵活性。尽管有的是面向商业的，有的是面向军用的，但是它们有些共同的准则：

- 建立在形式化的数学模型上（矩阵，格，实体关系等）；
- 保护一些特性（信息的机密性，事务的完整性，不产生利益冲突等）。

然而，访问控制本身并不是灵丹妙药。它是安全的基础，但如果没有严格的安全管理，或者建立在不安全的认证机制上，访问控制就起不了什么作用。如果计算机系统使用了访问控制机制，那么赛博恐怖分子使用他人身份进行入侵可能比获取非授权访问要容易得多。

研究人员也注意到赛博恐怖分子对访问控制的威胁在增大。Belokosztolszki 和 Eyers（2003）曾经重点提出了赛博恐怖分子对分布式访问控制策略的威胁。为防范赛博恐怖分子的威胁，必须更深入地研究这方面的访问控制问题。

参考文献

Bell, D. E., & LaPadula, L. J. (1973). *Secure computer systems: Mathematical foundations and model*. The Mitre Corporation.

Belokosztolszki, A., & Eyers, D. (2003). Shielding the OASIS RBAC infrastructure from cyber-terrorism. In *Research Directions in Data and Applications Security: Proceedings of the Sixteenth Annual IFIP WG 11.3 Conference on Data and Application Security*, (pp. 3-14).

Bertino, E., Catania, B., Damiani, M. L., & Perlasca, P. (2005). GEO-RBAC: A spatially aware RBAC. 10th *Symposium on Access Control Models and Technologies*, 29-37.

Biba, K. J. (1977). *Integrity considerations for secure computer systems*. The Mitre Corporation.

Brewer, D., & Nash, M. (1989). The Chinese wall security policy. *Proceedings of the IEEE Computer Society Symposium on Research in Security and Privacy* (pp. 215-228).

Clark, D. D., & Wilson, D. R. (1987). A comparison of commercial and military computer security policies. *IEEE Symposium of Security and Privacy*, 184-194.

Department of Defense (DoD) National Computer Security Center. (1985). *Department of Defense trusted computer systems evaluation criteria* (DoD 5200.28-STD).

Ferraiolo, D. F., Chandramouli, R., Ahn, G. J., & Gavrila, S. I. (2003). The role control center: Features and case studies. *8th Symposium on Access Control Models and Technologies*, 12-20.

Ferraiolo, D. F., Kuhn, R., & Chandramouli, R. (2003). *Role-based access controls*. Artech House.

Harrison, M., Ruzzo, W., & Ullman, J. (1976). Protection in operating systems. *Communication of the ACM*, 19(8), 461-471.

IBM Corporation. (2002). *Enterprise security architecture using IBM Tivoli security solutions*.

Lampson, B. (1974). Protection. *ACM Operating System Reviews*, 8(1), 18-24.

National Institute of Standards and Technology (NIST). (2004) *Role-based access control* (NIST Standard 359-2004).Retrieved from http://csrc.nist.gov/rbac

Organization for the Advancement of Structured Information Standards (OASIS). (2005). *eXtensible access control markup language* (XACML 2.0).

Roeckle, H., Schimpf, G., & Weidinger, R. (2000). Process-oriented approach for role-finding to implement role-based security administration in a large industrial organization. *Proceedings of the Fifth ACM Workshop on Role-Based Access Control*, 103-110.

Sandhu, R. S., Bhamidipati, V., & Munawer, Q. (1999). The ARBAC97 model for role-based administration of roles. *ACM Transactions on Information System Security*, 2(1), 105-135.

Sandhu, R. S., Coyne, E. J., Feinstein, H. L., & Youman C. E. (1996). Role-based access control models. *Computer, IEEE Computer Society Press*, 29(2), 38-47.

Tzu, S. (1910). *Sun Tzu on the art of war, the oldest military treatise in the world* (L. Giles, Trans.). Retrieved from http://classics.mit.edu/Tzu/artwar.html

U.S. Health Insurance Portability and Accountability Act (HIPAA). (1996). Retrieved from http://cms.hhs.gov/hipaa

术语和定义

访问控制（Access Control）或授权（Authorization）：判定一个主体（例如进程、计算机）是否能对客体（例如文件、系统资源）进行操作（例如读、写）的过程。

访问控制模型（Access Control Model）：一种用于建立安全策略的基础模型。访问控制模型定义了用以建立访问控制的概念以及它们之间的关系。

访问控制策略（Access Control Policy）：这是访问控制模型中建立的规则集合，定义了计算机系统中的主体、客体、权限和其他内容。可以根据系统中设置的访问控制策略进行授权判断。

自主访问控制（Discretionary Access Control, DAC）：在这种访问控制模型中，客体的所有者可以控制其他用户对该客体的访问权限。

强制访问控制（MAC: Mandatory Access Control）：在这种访问控制模型中，客体的所有者无权决定访问权限。系统自身强制实施了安全策略。

基于角色的访问控制（RBAC: Role-Based Access Control）：在这种访问控制模型中，访问权限是由每个用户在组织中的角色来决定的。

第 36 章 基于异常检测的入侵检测系统综述

Lior Rokach, Yuval Elovici
（本古里昂大学，尼格夫，以色列）

入侵检测是一个通过监听和分析计算机系统中所发生的事件来检测安全问题征兆的过程。使用异常检测技术可以解决入侵检测问题。例如，给定一组属于不同类别（包括正常活动以及各种攻击类型）的连接数据，那么入侵检测的目标就是构造一个分类器，它可以准确地区分新的未标记的连接数据。聚类方法可以用来检测可能隐含一个新入侵类型的异常数据。本章首先总结入侵检测中异常检测研究的关键成果，然后介绍使用数据挖掘技术来实现入侵检测的研究项目，最后阐述该领域的未来发展方向。

36.1 引言

入侵包含关键任务信息的系统或其他关键设施，对其可用性、机密性和完整性施加恶意影响，这是一种最实用的赛博战形式。随着互联网的普及，越来越多的组织机构容易受到各种类型的赛博攻击。因此，需要针对计算机和网络，采用多种安全措施来保证信息系统能够抵抗这些攻击。入侵检测和预防系统是其中一种解决方案。入侵检测是一个监听和分析计算机系统和通信网络中所发生的事件以检测出系统安全受到破坏迹象的过程。

一个完整的入侵检测系统具有监测网络流量、服务器、操作系统事件和文件系统完整性等功能，其实现方法是在不同层次进行特征检测和异常检测。2002年，Mahoney和Chan定义了如何区分一个入侵检测系统是基于主机的还是基于网络的。基于主机的入侵检测系统的特点是监测主机状态，基于网络的入侵检测系统的特点是监视主机的上下行流量。这两种入侵检测系统的差别，是他们检测的攻击类型不同。一个基于网络的入侵检测系统可以监听本地网络中的多个主机，而基于主机的入侵检测系统必须安装在被检测系统中。例如，它能够检测U2R（user-to-root）攻击，即一个特定用户获取了其他用户（通常是超级管理员用户）的特权。而网络入侵检测系统能够检测出像端口扫描这样的探测攻击、拒绝服务攻击以及R2L（remote-to-local）攻击（即攻击者没有用户访问权限，但是也在本地执行命令）等。此外，由于网络入侵检测系统的监听目标是输入和输出，而不是状态，因此也能检测到失败攻击（例如，probe）。

有两种不同的入侵检测方法：误用检测和异常检测。前者是基于已知模式对恶意行为进行检测识别，这些已知模式称为特征。攻击特征包括对流量和已知入侵行为的分析。关于入侵检测系统分类的详细描述，请参阅文献Axelsson（2000）。

异常检测是从偏离正常行为模式的角度来检测并识别恶意行为。它一般是通过为每个用户组（群）创建一个配置文件来实现的。配置文件是衡量用户正常行为的基准，当监测到的行为偏离该基准的程度过大时，就会产生报警。

入侵检测系统的传统实现方式是基于规则的（见 Roesch，1999）。在此类系统中，管理员负责制定规则。例如，拒绝任何数据包寻址访问不存在的主机，或者只对可信地址提供服务。但是，通过监听流量来判定正常行为，并保持规则及时更新，这种方案实现起来比较困难。本章后面的内容将会介绍数据挖掘技术在这两种类型入侵检测系统中的用途。

36.2 背景

数据挖掘是指从数据库、数据仓库或其他信息库中的大量数据中获取有效、新颖、有用和可理解的模式和关系的筛选过程。它涉及数据检索算法、开发模型，以及发现之前未知的模式。模型有助于对数据、分析过程以及预测的理解，数据的可访问性和丰富性凸显了知识发现和数据挖掘的重要性和必要性。鉴于近年来该领域的迅猛发展，对于研究人员和从业人员来说，各种方法层出不穷也就不足为奇了。

2000年，Phung指出采用数据挖掘的方法，能够解决传统入侵检测系统中存在的以下四个方面不足。

1. **变种**：对于漏洞利用工具而言，一旦公开发布，没过多久黑客社团就能够修改其源代码，这种现象很普遍。远程过程调用（Remote Procedure Call, RPC）缓冲区溢出漏洞利用工具就是其中一例，对该工具的源代码进行微小修改，就能够逃避基于特征的入侵检测。数据挖掘不是基于预定义特征，它不太关注一个漏洞利用工具源代码的变化。

2. **误报**：入侵检测系统存在的一个常见问题，是它会产生一定数量的误报（即对非攻击行为也进行报警）。由此引出的一个难题，是如何在不漏掉潜在攻击的条件下，合理地设置筛选程序。数据挖掘技术可以很容易地解决这一问题，因为它将产生报警的相关数据与已挖掘得到的审计数据联系起来，从而显著地降低错误报警的概率（Manganaris, Christensen, Zerkle, & Hermiz, 2000）。此外，数据挖掘技术还能保持系统的协调一致，从而减少误报的次数。

3. **漏报**：误报的对立面就是漏报，即入侵检测系统在入侵行为确实发生时却不能报警。简而言之，如果漏洞库中没有某个漏洞利用工具的特征，那么入侵检测系统就极有可能检测不到该入侵行为。利用数据挖掘技术创建正常行为模式,据此来识别正常范围之外的行为,就有可能检测到具有未知特征的攻击行为。

4. 数据过载:如何有效地分析数据也是入侵检测系统存在的一个问题。入侵检测工具每天可能产生数以百万计的日志记录,具体数量依其部署组织的类型和规模而异。数据挖掘技术能够识别和提取关联性强的数据,并为数据分析提供帮助,比如采用特征选择和特征提取。1992 年,Doak 模拟了计算机攻击数据,然后测试了几个特征选择技术,在此基础上提出利用特征选择方法提高入侵检测效率的可能性。1994 年,Frank 研究了如何利用特征选择的方法来提高网络流量的分类效率。首先通过对 3 种特征选择算法的比较来选择最优特征子集,再利用判定树结构对网络连接进行分类。

数据库的知识发现过程包括以下步骤(Maimon&Rokach, 2005):

1. 理解应用程序的领域;

2. 选择和创建一个能够在其上执行数据发现的数据集合。确定目标后,要明确用于关系筛选和挖掘的数据。这包括可利用的数据和获取的额外必要数据,然后将这些数据(包括处理过程中要用到的数据属性)合并到一个数据集合中以备知识发现之用。

3. 预处理和净化阶段:在本步骤中,数据可靠性得到了增强。具体包括数据净化,例如处理缺失值和去除干扰值或离群值等。

4. 数据变换:在此阶段生成便于数据挖掘过程使用的数据。方法包括减少维数(比如特征选择、提取及记录采样等)和属性变换(数值属性的离散化和功能变换)。

5. 选择适当的数据挖掘任务:现在我们已经明确要使用的数据挖掘类型,比如分类、回归或者聚类等操作。这主要依赖于目标和前述的步骤。数据挖掘有预测和描述两个主要目标。预测通常是指有指导的数据挖掘,而描述性数据挖掘包括无指导和可视化的数据挖掘。大多数数据挖掘技术是基于归纳学习,通过对足够多的训练例子进行归纳分析,可以隐式或显式地构造模型。归纳法隐含的假设前提是,训练模型对未来案例适用。数据挖掘策略也应考虑对给定数据的元学习水平。

6. 选择数据挖掘算法：有了战略，现在要确定战术。这个阶段包括为搜索模式（包括多种诱导物）选择一个合适的算法。例如，对比精确性和可理解性，神经网络更适合前者，判定树更适用于后者。

7. 使用数据挖掘算法：最后要实现算法。在这个阶段要反复使用算法，直到获得一个满意的结果。例如，调整算法控制参数，比如判定树单个叶子中实例的最小数目等。

8. 评估：本步骤工作是根据第一步中所设定的目标，对挖掘模式（如规则、可靠性等）进行评估和解释。我们需要考虑前面步骤对数据挖掘算法结果的影响。这一步主要关注归纳得出的模型是否易懂和有用。在本步骤中要记录所发现的知识以备后用。

9. 使用所发现的知识：至此，已经做好了将知识集成到其他系统以供未来实践之用的准备。从某种意义上来讲，改变系统并衡量由此产生的影响，就表明知识处于活动状态。实际上这一步的成功决定了整个过程的效果。而它也存在许多难题，就像放宽了"实验室条件"。例如，之前某个结论是从数据的某个静态快照中得出的，然而数据现在变成了动态；相应地，数据结构也要改变（因为某些属性不可用），数据的定义域也要修改（例如，之前属性没有赋值但现在可能需要赋值）。

36.3　本章的主要内容

下面阐述不同的数据挖掘技术是如何提高基于异常检测的入侵检测系统的性能。

基于分类的技术

数据挖掘分类技术能够解决入侵检测面临的主要问题。这种技术的目的，是试图找到输入属性与目标属性之间的关系，该关系用一个名为分类器的结构来表示。分类器基于新实例的已知属性值，对其进行分类。在入侵检测问题中，"正常"、"蠕虫攻击"、"木马攻击"等可作为一组合适的分类。

在典型情况下，会给定一个训练集，而目标则是生成可用于预测未知样例的描述。归纳算法或者归纳生成器是一个实体，它能够获得一个训练集，并根据输入属性和目标属性之间的关系构造出相应的模型。例如，将与类标记相对应的特定训练元组作为输入，然后生成一个分类器。

考虑到该领域的悠久历史和当今发展的情况，现在已有一些成熟的归纳算法。

分类器可能因归纳生成器而异。例如，C4.5 将模型表示成判定树，Naive Bayes 则将模型表示成概率累加的形式。同时，归纳生成器具有确定性或者随机性的特点。由生成器生成的分类器可以对未知实例进行分类，采用的方法可以是将该实例显式地划分到某个类中，或者对未知实例赋予一个概率向量，它表示该未知实例属于每个类的条件概率。

1994 年，Frank 阐述了判定树的作用，即利用判定树对网络连接记录进行分类，从而判定网络连接记录是否为入侵攻击。2003 年，Early 和 Brodley 利用判定树对服务器流认证结果进行了检验。判定树根据流量进行构造，流量则表示为一组功能特性，这些特性用于捕获流行为。他们的方法表明，因为流量类型的分类与端口标号无关，所以能够提供一种更准确的恶意行为分类方法。

1989 年，Liepens 和 Vacaro 分析了入侵检测系统中一个基于规则的归纳算法。规则指出特征的合法取值是以其他特征值为前提条件的。通过每个特征值的取值记录来判断合法性。由于特征值历史信息的不完整，规则在特征上可能会重叠支持特征重叠。如果一个特征包含太多的合法值，但历史值很少，规则就会很繁琐，因而需要删简。如果规则重叠，或者它是以先前已确定的异常值为条件的，那么也要进行删简。

2002 年，Bala, Baik, Hadjarian, Gogia 和 Manthorne 提出利用分布式数据挖掘方法来建立一个全局的网络轮廓。如果由于数据大小或者网络安全传输协议等原因，无法用从分布式主机中收集到的数据生成入侵检测轮廓时，这种方法就显得有用。在该方法中，用自顶向下归纳判定树算法对分类器进行训练。代理程序生成部分树，然后将部分树以记录索引的形式与其他代理程序交流，部分树中的临时结果通过数据记录的下标进行通信。重复上述过程，直到生成最终的判定树为止。

2000 年，Manganaris 等建议通过分析 RTID（实时入侵检测）报告来减少误报次数。与许多已有方法相反，他们参考警报发生的上下文信息和警报感应器的历史记录行为来确定警报过滤标准。利用报警的历史记录，他们得出结论：不同类型的客户，具有不同的报警行为，因而有不同的监听需求。

1992 年，Debar、Becker 和 Siboni 提出了一种基于神经网络的过滤系统，该系统可以过滤与已知趋势不符的数据。他们假定用户的行为包含能够检测的显著特征，因而在审计数据之间就会存在关联。规律性确保了网络能够获取正常趋势的数据，并能自动报告输入数据之间的相关性。使用递归神经网络确保了对用户行为趋势的准确判定。该网络能够忘记过去的行为，并且能够适应新的趋势，因此可用做判断审计记录是否符合正规趋势的过滤器。

基于聚类的技术

分类技术需要一个已标记的训练集，以便得到分类器。因此，需要对训练集中的每一个实例进行标记，比如，"正常"或者"受到蠕虫攻击"等。而构造这样一个训练集是一项困难的工作，该困难的克服方法，是在未标记的训练集合中寻找离群值。例如，NIDES 创建了一个长期行为的模型，该模型假设它所包含的攻击类型和数目很少或者没有，如果短期行为（秒级，或者单个数据包）的差别很明显，将会产生报警。

假设正常行为比恶意行为更普遍，而且两者可以区分，那么我们就必须设置离群值。一种可能的方法是利用聚类。聚类方法将大量数据实例，以相似实例聚合的方式，分成若干个子集，不同的实例属于不同的集合。这样，就能以不同集合标记的方法对实例进行有效的表示。基于前面两个假设，入侵实例应该聚合为一个小的聚类，而正常实例则被分成了与之相异的大的聚类。在运行阶段，根据新实例与所有正常聚类和入侵聚类中心间的距离，将其标记为"正常"或"入侵"聚类。最近的中心距离将决定新实例最终属于哪个聚类。

聚类也能作为一种归约简化方法来使用，即存储聚类的特征而不是实际数据。1991 年，Lankewicz 和 Benard 提出使用 K 近邻（k-Nearest Neighbor，KNN）分类算法来减少入侵检测系统数据的数量。1989 年，Liepens 和 Vacaro 根据审计数据的历史记录来划分聚类。他们以聚类表示历史数据，以密度区域表示聚类，这样便将所有聚类分别对应于从高密度到低密度的区域。

2003 年，Julisch 提出每一个警报的产生都是有原因的，这些原因被称为警报的根本原因。他研究了几十个主要的根本原因，它们能够解释入侵检测系统所触发的 90%以上警报。基于这个理论分析，同年 Julisch 又提出一种警报聚类的方法，它采用人工分析法对根本原因进行识别。他还指出，在警报的处理中，应采取的方法是识别和删除最主要的、持续时间最长的根本原因。如果所识别出的根本原因被删除，则警报负载就会显著减少，这样它们以后就不会再触发警报。

MINDS（明尼苏达大学入侵检测系统）使用异常检测技术，它赋予每个网络连接一个分值，以此来判定每个连接与正常网络流量相比的异常度。MINDS 有两个特别之处：一个是无指导的异常检测技术，它为每个网络连接赋予一个反映该连接异常度的分数；另一个是基于关联模式分析的模块，利用异常检测模块它可以对已划分异常等级的网络连接进行分析总结。在 MINDS 中，第一步是使用时间窗口和连接窗口技术，从整个特征集合中导出新特征；接着，使用一个离群值检测算法，赋予每个网络连接一个异常分值；然后，由网络管理员查看最可疑的连接来判断是否遭受攻击。根据在线网络流量实验的分析结果，MINDS 异常检测技术具有良好的发展前景，特别是它在几个入侵攻击新类型的自动检测方面取得了成功，而诸如 SNORT 一类的基于特征的工具则做不到。

基于关联规则的技术

开发关联规则的最初灵感源于对超市交易数据进行分析的需要,即根据用户所购买的产品考察其行为。因此,关联规则类似于"90%购买了面包和奶酪的顾客也会购买黄油"这样一类规则。关联算法用于寻找满足最小支持度(实例中至少存在特定部分,它满足规则的两个方面)和最小置信度(实例中至少存在满足左方或者前项条件的特定部分,它满足右方或者后项结论)标准的所有结合点。虽然该方法的传统应用领域是市场物品分析,但关联规则挖掘技术已被应用于入侵检测系统。

MADAM 入侵检测系统(Lee、Stolfo 和 Kwok,1998)利用分类器区分入侵行为和正常行为。首先,对所有网络流量进行预处理,生成连接记录,连接记录的属性是内在的连接特征,这里称为原始属性。它包括源主机、目的主机、起始时间,以及持续时间等信息。紧接着,将所有连接记录预先划分成"正常"或若干入侵类型。然后进行以下两步操作:第一,对特征做提取操作,并创建一些对分析有用的额外特征。这样做的原因,是因为如果分类器仅依赖对没有预测能力的原始属性,其工作效率将会非常低下。例如,统计在最近两秒内发起的,目的主机与当前主机相同的连接数目。

第二步是分类器归纳。为了实现此目的,训练集需要分成两个子集:正常子集和入侵子集。关联规则和频繁事件规则,分别由正常连接记录和入侵连接记录推测分析。若正常子集生成的模式出现在入侵子集中,则从入侵子集中删除这些模式。这样,入侵子集中的剩余模式就形成了独有的入侵模式。该模式将用来派生额外属性。最终,分类器能够区分正常连接和入侵连接。

相关技术

通常,入侵检测系统关注底层的攻击和异常行为,并分别产生警报,尽管二者间存在逻辑联系。在密集入侵的情况下,不仅产生的警报真假难辨,警报的数量也会多得难以处理。已经有若干相关方法用于解决此类问题。

2002 年，Ning、Cui 和 Reeves 提出将这些方法分为三类。第一类是基于警报属性的相似性对警报进行相关处理；第二类是基于用户指定的或从训练数据集中学习得到的攻击想定对警报进行相关处理；第三类是基于单个攻击的前提和后果，如果前续警报的结论恰好满足后继警报的前提条件，则产生相关警报。2003 年，Ning 和 Xu 对第三类方法进行了检验。直观地讲，入侵的先决条件是入侵成功的必要条件，同时入侵的后果也可能是入侵的最终结果。以不同类型攻击的前提和后果为基础，通过对前续警报的结论和后继警报的前提进行一致性匹配，来产生相关警报。为了评价该方法在抵抗攻击和区分真假警报方面的有效性，Ning 和 Xu 于同年利用 2000 DARPA 入侵检测想定中的特定数据集做了大量的实验（例如，在对 LLDOS 1.0 DMZ 数据集中的真假警报区分中，误报率为 5.26%）。

混合技术

许多基于数据挖掘技术的入侵检测系统同时使用了多项技术。ADAM（审计数据和挖掘）中结合了异常检测和分类器，使用无攻击流量和带有攻击标识的流量对分类器进行训练。该系统由乔治梅森大学设计开发，能从没有受到攻击的网络流量中推测出正常行为的特征。轮廓由一组关联规则集合表示。ADAM 系统的监听对象包括端口号、IP 地址、子网以及 TCP 状态等。系统学习的规则类似于"如果源 IP 地址为 X，那么目的端口是 Y 的可能性为 p。"同时，系统也对一个时间窗口的数据包进行聚合。ADAM 使用 Naive 贝叶斯分类器，即若一个数据包属于某个类（正常类、已知攻击类或未知攻击类等），那么它属于每个类的概率具有独立性。ADAM 还对训练模式和检测模式做了区分。在运行阶段，持续对过去 δ 秒内的连接记录进行挖掘，以发现轮廓中未包含的新规则。此外，在线关联规则挖掘算法也用于处理当前连接窗口。可疑连接将被标记并且随特征向量一起发送给经过训练的分类器，它将这些连接标记为"攻击"、"正常"或"未知"。对于被标记为"正常"的连接，分类器就将其从攻击类中删掉，从而避免将警报发送给系统管理员。"未知"表示分类器不能确定该连接的确切特征,在这种情况下,可将其视为攻击事件,并且将其包含在发给系统管理员的警报集合中。

1999年,Lee、Stolfo和Kwok提出一种数据挖掘框架,用于自适应地构建入侵检测模型。该框架由如下数据挖掘程序构成:分类、元学习、关联规则以及频繁事件等。元分类用于合成来自多种模型的证据。多种模型结合可避免使入侵检测系统变成容易破坏的目标,因为与应对多种综合方法相比,克服一种方法更容易。此外,结合多个分类器的输出有助于提高识别的准确性,这主要是因为不同类型的分类器有不同的归纳偏差,而且多样性能够降低误判概率。频繁事件用来确定经常同时发生的审计事件序列,这些方法可用于向入侵检测模型中添加时态统计方法。例如,审计数据中含有基于网络的DoS攻击模式,则意味着应该在每个主机和每个服务中采取防护措施。利用DARPA的入侵检测系统评估体系对该系统进行了评测,结果表明其正确报警概率为93%,误报率为7%。

2002年,Mahoney和Chan开发了一个入侵检测系统,它具有检测不含有已知特征的新型攻击的能力。该系统有两个特殊的非稳态组件:一个是数据包头部异常检测器(PHAD),它能在不知道哪个字段有用的情况下,监听整个数据连接、网络状态以及传输层;另一个是应用层异常检测器(ALAD),它结合了基于TCP连接的传统用户模型和基于文本的协议(像HTTP、FTP和SMTP等)模型。这两个组件不仅可以学习到哪些属性可用于异常检测,而且使用了动态模型,如果在一段时间内没有出现新鲜值时,模型将赋予事件更高的分值。使用1999年的DARPA入侵检测系统评估体系对该系统进行了评估,结果能够从180次攻击中检测出70次(误报次数为100)。

36.4 未来趋势

数据挖掘技术在入侵检测系统的应用研究领域,有以下几个研究方向:

1. 针对入侵检测系统设计构造统一的知识查找框架；
2. 开发能够识别新型攻击的系统；
3. 为入侵检测系统开发元数据挖掘方法，该方法利用组织的相关知识提高数据挖掘效率；
4. 在不泄露隐私的前提下，在组织间进行模式共享，开发分布式的数据挖掘框架以提高入侵检测系统的能力；
5. 开发警报相关系统。需要研究能够构造"攻击策略"并提高入侵分析能力的警报相关技术。
6. 通过将数据挖掘算法与基于知识的方法有效整合，设计有助于系统管理员更加准确快速地识别入侵行为的入侵检测系统。

36.5 结束语

本章，我们概要介绍了数据挖掘算法及其在基于异常检测的入侵检测系统中的应用。我们阐述了不同类型的入侵检测系统，并指出了其各自的缺点，接着叙述了数据库中知识查找的一般过程，然后介绍了几个使用数据挖掘技术实现入侵检测的研究项目。可以看到，数据挖掘技术可以提高当前入侵检测系统的工作效率，并能实现某些任务的自动化，这些任务目前是由系统管理员来执行的。最后指出了这一领域的发展趋势。

参考文献

Agrawal, R., Imielinski, T., & Swami, A. (1993). *Mining association rules between sets of items in large databases*. In P. Buneman & S. Jajodia (Eds.), Proceedings of the 1993 International Conference on Management of Data, (ACM SIGMOND), 22(2), 207-216.

Anderson, D., Lunt, T. F., Javitz, H., Tamaru, A., &Valdes, A. (1995). *Detecting unusual program behavior using the statistical component of the next generation intrusion detection expert system (NIDES)*. Computer Science Laboratory SRI-CSL 95-06.

Axelsson, S. (2000, March). *Intrusion detection systems: A survey and taxonomy (Technical*

Report 99-15). Department of Computer Engineering, Chalmers University.

Bala, J. W., Baik, S., Hadjarian, A., Gogia, B. K., &Manthorne, C. (2002). *Application of a distributed data mining approach to network intrusion detection.* In proceedings of the first international joint conference on autonomous agents and multiagent systems: part 3 (pp. 1419-1420.)

Barbara, D., Wu, N., & Jajodia, S. (2001, April). *Detecting novel network intrusions using bayes estimators.* Proceedings of the First SIAM Conference on Data Mining, Chicago.

Dain, O., & Cunningham, R. (2001). *Fusing a heterogeneous alert stream into scenarios.* Proceedings of the 2001 ACM Workshop on Data Mining for Security Applications, 113, 1-13.

Debar, H., Becker, M., & Siboni, D. (1992). *A neural network component for an intrusion detection system.* Proceedings, IEEE Symposium on Research in Computer Security and Privacy (pp. 240-250).

Doak, J. (1992). *Intrusion detection: The application of feature selection, a comparison of algorithms, and the application of a wide area network analyzer.* PhD thesis, University of California, Davis.

Duda, R., & Hart, P. (1973). *Pattern Classification and Scene Analysis.* Wiley: New-York.

Early, J. P., & Brodley, C. E. (2003, September 24-26). *Decision trees for server flow authentication.* Workshop on Statistical and Machine Learning Techniques in Computer Intrusion Detection, George Mason University.

Ertoz, L., Eilertson, E., Lazarevic, A., Tan, P., Dokes, P., Kumar, V., et al. (2003, November). *Detection of novel attacks using data mining.* Proceedings of the IEEE Workshop on Data Mining and Computer Security.

Frank, J. (1994). *Artificial intelligence and intrusion detection: Current and future directions.* Proceedings of the 17th National Computer Security Conference, Baltimore (pp. 22-33).

Julisch, K. (2003, November). *Clustering intrusion detection alarms to support root cause analysis.* ACM Transactions on Information and System Security (TISSEC), 6(4), 443-471.

Kumar, V., Lazarevic, A., Ertoz, L., Ozgur, A., &Srivastava, J. (2003, May). *A comparative study of anomaly detection schemes in network intrusion detection.* Proceedings of the Third SIAM International Conference on Data Mining, San Francisco.

Lankewicz, L., & Benard, M. (1991). *Realtime anomaly detection using a nonparametric pattern recognition approach.* Proceedings of the 7th Annual Computer Security Applications Conference (pp. 80-89).

Lee, W., Stolfo, S. J., & Kwok, K. W. (1999, May). *A data mining framework for building intrusion detection models.* IEEE Symposium on Security and Privacy, Berkeley, CA, 120-132.

Lee, W., & Stolfo, S. J. (1998a). *Data mining approaches for intrusion detection.* Proceedings of the Seventh USENIX Security Symposium, San Antonio, TX.

Lee, W., Stolfo, S. J., & Kwok, K. W. (1998b). *Mining audit data to build intrusion detection models.* Proceedings of the Fourth International Conference on Knowledge Discovery and Data Mining, NY.

Liepens, G., & Vacaro, H. (1989). *Anomaly detection: purpose and framework.* Proceedings of the 12th National Computer Security Conference (pp. 495-504).

Mahoney, M., & Chan, P. (2002). *Learning nonstation-ary models of normal network traffic for detecting novel attacks.* Proceedings of the SIGKDD, Edmonton, Alberta (pp. 376-385).

Maimon, O., & Rokach, L. (2005). *Introduction to knowledge discovery in databases.* In The data mining and knowledge discovery handbook 2005 (pp. 1-17).

Manganaris, S., Christensen, M., Zerkle, D., & Hermiz, K. (2000). *A data mining analysis of RTID alarms.* Computer Networks, 34, 571-577.

Ning, P., Cui, Y., & Reeves, D. S. (2002). *Constructing attack scenarios through correlation of intrusion alerts.* Proceedings of the ACM Computer and Communications Security Conference (pp. 245-254).

Ning, P., & Xu, D. (2003). *Learning attack strategies from intrusion alerts.* Proceedings of the ACM Computer and Communications Security Conference (pp. 200 - 209).

Phung, M. (2000, October 24). Data mining in intrusion detection. http://www.sans.org/resources/idfaq/ data_mining.php

Portnoy, L., Eskin, E., & Stolfo, S. J. (2001). *Intrusion detection with unlabeled data using clustering.* Proceedings of ACM Workshop on Data Mining Applied to Security.

Quinlan, J. R. (1993). *C4.5: Programs for machine learning, Morgan Kaufmann: Los Altos.*

Roesch, M. (1999, November). *Snort-lightweight intrusion detection for networks.* Proceedings of the. USENIX Lisa '99, Seattle, WA.

Singhal, A., & Jajodia, S. (2005). *Data mining for intrusion detection.* In The data mining and knowl-knowledge discovery handbook 2005 (pp. 1225-1237).Springer.

Staniford, S., Hoagland, J. A., & McAlerney, J. M. (2002). *Practical automated detection of stealthy portscans.* J. Comput. Secur., 10(12), 105-136.

术语和定义

关联规则（Association Rules）：在数据库中查找形如"X和Y蕴含A和B"的规则的技术。

属性（Attribute）：对一个实例的定量描述。属性的类型表示它可以取值的范围。在入侵检测系统中，它通常指系统、事件或者连接（如，源IP地址）等方面的属性。

分类器（Classifier）：一个将未标记的实例映射到有限的类型集合的结构化模型。

聚类（Clustering）：将数据实例划分成若干个子集，具体地说是将相似的实例划分为同一个聚类，而不同的实例属于不同的聚类。

数据挖掘（Data Mining）：数据库知识发现（KDD）过程的核心，它涉及数据探索、模型开发以及未知模式发现等推测分析算法。

特征选择（Feature Selection）：从一个给定数据库中识别重要属性，同时丢弃被认为是无关和冗余的信息特征的过程。

归纳算法（Induction Algorithm）：该算法将特定实例集合作为输入，输出一个可概括这些实例的模型。

实例（Instance）：现实世界中的单一客体，可用做模型研究的对象，或者作为应用模型的对象。在入侵监测系统中，实例通常指系统、事件或者网络连接。

入侵检测系统（Intrusion Detection System, IDS）：它通过监听和分析计算机系统中发生的所有事件来检测有害事件活动的迹象，包括针对脆弱服务的网络攻击、针对应用程序的数据驱动攻击以及针对主机的攻击（如特权提升、非授权登录、访问敏感文件以及恶意软件）等。

数据库知识发现（Knowledge Discovery in Databases, KDD）：一个非平凡的探索过程，内容包括从庞大复杂的数据仓库中识别有效、新颖、有用以及可理解的模式。

离群值（Outlier）：一个实例大大偏离了其他实例，以至于被怀疑是由其他机制生成的。

离群值检测（Outlier Detection）：识别离群值的过程。

# Chapter 37

第 37 章 一种使用视觉诱发电位的认证模式

Andrews Samraj
（多媒体大学，马来西亚）

生物计算机枪（Bio-cyber machine gun, BCMG）是一种防御工具，它可以用来防止认证和访问控制过程中的误操作，同时也可以利用口令发射方法为加密和信息隐藏技术提供帮助。BCMG的开发给那些生活在黑暗之中的残疾人群带来了一丝希望。通过设计开发新的软件和硬件来增强这些人群的某方面能力，从而使他们得以在一个轻松的环境下独立生活，按照自己的意愿从事活动等。脑电波中的P300成分可用于这一方面的研究。本章阐述了在使用BCMG时，P300成分的产生、识别、提取以及分类过程。

37.1 引言

BCMG 是一种防御工具，它可用来防止认证和访问控制过程中的误操作，同时它也可以利用生物口令发射方法为加密和信息隐藏技术提供帮助。采用生物识别技术对用户身份进行认证是目前普遍流行的方法（Pankanti，2001）。生物识别技术包括指纹、掌纹、虹膜、人脸、声音以及其他生物特征。对于目前采用的生物识别认证方法，需要在简单性、成本代价、有效性以及可靠性等方面进行改进和优化。传统的口令、智能卡、条形码、指纹、掌纹、虹膜以及面部识别等方法只用于特殊的认证或者特殊的访问控制，也就是只用于一次性认证或者一次性访问控制，而且这些方法所能获取的信息也非常有限。随着对完整性服务和安全级别的要求越来越高，需要一个高效可靠的系统，它能够进行多项安全操作。这类敏感复杂的系统具有高效和健壮的特点，但同时其实现要简单，例如可以采用一种类似生物特征的模式来使用它们。但前提是必须排除生物识别技术的缺点。对于病人、老年人以及残疾人来说，当传统方法不适合他们时，生物识别可能是唯一能够进行认证和访问控制的方法。

37.2 背景

生物识别是一种利用人体生理的唯一特征来对用户进行认证的技术。其工作原理很简单，世界上每个人都是唯一的，这种固有的特性可以用于身份认证。脸部特征就是一个很好的例子。除了脸部特征之外，像身高、皮肤、嗓音以及头型等也可以。像指纹识别这种旧方法现在仍然应用在签名和司法科学等方面（Pankanti, 2001）。生物识别技术的主要缺点是它过于灵敏。生物识别组件是集访问、部署以及安全保护等操作和功能的综合体。若被窃取则很容易导致滥用，而且其提取方法复杂。此外，它还涉及伦理道德方面的问题。可取消的生物特征在一定程度上解决了这类问题（Vaughan, Wolpaw, & Donchin, 1996），但同时它还需要在灵活性和可靠性方面进行改进。使用生理特征信号可以很容易地解决这类问题。人体可以产生很多种生理特征信号，比如心电图、脑电图等。心电图是康复学领域中一项新兴的技术（Vaughan et al., 1996）。大多数生理信号是无意识的，它独立于个人行为，其他人无法利用这些信号合成一个固定的韵律。另外，人们也不能控制由肌肉活动产生的生理信号。它可以有节奏感，但这些信号并不是在安全和受保护状态下产生的。将视觉诱发电位（Visual Evoked Potential，VEP）信号应用于敏感多用途安全系统是可行和合适的，因为其产生过程是安全的，而且可以令其具备节奏性。

视觉诱发电位信号由产生视觉刺激的非常规范式生成，并隐藏在脑电波背景图像中。我们可以改变非常规范式的功能，使产生的视觉诱发电位信号富有节奏从而可以表示一个特定含义。这比用来产生大脑活动信号的心理修复方法要快得多。传统的轻机枪在使用传送带时，每分钟能够快速射出300到500发子弹。我们使用这种快速射击模型来随机激活非常规范式，从而在任意时刻都能让大脑创造出与当前所需口令一致的视觉诱发电位，故而称之为生物计算机枪（BCMG）。

37.3 方法和益处

我们设计的BCMG包括两个主要部分：一个是信号捕获单元，另一个是接口单元。利用信号捕获单元从头皮采集到的原始脑电图记录如图37-3所示。这些信号通常受到噪音和伪像的干扰，但可以利用滤波器消除（Andrews et al.，2005; Kriss, 1993）。

BCMG所使用的最新技术是最简单的生理行为活动，即观察可以激发大脑潜能的范式。利用固定在头部颅顶骨区域的电极反应，在视觉刺激一秒后记录脑电图信号。使用接口单元的带通滤波作用，消除这些记录中的伪像（Andrews et al., 2005; Kriss, 1993），具体做法是使用低通滤波器，它是截止频率为8Hz的两个9阶前向和后向巴特沃斯数字滤波器组合。这样阻带可以达到最小值为30dB的衰减。在利用主成分分析（principal component analysis，PCA）的最新方法对视觉诱发电位进行分离后，以信号形式表示的主体意图就被译为节奏控制代码。这可以用可产生视觉诱发电位的文字或图片示例来实现。通过对视觉诱发电位信号的比较，来发现目标字母或图片。而这些字母和图片将成为用于BCMG"子弹"的代码。无论何时，只要P300的信号峰值上升，就认为拼写示例中对应行或列中的字符代表了该信号，而相交的字符将作为目标字母，用于生成控制设备中的口令码。

　　文字示例如图 37-1（a）所示。在实验阶段，所翻译和生成的口令码都要进行保存和标记，如"CAT"。接着重复实验过程以生成这些口令，并使用匹配和非匹配例程，将其与数据库中第一组控制码进行比较。每生成 40 个口令码，平均每个口令码中有 3～5 个字符，其平均准确率为 90.24%。将字符示例换成图片示例，然后采取相同步骤获取信号，实验结果如图 37-1（b）所示，这时查找 10 幅图片的准确率达到 100%。

A	B	C	D	E
G	H	I	J	K
M	N	O	P	Q
S	T	U	V	W
Y	Z	1	2	3
5	6	7	8	9

图37-1(a) 文字示例　　　　　　　图37-1(b) 图片示例

　　图 37-2 的信号曲线表示 3 个非目标文字示例和一个目标文字示例。其中，目标文字示例在大约 300ms 的时间内产生了明显的振幅。表 37-1 所示的是目标和非目标的视觉诱发电位数值，由于信道不同，振幅大小也会不同。从图 37-2 易知，仅通过观察信号和理解其含义是不可能假冒和复制信号的。因此，这些信号可以看做具有节奏性的子弹，当出现视觉刺激时，它们由大脑以极快的速度发出。而且它们可以与任何应用程序同步进行，这样任意用户就可以用它们保护电子设备、系统、文件等。

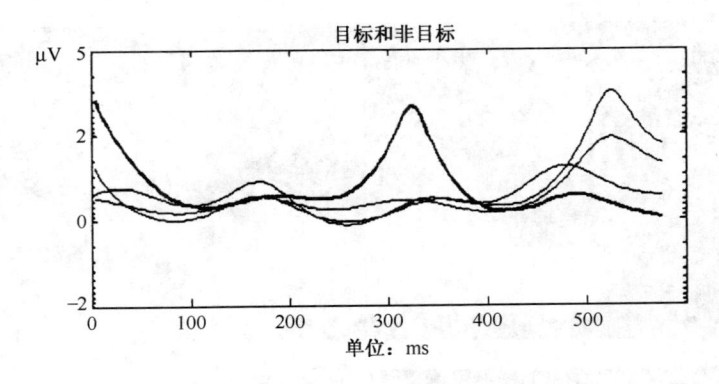

图37-2　信号曲线图

表 37-1　P300 振幅峰值举例

e-cap 信道	目标信号		非目标信号	
	振幅	执行时间	振幅	执行时间
Cz	2.0763	312	−0.3372	425.1
Pz	1.9526	312	−0.2380	429
Fz	2.0211	315.9	0.0090	429
FCz	2.0015	315.9	−0.0484	425.1
C1	2.0244	315.9	−0.0076	432.9
CP1	1.9217	315.9	−0.2292	432.9
CPz	1.9413	312	−0.0061	432.9
C2	1.9464	315.9	−0.3277	432.9

　　这种工具的优点，是它在多层口令保护系统环境中的能力和高效性。它基本上不需要花费什么代价，就可以产生各种信号组合。如图 37-3 所示，用来获取信号的硬件设备，是一些镌刻在帽子或头盔上的电极。这有助于保护信号产生过程，因为没有人能够看见和识别出大脑中产生的信号。与利用手指运动或其他肌肉运动产生的信号相比，这种方法更安全，而且比生物识别技术更简单和快捷，因为生物识别技术需要扫描和比对的过程。

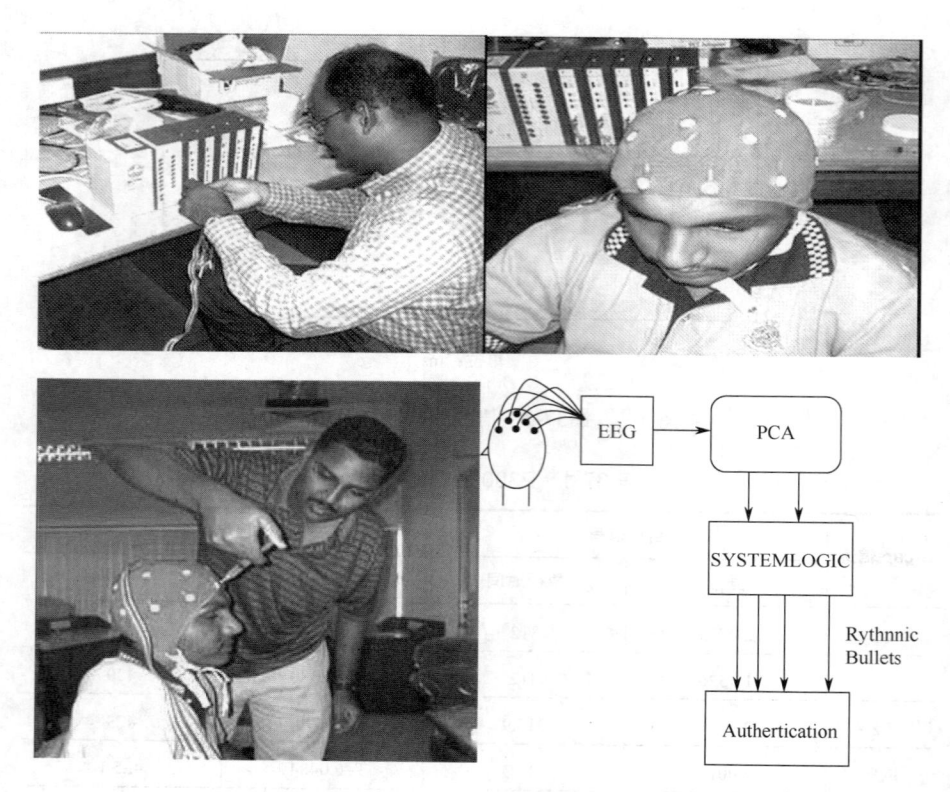

图37-3 从头皮得到的原始脑电波记录

使用这种方法我们也能获得更多的技术优势（如实现多级认证等），因为我们可使用不同信号对不同目标进行认证，这样黑客要利用口令嗅探等技术来访问系统就非常困难了。这就好比为房间内的每扇门配备不同的锁和钥匙。此外，信号的多样性提供了大量可用带宽，因而没有必要担心带宽的限制。对于同级认证，由于信号能够随时间变化，可以确保每次使用时系统都处于高度安全可靠的状态。这种方法不需要使用多个认证因子，因而比可取消的生物识别技术更佳。这种方法的另一个优点是，它不需要用以存储和携带不断变化的认证特征的介质，因而比任何生物特征技术都更安全。

37.4 BCMG 的局限性

BCMG 需要可以读取诸如脑电图之类信号的仪器或设备。实际上，BCMG 不是一个移动设备，它必须与 RFID 技术结合使用，而且需要专门开发这种设备。这似乎比较困难，但在恢复工程中，开发额外设备是可以接受的。BCMG 需要经过多次训练，才能像神枪手那样，精确地命中目标词汇。

37.5 未来趋势

患有顽固性疾病的残障人士，由于自身不能独立行动，经常面临很多问题和不便。因此，他们通常需要别人的帮助，才能进行一些简单操作，比如看电视时换台、接电话、使用电脑甚至电灯和风扇的开启和关闭等。如果残疾人的生活可以自理，那么他们就可以过上更加健康独立的生活。基于这种需求，BCMG 应运而生。它利用了最简单的大脑活动，来完成一系列的工作。通过扩展 BCMG 的用途，可以使新设备与该系统连接，从而实现控制各种设备和认证的目的。

该系统的未来发展，将会导致多层组合访问代码的出现，这种代码将可作为多用途的智能卡，为老年人和残疾人提供服务。这些系统可以内嵌到任何设备中，比如轮椅等，并帮助用户在开始工作之前，制订好包括安全操作在内的各项计划。

37.6 结束语

未来，访问控制和认证领域对多重口令和 PIN 码的需求将会上升。而拥有或记忆多个不同口令，不仅相当困难而且也是危险的。BCMG 将是这类问题的恰当、安全且性价比又高的解决方案。它不仅安全、廉价，而且对那些不能方便使用其他认证工具的老年人和残疾人来说，它容易使用。BCMG 通过提供信息技术方案，为残疾人群带来了一线希望，使他们获得更加幸福和健康的生活。

参考文献

Andrews, S., Kamel, N., & Palaniappan, R. (2005).Overcoming accuracy deficiency of filtrations in source separation of visual evoked potentials by adopting principal component analysis. *Proceedings of International Science Congress (ISC),* Malaysia (p. 344).

Andrews, S., & Palaniappan, R. (2004). Extracting single trial evoked potential signals using spectral power ratio principal components. *Proceedings of Annual Fall Meeting BMES 2004 (Biomedical Engineering Society),* Philadelphia.

Andrews, S., Palaniappan, R., & Asirvadam, V. S.(2004). Single trial source separation of VEP signals using selective principal components. *Proceedings of IEE MEDSIP 2004, International Conference on Advances in Medical Signal Processing,* Malta G.C, EU (pp. 51-57).

Andrews, S., Palaniappan, R., & Kamel, N. (2005).Single trial VEP source separation by selective eigen rate principal components. *Transactions on Engineering, Computing and Technology, Enformatika, 7, 330-333.*

Donchin, E., Spencer, K. M., & Wijesinghe R. (2000).The mental prosthesis: Assessing the speed of a P300-based brain-computer interface. *IEEE Trans. Rehabil.Eng., 8,* 174-179.

Kriss, A. (1993). Recording technique. In A. M. Halliday(Ed.), *Evoked potentials in clinical testing* (2nd edition)(pp. 1-56). New York: Churchill Livingstone.

Palaniappan, R., Anandan, S., & Raveendran, P. (2002, December 25). Two level PCA to reduce noise and EEG from evoked potential signals. *Proceedings of 7th International Conference on Control, Automation, Robotics and Vision,* Singapore (pp. 1688-1693).

Pankanti, P. J. (2001, December). On the individuality of fingerprints. *Proceedings of the IEEE Conference on Computer Vision and Pattern Recognition.*

Polich, J. (1991). P300 in clinical applications: Meaning, method and measurement. *American Journal of EEG Technology, 31,* 201-231.

Tee, C., Teoh, A., Goh, M., & Ngo, D. (2004). Palm hashing: A novel approach to cancelable biometrics. *Information Processing Letter, 93*(1), 15.

Vaughan, T. M., Wolpaw, J. R., & Donchin, E. (1996).EEG based communications: Prospects and problems, *IEEE Transactions on Rehabilitation Engineering, 4*(4), 425-430.

术语和定义

P300（Potential at 300 Millisecond）：这个正峰值表示与事件最新元素（可以是听觉、视觉、体觉中的任何一个）相关的电位。

生物信号（Bio-Signals）：该信号可以产生并提取自任何活性生物，也称做 b 生物信号（bBio-signals）。

生物识别（Biometrics）：基于人的一个或多个生理或行为特征，从而识别其身份的自动化方法。这些特征包括人脸、指纹、手形、笔迹、虹膜、视网膜、血管以及嗓音等。

脑电图（Electroencephalogram, EEG）：是由脑电扫描器所绘制的脑电波活动扫描图。

多级认证（Multitier Authentication）：多级认证要求当从一个级别访问更高级别的系统时，使用不同的口令或 PIN 码。

主成分分析（Principal Component Analysis, PCA）：它是一个数学函数，将原来许多可能具有相关性的变量，变换成少量称为主成分的无关变量。

视觉诱发电位（Visual Evoked Potentials, VEP）：它是大脑皮质对视觉刺激发生的电反应，延迟时间很短。

第38章 基于内容的多媒体授权和访问控制策略规范

Bechara Al Bouna, Richard Chbeir
（勃艮第大学，法国）

在安全和访问控制模型领域，赛博恐怖主义已经成为了一个亟待解决的问题。近年来，赛博恐怖分子对信息系统的攻击越来越深入也越来越有效。多媒体对象检索系统在政府部门的应用越来越多，成为此类攻击的目标之一。因此，不可避免地，对访问控制系统的需求具有重要的优先地位。虽然，一些文献已经提出了一些面向文本授权的模型，但较之文本，多媒体对象的结构和内容要复杂得多。因此，需要针对多媒体提出特定的模型。本章将介绍多媒体对象（包括文档、图像、视频和音频等）的授权和访问控制模型。然后，提出一种模型用来处理多媒体内容访问控制和与用户相关的安全漏洞。

38.1 引言

美国的反恐战争近年来已经延伸到了各大领域。恐怖组织越来越意识到，攻击政府部门所依赖的信息系统，可以造成更大的破坏。信息技术的固有属性，使得如何阻止赛博恐怖主义，成为一个异常复杂的问题。为处理视频、图片、音频、文本等多媒体对象的信息系统设计访问控制模型，具有相当的复杂性。从本质上讲，访问控制是管理数据集的过程。随着信息系统的发展，对数据的保护已然成为一个需要严阵以待的话题。例如，滥用或者破坏 CIA 部门的信息，都可能对当前为其工作的密探产生不良后果。因此，对于整合了安全组件和访问控制管理的系统来说，都需要管理员为之制定相应的规则和策略以控制访问查询。已有研究人员提出了一些用于防止安全信息泄露并拒绝非授权访问的模型，如自主访问控制（DAC）（Landwehr, 1981）、强制访问控制（MAC）（Landwehr, 1981）和基于角色的访问控制（Ferraiolo, Barkley, &Kuhn, 1999）。它们都被广泛应用于文本数据库和传统的应用中。但是，由于多媒体对象在互联网和内联网中的动态性和复杂性，所以由此产生的一些授权和访问控制问题，与这些对象的复杂结构是相关的。多媒体对象与文本信息不同，它的结构复杂，并且拥有自身结构和内容属性。多媒体对象的属性包括低级属性（文本、颜色、形状等）、元数据（作者名字、关键词等），以及与子对象之间的关系（时间，语义，空间等）。这些属性使得多媒体对象变得非常复杂，必须防止未授权用户访问存有秘密图片、便衣特工面试及总统信息的多媒体数据库。这些限制可以用于维护保密性（例如，可以将特工的脸部遮盖起来）。

  本章将介绍一些已有的访问控制方法，并指出它们在处理多媒体数据时的缺陷。然后提出我们的解决方法，该方法解决了多媒体授权和访问控制的两个主要方面，提出多媒体授权和访问控制领域的两个主要研究方向。

  基于内容的策略：从过去十年开始，一些多媒体应用程序就允许用户查询多媒体对象的内容（如颜色、纹理、形状等），而不再局限于文本特性。因此，对于授权管理员来说，要保护没有文本描述（如没有注解的场景和图像）的多媒体对象是非常困难的。例如，想要使用现在的授权模型去隐藏美国总统边上的秘密特工的面部并且没有相关的文本描述就很困难。从本质上说，这些模型（Aref & Elmagarmid, 2000; Bertino, Ferrari, & Perego, 2002; Bertino, Ferrari, & Perego, 2002; Bertino, Hammad, Aref, & Elmagarmid, 2000; PICS,n.d.）只适用于带有内容描述的多媒体对象（例如，带有注解的视频，带有文本描述的图像等）的访问控制。这促使我们去研究一种新的基于内容的访问和授权控制模型。这种模型的特点，是在多媒体对象属性的基础上制定策略，而不仅仅在文本描述的基础上制定策略。

基于上下文的角色规范：角色已经被广泛用来建立用户授权和访问策略。其中，RBAC（Ferraiolo et al.,1999）是一种最常用的基于角色的模型，该模型定义了角色之间的层次关系。由于目前大多数模型都不考虑用户属性与角色之间的关系，角色的使用，可能导致授权管理员将访问权间接地赋予非授权用户。类似地，授权的依据有可能是用户设备的能力（例如，使用 Cisco 防火墙的用户可以下载视频 X）、软件属性（使用 Linux 的用户不能编辑视频 X）、网络描述（连接客户端和服务端的是 VPN）、用户的兴趣（对军队感兴趣的用户可以看视频 X），等等。这种强制策略和管理约束对于高安全级别要求来说是必要的。因此，授权和访问控制模型必须考虑其他与用户上下文相关的信息，以便授权管理员能够在制定策略的同时，对可能出现的安全漏洞保持警惕。

本章的其余内容组织如下。首先讨论对多媒体对象授权和访问控制模型所要实现的目标；接着描述这个领域的相关成果；然后阐述我们所提出的多媒体数据授权和访问控制模型组件；最后是总结全文并探讨未来的发展趋势。

38.2　研究动机举例

假设有个数据库，里面存储了秘密特工和政府中心的秘密活动记录（图像、视频和音频）。此外，我们不知道数据库里面的内容，并且数据库不包含除日期以外的注解。出于安全性和机密性的考虑，出现在这些记录中的特工身份必须高度保密,并防止非授权用户(例如,监控人员)查看。现有的访问控制模型很难解决这类问题,因为内容还没有正式的定义。事实上,授权管理员应该能够通过声明这些特工的特征,甚至使用他们的照片来制定授权规则和策略。因此,授权控制的核心部件应该能够捕获到这些照片,提取其特征,获得类似的多媒体对象(用于识别出现在视频中的特工脸型),并且限制对这些对象的访问。此外,由于所要保护的信息具有高度的机密性,基于用户特征(例如,工作职位="重要")的角色规范,并不足以保护这些信息。因此,在制定角色规范时,必须对设备、网络特征以及特工之间的特定联系予以同等重视。举个例子,令 u 表示政府中心的特工,授权管理员基于他的特征把 u 指派为角色 officer 2。如果 u 能够通过非安全连接访问数据库中高度机密的数据库记录,那么管理员应该赋予他更少的访问权限。另外,u 嫁给了在同一部门工作的用户 s (指定为角色 officer 1)。这样,角色 officer 2 就水平地链接到角色 officer 1,从而继承了 officer 1 的权限。u 用 officer 2 角色有权访问并保存秘密特工图像。而对于角色 officer 1,这些访问是被拒绝的,因此这个角色的用户是不允许访问这些图片的。但是如果出现了之前提到的那种情况,如果 u 嫁给了 s,而且他们在同一个部门工作。那么,当他们在家里工作的时候,s 就可以通过 u 看到一些非授权的图片。这表明授权管理员在分配角色的时候出现了安全漏洞。因此,授权和访问模型应该赋予授权管理员处理这类问题和设计强制策略的能力。

38.3 背景

本部分将详细介绍一些在授权和访问控制领域已有的成果,然后介绍一种全新的面向多媒体的方法。授权模型应包括以下几个常用的组件。

- 主体:可以授予或拒绝他的某种访问能力。事实上,对主体有各种不同的描述,比如用户身份、位置、凭证、角色等。
- 客体:通过防止非授权访问而保护的对象,它们与访问控制的应用领域有关。
- 策略：拒绝主体访问客体，可视为行为控制计划。
- 行动：要执行的动作（播放，编辑等）。
- 条件：需要在上下文数据中得到满足（时间>19:00，位置=巴黎，等）。

本章将介绍客体、主体和行为描述领域的研究成果。其他组件是面向领域的，它们不在本章讨论范围之内。

被删除的约束对象如图38-1所示。

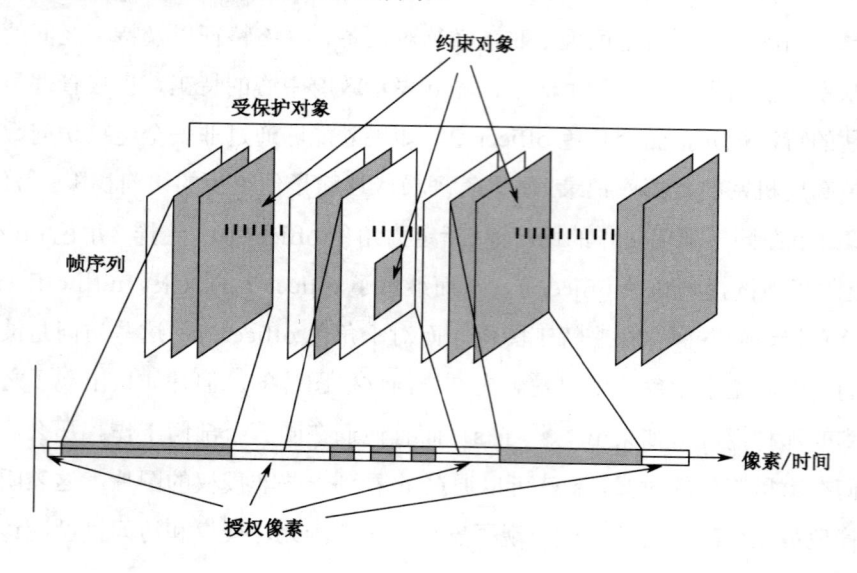

图38-1 被删除的约束对象

38.4 客体描述

文献（Adam et al., 2002；Bertino et al., 2002；Bertino et al., 2000；PICS, n.d.）提出了一些关于授权和访问控制模型中客体的描述方法。2000年，Bertino提出了一种授权控制模型，该模型利用用户凭证和视频内容的文本描述来保护视频对象，其基本思想是基于文本注解来保护多媒体对象。事实上，提出者已经考虑了每一个视频对象及其每次出现，都有相应的文本注解用以描述其语义。例如，(x.annot contain "Charles De Gaulle") DURING (y.annot contain "World War II") 表示：视频对象 x 包含注解"Charles De Gaulle"，视频对象 y 包含注解"World War II"，x 在 y 播放期间发生。该模型在一所学校的数字图书馆上得到了实现，该馆对学生和教师的访问行为进行了控制。

类似地，2002 年，Adam 等提出将对象的概念描述划分层次，并把对象层次与对象凭证一同用于规则管理和冲突消解。事实上，概念描述是由多媒体对象内容的关键词集合确定的，而多媒体对象的内容是基于概念来控制的。他们在一个国际性的信息交互数据图书馆中实现了该方案。

文献 MaX（Bertino et al., 2002）中提出了一个模型，为了标记数字图书馆中的内容，该模型整合了 PICS（n.d.）。基于这些标记，制定了授权控制规范。

2002 年，Joshi,Li,Fahmi,Shafiq 和 Ghafoor 提出了一种有趣的方法，这种方法的基本思想是基于军事等级来制定模型，这个模型可以保护 OCPN 的安全，OCPN 是一个多媒体对象描述的同步图。作者用分类等级来标记要保护的目标对象。尽管这种方法看上去很有趣，而且 MAC 模型在处理文本对象的时候是有效的，但在处理多实例问题时，这种方法在多媒体对象描述方面的作用就不大了（Abrams，Jajodia, & Podell, n. d.）。

Kodali,Farkas 和 Wijesekera（2004a,2004b）为 SMIL 文档定义一个安全平台，以实现授权和访问控制。事实上，他们已经为这些文档提供了一个范式，并用 RDF 元数据对其进行了描述（图 38-2）。这些元数据用于描述已知的安全模型，如 MAC，RBAC 和 DAC（Landwehr，1981）。但是，在实际应用中，多媒体对象会被拆成带有未知内容的复杂对象，所以这种模型并不能有效地保护内容。

另一方面，类似 XACML 的标准已被用于描述策略。事实上，XACML 也提供了复杂策略的描述能力。然而，它对多媒体对象还是有限制的。这就是为什么 Damiani, De Capitani di Vimercati, Fugazza 和 Samarati（2004）又提出了一种扩展的 XACML 来制定访问策略，以处理复杂对象。这种方法的思想，是使用 RDF 本体论规范来保护多媒体对象，而且也考虑了多媒体对象的内容。因此，可以说这种方法的基本思想是基于文本元数据（基于本体论描述对象）来制定授权规则。正如我们所见，在这种方案中，授权管理员全面考虑了目标对象的内容。但是在实际情况中，这些模型并不能很好地保护多媒体对象的内容，因为他们允许在处理含有未知内容描述的多媒体对象时，基于内容的文本描述来制定规则。

```
<rdf:RDF
 xmlns:rdf="http://www.w3.org/TR/WD-rdf-syntax#"
 xmlns:md="http://ourdomain.it/MD/Schema/md-syntax#"
 xmlns:ms="http://ourdomain.it/MS/Schema/ms-syntax#">
    <rdf:Description
     rdf:about="http://ourdomain.it/MD/Video/video010234.avi">
        <rdf:type rdf:resource="http://ourdomain.it/MD/
         Schema/md-syntax#Video" />
        <md:title>Treatment of Diseases</md:title>
        <md:duration>1054067</md:duration>
        <md:format>avi</md:format>
        <md:shows how rdf:nodeID="content"/>
    </rdf:Description>
    <rdf:Description rdf:nodeID="content">
        <ms:surgeon>Sam</ms:surgeon>
        <ms:operates on>Patient</ms:operates on>
    </rdf:Description>
</rdf:RDF>
```

图38-2　一个描述视频的RDF元数据

38.5　主体描述

文献（Bertino, Castano, & Ferrari, 2001; Bertino, Ferrari, et al., 2002; Bertino, Hammad, et al., 2000; Damiani, De Capitani di Vimercati, Paraboschi, & Samarati, 2000, 2002; Gabillon & Bruno, 2001; Joshi, Bhatti, Bertino, & Ghafoor, 2004; Joshi et al., 2002）中对访问控制模型中的主体进行了广泛研究。为了便于策略的定义和管理，可以用凭证（Adam et al., 2002; Bertino et al., 2001;

Bertino et al., 2000)、用户配置（Damiani, De Capitani di Vimercati, Fugazza & Samarati, 2004)、设备描述（Damiani, De Capitani di vimercati, Paraboschi & Samarati 2000）或者角色（Ferraiolo et al., 1999; Wang & Osborn, 2004）来代替主体。

在 Adam et al.（2002）中，作者的研究重点集中在基于用户凭证的主体描述，其基本思想是用凭证来描述与用户和安全系统（例如，工作职责，年龄，等）相关的属性。为了方便策略管理，作者定义了凭证层次（见图 38-3）。

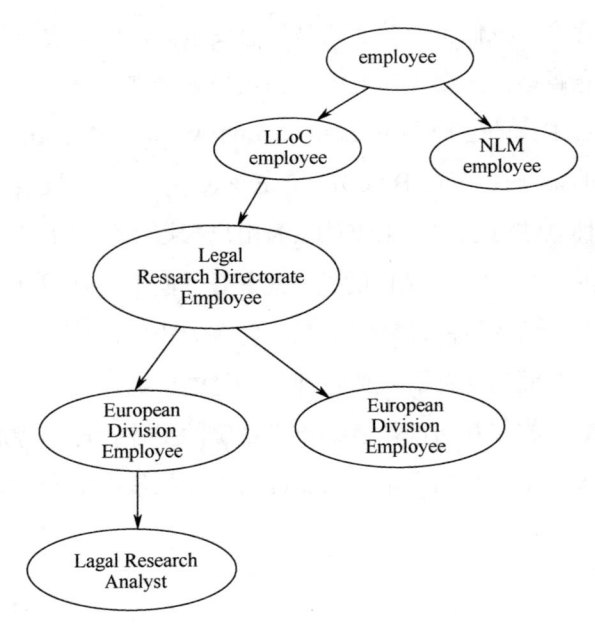

图38-3　文献［20］中定义的凭证层次

在 Damiani, De Capitani di Vimercati, Fernandez Medina & Samarati（2002）中，主体是通过用户配置来识别的，而用户配置中，则是以用户特征作为用户规范的基础。因此，作者没有详细描述用户配置而只讨论了用户特征。在处理高级安全问题时，这种处理方法被认为是有局限性的。此外，该模型没有提供用于管理授权管理员的主体层次。在实际应用中，用户配置通常是指一组可以代表用户的偏好参数或特征。基于这些特征，系统在执行一些任务（表述、浏览、信息保护和入侵检测等）时就能够兼顾到用户的相关信息（例如，设备特征、网络属性、兴趣等）。配置文件能够反映用户及其所处的环境，每个环境中的每个用户都有一个配置实例。如果一些特定的全局信息在每一个实例中都保持不变，将与配置实例有效地关联起来（例如，一个用户拥有若干设备）。所以，有些研究人员提议专门研究用户配置，而且已经为配置表述和身份鉴别过程制定了标准化规范，比如 CC/PP 和 CSCP（Buchholz, Hamann, & Hubsch, 2004）。诸如 RDF 这样的语言可用于描述配置文件中的组件。在用户配置中，我们主要关心的是信息安全问题。事实上，我们已经考虑到，用户信息越多，所要声明的安全约束也就越多。

为了方便对主体的管理，（Joshi et al.2004; Wang & Osborn, 2004）提出了一些基于角色的访问控制（RBAC）。在 RBAC 中，访问权限决定于用户所属的角色。这种方法可以按照工作性质为用户指定角色。用户所能执行的操作受限于他们的角色，用户-角色的关联思想，可使用户只拥有必需的最小权限。为了保护多媒体领域的高密级信息，现有的角色描述、主体凭证和特征都非常严格，以全面满足针对主体管理所制定的策略规范。从本质上讲，多媒体应用中的数据授权和访问，需要更高精确的主体管理。特别是在描述用户的时候，应该基于用户的上下文信息，而不能只依据用户的身份、凭证和工作性质。

行动

在访问控制模型中，行动是指通过执行和管理来保证只有授权用户才能对信息进行操作。在实际应用中，行动有着不同的定义。文献（Bertino et al., 2001; Damiani et al., 2000; Damiani et al., 2002; Gabillon & Bruno, 2001; Wang & Osborn, 2004）中的访问控制模型，定义了一组可能在访问请求中出现的行动。

- 读：主体需要查看一些文本对象及其内容。

- 写：主体需要更新文本对象。
- 其他。

因此，在处理多媒体对象时，将引入一些新的行动，如播放、同步、恢复、暂停、修改等，每个行动的处理过程不同。

- 播放：主体需要浏览或者激活一个多媒体对象（比如图像，音频文件或者视频文件）。
- 同步：主体需要让多媒体按照特定的顺序执行（例如，并行播放两个视频等）。
- 其他。

38.6 设计方案

我们在设计新组件时，全面考虑了多媒体丰富的内容，是基于对象特征来设计策略的。此外，对现在广泛应用的 RBAC 模型进行了扩展，使之能根据用户内容来处理角色规范。下面介绍我们的方法及其中的主要组件，如用户模型、角色模型、策略模型和链接模型。

用户模型

如前所述，在定义授权访问策略时，应该考虑与用户相关的其他信息。针对不同领域提出不同的方法和技术，称描述用户相关信息的方法为用户模型或者用户配置（CCPP[n.d], CSCP[Buchholz, Hamann, & Hubsch, 2004], MPEG-21[Burnett, Van de Walle, Hill, Bormans, &Pereira, 2003]等）。对用户模型（UM）做如下定义。

$$UM: (id_{UM}, Cred^{*1}, Int^*, S_M^*, id_D)$$

- id_{UM}：用户的身份标识。
- Cred：凭证组件，其中包含与应用相关的用户属性（如年龄、专业、研究等）。可把它写成 $(a_1:v_1, a_2:v_2, \ldots)$ 的形式，其中 a_i 和 v_i 表示属性和属性值（例如，age:18, profession:student 等）。

- Int：描述用户的兴趣。可以将其表示成$(a_1:(v_1, w_1)^*, a_2:(v_2, w_2)^*, ...)$，其中 a_i 表示感兴趣的对象属性，$(v_i, w_i)^*$ 表示一组值及其权重（表示特定属性值的重要程度），比如（Football, 0.5）、（NBA, 0.4）等。
- S_M：包含了设备特征，如设备名、操作系统、制造商、IP 地址等。也可以把它表示成（$a_1:v_1, a_2:v_2, ...$），例如，Operating_System:Linux, firewall:cisco，等。
- id_D：创建用户模型的时间段。我们将其形式化地描述为：

$$\text{Duration：}(id_D, type, [t_1, t_2], desc, id_{ev}^*)$$

- id_D：持续时间。
- type：要描述的类型（例如，时间、日期等）。
- [t1, t2]：表示与指定类型相关的开始值和结束值（例如，"Time"的间隔为[12:00 04:00]）。
- desc：持续时间的文本描述。
- id_{ev}：表示指定持续时间内的事件标识。在实际应用中，事件组件可以被形式化表示为：

$$\text{Event}（id_{ev}', name, desc）$$

- id_{ev}：事件的标识。
- name：事件的名称。
- desc：事件的文本描述。

该模型允许用相同的结构来表示与用户相关的信息模型的内容。从本质上讲，这个组件对主体规范来说是非常重要的。组件属性和值可以作为角色设计和描述的基础。

规则模型

规则是授权和访问控制模型的基本组成部分，它可以用如下的 5 元组表示：

$$(\text{Id}_{RU}, F_i^*, \text{Action}^*, \text{Condition}^*, \text{Effect})$$

- Id$_{RU}$：规则的标识。
- F$_i$：对象特征。我们使用由 Chalhoub, Saad, Chbeir 和 Yetongnon 在 2004 年提出的元模型 M^2 中的一些组件（O, A, V）来描述客体特征，下面对其做简要介绍。

1) O：存储在 BLOB 文件或者 URL 中的对象源数据。

2) A：描述多媒体对象的元数据，它整合了与对象相关的数据，如压缩格式（mpeg，MP3，jpg 等）、大小等；与对象内容独立的数据，如对象拥有者的名字、日期等；描述多媒体对象语义内容的数据，如注解、描述、关键词等。

3) V：描述多媒体对象（比如颜色柱状图、颜色分布、文本柱状图、形状、持续时间、声音频率、振幅和段号）的物理特征。

- Action：对对象所做的操作。
- Condition[2]：需要满足的条件（例如，time>8PM）。这里，条件可以基于模型组件间是否存在不同的链接类型来设计。在若干情形中，这有利于避免安全漏洞。
- Effect：规则状态。通常用授权（grant）或者拒绝（deny）来描述。

这种规则模型表示法，允许根据授权管理员手动或者自动提供的特征集合（特工图像，形状等）来保护多媒体对象。特别是我们的规则模型还对没有注解的多媒体对象进行了保护。有了该表示法，我们就可以应用相似函数来确定目标多媒体数据库中的需要保护的对象。

策略模型

策略是授权控制模型中的一个重要问题。该领域已经有了一些研究成果（Damiani et al., 2004; De Capitani di Vimercati & Samarati, 2005），这些成果涵盖了策略、策略演化和策略的操作方式等问题。在我们的方法中，策略是指指派给特定角色的规则集合，可以形式化地表示为：

$$\text{Policy:}（Id_p{}', Id_{Rule}{}^*, status, desc）$$

- Id_p：策略的标识。
- Id_{Rule}：策略中规则的标识。
- Status：策略的状态，如 open 策略或是 closed 策略。事实上，在 open 策略中的规则集的默认效果是 deny，而 closed 策略则相反。
- desc：指定策略的文本描述。

我们的策略模型考虑了所有现有模型的需求，因此能够描述大多数模型。

链接模型

在我们的方法中，在 Id_u, Id_R, 或 Id_p 之间定义了类型化的链接，其中：Id_u 是用户模型的标识，Id_R 是角色标识，Id_p 是策略标识。链接值可以根据其他节点组件自动计算出来，或者由授权管理员手动给出。我们可以把链接模型形式化地表示为：

$$\text{Link}=(Id_L, Type, Desc, Weight, St_{Node}{}^*, End_{Node}{}^*)$$

- Id_L：链接的标识。
- Type：链接的类型，如分层类型、父类型、友类型、婚姻类型、相似类型，等等。这样就允许在使用分层链接或者创建相似节点（组用户，角色甚至策略）簇时，创建节点的分类法。
- Desc：链接的文本描述。
- Weight：[0, 1]区间内的一个值，表示链接在安全漏洞中的重要性。例如，遗传、冲突和指派类型链接的权值为 0，而并行链接的权值必须比友链接的权值大。
- St_{Node}：表示 Id_u, Id_R, 或 Id_p 的开始节点。
- End_{Node}：表示 Id_u, Id_R, 或 Id_p 的结束节点。

我们的链接模型可以表述不同类型的链接，因此可以跟踪一些安全漏洞。例如，它可以查出在分层链接角色中的授权滥用行为。而且，授权管员可以根据这些链接可能导致授权漏洞的程度，来制定系统的强制授权方案。如图 38-4 所示，我们给出了一个角色之间存在不同链接的例子。可以看到，在角色 officer 1 的用户和角色 officer 2 的用户之间建立了一个权重为正数 α 的婚姻链接，我们可以根据此模型辨析出其中的授权漏洞。用这种方法描述链接，可以更容易地消除安全冲突，但本章不讨论这部分内容。

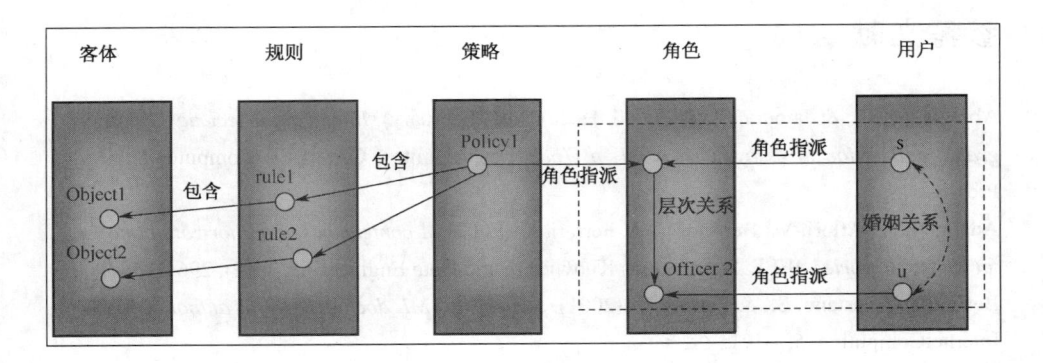

图38-4　本章授权模型中不同组件间的联系

38.7　结束语

本章首先介绍了一些访问和授权控制方法，由于赛博恐怖攻击的存在，这些方法不可或缺。接着，介绍了访问授权控制模型的主要组件，如主体、客体和行动等。还介绍了主体的不同定义形式（用户 id、地址、凭证、配置等），以及在信息安全领域中用户配置对主体的重要性。然后，描述了客体的定义，并强调指出现有方法只能处理基于文本的策略规范。从根本上讲，文中提到的几乎所有方法，都不能很好地处理完全面向多媒体的访问控制和授权问题，因为这些问题要求基于对象内容（如形状、颜色、关系等）来保护多媒体对象。在应用中，如果有未知的内容描述和实时数据流，就需要用我们所提出的模型来保护多媒体对象。此外，我们的模型扩展了 RBAC 模型，使授权管理员可以更容易地制定策略并检测安全漏洞。

未来，我们计划将所提出的模型进行扩展，以适合处理分布式环境中的安全问题。在分布式环境中，由于对象存储在多个物理区域，策略管理更加复杂。我们还计划增加实时冲突消解单元来处理策略规范，增加链接检测单元来检测权值大于 0 的链接，进而消除安全隐患。

参考文献

Abrams, M. D., & Jajodia, S., & Podell, H. J. (1995, February). *Information security: An integrated collec-tion of essays* (*Essay 21, p. 768*). Los Alamitos, CA: IEEE Computer Society Press.

Adam, N. R., Atluri, V., Bertino, E., & Ferrari, E. (2002). *A content-based authorization model for digital libraries*. IEEE Transactions Knowledge and Data Engineering, 14(2), 296-315.

Bertino, E., Castano, S., & Ferrari, E. (2001). *Secu-ring XML documents with author-X*. IEEE InternetComputing, 5(3), 21.

Bertino, E., Ferrari, E., & Perego, A. (2002). *MaX: An access control system for digital libraries and the web*. COMPSAC 2002, 945-950.

Bertino, E., Hammad, M., Aref, W. G., & Elmagarmid, A. K.(2000). *Access control model for video database systems.* Proceedings of the 9th International Conference on Information Knowledge Management, CIKM (pp. 336-343).

Buchholz, S., Hamann, Th. & Hübsch, G.(2004). *Comprehensive Structured Context Profiles(CSCP):Design and Experiences*. In Proceedings of PerCom Workshops(pp.43-47).

Burnett, I., Van de Walle, R., Hill, K., Bormans, J., & Pereira, F. (2003). *MPEG-21: Goals and achievements.IEEE MultiMedia, 10(4), 6070.* CC/PP. (n.d.). Composite capability/preference pro-files.

Chalhoub, G., Saad, S., Chbeir, R., & Yétongnon, K. (2004). *Towards fully functional distributed multimedia DBMS*. Journal of Digital Information Management (JDIM), 2(3), 116-121.

Damiani, E., De Capitani di Vimercati, S., Fernández-Medina, E., & Samarati, P. (2002). *Access control of SVG documents*. DBSec 2002, 219-230.

Damiani, E., De Capitani di Vimercati, S., Fugazza, C., & Samarati, P. (2004). *Extending policy languages to the Semantic Web*. ICWE 2004, 330-343.

Damiani, E., De Capitani di Vimercati, S., Paraboschi, S., & Samarati, P. (2000). *Securing XML documents*. EDBT 2000, 121-135.

Damiani, E., De Capitani di Vimercati, S., Paraboschi, S., & Samarati, P. (2002). *A fine-grained access control system for XML documents.* ACM Transactions on Information and System Security (TISSEC), 5(2), 169-202.

De Capitani di Vimercati, S., & Samarati, P. (2005). *New directions in access control, in cyberspace secu-rity and defense: Research issues.* Kluwer Academic Publisher.

Ferraiolo, D. F., Barkley, J. F., & Kuhn, D. R. (1999). *A role-based access control model and reference implementation within a corporate intranet.* ACM Transactions on Information and System Security, 2(1), 34-64.

Gabillon, A., & Bruno, E. (2001). *Regulating access to XML documents.* Proceedings of the 15th Annual IFIP WG 11.3 Working Conference on Database and Application Security, Niagara on the Lake, Ontario, Canada (pp. 299-314).

Joshi, J., Bhatti, R., Bertino, E., & Ghafoor, A. (2004). *Access-control language for multidomain environments.* IEEE Internet Computing, 8(6), 40-50.

Joshi,J.,Li,K.Fahmi,H.,Shafiq,C.,&Ghafoor,A. (2002). *A model for secure multimedia document database system in a distributed environment.* IEEE Transactions on Multimedia: Special Issue of on Multimedia Datbases, 4(2), 215-234.

Kodali, N. B., Farkas, C., & Wijesekera, D. (2004a). *An authorization model for multimedia digital librar-ies (Special Issue on Security).* Journal of Digital Libraries, 4(3), 139-155.

Kodali, N. B., Farkas, C., & Wijesekera, D. (2004b). *Specifying multimedia access control using RDF (Special Issue on Trends in XML Technology).* International Journal of Computer Systems, Science and Engineering, 19(3), 129-141.

Landwehr, C. E. (1981). *Formal models of computer security.* ACM Comput. Surv., 13(3), 247-278.PICS. (n.d.).Platform for internet content selection.http://www.w3.org/pics/Wang, J., & Osborn, S. L. (2004). *A role-based ap-proach to access control for XML databases.* SACMAT 2004, 70-77.XACML. (n.d.). eXtensible access control markup language. http://www.oasis-open.org/committees/tc_home.php?wg_abbrev=xacml

术语和定义

授权（Authorization）：确定是否允许一个主体访问特定的信息的过程。

复合能力/优先配置（Composite Capabilities/Preference Profiles, CC/PP）：用RDF语言设计的一组与设备、特性和用户有关的选项，可在多媒体匹配时为设备提供支持。

全面结构化上下文配置（Comprehensive Structured Context Profiles, CSCP）：环境信息的描述语言，通过创建动态轮廓来描述相对复杂的信息。CSCP 克服了 CC/PP 的不足，提供了对柔性 RDF 的支持，以便描述内容信息的自然结构。

自主访问控制（Discretionary Access Control, DAC）：是信息系统中基本的访问控制，它根据对象的特性和用户需要知道的内容进行授权。例如，授予用户 x 对表 employee 的读操作和写操作权限。

强制访问控制（Mandatory Access Control, MAC）：用于替代 DAC 模型的信息保护和分级技术。此类访问控制为信息和用户打上"公开"、"秘密"、"机密"、"绝密"等安全级别标签，然后基于这些标签对用户进行访问授权。

互联网内容选择平台（Platform for Internet Content Selection, PICS）：W3C 创建的平台，应用于内容标签和网页注解。它是连接标签和互联网内容的桥梁。

资源描述框架（Resource Description Framework, RDF）：RDF 是以主体-谓词-客体的形式来描述资源的语言，我们称之为 RDF 三元组。这是由 W3C 建议的，软件可在此框架下存储、交换并操作元数据（这些元数据是各种 Web 资源的描述）。

基于角色的访问控制（Role Based Access Control, RBAC）：对用户访问系统的行为进行约束的一种方法。事实上，用户和策略被指派到一个与等级关联的角色。因为这种访问控制方法可以同时管理 MAC 和 DAC，因此被认为是非常有效的。

同步多媒体整合语言（Synchronized Multimedia Integration Language, SMIL）：用于描述和同步多媒体。它是基于众所周知的可扩展标记语言（XML）而提出的，而且从结构上看与 HTML 非常相似。

尾注

[1] *表示一个集合
[2] 权重是[0,1]中的一个值
[3] 如角色模型部分所描述的

Chapter 39
第 39 章 | 数据挖掘

Mark Last
（本古里昂大学，尼格夫，以色列）

数据挖掘是一种自动分析计算技术，其处理对象可以分为结构化数据、半结构化数据和非结构化数据。数据挖掘的目的是发现重要的趋势和未知的行为模式。数据挖掘被认为是维护国家安全（特别是赛博战中）的最核心的关键技术。本章涵盖的数据挖掘领域包括以下内容。

- Web挖掘：这是一种针对基于Web数据的挖掘技术。这种方案已经应用于很多入侵检测系统中，我们能利用它自动识别Web中与恐怖分子相关的内容。

- Web信息代理：其主要功能是过滤和组织网页文本中不相关的和离散的数据。代理也是网络战争中的一种关键技术，我们可以使用它监控不同位置的敌人，异步交流各自的发现，与他人合作，甚至可以勾画出潜在的威胁。

- 异常检测和活动监控：即对连续数据流进行监控，能够实时地发现异常和潜在的犯罪行为。可以使用不同的数据挖掘方式自动检测出异常行为。

39.1 引言

数据挖掘是一种自动分析计算技术，其处理对象可以分为结构化数据、半结构化数据和非结构化的数据，其目的是识别此前未知的行为模式。根据 Mena（2004）所述，数据挖掘是赛博战中维护国家安全最重要也是最核心的技术。20 世纪 90 年代初，出现了很多相关的研究领域，如统计学方法、模式识别和机器学习。数据挖掘与数据库知识发现（KDD）的区别是：数据挖掘是模式提取算法的一种应用，而 KDD 是"识别数据的有效性、新鲜性、有用性和可理解性模式"的总体过程（Fayyad, Piatetsky-Shapiro & Smyth, 1996, p.6）。完整的 KDD 过程包括以下几个阶段：数据选择，数据清理和预处理，数据简化和变换，选择数据挖掘任务、方法和工具，数据挖掘（寻找最终感兴趣的模式），解释数据挖掘结果，对所发现的知识进行操作。

39.2 背景

在过去的 15 年间，陆续出现了数十种与各种数据挖掘相关的计算技术。下面，我们简要描述常见的数据挖掘任务和算法。

关联规则：关联规则挖掘的主要目标是找出数据集的相关性（Han&Kamber,2001）。提取的模式（关联规则）通常是以"if X then Y"的形式存在。事件 X 和 Y 表示交易事务中的细目、在用户会话中看到的文档、病人的症状或数据库中的记录。提取的规则由两个参数进行评估：support，即事务中同时包含 X 和 Y 的概率；confidence，即事务在包含 X 的条件下也包含 Y 的概率。还有一些更高级的算法，如 Apriori（Srikant&Agrawal,1996），它是专门为包含数以百万计的多细目事务的大型数据库而开发的关联挖掘规则。

聚类分析：聚类是数据对象的集合（如网页文本），属于同一个聚类的数据对象具有很高的相似性，而不在同一个聚类中的数据对象相似性很差（Han&Kamber,2001）。聚类分析最重要的目的之一，是发现隐藏模式。即找出看上去不相关的对象的特征（如事务、个体信息、文本）。我们可以把"正常工作"的聚类作为异常检测的基础：这样，一个不属于正常聚类的对象就一定是异常对象，有可能潜藏着攻击行为（Last&Kandel, 2005，第4、6章）。聚类方法发表于 Data Clustering: A Review（Jain，Murty，&Flynn, 1999）。

预测模型：预测模型的任务是基于历史数据进行自动分析，以预测一些复杂的甚至是让人不可理解的过程，如恐怖分子和其他恶意团体的攻击行为。Han 和 Kamber（2001）把对连续值的预测定义为预测（prediction），而把对名词性的类别标签的预测称为分类（classification）。常见的分类模型包括 ANN-人工神经网络（Mitchell,1997）、判定树（Quinlan, 1993）、贝叶斯网络（Mitchell, 1997）、模糊网络（Last&Maimon, 2004），等等。

可视化数据挖掘：可视化数据挖掘是指使用可视化技术发现隐藏的有用知识。俗话说"一张图片能顶一千句话"，相比于数据表格，人类更容易从图片中找出模式、趋势、结构和无规律数据之间的关系。我们可以使用离散点、箱线图和频率柱状图描述数据挖掘。Last 和 Kandel（1999）使用模糊集理论，在预定义对象参数的基础上实现了人类感知的自动化。

本章将详细介绍数据挖掘在赛博战和赛博恐怖主义领域中的应用，内容包括 Web 挖掘、Web 信息代理和异常检测（与活动监控紧密相关）。

39.3　Web 挖掘

"9·11"事件之后，针对基地组织在阿富汗的首脑的军事压力，极大地提高了全球恐怖组织对互联网的重视程度（Corera, 2004）。按照反恐专家 Peter Bergen 的说法：

他们失去了在阿富汗的基地，失去了训练营，失去了可以让他们为所欲为的政府。但在很大程度上，他们仍存在于互联网。互联网已经成了他们真正的新基地。

除了宣传和意识形态的目的,圣战分子网站已被大量用于训练绑架、爆炸物制造和其他的"核心"的恐怖主义活动,他们将这些站点变成了以前的阿富汗训练营。前美国国防部长 Paul D.Wolfowitz 在众议院武装部队委员会作证时将其称为"网络避难所"(Lipton&Lichtblau,2004)。当然,基地组织并非是与恐怖相关的网站的唯一来源。据最新统计,恐怖主义网站从 1997 的 12 个快速增长到了 2005 年的 4300 个(Talbot,2005)。

由于基地组织对互联网的广泛使用,网络空间已经成为恐怖分子的重要资源(Last & Kandel,2005,第 1、2 章)。这种新型战争通常被称为"赛博战"或者"Web 战",它的出现使国家安全面临新的挑战(Mena,2004)。恐怖组织可以将其信息以任何形式(网页、互联网论坛记录、聊天室通信、电子邮件等)、任何语言存放在任何地方的 Web 服务器上,而且他们能够在数小时甚至是数分钟内令这些信息下线。因此,情报部门当前遇到的巨大挑战是要在大量的 Web 流量中准确而实时地识别这些资料。

国家安全分析专家所感兴趣的是找出这些资料幕后发布者、他们如何与恐怖活动分子联系,以及可能构成的威胁等。他们喜欢利用在线信息去分析恐怖分子的行为趋势和跟踪目标听众。但是,由于目前所知的恐怖分子网站太多,不可能用人工方法分析。因此自动化的 Web 挖掘方法将在赛博战中发挥重要作用。

最常见的 Web 挖掘可分为三类:Web 使用、Web 结构和 Web 内容挖掘。Web 挖掘的主要目标是搜集 Web 系统的用户信息,并从用户的视角找出网页之间的关系。Web 使用的挖掘方法包括挖掘网页的访问日志以找出 Web 页面的常见使用模式,计算网页等级等。许多入侵检测系统采用 Web 使用挖掘技术从正常的 Web 用户中找出潜在的入侵者。Web 结构挖掘的主要目标,是通过对超链接的检查,从文本中提取有用信息。还有很多其他的链接分析技术,它们能够与信息提取工具结合,找出非结构化文档之间的其他类型链接,比如地址之间、组织之间和个人之间的链接(Mena,2004)。正如 Ben-Dov, Wu,

Feldman 和 Cairns 所演示的那样（2004），可以利用这些技术找出复杂的恐怖主义网络。

　　Web 内容挖掘的一个典型应用，是将数据挖掘算法应用于 Web 文档内容（如与恐怖主义相关的网页模式）产生一个有效的描述法。传统的信息修复和 Web 挖掘方法是用向量空间模式来描述文本文档，这种方法利用与每个文档相关的一组数值，其中每个数值与文档中某个特定单词或者短语相关联。但是，这种流行的文档表述方法无法捕获重要的结构信息，如条目发生的顺序和状态，或者条目在文档中的位置等。但对文本分类系统而言，这种结构化信息是很重要的，因为文本分类系统需要精确区分恐怖主义网页（如，恐怖攻击准备指南）和正常网页（可能是过去关于恐怖攻击的新闻报道）。值得注意的是，虽然这两种页面的结构差别很大，但包含的关键词却几乎相同。

　　Last、Markov 和 Kandel（2006）用图论方法描述了多语言的恐怖主义文档。他们用 648 个阿拉伯语网页文档，对所提出的方法进行了评估。实验结果表明：可以用一个简单的判定树，从大量的阿拉伯语新闻报道中，区分出那些从已知的恐怖主义网站下载的文档。

　　大多数 Web 内容挖掘技术都假设 Web 内容是静态的。但要对 Web 流量进行长期监控，仅仅使用这种方法是不够的，因为随着时间的推移，用户兴趣和网站内容都会持续地发生变化。及时检测特定 Web 内容的变化趋势，有可能会周期性地触发数据挖掘算法的重新训练过程。此外，趋势本身的特征（例如，特定关键短语的出现次数增多）也可能预示着被监控的在线网站和用户可能发生了重大变化。2001 年，Chang、Healey、McHugh 和 Wang 提出了若干方法用于检测动态 Web 内容的变化和趋势，这里的趋势指的是特定主题发生变化的频率。2002 年，Mendez-Torreblanca、Montes-y-Gomez 和 Lopez-Lopez 提出了另外一种挖掘动态新闻网站内容的趋势发现系统。Last（2005）提出了一种基于模糊理论的新方法，用于辨别动态 Web 内容短期趋势和长期趋势。

39.4　Web 信息代理

智能软件代理是一种自治程序,它在网络或者互联网上执行与人类行为类似的功能。特别地,信息代理负责过滤和组织无相关性的分散数据,比如大量非结构化的 Web 文档。代理也是保护国家安全的一种关键技术,它能够监控多个不同的位置,异步地与其他代理进行交流,相互合作,分析条件,发布实时警报并描述可能存在的威胁等(Mena,2004)。

自治的信息代理是针对不精确和不完全搜索索引提出的一种解决方案(Cesaran, d'Acierno, & Picariello, 2003; Klusch, 2001; Pant, Srinivasan, & Menczer, 2004; Yu, Koo, & Liddy, 2000)。搜索代理的基本思想是模拟专家行为,并行地向一些搜索引擎提交查询,自动地计算检索页面的相关性,然后从这样页面中找到最有价值的链接。在这个过程中,会不断地从新页面上提取链接,直至代理资源耗尽、没有可浏览的页面或达到了系统目标(Pant et al, 2004)。

智能信息代理的分类方法有多种(Klusch, 2001)。可将其分为合作式和非合作式。代理的功能通常决定于一套信息处理规则,这些处理规则可以是用户明确指定的,也可以从知识工程师那里获得,或者由数据挖掘算法归纳得到。信息代理系统使用的数据挖掘技术包括人工神经系统、遗传算法、强化学习和基于案例的推理。代理还可以是自适应的,也就是说它可以从环境中不断学习以改变自身的行为。根据 Klusch(2001)所述,任何信息代理都应该具有以下功能:访问 Web 上的异构站点和资源(从静态网页到基于 Web 的应用),能够检索和过滤数字介质中的数据(包括用任何语言写的文档和多媒体信息),处理本体知识(例如,用语义网络表达的知识)和信息的可视化。

39.5 异常检测和活动监控

在活动监控中，通过分析数据流可以检测出一些你感兴趣的行为，我们把这种行为称为"积极活动"。不同的积极活动之间应该是有差别的，而且与非积极活动之间也应该有差别。积极活动的标志被称为警报（Fawcett&Provost，1999）。对活动进行监控的应用很多，比如计算机入侵检测、欺骗检测、危机监控、网络性能监控和新闻内容监控。这些应用的输入有可能完全不同，例如，可能是一个特征向量，也可能是一系列文档或者是一个数字流。活动监控的目标是准时发布警报，可以使用分类回归和时间序列分析等数据挖掘技术实现这一目标。

异常检测依赖用户和应用程序的行为模型，认为偏离正常行为的活动是有恶意的（Kruegel&Vigna，2003），它是基于特征的检测技术的补充。在基于特征的检测中，输入数据与许多已知的攻击描述（描述形式通常为特征值）进行匹配，来寻找攻击（例如，计算机病毒）发生的证据。异常检测的一个基本假设是攻击模式与正常行为是不同的。

异常检测可以分为两个主要阶段：第一阶段，使用数据挖掘算法，从正常行为的例子中得到相关的描述；第二阶段，将检测出来的与正常行为不同的事件归为有敌意的一类。大多数使用异常检测技术的入侵检测系统（Sequeira&Zaki，2002）监控的是用户行为和操作，而不是把用户访问的内容作为审计源。

在文献 Elovici、Kandel（2004）和 Elovici、Shapira（2005）中，提出了一个恐怖主义检测系统（TDS），它可以通过分析网页内容的访问行为来跟踪可疑的恐怖分子。该系统有两种运行模式：在离线情况下激活的训练模式和实时运行的检测模式。在训练模式中，TDS 把数据挖掘算法应用于训练数据，以达到从正常用户的网页中提取正常行为轮廓的目的。在检测模式中，TDS 实时监控用户发出的流，分析他们访问的网页内容，如果发现用户访问了不正常信息就发出警报；也就是说，用户访问的信息与监控环境中的典型内容差异过大。

39.6 结束语

本章简单地介绍了数据挖掘的广泛应用，介绍了一种用于打击全球赛博恐怖分子的赛博战工具，即 Web 挖掘。这里需要重点指出的是，在赛博战中，数据挖掘技术并不局限于本章所介绍的这些。我们有理由相信，将来计算机会变得越来越强大，Web 用户之间的连接性也会越来越好。随着赛博恐怖分子技术水平的提高，我们也将看到越来越多的信息技术应用于反恐战争。在未来的赛博战研究中，跨语言的 Web 内容挖掘、实时数据和 Web 挖掘、分布式数据挖掘等都是富有前景的研究方向。

参考文献

Ben-Dov, M., Wu, W., Feldman, R., & Cairns, P. A.(2004). *Improving knowledge discovery by combining text-mining and link analysis techniques.* Workshop on Link Analysis, Counter-Terrorism, and Privacy, in Conjunction with SIAM International Conference on Data Mining.

Cesarano, C., d'Acierno, A., & Picariello, A. (2003, November 7-8). *An intelligent search agent system for semantic information retrieval on the internet.* Proceedings of the Fifth ACM International Workshop on Web Information and Data Management, New Orleans, LA (pp. 111-117).

Chang, G., Healey, M. J., McHugh, J. A. M., & Wang, J. T. L. (2001). *Mining the World Wide Web: An in-formation search approach.* Norwell, MA: Kluwer Academic Publishers.

Corera, G. (2004, October 6). *Web wise terror network.* BBC NEWS. Retrieved October 9, 2004, from http://news.bbc.co.uk/go/pr/fr/-/1/hi/world/3716908.stm

Elovici, Y., Kandel, A., Last, M., Shapira, B., Zaafrany, O., Schneider, M., & Friedman, M. (2004). *Terrorist detection system.* Proceedings of the 8th European Conference on Principles and Practice of Knowledge Discovery in Databases (PKDD 2004), Pisa, Italy(LN in Artificial Intelligence 3203,pp.540-542).Springer-Verlag.

Elovici, Y., Shapira, B., Last, M., Zaafrany, O., Fried-man, M., Schneider, M., & Kandel, A.

(2005, May 19-20). *Content-based detection of terrorists browsing the web using an advanced terror detection system (ATDS)*. Proceedings of the IEEE International Conference on Intelligence and Security Informatics (IEEE ISI-2005), Atlanta, GA (pp. 244-255).

Fawcett, T. & Provost, F. (1999). *Activity monitoring:Noticing interesting changes in behavior*. Proceedings of the Fifth ACM SIGKDD International Conference on Knowledge Discovery and Data Mining, San Diego, CA (pp. 53-62).

Fayyad, U., Piatetsky-Shapiro, G., & Smyth, P. (1996). *From data mining to knowledge discovery: An over-view*. In U. Fayyad, G. Piatetsky-Shapiro, P. Smyth,& R. Uthurusamy (Eds.), Advances in knowledge discovery and data mining (pp. 134). Menlo Park,CA: AAAI/MIT Press.

Han, J., & Kamber, M. (2001). *Data mining: Concepts and techniques*. Morgan Kaufmann.Jain, A. K., Murty, M. N., & Flynn, P. J. (1999). *Data clustering: A review*. ACM Computing Surveys, 31(3), 264-323.

Klusch, M. (2001). *Information agent technology for the internet:A survey[Special Issue on Intelligent Information Integration*.D.Fensel(Ed.)].Journal on Data and Knowledge Engineering,36(3),337-372.

Kruegel,C., & Vigna, G.(2003,October 27-31). *Anomaly detection of web-based attacks*.Proceedings of the 10th ACM Conference on Computer and Communications Security(CCS'03), Washington,DC(pp.251-261).

Last, M. (2005). *Computing temporal trends in web documents*. Proceedings of the Fourth Conference of the European Society for Fuzzy Logic and Technology(EUSFLAT 2005) (pp. 615-620).

Last, M., & Kandel, A. (1999). *Automated percep-tions in data mining*. Proceedings of the 1999 IEEE International Fuzzy Systems Conference, Part I (pp. 190-197).

Last, M., & Kandel, A. (2005). *Fighting terror in cyber-space*. Singapore:World Scientific,Series in Machine Perception and Artificial intelligence, Vol.65.

Last, M., & Maimon, O. (2004). *A compact and accurate model for classification*. IEEE Transactions on Knowledge and Data Engineering, 16(2), 203215.

Last, M., Markov, A., & Kandel, A. (2006, April 9). *Multi-lingual detection of terrorist content on the web*. Proceedings of the PAKDD'06 Workshop on Intelligence and Security Informatics (WISI'06), Singapore (LN in Computer Science, Vol. 3917) (pp. 16-30).

Springer Lipton, E., & Lichtblau, E. (2004, September 23). *Even near home, a new front is opening in the terror battle*. The New York Times.

Mena, J. (2004). *Homeland security techniques and technologies*. Charles River Media.

Mendez-Torreblanca, A., Montes-y-Gomez, M., & Lopez-Lopez, A. (2002). *A trend discovery system for dynamic web content mining*. Proceedings of CIC-2002.Mitchell, T. M. (1997). Machine learning. McGraw-Hill.

Pant, G., Srinivasan, P., & Menczer, F. (2004). *Crawl-ing the web*. In M. Levene & A. Poulovassilis (Eds.), Web dynamics. Springer.

Quinlan, J. R. (1993). *C4.5: Programs for machine learning*. Morgan Kaufmann.

Sequeira, K. & Zaki, M. (2002). *ADMIT: Anomaly-based data mining for intrusions*. Proceedings of the Eighth ACM SIGKDD International Conference on Knowledge Discovery and Data Mining (pp. 386-395).

Srikant, R. & Agrawal, R. (1996). *Mining quantitative association rules in large relational tables*. Proceedings of the 1996 ACM SIGMOD International Conference on Management of Data, Montreal, Quebec, Canada(pp. 1-12).

Talbot, D. (2005, February). *Terror's server*. Tech-nology Review. Retrieved March 17, 2005, from http://www.technologyreview.com/articles/05/02/is-sue/feature_terror.asp

Yu, E. S., Koo, P. C., & Liddy, E. D. (2000). *Evolv-ing intelligent text-based agents*. Proceedings of the Fourth International Conference on Autonomous agents, Barcelona, Spain (pp. 388-395).

关键术语

活动监控（Activity Monitoring）：对发生"感兴趣"事件的大量实体行为进行监控（Fawcett & provost,1999）。

智能软件代理（Intelligent Software Agent）：模拟人类行为的自治软件系统（信息查询）。智能代理具有适应能力和学习能力。

Web 挖掘（Web Mining）：使用数据挖掘技术发现 Web 网页中的有用模式，其中最主要的三类 Web 挖掘是网页访问情况挖掘、网页结构挖掘和网页内容挖掘。

第 40 章 互联网数字地址的识别与定位

André Årnes

（挪威科技大学，挪威）

对互联网上的攻击进行评估和响应，关键是确定攻击者的身份和位置。在信息战和赛博恐怖主义中，敌手可以利用大量主机发起网络攻击。这种情况下，快速而准确的身份识别和定位跟踪，是处理和防御攻击行为的关键所在。然而，在互联网的数字世界中，成功地跟踪目标有时非常困难甚至是不可能的。互联网的设计目标和所提供的匿名通信服务，使攻击者跟踪变得更加困难和复杂，同时也对各种跟踪工具提出了需求。本章综述在互联网上实施跟踪所用的工具及服务，它们能够用于跟踪主机和用户的地理位置信息。主要讨论了身份识别和跟踪定位的被动方法和主动方法。被动跟踪主要利用从公共资源、系统日志或是商业数据库中获取的信息来实施。主动方法包括利用跟踪工具直接嗅探攻击者，例如可以使用扫描或ping。在互联网上，地址定位方法已经被应用于电子商务和营销程序，这些方法的基本原则同样适用于数字调查和信息战。我们只考虑互联网中的地址跟踪，因此本章仅考虑网络层协议（IPv4和IPv6）和网络层以上的协议（如TCP、UDP和HTTP）。本章把需要识别的主机称为目标主机，把需要识别的地址称为目标地址，把用于执行跟踪的系统称为跟踪主机。

40.1 互联网基本知识

互联网的前身是 1969 年美国国防部高级研究计划署（Advanced Research Projects Agency, ARPA）始建的一个命名为 ARPANET 的网络，其核心协议栈，即 TCP/IP，来源于 1983 年美国国家科学基金会建立的大学主干网络。1991 年，Tim Berners-Lee 在欧洲粒子物理研究所（CERN）宣布了万维网（WWW）的基本协议。20 世纪 90 年代中期，互联网被人们所熟悉，现已成为我们社会不可或缺的一部分。随着人们对互联网技术依赖程度的增加，不管是这个社会的数字基础设施本身，还是那些连接到互联网的关键基础设施，都更加容易遭受网络攻击。

互联网是一个利用标准协议进行通信的网络。物理层包括的物理媒质范围很广，例如，光纤、同轴电缆和无线网络。分层协议根据具体应用来控制网络通信。互联网上的大部分应用依赖于网络层协议（IP 协议）和传输层协议（TCP 和 UDP）。IP 协议是基于分组的无连接协议，用于在源地址与目的地址之间传输分组。IP 协议能够利用主机间的不同路由传送分组，中间路由可以根据路由策略进行路由分组。

本文涉及的数字地址包括互联网上的用户标识、主机标识或服务标识等所有标识信息。例如以太网 MAC 地址、IP 地址、AS 号码、DNS 域名、URL 和电子邮件地址。互联网地址分配机构（IANA）是分配 IP 地址和 AS 号码的最高权威机构。互联网中的主机与多个注册数据库相关联。尤其是主机的 IP 地址，它注册在 IP WHOIS 数据库中，域名注册在 DNS WHOIS 数据库中，主机的网络位置信息由路由表提供。以上所有信息，都可以用于定位和标识主机地址。为了成功实现互联网跟踪，有必要理解不同协议间的交互。每种协议都可能拥有不同的地址方案，但是为了能够将地址和实际用户及其物理位置联系起来，可能有必要知道最底层的地址，即物理网络上的硬件地址。计算机攻击被成功跟踪的例子已有公开报道。Cheswick（1990）向我们展示了如何对一名黑客进行研究，以掌握其意图和身份。Stoll（1989）曾在书中描述了在一次攻击中，成功地追踪到了一个位于西德的间谍人员。

40.2 被动跟踪

在互联网上，有多种信息资源可用于被动跟踪。其中最重要的信息来源是用于DNS和IP注册的结构化数据库，以及网络运营商的路由策略。另外，还可以从非结构化的资源中得到其他一些有价值的信息，例如从万维网和互联网新闻组中获得的信息。网络运营商常常通过Looking Glass服务提供其网络和路由策略的有关信息。被动跟踪意味着不需要与目标系统建立通信。

DNS绑定了域名与其IP地址（Mockapetris,1987）。DNS查询可以根据域名查询到其IP地址，而反向DNS则是根据IP地址查询其域名。DNS WHOIS服务是查询域名联系人的重要工具，它是一组公开的数据库，其中存有域名地址的联系信息。然而，互联网中并不存在权威的DNS数据库，许多顶级域名有自己的DNS WHOIS服务。有些顶级域名还可为其用户提供不暴露身份的匿名服务。

IP WHOIS协议（Daigle，2004）是能够查询IP地址的联系人及注册信息的系统。当前IP WHOIS数据库有RIPE（欧洲）、ARIN（北美）、APNIC（亚洲和澳洲）、LATNIC（南美）和AfriNIC（非洲）五大数据库。通过IP WHOIS查询能够确定联系人的名字、地址和电话号码及关联地址信息的AS号码。

边际网关协议（BGP）是一种互联网路由协议（Lougheed & Redhter, 1991; Rekhter, Li, & Hares, 2006）。路由器维护基于路由策略的路由表，并根据网络的可达性做出路由决定。它有可能会通过BGP协议与其他路由器进行通信。这些协议工作于AS（自治）系统层面，AS系统是一组IP地址的集合，每个AS系统被分配了一个唯一的AS号码（Hawkinson & Bates, 1996）。

也有很多可用的商业数据库，它们试图保存IP地址所对应的区域位置的最新信息，如 IP2location 和 GeoIP 数据库。这类数据库可以粗略地指出一个国家或城市 IP 地址的实际位置，但是却不能保证能够得到更详尽的信息。这类数据库的开发主要用于商业目的，同时也能用于数字调查。

谷歌、雅虎和 Alltheweb 等搜索引擎也包含与互联网用户的身份和位置有关的信息。有些搜索引擎还能提供保存在临时缓存中的历史信息。互联网档案（Internet Archive）可提供旧版网站的复制服务，它也保存有历史数据。在某些情况下，搜索引擎可能会披露过去和现在的 IP 地址、域名地址、AS 号码和具体的用户信息。然而，值得注意的是，网络的不可控制性使得这些信息的精确性是不确定的。此外，在调查过程中需要谨慎，不要去跟踪那些与攻击者主机直接相关的搜索结果，因为这是主动跟踪方法，有可能破坏调查进程。

40.3 主动跟踪

主动跟踪方法是指为了获得更多关于地址、地理位置或身份信息而直接探测目标主机或网络。在某些情况下，主动跟踪比被动跟踪能够发现更多关于主机的信息。然而，主动跟踪能够使攻击者察觉到自己正被跟踪，由此可能引起攻击者销毁证据。另外，在某些国家，主动跟踪方法可能不合法（Fossen, 2005; Pamananbhan & Subramanian, 2001）。

诸如 ICMP（Rekhter et al., 2006）和 SNMP（Harrington, Presuhn, & Wijnen, 2002）之类协议，其设计目的是用于网络管理和网络诊断，它们也可用于主动跟踪。在本章所述的一些跟踪方法中，ICMP 是其中的建构模块，SNMP 用于获取网络的组件和服务信息。

在互联网上，traceroute 是用以确定到某台主机的路由的基本工具，它利用 IP 包中的生存时间（TTL）标识出目标主机路由上的每个主机。Traceroute 将 TTL 的初始值设 1，每经过一个跟踪 TTL 值加 1。数据包每经过一个路由器 TTL 值减 1，当 TTL 值减到 0 时，路由器会向发送源返回一个包，用这种方法，可以知道到达目标的路径上的每个路由器地址。在某些情况下，防火墙或 NAT 网关会拦截 traceroute 数据包，这时可以用 firewalking（Goldsmith&Schiffman,1998）代替 traceroute。Firewalking 同样利用 IP 包头部的 TTL 作为路由追踪，但是 firewalking 能够利用 TCP 或 UDP 服务实现同样类型的跟踪。

Ping 是一种用于确定网络上特定 IP 地址主机是否在线或可达的命令，可用于确定特定主机或多个主机的状态（例如在一个子网内的主机状态）。要轮询多个主机状态，通常可用 pingsweep 命令，大部分与 TCP/IP 兼容的系统中都有 Ping 工具。

端口扫描是指扫描目标系统的端口以提供关于目标的更多细节，端口扫描工具（例如 nmap）能够确定端口的开闭状态及其是否可达。标准扫描的变种有能力规避安全措施，并能够确定目标主机的操作系统和服务信息，这些信息通常称为系统的指纹信息。

分组在互联网中的往返时间（RTT）可作为主机间的距离指标。在光纤中传播时，光速大约是真空中的三分之二（Midwinter,1979）。文献 Fossen（2005）和 Fossen, Arnes（2005）中记载了一个取证应用，它使用了 Gueye、Ziviani、Crovella 和 Fdida（2004）提出的几何定位方法。在这个方法中，用 traceroute 可确定已知地标的 RTT 时间，使用另一种称为多点定位的技术估计目标主机所在的可能区域。该技术依赖于源主机和目的主机间的网络拓扑，能够提供关于目标主机地理位置的相关信息。

登录到目标系统，有可能利用它所提供的服务获得额外信息。例如，可通过这种方式获得用户名、电子邮件地址和电话号码。此类服务的典型例子有 Web 服务（论坛或是博客）、匿名的 FTP 服务和 SNMP 服务。从技术上讲，规避或破坏系统的安全措施，也有可能获得访问其他服务器的权限，但这样做是不合法的。

40.4 跟踪中的不确定性

以上所述方法都有其局限性。有若干因素使得互联网上的身份识别和定位跟踪变得复杂，这些因素要么源于互联网的设计和国际化，要么是由于恶意用户采取了措施来模糊其真实位置。我们预期在信息战或赛博恐怖主义中，一些狡猾的攻击者可能会采取预防措施，并会想方设法加大跟踪的难度。

Lipson（2002）考虑了大量与互联网跟踪相关的难题，研究了很多策略，并设计了更加便于网络跟踪的方法。Kuznetsov、Sandstrom、Simkin 和 Lipson 提出的一些方法解决了其中的部分问题，这些方案在一定程度上增强了互联网的可审计性，例如，向路由器查询其所转发的流量、建立重叠网络或沿着路由路径对分组进行标记等。然而，这些方案也对合法互联网用户的隐私构成威胁，会迫使他们采取额外措施保护自己的身份。

另一个可提高互联网事务可追踪性的发展方向是数据保留。为了加强对网络的监控，政府实施了指令和法律，赋予严重罪案的侦调人员以访问通信数据的权力。2005 年，欧盟通过了数据保留方面的决议。

技术问题

某些基础设施的配置会使得跟踪变得困难，甚至不可能。主机间的实际距离给 RTT 提供了下限值。根据 Fossen 和 Arnes（2005），路由拓扑结构和地理位置属性对 RTT 的影响很大。由于 IP 协议是基于分组的协议，两个分组到达目标主机的路径可能不同。网络体系结构也可能对跟踪造成不良影响。防火墙和网络地址转换器（NAT）会隐藏本地地址，并阻止跟踪防火墙或路由器背后的主机。端口地址转换器（PAT）和 NAT 类似，但它允许向特定的端口或服务转发流量。在这种情况下，一种成功的跟踪方法必须能够跟踪被转发的流量。最后，隧道化的网络流量隐藏了隧道两端之间的路由信息。另外，互联网上的主机有可能是多穴的（即有多个 IP 地址）。

诸如 Chaum（1981,1988）所提出的匿名网络，以及更近的 Onion 路由协议（Goldschlag, Reed, & Syverson, 1999）和 Tor 系统（Dingledine, Mathewson, & Syverson, 2004）使得跟踪工作变得异常困难。这些匿名系统是为了隐藏网络用户的身份而设计的，而仅靠匿名 IP 地址可能无法实现跟踪。匿名邮件群发器和匿名 P2P 网络（例如 Freenet）也能提供匿名服务。通过公共网络（例如图书馆网络），或通过对无线局域网等开放的不安全系统（WLAN）的未授权访问，也能实现匿名性。

互联网上的服务有可能遭到攻击和破坏。这给成功实现跟踪带来了严重困难。例如，攻击者破坏路由表、地址欺骗（冒充其他主机地址）、中间人攻击（劫持连接并冒充通信中的某个角色）或反弹（bouncing）或者岛跳（island hopping）攻击（利用大量已被攻陷的主机隐藏身份信息和位置信息）。尽管这些攻击难以检测，还是有些系统可以确定网络是否被操纵。2003 年，Kruegel、Mutz、Robertson 和 Valeur 提出了一个系统，用于检测恶意的域间路由消息。2005 年，Li、Dou、Wu、Kim 和 Agarwal 提出一个可对 BGP 消息进行分类的系统，它能够将 BGP 消息分为"常规"、"蠕虫"和"错误配置"等类型。2005 年，Kim、Massey 和 Ray 提出基于 ICMP 追踪来验证路由的正确性。

最后，跟踪常常依赖于主机活动日志的可用性。在某些情况下，由于日志功能被禁用或日志被删除等原因，可能无法取得日志数据。

注册问题

互联网是通过 DNS 注册和 IP 地址注册粘合在一起的，互联网运营商的路由策略决定了网络上的信息流向。系统的注册机构和运营机构是分布式的，而且有很多虚假和错误的注册信息。在 IP 和 DNS 劫持攻击中，恶意的攻击者能够通过未授权的方式，改变 IP 地址或域名地址的注册信息。在 IP 地址劫持攻击中，一个 AS 号码的流量可能会被重新路由到其他组织或国家；在 DNS 劫持攻击中，DNS 地址可能被解析到一个被敌手控制的 IP 地址上。

Completewhois 项目提供了被劫持的 IP 地址的数据库,并附带了统计数字(the completewhois project,2004)。

政治和法律问题

最后,还有一些政治和法律上的问题需要分析。这些问题主要与用户名及其相关 IP 地址的跟踪有关。在大部分法律中,只有执法机关或出于国家安全需要,才能进行网络跟踪。如果跟踪到国外的地址,问题将会更加复杂,因为这里可能牵涉到多个司法管辖权。

40.5 结束语

互联网上的跟踪很难有确定的结论。许多网络技术具有不确定性,加上恶意实体所控制的网络技术的数量非常可观,因此跟踪是困难的和不确定的。尽管如此,还是有若干身份和位置信息的来源,虽然它们所产生的结果可能并不一致,但是有些数据源的结果能有效地提高跟踪成功的机率。

目前,需要配合实际的调查才能给跟踪下结论。最糟糕的情况是,跟踪可能进入死胡同。有些技术已经被用于解决这些难题,其中包括基于 IP 追踪的审计、数据保留和认证方案。然而,这些技术也不能保证跟踪的成功,因为本章所讨论的许多不确定性仍旧存在。

致谢

感谢 Svein J.Knapskog 教授对本文的有益反馈,同时感谢 EspenAndre Fossen,ChristianLarsen 和 OysteinE 等硕士研究生。Thorvaldsen 在 NTNU 所做硕士论文,有一部分是互联网调查。美国-挪威富布莱特法案教育交流基金支持本章的部分工作。"通信系统计量服务质量研究中心"由挪威研究委员会组织成立,得到了挪威研究委员会、NTNU 和 UNINETT 的资金支持。作者参加了挪威国家犯罪调查服务的高技术犯罪部门的工作。

参考文献

Chaum, D. (1981). *Untraceable electronic mail, return addresses, and digital pseudonyms.* Communications of the ACM, 24(2), 8488.
Chaum, D. (1988). *The dining cryptographers problem: Unconditional sender and recipient untraceability.* Journal of Cryptology, 1(1), 6575.
Cheswick, B. (1990). *An evening with Berferd in which a cracker is lured, endured, and studied.* Proceedings of USENIX (pp. 163174).
Completewhois Project, The. (2004). *Questions and answers on IP hijacking.* Retrieved on July 31, from www.completewhois.com/hijacked/hijacked_qa.htm
Daigle, L.(2004).*WHOIS protocol specification, RFC 3912.IETF.*
Dingledine, R., Mathewson, N., & Syverson, P. (2004). *Tor: The second-generation onion router.* Proceedings of the 13th USENIX Security Symposium, 2004.
European Parliament, The. (2005). *Electronic communications: Personal data protection rules and availability of traffic data for anti-terrorism purposes*(amend. direct. 2002/58/EC).
Fossen, E. A. (2005). *Principles of internet investigation: Basic reconnaissance, geopositioning, and public information sources.* Unpublished master's thesis, Norwegian University of Science and Technology.
Fossen, E. A., & Årnes, A. (2005). *Forensic geolocation of internet addresses using network measurements.* Proceedings of the Nordic Workshop on IT-Security (NORDSEC 2005).
Goldschlag, D., Reed, M., & Syverson, P. (1999). Onion routing. Communications of the ACM, 42(2), 3941.
Goldsmith, D., & Schiffman, M. (1998). *Firewalking: A traceroute-like analysis of IP packet responses to determine gateway access control lists.* Retrieved July 31, 2006, from http://packetstormsecurity.orgUNIX/audit/firewalk/
Gueye, B., Ziviani, A., Crovella, M., & Fdida, S. (2004). *Constraint-based geolocation of internet hosts.* Proceedings of ACM/SIGCOMM Internet Measurement Conference (IMC 2004).
Harrington, D., Presuhn, R., & Wijnen, B. (2002, December). *An architecture for describing simple network management protocol (SNMP) management frameworks, RFC 3411. IETF.*
Hawkinson, J., & Bates, T. (1996, March). *Guidelines for creation, selection, and registration of an autonomous system (AS).* RFC1930. IETF.
Kim, E., Massey, D., & Ray, I. (2005). *Global internet routing forensics: Validation of BGP paths using ICMP traceback.* Proceedings of IFIP International. Conference on Digital Forensics.
Kruegel, C., Mutz, D., Robertson, W., & Valeur, F. (2003). *Topology-based detection of*

anomalous BGP messages. Proceedings of the International Symposium on Recent Advances in Intrusion Detection (RAID 2003).

Kuznetsov, V., Sandstrom, H., & Simkin, A. (2002). *An evaluation of different IP traceback approaches*. In ICICS 02: Proceedings of the 4th International Conference on Information and Communications Security (ICICS 2002).

Li, J., Dou, D., Wu, Z., Kim, S., & Agarwal, V. (2005). *An internet routing forensics framework for discovering rules of abnormal BGP events*. SIGCOMM Computer Communication Review, 35(5), 5566.

Lipson, H. F. (2002). *Tracking and tracing cyber-attacks: Technical challenges and global policy* (*Technical Report*). CERT Coordination Center.

Lougheed, K., & Rekhter, Y. (1991). *Border gateway protocol 3* (*BGP3*). RFC 1267 (Historic), IETF.

Midwinter, J. E. (1979). *Optical fibres for transmission*. John Wiley & Sons.

Mockapetris, P. (1987). *Domain names concepts and facilities*. RFC 1034 (Standard). IETF. (Updated by RFCs 1101, 1183, 1348, 1876, 1982, 2065, 2181, 2308, 2535, 4033, 4034, 4035, 4343)

Padmanabhan, V. N., & Subramanian, L. (2001). *An investigation of geographic mapping techniques for internet hosts*. Proceedings of the 2001 conference on Applications, technologies, architectures, and protocols for computer communications (SIGCOMM 2001).

Rekhter, Y., Li, T., & Hares, S. (2006). *A border gateway protocol 4* (*BGP-4*). RFC 4271 (Draft Stan-dard). IETF.

Stoll, C. (1989). *The cuckoo's egg: Tracking a spy through the maze of computer espionage*. New York: Doubleday.

术语和定义

地理定位技术（Geolocation）：基于数字地址（IP 地址）确定主机地理位置的技术。

网际协议（Internet Protocol）：又称 IP 协议，是互联网核心协议之一。该协议在分组交换网的主机之间传输数据包。IP 协议依赖数据链路层协议，如以太网，在物理媒介上传输数据。依赖于高层传输协议，如 TCP 协议，来保证互联网端到端的可靠连接。

IP 追溯技术（IP Traceback）：在互联网上确定 IP 数据包的来源，实现可追究性的技术机制。

Looking Glass 服务（Looking Glass Service）：是一种获取互联网上网络基础设施和地址注册的公开信息的服务，它通常由电信和网络运营商提供。

端口扫描（Portscan）：一种通过扫描确定网络上的活动和可访问服务的技术，通常用于网络管理和网络脆弱性评估，也可以应用于互联网调查。

路由（Routing）：在分组交换网络中将数据包从源传输到目的的方法。在互联网上，路由器根据路由策略转发 IP 包，实现路由功能。

Traceroute：一种常用的路由追踪工具，用于识别互联网上到达某特定主机的路由。Traceroute 利用数据包首部的 TTL 域，标识目标路径上的每一个路由器。路由追踪开始时，Traceroute 将数据包的 TTL 设置为 1，每经过一次追踪，TTL 值加 1。根据 IP 协议，数据包经过一个路由器，TTL 值减 1，当 TTL 值减小到 0 时，路由器将丢弃该数据包并返回给源主机一个数据包。通过判断路由器返回的数据包，就可以发现目标路由上所有的路由器。

附注

[1] http://www.archive.org

第六部分　业务连续性

每个机构，无论其规模大小，无论是位于一个地方还是遍及全国，都必须开发和实现能阻止多种攻击的赛博防御系统。但需要指出的是，任何系统都不可能实现 100%的安全。因此，保护机制应该包括可持续规划，用于处理所有潜在灾害。

这些规划应该涵盖以下相互重叠的活动。

- 必须有用于处理每个可能发生的紧急情况的规划。因为当灾难发生时，没有时间讨论必须要做的事情。相反，在灾难发生时，每个人必须迅速意识到情况的严重性并采取行动减小损失的范围。
- 要有一定的规划，用于在某一事故之后，让机构尽快恢复正常运行。
- 在灾难过程中或灾难后，工作人员必须知道与一个特定事件相关的所有证据。这点不但从执法调查的角度看是重要的，而且将有利于鉴别问题的根源并采取一系列措施来纠正。计算机取证知识对这些活动是至关重要的。
- 最后，上述活动都必须是业务可持续系统的组成部分。业务可持续系统旨在开发和维护上面提到的活动。例如，系统必须包含日常消防演练。这意味着每个机构需要对他们的信息系统将如何在灾害中存活下来进行评估，要测试那些为消除危险而开发的规划。换言之，这些机构不仅要对可能发生的灾难事件及其应对措施进行详尽的风险分析，还要确定危害的程度，并确定将来减缓这些危害的计划。

以上活动都属于业务连续性的一部分。本部分各章的主题都是关于业务连续性，它们是：

第 41 章　一个应急响应系统模型

第 42 章 反弹技术
第 43 章 网络取证
第 44 章 信息战中软件组件的可生存性
第 45 章 计算机安全事件分类法

Chapter 41
第 41 章 | 一个应急响应系统模型

Murray E .Jennex
（圣地亚哥州立大学，美国）

赛博战和赛博恐怖主义真实存在并已展开。赛博恐怖分子和赛博战士正在攻击各种系统，并已获得成功，所以要采取必要的措施来应对可能发生的最坏情况：重要数据丢失和系统崩溃。应急响应系统用于应对最恶劣的网络攻击，本章讨论如何设计和构建此类系统来应对此类攻击。此外，应急响应系统也可用于应对自然灾害等其他灾难事件所造成的数据损失和系统崩溃。本章研究应急响应系统，并阐述应急响应系统模型的必要组成部分。

41.1 引言

很明显，从"9·11"恐怖袭击事件、炭疽事件、互联网上的 Slammer 蠕虫攻击、伦敦地铁爆炸案、2004 年的海啸和现在的卡特里娜飓风来看，恐怖主义和赛博恐怖主义的袭击事件或自然灾害（以下简称紧急事件）越来越多。这就需要包括私营部门、非营利部门和志愿者在内的组织，在更大的范围内对活动和响应进行协调。尽管其中一些机构经常参与应急响应工作，但这些机构的存在时间取决于紧急事件类型、发生位置、规模和影响。因此不能完全预知有哪些人或单位在哪里负责收集和提供信息，又有谁将会对事件做出响应并提供资源。要实现这一点，一种最可能的有效方式是，建立一个基于事件触发的应急响应中心，它采用集中式组织和分布式指挥控制方式，并可根据需要添加功能节点和连接点（Turoff, Chumer, Van de Walle, & Yao, 2004）。此外，虽然我们已使用入侵检测系统来监测网络攻击，但必须意识到，还需要针对这些攻击建立紧急反应系统，它能够指导进行正确的应急响应和恢复行动，并加强各响应小组和管理人员之间的联络。

在防御失败和机构受到严重破坏情况下，管理员需要有应对的措施，本章为管理员制定措施提供一个参考。本章的研究焦点是提供一个紧急或危机反应系统（以下简称应急响应系统，ERS）模型。应急响应系统对任何紧急事件都有益处，无论是网络攻击还是自然灾害。本章介绍应急响应系统的研究情况，并提出一种能够反映当前研究成果的系统模型。

41.2 应急响应系统研究

许多机构使用应急响应系统来应对紧急情况。这些系统支持通信、数据收集、数据分析和决策。虽然应急响应系统很少使用，但一旦需要就必须完美运作，而且不能失效。在设计和构建这些系统时，需要对系统需求、可用的资源、异常情况的判断条件等作出预期。1984年，Bellardo、Karwan 和 Wallace 提出了一个应急响应系统的标准模型，该模型包括数据库、数据分析能力、规范模型和接口等组件。该模型的用处不大，因为它无力解决许多问题。例如，如何协调 ERS 与下列部分的关系：整体应急响应计划、应急响应系统的基础设施、多机构协同、来自以往紧急事件的经验、多系统整合。此外，许多机构在紧急情况出现之前，并没有明确对应急响应系统的需求。在发生了紧急事件之后，开始几个月内，他们会渴望拥有应急响应系统，直至出现其他更为紧迫的事情。其结果是，许多机构的应急响应系统不足以应对紧急情况。

紧急情况通常是高压力的状态，它需要组织采取不同于正常运作流程的响应方式。Patton 和 Flin 讨论了紧急事件管理人员的压力，以及如何减少压力。除了疲劳，紧急事件的压力源还包括事件的复杂性、响应的动态性和不可预测性、交流和应对媒体，以及在一个一体化的应急管理环境中操作。为了减少这些压力，应急计划应根据业务需求，定期测试，并进行资源分配。这些计划不应该基于对日常业务要求和日常计划所做的未经检验的隐含假设，因为这些假设通常没有预想的那样有效，而且会给管理者带来意想不到的问题。在紧急情况下，需要团队合作，一个训练有素、经验丰富的队伍将会降低动态压力源对团队的影响。此外，在紧急情况下，可能需要机构间的协调，但在处理机构间的冲突与沟通语言时，压力也会增加。

如果这些机构将他们的响应和训练进行整合，从而增强相互间的了解，并对整合的应急响应计划感到满意，那么这些压力就会减少。最后，如果想从正确的人那里获得正确的信息，那么通信系统是不可缺少的。但通信系统不会减少压力，除非参与者受过这些系统的培训和实践。除了 Patton 和 Flin（1999）所发现的压力，Bellardo（1984）发现了应急响应中的决策压力，并建议通过建立 ERS 来帮助决策者。应急响应系统的组成部分在前面已经提过，一些研究员对这个决策压力进行研究并提出了减压的办法。Turoff（2002）讨论了美国紧急预备办公室（OEP）的观点，详述了压力源［OEP 于 1973 年被解散，总统行政办公室中的科技办公室也一同解散。原 OEP 被分割成多个部分，并分散到不同机构。灾难反应功能归入总务管理局（GSA）］。这一观点关键部分包括：

- 一个不常使用的 ERS，将不会被用于处理实际发生的紧急情况；
- 在紧急情况下，人们一般没有足够的时间来处理紧急事件；
- 要提高应急反应能力，了解当时真正发生的状况至关重要；
- 很难预测人们在紧急情况下的行为；
- 目前最重要的问题是推动资源分配；

- 角色是可以计划的，但是无论谁，当他承担一个角色时，都要遵守规定的行为；
- 用于决策的信息是否有价值和是否准确，在很大程度上影响决策的及时性和有效性；
- 在多变的行动中，计划外的行为是关键因素；
- 在严重的紧急情况下，许多人进行共享信息时不能发生信息超载；
- 由于危机期间发生的不可预测事件，无法预先确定每个人的行动和责任。

为了提升 ERS 的性能，Turoff（2002）给出了各种行动模板。可以根据需要，对这些模板进行改动。使用 PDA 发送通知时，可以使用这些模板。此外，这些通知应该是自组织的，所有数据都打上输入人员的名字或 ID，以及输入时间等标签。最后，可以使用在线专家社区协助处理紧急情况。

Lee 和 Bui（2000）研究了日本神户地震灾害的应急响应，也提出了一种基于模板的应急响应系统。但是，他们指出：

- 灾难事件的紧迫性要求，在灾难发生之前尽可能多地收集和保存解决灾难问题所需的相关信息；
- 以往灾害的经验教训可用于设计新案例和灾害信息处理；
- 为了最大限度地降低压力，应急响应的过程和工作流应尽可能地实现自动化。

Andersen、Garde 和 Anderen（1998）研究了如何把 Lotus Notes 作为一种表格驱动或模板驱动的 ERS，并发现了若干潜在的通信问题：

- 若一个机构无法打开或没有收到另一个机构发送来的一系列消息的开始信息时，它将无法正确理解这一系列消息中的其他消息；
- 语法问题会使接收者错误地将指令理解为信息；
- 在跟踪记录对命令和信息的响应时，记录工作使决策者和应急响应中心的其他工作人员应接不暇；
- 当一条消息不出现在与其关联的其他消息的上下文中时，该消息将被曲解；
- 即使人们熟知应急响应计划，但在相关机构获得通信警报和命令与他们作出响应之间仍然存在延迟。

Fischer（1998）讨论了新技术在紧急事件缓解、反应和恢复中的应用，并观察到一些与 ERS 所用技术相关的问题，包括信息过载、信息丢失、过时信息的保留、不适当信息被扩散的可能性增大、非语言沟通的进一步缩减，以及计算机故障的必然性。

为了提高应急响应系统的有效性，一些研究人员建议对应急响应小组进行培训。Patton 和 Flin（1999）发现，在培训和模拟演习中，必须对假设进行测试，而且必须检验过程和概念问题，以确保 ERS 和应急响应过程在需要的时候能够正常工作。Fischer（1998）提出使用远程教育技术，以培训分布在各地的应急响应小组。Turoff（2002）讨论了为什么在紧急情况下不使用平时不用的 ERS。

还有其他人提出了应急响应系统的修改或扩充建议。Fischer（1998）提倡使用诸如 CD/DVD 之类存储介质和网站等技术，来建立一个公用基础设施，供分布在各地和各个机构的灾难响应团队来访问；他还提倡利用电子邮件来改善通信。Gheorghe 和 Vamanu（2001）建议在 ERS 中增加地理信息系统（GIS）和卫星通信能力。Nisha de Silva（2001）提出，在紧急情况下，采用地理信息系统来辅助决策，但他也指出此项技术与其他技术集成的困难性。Gadomski, Bologna, Costanzo, Perini, and Schaerf（2001）讨论了在紧急情况使用案例推理、人工智能、智能代理等技术来辅助决策。他们强调，决策者需要从业务系统和友好的用户接口中获得实时的业务数据。

最后，为了应对 ERS 基础设施可能出现的损失，Renaud 和 Phillips（2003）探讨了为基础设施的连续性单元（通常是楼宇）创建持续运行计划。这些计划是为 Y2K 问题而创建的，包含了详细设备信息、故障数据和响应过程。以上工作由加拿大的公共事务和政府服务部（Public Works and Government Services, PWGSC）协调，并正在进行评估，以供商业机构申请使用。

"9·11"事件证明：依赖单个物理的指挥和控制中心，将不兼容系统（消防、警察、医疗等）间的通信集成起来，是一个战略和技术上的谬误。此类中心很容易遭到有预谋的破坏。如果"9·11"事件确实给我们带来了技术教训，那么这个教训就是建立一个综合通信能力，实现一个不需要人参与的分布式虚拟系统（Smith & Hayne, 1991）。如果已经在支撑通信软件中，清楚地描述了权限、决策和报告职责、问责跟踪和监督，那么就可以建立虚拟指挥中心。事实上，危机发生之初，不管其所涉及的人员在哪里（家中、办公室或途中），他们都应该能执行任务。

在紧急事件情况下，第一响应者应具备哪些功能需求，目前还没有相关的公开报道。还应注意到，在"9·11"事件之前，大部分关于应急响应的文献，要么仅局限于公司环境，只关注商业公司对紧急事件或危机的响应（Barton & Hardigree, 1995; Braverman, 2003; Kim, 1998; Lukaszewski, 1987; Massey, 2001; Mork, 2002; Pearson, Misra, Clair, & Mitroff, 1997; Smart, Thompson, & Vertinsky, 1978; Smart & Vertinsky, 1977, 1984）；要么只关注危机的公共关系方面（Coombs, 2000; Dyer, 1995）。当组织中的紧急事件产生了宏观社会效应，并对人员或设施产生了潜在或实际的物理危害时，通常应由该组织来处理事件，当然可能发展到当地、州和联邦机构介入的地步，这取决于紧急事件的规模和性质。然而，不管危机涉及哪家机构，都有许多重要的观察数据可用于处理危机。需求的一个重要来源，是OEP以前的大量实践和经验（在国土安全部成立之前，OEP的存在时间超过了25年，直到1973年被解散）。OEP确保，通过执行总统命令和其他所有联邦机构（包括军方）的指挥和控制功能，对危机或者灾难进行全面控制。为了满足这一需求，Turoff等（2004）提出，使用分布式指挥和控制的应急信息系统（或危机响应系统），明确设计需求以扩展ERS的群组通信、数据、信息和知识管理能力。

41.3 扩展的应急响应系统模型

Jennex（2004）把这些调查结果总结成一个扩展了的紧急应变系统模型。这些系统不仅仅是数据、数据分析、规范模型和 Bellardo 等人（1984）概括的接口等基本组件。一个完整的 ERS 模型包含这些基本组件，加上训练有素的使用者（这里"用户"指的是使用系统来应变危机和交流的职员）、用户之间以及用户与数据源间动态化和集成化的通信、通信协议、在紧急事件中用来指导响应和提高决策的过程和程序。应急信息响应系统的目标是提供清晰的通信、提高决策的效率和效果、管理数据以防止或减缓数据过载。为了实现这些目标，设计人员使用技术和工作流分析来提高系统性能。

41.4 知识管理和应急响应系统

Jennex（2005）定义了知识管理（KM）。KM 是将先前的决策经验有选择地应用到现在和将来的决策活动中，从而提高机构效率。KM 是一个行为准则，KM 中所应用的知识必须能产生效果。应急响应系统需要将过去情形中积累的知识，应用到现在和将来的响应过程中。课程的学习，对给定情形下所应执行的最好方案的理解，能让紧急事件管理者准备好响应措施，以应对紧急事件的压力。将 KM 集成到 ERS，是近来的新发展，接下来将会讨论这个问题。

许多应急响应机构都需要访问大量需要协调的实时信息和知识。为了更有效地利用数据和快速响应，提出并创建了带有KM的ERS，飓风灾害信息管理系统（IMASH）（Iakovou & Douligeris, 2001）就是其中一例。IMASH是一个基于面向对象数据设计的信息管理系统，能够为应对飓风提供数据。IMASH是基于万维网设计的，它将万维网作为向分布式用户提供文本和图形信息的媒介。毫无疑问，在灾害应对的工具中，这种设计在多变的自然灾害环境下，比使用传统的静态工具更有效率。Kitamato（2005）描述了一个名为"数字台风"的信息管理系统的设计，当台风灾害发生时，可以临时通过网络充当信息中心。通过"数字台风"可以访问官方信息（新闻、卫星图像），此外它还提供了个人信息交换论坛。目前它有效地充当了信息中心的作用，但是在组织、过滤和编辑方面存在问题。在Katrina飓风中所用的应急响应系统，说明了这些系统的优势和缺点。像IMASH这样的使用互联网来向大众分发数据的系统，像"数字台风"那样在Katrina飓风中提供应急响应的KM系统，都成了信息中心，需要通过数据管理来减少冗余并允许进行数据编辑。Murphy和Jennex（2006）将KM增加到Jennex（2004）中提出的扩展的ERS模型中，并且展示了如何在开源系统中通过开发Peoplefinder和Shelterfinder这两系统来应对Katrina飓风。这些系统的独特之处，在于开发过程独立于政府支持和资源。其开发过程由志愿者完成，并且系统使用和知识库绑定的网络接口，来收集关于幸存者故事和避难所资源的信息和知识。这些系统的经验表明，使用开源、商务工具和维基百科来构建ERS的价值。这些系统的成功依赖于接口、系统中存储的和从系统中获取的知识的质量。

总的来说，ERS可以和KM融合。这是因为，在压力状况下，决策者需要系统做的，不仅仅是提供数据，还需要系统能够快速找到与场合相关的知识，并以有助于决策者做出决定的形式展示出来。过去应对灾难的经验证实，整合了KM的ERS，比传统ERS更有效。我们期望，ERS升级版能继续利用KM的概念和手段。KM帮助应对紧急事件或者危机的例子有许多。例如，利用过去灾难的知识来设计通信、数据，以及信息捕获协议和模板；在过程和协议中捕获应急响应；将学到的知识应用于响应小组的训练；接口和显示设计；启发式决策；使用知识来指导经验知识库的创建，这个知识库可以用于生成紧急事件应对行动。

41.5　未来趋势

诸如Katrina飓风和2004年的海啸等涉及大范围的危机事件表明，构建独立的ERS（ERS是一个系统，其唯一目标是应对紧急事件）是困难的。这些系统造价昂贵，但在资源有限时，又难以将其应用于日常活动。为应对可能出现的禽流感大流行和针对关键设施的大规模恐怖袭击，需要训练大量的应急响应人员，为此需要开发和使用开源的ERS（Jennex, 2006）。Strong Angel III特别关注创建和使用基于开源开发过程和商务现成组件的ERS，其目标是在维护系统安全性的同时，特别是在使用互联网和其他商业、民用的通信网络的时候，降低构建和实施ERS所需的开销、时间和精力。此外，Raman、Ryan和Olfman（2006）讨论了利用维基百科的技术，在ERS中整合KM。我们期望使用开源技术，如维基百科技术，来增强连通性，并在紧急情况下，增强需要互相联系的各种机构间的通信。基于知识的系统和KM有望在应急响应中获得更多的应用。改良后的KM技术，可用于存储、搜寻和获取知识，它可有效地将KM整合到紧急事件决策中（Murphy & Jennex, 2006）。

最后，在2003年的Slammer蠕虫事件中，在10分钟内有90%连接到互联网的脆弱系统受到了感染（Panko, 2003）。此类蠕虫事件表明了赛博应急响应的脆弱性。目前，机构依赖于入侵检测系统（它有一些报警功能）来检测此类攻击，并用防火墙保护其网络。在这种情况下，紧急事件的应对模式，仍然是机构依据识别出来的紧急事件，通过事件响应进程来应对。新型的快速反应ERS，有望采用知识分析和决策支持来提高紧急事件响应时间，以适应像Slammer蠕虫这样的危机事件。

41.6 结束语

应对赛博战或赛博恐怖主义袭击，只构建良好的防御措施是不够的，各组织还需要准备一定措施，来应对可能发生的防御失败以及关键设施（例如网络、电话、重要系统和数据库）受到严重破坏等情形。本章提出一个应急响应系统的模型，它可协助管理者做好应对灾难的准备。同时，该模型还可作为一体化应急响应计划的一部分。关于这一方面，Whitman和Mattord

(2004)提供了一个不错的综述,并为完成该计划指明了方向。对遭受攻击的机构和社区而言,执行该计划并拥有ERS至关重要。

在美国,大规模(多个组织、城市或州等)应急响应,已从在本地处理发展为联邦控制下的标准流程。2004年,美国实施了国家事故管理系统NIMS。NIMS确立了标准化的事故管理协议和进程,所有响应者都使用这些协议和进程来开展并协调应对行动(Townsend, 2006)。Townsend(2006)讨论了从Katrina飓风事件中学到的教训,包括通信基础设施、应急反应计划、民间和军队响应活动的整合以及关键设施和影响评估问题。关于这些问题的回顾,表明了ERS中存在的缺陷,而含有KM的扩展模型应当避免这些失误。

可以确定的是ERS将依赖于通信、培训、知识集成、动态基础设施和含有KM的扩展ERS模型的所有其他组件。知识管理对构造能够快速应对危机的ERS至关重要。现有的开源和商业组件将被更多地应用于ERS设施中,以降低开销和简化系统的复杂度和安装。

参考文献

Andersen, H. B., Garde, H., & Andersen, V. (1998). MMS: An electronic message management system for emergency response. *IEEE Transactions on Engineering Management, 45*(2), 132-140.

Barton, L., & Hardigree, D. (1995). Risk and crisis management in facilities: Emerging paradigms in assessing critical incidents. *Facilities Journal, 13*(9), 10-11.

Bellardo, S., Karwan, K. R., & Wallace, W. A. (1984). Managing the response to disasters using microcomputers. *Interfaces, 14*(2), 29-39.

Braverman, M. (2003). Managing the human impact of crisis. *Risk Management, 50*(5), 10-19.

Coombs, W. T. (2000). Designing post crisis messages: Lesson for crisis response strategies. *Review of Business, 21*(3/4), 37-41.

Cunningham, W. (2005). *Wiki history*. Retrieved October 29, 2005, from http://c2.com/cgi/wiki?WikiHistoryDyer, S. C. (1995). Getting people into the crisis communication plan. *Public Relations Quarterly, 40*(3), 38-41.

Fischer, H. W. (1998). The role of the new information technologies in emergency mitigation, planning, response, and recovery. *Disaster Prevention and Management, 7*(1), 28-37.

Gadomski, A. M., Bologna, S., Costanzo, G. D., Perini, A., & Schaerf, M. (2001). Towards intelligent decision support systems for emergency managers: The IDS approach. *International Journal of Risk Assessment and Management, 2*(3/4), 224-242.

Gheorghe, A. V., & Vamanu, D. V. (2001). Adapting to new challenges: IDSS for emergency preparedness and management. *International Journal of Risk Assessment and Management, 2*(3/4), 211-223.

Iakovou, E. & Douligeris, C. (2001). An information management system for the emergency management of hurricane disasters. *International Journal of Risk Assessment and Management, 2*(3/4), 243-262.

Jennex, M. E. (2003). Information security in the era of terrorist attacks. Information Resource Management Association International Conference Panel.

Jennex, M. E. (2004). Emergency response systems: The utility Y2K experience. Journal of IT Theory and *Application (JITTA), 6*(3), 85-102.

Jennex, M. E. (2005). What is knowledge management? *International Journal of Knowledge Management, 1*(4), iiv.

Jennex, M. E. (2006). Open source knowledge management. *International Journal of Knowledge Management, 2*(4), iiv.

Kim, L. (1998). Crisis construction and organizational learning: Capability building in catching-up at Hyundai Motor. *Organization Science, 9*(4), 506-521.

Kitamato, A. (2005). Digital typhoon: Near real-time aggregation, recombination and delivery of typhoonrelated information. *Proceeding of the 4th International Symposium on Digital Earth*. Retrieved October 26, 2005, from http://www.cse.iitb.ac.in/~neela/MTP/ Stage1-Report.pdf

Lee, J., & Bui, T. (2000). A template-based methodology for disaster management information systems. Proceedings of the 33rd Hawaii International Conference on System Sciences.

Lukaszewski, J. E. (1987). Anatomy of a crisis response: A checklist. Public Relations Journal, 43(11), 45-47.

Massey, J. E. (2001). Managing organizational legitimacy: Communication strategies for organizations in crisis. *Journal of Business Communications, 38*(2), 153-182.

Mattison, D. (2003). Quickwiki, swiki, twiki, zwiki and the plone wars: Wiki as PIM and collaborative content tool, searcher. *The Magazine for Database Professionals, 11*(4), 32.

Mork, L. (2002). Technology tools for crisis response. *Risk Management, 49*(10), 44-50.

Murphy, T., & Jennex, M. E. (2006). Knowledge management systems developed for Hurricane Katrina response. *International Journal of Intelligent Control Systems, 11*(4), 199-208.

Nisha de Silva, F. (2001). Providing spatial decision support for evacuation planning: a challenge in integrating technologies. *Disaster Prevention and Management, 10*(1), 11-20.

Panko,R.R.(2003).SLAMMER: The first blitz worm. *Communications of the AIS, CAIS, 11*(12).

Parlament of Victoria. (2005). *Victorian electronic democracy—Final report*. Retrieved October 29, 2005, from http://www.parliament.vic.gov.au/sarc/EDemocracy/Final_Report/Glossary.htm

Patton, D., & Flin, R. (1999). Disaster stress: An emergency management perspective. *Disaster Prevention and Management, 8*(4), 261-267.

Pearson, C. M., Misra, S. K., Clair, J. A., & Mitroff, I.I. (1997). Managing the unthinkable. *Organizational Dynamics, 26*, 51-64.

Raman, M., Ryan, T., & Olfman, L. (2006). Knowledge management systems for emergency preparedness: The Claremont University Consortium experience. *International Journal of Knowledge Management, 2*(3), 33-50.

Renaud, R., & Phillips, S. (2003). Developing an integrated emergency response programme for facilities: The experience of public works and government services Canada. *Journal of Facilities Management, 1*(4), 347-364.

Smart, C. F., Thompson, W., & Vertinsky, I. (1978). diagnosing corporate effectiveness and susceptibility to crises. *Journal of Business Administration, 9*(2), 57-96.

Smart, C. F., & Vertinsky, I. (1977). Designs for crisis decision units. *Administrative Science Quarterly, 22*, 639-657.

Smart, C. F., & Vertinsky, I. (1984). Strategy and environment: A study of corporate response to crises. *Strategic Management Journal, 5*, 199-213.

Smith, C. A. P., & Hayne, S. (1991). A distributed system for crisis management. *Proceedings of the 24th Hawaii International Conference on System Sciences, HICSS, 3*, 72-81.

Townsend, F. F. (2006). *The federal response to Hurricane Katrina, lessons learned*. Department of Homeland Security, United States of America. Turoff, M. (2002). Past and future emergency response information systems. *Communications of the ACM, 45*(4), 29-32.

Turoff, M., Chumer, M., Van de Walle, B., & Yao, X. (2004). The design of a dynamic emergency response management information system (DERMIS). *The Journal of Information Technology Theory and Application (JITTA), 5*(4), 135.

Whitman, M. E., & Mattord, H. J. (2004). *Management of information security*. Boston: Thomson Course Technology.

Wikipedia. (2006). *Wiki*. Retrieved March 30, 2006, from http://en.wikipedia.org/wiki/Wiki

术语和定义

紧急事件（Emergencies）：需要组织采取不同于正常运作流程的方式来应对的高压境况。

应急响应系统（Emergency Response System）：用以帮助组织应对紧急情况的系统。这些系统支持通信、数据收集和分析，以及决策。应急响应系统包括数据库、知识库、数据分析支持、规范化模型、接口、训练有素的使用者（这里的用户是指使用系统来应对危机或在危机中交流的职员），用户之间以及用户与数据源之间的动态和一体化（可能在物理上是分布的）的沟通方法，用于通信的协议，以及指导响应和改进决策的过程和程序。应急响应系统的目标是实现清晰的通信，提高决策的效率和效果，对数据进行管理以防止或减轻信息超载（Murphy & Jennex, 2006）。

知识管理（Knowledge Management）：有选择地将先前的决策经验应用于现在和将来的决策活动，以提高组织的效率。

维基百科（Wiki）：指"维基百科"网站或与之类似的在线资源，它允许用户以共同的或协作的方式增加或者编辑内容。维基百科起源于1994/1995年，但是直至最近才作为内容管理系统而流行起来。最新的研究表明，维基百科对知识管理非常有用，因为它将知识交换、交流和协作能力与内容管理结合起来。

Chapter 42
第42章 | 反弹技术

Stéphane Coulondre
(里昂大学,法国)

警方现用的网络攻击追踪调查方法和工具都十分有效。为了躲避追踪,老练的赛博恐怖分子会使用一些特殊技术来掩盖其真实的电子身份,甚至可以通过使用别的身份来误导调查。这些特殊技术正日趋普遍。本章介绍这类技术中的一部分,并叙述这些技术是如何帮助或暴露攻击者。本章认为,利用当前的技术可以有效实现匿名。不能只依赖技术来解决问题,国际合作和信息共享是解决问题的关键。

42.1 引言

赛博恐怖分子为了躲避追踪,不会直接使用自己电脑来攻击目标,特别是当目标与他们在一个国家的时候。事实上,利用现有技术,可以收集到关于攻击者的足够信息,以判断攻击的来源。出于某些原因,攻击者通常会使用反弹技术。这些技术的目的,是隐藏自己的真实身份;或者更确切地说,是使用另一个真实的网络身份。在这种情况下,警方首先面临的是一个虚假的嫌疑,因此,他们必须在攻击链中找到前一个主机,以此类推。在法律和技术层面,这是一个非常难解决的任务。

我们将介绍反弹技术的基本类型及其优缺点，并讨论其效率和匿名性。此外，我们将介绍如何运用这些反弹技术，并阐明国际间合作的必要性。本章最后指出，试图通过重建攻击链以找到攻击源头是很难的。

42.2 背景

在互联网上，每台计算机都有一个地址，该地址可以是公共的或者私有的。利用 WHOIS 协议，或借助互联网服务提供商（ISP）的帮助，就能通过地址查到机主的身份。其中，WHOIS 协议用于查询地址和域名注册数据库。当攻击者使用互联网时，每个被访问的 Web 站点和每台被攻击的计算机，实际上都能知道该攻击者的位置。对于赛博恐怖分子而言，这确实是一个严重的弊端，因为他们的目标是要保持这些信息的机密性。

然而，并非每个互联网活动都会被记录。即使可以做到，也意味着会生成巨量信息。因此，近年来，一种取证技术得到巨大发展，该技术旨在收集攻击的痕迹。一般来说，这些技术能够提供一些好的结果，并可以追溯到攻击的来源。因此，如今老练的赛博恐怖分子都是依赖新的尖端技术来掩盖他们的攻击，即基于反弹技术。这些反弹技术的目的，是利用其他地址来代替最终的攻击源地址。

反弹技术可以分为以下两种类型：
- 在不被察觉的情况下，使用互联网中其他人的身份；
- 在别人察觉的情况下（注意：这并不意味着这些人会知道相应的活动类型），使用互联网中其他人的身份。

42.3 反弹技术

通过使用别人的名字访问互联网，有两种比较常用的方式。第一种方式利用了第一代 WiFi 网络（特别是遵从 802.11b 规范的网络）安全性设计较差的弱点，第二种方式利用了互联网上可用的公共代理。对赛博恐怖分子来说，这两种技术都有其优缺点。

802.11b 的访问点（AP）存在一个著名的设计缺陷。一个熟练的黑客，可以在 5 分钟内，破解共享密钥（Fluhrer，Mantin，& Shamir，2001），并与该访问点建立连接，从而接入互联网。这个连接以及由此进行的攻击都是以该 AP 属主的身份进行的，而 AP 的属主本身并没有察觉（除非使用特定的入侵检测系统，但对个人而言这非常少见）。黑客感兴趣的游戏之一，是携带一台笔记本电脑在城市中游走检测 802.11b 信号，在市区内 802.11b 信号经常覆盖各个街道，然后建立一个加密的（和不加密的）802.11b 网络地图。每当检测到一个加密密钥，黑客就能在不被察觉的情况下，在自己的车中对密钥进行破解，然后在互联网上发布被破解的密钥数据库以及 802.11b 网络的地理位置图。

代理服务器是允许客户端使用其名义执行操作的计算机（Luotonen，1997）。代理服务器有很多类型，其中最常用的有 HTTP 和 SOCKS 代理服务器。HTTP 代理服务器允许浏览互联网，SOCKS 代理服务器支持几乎所有的互联网协议。公开的代理服务器可大致分成如下几类。

- 错误配置的代理服务器：每个人都可在机主没有察觉的情况下使用它。
- 免费代理服务器：它与一些组织合作，这些组织可以察觉用户对代理的使用，并以此来收集个人信息。
- 不免费的商业代理服务器：目的是提供匿名服务，但没有人能够真正地去验证该服务。
- 被黑客攻陷的代理服务器：从名称中可以看出，攻击者将这种代理匿名化。

截至目前，很少有公开的代理服务器可以保证做到真正的匿名。因为没有一种通用的方法可以确定代理是否是真正免费的、配置错误的或是被黑客攻陷的，也不能确定它能否保存每次活动的日志，日志内容包括谁进行了连接、访问的站点、发送的信息等。

赛博恐怖分子知道他们无法确定自己是否匿名。因此，他们按两种不同的方式行动。第一种，是黑客自己进入一个非公共的代理服务器，或在被攻击计算机上安装一个新的代理，以确保无人窃听；第二种，是在不同国家执行大量的反弹，从而使识别任务变得更加复杂。第二种方法是为熟练的攻击者提供的，他们入侵到其他计算机中，以便利用其进行反弹。这不像它最初出现时那么复杂。事实上，为了执行反弹，没有必要去实际攻击一台计算机，而只需使用木马即可（Erbschloe, 2004）。赛博恐怖分子可通过一些特殊的木马实现反弹。之后，这些程序可直接以攻击者的地址执行攻击命令。有时，也可以通过特定的公共讨论频道（如网上聊天、专用信箱等）来增强匿名性。

还有一种基于混合协议的反弹技术，它混合使用了几种不同的协议。例如，在互联网上有种名为邮件重发（remailer）的服务，这种服务允许使用别的身份发送电子邮件，而不会显示真正的电子邮件地址。因此，收件人不知道谁是真正的发件人。不过，从技术上讲，邮件重发服务的管理员可以识别出这些邮件。另外，互联网还提供一些协议转换服务，这些服务允许通过电子邮件访问Web、文件传输协议（FTP）、新闻组等站点。因此，通过将邮件重发和协议转换服务与木马混合使用，有可能仅通过电子邮件就可发动攻击。同样，通过公开代理发送电子邮件，可以增强邮件的匿名性。

令人奇怪的是，大多数新近出现的反弹技术都是基于以下一种网络，在这种网络中，人们知道并允许自己的计算机充当反弹点，这就是所谓的洋葱路由（onion routing）（Dingledin, Matthewson, & Syverson, 2004）。它基于为实现匿名而专门定制的公共代理服务器。例如，对信息流进行加密，将一定数目的代理服务器（最多可达到20个）作为链条使用（由发送者选择），链条上的每个代理都不知道数据流的真正源头和目的地。每个代理只知道前一个反弹点、加密的数据流，并动态地发现下一个反弹点。这条原则与洋葱很相似，都是由连续的层次组成的。实际上，这种模式的速度有些慢，但是可以保证高层次的匿名性。因为要追踪攻击者，必须提取到每个代理服务器上的日志特征，而这些日志的特征则决定于每个代理服务器的拥有者。

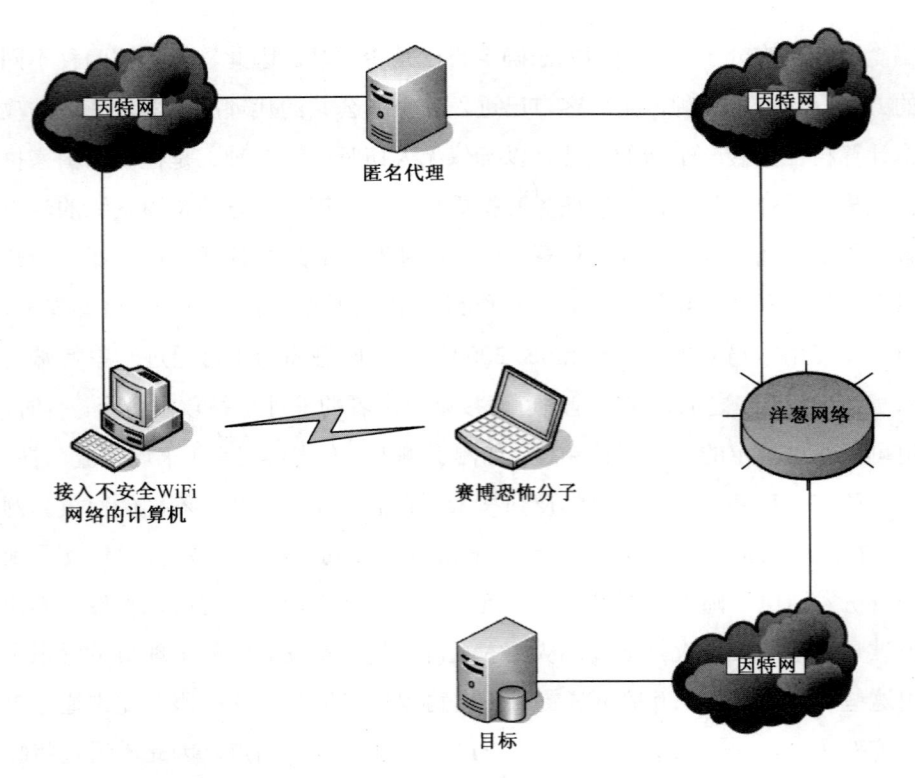

图 42-1 使用几种反弹技术构成攻击链的例子

通过这些方法的任意组合，可以实现真正的匿名。例如，图 42-1 显示了赛博恐怖分子利用"战争驾驶"技术来确定一个 802.11b 网络。在破解了加密功能之后，攻击者连接到匿名代理，然后连接到一个洋葱网络，达到攻击最终目标的目的。这条链可以引入 25 台以上、遍布许多不同国家的机器。发起这个攻击只需要几分钟时间，而追溯这个攻击可能需要几年时间，实际上，这种追溯是不可能成功的，其中的原因很多，包括没有日志、没有调查时间、国际间合作效率低下，最后是因为恐怖分子的汽车不会再停在路边。

42.4 总结与展望

反弹技术确实是一个问题，而且目前的状况相当复杂。赛博恐怖分子能够使用一个或几个真实但不正确的网络身份,这是一种新型的恐怖主义。因此,追查罪犯将会变得非常困难,无辜的人会经常被卷入案件之中。从技术上讲,追查赛博恐怖分子需要使用每个反弹结点上的日志。但是,这只有在反弹节点的机主察觉到了反弹行为的条件下才能实现。在其他情况下(例如木马或被黑客控制的代理服务器),需要记录所有流量信息,而这在法律上和技术上,几乎都是不可行的。但是,假以时日,这方面将会取得进展,比如在欧洲等地区(European Parliament, 2005)。

此外,国际执法机构有必要互相合作、共享日志。但是,日志记录并不是最终的解决方法。还需要一些强大的分析工具处理这些巨量数据,而这个问题仍有待解决。

参考文献

Dingledine, R., Matthewson, R., & Syverson, P.(2004). *Tor: The second-generation onion router.* Proceedings of the 13th USENIX Security Symposium (pp. 303-320).
Edney,J., & Arbaugh, W.A.(2003). *Real 802.11security: Wi-Fi protected access and 802.11i.* Addison-Wesley Professional
Erbschloe, M. (2004). *Trojans,worms, and spyware:A computer security professional's guide to malicious code.* Butterworth-Heinemann.
European Parliament. (2005). *Directive of the European Parliament on data retention.* Retrieved from http://ue.eu.int/ ueDocs/cms_Data/docs/pressData/en/jha/88467.pdf
Fluhrer, S., Mantin, I., & Shamir, A. (2001). *Weaknesses in the key scheduling algorithm of RC4.* Proceedings of the Eighth Annual Workshop on Selected Areas in Cryptography (pp. 1-24). Toronto, Canada.
Jones, K. J., Bejtlich, R., & RoseReal, C. W. (2005). *Digital forensics: Computer security and incident response.* Addison-Wesley Professional.
Luotonen,A. (1997). *Web proxy servers.* Prentice Hall PTR.

术语和定义

802.11b/Wi-Fi网络(802.11b/Wi-Fi Networks):第一个流行的无线网

络标准,许多公司和个人都使用和部署了该技术。它提供了一个称为有线等价保密协议(WEP)的安全特性,但WEP协议现在可被轻易破解。

日志(Logs):这是一些特殊的系统文件,用于跟踪发生的重要事件。没有一个统一的规则来指定日志文件应保存哪些内容。然而,日志文件是掌握指定时间内所发生事件的首要途径。

特洛伊木马(Trojans):一种经过伪装,不会被人们发现其真实面目的恶意程序。典型的特洛伊木马是以电子邮件附件的形式发送,它声称自己是视频、图片或其他可被读者打开的文件。它们也可能存在于P2P网络的音乐文件、盗版软件站点等地方。

战争驾驶(War Driving):在市区驾车来检测无线网络。许多驾驶员将带有Wi-Fi功能的笔记本电脑连接到GPS设备来实现网络定位。

Chapter 43

第43章 网络取证

Stéphane Coulondre
（里昂大学，法国）

当今恐怖分子手握技术，往往借助电子设备辅助其行动，以避免在行动中暴露自己。借助技术，恐怖分子的攻击变得更加迅速和精确，造成的损害也更严重。网络空间中的恐怖行动是依赖计算机实现的，其犯罪证据分布在广泛的网络上。虽然全世界的互联网服务提供商和政府机构，已经建立了先进的日志技术，但仅有此类信息还远远不够。有时还需要分析攻击目标和源主机。如果可能的话，还应对一些网络设备进行分析，这个步骤称为网络取证。网络取证能够精确地重建和理解攻击行为，有时还有助于发现入侵者。本章讨论了网络取证的一些基本问题，并提出了一些相关的观点。

43.1 引言

当犯罪发生后，警方会采取高科技手段来追查罪犯。这些方法很大程度上依赖于罪犯无意中遗留在受害者身上或周围的痕迹。嫌犯确定后，警方会采用同样的方法在嫌犯身上或其周围（居住地，工作环境等）搜集证据。

如今，电子设备被广泛用于恐怖袭击。例如，移动电话被用来引爆炸弹，化学工业的计算机系统往往是入侵的目标，恐怖分子将一段特殊的恶意代码作为木马发送给某个特定用户，从而直接或间接地触发不可控制的化学反应。由此诞生了一个新的学科——网络取证。

43.2 背景

20 世纪 80 年代中期，各执法机构开始研究计算机证据。他们检查用户在电脑上或更一般的电子设备（移动电话、个人数字助理（PDA）、录像带等）上留下的痕迹。这种重建电子证据的过程，被称为计算机取证（Shinder，2002）。计算机取证这一术语，是国际计算机调查专家协会在俄勒冈州波特兰举行的第一次培训课上提出的。

正如联邦调查局（FBI）所述（FBI，2004）：

计算机犯罪可分为两类：（1）利用计算机实施的犯罪，（2）将计算机或网络本身作为犯罪的目标。

当计算机被用做犯罪活动的辅助工具时，其用处包括储存欺诈记录、生产虚假标识、复制和分发有版权的材料、收集和传播儿童色情制品，以及许多其他方式。以计算机本身为目标的犯罪，可导致计算机系统被破坏或修改。而被攻击的计算机可能被用于发起对其他计算机或网络的攻击。

网络取证的含义比计算机取证更广，适用于上述定义中的第二点。事实上，赛博恐怖主义非常依赖于网络方面的取证。网络取证的焦点是分布在大规模网络上的证据。

取证是调查的重要步骤，可以揭示大量准确而有用的信息。取证得到的信息，因犯罪技术而异。这些技术包括所使用的武器和方法、准确的攻击时间以及已经被毁坏、盗走或隐藏的东西。当恐怖分子的来源未知时，取证步骤有时能够揭示其位置和身份（Middleton，2004）。一旦查获了攻击者的电子设备，就能获取证据的蛛丝马迹。

本章的重点是网络取证，这是赛博恐怖主义的核心。首先描述恐怖分子或自动化攻击过程，在目标计算机系统或者他们自己的计算机上，有意或无意留下的痕迹的基本类型；接着，解释如何搜集这些痕迹，以及如何利用它们。并结合外部信息，从而重建攻击情景，追查元凶；然后，尝试提出网络取证的发展前景，特别是与加密、匿名技术以及身份有关的问题。需要指出的是，本章不讨论监控技术（监控技术必须在攻击之前部署，它们包括入侵检测系统、流量记录等）或事故响应处理。

43.3 数据生命周期

计算设备（电脑，PDA，数码相机，智能手机）能够操纵如下四种数据类型（Jones, Bejtlich, & RoseReal, 2005）。

- 活动数据（Active data）：自愿记录的数据，它能自愿地被隐藏起来；
- 临时数据（Temporary data）：由系统本身记录的数据；
- 潜在数据（Latent data）：无用或可删除的数据；
- 归档数据（Archival data），存放在某个单独介质中的数据。

大多数计算机用户认为，可访问的数据仅包括活动数据和归档数据。事实上，出于可用性和简单性考虑，多数操作系统并不让用户知晓临时数据或潜在数据的存在。然而，这些数据是非常重要的。

几乎所有的计算活动，都会产生临时数据和隐藏数据。互联网浏览器、字处理软件、邮件程序、游戏、音乐播放器、视频编辑软件甚至入侵行为或恶意代码（间谍软件、病毒、木马等），都会留下活动痕迹。所散布的信息量取决于活动的种类和持续时间。重要的是要看到，除非计算机活动已经停止，否则临时数据，特别是隐藏数据的有效期是有限的，它们最终将被删除。

此外，某些计算活动不得不在其他计算机系统上留下痕迹。例如，互联网冲浪、聊天、邮件、操作系统升级等，都可能在其他计算机上留下痕迹，它们可能是远程活跃的、临时的、隐藏的或归档的数据。比如，在某台特殊计算机监控下进行网络浏览就属于这种情况。因此，即使特定的数据已被安全地从计算机中删除，它们在其他计算机上仍然可能是活跃的。

表 43-1 列举了一些可以从计算机系统中导出的临时数据和隐藏数据的类型。导出的数据有可能是不完全的，这取决于许多参数。

表 43-1　一些能够导出的临时数据和隐藏数据

- 被删除或覆盖的文件
- 未分配扇区中的数据或文件残留区中的数据
- 文件创建、删除、修改以及运行的日期和时间
- 以前安装的应用程序的信息
- 下载的文件
- Web 浏览历史，包含已访问页面的本地拷贝
- Cookies
- 表单信息，包括某些口令
- 已发送的或已删除的电子邮件
- 系统日志

43.4　网络取证基础

目前有很多计算机取证工具，它们能够访问所有主要电子设备的内存区域。这些工具不仅能处理活动和归档数据（电子邮件，联系人，日历项等），也能够提取和分析临时数据以及隐藏数据。商业软件的例子有 Guidance Software Encase 以及 AccessData 取证工具包，免费软件的例子有 Sleuth Kit 和 Autopsy Browser（Carrier，2005 年）。

这些计算机取证工具，不仅可以提取并分析临时的和隐藏的数据，还能够通过推理执行一些高级操作。例如，他们可以从文件的时间戳推断出在某个给定时刻发生的事件序列、攻击发生的时间或文档被隐藏的时间。调查人员可以发现文件传输程序已被启动，在仅仅几秒钟内，新文件被写入磁盘、被执行，然后被删除。通过还原这些文件，调查人员可能会发现一个恶意程序已经从互联网上下载并安装，而且安装文件已被删除。图 43-1 展示了在 Autopsy 浏览器中重现事件时间表的一个例子。这类工具还能够从未分配的磁盘扇区或者文件残留区中恢复文件和文件块，并通过将恢复的内容与特征

第 43 章 网络取证

集匹配，检测出文件类型。在磁盘分区被格式化或文件被覆盖的情况下，这种功能非常有用。

恢复并分析临时和隐藏数据，只是理解攻击、追查攻击者和搜集证据的一个步骤。事实上，调查人员必须把这些数据作为整体进行分析，而这无法自动完成。

在任何情况下，调查中都需要外部信息源。举个例子，如果调查人员只掌握了被感染的机器，那么他们还需要找到发起攻击的那台机器的网络地址，而只有将取证工具所获得的信息与远程系统上的信息结合起来，才能获得这些信息。这就是网络取证的本质。

CREATE DATA FILE		CREATE TIMELINE		VIEW TIMELINE		VIEW NOTES	HELP ? CLOSE X
			<- May 2002	Jul 2002 ->			
			Jun	2002	OK		
Mon Jun 10 2002 19:33:10	3888	m..	-/-rwxrwxrwx	48 0	112-128-4	C:/system32/drivers/NTHANDLE.SYS	
Thu Jun 13 2002 21:01:34	22299	.a.c	-/-rwxrwxrwx	48 0	263-128-4	C:/system32/oemnadem.inf	
Thu Jun 13 2002 21:01:35	20263	.a.c	-/-rwxrwxrwx	48 0	270-128-4	C:/system32/oemnadlm.inf	
	39386	..c	-/-rwxrwxrwx	48 0	193-128-4	C:/system32/mem.exe	
	56	mac	d/drwxrwxrwx	48 0	49-144-7	C:/system32	
	9488	..c	-/-rwxrwxrwx	48 0	191-128-4	C:/system32/lsass.exe	
	9488	..c	-/-rwxrwxrwx	48 0	191-128-4	C:/system32/lsass.exe (deleted-realloc)	
	33662	.a.c	-/-rwxrwxrwx	48 0	268-128-4	C:/system32/oemnadin.inf	
	86800	..c	-/-rwxrwxrwx	48 0	185-128-4	C:/system32/LMREPL.EXE	
	25491	.a.c	-/-rwxrwxrwx	48 0	269-128-4	C:/system32/oemnadlb.inf	
	24391	.a.c	-/-rwxrwxrwx	48 0	264-128-4	C:/system32/oemnaden.inf	
	22297	.a.c	-/-rwxrwxrwx	48 0	266-128-4	C:/system32/oemnadfd.inf	
	85632	..c	-/-rwxrwxrwx	48 0	179-128-4	C:/system32/krnl386.exe	
	22296	.a.c	-/-rwxrwxrwx	48 0	267-128-4	C:/system32/oemnadim.inf	
	32016	..c	-/-rwxrwxrwx	48 0	182-128-4	C:/system32/label.exe	
	35291	.a.c	-/-rwxrwxrwx	48 0	265-128-4	C:/system32/oemnadep.inf	

图43-1　使用Autopsy重建事件时间表

互联网服务提供商（ISP）是主要的信息源之一。例如，在欧洲国家，法律要求互联网服务供应商要将网络连接信息保留一定时间（通常是 3 个月到 1 年），所保存的信息包括动态或静态分配的网络地址、日期、时间以及每个连接的持续时间。这有助于根据给定的网络地址和日期时间获得任意客户的身份，并在扣押其计算机后就此进行取证分析。需要注意的是，在包括恐怖主义在内的国际诉讼案中，各国间的合作是必不可少的。通常，查清网络攻击的源头十分必要，如果攻击者使用了反弹技术（bouncing techniques），还需要一些额外的信息才能追查攻击源（见下文）。

在被动攻击的情况下（即当在某台计算机上检测到恶意代码时），只有熟练的计算机科学家才能够分析恶意代码的意图、手段和内部原理。事实上，对于网络恐怖分子而言，在发动攻击之前，利用间谍软件、木马和病毒收集信息是非常有用的，这里所说的攻击不一定是电子攻击或远程控制敏感计算机。恶意代码的来源很难查到，尤其当这些代码具有特殊目的（即刺探特定的公司或机构）时更是如此。一般情况下，在恶意代码广泛传播开来之后，可以通过研究代码的传播变化来追查代码的源头，这包括从私有或公共机构收集记录。

43.5　网络取证问题

当前存储介质的容量与日俱增。事实上，为了防止证据因调查人员的失误而被破坏，在取证分析时，需要将存储介质中的内容准确地复制到专门的硬盘中，这就要求对专用硬件进行频繁升级。另外，需要分析的数据量和人们使用的计算机的数量也在增长（笔记本电脑，掌上电脑，在线服务，网吧等）。因此，未来的取证工具，应该能够帮助调查人员处理所有这些新设备，使调查人员能够迅速将注意力集中在相关数据上，并发现分布式数据之间的关系。目前，这仍然是一个活跃的研究领域。

目前，加密技术人皆可得。而在以前，它一直被许多国家的政府视为一种武器。因此，尽管有可能对加密设备（例如硬盘）进行分析，但会相当困难（Menezes, 2001 年）。很多取证工具含有口令破解或验证旁路功能（例如，Encase 中含有一个可用于访问微软加密文件系统的可选模块），但在某些情况下，特别是当罪犯使用了专用隐私增强技术（PETs）时，要破解或旁路口令几乎是不可能的。这些技术可分为加密工具、策略工具、过滤工具和匿名工具四类。加密和匿名工具是取证分析的真正障碍；另外两种工具，是为保护合法用户的隐私而量身定做的。加密技术很多，加密工具不仅能够保护普通数据，还能为隐藏非法数据和逃脱调查取证提供安全的方法。

"反弹技术"一文更加深入地讨论了匿名技术（Shields & Levine, 2000），这种技术不仅能够隐藏通信内容，还能隐藏用户个人信息，提供更多的隐私保护。实现这一点的方式有集中式（即使用匿名 Web 站点、代理和安全性较差的 WiFi 无线接入点）（Pointcheval, 2000）和分布式（即使用洋葱路由）（Dingledine, Matthewson & Syverson 2004）两种。如果攻击者使用了这种工具，取证分析就只能得到中央匿名计算机（代理）的网络地址，或洋葱路由网络中某台机器的地址。在取证中具体能得到哪些信息，取决于这些机器上的日志，以及在法律上获得这些日志信息的可能性，这极大地增加了攻击者逃避抓捕的机会。从实践角度看，熟练的攻击者更倾向使用这些技术，而不是妥善擦除入侵过程的所有痕迹，因为尽管有可能擦除痕迹，但却很难。

这就导致了网络取证中一个更一般的问题：身份盗用。当罪犯使用了反弹技术时，调查人员就要面对这个问题。因为，在这种情况下，证据指向的并不是真正的罪犯，无线网络劫持就是其中一例。因此，调查人员必须回答一个重要问题：我们能否确信，数字身份是否总是正确地关联到实际人物？FIDIS 网站上有关于这个问题的全面讨论（FIDIS, 2006）。

最后，取证分析中有个重要的法律问题（Smith & Bace, 2002）。根据当地法律的不同，这个问题差异很大。这里，我们不讨论每种司法系统的特点，但是任何在法庭上有效的证据，都要符合这条一般性的原则，即必须证明，在分析过程中，这些证据未遭到任何篡改，证据的完整性和人员的隐私权得到保护，证据在技术和法律上是有效的。

43.6 结束语

对计算设备和网络进行取证分析是调查的一个重要方面，也是赛博战的基本方面。取证分析必须由同时具备司法调查能力和技术能力的专业调查人员来执行，而不仅仅是计算机专家的领域。

未来的取证工具，应当能找到一种解决当前问题的方法，因为这些问题可能发展成为真正具有挑战性的问题。调查人员非常有必要跟踪新工具和新技术的发展，因为犯罪分子总是尝试利用技术和科学上的突破来达到其目的。

参考文献

Carrier, B. (2005). *File system forensic analysis.* Addison-Wesley Professional.
Dingledine, R., Matthewson, R., & Syverson, P.(2004). *Tor: The second-generation onion router.* Proceedings of the 13th USENIX Security Symposium (pp. 303-320).
FBI. (2004). *How the FBI investigates computer crime.* Retrieved from http://www.cert.org
FIDIS. (2006). *Forensic implications of identity management systems.* Retrieved from http://www.fidis.net
Jones K. J., Bejtlich R., & RoseReal C. W. (2005). *Digital forensics: Computer security and incident response.* Addison-Wesley Professional.
Meneze,s A. (2001). *Handbook of applied cryptography (5th ed.).* CRC Press.
Middleton, B. (2004). *Cyber crime investigator's field guide.* Auerbach.
Pointcheval, D. (2000). *Self-scrambling anonymizers.* Proceedings of the Financial Cryptography Conference (LNCS 1962, pp. 259-275).
Shields, C., & Levine, B. (2000). *A protocol for anonymous communication over the Internet.* Proceedings of the ACM Computer and Communication Security Conference (pp. 33-42). ACM Press: New York
Shinder, D. L. (2002). *Scene of the cybercrime: Computer forensics handbook.* Syngress. Smith, F. C., & Bace, R. G. (2002). *A guide to forensic testimony: The art and practice of presenting testimony as an expert technical witness.* Addison-Wesley Professional.

术语和定义

文件残留区（File Slack）：这是存储设备上的特别区域，位于文件末尾和对应扇区末尾之间。存储设备被划分为若干个逻辑扇区（每个扇区的大小通常是512字节），举例说明，一个520字节大小的文件将会使用两个扇区，这样就出现504字节未被使用也未被初始化的文件残留区。在文件残留区中有可能找到以前文件的数据。

取证（Forensic）：取证技术（简称取证）的目的，是使用各种技术手段来回答司法系统所感兴趣的问题，这些问题可能与某项罪行或民事活动有关。

格式化（Formatted）：格式化一个存储器的格式，意味着可将其完全用于新的用途。格式化过程中并不擦除设备上的内容。最常用的格式化算法只清除了用于说明数据存放方式的文件分配表，其副作用是数据依然留在介质上。尽管这些数据是杂乱无序的，但只要程序能够猜测到已被擦掉的数据存放格式信息，那么留存的数据就完全可读。

洋葱路由（Onion Routing）：洋葱路由算法使用一种特殊的设备网络，能够在不知道流量的源地址或目的地址的条件下，对其进行接收和转发。只有消息的发送者知道路由，接收者只知道路由了此消息的最后的那台机器。

代理（Proxy）：代理是指能够以另一台计算机的名义完成连接和/或执行协议命令的实体。当一台计算机通过匿名代理连接Web站点时，Web站点就不能获得这台计算机的实际网络地址。

Chapter 44
第 44 章 信息战中软件组件的可生存性

[1]Joon S. Park, [2]Joseph Giordano
（[1]雪城大学，美国；[2]空军研究实验室，美国）

信息战中关键业务系统的软件组件必须具有可生存性。本章描述了信息战中，在遇到组件故障或恶意代码破坏的情况下，分布式关键业务系统如何继续工作。定义了可生存性的概念，讨论了信息战中大型关键业务系统在可生存性方面面临的挑战，确定了静态、动态和混合可生存性模型。此外，对每种模型进行了比较。限于篇幅，本章不讨论模型的技术细节和实现。

44.1 引言

随着信息系统变得越来越复杂，以及系统之间相互依赖度的增加，系统可生存性问题也变得越来越复杂。在信息战中，关键业务系统对可生存性的要求很高。当组件从远程系统导出到本地系统，处于不同的管理之下，并部署在不同的环境中时，我们不能确保远程组件在当前的运行环境下，是否还能够正确运行。因此，在运行时，我们应该考虑组件（特别是远程组件）在与系统中其他组件整合时，可能因自身的实现问题或网络攻击而发生故障。

虽然先进的技术和系统架构改善了现有系统，但这种威胁还是无法完全避免。尤其当系统中包含商用现货（COTS）产品或服务时，这种威胁将更加严重。因为，它们通常存在已知和未知的漏洞，可能导致意想不到的问题，还可能被攻击者用以破坏关键业务服务（Kapfhammer, Michael, Haddox, 以及 Colyer 2000）。包括美国国防部（DoD）在内的许多机构，都使用 COTS 系统和服务，以提供办公效率、互联网和数据库等服务，并通过定制这些系统和服务，满足其特殊需求。尽可能采用 COTS 系统和服务是一种经济有效的策略。但是，即使这些系统是针对各执行机构的特殊需求而定制的，它们也还是继承了 COTS 产品和服务中的缺陷与弱点。因此，我们需要可靠的方法，确保分布式计算环境中那些必须依赖 COTS 服务和产品的关键业务系统的可生存性。

研究人员（Knight & Sullivan, 2000; Lipson & Fisher, 1999）已经给出了可生存性的定义。这里，我们将可生存性定义为：一个实体在受到损害的条件下，能够继续完成其任务的能力（Park，Chandramohan，Devarajan 和 Giordano，2005 年）。实体这一概念的范围，涵盖了从分布计算环境中完成独立任务的单一软件组件（对象），到由很多组件组成的支持总体任务的信息系统。一个实体可能为多个任务提供支持。

网络攻击、系统故障或意外事故导致的损害，以及系统能否从损害中恢复（Jajodia, McCollum, & Ammann, 1999; Knight, Elder, & Du, 1998; Liu, Ammann, & Jajodia, 2000），将决定一个系统的可生存性特征。建立可生存策略需要保护、检测与响应、恢复三个步骤（Park & Froscher, 2002）。需要指出的是，决定系统生命能力的，是系统的使命任务，而不是其构成组件。这意味着，设计人员或评估人员应定义一组系统为完成其使命所必须提供的关键服务。换言之，他们必须明白，为了完成使命，其哪些服务必须存活，系统中的哪些组件的何种功能必须能连续地为系统提供支持以完成其任务。

在本章中，我们关注从互联网上下载的关键业务软件组件的可生存性。我们假设，所有软件组件都很容易受到恶意网络攻击或内部故障的影响。网络攻击可能包括篡改现有代码，以向其中添加不需要的功能（例如，特洛伊木马），或者用恶意组件替换真正的组件。当使用这些组件时，特别是将其应用于信息战中的关键业务系统时，必须检查该组件的开发者是否可信，以及该代码是否在创建之后受到未授权的修改。此外，还必须检查该组件是否能够以预期方式提供其功能。如果所有这些条件都满足，我们称其为"可信的组件共享"。

44.2 关键业务系统中软件可生存性面临的挑战

通常，企业级的应用会跨越多个机构。图 44-1 描述了一个跨越多个机构的分布式应用程序的例子，它描绘了一个由三个机构互联而成的大型企业计算环境。在现实世界中，可能会有两三个或更多的机构组合起来，形成一个大型企业，企业中的一些机构可能专门提供其他机构所不能提供的特殊服务（如国土安全部）。例如，在图 44-1 中，机构 1 和机构 3 使用的软件组件，都涉及应用 X。在这个例子中，机构 3 上运行的应用程序会下载某些他所缺乏的必要组件。这些组件从远程管理主机（本例中位于机构 1）动态下载并在本地运行。当某机构必须管理从不同机构下载的多个组件时，这种情况将变得更复杂。例如，图 44-1 显示，机构 3 所管理的用户能够动态下载由机构 1 管理的软件组件。从这点看来，机构 3 运行的软件必须能够与来自不同管理部门的软件组件协同工作。为了实现自主管理，本地管理员必须处理互操作问题、外部组件带来的故障或攻击等额外事项。

基于上述典型场景，我们给出了大型分布式关键业务系统中软件可生存性所面临的挑战。

挑战 1：任何一个管理员都不可能顾及企业中各种系统的所有方面（例如，软件组件的测试和实现）。因此，需要一种自动化机制来支持不同机构或系统之间组件的可生存性。这是一种固有的挑战。因为，当前的分布式计算环境，是由包括来自其他不同机构的多个系统集成而来的。这意味着，远程组件可能包含能够影响本地计算环境的故障或恶意代码。遗憾的是，在本地环境中，只有在运行期才能对远程组件进行测试。

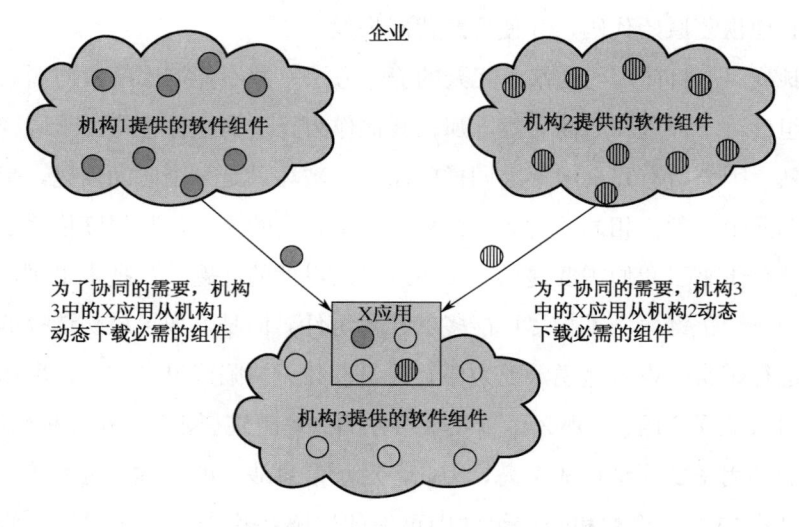

图44-1　跨越多个机构的一个分布式应用程序

挑战 2：在部署之前对软件组件进行的测试，并不能够发现或预测出所有可能的故障或攻击。这些故障在运行时才会显现出来，尤其是在与外部组件集成的情况下。某些故障只有当组件在操作环境中部署，并与其他组件集成后才能被发现。一个组件的缺陷，可能在运行时被其他组件触发。此外，由于不能简单地假设所有参与机构都按照严格流程对其组件进行了测试，所以，我们需要一种新的组件测试机制，以能够在运行期对组件（特别是那些从不同环境中下载的组件）进行测试。对于同样的组件，如果应用程序不同或运行环境不同，那么测试标准可以不同。即使远程组件通过了其原始测试，在不同的运行环境中，也可能存在互操作性问题。

挑战 3：对于分布式的关键业务系统，我们必须检查远程组件是否已被篡改，特别是在代码被激活之前，要检查组件是否包含恶意代码，如特洛伊木马、病毒或间谍软件等。例如，在图 44-1 中，当作为竞争对手的不同机构为同一企业而合作时，每个机构在使用来自其他机构的组件之前，都要在其本地环境中对组件进行检查。此外，如果某个组件包含恶意代码，但其原始代码的功能仍然是系统需要的，那么我们就不能简单地舍弃整个组件。相反，应小心地恢复原始代码，并使恶意代码失效。

挑战 4：目前可用的基于冗余的静态方法，并不能彻底解决问题。如果某个组件由于原因 R1 而失效，那么其他作为冗余的组件也将由于同样的原因失效，因为所有冗余组件因同样的原因被破坏只是一个时间问题，特别是当所有冗余组件都相同的时候。此外，基于冗余的方法，其强度依赖于冗余度，这就带来了我们需要提供"多少"冗余组件的问题。从技术上讲，人们可以为某个关键服务维护尽可能多的冗余组件。但是，如果最初选择的那个组件运行正常，也就是说，因为原始的组件并无缺陷或没被破坏，所以不需要使用其他冗余组件，那么运行冗余组件的成本就纯属浪费。在这种情况下，资源的利用率低而维护成本高。因此，对于信息战中的关键业务系统，需要一种动态技术来检测和分析组件中可能的缺陷和攻击，并在运行时修复组件，或使组件获得免疫。

挑战 5：即使我们知道了软件故障或攻击产生的原因及位置，目前分布式计算环境中可用的恢复方法，在运行期仍然很难改变组件的能力，特别是在无法获得组件源代码的情况下（这种情况很普遍）更是如此。当遇到组件故障时，我们关心的问题是如何修复失效的组件。一种可能性是，针对故障修改组件源码。但是，这种方法要求获得组件的源代码。在使用第三方组件或从外部管理系统中下载组件的情况下，通常无法获得组件源代码。有些源码虽然是公开的，但如果代码文档很差，要有效地修改源代码也几乎是不可能的。另外，很多关键业务系统不能容忍因代码调试或者重新编译而引起的暂停。因此，为保证组件任务的连续性，必须采用其他技术，而不是通过源码，来实现动态修复组件故障的目的。

44.3 软件可生存性的支持机制

组件恢复

Barga、Lomet、Shegalov 和 Weikum（2004）提出了一种与应用无关的基础设施框架，能够提供基于 Web 的应用中的数据、消息和状态的恢复。该框架要求规范两个组件之间的交互方式。应用程序组件能够从某个早期安装时的状态开始重放，并到达它出现故障之前的相同状态。仅当重放能够恢复受损组件时，这种框架才能向用户隐藏客户端、应用服务器或者数据服务器的故障。不幸的是，很多组件故障并不能简单地通过重放来修复。通过这种方法，一个组件可能会返回到故障前的状态，但是，它还是不能正常越过那个故障点，除非产生故障的问题已经被解决。因此，该组件还是无法继续其使命。另外，这种方法不能处理组件中已经包含恶意代码的情况。类似的，Freytag Cristian 及 KLhler（1987）和 Barga、Lomet、Baby 及 Agrawal（2000）等人提出了针对 C-S 模式系统的基于状态的恢复方法，Liu 等人（2000）以及 Jajodia 等人（1999）提出了针对数据库的方法。

Ring、Esler 和 Cole（2004）提出了一种受损核心系统在运行中的自修复机制，这种机制能够分析系统调用表，将被篡改的函数地址恢复为初始值，终止隐藏进程，删除隐藏文件，并阻断隐藏的连接。这种机制同样是基于状态的恢复方法，它能够将被破坏的系统恢复到出现故障或攻击之前的状态，并防止错误的情况再次发生。然而，与其他基于状态的方法类似，这种机制并不能修复产生问题的根本原因或者使系统进一步运行。并且，此项工作是在 Linux 内核模块中实现的。

Dowling 和 Cahill（2004）提出了自适应分散系统的 K 组件概念。通过使用一种称为 K-IDL 的组件接口定义语言，决策程序将组件状态和调节行为的定义，应用于判断和调整组件的运转。程序员可以为他们的本地环境制定调节规范。然而，这限制了自适应系统的整体健壮性。因为，在通常情况下，程序员不可能知道，在不同的运行环境下他们的组件所有可能的适应性选择。当在一个大型的分布应用中使用组件时，这种方法很不灵活，而这种情况正是我们要讨论的。

Helsinger、Kleinmann 和 Brinn（2004）在高层可观察指标与底层控制行动之间，提出了一种多层次控制框架，这种框架用于基于 P2P 方式交互的分布式自治代理组成的分布式多 Agent 系统。该框架利用中间性能测量器来测量不同组件和行为对高一级功能的贡献。他们在一个层次上观察行为并试图通过控制更低一层的行动来管理那些行为，例如通过重新启动死亡代理或者利用组件之间的移动代理实现负载平衡。假设每个代理都被正确开发并且是可信的，那么这个框架就能够提升代理的可用性并优化负载平衡。然而，如果组件包含内部错误或者被恶意代码破坏时，那么该框架并不能被严格遵守，而这种情况在信息战的实际关键业务分布式系统中是很常见的。

组件测试

现有的故障组件检测方法，本质上几乎都是静态的。其中的一种方法，利用了组件的黑盒测试技术。在这种技术中，提供了被测组件在目标系统中的行为规范。这种技术将被测组件视为一个黑盒，可用于检测组件行为是否异常。传统上，黑盒测试是在不了解被测组件内部工作方式的情况下进行的。通常，黑盒测试只需要组件输入输出的细节，而无需了解输出是如何产生的。这种技术的主要缺点，是组件的行为规范应能涵盖组件可见行为的所有细节。而在很多情况下，这是不切实际的。另一种方法采用源码分析法，它依赖于是否可以获得组件源码。软件可测试性分析，是利用白盒测试技术来决定组件中故障可能发生的位置。不同于黑盒测试，在白盒测试中，测试人员可以看到组件的内部细节，这有助于生成合适的测试数据。还有另一种方法，叫做软件组件可靠性评估，它通过修改或者可测试性分析，对每个组件进行全面测试。使用这些技术的前提是能够获得组件的源码。

Kapfhammer 等（2000）采用了基于动态执行评估的简单行为规范，这种方法把在组件接口处注入软件故障的技术与机器学习技术相结合，以完成下列工作：（1）确定有问题的 COTS 组件，（2）了解这些组件的异常行为。他们将有问题的 COTS 组件隔离开来，创建封装器，然后在不同的分析阶段将其引入系统，以此来唯一标识出故障组件，并收集组件异常行为发生时的环境信息；最后，他们对收集到的数据进行预处理并采用机器学习算法来生成有限状态机，以更好地理解和提高故障部件的健壮性。在另一个研究中（Chen, Kiciman, Fratkin, Fox, & Brewer, 2002; Voas & McGraw, 1998），作者为一个大型 J2EE 平台开发了一个动态问题判定框架，利用一种基于数据聚类机制的故障检测方法来发现故障组件。

44.4 组件可生存性模型

本节，我们给出软件可生存性的静态模型、动态模型和混合模型，并对各个模型进行比较。模型的技术细节和实现可以从之前的文章中（Park & Chandramohan, 2004; Park et al., 2005）得到。使用典型分布式环境中的客户端和服务器组件来描述我们的方法。

静态可生存性模型

这种模型的可生存性是基于在操作之前预先准备的冗余组件，以提供分布式客户端/服务器环境下关键服务的连续性。冗余服务器可以是同一台机器，也可以是相同域中的不同机器，甚至可以是位于不同域的机器。现有的方法，例如动态重配置，能够与这种静态模型相关联。尽管使用了"动态"这个词，由于可用组件是在操作开始前产生的，根据我们的定义，它仍然属于静态模型。同样的服务可以由同一个组件（即原始服务器的拷贝）提供，也可由采用不同实现方式的不同组件来提供。隔离的冗余设备（在不同的机器或域中）能够提供更高的可生存性，因为被替换的组件能够在未被感染的区域中运行。举例来说，如果冗余组件分布在网络的不同位置，当发生网络故障时，不同环境中的冗余组件提供的服务就能被恢复。不过，如果组件内部存在问题，用相同的复制替换掉组件就没有效果，因为相同的组件仍会出现相同的故障。

动态可生存性模型

与静态模型不同的是，动态模型中不存在冗余组件。如果需要，动态产生的组件将替换有故障或者恶意代码的组件，并在运行态下被部署。此外，如果可能的话，动态模型允许使用免疫组件替换被感染的组件，这也使其较之静态模型能够提供更加健壮的服务。

通常，当在组件中检测出故障或恶意代码时，监控系统会发出命令关闭该组件。此时，相应的"工厂"将生产一个新的免疫组件，并将其部署到一个安全的环境中。"工厂"的概念最初是在面向对象设计中，作为一种被广泛使用的设计模式来提出的。如果不知道故障的确切原因或恶意代码的类型，或者很难使组件对已知的故障或恶意代码产生免疫，那么可以简单地在安全环境中，用一个新组件替换受感染的那个组件。我们称之为通用的免疫策略，这对抵抗赛博空间攻击是有效的。如果一个组件（机器或整个域）受到攻击，通用免疫策略建议生产一个该组件的复制，并在新的安全环境中部署它。虽然这种方法能够支持服务的连续可用性，新的组件仍然可能受到相同故障或攻击的影响。因此，如果可能的话，免疫的组件将提供更健壮的可生存性。

混合模型

混合可生存性模型结合了上述两种模型的特点。在服务停机时间方面，动态模型存在固有缺陷，其恢复过程需要几秒钟到几分钟。在信息战中，关键业务系统停机时间过长是动态模型的一个主要缺陷。因为在恢复期间，将完全无法为客户提供服务。而另一方面，静态模型在资源利用率、适应性和健壮性上存在固有缺陷。

为了弥补这两个模型的缺点，我们结合这两种思路，提出了一种混合模型。在操作开始时，如同在静态模型中描述的那样，一组 n 个冗余组件被初始化。当按照动态模型的方案生成并部署一个更健壮的服务器时，这些冗余服务器会被作为缓冲来使用。当某台服务器由于攻击或内部错误而发生故障时，缓冲服务器将在一个短暂时间里接管服务，直到新的免疫服务被初始化。由于缓冲服务器容易受到相同故障或攻击的影响，因此冗余服务器因相同原因被感染只是时间问题，特别是当那些服务器都相同时。因此，如果过渡期很长，在免疫服务器就绪之前，可能需要使用很多缓冲服务器。混合模式保证了服务对客户端的有效性，并最终提供更强健的服务。然而，这种模式的实现，比前面讨论的两个模型更为复杂。

模型比较

在静态可生存性模型中，在操作开始之前就部署并行运行的 n 个冗余服务器。如果一个服务器出现故障，代理会将访问请求交付给剩余服务器池中的另一台服务器。由于冗余组件在发生故障或攻击时，已经准备就绪（不同于动态模型中的情况），随时可用，所以服务的停止时间比动态模型相对要短。与动态模型和混合模型相比，静态模型的实现更简单。在静态可生存性模型中，没有必要维护服务器组件工厂（其主要作用是用免疫组件替换故障服务器）。另一方面，就资源利用率、适应性和健壮性等方面而言，静态模型有其内在的缺陷。

混合模型结合了静态和动态模型的思想。如果监控器发现了某个服务器组件的故障，它将通知工厂（与动态模型一样）用一个免疫组件替换故障组件。并且，它也给代理发送消息，通知其临时部署一个冗余组件（就像在静态模型中一样），直到新的免疫组件开发并部署完毕。由于动态模型和混合模型能够建立免疫组件，他们比静态模型更加健壮。较之动态模型，静态模型需要更多内存资源，以维护冗余服务组件，这使得其资源利用率比动态模型更低。但动态模型的资源利用率，是以更长的停机时间为代价换来的。在资源利用率上，混合模型是静态和动态模型之间的一种平衡。

44.5 结束语

本章介绍了在信息战中，分布式关键业务系统如何在组件发生故障或被恶意代码破坏的情况下继续生存。我们给出了可生存性的定义，讨论了信息战中大型关键业务系统的可生存性所面临的挑战，描述了静态、动态及混合可生存性模型。另外，我们还比较了各种模型。由于篇幅限制，模型的技术细节和实现没有在这里进行叙述。

基于监控器提供的一般或特殊策略，组件可以是免疫的。如果监控器指出了故障的原因或者攻击的类型，就能够向相应的组件工厂提供具体的策略。免疫的程度取决于监控器的能力。更强大的监控机制及其与其他组件间的通信通道，能提供对故障和攻击的更高抵抗能力。分析运行时突发故障是另一种挑战。监控系统之间可以相互协作，不同的监控器管理不同的问题。为了检测和分析攻击的类型，监控系统可以与现有的入侵检测系统结合，这也是我们未来工作的一部分。

参考文献

Avresky, D. R., Arlat, J., Laprie, J.-C., & Crouzet, Y. (1996). *Fault injection for formal testing of fault tolerance*. IEEE Transactions on Reliability, 45(3), 443-455.

Barga, R. S., Lomet, D. B., Baby, T., & Agrawal, S. (2000). *Persistent client-server database sessions*. In Proceedings of the 7th International Conference on Extending Database Technology: Advances in Database Technology (pp. 462-477). Konstanz, Germany.

Barga, R., Lomet, D., Shegalov, G., & Weikum, G.(2004). *Recovery guarantees for Internet applications*. ACM Transactions on Internet Technology (TOIT), 4(3), 289-328.

Chen, M. Y., Kiciman, E., Fratkin, E., Fox, A., & Brewer, E. (2002). *Pinpoint: Problem determination in large, dynamic Internet services*. In Proceedings of International Conference on Dependable Systems and Networks (DSN) (pp. 595-604). Washington, DC.

Dowling, J., & Cahill, V. (2004). *Self-managed decentralized systems using k-components and collaborative reinforcement learning.* In Proceedings of the 1st ACM SIGSOFT workshop on self-managed systems (WOSS) (pp. 39-43). New York.

Freytag, J. C., Cristian, F., & KLhler, B. (1987). *Making system crashes in database application programs.* In Proceedings of the 13th International Conference on Very Large Data Bases (pp. 407-416). Brighton, UK.

Helsinger, A., Kleinmann, K., & Brinn, M. (2004). *A framework to control emergent survivability of multi agent systems.* In Proceedings of the 3rd International Joint Conference on Autonomous Agents and Multiagent Systems (AAMAS) (pp. 28-35). Washington, DC.

Hsueh, M.-C., Tsai, T. K., & Iyer, R. K. (1997). *Fault injection techniques and tools.* Computer, 30(4), 75-82.

Jajodia, S., McCollum, C., & Ammann, P. (1999). *Trusted recovery.* Communications of the ACM, 42(7), 71-75.

Kapfhammer, G., Michael, C., Haddox, J., & Colyer, R. (2000). *An approach to identifying and understanding problematic cots components.* In Proceedings of the Software Risk Management Conference (ISACC).Reston, VA.

Knight, J., Elder, M., & Du, X. (1998). *Error recovery in critical infrastructure systems.* In Proceedings of the Computer Security, Dependability, and Assurance (CSDA) Workshop. Williamsburg, VA.

Knight, J., & Sullivan, K.(2000). *Towards a definition of survivability.* In Proceedings of the 3rd Information Survivability Workshop (ISW). Boston.

Lipson, H., & Fisher, D. (1999). *Survivability: A new technical and business perspective on security.* Proceedings of the New Security Paradigms Workshop (NSPW), Caledon Hills, Ontario, Canada.

Liu, P., Ammann, P., & Jajodia, S. (2000). *Rewriting histories: Recovering from malicious transactions.* Distributed and Parallel Databases, 8(1), 7-40.

Madeira, H., Costa, D., & Vieira, M. (2000). *On the emulation of software faults by software fault injection.* In Proceedings of the International Conference on Dependable Systems and Networks (DNS) (pp.417-426). Washington, DC.

Park, J. S., & Chandramohan, P. (2004). *Component recovery approaches for survivable distributed systems.* In Proceedings of the 37th Hawaii International Conference on Systems Sciences (HICSS-37). Big Island, HI.

Park, J. S., Chandramohan, P., Devarajan, G., & Giordano, J. (2005). *Trusted component sharing by runtime test and immunization for survivable distributed systems.* In Proceedings of the 20th IFIP International Conference on Information Security (IFIP/SEC 2005). Chiba, Japan.

Park, J. S., & Froscher, J. N. (2002). *A strategy for information survivability.* In Proceedings of the 4th Information Survivability Workshop (ISW). Vancouver, Canada.

Ring, S., Esler, D., & Cole, E. (2004). *Self-healing mechanisms for kernel system compromises.* In Proceedings of the 1st ACM SIGSOFT workshop on self-managed systems (WOSS) (pp. 100-104). New York.

Voas, J. M., & McGraw, G. (1998). *Software fault injection: Inoculating programs against errors*. Wiley Computer Publishing.

术语和定义

商用现货软件［Commercial Off-the-Shelf,（COTS）］：为与现有系统协同工作而开发的软件，它无需定制，可以直接向公众出售。

软件组件（Software Component）：这是一种可重用的软件元素，它提供预定义服务，并能以相对很小的代价与其他组件通信。

间谍软件（Spyware）：这种软件程序秘密监视用户的计算机活动，或在用户不知情的情况下收集用户或组织的敏感信息。

可生存性（Survivability）：指一个实体在受到损害的情况下仍然能够完成其任务的能力。

可信组件（Trusted Component）：未被以非授权方式修改的软件，因为其创建者的来源可信，并且能按照预期的方式完成其功能。

第45章 计算机安全事件分类法

Stefan Kiltz, Andreas Lang, Jana Dittmann
（马格德堡大学，德国）

  将威胁（如，木马病毒等）进行分类是制定威胁应对策略的基础。为将 CERT 分类法应用于恶意软件的威胁分类，需要对其进行调整和扩展。为了使该分类法能解释恶意软件，需要在工具部分添加一个新条目（恶意软件），该条目涉及木马。本章提出的 CERT 分类法扩展，包含攻击者模型、脆弱性和攻击目的等三部分。在攻击者模型部分，增加了安全扫描项，这是由安全专家所做的一种渗透测试，类似于白帽黑客的工作。不过，这种渗透测试必须在用户的要求下进行，并且要严格限定测试范围，该范围与测试之前制定的道德和潜在威胁评估有关。由于引入了安全扫描，需要在 CERT 分类法的攻击目标部分增加安全评估项。社会工程作为一个非常重要的脆弱性，也被添加到 CERT 分类法中。社会工程是攻击 IT 系统的有效方法，但需要区分两种不同类型的社会工程，一种是利用计算机的社会工程（如，欺骗邮件、网络钓鱼等），另一种是使用人工方法的社会工程（如，垃圾搜寻、冒充等）。

45.1 引言

1998 年，Howard 和 Longstaff 提出了 CERT 分类法。作为计算机安全事件的通用描述语言，CERT 分类法是个有用的工具。标准化语言的用处很大，特别是在那些需要迅速采取行动（如，事件应急响应行动）的情况下更是如此。

作者对该分类标准提出了一些扩展，以便将其应用于当前的计算机安全领域。虽然计算机安全事件的一般性质并未发生太大的改变，但很有必要提出一种扩展标准，以涵盖一系列新的恶意工具、技术以及计算机系统和网络攻击动机。

45.2 背景

创建该分类的目的，是规范处理计算机安全事件时使用的术语。它主要用于人为造成的计算机安全事件（security incident），没有考虑因偶然因素导致的安全（safety）问题。

在英文中，safety 主要指因偶然原因或疏忽导致的，或者自然发生的安全事件，这些事件往往涉及对物理对象的破坏。security 则关注对信息等非物质实体的恶意攻击，例如对所存储数据的恶意攻击。

使用 CERT 分类法，能够准确地重建计算机及网络安全事件，进而讨论处理相应情况的措施。

45.3 本章主要内容

CERT 分类法

该分类法于 1998 年由 Howard 和 Longstaff 提出，其目的是为安全专家们提供一个用于处理安全事件的共同语言。该分类方法将计算机安全事件分为事件（event）、攻击（attack）和整个事件（the whole incident），它罗列了攻击者（attacker）、攻击工具（tool）、脆弱性（vulnerability）、攻击行为（action）、攻击目标（target）、结果（result）和攻击目的（objective）等多个类别的项目。

因此，安全事件包括攻击者、攻击目的以及攻击本身。而攻击又分为攻击工具、被利用的脆弱性、事件以及未授权结果四个要素。攻击事件包括所采取的攻击行动和攻击目标。该分类法将安全事件解释如下：安全事件就是攻击者针对某计算机系统的一个已知漏洞，利用特定的攻击工具，使自己能够在攻击目标上执行特定操作的事件。安全事件的结果是非授权的，即攻击者达到了其攻击目的。

这表明，实际发生的事件只是整个安全事件的一部分。要充分认识一个安全事件，分类方法应当考虑整个事件的全部环节。因为，了解攻击者和攻击目的是必不可少的。这个结论也可以延伸到类似的事件。需要考虑某些特征，例如，黑客很可能在攻破某系统之后就立刻离开，而间谍则会尽可能多地搜集资料。

1. 攻击者

这里列出了一些已知类型的攻击者。某些子类可以合并（例如，所谓的白帽黑客或黑帽黑客）。那些以政治或金钱为动机的攻击者往往会不择手段地实现其目标，因此可视为具有高危险性。

2. 攻击工具

该分类法尝试对计算机安全事件中涉及的攻击工具进行分类。如图 45-1 所示，这些工具涵盖了从物理访问到分布式攻击等工具（例如，用于分布式拒绝服务攻击）。

3. 脆弱性

脆弱性将被攻击者所利用。最难克服的漏洞是系统设计自身存在的漏洞，因为这意味着需要重新设计，也意味着需要重新实现系统。设计正确但实现错误所导致的漏洞，似乎更容易被修复。由于配置问题导致的漏洞，不需要重新设计或者重新实现，但是修复此类漏洞（例如，在复杂的网络环境中）也并不容易。

4. 攻击行为

攻击行为是指使用恰当的工具对某个已知的漏洞进行利用。在攻击过程中，诸如 Bishop（2005）所提出的机密性、完整性、可用性或实体和数据的真实性与不可否认性等系统安全属性，将会受到破坏。

5. 目标

攻击行动的目标是与计算机系统连接的各种资源，比如所存储的数据或信息。另外，计算机整体、计算机网络甚至网络的网络，都可能成为攻击目标。

6. 未授权结果

攻击结果是侵犯系统安全性的具体表现形式。本要素的作用，是对计算机安全事件所造成的损害进行分类。

7. 攻击目的

攻击的目的或动机与攻击者模型密切相关。在 Scheier（2002）中能够找到关于攻击者和攻击目的的全面介绍。

下一节将给出 CERT 分类法的扩展。

扩展的 CERT 分类法

尽管 CERT 分类法已经非常全面，但为了对下面几项内容进行统一描述，我们加入了三个新的条目（见图 45-1）。

1. 渗透测试者

本项内容是对攻击者描述的补充。渗透测试者的目的，不是损害计算机系统。实施渗透测试，主要是为了验证系统的安全机制。渗透测试者必须拥有很高的道德并必须遵守法律。Tiller（2005）详细阐述了渗透测试。

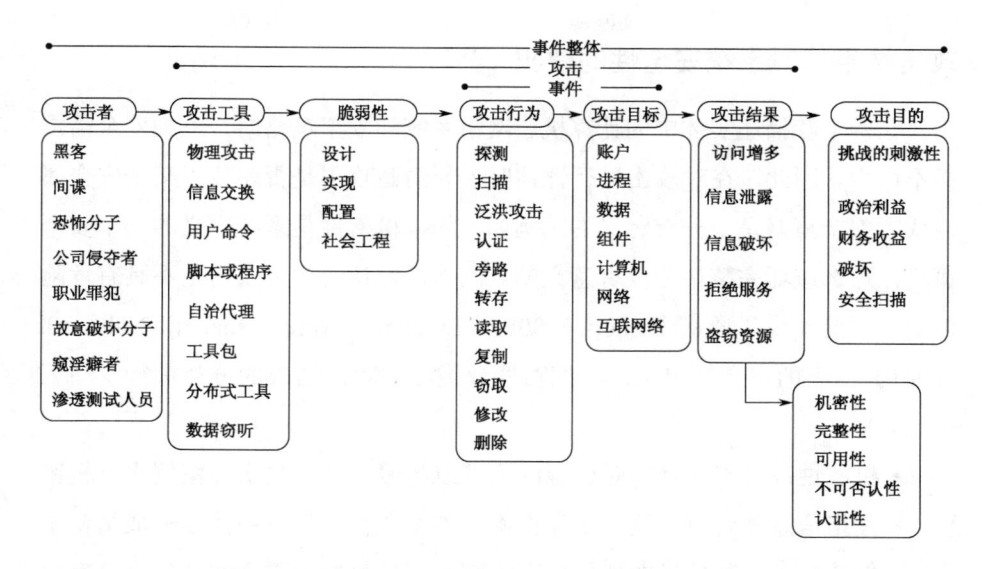

```
                        ←─────────────── 事件整体 ───────────────→
                                ←──────── 攻击 ────────→
                                    ←── 事件 ──→
   ┌──────┐   ┌──────┐   ┌──────┐   ┌──────┐   ┌──────┐   ┌──────┐   ┌──────┐
   │攻击者 │→ │攻击工具│→│脆弱性 │→ │攻击行为│→│攻击目标│→│攻击结果│→│攻击目的│
   └──────┘   └──────┘   └──────┘   └──────┘   └──────┘   └──────┘   └──────┘
   黑客        物理攻击    设计        探测        账户        访问增多    挑战的刺激性
   间谍        信息交换    实现        扫描        进程        信息泄露    政治利益
   恐怖分子    用户命令    配置        泛洪攻击    数据        信息破坏    财务收益
   公司侵夺者  脚本或程序  社会工程    认证        组件        拒绝服务    破坏
   职业罪犯    自治代理                旁路        计算机      盗窃资源    安全扫描
   故意破坏分子 工具包                 转存        网络
   窥淫癖者    分布式工具              读取        互联网络
   渗透测试人员 数据窃听               复制                                机密性
                                      窃取                                完整性
                                      修改                                可用性
                                      删除                                不可否认性
                                                                          认证性
```

图45-1　扩展的CERT分类法，修改了攻击者，漏洞及攻击目的三个类别

2. 安全扫描

安全扫描是对 CERT 分类法的目标部分所做的扩展。安全扫描是由渗透测试者实施的。为了避免造成无意损害，渗透测试过程必须十分小心。毕竟，在许多方面，安全扫描非常类似于攻击。但区别是，安全扫描并不以一次成功或失败的攻击为结束。与恶意攻击不同的是，安全扫描应从扫描结果中得出结论，并事先对于可能造成的后果进行全面分析，同时要征得被扫描系统的主人的许可。

3. 社会工程

计算机系统的使用者，是最难解决的系统脆弱性。因此，我们提出在 CERT 分类法的漏洞部分加入社会工程。社会工程是指找到某种方法，以欺骗或强迫某人去做其在正常情况下不会做的事情。人的诸如乐于助人或害怕报复等特点都可能被利用。技术手段往往不能防止基于社会工程的攻击。例如，木马（一种特殊的恶意软件）程序的作者，通常会通过社会工程的方法来诱骗人们在其计算机上安装木马。

攻击结果：对系统安全性的侵犯

在确定和描述实体中的计算机、网络系统和安全策略时，下列安全需求必不可少。因此，在对攻击进行评估时，弄清楚攻击是否违背了某个安全属性或者安全策略是十分有意义的。例如，如果机密性是系统定义的一个安全策略，那么破坏完整性是没有意义的。因而，可认为此类攻击是不具有危险性的。因此，为了遵从 Bishop（2005），Dittman、Wohlmacher 和 Nahrstedt（2001）给出的安全性定义，我们对原分类法中攻击结果的分类进行了如下扩充。

- **机密性**：机密性是指对资源的保密或隐藏。在多数实际案例中，机密性指信息需要对未授权实体保密。若某个实体集合中的任一成员都不能获得关于某信息的任何信息，则称该信息对于这个实体集合具有机密性。机密性的另一个重要课题是隐私，即保护与某人相关的数据。
- **完整性**：完整性描述资源（如消息）是否被篡改或操纵。完整性是指对象完整或未被修改的质量或状况，它涉及一致性、精确性和准确性。
- **真实性**：这个安全需求可分成两部分：数据来源的认证性和实体的认证性。数据来源的认证性，是关于数据的来源（origin）、真实性（genuineness）、独创性（originality）、正确性（truth）和存在性（realness）的证明。实体的认证性是正确地将实体（如，人或代理）确认为某个特定的创始人、发送者或接收者，它确保实体名副其实。
- **不可否认性**：不可否认机制向当事人和第三方证明，特定事件或者特定行为是否已确实发生。该事件或行为包括消息的产生、发送、接收、提交或传输。
- **可用性**：给定一个实体的集合和一个资源，如果该集合中的全部成员都能够访问该资源，则称该资源对于该集合中的实体具有可用性。

45.4 结束语

寻找一个描述计算机安全事件的通用表达方法很有必要。尤其是在安全事件响应过程中，时间极为关键，而且响应过程涉及的所有人需要用相同的术语来表达同一实体，以避免错误。

CERT 分类法就是寻找这种通用语言的一个良好尝试。为将这个已经比较完善的工具，应用于描述安全相关事件，本章提出了一些对该分类法的改进建议。

一般来说，对事件的精确描述，有助于采取应对措施和方法，以避免再次发生相同事件，因而是成功的计算机安全事件解决方案的重要组成部分。

参考文献

Bishop, M. (2005). *Introduction to computer security*.
Dittmann, J., Wohlmacher, P., & Nahrstedt, K.(2001). *Multimedia and security: Using cryptographic and watermarking algorithms*. IEEE MultiMedia, 8(4), 54-65.
Howard, J. D., &Longstaff, T. A. (1998). *A common language for computer security incidents*.
Scheier, B., (2002). *Securing the network from malicious code*.
Tiller, J. S.(2005). *The ethical hack: a framework for business value penetration testing*.

术语和定义

真实性（Authenticity）：真实性包含两层含义：数据来源的真实性和实体的真实性。数据来源真实性是数据的来源（origin）、真实性（genuineness）、独创性（originality）、精确性（truth），以及存在性（realness）的证明。实体真实性是证明实体（例如，人或者其他代理）确实为某个特定的数据创建者、发送者或接收者；实体真实性保证实体就是其声称的那个。

可用性（Availability）：给定一个实体的集合和一个资源，如果该集合中的全部成员都能够访问该资源，称该资源对于该集合中的实体具有可用性。

CERT 分类法（CERT-Taxonomy）：一组精确描述计算机安全事件的标准术语。

机密性（Confidentiality）：机密性是指对资源的保密或隐藏。在多数实际案例中，机密性指信息需要对未授权的实体实施保密。若某个实体集合中的任一成员都不能获得关于某消息的任何信息，则称该消息对于这个实体集合具有机密性。机密性的另一个特别的方面是隐私性，即与数据相关联的人需要被保护。

完整性（Integrity）：这里指资源的完整性，它描述了资源（如信息）是否被修改或控制。完整性就是保持整体性或未被修改的质量或状态，它是指信息的一致性、精确性和正确性。

不可否认性（Nonrepudiation）：向当事人和第三方证明一个特定的事件或者特定的行为是否确实发生了。该事件或行为可能是消息的产生、发送、接收、提交或传输。

安全（Safety）：主要用于描述随机发生的或由于疏忽引起的或自然发生的事件，通常与物理对象所受到的物质损坏有关。

安全性（Security）：主要指防止信息等无形实体（如存储的数据）遭到恶意攻击。

社会工程（Social Engineering）：用某种方法欺骗或强迫某人去做其在正常情况下不会做的事情。人的乐于助人或害怕报复等特点都可能被利用。

第七部分　赛博战和赛博恐怖主义：国内与国际反应

所有组织都面临赛博战和赛博恐怖主义的威胁，虽然这些威胁的严重性时轻时重，但不能掉以轻心。通过风险分析而进行的评估不但提供了指南，而且提供了消除危险的方法。

在公司范围内建立防御系统还不足以减少威胁，还需要更广泛的合作。这种合作可分为两类。

一类是将使用类似系统或面对类似威胁的机构组织起来。最好的例子是互联网服务提供商（ISP）之间的合作，如果各ISP能够以合作来减少威胁，那么处理分布式拒绝访问攻击就简单多了。有了这种联合，就不需要在更大的系统范围内对这类威胁进行响应。

第二种是国内法规与国际法规的协调。众所周知，如果每个国家都严格禁止黑客攻击，那么全球的黑客攻击数量必然减少。形成全球共识有时看起来几乎是不可能的，但若需要，我们就要努力去做。国际合作的事例不胜枚举，航空交通控制即是国际安全协定的一个例子。

我们注意到，在信息技术安全领域已经开始尝试对国家成果进行标准化。近来已经开展了一系列关于赛博犯罪和赛博恐怖主义的新计划和措施，并在国家、地区和国际范围内取得成效，本部分各章将讨论这些新计划和措施，它们是：

第46章　保护数据和公民隐私不受犯罪与恐怖主义威胁：欧洲的措施

第47章　欧盟应对赛博犯罪的措施

第48章　美国军方的赛博战应对措施

第49章　美国对全球赛博安全问题的看法
第50章　"梯队"与美国国家安全局
第51章　国际赛博犯罪公约

第46章 保护数据和公民隐私不受犯罪与恐怖主义威胁：欧洲的措施

[1,2]Ioannis P.Chochliouros, [1]Anastasia S.Spiliopoulou, [3]Stergios P.Chochliouros

([1]希腊电信组织 S.A., 希腊; [2]伯罗奔尼撒大学, 希腊; [3]独立顾问, 希腊)

  欧洲已经进入其历史发展的新阶段，在竞争激烈的以知识为基础的动态经济环境下，现代电子通信网络和信息系统的快速部署，成为了该阶段的显著特征。在当今关键战略问题上，网络与信息安全是一个持续发展的基本概念，它不但影响了现有或者将来一系列政策措施的制定，而且引起了民众的关注，包括防止犯罪和恐怖主义威胁、调整管理结构以更有效地处理这类事件以及维护国家安全、公共安全和国家的经济繁荣。在这种情况下，欧洲联盟已经采取了一些措施（法律、法规和技术条款）来保护数据、公民隐私和法人的合法权益。然而，在必要时，欧盟成员国将保留行驶电子通信拦截的合法权利，或采取诸如流量保存等措施，以维护安全和打击犯罪及恐怖主义。本章分析了在欧洲这一自由、安全和正义的地区，如何在提供高水平保护的同时，实现这两个基本政策需求间的平衡。

46.1 引言

电子通信网络和信息系统现在已经成为欧洲公民日常生活的重要组成部分，是欧洲经济成功的基本"工具"（Chochliouros & Spiliopoulou - Chochliourou，2005）。网络和信息系统的融合和互联日益增强，为各类"玩家"提供了各种潜在机会。众多员工使用移动电话、笔记本电脑或类似的设备发送或查找工作信息。这些信息包含巨大价值，例如，其中可能描述了一个商业交易，或包含了技术知识。此外，欧洲正处于向创新信息社会的快速转型阶段，人类生活中各个方面正经历着巨大发展，包括工作、教育、休闲、政府、行业和贸易。新的信息和通信技术正对我们的经济和社会革命产生根本影响。事实上，信息化社会的成功对经济增长、社会竞争力以及就业都十分重要，而且对经济、社会和法律问题等方面影响深远。然而，对于那些拥有邪念、暴力以及严重道德缺失的人来说，信息化社会技术可能成为危害生命、财产或个人安全，甚至损害社会公共利益等活动的工具（European Commission，2001）。

现代电子通信的快速发展，尽管带来了众多显而易见的好处，但也导致了对信息系统、网络平台甚至基础设施进行蓄意攻击的严重威胁。以互联网为基础的平台建设正快速发展和演化，新的和不可预见的漏洞将会涌现（European Commission，2001b），由此带来的是网络空间变得越来越复杂，其组成部件也越来越复杂。攻击的形式各种各样，包括非法访问、恶意代码、拒绝服务攻击。更不幸的是，攻击者有可能在任何时间，从世界任何地方向世界上任何其他地方发动攻击（Eloff & von Solms，2000）。

目前已发生了许多对信息系统进行攻击的事件，而且后果极为严重，其中有些是针对电子通信网络运营商和服务供应商以及电子商务公司的。许多传统领域也受到严重影响（Price Waterhouse Coopers，2001），现代通信环境包括制造业、服务业、医院、其他公共部门机构以及政府本身，环境中的各组成部分的互连正日益加强。攻击不仅危害了机构，其所带来的严重破坏还直接波及个人。这些攻击给公共机构、公司和个人带来了巨大的经济负担。为了确保安全，信息系统变得更加昂贵，用户很少能够承担得起。网络和信息系统已经深入到人们日常工作和生活的方方面面，因此其安全功能已成为一个关键问题。

46.2 背景：目前欧洲为了提高安全所做的反应

为了大力支持向竞争激烈的以知识为经济基础的动态社会转型，欧洲委员会发起了eEurope倡议（附有具体的行动计划），目的是确保欧洲人民能够享受数字技术带来的美好生活，同时保证新兴的信息社会具有包容性（European Commission, 2002）。行动计划特别强调了网络安全和打击网络犯罪斗争的重要性（European Commission, 2001）。

信息和通信基础设施已成为现代化经济支柱的重要组成部分。用户应该能够依赖信息服务的可用性，并且相信其通信和数据是安全的，能够免受未经授权的访问或修改。然而，现代化的基础设施有其自身的弱点，这为犯罪行为提供了新的机会。这些犯罪活动形式多种多样，而且"跨越"许多边界。虽然，由于种种原因没有可靠的统计数据，但是毫无疑问，这些罪行对产业投资和资产安全构成了威胁，同样也对信息社会的安全与信任构成了威胁。例如，最近的一些例子，如拒绝服务和病毒袭击，已造成大规模的金融破坏。

国际事件和社会变化使得安全成为一个全球性的挑战。因此，安全成为电子商务的关键推动力，是隐私的先决条件。为了保证安全，欧盟在以下几个方面会将有大范围的行动：一个是通过加强信息基础设施安全，以便预防犯罪活动；另一个是确保执法部门采取适当的行动手段，同时充分尊重个人权利。更具体地说，欧盟已经采取了若干步骤，包括打击各种非法和有害的互联网内容，保护知识产权和个人资料，推动电子商务和电子签名的使用，以确保交易的安全性。

最近已采取的行动主要集中在两个基本行动部分：合法的通信拦截和为犯罪调查保留适当的通信记录（European Parliament and Council of the European Union, 2006）。

欧洲政策要支持机构间的相互理解和互动合作，这些机构包括执法机构、互联网服务提供商、电信运营商、公民自由机构、消费者代表、数据保护机构，以及其他有关各方。这可以提高公众对互联网（A kdeniz, Walker, & Wall, 2000）犯罪风险的认识，帮助形成保证安全的最佳做法；找出打击犯罪的有效工具和程序，以控制计算机犯罪；推动早期预警和危机处理能力机制的进一步发展。新的数字和无线技术已经无孔不入。随着社会越来越依赖于这些技术，需要采用有效、实用的法律手段来处理相关风险。

真实数字世界的信息处理是分布式的，而各项服务要满足移动用户的需要，并且系统间的互操作不可缺少。传统安全方法（Kaufman, 2002）根据信息的敏感性和类别，从组织、地理和结构上，对信息进行分块，因此在真实数字世界中是不可行的。基于新兴技术的解决方案，正在取代传统的安全方法。这样的解决方案可能涉及使用加密和数字签名、新的访问控制和验证工具，以及各种过滤软件。事实上，数据流在所有层上都受到过滤和控制，包括查看数据包的防火墙、查找恶意软件的过滤器、删除垃圾邮件的邮件过滤器、阻止访问有害内容的浏览器过滤器。确保信息基础设施安全可靠，不仅需要各种技术，还需要对其正确部署和有效利用。有些技术已经存在，但一般用户要么不知道它们的存在，要么不知道如何使用它们，或者可能不知道它们的必要性。与此同时，欧盟已经通过立法，维护隐私、数据安全以及电子商务和电子签名等领域的基本权利。

46.3　隐私保护与隐私侵犯

关于隐私和数据保护的基本权利，是目前欧洲立法中的实质性问题（Kamal, 2005）。保护的原则必须反映在以下两个方面：（1）反映在个人的法律义务、公共部门企业的法律义务、机构的法律义务或其他负责事务处理机构的法律义务上，特别是与下面内容相关的义务：数据质量、技术安全、通知监管当局和事务处理环境；（2）反映在授予个人权利上，对于其数据正在被处理的人员，通知其发生的处理，向其查询数据，请其对数据进行校对，甚至在特定情况下允许其对数据处理提出反对意见。反对意见的提出主要通过欧洲官方制定的法令，对于所有成员国具有强制性。这些内容主要体现在所制定的欧洲法令，对于所有成员国具有强制性。互联网正通过提供一个通用的全球基础设施，来实现广泛的电子通信服务，这正在颠覆传统市场的结构。这些通信服务带来了新的潜在用户，同时也给其个人资料和隐私带来了新的风险。

最新的2002/58/EC法令（European Parliament and Council of the European Union，2002）要求公共电子通信服务供应商，以适当的技术和组织措施来保障其服务的安全性，也需要保证通信及相关数据的机密性。该法令已进行了调整，以符合电子通信服务市场和技术的发展，从而为公共电子通信服务的用户的个人数据和隐私提供"同等水平的保护"，而不在意使用什么技术。以前的95/46/EC法令（European Parliament and Council of the European Union, 1995）规定，各成员国必须实施适当的控制技术和组织措施，以保障个人数据免遭意外或非法毁坏，意外丢失、修改，未经授权的披露或访问，保障个人数据免遭其他形式的非法加工，特别是处理涉及在网络上传输的数据。该法令已大致达到了目的，确保对隐私进行强有力的保护，而且更便于在欧盟范围内实现个人资料的移动。

迄今为止，各国都已引入了各种法律来处理隐私侵犯和个人数据的非法收集、储存、修改、披露或传播等罪行。在欧洲联盟中，在个人数据的处理方面，具体监管措施已被采纳（主要是以最近的法令和决议的形式），以保护个人隐私。其中的若干规定要求各国采取适当措施，以确保实施对有关侵权案件的制裁。这需要在欧洲层面上有一个有效的、实际可行的法令，保护电子犯罪或与计算机相关犯罪中的潜在受害者，并将肇事者绳之以法（Sieber,

1998）。此外，要预防多种形式的犯罪或恐怖活动，甚至通过适当调查、协调控制或所有电子监视手段，来对付这些非法行为。后者意味着执法机构应具备调查犯罪的权力，而且一旦发现违法活动，其响应时间要大大缩短，从而有效地维护国家和个人的安全（European Commission，2001b）。然而与此同时，应保证个人通信、隐私和数据的安全。利用和传播信息是现代民主政体的基本权利。这就是为什么提供和使用有效的预防措施是可取的，以减少申请强制执行措施的需要。处理与电子有关的犯罪的任何立法，都需要在这些重要利益关系之间取得平衡。

46.4 通信拦截

在欧盟，通信保密性（及相关的通信数据）是按照国际人权法律（特别是《欧洲人权和基本自由保护公约》），以及成员国的宪法来保证实施的。在电信网络领域，先进数字技术的引进，已催生了个人数据和用户隐私保护方面的具体要求。成员国在个人数据保护、隐私保护和电信部门法人的合法利益保护方面所采取的法律、法规和技术规定，必须协调一致，以避免内部市场障碍（European Parliament and Council of the European Union, 1998）。

除非是经过法律授权而必须进行的，否则通信拦截就是非法的。即使是法律授权的，在特定情况下使用也应有所限制。通信拦截应遵从的法律，主要有《欧洲人权公约》的第 8 款（Council of Europe，2003）。关于《欧洲人权公约》，请参考《欧洲联盟条约》的第 6 款，它是现行法律，而且比相关的官方指令更严格。更具体地说，它指出：

除非是出于国家安全利益、公共安全、经济发展的考虑，为防止混乱或犯罪、为了保护健康或道德或为保护他人自由和权利，不违反法律而有必要行使上述权利，否则公共权力当局不得利用上述权力。

电子通信可以被拦截、数据可以被复制或修改。通信拦截的方法很多，包括通过对网络物理访问进行的拦截。

欧盟公民所享有的保障，取决于各个成员国的法律状况。成员国法律状况在某些情况下存在着非常明显的差异（在一些情况下，议会监督实体甚至不存在），以至于很难说达到了足够的保护程度。欧盟成员国目前已拥有适当的法律框架，例如，关于搭线窃听和无线传输监测。通信数据拦截的最关键之处，是网络管理和集中点管理。例如，路由器、网关、交换机和网络运营服务器都属于集中点。根据各成员国的法律，在某些情况下，可以限制通信的保密性，对通信进行拦截以达到某些安全目的（Chochliouros & Spiliopoulou-Chochliourou, 2003）。因此，应该考虑采用各种必要的措施，保护公众安全和国家安全（包括经济福利和国家财政利益，这些活动涉及国家安全），以及实施刑法（犯罪行为的预防、调查、侦查和检控）。

在通信拦截措施的实现中，有必要把个人的隐私权作为国家法律来加以维护。显然，对电信的合法授权拦截，是保护全民利益的一个重要工具（Walker & Akdeniz, 2003），特别是在保护国家安全和调查严重犯罪方面，可允许执法机构在公共电信网络上拦截通信信息。关于通信拦截的立法，必须在其适用的范围内与公共立法保持一致，包括保障个人基本隐私权。例如，在调查严重罪行时，要限制使用通信拦截。在进行个案调查时，只有在必要的时候才能采取通信拦截措施，而且该措施的适用要适可而止。另外，只要不影响调查，就应该将拦截的有关事项通知个人。在许多成员国中，通信拦截立法中包括了电信运营商需要履行的义务，这些义务要求他们设计并使用恰当的拦截能力（Council of the European Union, 1995）。

传统的网络运营商，特别是那些提供语音服务的运营商，在过去已经与执法部门建立了工作关系，以实现对通信的合法拦截。电信自由化和互联网的爆炸性增长，吸引了不少人进入该市场，这些人也面临通信拦截需求。因此政府与业界等所有相关各方应展开对话，讨论法规、技术可行性、费用分配以及对商业的影响等方面的问题。负责处理个人数据保护和用户隐私的数据保护监管当局，也应参与讨论这些问题。新的先进数字技术要求成员国共同努力，才能保持各自的合法通信拦截能力。当有新的拦截技术需求时，成员国间要开展国际合作，以防止单一市场的混乱、降低行业费用，并尊重隐私与数据保护需求。所采取的措施应该是公开的，而且在可能情况下要"开放"，而且不能把弱点引入通信基础设施中来。

在欧盟公约中关于《刑事案件互助》的框架内（Council of the European Union, 2000），已经确定一个用于促进合法通信拦截合作的方法。该公约提供对隐私权和个人数据保护的最低保障。更具体地说，它包含卫星电话拦截，以及在另一成员国领土上拦截通信的有关规定。该公约的内容与技术无关。只有确定了必需的技术条款，才可进行通信拦截（Fink, 1996）。所有成员国和有关当局，必需按照国家批准程序，确立相应的技术条件，以获得相关数据的访问权，从而可以在技术层面获得国家法律的授权。

考虑到数据处理过程的安全风险和所要保护数据的种类，要求所有相关措施必须达到适当的安全水平。而且，要考虑这些措施的技术现状和实现费用。此外，执法机构应规定适当的先决条件。例如，对电信通信，以及临时或长期运行在电信系统范围的拦截主体，具备实时和全时的监控能力。显然，作为自身安全和防务政策发展的一部分，欧洲联盟已在情报部门的情报收集方面达成一致（Kaufman, 2002）。

46.5 数据保留

订阅者用于建立电子通信的数据包含有私人生活信息，而且这些数据与法人的利益相关（Chochliouros & Spiliopoulou-Chochliourou, 2003）。越来越多的公民使用电子通信网络和服务，来开展日常活动和交易。这些通信产生"流量数据"或"位置数据"，包括许多细节信息，例如来电位置、来电号码、来电时间和通话时间等。如果将用户的标识信息与通信数据结合起来，那么这些数据在执法和安全方面就非常有用。例如，对重案的预防、调查、侦查，以及起诉恐怖主义和有组织犯罪。尽管初期的欧洲倡议（European Commission, 2001a）试图为刑事调查和提起诉讼，要求规范通信数据的保留。但 2004 年的马德里恐怖袭击事件，才真正促成以法令的形式采纳欧洲法律。事实上，袭击事件发生后不久，欧盟就考虑让有关当局与数据服务提供商合作，以保留通信数据，然后利用这些数据有效地打击恐怖主义。此外，欧盟呼吁建立有关规则，强调要优先考虑这个目标。然而，也有人建议，在执法中应考虑数据的留存时间或到底要保留哪些数据。

位置数据包括用户终端设备的纬度、经度和海拔，旅行的方位、位置信息的准确度，终端设备所在网络小区的标识号，位置信息记录的时间。通信的内容包括通信中的发送者或通信连接的用户，所提供的命名、编号或编址信息。流量数据还包括通信网络出于传输的需要而进行的信息转化。此外，通信数据还可以包括路由信息，持续时间，通信量，所使用的协议，发送者或接收者的终端设备位置，通信的起始网络或目的网络，连接的开始、结束或持续时间。通信数据还可以包括网络中流量的传输格式。

服务提供商都要存储通信数据用于计费，执法机关为了调查和起诉那些涉及使用通信网络（包括使用互联网）的犯罪问题，经常要使用服务提供商所存储的通信数据（Kamal, 2005）。由于市场自由化和竞争，通信费用越来越低，而且较少地依赖于距离和目标。此外，因服务供应商转向采用单一费率方式，将不再需要为了计费而存储通信数据。事实上，随着商业模式和服务的变化，如统一费率、预付费和免费电子通信服务，通信数据将不像以前那样总是由运营商存储，运营商是否存储数据将视其所提供的服务而定。

执法当局担心，这将减少重大刑事调查所需的原始资料。因此，要求服务供应商对某些通信数据要保留一段时间，至少是在最短期限内，确保这些数据可用于执法目的。在欧盟层面制定规则，确保在 25 个成员国的范围内，流量数据可以用于反恐，这一点很有必要。一些成员国已通过立法来保留数据，从而为预防、调查、侦查、起诉犯罪提供服务。当然，在立法方面，各国的差异很大。有关电子通信手段使用的数据特别重要，它对于犯罪的预防、调查、侦查和起诉具有重要价值。因此，保留通信数据，是执法机关预防和打击犯罪和恐怖主义的基本工具。

根据所采用的方法，除非是用于计费，否则通信数据应立即清除，或在提供完电信服务后将其匿名化。对于统一费率或免费的电信服务，原则上不允许服务提供商保留通信数据。

最近的欧洲倡议（European Parliament and Council of the European Union, 2006），以法令草案的形式推广适当的措施，以达到如下目的：（1）明确所保留数据的用途，（2）限制需要保留的数据类别，（3）将数据的保留期限制在适当的期限内。另一项重要保障措施是，上述措施不适用于通信内容——这将意味着允许进行通信拦截，当然这已经超出了后一个法律的范围。成员国应确保下列类别的数据得到保留，即如下数据是必要的：（a）跟踪和识别信息的源或目的地址，（b）确定通信的日期、时间和持续时间，（c）确定通信的类型，（d）确定通信设备或其信息，（e）确定移动通信设备的位置。

所保留的信息种类，反映了预防、调查、侦查和起诉严重犯罪行为与由此引起的隐私侵犯之间的适当平衡。这种做法建议，移动和固定电话通信数据要保存一年，互联网通信数据要保存6个月，这样既可以满足执法的主要需求，还能限制相关经费开销，并防止对公民私人生活的侵犯。保留通信数据带来了一系列复杂问题，任何解决方法都要有充分理由，并合理平衡不同利益。数据保留给电子通信供应商带来了大量额外费用，但有利于提高公众安全并给社会带来正面影响。一般来说，对于通信供应商因履行义务所付出的代价，成员国应予以补偿。

46.6　结束语

欧洲已经进入一个历史新阶段，政治、人口、社会和经济等方面正经历着重大变革。欧盟强调竞争的、知识型的动态经济的重要性，安全是一个不断发展的观念，这对欧盟现有政策和新政策提出了许多挑战。这些挑战对现有的政策和民众关心的问题都有广泛影响，其中包括对恐怖威胁的防范、为有效处理事务而对政府机构进行整改。电子安全管理是一个艰难而复杂的任务，因为用户必须处理数据和服务的可用性、完整性、真实性和机密性。由于技术复杂，所以许多机构和参与者必须共同工作，而人的行为已经成为其中的关键因素。政府看到了其日益扩大的社会责任，并做出了更多努力来改善和促进其境内的电子通信安全，他们还加强执法来处理与计算机或互联网相关的犯罪。

随着不同的主权、司法管辖权和法律开始发挥作用，与计算机有关的犯罪所带来的程序性问题，得到了国家和国际社会的前沿关注。程序法权通过以下办法来保护受害者：（1）确保执法机构有足够权利在自己领土内调查罪行；（2）迅速而有效地做出反应，请求其他国家进行合作。实现数据保护法令中的安全责任，有助于加强网络和数据处理的安全。网络和通信的安全，是数字经济发展所关注的一个重大领域。网络和信息系统支持重要的服务，并携带重要数据，因而对其他重要基础设施至关重要。因此，有必要加强对网络和信息系统的保护，以防范对其可用性、真实性、完整性和保密性的各种攻击。

这些措施也是欧洲为应对恐怖主义对重要信息系统的攻击，所做出的重要贡献之一。他们完善了恐怖主义防御措施，以适当的法律条文达成了协议（European Commission, 2001b）。这些文件可确保成员国拥有有效的刑事法律，以打击赛博恐怖主义（Sieber, 1998），并加强国际合作来共同打击恐怖主义和有组织犯罪。成员国所采纳的各项与个人数据、隐私及合法权益保护相关的法律、法规和技术规定，应保持协调一致，以避免阻碍国内电子通信市场的成长。然而，在安全领域，从国家到个人，都面对严重威胁（威胁的范围涵盖了国家和经济的利益，人民的生活和健康）（Shoniregun, Chochliouros, Lapeche, Logvynovskiy, & Spiliopoulou-Chochliourou, 2004）。因此，欧盟优先通过建立适当措施，来提高电信系统的安全级别，允许在必要时拦截通信及保留通信数据。这种措施应客观、适当，并与预期目的严格相符，以确保在所有潜在案件和维护国家和公民利益间取得合理平衡。

只有那些将专业知识、政府、业界、数据保护监管当局以及用户这四方面的能力联合起来的方法，才能满足这些目标。在任何情况下，各成员国有充分权利对电子通信进行合法拦截，或采取其他措施，如必要时对通信数据进行留存，从而维护安全，并满足预防和打击犯罪及恐怖主义等公认目标。在民主社会的框架里，在满足预防、检测、侦查和起诉犯罪需要，并保护个人基本权利和自由，特别是隐私、数据保护和通信的秘密性（这些是基本的自由和权利）的前提下，这是可以实现的。在这些复杂的问题上，迫切需要所有成员国采取一致的办法，来实现有效性和均衡性，避免使司法部门和互联网社会同时面对多种不同的技术和法律环境。在公共通信网络环境中，特别是当用户数据的自动存储能力和处理能力正日益提高的情况下，需要指定特殊的法律、法规和技术规定来保护公民自由和合法权益。

参考文献

Akdeniz, Y., Walker, C., & Wall, D. (2000). *The Internet,law and society*. London: Longman.

Chochliouros, I. P., & Spiliopoulou-Chochliourou, A.S. (2003). Innovative horizons for Europe: The new European telecom framework for the development of modern electronic networks and services. *The Journal of The Communications Network*, 2(4), 53-62.

Chochliouros, I. P., & Spiliopoulou-Chochliourou, A.S. (2005). Broadband access in the European Union:An enabler for technical progress, business renewal and social development. *The International Journal of Infonomics*, 1, 5-21.

Council of Europe. (1950). *Article 8*. The European Convention on Human Rights. Retrieved on May 17, 2007 from http://www.hri.org/docs/ECHR50.html#C.Art8

Council of Europe. (2003). Convention for Protection of Human Rights and Fundamental Freedoms, as amended by protocol No.11 with Protocol Nos. 1,4, 6, 7, 12 and 13. *Registry of the European Court of Human Rights*.

Council of the European Union. (1995). *Council Resolution of 17 January 1995 on the lawful intercep-Tion of telecommunications(Official Journal C329,04.11.1996, pp. 1-6)*. Brussels, Belgium: The Council of the European Union.

Council of the European Union. (2000). Council Act of 29 May 2000 establishing in accordance with Article 34 of the Treaty on European Union the Convention on Mutual Assistance in Criminal Matters between the Member States of the European Union(Official Journal C197, 12.07.2000, pp. 1-2). *Brussels, Belgium: Council of the European Union*.

Eloff, M. M., & von Solms, S. H. (2000). Information security management: An approach to combine process certification and product evaluation. *Computers & Security* 19(8), 698-709.

European Commission. (2001a). *Communication on network and information security: Proposal for a European policy approach.*

European Commission. (2001b). *Proposal for a council framework decision on combating terrorism* [COM(2001) 521 final,19.09.2001].Brussels,Belgium:European Commission.

European Commission. (2001c). *Communication on creating a safer information society by improving the security of information infrastructures and combating computer-related crime(eEurope 2002)* [COM(2000) 890 final,26.01.2001].Brussels,Belgium:European Commission.

European Commission. (2002). *Communication on eEurope 2005: An information society for all—An Action plan to be presented in view of the Sevilla European Council, 21/22 June 2002* [COM(2002) 263 final,28.05.2002].Brussels,Belgium:European Commission.

European Parliament. (2001). *Report on the existence of a global system for the interception of private and commercial communications* (ECHELON interception system)[2001/2098(INI)]. Brussels,Belgium: Temporary Committee on the ECHELON Interception System.

European Parliament and Council of the European Union. (1995). *Directive 95/46/EC of 24 October 1995 on the protection of individuals with regard to the processing of personal data and on the free movement of such data*[Official Journal(OJ)L281,23.11.1995,pp.31-50.] Brussels,Belgium: European Parliament and Council of the European Union.

European Parliament and Council of the European Union. (1998). *Directive 97/66/EC of 15 December 1997 concerning the processing of personal data and the protection of privacy in the telecommunications sector* [Official Journal L24,30.01.1998,pp.1-8.] Brussels, Belgium: European Parliament and Council of the European Union.

European Parliament and Council of the European Union. (2002). *Directive 2002/58/EC of 12 July 2002 concerning the processing of personal data and the protection of privacy in the electronic communications sector* (Directive on privacy and electronic communications). [Official Journal L201,31.07.2002,,pp.37-47.]. Brussels, Belgium: European Parliament and Council of the European Union.

European Parliament and Council of the European Union. (2006). *Directive 2006/24/EC on the retention of data generated or processed in connection with the provision of publicly available electronic communications services or of public communications networks and amending Directive 2002/58/EC* [Official Journal L105,13.04.2006,pp.54-63.]Brussels,Belgium: European Parliament and Council of the European Union.

Fink, M. (1996). *Eavesdropping on the economy:Interception risks and techniques.* Prevention and protection. Richard Boorberg, Verlag.

Kamal, A. (2005). *The Law of cyber-space.* Geneva: United Nations Institute of Training and Research (UNITAR).

Kaufman, C. (2002). *Network security: Private communication in a public world* (2nd ed.). Prentice Hall, USA.

PriceWaterhouseCoopers. (2001). *European economic crime survey 2001.* European Report.

Retrieved January 16, 2006, from http://www.pwcglobal.com

Shoniregun, C. A., Chochliouros, I. P., Laperche, B., Logvynovskiy, O L., & Spiliopoulou-Chochliourou, A.S. (Eds.). (2004). *Questioning the boundary issues of Internet security.* London: e-Centre for Infonomics.

Sieber, U. (1998). *Legal aspects of computer-related crime in the information society* (COM-CRIME Study).University of Würzburg, Germany: European Commission,Legal Advisory Board. Retrieved February 1, 2006, from http://europa.eu.int/ISPO/legal/en/comcrime/sieber.html

Walker, C., & Akdeniz, Y. (2003). *Anti-terrorism laws and data retention: War is over*? Northern Ireland Legal Quarterly,54(2), 159-182. Retrieved January 31, 2006,from http://www.cyber-rights.org/interception/

术语和定义

通信（Communication）：利用公开的电子通信服务在有限个参与方之间，所进行的信息交换或传递。这里不包括通过电子通信网络的广播服务向大众传递的任何信息，除非可将信息与可识别的订阅者或接收者关联起来。

电子通信网络（Electronic communications network）：这是一种传输系统，它利用交换或路由设备，以及其他资源，通过线缆、无线电、光学的或其他电磁手段，包括卫星网络、固网（电路交换网和分组交换网，包括互联网）和移动的地面网络、电力电缆系统，进行信号的传递。

位置数据（Location data）：指在电子通信网络中处理的，用于指示公共通信服务用户的终端设备的地理位置的数据。

流量数据（Traffic data）：指经过处理的，适于在电子通信网络中传输或便于计费的任何数据。

Chapter 47
第47章 欧盟应对赛博犯罪的措施

Sylvia Mercado Kierkegaard
（国际IT律师联合会，丹麦）

    信息和通信基础设施日益重要，这为犯罪活动提供了新的机会。欧盟采取了若干措施，与有害和非法互联网内容进行斗争，保护知识产权和个人资料，推广电子商务并增强交易安全。然而，尽管欧盟有这些倡议，许多观察家认为，赛博犯罪还需要国际各方的响应，包括那些充当了赛博罪犯避风港的国家。

47.1 引言

    欧洲经济正从一个以工业为主的社会向信息社会转变。通信网络和信息系统在欧盟经济和社会发展中起到了至关重要的作用。伴随着信息和通信技术的发展，犯罪活动呈增长趋势，这已不利于电子商务发展。随着信息的跨国界自由流动，网络与信息安全问题也持续地增多。互联网作为一种工具和媒介，越来越多地被有组织的跨国犯罪所利用。这个事实降低了用户对互联网的信心，并造成大量的财务损失。欧盟认识到计算机网络和通信安全的重要性，并已采取多项法令打击互联网犯罪活动。本章总结欧盟当前打击赛博犯罪的倡议，并分析欧洲理事会关于信息系统攻击的框架决议，欧盟将于2007年执行这些决定。

47.2 背景

信息和通信基础设施日益重要，这为犯罪活动提供了新的机会。自20世纪90年代以来，欧盟已采取相关措施以评估网络威胁和赛博犯罪本质，并已采取了若干措施，与有害和非法的互联网内容进行斗争、保护知识产权和个人数据、推广电子商务及加强交易的安全性。1997年5月，在阿姆斯特丹，欧洲理事会（司法和内政）认可并制定了关于有组织犯罪的行动方案，要求授权对计算机有关的犯罪进行研究。

1997年，欧盟委员会提交了一份报告，研究了计算机犯罪中的法律问题。该研究（Sieber, 1998）是与欧洲委员会共同商讨提出的。虽然这项研究的重点不是赛博恐怖主义，但它有助于提高对信息技术犯罪活动的认识。这项研究（称为COMCRIME研究）显示，各个国家的法律有着显著的差异、不确定性或漏洞，特别是隐私权侵犯、黑客、商业秘密保护和非法内容方面的刑法规定。在国际层面上，不同机构间缺乏协调，使得方案存在重复执行的危险。该报告建议，今后针对计算机犯罪的措施必须国际化。因为不同的国家战略，其目标虽然都是为了防止计算机犯罪，但也为计算机犯罪提供了"数据避难所"或"电脑犯罪的避风港"。反过来，这也对信息的自由流动和欧洲范围内的服务构成了市场限制和国家壁垒（Sieber, 1998）。

1999年10月，欧洲理事会的坦佩雷高峰会议认为，对高科技犯罪的界定和制裁方面，必须达成一致。第二年，欧洲理事会通过了一项全面的电子欧洲行动计划，该计划强调了网络安全和打击赛博犯罪的重要性。

委员会发表了COM 2000（890），其中讨论了在更广泛的信息社会和自由环境中，综合政策倡议的需求及其可能形式。依据欧盟对基本人权的承诺，讨论了安全目标和司法目标，以提高基础设施在信息安全和打击赛博犯罪方面的能力。欧盟将计算机犯罪广义地定义为使用信息技术的犯罪。术语"计算机犯罪"、"电脑相关犯罪"、"高科技犯罪"和"赛博犯罪"表达了相同的含义：a）不受地域限制地使用信息和通信网络；b）传播无形的和不稳定的数据。然而计算机领域的犯罪，要求重新定义国家刑法中有关犯罪的概念，借助计算机实施的传统犯罪要求有更好的协调和程序措施。

这些特点要求重新评估用以应对通过网络和系统从事非法活动的现有措施。除了理事会关于互联网上儿童色情内容和框架决议以外，至今还没有一个直接处理计算机犯罪的欧盟法律文书，但有许多间接相关的法律文书。

现有的欧洲和国家立法中所涵盖的主要罪行如下。

1. 侵犯隐私：非法收集、储存、修改、泄露或传播个人资料。95/46/EC要求成员国必须采取一切适当措施，以确保法令的全面实施，其中包括要求国家法律对侵权行为施加制裁。2002年7月12日，欧洲议会和理事会通过了2002/58/EC法令，其中涉及电子通信部门中个人数据处理与隐私保护。在欧盟宪法的基本权利宪章中，也包括了隐私和数据保护等基本权利。

2. 与内容相关的犯罪：通过互联网传播色情，特别是儿童色情、种族主义、有关纳粹的修正主义言论、煽动暴力等信息。委员会认为，应该同等对待离线的非法内容与在线的非法内容，将根据刑法对作者或内容提供商进行制裁。对于那些为第三方信息提供网络传输或存储的服务供应商，其相关义务将通过电子商务法令来界定。

3. 经济犯罪：未经批准进入计算机系统相关的犯罪（如黑客攻击、破坏计算机系统、传播病毒、计算机间谍活动、计算机造假、计算机欺诈，以及控制他人计算机等新的犯罪形式）。

4. 侵犯知识产权：破坏对计算机程序、数据库、版权和相关权利的合法保护[1]。

47.3 当前倡议

立法

1. 赛博犯罪公约

2000年，欧盟委员会通过了欧洲理事会拟定的《赛博犯罪公约》，这是第一个关于利用互联网和其他计算机网络进行犯罪的国际公约，它对处理侵犯版权、计算机诈骗、儿童色情和破坏网络安全等做出了详细规定。它也包含一系列的职能和程序，比如，搜查和拦截计算机网络。赛博犯罪公约中列出了四类刑事罪行：（1）针对计算机数据与系统的保密性、完整性、可用性的违法行为，（2）与计算机相关的违法行为，（3）与内容相关的违法行为，（4）侵犯版权和相关权利的违法行为。该公约要求各国建立针对赛博犯罪的法律，以确保其执法人员在调查和起诉赛博犯罪时具备必要的程序。欧盟鼓励成员国批准国际赛博犯罪公约。不过，隐私保护主义者和公民行动自由论者抨击该公约赋予了政府机构绝对权利，却没有保障基本的人权，也没有提供用于数据保护的保障措施。

2005年2月24，欧洲理事会关于信息系统攻击的2005/222/JHA框架决议。2005年2月24日，欧盟理事会通过了关于信息系统攻击2005/222/JHA框架决议（以下简称框架决议）。在国家法律中实施该框架决议的截止日期是2007年3月16日。该框架决议是个新的法律框架，旨在缩小成员国间在该领域的法律差异，解决新形式的犯罪问题，例如，黑客攻击、散布计算机病毒和其他恶意代码、在网站上实施拒绝服务攻击等。因此，该框架决议涵盖的违法行为包括有意的黑客攻击、散布病毒、拒绝服务攻击和篡改网站等。该框架决议与赛博犯罪公约一致，目的是协调成员国间的法律。

框架决议的主要目标有两个：（1）在欧盟范围内建立一套共同的法律定义和犯罪类型；（2）通过设置最低限度惩罚规则和成员国间的司法合作规则，来提高起诉的有效性。

该框架决议在欧盟内部建立了一套共同的法律定义和犯罪类型，其第1款定义了如下术语：
- 信息系统是指一个设备或一组相互关联的设备，以及为了操作、使用、保护和维护的目的，而存储、处理、检索、传输的计算机数据；信息系统中至少有一个设备能根据程序自动处理计算机数据。
- 计算机数据是指适合用计算机系统处理的事实、信息或概念的表示，包括可完成信息系统某项功能的程序。
- "法人"是指在适用法律下拥有身份的任何实体，不包括实施国家权利的政府或其他公开团体，也不包括公共的国际机构。
- "没有权利"是指未经所有者或国家立法允许的访问或干扰。

根据第2（1）款，"各成员国应采取必要措施，确保按照刑事罪行，处罚对信息系统的全部或任何部分的非法访问行为，至少对严重的案件要如此处理。"这包括对信息系统实施黑客攻击的概念界定。该条款的涵盖范围，不仅包括对欧盟成员国有影响的违法行为，还包括在成员国领土上实施的以第三国中的信息系统为目标的违法行为。每个成员国可以参照第1段，将侵犯安全措施的行为判定为犯罪。目前，这种情况并非在所有成员国都存在。

采取一系列方法故意阻碍或中断信息系统工作的行为，都应属于刑事犯罪。至少当这些行为很严重的时候，要将其定为刑事犯罪。这里所谓的一系列方法，包括输入、传输、破坏、删除、恶化、篡改、抑制计算机数据，或阻碍对计算机数据的访问。因此，框架决议明确地需求在惩罚危害信息系统的行为和"过度判罪"之间取得平衡。"过度判罪"是指，对轻微犯罪、权益者或被授权人进行判罪。负责输入或传输计算机数据的那些要素，可以描述所谓的拒绝服务攻击问题，此类攻击企图故意使信息系统不堪重负。罪行还包括对信息系统运行的中断行为。

按照第四部分的规定，那些在信息系统中故意删除、破坏、恶化、更改、压制计算机数据，或者妨碍访问这些数据的行为，如果案情较严重，就要按刑事犯罪论处。这些行为要素详细描述了计算机病毒和其他类型的攻击，如破坏网站（这种攻击会阻碍或中断信息系统本身的功能）。框架决议给出"阻碍"或"中断"的明确定义，它允许成员国自行决定"信息系统被严重阻碍"的判定标准。

"无权（without right）"一词是建立在其原有定义的基础上，以排除被授权人的行为或者法律所允许的其他行为。该框架决议导致了一系列的技术问题。因为，在一些成员国（例如，英国），法律语言的使用不尽相同。如果有的访问允许，有的不允许，那么就会导致一些问题。例如，无权会引起的概念争辩，特别是关于计算机访问行为的本质和授权范围。

在R v. Bignell[2]案件中，根据《英国计算机滥用法案》的第一部分，访问全国警察计算机网中的有关数据并不违法，因为英国的警务人员已被授权允许访问这些系统。

然而，在引渡案件中，根据R v. Bow街道裁判法院：应美国政府的单方面要求[3]，英国上议院没有遵从DPP v. Bignall早先的审判。被告因欺诈被引渡到美国，其正常工作是访问部分数据库，以提供信用卡账户信息。一位名为Joan Ojomo的共同被告找到他，向其索要数据库其他部分中的类似详细信息，用于进行欺诈活动。现在的问题是，他有权访问部分数据库，这是其正常工作的一部分，但他是否可以在任何时间，擅自访问数据库的其他部分呢？法院认为，虽然他有权获得部分信用卡信息，但未被授权获得其他相关信息。而这些未经授权取得的信息，后来被用于从美国提款机中窃取了100万美元。

在R v. Raphael Gray案件中，一位名叫拉斐尔·格雷的十几岁黑客，通过简单地调用默认安装的不安全方法（不称职的网站管理员没有删除该访问方法），窃取了一家电子商务网站中的信用卡资料。被告人辩解说，其行为并非未经授权，因为未经测试的授权行为与此并无二致。

"无意"一词给受害者带来了很多困难。陪审团判定Paul Bedworth无罪，判决的理由还不明朗。审判时，发现他沉迷于黑客，但控方无法确定其意图（用于判罪）。辩方称，其行为并非自愿。他后来被判无罪。控方未能证明被告的犯罪意图。他的"强迫症"造成了约2.5万英镑的损失，而且给欧洲一个研究和治疗癌症的组织留下了1万英镑的电话账单。

煽动、协助、教唆，以及尝试触犯上述任何罪行也可能会被处罚（见第5款），并被视为犯罪。

成员国需要根据罪行的严重性来规定相应的处罚，包括严重犯案者判处最长时间不少于1年的监禁（见第6款）。成员国对那些干扰信息系统和计算机数据的罪行，给予最高1至3年监禁的处罚；如果是在犯罪集团内作案，则给予最高2至5年监禁的处罚（见第7款）[4]。那些未造成损失或未取得非法赢利的案件，不应该被认定为严重案件。

该框架决议也包括法人和管辖权方面的规定。如果计算机犯罪是法人中处于领导职位的个人为了谋取法人的利益而实施的，或者是由于法人的领导者监督或控制不力而导致，则要求成员国确保追究法人在其中的责任（见第8款）。成员国应确保法人受到"有效、适度和劝阻性的惩罚。"这些惩罚不仅包括刑事或非刑事罚款，还可能包括临时或永久取消其商业活动资格，或剥夺其参加公共援助的资格等其他处罚（见第9款）。

每个成员国对发生在其领土上的罪行有管辖权，此外对总部位于该成员国的法人的利益有管辖权。当其他成员国认为他们有管辖权时，他们必须予以合作，并将所有处理集中在一个成员国里。当有多个国家对一个犯罪有管辖权，而且每个涉及的国家都基于同一事实来诉讼时，成员国应进行合作，确定由哪个国家来对罪犯进行诉讼，并把所有处理工作都集中在这个国家进行。

成员国还必须加入高科技犯罪联络点的所谓"24/7网络"，以全天候交换信息系统攻击的有关信息（见第11款）。

非立法措施

1. 打击高科技犯罪联络点

1998年3月19日，委员会邀请各成员国加入八国集团（G8）的"24小时网络"，以打击高科技犯罪。G8在讨论高科技犯罪时，确定了两种主要的威胁。

一、对计算机基础设施的威胁，指对计算机和计算机网络中的信息设备进行干扰、拒绝服务、降级或者破坏操作；二、电脑辅助下进行的恶意活动，例如，欺诈、洗钱、儿童色情、侵犯知识产权和贩毒等，计算机的使用使这些行为获得了便利。该提议处理的是第一类威胁。该网络向参与国提供计算机网络犯罪的总体情况，因为它们通常发生在不同国家的不同地点。

没有加入G8，但已加入国际刑警组织的中央参考点系统（NCRP）的国家，目前已经超过60个。然而，NCRP并不总是提供24小时服务。2001年6月25日，理事会建议没有加入G8网络的成员国应该加入，此外还建议那些被指定为G8网络联络点的国家机构要精通打击高科技犯罪。理事会还建议这些单位采取实际可操作的措施。

2. G8

G8是世界上的主要工业化民主国家组成的多边国际组织。虽然欧盟不是G8的成员，但欧盟代表作为观察员出席G8会议。一组专家，即里昂小组，聚集在一起寻找更好的方法打击跨国犯罪。随着时间的推移，这一使命已经扩大到，在打击互联网上的恐怖主义等议题与第三国合作，以保护关键基础设施。

在信息可被迅速销毁的环境中，为了尽可能快速而专业地处理各类高科技犯罪，以保存证据，欧盟理事会于2001年6月25日通过了加入G8的24小时打击高科技犯罪信息网络的建议。该网络向参与国提供计算机网络犯罪的总体情况，因为它们通常发生在不同国家的不同地点。为了方便成员国之间的合作，已经形成了24小时国家联络点和专门单位列表，目前已同60多个国家建立了联系。

3. 欧洲网络与信息安全局

按照《欧共体条约》第251款中程序的规定，欧洲议会通过的欧共体No.460/2004条例中设置了欧洲网络与信息安全局（ENISA）。促成此举的原因，是越来越多的数据安全问题已造成了大量的财政损失，损害了用户的信心，已经不利于电子商务的发展。ENISA的主要作用，是在网络与信息安全问题方面，推动和促进加强合作与信息交换，以支持欧盟的内部市场，提高社会、各成员国和商业界防范、解决和应对网络与信息安全问题的能力。

47.4 结束语

尽管有欧盟的这些倡议，许多观察家认为，赛博犯罪需要国际各方（包括那些充当赛博罪犯避风港的国家）的重视。许多黑客和赛博犯罪分子，已经在东欧国际（尤其是俄罗斯）开展业务，很难对他们进行审判。除非那些曾经容忍这些犯罪的国家决心加强法律并加入公约，否则赛博犯罪国际公约和框架决议所能取得的效果将会很小。尽管在欧盟内部，刑事执法机构提倡实施严厉的法律，声称该框架决议将成为打击赛博犯罪的有效工具，但是消费者质疑这些措施是否能震慑犯罪分子，以及这些法律是否可能成为执法机构进行非法监视的借口。任何欧盟倡议都必须尊重和保障欧洲人权。滥用和歧视性地使用拦截能力，将会引发人权问题，并将破坏公民对信息社会的信任。

理事会的框架决议和国家法律都要求找到罪犯的犯罪意图，以使其承担相应责任。问题是，如果罪犯缺乏意图，就能宣判其无罪吗？如果这样，受害者应该获得哪些赔偿？理事会必须改善对受害者的保护措施，并在形成结论时优先考虑这一点。

参考文献

Broersma, M. (2001). *Gates' credit hacker sentenced.ZDNet.UK*. Retrieved December 9, 2005, from http://www.zdnetasia.com/

Council framework decision 2005/222/JHA of 24 February 2005 on attacks against information systems [Official Journal L069,16/03/2005,,pp.67-71.].

Sieber, U. (1998). *Legal aspects of computer related crime in the information society*. Retrieved June 26,2006 , from the University of Würzburg Web site: http://europa.eu.int/ISPO/legal/en/comcrime/sieber.Doc。

术语和定义

理事会框架决议（Council Framework Decisions）：这是1997年的《阿姆斯特丹条约》中提出的在欧盟范围内具有约束力的立法。根据修订后的《欧洲联盟条约》的第34款，理事会可在没有异议的情况下，采纳框架决议，以在各成员国实行相近的法律。虽然框架决议表示将呼吁成员国实现一致的结果，但成员国有权选择实现结果的形式和方法，这不会对框架决议有直接的影响。

欧洲理事会（Council of Europe）：这是一个在欧洲地区拥有46个成员国的国际组织，它接受共同的法律原则，并保证其公民的基本人权和自由。

赛博犯罪（Cybercrime）：与计算机相关的任何非法行为，以及在赛博空间或计算机相关的环境下，出于犯罪意图所从事的一切活动。

指令（Directives）：经欧洲理事会和议会同意的一般性立法。它对成员国具有约束力，并要通过国家立法来实施。由成员国决定如何将其纳入自己的国家法律体系。

信息系统（Information System）：任何设备或相互连接的一组相关设备，其中的一个或多个设备，按照程序对计算机数据进行自动化处理，并对其所存储、处理、检索或由传输的数据进行操作、使用、保护和维护。

国际公约（International Convention）：指多国之间达成的协议。一些国家以此方式创建国际法。公约是受国际法监督的具有法律约束力的协议，是具有法定资格的国家之间订立的公约/条约。

法人（Legal Person）：指根据适用的法律，具有法律地位的任何实体。国家，行使国家权力的其他公共机构，以及公共国际组织不是法人。

没有授权（Without Right）：未经系统（或部分系统）的所有者、其他权利人或国家立法的许可，而进行的访问或干扰。

附注

[1] 两个与信息社会相关的计算机程序和数据库法律保护方面的指令已被采纳（数据库指令 96/9 EC，计算机法律保护指令 91/250/EEC）。理事会采纳了 2001/29/EC 指令，用以根据技术的发展，调解某些方面的版权问题和相关权利，特别是将两个国际版权条约中规定的主要国际义务转化成共同体法律，并在世界知识产权组织的框架内适用这些指令。

[2] DPP v Bignell[1998] 1Cr App R

[3] R v Bow Street Magistrates Court Ex p. Allison［1999］4 ALL ER 1

[4] 根据《欧洲逮捕令》，以及 2001 年 6 月 26 日有关洗钱、识别、跟踪、扣押、没收犯罪工具和犯罪所得的《理事会框架决议》，对严重犯案者的最严厉处罚是不超过 1 年的监禁。

第 48 章 美国军方的赛博战应对措施

Richard J. Kilroy, Jr.

（弗吉尼亚军事学院，美国）

美国军方已采取了一系列措施以应对赛博战威胁。这些措施包括，对全国陆海空三军的组织结构、作战方式和人事安排进行调整，以及设立联合司令部来指挥作战。早在"9·11"恐怖袭击之前，军方的参谋人员就已经意识到，美国在赛博空间的非对称战争中是脆弱的，而且美军所依赖的部分关键基础设施在赛博战时并不可靠。因而，他们开始着手相应的变革。尽管已经开始执行了一些措施，例如培训新型军官、招募专业人员入伍、研究赛博战准则（包含进攻性和防御性），但一旦敌方获得信息战场的控制权，美军仍然不堪一击。因此，美军领导层的主要战略目标之一是获取相对其当前和潜在敌人的信息优势。

48.1 引言

20世纪90年代中期，美军开始意识到赛博战对其信息体系和国家关键基础设施的威胁与日俱增。因为美国国防部的设施依靠来自通信、交通、能源、水利和后勤保障等民用基础设施的支持，所以美国防部认为，对这些关键领域的威胁，将直接影响到美军通过海外部署对抗外部威胁的能力。本章将阐述美军的赛博战应对措施，即为应对威胁而进行的组织结构和理念上的调整，以及那些已经对军队结构、资源和应战能力产生影响的文化和职业因素等方面的调整。

1995年，参谋长联席会议主席约翰·沙利卡什维利上将（Gen. John Shalikashvili）公开发表了《联合构想2010》（Joint Vision 2010），提出了未来25年军队的战略目标。在这份文件中，沙利卡什维利指出了美军在一个不确定的未来时间里，具有整体战斗力的四个关键性作战理念。"未来战争视野体现了信息时代改进的情报、指挥和控制能力，并不断发展四个理念：制敌机动，精确打击，全维保护和聚焦后勤"（Shalikashvili, 1995, p.1）。

军方参谋们意识到，为了在未来的任何战场实现这些行动上的胜利，其制敌机动、锁定敌军、保护军队甚至部署军队的能力，完全依赖于国防部那些难以控制的、庞杂的民用基础设施。联邦政府在评估国家安全的潜在威胁时，并未关注这些基础设施中的关键领域，例如运输网、电信、发电甚至卫生和金融领域。对参谋们来说，更糟的是，这些基础设施的"作战环境"，不是能用铁丝网加警卫来保护的大厦或"据点"，而是由一系列复杂的信息系统组成的。这给安全规划人员带来一种全新的挑战，他们需要面对的问题是如何保护那些关键设施，甚至只有实现了这一点，才能开始为下一次冲突部署军力。

48.2 本章的主要内容

意识到这些新的挑战之后，国防部展开了一系列测试，调查关系国计民生的重要设施和信息系统的脆弱程度。1997年6月进行的"合法接收者"演习是第一项行动试验。这次试验组织了国家安全局（NSA）"黑客"作为敌方（红队），进攻国防和其他的政府信息系统，同时对民用基础设施展开模拟攻击（Robinson, 2002）。试验的结果显示，国防部（和整个国家）所依赖的关键信息系统和基础设施，在受到敌人的非对称赛博攻击时，存在严重的问题。位于弗吉尼亚诺福克的美国大西洋司令部（后为美国联合部队司令部），也进行了名为"显性突袭（Evident Surprise）"的演习，研究国防部信息系统在赛博战环境下的脆弱性，试验内容包括诸如对国防部追踪血液供给的电子医疗记录进行模拟攻击等。

如果"显性突袭"和"合法接收者"演习还不足以让国防规划人员信服赛博战对军事行动造成的威胁，那么1998年初发生的一系列事件则增加了这方面的证据。1998年2月，在美军谋划对伊拉克的"沙漠之狐"军事行动之时，代号"太阳初升"的调查发现，一次针对国防部信息系统的入侵事件，其始作俑者正是来自中东国家。这次网络入侵事件影响了多个兵种和国防部机构。调查者相信，此次入侵是外国政府处心积虑发动的攻击和犯罪行为。后来的犯罪调查发现，是两个加利福尼亚少年发起了这次攻击，其支持者则是一个名为Ehud Tannenbaum的以色列人（Robinson, 2002）。尽管国防部关键系统的安全并没有被真正破坏，但这个事件却显示了系统脆弱性可能带来的深远影响。也就是说，一旦入侵成功，将会对作战规划和军队的指挥、控制、通信、计算机和情报（C4I）体系产生重大影响。

1998年12月，国防部开始建立专门的作战单位，来处理赛博战对国防部信息系统的威胁。在弗州阿灵顿的防御信息系统部（DISA），成立了计算机网络防御联合特遣部队（JTF-CND），作为战场作战机构。由于2000年10月1日（Verton, 1999）国防部统一指挥计划的生效，联合特遣部队此后转移至科罗拉多州斯普林斯美国航天司令部（SPACECOM），成为作战控制部门。联合特遣部队最初只关注军事中逐渐发展的信息战准则中的信息作战（IO）。但最终，随着2002年10月组织架构的进一步变化，他们发展为计算机网络作战联合特遣部队（CNO），同时负责信息作战中的进攻与防御，并隶属于内布拉斯加州阿玛哈的美军战略指挥部（STRATCOM）。

在这些作战变动之前，国防部也继续推动处理信息时代赛博战威胁的军事理论的发展。尽管20世纪90年代中期起个人服务组件已经开始考虑将信息战作为一个可行的任务领域（例如《陆军战场手册》），但直到多年后国防部才意识到发布关于信息作战的联合作战准则的必要性。国防部此前曾在1996年以机密国防指导的形式发表过信息战策略指南。但是直到1998年10月9日《合集3-13》,即《信息战联合作战条令》的出版，联合指挥部才真正开始组织人员从信息战要求出发着手计划、执行以及培训和训练。

信息作战源于此前的指挥与控制战（C2W）的联合条令（JP 3-13.1）。C2W的基础，是第一次海湾战争的教训，以及基于信息的情报搜集与定位新技术的有效性。信息作战增加了计算机网络防御和两个"相关"事务活动，即公共事务与民间事务，从而扩展了C2W的传统支柱（心理战、军事欺骗、电子战、物理破坏、作战安全）（国防部，1998）。信息作战已成为国防部进行赛博战的手段，但在最初，它只注重对网络威胁的防御战，后来才将范围扩展到对网络威胁的进攻战。进攻战是在计算机网络战（也包括利用计算机网络入侵获取情报，以帮助进攻作战和防御战）这一更广的范畴下执行的。

2000年6月，参谋长联席会议主席谢尔顿上将（Hugh Shelton）发表了《联合构想2010》的后继性文件：《联合构想2020》。谢尔顿希望在继承其前任的战略视野的基础上，同时考虑信息革命所带来的组织结构和作战方式方面的变化。例如，作为提出新战略的原因之一，《联合构想2020》提出："信息技术的不断发展和扩散将极大地改变作战方式。这些信息环境里的变化，使得信息优势成为联合部队作战能力转化和提升联合指挥控制水平的关键促进因素。"（Shelton, 2000, p.3）。正如《联合构想2020》所言，随着信息优势成为国防部的战略促进因素，信息作战也成为国防部用以保持相对于敌对国家的信息优势，实现全频优势的主要攻防手段。

当联合指挥部着手开始进行调整，以使自己能够在信息战场上发挥作用的时候，各军种早已开始从条令和组织上实施变革。陆军是第一个发展关于信息作战的军事准则的军种。1996年6月第一次发布的《战场手册100-6信息作战》，比联合指挥部的《联合出版物3-13》早两年。（从那时起，陆军重新发布了其《战场手册》，以适应联合指挥部的编号系统，目前编号为FM 3-13。）但是，陆军的信息作战准则，更倾向于将战争中的信息成分用于强化陆军武器的"硬"力量，而不是将其作为"软"力量的另一选择。正如一位陆军军官曾经提到："信息作战只是帮助我们让武器打击得更准而已。"

但是，陆军确实进行了组织变革，这些变革反映了新条令的要求，以及信息作战计划与军事行动的整合。1995年5月8日，陆军情报中心（LIWA）于弗吉尼亚州福特贝尔沃成立,它比邻美国情报与安全指挥部。在为部署在波斯尼亚的北约部队提供战场支持时，陆军情报中心立刻证明了自己的价值。陆军的第一批信息作战参谋包括作战军官、通信官和情报官。"保持和平"的作战使命要求，不能使用物理摧毁等"硬"武器。因此，在计划战区的信息作战时，使用"信息武器"进行野战炮兵训练和攻击指导，被证明是行之有效的。LIWA包括陆军的第一个计算机应急响应团队（CERT），该团队帮助美军通信网络防范网络威胁。LIWA还包括具有网络进攻战能力的陆军分队。为了顺应稍后即将讨论的《2002联合指挥计划》，陆军后来将LIWA重组为第一网络作战指挥部。

陆军也为其军官团队建立了新的职位和业务领域（FA）30-IO。被预定为FA-30的陆军军官，在联合院校或陆军院校接受信息作战训练，并被联合部队和陆军任命为信息作战参谋。陆军信息官填补了师级、团级和新建的独立作战旅中信息作战岗位空缺。在联合部队中，这些军官一般都在作战处，而不是为信息作战单独设立的机构中服役。

其他军种（空军、海军、海军陆战队），起初并未选择为信息作战军官设立新的岗位，而是通过开发专门的技能标识或代码，来分配具有特定信息作战技能和能力的军官。空军在佛罗里达赫伯特空军基地建立了自己的培训课程，进行信息作战训练（包括军官和在编人员）。海军在弗吉尼亚州诺福克（Norfolk, VA）成立了包含信息作战训练项目的舰队信息战中心（FIWC）。海军中大多数从事信息作战相关职位的军官来自密码学领域。2005年，海军作战部长意识到，信息作战已逐渐成为各军种的核心作战能力，决定将某些海军密码职位重新编配为信息作战职位（《海军作战部长咨文，2005》）。海军陆战队则仍然利用其他军种和联合院校为其培训信息作战人员。

在各军种中，空军在组织结构上迈出了最为引人注目的步伐，以适应其作战单位对信息作战的需求。空军将信息作战视为武器系统，而不仅仅是武器系统的使能者，并建立了信息作战中队（IOS），为空军提供信息作战的支持。根据联合部队和空军的信息作战条令，信息作战中队将为每个单位提供信息作战综合能力，而且为每种信息作战能力都配备了专家。空军在圣安东尼奥拉克兰空军基地成立了空军信息战中心，作为其信息作战的指挥机构。其后，空军信息作战中心整合了空军计算机应急响应团队，并与多个网络作战安全中心联网，负责监控并保护空军的信息化指挥控制系统免受赛博攻击。例如，弗吉尼亚州汉普顿兰利空军基地的网络作战安全中心会监控所有的网络，以支持空军空战司令部部署在本土和海外的军力。

海军舰队信息作战中心（2005年11月改组为海军信息作战指挥部（NIOC）），作为海军所有舰队的信息作战机构，其所执行的任务与空军信息作战中心以及第一网络作战指挥部相同。除了为海军各舰队培训信息作战人员，海军舰队信息作战中心还包括海军计算机突发事件响应团队（NAVCIRT），负责抵御海军受到的赛博战威胁。NIOC的重组，源于2002年在弗吉尼亚州诺福克成立的海军网络战司令部（NETWARCOM），同时也是联合部队指挥层组织结构变动的结果。NETWARCOM的成立，是1998年阿瑟·塞布罗夫斯基海军中将提出的海军网络中心战理论中"可操作性"理念的反映。阿瑟·塞布罗夫斯基海军中将认为，网络是一种"武器系统"，是信息时代战争的关键组成部分（详见Cebrowski & Gartska, 1998）。

2001年9月，恐怖分子对五角大楼和世贸大厦发动的袭击，促使国防部实行更广泛的组织变革，以研究和防范赛博战。基地组织和其他国际恐怖组织对美国本土的恐怖威胁，促使国防部建立新的联合指挥部——北美司令部，专门负责国防部赋予的美国本土保卫任务，以支持全国的安全保卫。2002年5月，布什总统签署了对《联合指挥计划》的此项变革。后来，更进一步撤销了科罗拉多州斯普林斯的美国航天司令部，并将其中的大部分军事航天和信息作战职能移交给内布拉斯加州阿玛哈的美国战略司令部。在战略司令部内，信息作战所有方面的作战控制，包括计算机网络攻击和防御，都交付给新的组织架构和责任者。例如，计算机网络防御联合特遣部队便隶属战略司令部指挥。每个军种都将现有的信息作战组织改组为信息作战司令部，以便以联合司令部的架构向作战单位提供支持。

为了对信息作战中的各个组件进行作战控制，战略司令部设立了多个联合功能司令部，负责管理空间打击和国际打击的联合功能司令部（JFCC）位于德克萨斯州圣安托尼奥市拉克兰空军基地的联合信息作战中心（JIOC）。在2002年10月改组之前，JIOC曾隶属于联合司令部。JIOC负责"着眼战争全局，整合信息作战和军事计划、军事作战"（美国战略司令部，2006）。JIOC例行通过向其他战斗司令部（例如美国中央司令部）部署支持团队，来帮助他们建立信息作战计划。战略司令部建立的另一个军队司令部，是应对网络战的联合功能司令部。联合功能司令部听命于国家安全局局长，这意味着它融合了计算机网络防御、攻击和利用（情报搜集）职能，而非功能单一的司令部。随着这次变革，计算机网络防御联合特遣部队也重组为全球网络作战联合特遣部队，隶属于国防信息系统局（DISA）。

军队的信息化改革，意味着人们已经形成共识，即国家和军队信息系统遭受的威胁是持续存在的。国防部在联合司令部层面和各军种的重组，将使军方可以更好地处置信息时代的威胁，无论这种威胁是来自恐怖组织还是某个政权。但是，仍然存在一个明显的问题，国防部并没有对军事力量所依赖的那些民用基础设施进行控制或防御。无论是这个国家的铁路、交通系统、全球通信体系，还是国家电网，都是国防部所赖以运行的。如果没有来自商业运输和联邦快递的帮助，国防部的后勤系统甚至不能将部队和武器运往伊拉克或其他潜在冲突区域。对任何管理关键民用基础设施的信息系统的攻击，都有可能削弱我们军队保护国家的能力。

48.3 结束语

未来，将有更多国家发展信息作战能力，以抵消美国常规军事力量所具有的压倒性优势。中国这样的国家，甚至将试图通过非对称战术这一"廉价方案"，削弱我们发动战争的能力，并打败美国。在1999年出版的一本书中，两位中国上校便支持这样一种方案，即在未来战争中，利用赛博战和其他手段攻击美国（详见Liang & Xiangsui，1999）。他们所支持的战术，将会破坏我方的供给网络，并利用数字手段破坏我方关键基础设施。这似乎与传统的东方战争哲学一脉相承，在孙子所著《孙子兵法》中曾讲到："不战而屈人之兵"（Armistead，2004）。有趣的是，中国上校在文章中断言，中美之间的开战毋庸置疑，问题是何时开战。

面对美中对抗或美国与其他敌手之间的赛博战威胁，美军的应对将是一个逐渐成熟的过程，并反映在组织结构和作战的变化上。军方也正在为那些接受特殊培训、掌握赛博战知识的军官或在编人员编制新的分类。随着军方对赛博威胁种类认识的增加，其应对新挑战的技术能力也将增强。但是，与其他形式的战争不同，赛博战可以在任何时间爆发。而且，如果赛博防御成功了，公众也许永远不会知道这一切曾经发生过！

参考文献

Armistead, L. (Ed.). (2004). Information operations: *Warfare and the hard reality of soft power*. Potomac Books, Brassey's Inc.

Cebrowski, A., & Gartska, J. J. (1998). Network centric warfare: It's origins and its future." Proceedings. U.S. Naval Institute. Retrieved January 6, 2006, from http://www.usni.org/Proceedings/Articles98/PROcebrowski.htm

Chief of Naval Operations Message. (2005). *Subject: Cryptologic officer name change to Information Warfare* (DTG R 151308Z SEP 05).

Department of the Army. (2003). *Information operations: Doctrine, tactics, techniques and procedures* (Field Manual (FM) 3-13) Washington, DC.

Department of Defense. (1998). *Joint doctrine for information operations*, [Joint Publication

(JP) 3-13〕. Washington, DC:U.S Government Printing Office.

Liang, Q., & Xiangsui, W. (1999). *Unrestricted warfare* (FBIS, Trans., selected chapters). Beijing: PLA Literature and Arts Publishing House.

Robinson, C. (2002). Military and cyber defense: Reactions to the threat. Center for Defense Information. Retrieved September 10, 2005, from http://www.cdi.org/terrorism/cyberdefense-pr.cfm

Shalikashvili, J. (1995). *Joint vision 2010*. Washington, DC:U.S Government Printing Office and Department of Defense, Office of the Joint Chiefs of Staff.

Shelton, H. H. (2000). *Joint vision 2020*. Washington, DC:U.S Government Printing Office and Department of Defense, Office of the Joint Chiefs of Staff.

Sizer, R. A. (1997). Land information warfare activity. *Military Intelligence Bulletin*, 1997-1. Retrieved January 6, 2006, from http://www.fas.org/irp/agency/army/tradoc/usaic/mipb/1997-1/sizer.htm

U.S. Strategic Command. (2006). *Functional components*. Retrieved January 6, 2006, from http://www.stratcom.mil/organization-fnc_comp.html

Verton, D. (1999, October 9). DoD boosts IT security role. *Federal Computer Week*,. Retrieved January 9, 2006, from http://www.fcw.com:8443/fcw/articles/1999/FCW_100499_7.asp

术语和定义

计算机网络作战（Computer Network Operations, CNO）：计算机网络作战包含计算机网络攻击、计算机网络防御以及相关的利用计算机网络漏洞进行的作战。

赛博战（Cyber Warfare）：一国的军事单位，通过电子手段，利用计算机对其他计算机或网络发起的攻击或防御作战。赛博战也可以是非国家行为，例如，由恐怖分子发起。

信息作战（Information Operations, IO）：信息作战整合了电子战、计算机网络战、心理战、军事欺骗和作战安全的核心战斗力，辅以特定的支撑和相关能力，在保护本方的同时，影响、干预、破坏、侵占敌方的手工或自动化的指挥系统。

信息优势（Information Superiority, IS）：指对信息维度环境的控制程度，能够在不受敌方干扰的情况下开展作战行动。

网络作战安全中心（Network Operations Security Center, NOSC）：网络作战安全中心是一个指挥中心，负责对信息基础设施中的网络、系统和应用提供环境监察，并决定如何为这些设施进行保护，以防御潜在的网络威胁，又称为网络作战中心（NOC）。

"太阳初升"（Solar Sunrise）：指1998年2月1日至26日间发生的一系列针对美国国防部计算机网络的攻击事件，曾被怀疑是敌方后续攻击的前奏。此事件恰好发生在美军准备对伊拉克发动空中打击的准备期，增强了对中东地区敌对国家的怀疑。最终的调查发现，这次事件只是两名加州少年在一名以色列少年的帮助下所进行的网络攻击。

Chapter 49 第 49 章 美国对全球赛博安全问题的看法

Norman Schneidewind
(海军研究生院,美国)

没有证据表明,在面临赛博攻击时,我们的世界比2000年时更安全,因为赛博攻击从未减弱。除了提倡新的立法和监督,本章还可为国内和国际的安全分析师提供关于赛博安全的信息资源,以帮助理解关键问题并为听证和立法倡议的准备提供指导。

49.1 引言

赛博安全官员谈论了很多有关保护赛博世界免受攻击的计划。不幸的是,没有证据表明,在赛博攻击面前,我们的世界比 2000 年时会更安全,因为从那以后赛博攻击从未减弱(见表 49-1)。除了提倡新的立法和监督,本章还可为国内和国际的安全分析师提供关于赛博安全的信息资源,以帮助理解关键问题,并为听证和立法倡议的准备提供指导。我们将通过描述并分析技术和政策这两方面的问题来达到这一目标。随着对国家赛博空间所面临威胁的理解日益深入,安全分析师将要判定现行法律是否充分,并确定是否需要制定新法律或者修订现有法律。

49.2 动机

很自然地，自"9·11"事件以后，所有人的目光都聚焦在对物理基础设施的潜在深层攻击上。然而，这一处理方法无异于背水一战。恐怖分子知道我们已经在物理基础设施的保护方面做足了功课，因而更有可能攻击国家的赛博空间。我们长期将眼光放在打好最后一战，却没有做好保护网络资源（如，互联网）的准备。对我们的赛博空间的成功攻击，可能使世界经济陷入瘫痪。除了安全，重要的是要认识到，硬件和软件的可靠性对维持全球网络基础设施的安全和运作，具有至关重要的作用。因此，本章的动机是关注网络的安全性和可靠性，重点是确定实际实施的程度而不是计划的程度。

本章将阐述在讨论美国赛博安全威胁时出现的各类政策问题。我们相信，这些问题在全球范围内都相当重要。

49.3 发展和改善赛博安全策略的政策倡议

要提高世界重要信息基础设施的安全，需要做很多事情，包括：（1）思考解决赛博安全问题的新出路；（2）将那些早已提出，但一直缺乏行动的问题解决计划付诸实施。

1. 2003 年 9 月，微软公司公布了其最新 Windows 操作系统软件中的三个重大漏洞。安全专家预测，电脑黑客有可能利用这些漏洞发布更多类似"冲击波"蠕虫的攻击程序。"冲击波"蠕虫利用了 Windows 的其他漏洞，在互联网上导致了大面积的破坏（Vijayan & Jaikumar，2003 年）。

微软操作系统和应用程序曾出现过无数安全漏洞，因而可谓臭名昭著。由于微软产品占全国安装软件的 90%，通过提高微软软件的安全性，可以大大缓解用户的受攻击风险。在保护国家赛博空间安全时，这一因素经常被忽视。事实上，像微软这样的软件厂商，是安全问题的最主要来源。多年来，Windows 操作系统和应用软件已经多次遭受成功攻击。加强互联网安全，并不能解决这个核心问题。一种可能的部分解决办法是通过立法，强制要求联邦政府所采购的软件，在部署之前应由国家标准技术研究所（NIST）进行严格的安全检查。当然，这样做有一个政治问题：软件供应商所属地区的国会议员会提出异议。然而，问题的严重性使我们不得不接受政治风险。

一个相关的想法是，国会行使监督职责，防止 Windows 操作系统被用于政府系统的关键业务，并代之以更安全的系统（如 Linux）。同样，我们也应该看到，实行这一想法所带来的政治后果。

NIST 似乎是执行软件安全认证的合理机构。私营企业将被要求将其软件交由 NIST 进行安全认证，以便获得合格的联邦 IT 合约。但是，如果分析显示，NIST 既无兴趣也无能力履行这一职能，那么可以就通过立法途径，建立一个新的侧重于赛博安全威胁的软件认证实验室。除了开展业务软件认证，该实验室还可进行赛博安全软件的研究与开发。值得注意的是，国家信息保障合作组织（NIAP）正在从事这方面的工作，该组织是 NIST 和国家安全局的合作产物，在国际上获得了广泛认可。

在产品投放市场之后才发现漏洞，这一点非常常见。在某些情况下，补丁在新产品投放市场的同时便已发布（Moteff & Parfomak, 2004）。有一种方法可能缓解这一问题，那就是联邦部门应该要求 NIST 或新的软件认证实验室，对所有参与软件竞标和赢得软件采购合同的供应商必须遵循的安全标准做出规定。随着标准的实施，将要求联邦机构记录下供应商的安全表现，并以此作为签订合约的参考因素。

2. 在发生物理攻击的同时，就应该预测赛博攻击的应对之策。例如，当发生针对电网控制系统的互联网连接的赛博攻击时，就有可能伴随发生炸毁电网变压器这样的物理攻击。有人提议，国会监督小组应该强烈要求国土安全部（DHS）将赛博威胁应对计划和物理威胁应对计划合而为一，形成一个相互协调的计划，而且由新的负责赛博安全事务的助理国务卿，掌管该计划的"赛博"部分的任务。

3. 鼓励和支持关于操作系统安全问题和应用软件安全问题的创新性研究。与此相关的是，联邦政府必须对那些具备培养有创新思维并能建造下一代网络安全架构的科学家和工程师能力的大学，给予奖学金支持。

4. 现已解散的总统信息技术咨询委员会（PITAC），出台过《赛博空间安全国家战略》。国土安全部应当实施这一战略。

5. 国会监督小组应该要求，在漏洞已经确认或者攻击发生后，应该无延迟地对联邦 IT 设施进行修复（例如，安装补丁）。下面的统计说明了这项建议的紧迫性：（1）根据 www.attrition.org 网站的统计，在 5823 起网页攻击事件中，因未能及时更新软件补丁而导致的占 99%；（2）政府观察员也指出，对联邦政府电脑系统的成功入侵，大约 80% 要归因于软件错误或低质量软件（Krim，2003）。

6. 理查德克拉克是克林顿和布什政府的前白宫赛博空间顾问（直到 2003 年），他说：许多商业软件产品都写得不好或安全功能配置不当。目前的状况是，当一个软件制造商销售的产品有设计缺陷时，没有一个监管机制或法律部门可以对此进行约束。软件产品附带的许可协议，通常都包含软件供应商的免责声明。

49.4　抑制赛博攻击

如果采取前述的措施，虽然可以大大改善联邦部门的赛博安全和软件质量，但是我们必须承认，从全球的角度看，完全避免赛博攻击是不可能的。原因是，由于互联网服务提供商（ISP）控制了大部分互联网的基础设施，它们是赛博安全的重要一环。例如，互联网的所有信息流都要经过 ISP 控制的路由器。此外，它们还控制了提供计算机名称与互联网协议（IP）地址之间转换的域名服务器（DNS）。这些控制的优点是，ISP 可以针对流经路由器和 DNS 的消息设置策略，这些策略与互联网的安全性有直接关系。在 ISP

设施上可能出现的漏洞的例子有：黑客利用虚假消息攻击路由器，使之过载，实现拒绝服务攻击；盗用用户的 IP 地址，对消息进行重路由，使之永远无法到意定接收方。目前还不清楚联邦政府将会如何对 ISP 的安全策略施加影响，因为私营部门操控着 ISP。

互联网工程任务组（IETF）开发网络协议和网络安全策略，会对 ISP 的安全操作产生重大影响。IETF 是由发展互联网标准的网络专家在自愿的基础上组成的。NIST 有可能设置更严格的网络安全标准，从而影响 IETF。反过来说，这又可以加强 ISP 的安全策略。然而，这一想法必定会遭到阻挠，其原因是，ISP 是利润的挖掘者，它们不会安装必需措施以外的安全措施。

49.5　赛博空间的威胁和漏洞（美国加州大学，2002）

2001 年 9 月 11 日，发生在美国的恐怖袭击，对我们的人民产生了深远影响。联邦政府和整个社会被迫重新检视国土安全观念，并第一次深刻地认识到敌人对我们实施故意破坏的决心之大。我们必须清醒地认识到那些伺机根据我们的生活方式实施破坏的敌人。他们已经准备好在我们自己的土地上攻击我们，并且会使用非常规手段来发动袭击，如企图搞垮整个互联网。虽然 9 月 11 日的袭击是物理攻击，但是我们所面临的来自赛博空间敌手的威胁日益增加。

我们的经济和国家安全完全依赖于信息技术和信息基础设施。我们赖以生存的信息基础设施的核心是互联网，该系统的设计初衷，是让不会过度使用网络的科学家相互分享非机密研究成果。正是这样的互联网，今天连接了各个国家的数百万计算机网络，支持着国家基础设施运转。这些计算机网络也控制物理实体，如变压器、火车、管道泵、化工槽、雷达以及股票市场。各类恶意分子能够而且正在对我们的重要信息基础设施进行攻击。其中最令人担忧的是，有组织的赛博攻击所带来的威胁，它会严重破坏国家的重要基础设施。

进行这种攻击所需的技术复杂度较高，这是目前攻击发生频率不高的部分原因。但是，我们不应该过于乐观。不少有组织攻击者所利用的漏洞，可能相当具有破坏性。在目前观察到的数个攻击中，攻击者的意图和全部技术实力尚不能确定。要研究威胁和漏洞相关的长期趋势就需要对赛博威胁加强分析。已知的是，攻击工具和方法越来越普及，黑客造成破坏的技术能力和先进程度正在提高。

49.6　计算机和网络的安全保护问题

这个问题并不容易解决，因为绝大多数用以抵抗恶意入侵的对策都不是用户所能控制的。其原因是，在过去，组织开发自己的软件时互联网还没有出现；而现在，我们的用户都依赖于 ISP、操作系统和应用程序的厂商，如微软。此外，用户不再青睐本土软件，他们更依赖像 Word 和 Excel 这样的软件包。这个现状给了那些对微软产品不屑一顾，并希望暴露微软产品安全漏洞的黑客以可乘之机。此外，计算机罪犯乐于给市面上的主流应用程序（如 Word）注入病毒和蠕虫，因为这些程序非常普及，可以在全球范围内使破坏最大化。因此，即使用户部署了预防措施来缓解安全问题，但实质性的解决办法仍要靠用户组织的外部机构来提供。为了说明这一点，假设用户部署了预防措施，他依然深受不可靠的操作系统和应用软件、ISP 运行的不可靠设施，以及致力于破坏供应商应用程序的黑客的危害。这里并非建议用户不要采取防护措施，而是说，用户是没有办法独立解决这样的问题的。要显著改善计算机和网络安全状况，必须同时变革外部机构的文化和技术。

49.7　保护赛博空间安全国家战略

接下来，我们介绍美国赛博安全保护政策的背景资料，我们相信它可应用于国际社会。

《保护赛博空间安全国家战略》概述了用于组织行动和确定优先要开展

的工作的初步框架。它为赛博空间安全中扮演重要角色的联邦政府部门和机构指明了方向，指出各州和地方政府、私营公司和组织，以及美国个人用户应该采取何种步骤来改善赛博安全的总体状况。这个战略强调了集体和个人参与的意义。赛博攻击的速度和匿名性，使得我们难以区分来自恐怖组织、罪犯和种族分子的打击。因此，《保护赛博空间安全国家战略》有助于减轻重要信息基础设施及其支撑的物理资产在面对攻击时的脆弱性。

不幸的是，没有迹象表明这些宣言可以提高国家在面对赛博攻击时的安全性。例如，某个网络入侵记录网站，每天收到约 2 500 起关于网站破坏事件报告（"The Internet"，2004）。此外，2004 年 12 月，该网站记录了 55 000 起网站入侵事件。网站并不是唯一的攻击目标。操作系统也是最受欢迎的攻击目标，同月，发生了 54 000 起针对操作系统的攻击事件。表 49-1 中的数据来自卡内基梅隆大学 CERT 协调中心，从中可以看到网络威胁正日益增长。要更好地保护国家赛博空间的安全，需要注意以下几个方面：

（1）赛博安全方面的创新研究。

（2）从技术上实现《保护赛博空间安全国家战略》。

关于（2），总统信息技术咨询委员会（PITAC）建议：

强化"重要信息基础设施保护跨机构工作组"间的协调性，将其与网络和信息技术研究开发计划（NITRD）整合。这些行动将指引我们逐步完善国家赛博安全的保护方法，从而促进公民安全和国家繁荣（总统信息技术咨询委员会，2005）。

国家赛博安全办公室（NCSD）的最大问题，是没有要求私营部门将威胁和攻击记录下来，它认为没有必要在立法上做出这样的规定。然而，不保存应对赛博攻击的重要资料，将会成为一个严重问题。为了协助私营部门记录赛博安全信息，PITAC 建议："联邦政府应大力支持向私营部门转让先进的赛博安全技术"（总统信息技术咨询委员会，2005）。

NCSD 的一个有趣声明是，在攻击发生时，各个经济部门要实时合作。电话交流有助于实现这一点，但这只是一小部分。另外，在技术方面，我们还要试图确定攻击的来源，业务操作及其被攻击的位置，还要确定抵御攻击或者减轻损失的对策（例如，暂时隔离互联网中受影响的部分）。这包括，人为确定适当的对策，以及实现对策所需的硬件和软件网络资源。如果我们使用下面的定义，那么上述要求能否"实时"完成就很值得怀疑：

对于一个系统或运行模式而言，为了将计算结果用于控制、监视以及对外部过程的及时响应，应该在外部进程发生时执行计算（国际电气和电子工程师研究所，1990）。

（3）联邦政府必须对那些具备培养具有创新思维，并能建造下一代网络安全架构的科学家和工程师的大学，给予奖学金支持。

关于（3），PITAC 建议：

联邦应努力鼓励研究型大学招收并且留住赛博安全研究人员和学生，计划到 2010 年年底，专业人才数量翻一番。此外，联邦还应向 NSF 每年追加 9000 万美元经费，用于民用赛博安全的基础研究，同时显著地增加 DARPA 和 DHS 等机构的研究经费（总统信息技术咨询委员会，2005）。

结束语

本章讨论了安全问题，重点分析了美国的赛博安全形势。因为根本问题存在普遍性，所以它对全世界都是适用的。这些根本问题包括：如何通过消除漏洞来保护关键基础设施系统免受攻击，以及在受到攻击时如何减轻攻击造成的影响。我们从确保国家关键基础设施安全的效果出发，描述并分析了立法和国家战略执行程序。在此分析的基础上，提出了几条建议来补充或修订国家立法和战略，内容涵盖了政策，以及有关威胁、漏洞和赛博攻击风险的技术讨论。

参考文献

The Institute of Electrical and Electronic Engineers. (1990). *IEEE standard glossary of soft-*

ware engineering terminology.

The Internet thermometer. (2004). *Web server intrusion statistics. www.zone-h.org*

Krim, J. (2003). *Security report puts blame on Microsoft*. Washingtonpost.com. Retrieved May 17, 2007, from http://www.washingtonpost.com/wp-dyn/articles/A54872-2003Sep23.html

Moteff, J., & Parfomak, P. (2004). *CRS chapter for congress, critical infrastructure and key assets: Definition and identification.* Resources, Science, and Industry Division.

President's Information Technology Advisory Committee. (2005). *Cyber security: A crisis of prioritization.*

The Regents of the University of California. (2002). *Cyberspace threats and vulnerabilities.*

Vijayan, Jaikumar, (2003). *Attacks on new Windows flaws expected soon.* Computerworld, (37), 1.

表 49-1　CERT/CC 和其他统计数据 （1988—2005）

年份	1995	1996	1997	1998	1999
漏洞	171	345	311	262	417

来源	时间	速度	漏洞	每年	网络用户	攻击类型
CERT	2004		3 780			
CERT	2000		1 090			
CERT	1995		171			
赛门铁克公司	1995—2005		20 000	2 000		
	2000				429 000 000	
	1995				45 000 000	
www.zone-h.org		每天	2 500			网络入侵
www.zone-h.org	Dec-04		55 000			网络入侵
www.zone-h.org	Dec-04		54 000			操作系统

2000—2005

年份	2000	2001	2002	2003	2004	1Q，2005
漏洞	1 090	2 437	4 129	3 784	3 780	1 220

记录在案的漏洞总数（1995-1Q，2005）：17 946

计算机和网络攻击					
参考	攻击类型	描述	百分比	时间
Bob Glass,软件,2005 年 1/2 月	病毒	71 条消息中的 51 条是： MIME: 17 Netsky: 13 Kriz: 4 Mydoom: 2 Fun Love: 2	53	2006 年秋
Bob Glass,软件,2005 年 1/2 月	垃圾邮件		17	2004 年秋

Chapter 50
第50章 "梯队"与美国国家安全局

D.C. Webb

（利兹城市大学，英国）

随着通过电话、传真、电子邮件、电脑等电子系统进行通信的数量不断增加，信息和资料在个人与机构之间的交换也变得更加容易。然而，这些技术促使在情报收集工作中，引入新的先进理念和方法，以实现情报的拦截和分析。ECHELON便是其中一种方法，美国及其世界范围的情报合作伙伴，通过使用这种方法来拦截和分析来自世界各地的电子信息。位于马里兰州米德堡的美国国家安全局，是最紧密地参与这种秘密监视系统运作的美国机构。本章介绍了这些方法的发展和采用这些方法需要遵循的制度，描述了将这些方法应用于国内监视，以及国际商业和政治间谍活动中而引起的议论和争议。

50.1 引言

"梯队"（ECHELON）系统被广泛认为是世界最普遍和最强大的电子情报收集系统。该系统是由美国及其情报联盟（UKUSA，包括英国、澳大利亚、加拿大和新西兰)的成员发展和运营,它利用一种名为"字典"(DICTIONARY)的计算机系统,从目标列表中自动选择电子信息,并予以拦截。那些包含符合特定匹配规则的数据的消息,将被发送到美国国家安全局,即马里兰州的米德堡做进一步的处理。这些数据包括日期、地点和主题。这些信息可被地面站点截获,地面站点可以直接与陆地电缆连接,或接收无线或微波频率信号。无线电天线及一系列微波发射塔是本地、国家及国际间网络的一部分,负责广播和发送这些信号。利用特殊设计的卫星定位系统,可以在空间截获微波信号,这些信号可以越过接收者,继续在空间以直线传播。之后,卫星将这些截获的信号发送给位于不同地理位置的地面接收者,实现全球覆盖。

1988 年,Duncan Campbell 在英国《新政治家》期刊上发表了一篇文章,最早曝光了 ECHELON(Campbell,1988)[1]。1991 年,美国电视节目"世界在行动"揭露了一台名为 DICTIONARY 电脑的存在,这部电脑存放于威斯敏斯特的政府通信总部(GCHQ)处理中心。1993 年,Campbell 为电视 4 频道制作了一部记录片,名为 The Hill,描述了 ECHELON 位于约克郡哈罗盖特附近的曼维斯山的国家安全局工作站的工作情况。1996 年,Nicky Hagar 在其《秘密力量》(Secret Power)一书中对 ECHELON 进行了更详细的描述(Hagar,1996a,b)[2]。Campbell 在文章中描述了一个由国家安全局运营的,世界范围的电子拦截和监听网络。此网络利用秘密的、第二次世界大战后的国际协议,从多种电子资源(电话,传真,电报,电子邮件等)搜集和共享信号情报(SIGnals INTelligence,SIGINT)信息。ECHELON 被认为是一个卫星信号拦截系统的组成部分。

50.2 历史背景

UKUSA 协定

在 1972 年出版的 Ramparts 杂志中(Peck,1972)[3],有篇文章最早公开提到 UKUSA 协议。该文描述了国家安全局全球窃听网络。UKUSA 协议秘密制定于 1947 年，目的是使美国和英国能够共享情报信息。该协议将来自国家安全局和英国 GCHQ 的人员和站点联合起来。利用加拿大、澳大利亚和新西兰这三个英联邦国家的情报网络，很快就将加拿大的通信保安局（Communication Security Establishment, CSE）、澳大利亚国防安全署（Defense Security Directorate, DSD）、以及新西兰的政府通信安全局（GCSB）联合在一起。随后，其他国家，包括德国、日本、挪威、丹麦、南韩、土耳其等，也作为第三方加入 UKUSA 网络（Richelson, 1989）。另外，中国等其他国家，可能拥有 UKUSA 信号情报站点或者分享了受限的信号情报信息。

该网络的运行模式是：将世界分成多个区域，每个区域分配一个网络成员，负责该区域的信号收集工作。Jeffrey Richelson 和 Desmond Ball 这样记载道：

当前的责任划分，DSD 负责印度洋东部、东南亚的一部分以及西南太平洋地区；GCHQ 负责非洲和苏联乌拉尔以东地区；加拿大的 CSE 负责苏联北部和欧洲部分地区。新西兰的 GCSB 负责西南太平洋的一小部分区域；余下的所有区域，都由美国国家安全局和部分服务机构负责（Richelon & Ball, 1990）。

然而，他们也提到："在实际中，世界的地理划分不可能这么清楚（Richelon & Ball, 1990）"。例如，尽管美国国家安全局主要负责在前苏联地区收集信号情报信息，英国也同样在监视前苏联西部的活动，而美国国家安全局又在其中的曼维斯山地区发挥重要作用。

前加拿大特工 Mike Frost 提出应如何使用情报协议。他披露说，在 1983 年，英国前首相玛格丽特·撒切尔不能完全信任其两名部长，并要求监视他们。因为是针对高级政府官员的国内间谍行为，所以在法律上遇到一些困难，GCHQ 不能直接执行这项任务，于是就要求位于渥太华的 CSE 执行这项监视任务（Gratton1994）。

UKUSA 联盟的这次完全出于政治原因（而非国家安全）的行动，显示出它在任务布置上的方便性。情报机构的高层官员要求此次行动应获得批准的可能性不大，因为他们可能认为与最高层协商太多只会令事情无谓地复杂化。

Frost 同时还声称，在 1975 年他曾被要求侦查玛格丽特·特鲁迪，加拿大前总理皮埃尔·特鲁迪的妻子。显然，加拿大皇家骑警队（RCMP）的安保服务部门相信特鲁迪夫人可能与大麻的使用有牵扯。然而，CSE 经过数月监视，却没有任何重要发现。Frost 担心 RCMP 的请求背后包含政治动机：

她不可能涉嫌间谍活动。为什么 RCMP 对此坚信不疑？难道是他们出于某些原因，试图攻击皮埃尔·特鲁迪？或者只是想保护他？又或者他们是奉他们的政治领导人之命行事？

50.3　ECHELON 系统

ECHELON 系统主要针对国际通信卫星和国际海事卫星，这些卫星传送了大量全球民用、外交和政府电话及传真通信信号。在许多野外站点都能够截获这些卫星信号，例如，在英国康沃尔的莫温斯托站点，可以截获到发送给欧洲和非洲的卫星信号；在亚特兰大和印度洋之上，可以截获发送给西亚的卫星信号；华盛顿州的雅基马站点，可以监听太平洋和远东的通信；西维吉尼亚的舒格格罗韦的站点可以收集到北美和南美间的卫星信号。一台运行于澳大利亚杰拉尔顿的 DSD 设备和一台运行于新西兰怀霍派的 GCSB 设备，可以覆盖亚洲、南太平洋国家和太平洋地区。位于阿森松岛的另一个站点，疑似覆盖了南亚特兰大的通信（Poole，1999/2000）。

其他一些站点，监测另一些卫星的信号。这些卫星转发那些能引起 UKUSA 国家兴趣的信息，如坐落在满维斯山的基地，澳大利亚北部达尔文市附近的浅湾，加拿大的利特里姆（曾经转移到达姆施塔特），德国的巴特艾比林以及日本的三泽。

NSA 和 CIA 也使用其自己的卫星网络收集那些从地面传送器泄露到空

间的微波信号。之后，这些卫星将截获的信号下载到地面的野外站点。这些卫星包括20世纪60年代年发射的第一代间谍卫星，20世纪70年代发射的Canyon、Vortex、Magnum、Orion和Jumpseat等第二代卫星，20世纪90年代发射的Mercury、Mentor和Trumpet等第四代卫星，以及2000年发射的Intruder和Prowler系列等第五代卫星（Darling, n.d.）。

另外，在卫星通信变得如此重要之前，UKUSA协议国建立了一个世界范围的无线电网络监听站。现在，这些设备仍用来截获高频（HF）无线信号（它用于军事中的船舶和飞机通信）、特高频（VHF）无线信号和超高频（UHF）无线信号（经常用于短程战术通信）。

每个ECHELON站点维护自己的DICTIONARY关键词系统，用于在截获的数据中搜索信息。符合特定标准的信息都用一个代码来标识，这些代码表示信息的来源、主题、日期、时间和接收到信息的站点。之后，这些信息通过名为PLATFORM的全球计算机系统，传送到每个情报机构的总部（Bamford, 1983）。需要做进一步处理的信息，被组织成不同的分析类型：报告型——所截获信息的直接完全的译文；要点型——在给定的范围内，给出一系列消息的基本信息；总结型——根据报告和要点编辑而成的信息（Hagar, 1996a），之后根据敏感度和编码，对消息进行分类，如MORAY（秘密）、SPOKE（比MORAY密级高）、UMBRA（最高密级）、GAMMA（拦截到的俄罗斯信息）和DRUID（发送给非UKUSA部分的情报）等。

1992年，前NSA主管William Studeman阐述了通过类似ECHELON的系统，进行信息选择的过程[4]：

一个情报收集系统，可以每半小时生成一百万个输入；过滤器保留了6500个输入，将其余输入全部滤除；只有1000个输入符合进一步处理的标准。通常，只选择10个输入进行分析且只生成一个报告。这是许多负责技术情报收集的情报收集与分析系统的常规做法。

有关ECHELON的大量信息，构成了1988年坎贝尔文章的原稿，而这些信息的提供者是玛格丽特·纽旋。20世纪70年代后期，她是满维斯山软件系统支持人员。在那里工作期间，她见证了针对美国参议员斯特罗姆·瑟蒙德的电话信号拦截，虽然她泄露了此事，而且此泄露事件被报告给了内务委员会（Campbell，2000b），但却没有招致任何实际的调查。

尼基·海格描述了 ECHELON 的全部细节，他对新西兰政府通信保障局和国家安全局 ECHELON 系统的怀霍派站点（该站点从 1989 年开始运行）的活动情况，进行了连续 6 年的艰苦调查。文献 Hagar（1996b）中写道：

ECHELON 系统不是用于窃听某个人的电子邮件或传真线路，相反，该系统的工作目的是任意截获大量的通信信息，使用计算机从大量信息中识别和提取那些有用的信息。

从 1998 年到 1999 年，美国国家安全档案馆[5]的杰弗里·里彻逊利用《信息自由法令》，获得了官方文件，证实了 ECHELON 系统的真实存在和广泛的使用。1998 年，欧米茄基金会的史蒂夫·赖特为欧洲国会科学技术选择办公室（STOA）撰写了一个报告，从官方的角度证实了 ECHELON 系统的存在。这个由美国国家安全局运营并建立在欧洲的监视系统的泄露，引起了普遍的关注。1999 年，STOA 又获得一系列工作文件（Holdsworth，1999a）。这些文件将四项研究的结果结合在一起，其中之一是邓肯·坎贝尔的"拦截能力 2000"（1999b），揭露了该系统在政治和商业中的应用，引起了欧洲政府政客和媒体的严重担忧。他们特别关注该系统搜集商业情报的可能性，因为这可以在投标中使美国公司赢得超越欧洲公司的优势，使其获得有利的国际合同。

随着欧洲对 ECHELON 的关注迅速增加，2000 年 3 月，欧洲议会所有政治党团的 172 名成员签署一份提议，赞成针对 ECHELON，成立一个议会调查委员会。这项提议被主要政党驳回，取而代之的是，欧洲议会决定建立关于 ECHELON 系统的临时委员会，并任命 36 个欧洲议会议员（报告起草人：格哈德·施密德）[6]进行为期一年的调查，来证明该系统是否存在，并对所有法律问题和商业风险进行评估。该临时委员会没有被限制于只能处理与共同体法有关的事务（与调查委员会一样），例如，它可以调查欧洲公民的权利是否被充分保护，或判定欧洲工业界是否会因全球通信拦截而陷入风险之中。

2001年5月，委员会的成员为了履行实情调查访问了美国，与众多政客和情报官员进行了讨论。然而，美国政府中没有一个人愿意承认 ECHELON 系统的存在，美国国家安全局、中央情报局、国务院、商务部也拒绝与委员会对话。欧洲议会议员缩减了其访问旅程，带着一些愤怒和挫败感回到了本土（Perrot, 2001）。

2001年5月，临时委员会发表一份工作文件[7]。次月，发表了名为《关于全球私人和商业通信拦截系统的存在性（ECHELON 拦截系统）》的报告[8]。欧洲议会议员们不能找到关于工业间谍的确凿证据，然而，他们认为 ECHELON 造成的隐私威胁更加令人担忧。他们断定该系统不会像最初声明的那样，只关心世界范围的卫星通信拦截，这只是全部全球通信中的很小一部分。尽管提交的证据显示，ECHELON 系统为 55 000 名英国和美国特工，提供了它通过遍布全球的 120 个间谍卫星所收集到的数据，委员会仍然断定 ECHELON 还拦截了部分无线和有线通信。

2001年6月，委员会发表了关于解决方案的最终报告和提议[9]。临时委员会认为：美国情报机构的电子监视活动，即使是出于执法目的，也破坏了欧洲人权公约。报告得出结论：如果英国和德国政府不能防止位于其领土内的监听站点被不正当地用于拦截私有和商业通信，那么他们就可能违反共同体法律和人权条约。美国国家安全局最大的两个电子情报站点就位于巴特艾比林、巴伐利亚和英国的曼维斯山。

邓肯·坎贝尔在《拦截能力——影响和利用》中，向委员会提供了四个重要报告。2000年12月，委员会委托其对1999年的《拦截能力2000》报告进行更新和扩展，这些意见就来自此项工作。这些意见覆盖了通信情报（COMmunications INTelligence，COMINT）在经济、法律、人权、近期政治和技术发展等领域的使用，并于2001年1月22日和23日在布鲁塞尔做了介绍。第一篇文章总结了 ECHELON 在 COMINT（Campbell, 2001a）中的作用，并指出当时很少有媒体报道有关 ECHELON 的新信息。坎贝尔指出，之前所说的 ECHELON 系统有能力"在欧洲内部拦截所有电子邮件、电话和传真通信"这一断言是错误的，尽管美国国家安全局的全球信号情报能力可以处理世界上大多数的卫星通信（Campbell，2000a）。

第三篇文章（Campbell，2001a）揭露了英国是如何保护美国、加拿大、澳大利亚免受那些与本国法律不一致的拦截的权利，但却不向欧洲提供这种保护。第四项研究是关于政治和技术发展，这部分是以幻灯片的方式展示[10]的。

经济间谍活动

坎贝尔向临时委员会提出的第二个意见是"通信情报对国际间贸易的影响"（Campbell，2001b），并且描述了自 1992 年以来，因美国政府使用 ECHELON 系统而使欧洲遭受了巨大的就业和财政损失。这些损失估计在 130 亿到 1450 亿美元之间。这篇文章还引用了一些附件，这些附件描述了（在其他事情中）美国贸易促进协调委员会（TPCC）和克林顿总统建立的倡导中心（Advocacy Center），直接从中央情报局和国家安全局获取情报。

前面提到的 STOA 报告指责美国使用 ECHELON 系统进行经济间谍活动，用来帮助美国公司在主要合同上获得超越欧洲竞争者的优势。2000 年，前中央情报局负责人詹姆斯·沃尔赛在华尔街时报的一篇文章中指出：美国政府的政策，是使用美国间谍系统来对欧洲公司进行情报刺探，目的是通过收集行贿和不公平交易证据，使竞争环境更加公平（Woolsey，2000）。

坎贝尔的文章详细描述了在"冷战"之后，美国情报收集的重点所经历的主要变化，还介绍了美国 40%的情报收集需求是以经济方面作为部分或全部目的。布什总统在 NSD-67（国家政策纲领 67 号）文件中，批准通过了经济情报新重点，该文件于 1992 年 3 月 20 日发布。

临时委员会没有发现类似于 1994 年至 1996 年出现在美国媒体中的，有关欧洲经济损失的新报道。然而，临时委员会确实发现，美国国家安全局的这类活动在欧洲是非法的。委员会还指出"所有欧盟成员国都有自己合适的刑事审判系统。如果证据显示有犯罪行为，美国必须将执法任务留给东道国。"

这篇报道同时指出："对隐私权的干涉必须适当，此外，必须选择那些危害最小的方法"。因为欧洲人只能力图在本国，而不是在美国法庭上获得赔偿。那么：

对欧洲公民而言，由欧洲情报机构实施的干预行动，应被视为比美国情报机构所实施的干预行动具有较小的危害性。

委员会的这份草案报告因而得出如下结论：

似乎一定有好的理由，在欧洲人权法庭（ECHR）上，要求德国和英国认真履行其职责；按照 ECHR 的要求，对美国国家安全局在其领土上所开展的更深层的情报活动进行授权。

这项报告还指出："ECHELON 之类的系统的出现，可能对隐私和商业构成威胁。这不仅因为它是一个特别强大的监视系统，还因为它运行在一个很大的没有法律限制的区域"。这就需要欧洲开发并改进"对用户友好的开源加密软件"，并使"加密成为常态"。按照成员国中的最高防护水平，针对情报收集活动，确立一个共同的防护标准。

委员会特别批评了英国和一些其他没有对监视进行议会监督的成员国，它指出政府需建立"专门的、正规组成的监测委员会，负责监督和审查情报机构的活动。"政府还需要呼吁欧洲议会召开一次由欧洲非政府组织、美国和其他国家参加的国际会议，以提供一个保护隐私免受电信监视侵犯的论坛。

政治间谍活动

欧洲委员会之所以将注意力集中于经济间谍行为，也许是因为相信政治活动过于微妙，或是考虑到这是个别政府的特权。毫无疑问，ECHELON 监视和拦截技术，一定会被使用于政治活动领域。例如，在 1992 年，几位前

GCHQ 的官员满怀信心地告诉《伦敦观察家日报》，像国际特赦组织、绿色和平组织、基督教互助会这样的组织，都是间谍行为监测的目标（Merritt, 1992）。《观察家》还披露了一些事实，如英国联合情报委员会的前雇员罗宾·罗宾逊提到，《观察家》在 1989 年出版的一份报纸中声称，在一项金额高达几十亿英镑的对沙特阿拉伯的武器交易中，有人贿赂了撒切尔夫人的儿子马克·撒切尔。随后，撒切尔夫人亲自下令对《观察家》的母公司 Lonrho 进行通信拦截。尽管面临违反官方保密法令的风险，罗宾仍然承认，他曾经将截获的 Lonrho 的消息送到撒切尔夫人的办公室（O'Shaughnessy, 1992）。

ECHELON 和其他国家的情报部门是否经常参与国内监视，这一点虽然并不十分清楚，但是不难假设，UKUSA 联盟庞大的情报网，以及 ECHELON 所提供的先进的监视技术不仅可以用于监测国家安全威胁，而且可以并经常被用于实现政治控制的目的。

美国国家安全局（NSA）[11]

1982 年，在詹姆斯·班福德的《迷宫》（The Puzzle Palace）一书中（Bamford, 1982），首次将美国国家安全局的历史和活动带入全球读者的视野[12]。班福德与美国国家安全局有着某种微妙的关系，美国国家安全局在班福德第一次公开其工作时，曾经威胁要控告他，之后却又祝贺班福德出版了有关美国国家安全局的第二本书《秘密之躯》（Body of Secrets）（Bamford, 2001）。

美国国家安全局是哈利·S. 杜鲁门总统于 1952 年秘密建立的，是当时美国信号情报和通信安全（COMSEC）活动的焦点。信号情报被分为通信情报（COMINT）和电子情报（ELINT）。自建立以来，其总部就一直设在马里兰州的乔治堡克米德（距离华盛顿哥伦比亚特区东北部约 10 英里或 16 公里）。

国家安全委员会情报主管将 COMINT 定义为："由非意定接收者从国外通信中获取的技术和情报信息"。国家安全委员会对 COMINT 的定义是："对未加密的书面通信、媒体、宣传广播信息进行拦截、处理或检查。"

通信信号（电子邮件，传真，电话拦截）由国家安全局在全球范围内的站点收集，经过初步处理的信息被送到米德堡做进一步的分析。最终结果将提交给其他机构，如美国中央情报局（CIA）或国防情报局（DIA）。美国国家安全局的工作人员既有平民，也有军事人员，尽管它为军方情报部门（这些部门统称为中央安全服务（CSS））维护的场站站点提供信号情报收集方面的指导。

早在1960年9月，两名国家安全局分析专家弗农·米切尔和威廉·马丁，先是叛逃到苏联，然后在莫斯科举行的记者招待会上，向世界公开了国家安全局的行为：

根据我们在国家安全局的工作经历，美国已经读取了超过40个国家的秘密通信，包括美国的长期盟友。几乎世界上每个国家的通信，无论加密通信还是明文通信，都被美国监视过，这里还包括那些设有地面拦截站点的国家[13]。

国家安全局和政治间谍活动

美国国家安全局经常受到涉嫌政治间谍行为的起诉。例如，总统顾问约翰·亚列舒曼透露，亨利·基辛格曾经让美国国家安全局拦截当时的国务卿威廉·罗杰斯的通信消息（Ehrlichman, 1982）。基辛格曾说，要使用这些信息来说服总统尼克松，证明罗杰斯的无能。然而，当美国总统理查德·尼克松获悉基辛格在秘密地与外国政府来往时，基辛格本人也成为了美国国家安全局间谍网络的监视目标（Shane & Bowman, 1995）。

1969年，很多人被指参与了国内的颠覆活动，并将这些人列入尖塔（MINARET）行动的监视名单。这份名单中包括马丁路德金、马科尔姆、简·方达、琼·贝兹和本杰明·斯波克博士等人。美国国家安全局指示其工作人员"限制了解"其收集到的信息，并将其名字从这些收集到的资料中删去[14]。1973年10月，助理司法部长 Henry Petersen 和总检察长 Elliot Richardson 断定这份监视名单的"合法性可疑"。

1970年，尼克松总统指示国家安全局"使用国际设施来监视美国公民的通信"。因此，国家安全局在相当一段时间内，对美国人，特别是对部分越战示威者，进行了秘密监视。这些行动不需要逮捕证，国家安全局可以直接决定监视谁，以及在何时何地采取监视行动（Poole，1999/2000）。

对反战示威者的窥探监视，导致了20世纪70年代中期两院委员会聆讯的形成。调查认定国家安全局在名为"三叶草"（SHAMROCK）的行动中进行了通信拦截。一部分美国公民成为监视对象，同时，所截获的资料被发送给美国联邦调查局、中情局、特勤局、禁毒局、麻醉和危险药物局（BNDD），以及国防部[15]。

在参议员举行听证会期间，Lew Allen 将军和国家安全局负责人在公开会议上作证，并介绍了国家安全局的职责，内容如下：

国家安全局的使命，是从国外的电子通信信号和雷达信号中获取国外情报。在这些信号的拦截中，使用了多种技术，并通过特定程序来处理、存储和分析所拦截到的信号，这些处理程序会拒绝不当或不必要的信号。最后，根据不同机构对情报的需求，将从这些信号中得到的国外情报分发给各个政府机构[16]。

1975年8月，艾伦将军告诉美国众议院的专责委员会（派克委员会）："在语音和有线通信方面，国家安全局系统地拦截了国际通信"，他还说"收集外国情报的过程中，剔除了美国公民所发送和接收的消息。"

派克委员会的最后一份报告建议，国家安全局应对自己的行为负责，并建议其应该受到法律的约束。他们的建议促成了1978年《外国情报监视法》（FISA）的出台，该法案创立了国外情报监视法庭（FISC），它负责对电子监视和物理搜索请求进行授权。1979年到1995年间，FISC每年都发放大约500个FISA授权，之后的增长变得缓慢，截至2004年，共发放了1758个授权。

有关情报界的立法非常复杂，并且需要很长的时间来制定。直到1992年，国家安全局才收到一个有效的特许状。然而，该特许状是以一系列命令的形式提供的,这些命令包括:福特总统于 1976 年 2 月 18 日签发的行政命令(要求政府在美国境内进行针对国外情报的电子监视时,应获得特许状)[17],以及 1979 年卡特总统签署的命令(授权总检察长,只需在符合 FISA 规定的条件下,即可批准无需特许状的电子监视,以获得外国情报。这些被监视的通信是国内与国外的通信,或外国之间的通信,或者是受到国外势力"公开并专有"的控制,而且在监视过程中不太可能获得美国公民的通信内容)[18]。1981 年 12 月,里根总统签署了一个命令,将国家安全局交由国防部长负责[19]。

里根政府还指示美国国家安全局监听马里兰州国会议员 Michael BARNES 放置在尼加拉瓜官员处的电话。在与尼加拉瓜外交部长的一次谈话中,他对强迫执行戒严法提出抗议,这个消息很快被透露给了记者。

50.4 当前问题

针对联合国的间谍活动

2003 年 3 月 2 日,《观察家报》发表了一份被泄露的国家安全局备忘录,日期 2003 年 1 月 31 日。该备忘录显示,美国已发展了"激进的监视行动,该行动对联合国代表的家庭电话、办公电话、电子邮件进行拦截"。这份备忘录的目的,是为了"赢取有利于发动伊拉克战争的赞成票",备忘录还被递交给国家安全局的高级代理人和英国的 GCHQ(Bright, Vulliamy,& Beaumont, 2003)。

《观察家》的报道中解释道:

这份泄露的备忘录清楚地说明了高级监视工作的目标,即位于纽约联合国总部的安哥拉、喀麦隆、智利、墨西哥、几内亚和巴基斯坦等国的代表——即所谓的"中间六个"(Middle Six)代表。以美国和英国为首的主战方,和以法国、中国、俄罗斯为首的主张由联合国进行更多调查的国家,在争夺这六个国家代表的投票。

GCHQ 一名翻译人员 Katharine Gunn 后来被官方秘密逮捕,她被指控与备忘录的泄露有关。但她表示不打算认罪,理由是她认为自己的行为是正当的,防止了一场非法战争的爆发。英国政府最终撤销了对她的指控。在此期间,这一事件几乎没有出现在任何一家美国媒体上。就像 Norman Solomon 所说的那样:

与这位泄露了国家安全局备忘录的女性的勇气,以及曝光它的《观察家》团队的精神形成鲜明对比的是,强大的美国新闻媒体对此事的态度就像打了个呵欠一般。因为美国媒体对国家安全局的非法间谍活动缺乏关注,布什政府的高层官员如释重负并大受鼓舞(Solomon,2005)。

在备忘录泄露了五天之后,也就是 2 月 5 日,美国国务卿鲍威尔向联合国安理会做了一次戏剧性的演说。在演说中,他播放了国家安全局所截获的伊拉克战地指挥官的通信,并展示卫星图片,试图以此说明对伊拉克进行军事干预的必要性。在海湾战争中,信号情报所起的作用至关重要 [20]。

ECHELON,国家安全局,恐怖主义

美国的"反恐战争"允许国家安全局开展并扩大相关的间谍和监视活动。政府和监视机构利用俄克拉何马爆炸事件、纽约世贸中心的袭击事件,以及达累斯萨拉姆、坦桑尼亚、肯尼亚内罗毕的爆炸事件来证明对世界人民和组织进行监视的合理性。ECHELON 系统被已经成功地应用于国际和国内的通信监视领域,可以监测到国际犯罪行为。以下是已声明的成功案例:

- 1962 年,发现了古巴导弹基地。
- 1995 年,逮捕了 Achille Lauro 恐怖分子。
- 披露了利比亚参与柏林迪斯科舞厅爆炸案,该爆炸案使一名美国男子丧生(并导致了 1996 年的黎波里爆炸案)。

诸如上述事件,以及其他一些被成功预防的事件,成为那些要求建立大规模、自由分布的监视系统的论点的论据。

美国并不想成为一个不断刺探公民行为,并对自己的行为不负任何责任

的国家。事实上，在这一方面，宪法已经增加了部分内容，以限制政府的权力并保障个人的权利。然而，当一个国家处于战争或戒严状态时，经常会遇到一些困难。国家和/或军队经常以损失人民的自由为代价，换取较高的国家和个人安全。布什总统表示，美国目前正处于"反恐战争"阶段，即使不是永久地，也会在相当长的时间内，与难以确定和监视的敌人做斗争。在这种情况下，会迫使人们去走捷径，但就安全和自由的概念而言，这将会产生误导并隐瞒某些行动和意图。

例如，仅在9月11日美国纽约和五角大楼遭受袭击的几天之后，美国司法部律师John Yoo就写了一份备忘录，认为政府很可能"在未经任何许可的情况下，使用比现有执法机构功能更强大和更精密的电子监视技术和设备，来拦截电话通信并观察人们的动向"。他指出，虽然这些行动可能引起一些宪法问题，但在面对具有毁灭性的恐怖袭击时，"政府或许有理由采取措施，这些措施很可能毫不费力地侵犯个人自由"（Isikoff, 2004; Risen & Lichtblau, 2005）。

正是这段时期，布什总统发出了一个秘密指令，授权国家安全局，无需按FISA的要求获得特别法庭的许可，即可对涉嫌与恐怖主义有关的人员进行电话监听。这项监视方案一直被隐瞒，直至2005年12月《纽约时报》报道了此事。这篇报道隐含着一份声明，即《纽约时报》在白宫的要求下，推迟了一年才得以发布这篇报道，原因是"文章可能危及事件的继续调查，并提醒那些想要成为恐怖分子的人，他们可能正被严密监视。"

该文章强调：

先前这个未公开的、允许未经法庭批准在国内进行窃听的决定，对美国情报收集实践而言，尤其对负责刺探国外通信的国家安全局而言，是一个重大转变。

文章还提到：

大约12个现任和前任的官员，由于该计划的秘密性，获准匿名地与《纽约时报》的记者进行了讨论，因为他们很关注行动的合法性和监督性（Isikoff,

2004；Risen&Lichtblau，2005）。

文章指出，官员们发表的声明与国家安全局极为相似，该方案允许在未经许可的情况下，每次最多监听500个美国境内人员，对海外人员的监听则高达5000到7000人。文章还提到，窃听活动协助发现了伊曼·法里斯的计划（此人在2003年因为支持恐怖网络阿盖达和计划破坏鲁克林大桥而认罪），同时协助暴露了2004年可能针对英国酒吧和火车站的袭击计划。尽管如此，大多数被国家安全局监视的人似乎并没有那么紧张。

政治间谍活动

另据2005年4月披露的消息，根据前面提到的计划，近期美国国家安全局局长Michael Hayden将军批准了对过去和现任的美国政府官员进行电话窃听。在围绕提名副国务卿John R. Bolton担任联合国大使的论战中，这些窃听起了关键作用（Madsen，2005）。

在Bolton参加参议院外交委员会的提名听证会期间，参议员Christopher Dodd指出，Bolton曾要求得到针对具名的美国政府官员与外国人士之间交谈的10次窃听的副本。之后，又有文章指出，Bolton在另外9次窃听中识别出几家美国公司（国家安全局视这些公司为"美国人士"）。国家安全局内部人员报告说，Hayden批准了对Bolton的特殊窃听行动，并且以"训练任务"做掩饰隐瞒了此次行动，从而避开了国家安全局的内部规定，这些规定通常禁止此类针对美国公民的窃听行为。

这些披露国家安全局在未经许可的情况下参与国内监视的报道，立刻获得了强烈反响。在不少美国媒体报道之后，国会听证会审查了2006年2月计划的合法性。有证据表明：国家安全局曾在布什总统正式批准之前就开始实施了这些活动，并在行动中与其他机构进行了合作，如与美国电信公司合作，与包括国防情报局在内的其他机构进行了信息共享。

2006年2月，美国国家档案馆、国家公民自由协会（ACLU）、电子隐私信息中心（EPIC）提起了关于信息自由的诉讼，迫使司法部及时出示监视计划的内部法律依据。结果，司法部做出让步，宣布将尽快开始公开用于制定计划的内部法律备忘录。以上结果及进一步的调查，很可能对情报组织、布什政府、美国人民产生深刻影响。

50.5　结束语

间谍职业经常被称为"第二古老职业"。众所周知，历史上没有哪个政府间是完全信任对方的（即使他们互为盟友），而且在隐藏自己的秘密的同时，彼此间经常关注对方的秘密行动。政府对本国公民的监视程度，或许会出乎很多人（特别是民主国家）的意料。包括政府亲自选出的军官和公务人员在内，都可能成为国家安全系统的目标，可他们却不知道具体的原因，也不知道他们自身的哪些活动会被记录保存。

ECHELON 系统和国家安全局的活动，只是漫长的监视活动发展历史中的最近一部分。政府当局和那些自认为是社会现状和人民福祉的保护者，早就开始发展和执行了这些监视活动。但当这些活动是以获得个人和政治优势为目的的时候，问题便出现了。这就是为什么国家必须为安全活动的责任性提供保障和法律保护。广大市民和监督机构需要不断地保持警觉，以确保自身权利受到保护，以及统治系统得到改进。尤其当国家因紧急情况和出现广泛的安全问题而处于动荡阶段时，更应该如此。

《纽约时报》披露了国家安全局对美国公民和官员的非许可监视，这在国内引起了重大争议，并针对其中的一些问题进行了争论和辩论，其中包括：

- 对美国公民进行无许可监听的合法性（Eggen，2006；Halperin，2006）
- 美国公民的隐私权[21]
- 关于总统权利和权力分立的宪法问题（Dreazen，2006）
- 行动的效果（Bergman, Lichtblau, Shane & van Natta，2006）和范围（Gellman, Linzer, & Leonning，2006）
- 高机密信息发布的合法性[22]

- 美国国家安全的结论[23]

显然，国家安全局的能力和行为遭到了外国和美国公民的怀疑和不满。无论国家安全局采取的做法是否真的合法，美国官员都认为国家安全局的活动是合理的，他们认为有必要拦截事关国家安全、国际恐怖主义及毒品贸易等方面的信息。

计算机科学和电子通信行业的发展一日千里，深刻地影响了程序和技术在"第二古老职业"中的发展。新技术正被迅速和有效地接受和利用。有时，这些新技术的发展速度，远远超过了法律体系和指导方针在保护个人权利方面的更新速度。或许对一个社会最大的考验，就是对这些新情况和新挑战的响应和处理方法。

参考文献

Bamford, J. (1982). *The puzzle palace: Inside the National Security Agency, America's most secret intelligence Organization.* Boston: Houghton Mifflin Bamford, J. (2001). Body of secrets: Anatomy of the ultra-secret National Security Agency. New York: Doubleday.

Bergman, L., Lichtblau, E., Shane, S., & van Natta, D., Jr. (2006, January 17). *Spy agency data after Sept.* 11 led FBI to dead ends. The New York Times. http://www.commondreams.org/headlines06/0117-01.htm

Bright, M., Vulliamy, E., & Beaumont, P. (2003, March 2). *Revealed: US dirty tricks to win vote on Iraq war: Secret document details American plan to bug phones and emails of key security council members.* The Observer. http://observer.guardian. co.uk/iraq/story/0,12239,905936,00.html

Campbell, D. (1988, August 12). *They've got it taped: Somebody's listening.* New Statesman. http://www.gn.apc.org/duncan/echelon-dc.htm

Campbell, D. (1999b, October). *Interception capabilities 2000.* European Parliament Scientific and Technological Options office (STOA) report, PE 168.184/Vol2/5. http://www.europarl.eu.int/stoa/publi/pdf/98-14-01-2_en.pdf

Campbell, D. (2000a, July 25). *Inside Echelon.* Telopolis, Hannover. http://www.telepolis.de/english/ inhalt/te/6929/1.html

Campbell, D. (2000b, February 25). *Making history:The original source for the 1988 first Echelon report steps forward.* http://cryptome.org/echelon-mndc.htm

Campbell, D. (2001a, May 27). *Interception capabilities:Impact and exploitation: Paper 1:*

Echelon and its role in COMINT. http://www.heise.de/tp/r4/artikel/7/7747/1.html
Campbell, D. (2001b, May 27). *Interception capabilities: Impact and exploitation: Paper 2: COMINT impact on international trade.* http://www.heise.de/tp/r4/artikel/ 7/7752/1.html
Campbell, D. (2001c, May 27). *Interception capabilities: Impact and exploitation: Paper 3: COMINT, privacy and human rights.* http://www.heise.de/tp/r4/artikel/7/7748 /1.html
Darling, D. (n.d.). *SIGINT satellites.* In The encyclopedia of astrobiology astronomy and spaceflight, the worlds of David Darling. http://www.daviddarling.info/encyc lopedia/S/SIGINT.html
Dreazen, Y. J. (2006, February 9). *Expert on Congress's power claims he was muzzled for faulting Bush.* The Wall Street Journal.
Eggen, D. (2006, January 19). *Congressional agency questions legality of wiretaps.* The Washington Post. http://www.washingtonpost.com/wp-dyn/content/article/2006/ 01/18/AR2006011802158.htm
Ehrlichman, J. (1982).Witness to power: The Nixon years. Pocket Books.
Gellman, B., Linzer, D., & Leonnig, C. D. (2006, February 5).*Surveillance net yields few suspects: NSA's hunt for terrorists scrutinizes thousands of Americans, but most are later cleared.* The Washington Post. http://www.washingtonpost.com/wp-dyn/ content/article/2006/02/04/ AR2006020401373.html
Gratton,, M. (1994). *Spyworld: Inside the Canadian and American intelligence establishments.* Canada: Doubleday.
Hagar, N. (1996a). *Secret power: New Zealand's role in the international spy network.* New Zealand: Craig Potton Publishing. http://www.fas.org/irp/eprint/sp/sp_c2.htm
Hagar, N. (1996b, December). *Exposing the global surveillance system.* Covert Action Quarterly, 59.http://caq.com/CAQ/CAQ59GlobalSnoop.html
Halperin, M. H. (2006, January 6). *A legal analysis of the NSA warrantless surveillance program.* Center for American Progress.http://www.americanprogress.org /site/pp.asp?c= biJRJ8OVF&b=1334 469
Holdsworth , D. (Ed.). (1999a, October). *Development of surveillance technology and risk of abuse of economic information European Parliament Scientific and Technolog- ical Option office (STOA) report.* http://www.europarl.eu.int/stoa/ publi/pop-upen.htm
Isikoff, M. (2004, December 18). 2001 memo reveals push for broader presidential powers. Newsweek. Retrieved May 21, 2007 from http://www.msnbc.msn.com/id/67 32 484/site/newsweek/
Madsen, W. (2005, April 25). *NSA intercepts for Bolton masked as "training missions."* Online Journal Contributing. http://www.onlinejournal.org/Special_Report s/042505Madsen/042505madsen. Html
Merritt, J. (1992, June 18). *UK: GCHQ spies on charities and companies——fearful whistlelowers tell of massive routine abuse.* The Observer (London).
O'Shaughnessy, H. (1992, June 28). *Thatcher ordered Lonrho phone-tap over Harrods affairs.* The Observer(London).
Peck，W. (1972, August)..U.S. electronic espionage: A memoir. Ramparts, 11(2), 3550. http://jya.com/nsaelint.htm
Perrott, A. (2001, June 7). *Echelon: Spying chain's cover blown.* New Zealand Herald.

http://www.commondreams.org/headlines01/0607-03.htm

Poole, P. S. (1999/2000). ECHELON: America's secret global surveillance network.http://fly.hiwaay.net/~pspoole/echelon.html

Richelson, J. (1989). *The U.S. intelligence community* (2nd ed.). Ballinger.

Richelson, J., & Ball, D. (1990). *The ties that bind: Intelligence cooperation between the UKUSA countries: The United Kingdom, the United States of America, Canada, Australian and New Zealand* (2nded.). Boston: Unwin Hyman.

Risen, J., & Lichtblau, E. (2005, December 16). *Bushlets U.S. spy on callers without courts.* The New York Times. Retrieved May 21, 2007 from http://select.nytimes.com/gst/abstract.html?res=F00F1FFF3D54

Shane, S., & Bowman, T. (1995, December 12). *Catching Americans in NSA's net.* The Baltimore Sun.0C758DDDAB0994DD404482.

Solomon, N. (2005). *War made easy: How presidents and pundits keep spinning us to death.* NJ: John Wiley& Sons.

Woolsey, R. J. (2000, March 17). *Why we spy on our allies.* The Wall Street Journal. http://crypto me.org/echelon-cia2.htm

Wright, S. (1998, January). *An appraisal of technologies of political control.* European Parliament Scientific and Technological Optional office (STOA) report. http://mprofaca.cronet.com/atpc2.html

术语和定义

ACLU：美国公民自由联盟

BNDD：美国毒品和危险药品局

CIA：美国中央情报局

COMINT（Comunications Intelligence）：SIGINT 的主要部分，是从外国通信中获得的技术和情报信息

COMSEC：通信安全

CSE：加拿大通信保安局

CSS：美国中央安全服务中心

DIA：美国国防情报局

"字典"（DICTIONARY）：一种基于计算机的系统，可以自动地从目标列表中选择所拦截到的电子消息，这些消息中可能含有特定的名称、日期、

地址、主题等信息的组合

　　DRUID：发送给非 UKUSA 部门的情报的代码

　　DSD：澳大利亚国防安全署

　　ECHELON：信号情报系统的一部分，它涉及了卫星拦截技术

　　ECHR：欧洲人权法庭

　　EPIC：美国电子隐私信息中心

　　EU：欧洲联盟

　　FBI：美国联邦调查局

　　FISA：美国 1978 年外国情报监视法案

　　FISC：美国外国情报监视法庭，它对监视和搜索行动授权

　　GAMMA：俄罗斯侦听的代码字

　　GCHQ：英国政府通信总部，总部位于切尔滕纳姆市

　　GCSB：新西兰政府通信安全局

　　MEP：欧洲议会成员

　　MINARET：1969 年左右的美国监视行动，目的是跟踪参与国内破坏活动的嫌疑人

　　MORAY：秘密文档的密级代码

　　NGO：非政府组织

　　NSA：美国国家安全局，总部位于马里兰州的米德堡

　　NSD：美国国家安全指令

　　PLATFORM：美国情报部门使用的一种全球性的计算机系统

　　RCMP：加拿大皇家骑警

　　SHAMROCK：美国在 20 世纪 70 年代进行的一次针对美国公民的行动

　　SIGINT（Signal Intelligence）：从大量电子资源（电话，传真，电报，邮件等）中搜集信息。SIGINT 被分为"通信情报"（COMINT）和"电子情报"（ELINT）

　　SPOKE：比 MORAY 密级更高的档案密级代码

STOA：欧洲议会的科技选择评估办公室

TPCC：美国贸易促进协调委员会

UMBRA：最高密级档案的密级代码

UKUSA：一个将美国国家安全局与英国政府通信总部的人员和站点联合在一起的情报联盟。后来，加拿大通信保安局、澳大利亚国防安全署和新西兰通信安全总局等三个英联邦国家的情报网也加入其中

附注

[1] 见http://www.gn.apc.org/duncan/echelondc.htm。

[2] 《秘密力量——新西兰在国际间谍网络中的作用》，见http://www.fas.org/irp/eprint/sp/sp_c2.htm。

《揭露全球监视系统》，见 http://caq.com/CAQ/CAQ59GlobalSnoop.html

[3] 见http://jya.com/nsa-elint.htm。

[4] 1992年12月，国家安全局前局长，时任中央情报局副局长和舰队副司令的William Studeman在"国家安全和国家竞争力：开源解决方案"研讨会上的致辞。

[5] 见2000年2月25日的Duncan Campbell文章："创造历史：1988年第一份Echelon报告来源的进展"，网址http://cryptome.org/echelon-mndc.htm。

[6] 详见http://www.europarl.eu.int/comparl/tempcom/echelon/mandate_en.htm。

[7] 《有关一个全球性的隐私和商业通信拦截系统（ECHELON拦截系统）的存在性报告的工作文档》，2001年5月8日，网址http://fas.org/irp/program/process/europarl_draft.pdf。

[8] 《有关一个全球性的隐私和商业通信拦截系统（ECHELON拦截系统）的存在性报告草稿》，Gerhard Schmid，2001年5月18日，网址http://www.fas.org/irp/program/process/prechelon_en.pdf。

9 《有关一个全球性的隐私和商业通信拦截系统（ECHELON拦截系统）的存在性，解决动议》Gerhard Schmid，2001年7月11日，网址：http://cryptome.ort/echelon-ep-fin.htm。

10 见《ECHELON违反人权条约》，网址http://www.cndyorks.gn. apc.org/yspace/articles/echelon22.htm。

11 从华盛顿大学国家安全档案馆（网址http://www.gwu.edu/ ~nsar chiv/）中获得的有关国家安全局活动的最新信息和新闻，其他资料来源："NSA观察"，网址http://www.nsawatch.org/。

12 官方网站http://www.nsa.gov/history/index.cfm。

13 1960年9月7日《纽约时报》，被Duncan Campbell在《Echelon内幕：一个全球监视系统的历史、结构和功能》，2000年7月25日，网址http://www.heise.de/tp/r4/artikel/6/6929/1.html。

14 MINARET Charter, 7/1/69, Hearings, Vol. 5, Exhibit No. 3, pp. 149-150.

15 《关于情报活动与美国权利的详细参谋报告的补充：第3册》，美国参议院政府行动研究特别委员会关于情报活动的最后报告，1976年4月23日，网址http://www.icdc.com/~paulwolf/cointelpro/churchfinalreportIIIj.htm。

16 美国国家安全局局长Lt. Gen. Lew. Allen, Jr.在美国第94届国会上的证言，见Hearings（卷5）之第17页。

17 杰拉尔德·福特，"第11905号总统行政令"，"美国外国情报活动"，1976年2月18日，原文来自《每周总统文件汇编》，第12卷，第8期，1976年2月23日。

18 吉米·卡特，"第12139号总统行政令"，"外国情报电子监视"，1979年5月23日。

19 罗纳德·里根，"第12333号总统行政令"，"美国的情报活动"，1981年12月4日，网址http://www.fas.org/irp/offdocs/eo12333.htm。

[20] 例子见"SIGINT与战争",网址http://cndyorks.gn.apc.org/mhs/mhswar.htm。

[21] 例子见"电子隐私信息中心"——http://www.epic.org/。

[22] 例子见"美国公民自由联盟",网址http://www.aclu.org/。

[23] 例子见"华盛顿大学国家安全档案馆",网址http://www.gwu.edu/~nsarchiv/。

第 51 章 国际赛博犯罪公约

Sylvia Mercado Kierkegaard
（国际IT律师联合会，丹麦）

互联网具有全球性的特点。来自产业界的压力日渐增长，促使立法者采取措施处理跨疆界的赛博犯罪问题，制定赛博犯罪公约。《赛博犯罪公约》是国际上第一个有关通过互联网和计算机网络实施犯罪的协议，主要处理侵犯版权、计算机相关诈骗、儿童色情和侵害网络安全等犯罪行为。正如序言中所述，其主要目标，是在保护社会免受赛博犯罪侵害方面达成政策共识，特别是通过制定适当的法律和加强国际间合作来实现。条约的不足之处，在于它赋予政府的权力太多，而没有相应的检查和平衡机制，也没有保护网络用户的公民权利。

51.1 引言

信息技术，主要是互联网，给社会带来了巨大的好处。然而，有组织的犯罪正在网络空间里兴起，例如，人为的非法交易和其他犯罪。世界各国政府和私营企业官员，正在寻求办法共同应对赛博犯罪。赛博罪犯进行各种犯罪活动，例如，销售遭受黑客攻击的私人电脑的网络使用权，来发送垃圾邮件或发起网络攻击，或销售能够盗用系统的新安全漏洞。安全专家们对网络黑客团伙日趋精湛的网络技术十分担忧。赛博犯罪数量的增加，凸现了互联网用户的易受侵犯性，尤其是越来越多的人开始依赖互联网。

通过法律解决互联网犯罪的巨大障碍，仍然是国与国之间的界限。互联网作为空想家和科学家们设计出来的全球计算机网络，已被黑客、网络诈骗、其他形式的受制于多个司法管辖权的青少年犯罪，以及有组织的团伙犯罪所利用，使执法人员和政府首脑们极为恼怒。毫无疑问，计算机犯罪和计算机滥用，已演变为持续增长的隐患，影响了商业、良性竞争和公民隐私权。由于互联网具有全球性的特点，而且随着产业界施加的压力日渐增长，要求立法者制定针对跨疆界赛博犯罪问题的法律——欧洲理事会的《赛博犯罪公约》。本章将讨论公约中的若干典型条款，及其对网络社会可能产生的影响。本章的主要目的，是解读该条约能否快速有效地制裁不断增长的赛博犯罪，能否消除无疆界限制的互联网所产生的威胁。

51.2 赛博犯罪

虽然"新兴赛博犯罪的出现引起了媒体的广泛关注"（Michalowski, 1996），但是对"什么是赛博犯罪"，还没有一个被普遍认可的定义。2005年的牛津法律字典，将赛博犯罪定义为"通过互联网实施的犯罪。虽然没有特定的有关互联网的法律，但这类犯罪可以包括黑客入侵、在互联网上对他人的诽谤中伤、侵犯版权和诈骗"。大英百科全书将互联网犯罪定义为"任何以计算机为工具实施的非法活动，比如诈骗、非法传播儿童色情、贩售知识产权、盗用他人身份或者侵犯隐私"。

赛博犯罪的定义还在不断演变，已经扩展到涵盖任何一个牵扯到计算机的不法行为，还扩展到网络空间里或与计算机相关的一切有犯罪企图的活动。

为制约计算机相关犯罪，目前出台了一系列法律理论和互联网立法。赛博犯罪既没有全部地，也没有部分地被涵盖在大部分现有的法律体系里面。

比如说，Reonel Ramones 编写了爱虫病毒，但是没有被起诉，因为菲律宾没有制裁计算机犯罪的相关法律。与罪恶斗争的斗士们，对于缺乏统一法律已经忍无可忍，这促使欧洲理事会和美国通过协调独立刑法与合作方法，在多国层面上解决法律问题。

51.3 赛博犯罪真的是一种威胁吗？

2005 年，E-Crime Watch 的调查结果表明，对抗电子犯罪的战役已开始获得回报。2005 年的 E-Crime Watch 调查，是由 CSO 杂志、美国情报机关和卡耐基梅隆大学协同开展的。此次调查，是为了挖掘电子犯罪的对抗趋势和技术，包括相关的最佳实践和和未来趋势。受访者以整个的 2004 日历年度为基础作答，在 819 位受访者中，13％认为电子犯罪（包括互联网、系统或数据入侵）的总体数量比前一年度减少了，在 2004 年的调查中[1]，这个数字是 6％；35％认为电子犯罪增加了；还有 30％认为没有变化。大约 32％的受访者遭遇的电子犯罪少于 10 次（同 2004 报告的 25％相比较），而每个受访者遭遇电子犯罪的平均次数下降到了 86 次（明显少于 2004 年调查中的 136 次）。受访者反馈，电子犯罪给每个机构造成的平均损失为 506 670 美元，总体损失高达 1.5 亿美元。尽管自 2003 年到 2004 年间，电子犯罪的平均数量减少了，但 68％的受访者说，2004 年他们的机构至少遭到了一次电子犯罪或者系统入侵。88％受访者预计，2005 年电子犯罪的数量会增加。超过一半（53％）的人预计，经济损失会增加或者保持不变。当被问到他们的机构遭受到了哪种电子犯罪的侵害时，受访者说，最普遍的（82％）是病毒或者其他恶意代码攻击，这其中间谍软件占 61％，网络钓鱼占 57％，非法发送垃圾邮件占 48％。网络钓鱼的数量，从 2004 年调查问卷中的 31％，增加到了 57％，是增长最多的电子犯罪方式。

在旧金山联邦调查局的计算机安全研究所的帮助下，CSI 进行了第十届计算机犯罪和安全年度调查。调查发现：因赛博犯罪引起的平均财务损失下降了 61%（Leob et al, 2005），该结果证实了"因安全问题引起的总损失正在下降"这一说法。2004 年，每位受访者的平均损失是 204 000 美元，比 2003 年的 526 000 美元下降了 61%。因病毒攻击造成的损失，所占比重最大，占所有损失的 32%；非法入侵超越了拒绝服务攻击，其带来的损失占总体损失的 24%，位居第二；专有信息失窃（特别是黑客寻求获得对在线账户信息数据库的访问权）所带来的损失急剧增长。增长最快的计算机安全威胁，是对网站的攻击，95%的受访者报告了 10 起以上这样的事件。

根据市场调研公司 NOP 为国家高技术犯罪研究专案组所做的最新调查，高科技犯罪使英国商界在 2004 年蒙受了数以百万英镑计的损失。数据表明，拥有超过 1000 名员工的英国公司，共计遭受损失至少达 24 亿 5 千万英镑。在德国，赛博犯罪仅占所有犯罪的 1.3%，但是它造成的损失占经济损失的 57%，即 68 亿欧元（Leyden, 2004）。

多方调查均显示，赛博犯罪的威胁在不断增强，赛博犯罪的工具不断更新而且更加成熟，公司和政府面临着被黑客攻击的风险。受网络威胁影响的国际组织和国内经济状况，促成了欧洲委员会与非成员国，尤其是美国的合作，协力落实国际公约的实施，以确保对赛博犯罪进行协调一致的打击。

51.4　一个全球公约

《赛博犯罪公约》是国际上第一个有关通过互联网和计算机网络实施犯罪的协议，主要处理侵犯版权、计算机相关诈骗、儿童色情和侵害网络安全等犯罪行为。正如其序言中所述，其主要目标，是在保护社会免受赛博犯罪侵害方面达成政策共识，特别是通过制定适当的法律和加强国际间合作来实现。

欧洲委员会自 1989 年开始，就致力于解决黑客攻击和计算机犯罪所带来的威胁。1997 年，欧洲委员会秘密成立了一个专家组，研究网络空间犯罪问题，起草了《赛博犯罪公约》。公约是以荷兰的 **Henrik Kaspersen** 为首的专家们多年工作的结晶，他们中还有来自美国、加拿大、日本等非成员国的专家。美国对条约的制定起到了重大的推动作用，他们很早之前就开始积极发展和促进对赛博犯罪的约束。2000 年 4 月，对外公布了草案的第 19 版。它遭到了公民自由组织和人权倡导者们暴风雨般的批评。欧洲委员会随后又发布了一些条约草案，并于 2001 年 6 月 29 日公布了最后草案。2001 年 9 月，第 27 版草案（即最终版本）获得了委员会部长级代表的批准。2001 年 11 月 23 日，在匈牙利首都布达佩斯，欧洲委员会中 43 个成员国的外交部长同意通过《赛博犯罪公约》。

迄今为止，欧洲委员会（CoE）46 个成员国中的 38 个国家已经签署了条约，其中包括英国、法国、德国和挪威。4 个非成员国——加拿大、日本、南非和美国，也在条约上签了字。然而，条约的真正实施，不仅需要各国签署，更要得到本国批准。这意味着条约要具备法律效力，有关条款必须在参与国的法律中实现。每五个参与国中必须有三个是欧洲委员会的成员国（注意：不要把欧洲委员会与欧盟部长理事会混为一谈）。

在得到了立陶宛的批准之后，2004 年 7 月 1 日，欧洲委员会的《赛博犯罪条约》正式生效。立陶宛与阿尔巴尼亚、克罗地亚、爱沙尼亚和匈牙利一起批准了该条约。目前仅有 19 个国家批准了该条约，第一批通过该条约的国家有阿尔巴尼亚、保加利亚、克罗地亚、塞浦路斯、丹麦、爱沙尼亚、立陶宛、匈牙利，罗马尼亚、斯洛文尼亚和前南斯拉夫的马其顿共和国。

条约旨在统一各国制裁赛博犯罪的法律，例如黑客和网络侵权、诈骗和非法传播儿童色情。在其漫长的制定过程中，条约为很多隐私保护组织所诟病。欧洲委员会的代表们不在乎批评的声音，他们的回应说，该条约在国际上是首个专注于处理计算机系统、网络或者数据库滥用行为的刑事法律。

然而，在《赛博犯罪公约》的制定过程中，并没有法律专家和人权倡导者的参与。公民自由的支持者指责该条约为单边文件，没有广泛遵循法学规则，也没有保护民主机构。结果可想而知，欧洲委员会的成员国中，迄今为止大多都没有批准履行该公约。

2003 年 11 月 17 日，美国总统布什向美国参议院传达了该公约以及国务院的报告，以期得到建议，并希望该公约获得批准。2005 年 6 月，美国参议院对外关系委员会不顾人权组织有关侵犯公民自由的指控，批准了《赛博犯罪公约》。得到了参议院对外关系委员会的批准之后，美国迈出了批准公约的第一步。为了使公约在美国真正具有约束力，必须获得三分之二参议员的同意。该公约将需要在整个参议院进行投票。

51.5 赛博犯罪公约

公约主要处理版权侵犯、计算机相关诈骗、儿童色情传播以及破坏网络安全等问题，它还涵盖了一系列程序性权力，比如对计算机网络中信息资料的搜索和侦听。该条约包括以下几个部分：（1）术语的定义，（2）实体法，（3）程序法，（4）国际合作。各方同意，在国内法律中，将上述攻击认定为犯罪；并同意，当遇到"蓄意"赛博犯罪时，在他们现有法律允许的范围内，制定相应的程序来调查第 2-11 条款所描述的犯罪。必须指出的是，公约并没有对这些刑事犯罪做出定义，而是将以下行为判定为刑事犯罪。

实体法

- 非法访问（第 2 款）：任何违反安全策略，故意攻击计算机系统以获取数据的行为，如黑客行为。
- 非法监听（第 3 款）。
- 数据干扰（第 4 款）：造成计算机数据丢失、被篡改、被隐匿的行为，例如恶意代码。
- 系统干扰（第 5 款）：计算机破坏行为，包括木马、蠕虫、恶意代码；拒绝服务攻击；传播计算机病毒。
- 设备滥用（第 6 款）：为了破坏而攻击设备或者工具。创造、持有或者获得任何计算机程序以攻击或者扰乱系统的非法行为都是犯罪。如果这些程序用于为防止攻击所进行的计算机安全测试中，则不归为刑事犯罪。
- 计算机相关诈骗和伪造（第 7 和第 8 款）：这类条款太宽泛，为了保护个人隐私，有可能将泄露未授权数据列为非法。
- 传播儿童色情（第 9 款）。
- 侵犯版权（第 10 款）。
- 协助和教唆犯罪（第 11 款）。
- 企业责任（第 12 款）：公约强调，如果是因为缺乏监管、允许用户做出潜在的违法行动，企业应该为犯罪埋单。

程序法

- 第 14 款要求，各方应制定法律和其他方案，来满足第 16-21 款中所提出各类权利的需求，同时扩大这些权利的内容，以涵盖公约中未定义的其他以计算机系统为手段实施的刑事犯罪。
- 第 16-21 款要求各参与国：（1）赋予其执法部门以搜索和没收的新权利，包括要求 ISP 保留每个公民 90 天内的互联网使用记录或其他数据（数据保留）的权利；（2）提交指定计算机中的数据和订阅者的信息；（3）搜索和没收计算机系统和储存在其中的数据；（4）实时掌控每个公民的在线活动；（5）实时拦截网络（包括电话网）上传输的所有数据流的时间和源头；（6）搜索和拦截计算机网络上的实际通信内容。

国际合作

第 23-35 款定义了国际合作应该遵循的原则，这种合作指的是双方进行数据的转移、交易和存储。政府机关允许国际组织在不同的司法管辖区里访问这类信息。"互助"条款要求相关国家在跨国界调查时使用这些手段，以帮助公约的其他签署国。

协议

公约的一个补充条款规定,在线散播或发布任何包括"拥护、促进或煽动仇恨(或)歧视行为"的网络内容为非法。它涵盖了"通过计算机系统,向公众分发或以其他形式提供,含有种族歧视和排外倾向的材料",将其定义为"针对任何个人或团体,以文字图像或其他任意的思想和理论的表现形式,鼓吹、促进或煽动仇恨、歧视或暴力"。

公约的益处

《赛博犯罪公约》是一个史无前例的协议,它将在打击计算机相关犯罪方面发挥关键作用。对全球来说,打击赛博犯罪都是重要挑战,需要合作精神和国际间协调一致的回应。

公约最终会使各成员国形成统一的法律。这将要求每一个成员国按照公约的规定来制定法律。成员国必须通过相对一致的法律条款,来打击黑客行为、版权侵犯、计算机欺诈、传播儿童色情以及其他非法网络活动。例如,罗马尼亚已经以第 64 号法律的形式实施了该公约。在罗马尼亚的法律中,即使仅仅是意图实施非法访问和非法监听也会被定罪。新法律的第一位受罚者是一名学生,他通过大学的内网和接口散播改造过的冲击波蠕虫病毒,他因"非法拥有某一程序,并用其扰乱计算机系统"而面临 3~15 年的刑期。

国际赛博犯罪公约方便了执法。例如,美国执法机构将可以调查注册在立陶宛的商务公司,以获取有利于某次调查行动的信息。执法官员在调查时,经常碰到商务公司已经关门大吉的情况。公司可以坚持用正当的司法程序保护自己。按照司法程序的规定,在公司提供用于调查的数据之前,公司业务可以继续运转 6 到 10 个月。除此之外,也仍有翻身的机会。例如,为了将两个俄罗斯黑客绳之以法,FBI 调查员使用了黑客技术,该 FBI 调查员将因此面临计算机犯罪的起诉。

互联网中有组织的犯罪活动已经根深蒂固,这些活动大多是买卖交易和金融犯罪。很多犯罪行为都是国际性的。国际上有完备的有效起诉和求偿法律，但却不可能在全球范围内实施。要使《赛博犯罪公约》的条款生效，需要跨国界的合作。《赛博犯罪公约》是打击扰乱计算机网络、泄露隐私或敏感信息以及利用IT技术从事传统犯罪等不法行为的重要工具。

美国总统布什称，"条约将为美国调查和起诉计算机相关犯罪，扫清或减少国际合作方面的法律阻碍"（Poulse，2004）。

尽管没有"双重犯罪"这样的条款，公约中的其他内容仍可防止滥用。公约中的一个条款规定，当调查可能威胁到一个国家的"重要利益"时，该国家可以拒绝配合调查。这就将允许美国利用自己的宪法保护而游离于调查之外。此外，公约所提供的某些互助调查请求，不适用于政治犯罪。

成员国将能够在包括洗钱、协同犯罪、敲诈勒索和在别的国家可能不被定罪的案件中获得电子证据。

公约将惠及版权所有者，尤其是美国电影和唱片工业以及软件公司。因为，它要求参与国必须制定相关的刑法，打击那些出于商业目的，通过计算机系统来故意侵犯互联网隐私和规避设备的犯罪行为。

公约带来的问题

尽管《赛博犯罪公约》为打击赛博犯罪提供了很多益处，但不幸的是，这个协议根本上是失衡的。它赋予执法机构搜查和攫取计算机资源的权力，同时赋予政府监管的权力，但是并没有提供相应的程序性保障，以保护隐私并限制政府滥用这些权利。互联网服务供应商（ISPs）恐怕将成为专制制度的监视工具。产业界无法保证公约中规定的可怕权力永远不会被滥用。

除了序言部分，《赛博犯罪公约》只在第15款中提到了人权和个人隐私，这也说明了该公约在安全和隐私之间存在失衡。它无法确保达到《欧洲人权公约》以及其他国际人权条款的最低标准和安全策略[2]。对此前的人权协议负有责任的国家，一定会遵照人权条款。然而那些与人权协议无关的国家，比如不属欧洲委员会成员国的那些国家，可能不会考虑遵照《欧洲人权公约》

或其他国际协议提出的标准。数据保护的安全策略也没被写入第 15 款。

公约没有关于"双重犯罪"的条款。第 25（5）款提出，"允许被请求国，在存在双重犯罪的案件中，有条件地进行互助调查，该条件与该国法律是否将此犯罪行为认定为同类犯罪无关"。这意味着在双重犯罪出现时，不强制这个国家提供协助。但是，当其他国家坚持的时候，又是允许提供协助的。有人担心这可能会赋予英国对有不良人权记录的国家进行监管的能力，而被调查的行为可能在别处不被认定为犯罪。被调查的行为不一定在要求协助的国家和提供协助的国家都被定罪。可以接受的条件是，只有两个国家的相关刑法都允许的情况下，监听的请求才会被接受。

公约要求成员国将网络版权侵害认定为刑事犯罪，即便它不以营利为目的。而且，在某些情况下，阻止可用于非法目的的电脑程序的传播。它使侵犯版权的行为，成为可引渡的罪行，即使是合理使用和仿造也不能豁免。

该公约是秘密起草的，起草者忽视了它对成百上千的个人电脑用户、安全专家、公民自由组织、互联网服务供应商和电脑公司等造成的恶性影响。虽然他们表达过对公约的关注，但是却被公约排除在执法代表之外。

隐私倡导者巴尼萨尔曾说过（2000）：

公约的主要分歧是缺乏对赛博犯罪、监视权力，以及公约中提出的协作的限制。该公约不含任何用来限制监视能力的程序保障。公约中有关搜查的部分，仍然强制个人按照执法官员的命令，在调查的过程中公开加密密钥以及其他数据。这一点与美国、加拿大和欧洲法律对自我认罪行为所提供的保护是有矛盾的；窃听权仍然被广义地界定，它涵盖的范围上至所有计算机设备，下至最小的局域网中；放宽了对实时数据采集的规定；对当地法律并不认定为非法的行为，政府仍然被要求协助其他国家的法律专员进行调查。

当被公众问到为什么该公约不含任何用来限制监视权力的程序保障时，起草该公约的委员会主席表示，隐私标准的确定太难而且存在争议，不得不交给欧洲委员会的成员国政府和签署国来决定（Banisar, 2000）。

51.6 结束语

很多人认为,无国界的网络所带来的问题,终于可以靠公约解决了。但是随着欧洲委员会的《赛博犯罪公约》中难题的浮现,是否能靠公约解决无国界网络所带来的问题,就难说了。该公约没有任何检查和平衡系统,也未保证 Web 用户的公民自由,赋予了政府太多的权力。很多人担心,司法管辖权的争议可能引发一轮相互指责的风暴,外国公司在本国提起的公诉加剧了另一国的报复性立法,局部争端会升级为全面战争。或者,在法律更严厉的国家,比如军事独裁的国家或人权保障水平较低的政府,它们依靠自己进行审判,并且试图跨国界执法,那么会产生什么后果?不同的国家有不同的历史和文化敏感性。

另一方面,没有公约和一致的判例法,那么就会出现一个问题,即如何为 Web 上的交易进行立法。

很多人希望《赛博犯罪公约》能带动更多国家进入国际圈子,接着通过这些条款,促使执法机构在抵抗网络攻击的国际战役中,建立协调一致的对策。然而,为了打击犯罪,牺牲基本的自由和对人权的尊重,这是否值得?

打击赛博犯罪不应该损害网络用户的基本隐私权和数据安全。

参考文献

Banisar, D. (2000). International cybercrime remains horrid. *The Register*. Retrieved from http://www.theregister.co.uk/

Council of Europe Report. (2004). *The threat of cybercrime: Situation report 2004*. Strasbourg, France: Council of Europe Pub.

Encyclopedia Britannica. (n.d.). Retrieved from www.britannica.com

Leyden, J. (2004). Sign the cybercrime convention,urge secureocrats. *The Register*. Retrieved from http://www.theregister.com/2004/09/17/euro_cybercrime_conference/

Michalowski, R. (1996). White collar crime, computers, and the legal construction of property. In *Definitional dilemma: Can and should there be a universal definition of white collar crime?* (pp. 173-203). Morgantown, WV: National White Collar Crime Center.

Oxford Dictionary of Law. (2004). *Mobipocket ebook.* Oxford University Press.
Poulse, K. (2004). *US defends cybercrime treaty.Security focus.* The Register Retrieved December 9, 2005, from http://www.theregister.com/2004/04/24/

术语和定义

食肉者（Carnivore）：FBI开发的一种网络数据监视软件，它能够接入网络并侦听互联网上的任何通信信息。

双重犯罪（Dual Criminality）：一个被起诉的人，其行为根据请求国家和被请求国家的法律，都被认定为犯罪。

引渡（Extradition）：指一国应外国的请求，将其境内的被外国指控为犯罪或判刑的外国人，移交给请求国审理或处罚的一种国际司法协助行为。

程序法（Procedural Law）：规定如何对权利和责任进行实施和保障的法律。

条约草案（Protocol）：指附加协议或被批准前的第一版条约或其他文档。

实体法（Substantive Law）：对权利人和责任人进行监管的法律。

监视（Surveillance）：对个人或团伙进行紧密观察，尤其是对可疑的个人或团伙。

排外（Xenophobic）：对外国人或陌生人不当的仇视或恐惧。

附注

[1] 在2004年，针对2003年度的情况做了类似调查，这里所提供的是相关的数据。从2005年3月3日到3月14日，对CSO杂志订阅者和美国联邦经济情报局电子犯罪任务组的成员进行了网络调查。基于819份完整调查，得出了此次的调查结果。2004年的调查结果是基于500份调查问卷得出的。这819个样本的可信度达95%，误差范围在±3.4%。

² 该条款要求"每个签约国都应该保证，在服从国内法律的前提下，建立、落实和应用权力和程序，以履行1996年《欧洲人权公约》所规定的权利和责任法案，以及其他国际人权条约。

后　　记

　　在一个更具危险性的世界里，人们的安全意识也在增长。不论这些威胁是存在于物理世界还是电子世界，抑或同时存在于这两个世界，都要求我们始终保持警惕，以确保我们自身未来的安全。本书的内容，可能有助于进一步强化对组织、国家和国际信息基础设施的保护，以及我们的关键知识产权和个人信息，使之不受赛博战和赛博恐怖主义的威胁。

　　这里，我们想对信息基础设施的安全性做一个统一的展望，其中有可能再次涉及前文提到的许多细节。

　　如果我们承认目前大多数国家已经不再使用以黄金和白银为本位的货币，而是使用议价货币，而且这些货币目前是以数字形式提供，那么我们就必须同时想到，那些经济、政治和军事力量较弱的国家的生长能力，及其法定代理人对这类关键经济基础的竞争性努力。

　　世界上的货币交易，每周 7 天，每天 24 个小时，都通过电子市场进行着。与它一同进行交易的还有商品、股票、债券、期货以及选择权。数字世界已经成为现实，并对世界产生了影响，而大多人刚刚认识到这一点。经纪业、银行业及类似行业，已经经受过财产失窃和基础设施受损等破坏。那种认为真正强大的竞争者将不会因这些系统被入侵或不稳定而受影响的观念，是完全错误的。此外，所有支持或使用这些数字市场的系统，目前也面临入侵和扰乱。那些分离的系统和组织，会因为依赖于稳定的货币和商品市场，同样也面临着这些问题。日常生活至关重要的基础设施不安全，将会造成严重后果。这意味着，在这个世界上，没有多少个人和组织可以无视这一根本性的威胁，也没有哪个政府和军队能够依靠这些个人和组织而持续生存。2007 年 5 月发生在爱沙尼亚的空前的电子袭击，清楚地解释了这一观点。

　　东欧国家的"去共产化"，其内容之一就是去除苏联统治的可见标志。

当然，这些去除行动并不总受欢迎。当爱沙尼亚当局开始移除位于塔林（爱沙尼亚的首都）的第二次世界大战时期苏联士兵的纪念铜像时，国外的反响远超其最严重的预期，而相比较而言，其国内的抗议几乎不值一提。

紧随此事件而来的，是赛博空间中的第一次战争。这场战争持续了一个月，迫使爱沙尼亚当局在数据洪水中进行了国家保卫战，他们认为这场数据洪水是奉俄罗斯的旨意发起的。俄罗斯政府则否认其卷入了这场几乎使爱沙尼亚的关键数字基础设施关闭的攻击行动。这次攻击阻塞了爱沙尼亚总统、总理、议会和其他政府机构的网站，还瘫痪了爱沙尼亚最大银行以及几家日报的网站。

大多数攻击都属于分布式拒绝服务攻击，动用了巨大的僵尸网络，这些网络中的计算机数量可能高达一百万台。这些僵尸网络极大地放大了攻击的效果。有迹象显示，这些网络的资源数量非常可观，因为有证据表明攻击者租用了其他僵尸网络。

根据对攻击源的分析，在规模最大的 10 次攻击中，每秒向爱沙尼亚的网络释放了 90 兆比特数据，每次攻击的持续时间长达 10 个小时。这个数据负载相当于在 10 个小时内，每隔 6 秒就下载一个完整的 Windows XP 操作系统。

爱沙尼亚是北约和欧盟成员国。这两个组织的成员国为其提供了帮助。计算机安全专家聚集到塔林，向其提供援助，并学习在数字时代如何应对赛博战争。对北约而言，此次攻击可能引发是否修改其集体防务政策的讨论。

这个问题的影响范围之广，后果之可怕，不是少数有决策权但没有创造性或那些带有倾向性的人所能解决的；也不是那些成天待在象牙塔里凭空想象，而不与决策者接触的人所能解决的。解决问题的决心和方案存在于每个具有优秀思想的人心中。有创造力的思想家、实践家、权力代理人和资源分配者、技术布道者以及大众，必须为达成共同的目标而走到一块，以保护我们的组织、国家和国际信息基础设施，以及这些设施所收集、存储和传输的信息。一个进步的文化值得为这个目标付出努力。

与此同时，我们必须共同就本书提出的建议和修正行动做出努力。

　　安全是一个前进中的努力过程，必须持续地提高对动态环境威胁的应对能力。在本书中，作者们探讨了许多基于赛博的攻击的问题和后果，提出了通过保护信息资源，使组织能够承受此类攻击的解决方案。组织要想在攻击中生存下来，必须将信息资源的保护作为关键目标。正因为如此，这些资源也成了基本的攻击目标。为了对威胁做出响应，首先要感知威胁的存在，并对其进行预警。我们相信，本书的主要贡献之一，就是向世界预警了赛博战和赛博恐怖主义的严重性。我们也相信，作者们已提供了若干新思想和新方法，以最大限度地降低赛博战和赛博恐怖主义所带来的威胁。

Andrew M. Colarik
Lech J. Janczewski

关 于 编 者

  Lech J. Janczewski 是奥克兰大学信息技术与运营管理系副教授，有超过 35 年的信息技术工作经验。他的研究领域包括信息系统资源管理，尤其关注其中的数据安全问题。迄今为止，Janczewski 博士已在科技期刊、会议论文集和书籍上发表 100 多篇文章。他是新西兰信息安全论坛主席、新西兰计算机协会会士和 IFIP 的信息处理系统安全与保护技术委员会（TC-11）秘书。

  Andrew M. Colarik 在计算机信息系统应用方面有超过 25 年的经验，包括系统分析与设计、网络管理、大学教学，以及工程和办公自动化的论证、规范和实现。他拥有奥克兰大学的信息系统专业博士学位和肯特州立大学的工商管理硕士学位。作为研究人员、作者和发明人，Colarik 博士在顶级安全会议上发表过论文，撰写了若干信息安全书籍，并拥有实用专利和设计专利。

索 引 表

A

access control 318–326, 338
  model 345–357
active tracing 368
activity monitoring 358, 362
ADAM 333
advanced encryption standard (AES)
    60
aerial photography 300
Al-Jazeera 21
Al-Qaida 8
Al Qaeda 51
amplification attack 265
anomaly detection 327–337, 358
antispam 254–261
association rule mining 359
attacker 165
auditing 210
authentication 130, 189, 258, 338
authenticity 415
authentification 319
authority 194
authorization 318, 319, 356
availability 130, 319

B

barrier
  analysis 245
  design 245
behavioral information security
    199–205
bin Laden, Osama 2, 51
bio-cyber nachine gun (BCMG)
    338–344
Blaster worm 78–82
bouncing techniques 392–396
business integrity (BI) 67

C

Carnivore 476
charities 141
Chechen rebel 43

chief knowledge officer (CKO) 12
cipher 57
Civil Liberties Monitoring Project
    (CLMP) 174
civil rights 173–181
Civil War 300
cluster 359
clustering 375
  hamming 379
  unsupervised 375
Code Red 267
COMCRIME study 432–438
command and control warfare (C2W)
    441–445
commercial off-the-shelf (COTS)
    404
common sense 209
competitive early warning (CEW)
    211
computer
  crime 398
  monitoring 175
Computer Misuse Act 308
confidentiality 130, 285, 319, 415
copyright 433–438
corporate security 208
Council of Europe (CoE) 470
counterterrorism 10, 292
counterterrorism program
  crime 4
cracker 307
critical infrastructure 36
critical infrastructure protection (CIP)
    84
cryptanalysis 59
cryptography 57–64, 319, 338
cyber
  attack 85, 97, 109, 229, 404,
    448
  counterterrorism 291–297
  criminal 121
  exploit 37
  forensics 397–402

intrusion 374
planning 9
security 78–82, 191, 446
  model 228–240
stalking 216–227
terrorism 7–16, 36, 42, 83–90, 138, 155, 254, 273, 345, 383
  attack 1–6
terrorist 43, 113, 184, 241, 392
war 18
  attack 105–111
  defense 241–253
warfare 35, 291–297, 327, 439–445
warrior 241
weapon 17
cybercrime 431–438, 470
Cybercrime Convention 433–438
cyberspace 7, 36, 91, 421

D

data
  encryption standard (DES) 60
  flow diagram (DFD) 246
  intrusion 470
  mining 358–365
    identification 374
  protection 420–430
  transformation 329
database management system (DBMS) 162
denial-of-service (DoS) 133, 232, 262–272, 273, 328
  attack 421
Department of Defense (DoD) 320, 404, 439–445
digital
  address
    denial-of-service (DoS) 366–373
  security 208
  signature 51, 283
discretionary access control (DAC) 356
distributed
  attack tool 413
  denial-of-service (DDoS) 262

domain name 122
  server (DNS) 448
  service 94
  system 258
dual criminality 476
dynamic survivability model 408

E

e-
  postage 257
  stamp 257
E-Crime Watch survey 470
eavesdropping 307–317
  software 309
Echelon 453–468
electromagnetic spectrum 299
electronic
  bank 139
  commerce 129, 262
  communication 424
  document interchange (EDI) 285
  government 322
  mail 123, 394–396
    phishing 192
  money management 129–137
  signature 283
  surveillance 173–181
emergency response system 383–391
encryption 59
Environmental Protection Agency (EPA) 294
espionage
  economic 457
  political 458, 459
ethics 105
European Union (EU) 149, 282, 422, 431–438
exploitation 121

F

face-to-face conversation 184
false
  negative 328
  positive 328
Federal Bureau of Investigation (FBI) 4, 177, 254
firewall 100, 311

flood attack 265
Foreign Intelligence Surveillance Court (FISC) 460
fraud 436–438
FS-ISAC 83–90

G

G8 436–438
General Accounting Office (GAO) 85
Geneva Convention 107
geographic information systems (GIS) 291–297
global system for mobile communication (GSM) 148
Google 125
gray market informatics 114
guerilla warfare 12

H

hacker 9, 33, 45, 91, 121
hacking 307–317, 433–438, 469
hacktivism 90
Hammas 9
harassment 217
hashcash 257
Hezbollah 46
hidden pattern 359
hindering 434–438
HIPAA 116
Honeynet Project 99
honeynets 107
honeypot 98, 276
  signature 98
human interaction 207
hybrid system 379

I

information
  extraction (IE) 361
  gathering 120–128
  security 129
  sharing 85
  technology (IT) 2, 65, 86
  warfare 17–25, 44, 403, 441–445
instant messaging (IM) 147
integrity 130, 319, 415

intellectual property 433–438, 436–438
International CybercrimeConvention 469–476
international outsourcing 113
Internet 42–49, 120, 129, 368, 469
  Engineering Task Force (IETF) 449
  growth 200
  protocol (IP) 107, 122, 256, 310, 374, 448
  relay chat (IRC) 152
  service provider (ISP) 393–396, 400, 448
  usage 360
  user 147
interruption 434–438
intrusion detection 268, 274
  system 327, 358, 398

K

Kazaa 311
key
  logger 310
  logging 185
keystroke 185
  recording 176
kill files 220
knowledge 8
  discovery in databases (KDD) 359
  management 7–16
    system (KMS) 247
  society 7
  worker 8

L

Land Information Warfare Activity (LIWA) 441–445
light detection and ranging (LIDAR) 294
link analysis 360
load balancing 268
local area network (LAN) 310
logs 275

M

Magic Lantern software 309
malware 37, 154–160

mandatory access control (MAC) 321
Massachusetts Institue of Technology (MIT) 61
measurers of performance (MOP) 407
micropayment 269
military
　classification 349
　history 97
MINARET 459
mobile payment 138, 142
money laundering 138–145, 436–438
Morris worm 273

N

naïve Bayes (NB) 377
National Security Agency (NSA) 453–468
NetWar 7, 11
network
　effect 79–82
　monitoring 273
　security 274, 281–290
　sniffer 275

O

Office of Emergency Preparedness (OEP) 386
offshoring 113
outsourcing 113
over-criminalization 434–438
overloading 193

P

pacifism 106
packet sniffing 37, 312
passive attack 400
password 309
　cracking 313
PayPal 129
penetration test 415
perception war 21
personal
　computer (PC) 469
　data 432–438
　digital assistant (PDA) 398

identification
　card (PID) 210
　number (PIN) 310
　information 112
　privacy 173
personality disorder 219
personnel anomaly detection 206–215
phishing 22, 93, 255
pingsweep 368
Polybius 58
port address translation (PAT) 369
portscan 368
port scanning 121
predictive modeling 359
prepaid card 142
privacy 50, 66, 175, 207, 216, 432–438
　protection 422
Privacy Rights Clearinghouse 178
privilege escalation 93
propaganda 43
public
　-key certificate 284
　key
　　cryptography 61, 282
　　infrastructure 281–290

Q

quality of service (QoS) 268

R

rank 209
reciprocation 193
reliability 66, 130
remailer approach 256
remote
　-to-local (R2L) attack 328
　sensing 298
reverse firewall 100
risk
　analysis 244
　identification 243
role-based access control (RBAC) 322
root key 284
rootkit 313

round-trip time (RTT) 369

S

security 19, 57, 66, 129, 187, 208, 345, 413, 421
　monitoring 274
　national 347, 449
　needs 243
　scan 415
　system 2
　vulnerability 92
self-awareness 209
sender authentication 258
September 11
　3, 36, 183, 293, 443–445, 446
short messaging service (SMS) 147
signature 98
simple
　mail transfer protocol (SMTP) 123
　public key infrastructure (SPKI) 287
smart identification (ID) card 211
sniffer 99, 267, 275
social
　awareness 206
　engineering 121, 182–190, 191–198, 415
　network analysis 11
software
　security 78–82
　survivability 406
　vendor 80–82
spam 146–153, 254
　trafficking 147
SpamMimic 52
spim 146–153
spoofing 92
spyware 101, 311
SQL
　code poisoning 161–172
SQL injection attack 161
stalker
　off-line 219
stalking
　computer 217
　e-mail 217
　Internet 217
static survivability model 408
steganography 50–56, 62
strong affect 193
surveillance
　174, 221, 309, 456, 476
survivability 404
Syracuse Information Systems Evaluation (SISE) 201

T

terrorism 1, 7–16, 42–49, 345, 420–430
　financing 140
terrorist
　attack 293, 443–445, 449
　crime 3
　group 345
　groups 301
　organization 360
Terrorist Detection System (TDS) 362
threat analysis 244
time
　-to-live (TTL) 368
　between attacks 230
timestamps 275
traceroute 368
transfers 140
Tribe Flood Network (TFN) 266
Trojan horse 94, 154–160, 190, 415
trust 75, 193
trustworthiness 68
Tupac Amaru Revolutionary Movement (MRTA) 43

U

U.S. Defense Advanced Research Projects Agency (DARPA) 367
ultra high frequency (UHF) 455
user
　datagram protocol (UDP) 264
　profile 350

V

VeriSign 131

very high frequency (VHF) 455
virtual
  gold currencies 141
  private network (VPN) 282
virus 6, 34, 37, 108, 314, 433–438
  attachment 308
  detection 275
visual
  data mining 359
  evoked potential (VEP) signal 339

W

warfare 26–34
watch lists 459
watermark 51, 284
weapons of mass destruction (WMD) 16, 26

Web
  content mining 358
  crawling 124
  hacking 165
  information agents 358
  mining 358
  server hacking 313
workplace privacy 175
worms 37, 260, 273, 309
  attack 331

X

XACML standard 349
xenophobic 476

Y

Y2K 386